巨赞法师（1908～1984）

巨贊法師全集

張瑞齡題

第二卷

主编・朱哲
副主编・李千　马小琳

社会科学文献出版社
SOCIAL SCIENCES ACADEMIC PRESS (CHINA)

佛教史传

释迦牟尼的本生故事

一、舍身救人

当释迦牟尼还在往劫因位之中，即在还未成佛的遥远过去，曾经是一个虔诚的佛教信徒。有一次，他和五百人入海采宝，获得珍珠宝贝很多，满满地装载了几大船，可是引起海神的愤怒，兴风作浪，白浪如山，眼看着就要翻船，同归于尽。同行的人一个个吓得面无人色，仰天哀哭，但又无计可施，无法可想。真是呼吸存亡的生死关头。

那个佛教徒心里也很着急，一面又想到学佛一场，所为何事？现在大家快完了，如果佛法在这里不能起什么作用，那末所谓佛教徒也不过是徒有其名，而无其实，如何对得起佛陀，如何对得起自己当初发心的心愿呢？听古老传说，海神最忌鲜血和死尸，要救大家，只此一法。他想到这里，就赶快跑到舱里去拿了一把锋利的尖刀出来，对大家说："你们赶紧把我的两脚捏住，我要割裂我自己的身体，把鲜血洒到海里去。"当时大家吃了一惊，但知道他是为了救大家才那样做的，所以就把他的两脚捏住。他马上用尖刀把左臂砍下来，鲜血就像泉水一样涌流入海，把海水染得猩红。风浪也就逐渐减弱。随后他挣脱了两脚跳入海里，海浪好像因为他的勇敢牺牲感到不安，不自觉地安静了起来，五百人就此出险，毫无损伤地走回家去。

这段故事见《六度集经》卷六。

二、狮象杀龙救一国

从前有一条毒龙假装着非常良善的样子取得国王的信任，国王就把它安置在京城里面，并且供养得非常优厚。毒龙得到了这样的好处，本来面目就暴露出来。起先要国王每天给它许多牲畜吃，后来又要吃小孩，百姓们不肯送小孩就硬抢，抢了小孩又吃大人。百姓们恐惧得不得了，想了许多办法都无济于事。

这个消息传到了附近的一个山里去，被一只狮子和一只象知道了。狮子就对象说："毒龙那样凶恶，如不除掉它，全国的百姓都要遭殃。我想去除掉它。恐怕不是他的敌手，徒然送死。希望你和我同去！"象回答说："除掉它不就是杀死它吗？杀，可不是玩的，要偿命！"狮子说："我们如不去杀死它，它就要吃尽全国的人，这个罪孽多么大呀！你忍心看着全国的百姓被吃掉，毒龙造下弥天大罪吗？"象被狮子一点醒，就勇气百倍地跟着狮子进城。

百姓们看见狮子和象气势汹汹地进城，认为是毒龙的同党，更加骇怕，大家就赶紧避开。狮子和象一直找着了毒龙。毒龙正在吃人，并没有防备狮象的袭击，象走上去就用鼻子卷住毒龙的前脚，狮子跳到背上去，张口就咬，毒龙知道事情不妙，挣扎苦斗，直斗得天昏地黑、血肉横飞。结果毒龙被狮子咬死。狮子和象也被毒龙咬死。可全国的百姓都脱离了苦难，国王也下诏罪己，改邪归正。

这一段故事也见于《六度集经》卷六。据经上说，狮子是释迦牟尼佛的前身，象是弥勒菩萨的前身。

三、半偈舍身

从前，在雪山里面住着一个品行纯洁的人，求真理的心也非常迫切，可是不知道什么是正道。有一天，在路上遇着一个相貌非常凶恶的人，心里有点骇怕，不敢招呼。那个人看见他有点躲躲闪闪，故意拦住去路不让他走，并且对他念了两句偈："诸行无常，是生灭法。"他听见了这两句偈，觉得很有道理，再想一想，更觉意味深长，心里非常高兴。四边望望，除了那个相貌凶恶的人，更没有别人，但又不相信相貌那样凶恶的人会念出这样有意义的偈语出来。再望望四边，实在没有其他的人，就大着胆子上前作礼和请问道："先生！刚才两句偈是你念出来的吗？"那个相貌凶恶的人点了点头，他就倒身下拜，竭诚赞叹说："你念的这两句偈，好像久旱的甘霖，病人的良药；又好像暗路的明灯，大海船上的舵师。请问你是从那里听来的？可惜只有半偈，还有一半你是否也晓得？"那个相貌凶恶的人听了他的问话就大声吆喝道："陡！你问这个干吗？我饿了很久找不到东西吃，心烦虑乱，念这两偈句，你怎么当起真来！"他颜色更和，情辞更切地恳求那个人道："先生！还有半偈你如果对我说了，我非但供养你上好的饮食，还愿意终身做你的弟子。请说罢，我恳求你！"那个人听了又复哈哈大笑道："你说得倒好，可知道我要吃什么东西？我吃惯了人的热血和暖肉，你有吗？你肯吗？"他稍稍考虑了一下就对那个人说："先生！下半偈的道理比生命还宝贵，我愿意把这个身体供养你。"说罢就把上身衣服脱下来铺在地上，请那个人坐着，然后自己合掌跪在前面。那个人说了下半偈两句："生灭灭已，寂灭为乐"，就要他践约。他静静地思惟了一下，欢欢喜喜地礼拜了站起来对那个人说："先生！谢谢你的教导，使我知道了天地间最真实的道理。我现在心里非常清凉和快乐，一点没有恐怖或烦恼，应该酬谢你。先生！请你接受我的供养！"他就爬上树去，投身而下。谁知那个相貌凶恶的人是天神变化了来点化和试验他的，所以他没有着地就被接住了。

这一段故事见大般涅槃经卷第十四。据经上说那个求半偈的人也是释迦牟尼佛的前身。释迦前身为半偈故肯舍身命，所以超越十二大劫，在弥勒菩萨之前成佛。

从上面三段故事，我们可以清楚地知道，从凡夫到成佛，不是清闲自在而是艰苦奋斗的过程。在危难中，能够牺牲自己生命成全人家的人才能成佛；大敌当前，能够奋不顾身为民除害的人才能成佛；虚怀若谷，服从真理，乃至以已身作供养的人才能成佛。在佛的脑子里没有一毫为己的打算，没有什么叫做困难。只要众生需要，只要对众生有益，佛都可以牺牲，佛都可以去做。这才是"无我"，这才是"了生脱死"，这才能够达到常乐我净的涅槃。现在，我国在抗美援朝的斗争中虽然取得了伟大的胜利，但帝国主义的毒龙还在竭力挣扎，拼命与和平为敌。佛教信徒如果真是愿意学佛的话，那末，狮象杀毒龙的佛本生故事是值得注意的。又伟大的五年计划也已经取得了初步的胜利，但在发展的道路上并不是没有困难，或者还有暗藏的匪徒从中破坏。佛教徒如果能够取法于因位的菩萨，献身于祖国的建设事业，那也就是为自己建筑了成佛的基础。又社会主义改造包括我们佛教徒在内，而只有认真、虚心和服善的人才能接受真理，轻松愉快地进入社会主义社会，所以"雪山半偈"的故事对我们佛教徒来说，也有很好的启发作用。佛的本生故事很多，这里不过千百万分之一，但佛之所以为佛，从这几个故事里也可以看得明明白白。知道了佛在未成佛前如何立身行事，我们也就知道如何做佛教徒了。

（原载《现代佛学》1954年1月号，署名鉴安）

多才多艺的释迦牟尼

当释迦牟尼已经满了七周岁的时候，他的父亲——迦毗罗国的净饭王召集宰相百官商议道："太子已经满七周岁了，应该开始读书。在我们国家里面，谁最有学问，可以做太子的教师，大家不妨举荐出来。"百官们听得净饭王的吩咐，彼此慎重地交换了意见，由宰相出来对净饭王说："在我们国家里面，有一个叫做毗奢婆蜜多罗的学者最有学问，他懂得各国语文和各种学说，可以做太子的教师。"净饭王当时就派了专使去召请毗奢婆蜜多罗。好在毗奢婆蜜多罗的住处不远，不消半天，他就到了净饭王的宫中，净饭王用非常尊重的礼节接待他，还很温和地问他道："太子满七周岁了，我想请你把所懂得的一切技艺、各国语文开始教他，你愿意吗？"毗奢婆蜜多罗回答说："谢谢大王的恩典，要我来担当这样光荣的任务，我是非常愿意的。听说太子聪颖绝伦，将来一定是一位贤明的君主，我愿意尽我的能力教育太子。"净饭王听了毗奢婆蜜多罗的回答非常高兴，就叫太卜占选了一个吉日送太子上学。

上学那一天，净饭王遵照印度的习惯，举行了盛大的宴会，当时在宗教方面、政治方面有名望、地位的人都参加了那个宴会。净饭王当着大众说明太子上学的事由之后，就把太子付托了毗奢婆蜜多罗。另外还留有乳母侍奉太子，王族的许多子弟，年龄相当的，也陪着太子一同读书。太子把檀香木和金银等七宝做成的书板恭敬地献给老师，同时请问老师道：

"我在宫中听说各国语文有：梵书、佉留书、佛迦罗书、安佉书、曼佉书、安求书、大秦书、护众书、取书、半书、久与书、疾坚书、陀比罗书、夷狄塞书、施与书、康居书、最上书、陀罗书、佉沙书、秦书、匈奴书、中间字书、维耆多书、富沙书、天书、龙鬼书、提沓和书、真陀罗书、摩体勒书、阿须伦书、迦楼留书、鹿轮书、言善书、天腹书、风书、降伏书、北方天下书、拘那尼天下书、东方天下书、举书、下书、要书、坚固书、陀阿书、得画书、厌学书、无与书、转数书、转眼书、闭句书、上书、次近书、乃至书、度亲书、中御书、悉灭音书、电世界书、驰又书、善寂地书、观空书、一切药书、善受书、摄取书、皆响书等六十四种，不知道老师要教我那一种？"

毗奢婆蜜多罗听得太子那样一问，心里有说不出的欢喜和敬佩，就格外用心教导太子。太子的天分固然很高，同时也非常用功，所以非但成绩超出一般同学，并且还能够帮助同学们学习。

太子学习语文大约到了十岁的时候，净饭王又聘请了当时著名的武师——羼提提婆教太子兵法和步象车马、刀槊弓箭的武艺。同时还学习天文、祭祀、占察、兽音、咒术、算术、歌舞、雕刻、绘画、染衣、合香等等杂技，这样一直学到十九岁。

释迦牟尼十九岁的那一年，净饭王又召集大臣耆旧商量道："大家恐怕还记得，太子初生的时候，善于看相的婆罗门阿私陀曾经说过，太子如果在家可以做转轮圣王，如果出家一定成无上道。我们现在想什么办法使太子不想到出家？"大家就异口同声地说："太子已经长大了，应该赶紧替他选妃完婚。"净饭王同意大臣们的意见，又经过仔细的选择和考验，认为释种摩诃那摩的女儿耶轮陀罗够条件。净饭王就派了国师去和摩诃那摩商量，可是摩诃那摩说：

"大王的美意，我固然不应违抗，但是太子生长在深宫之中，不一定精通文武各艺。我曾经发过誓言，不愿意把耶轮陀罗许配给没有技艺的人。请你回去禀报大王，并请求大王宽恕我和耶轮陀罗。"

国师把摩诃那摩的话回禀了净饭王，净饭王非常烦闷，郁郁不乐。太子看见父王举止失常，再三请问，净饭王才把缘由告诉他。太子就微笑着说："那末，就请父王下令全城，让有文武绝技的人和我比试吧！"净饭王惊异地问他道："比试不是开玩笑，你真能和人家比试吗？"太子给净饭王以肯定的回答。净饭王就派人摇着铃满城宣布道："从今天起，再过六天，悉达太子愿意和人家比试文武各艺，有本领的人可以前去报名。"到了第七天，太子为首率领一班同学随着净饭王出城驾临比赛场。参加比赛和看热闹的人真是人山人海，拥挤不堪。首先比赛书法，由毗奢婆蜜多罗作评判，太子最胜最上。其次比赛算术，请当时最有名的算学大师頞顺那作评判。頞顺那先叫一个最精通算术的人和太子对算，比不上太子，依次又叫两个、三个以至一百个精通算术的人和太子对算，也比不上。这使全场的人大大地吃了一惊。頞顺那就向净饭王祝贺道，大王洪福，生得这样聪睿大福德的太子。净饭王怡然微笑，对太子说，"你能和算学大师比赛吗？"太子点点头，算学大师頞顺那已经知道太子的本领非凡，现在要和自己比赛，那敢怠慢，就很谦下地问太子道："请问太子，万万为亿以上的数字不知曾经学过没有？"太子回答说：

"一百的十万倍是拘致（千万），一百拘致是阿由多（十亿）一百阿由多是那由他（千亿），一百那由他是波罗由他（十万亿），一百波罗由他是恒迦罗

（千万亿），这样百倍进位二十一次的数目是婆罗极叉，知道了这个数目字，可以算出须弥山的斤两。此数以上还有一个叫做阿伽婆婆的数目，可以用来计算一恒河乃至万万恒河的沙数。此数以上还有更大的数，叫做波罗摩瓮毗婆奢。”

太子说到这里，颏顺那打断了他的话，说道：“太子把数目说得非常清楚，我们大家都很佩服，可是用微尘计算的方法怎样，也想请教请教。太子应声就说道：

“七微尘成一窗尘，七窗尘成一兔尘，七兔尘成一羊尘，七羊尘成一牛尘，七牛尘成一虮，七虮成一虱，七虱成一芥子，七芥子成一大麦，七大麦成一指节，七指节成半尺，两半尺成一尺，二尺成一肘，四肘成一弓，五弓为一杖，二十杖为一息，八十息为一拘卢奢，八拘卢奢为一由旬。此阎浮提纵广七千由旬，西瞿耶尼八千由旬，东弗婆提九千由旬，北郁单越一万由旬。谁能算出我们这个世界上面共有几许微尘？”

颏顺那回答说：“聪明的太子，大德的太子，听你这样一说，我也糊涂起来了，其他的人当然更加不能回答你的问题。你的算术不但在我们国内没有人比得上，恐怕在整个世界上也没有人比得上的。”书算比赛完毕，又比歌舞、绘画、雕刻、染衣、合香等伎艺，也是太子第一。最后是比武。太子用他祖父师子颊王遗留下来无人能开的硬弓，射穿安置得很远的铁鼓，又射穿并排的七颗树，七个铁猪，七口铁瓮；又能脚踏象牙，跳上象顶；手执刀槊跳过六马，骑第七马，都没有人能够比得上他。经过了这场盛大热烈的比赛，迦毗罗国全国的人民才知道净饭王的悉达太子，原来是多才多艺、文武双全的非常人。摩诃那摩也就同意把他的爱女耶轮陀罗许配太子为妃。

上面所述释迦世尊出家以前的故事，大体根据《佛本行集经》卷十一、十二，《普曜经》一卷三。从这许多故事上面，我们可以知道，佛的智慧威德原来是从博学多闻、苦心钻研而来的。宋赞宁《僧史略》中说：“祇洹寺中，有四吠陀院，外道以为宗极。又有书院，大千界内所有不同文书，并集其中，佛俱许读之。”这话可能是有根据的。可是一般佛教徒非但不注意这许多事情，也没有人照着佛的榜样去做，反而鄙弃世学，忌嫉多闻，走上神奇偷懒的路子，希望一觉醒来，明天就成了佛。结果，对于世间的道理既无一所知，就连真正的佛法也被排斥在九霄云外，佛教不就是这样衰落下来的吗！现在，在总路线的灯塔照耀之下，全国人民都要各尽所能参加祖国的伟大建设工作，对佛教徒来说，多才多艺的释迦世尊的真精神，在这时候活现在佛教徒的身上，可能为佛教和全体佛教徒争取光荣的。

（原载《现代佛学》1954 年 2 月号署名鉴安）

宁静和乐的原始僧伽

一

释尊成道以后不久，在舍卫国清信园林鹿母讲堂说法，那时有两个婆罗门倾听了释尊慈祥恺切的诲示，又看见佛弟子们肃穆和合的生活情况，发恳切心，要求出家，就得到释尊的许可，改变婆罗门的种姓而成为沙门。那两个婆罗门的名字，一个叫婆悉吒，一个婆罗堕。过了几天，释尊从静室出来，在讲堂上缓步经行，婆悉吒看见了就赶紧去招呼婆罗堕道："世尊从静室出来，在讲堂上经行啦，我们快到世尊那边去，或者可以听到世尊说些什么！"婆罗堕听婆悉吒那样一说，也就很兴奋地和婆悉吒一同到释尊那边，头面礼足之后随着释尊经行。释尊微笑着问他们道：

"你们两个人本来是婆罗门，现在信仰三宝随我出家了，其他许多婆罗门恐怕是要责怪你们的吧？"

婆悉吒和婆罗堕同声回答道：

"是的，世尊。我们蒙您慈悲摄受，能够出家修道，心里实在非常感激，可是其他许多婆罗门并不明了，时常挖苦和攻击我们。"

释尊听了婆悉吒和婆罗堕的回答，微微地笑了一下又委婉地问他们道：

"婆罗门怎样挖苦和攻击你们的呢？"

那两个人经释尊一问，都非常激动，婆悉吒抢着回答着：

"他们说，世间上只有婆罗门最尊、最贵、最清白，其余都是卑劣下贱和污浊的。婆罗门种从梵天的口里生长出来，非但在现世间可以得到清净解脱，将来也永远是清净解脱的。你们舍弃了清净的种性去跟瞿昙出家，真是莫名其妙。世尊！他们就是这样挖苦和攻击我们的。"

释尊站着听完了婆悉吒的话，面上显得更加尊严和慈霭了，好像刚从海面上升起来的朝阳一般。他首先用感叹的口气对婆悉吒和婆罗堕说：

"那许多婆罗门真是愚冥无识，好像禽兽一样。他们自己以为是世间第一等人而把其余的人都当作卑劣下贱，所以制造了从梵天口里生长出来的神话，作为自己得到清净解脱的护身符，这是多么虚伪，多么自欺欺人啊！”

这时，其余的许多弟子看见释尊和婆悉吒、婆罗堕在谈论，也都静静地走来围绕在释尊的周围，释尊坐在弟子们的中心，又开始说法道：

“在我们这个真道当中，不需要种姓，也不需要妄自尊大的骄慢心。如果有沙门、婆罗门凭借自己的种姓，妄自尊大，都不能够在我们这个真道当中成无上道；反之，如果能够舍弃种姓的骄慢，则堪受正法。一般人都厌恶下流，看不起种姓低贱的人，我们这个真道当中就不是如此。现在我要问你们，四种种姓是什么？婆悉吒，你说！”

婆悉吒低声回答道：“世尊！四种种姓是：刹帝利，婆罗门，吠舍和首陀罗。”

释尊接着说：

“婆悉吒说得很对，但是我又要问你们：刹帝利种姓的人有做杀生害命、盗窃、淫乱、欺妄等十恶行的，婆罗门种姓以及首陀罗种姓的人也有做十恶行的；做了恶行必得恶报这是天经地义，古往今来不可更改的道理；如果婆罗门种姓的人做了恶行而不会得恶报，那末婆罗门才可以说自己最尊、最贵、最清白，从梵天口里生长出来，现世以及将来永远清净解脱；可是谁能保证婆罗门做了恶事不得恶报呢？”

“世尊！谁也不能保证，就是梵天也不能保证。”一个犀利的回答从坐在释尊右边的一位比丘说出来，分明是一位理解很深、信愿坚毅的大德。释尊点了一点头又说道：

“做了恶行必得恶报，做了善行也必定得到善报。如果刹帝利、吠舍和首陀罗做了善行不得善报，只有婆罗门做了善行才得善报，那末婆罗门才可以说自己最尊、最贵、最清白。当然，这也是没有谁人能够保证的。我们现见婆罗门种姓的人嫁娶生育和人家一样，他们诈称是梵天种，从梵天口里生长出来，实在是太不应该的。在我的弟子当中，种姓不同，成份也不一样，但都同样是出家修道的人。如果有人问你们是什么种姓，你们可以回答是沙门释子种姓，也就是无种姓。这个无种姓的道理是‘世间眼、世间智、世间甘露、世间法主’。如果刹帝利种姓的人、婆罗门种姓的人以及首陀罗种姓的人笃信此法，依法修行，一定能够成就道果。”

释尊说完了，就站起来缓步走入静室里去。婆悉吒和其他许多同学们互相轻声地谈论了一会儿，大家都非常愉快地走回自己的宿舍。这时，皎洁的月亮从东边的菩提树林里升起来，一片清溶的光辉映照着宁静的清信林园，人们在这里

都把世间的一切挂碍纷争忘掉了，融合在和平安乐的境界之中。（《长阿含经》卷六《小缘经》）

二

释尊有一次游化到那摩提城的犍祁精舍。早晨起来，按照平常乞食的时间，着衣持钵到那摩提城内乞食，饭食毕，走到牛角婆罗林里去。那时，尊者阿那律陀，尊者难提和尊者金毗罗三个人结伴住在那里修行。他们三个人的生活是非常和谐的，如乞食的时候有一个先回来，就把床铺好，打上水，拿出洗脚盆来，放好洗脚用的凳子、揩脚布和水瓶澡罐，然后吃饭。吃不完的，用东西盛着，盖上盖，放在桌上。自己再把钵洗干净，又洗手足，才带着坐具入室静坐。乞食回来晚的，如果所乞的东西不够吃，就把放在桌上的饭吃了，如果吃不完，就一并拿出倒在净地上或无虫的水中。然后把食具一并洗净揩干，收在一边，卷起床席，收拾洗脚用的凳子、揩脚布和水瓶澡罐，洒扫食堂，收举衣钵，洗净手足，带着坐具入室静坐。到了太阳偏西的时候，有先从静坐起来的，看见水瓶澡罐空着，就去打水，如果一个人拿得动，就一个人拿回来放在原处，如果拿不动，就轻轻地招呼一个人共同抬回来。他们每隔五天讨论一次，互相策进。那天正在讨论，释尊去了，守林的人不认识释尊，就急忙出来阻止道："沙门，沙门！你千万不要进来，尊者阿那律陀、尊者难提、尊者金毗罗正在那里讨论佛法，你闯进去了，他们要责怪我的。"释尊微笑着回答守林人道："不要紧，他们不会怪你的。"阿那律陀听见释尊的声音就赶紧出来迎接，并接过释尊随身带着的衣钵，跟在后面一同进去，尊者难提连忙铺床，尊者金毗罗就去取水。释尊洗了手足，坐在床上问阿那律陀道：

"你们不感觉有什么缺乏，有什么不愉快的地方吗？"

阿那律陀非常恭敬也非常畅快地回答道：

"世尊！我常常这样想，出家以来，的确得到很大的利益。我遵照世尊的教诲修'慈'，对于一切人都平等看待，不去计较他的贤愚高下。遇到了善知识，觉得他的见解比我高明，我就丢掉我个人的意见随顺他，心里一点也不感觉别扭。"

世尊点了点头又问难提和金毗罗，得到的回答都和阿那律陀差不多。释尊欢容满面，赞叹他们说：

"善哉善哉！你们一心一师，像水乳一样融洽无间，这是你们和合安乐，没有争执的基本原因。不知道你们除了修'慈'以外，还修习什么？"

阿那律陀简朴地回答道："世尊！我们除了修'慈'以外，还修'悲、喜、舍’和‘四禅八定’，在现法中，自知自觉，自己作证，所作已办，不受后有。”

释尊听了阿那律陀的回答，心里非常高兴，为了使他们三个人在修习上提高一步，又特地为他们说了一段法。说完了就离开牛角婆罗林回犍祁精舍，尊者阿那律陀等三个人陪伴着释尊到达精舍以后才告辞回去。(《中阿含经》卷四十八《牛角婆罗林经》)

三

释尊有一次在舍卫国的时候，那里有两个比丘，一个叫般荼，一个叫卢伽，都喜欢无事生非。他们常常怂恿其他的比丘互相争吵，争吵发生了，就到两边去煽动、挑拨、火上加油。因此当时舍卫国的僧团没有破裂的逐渐破裂，已经破裂的不能和合，没有出事情的不断出事情，出了事情的不能一下结束。其中有老成持重的比丘知道那样下去实在不是佛教前途之福，就去告诉释尊，释尊马上召集全体僧众，当面责问般荼和卢伽道：

“你们经常无事生非，怂恿其他的比丘互相争吵，争吵发生了又鼓动双方坚持争吵，这是实在的吗？”

般荼、卢伽在大众的监督之下，无法抵赖，吞吞吐吐地回答道：“世尊，是实在的。”释尊就正颜厉色地责备他们道：

“你们还能够当得起比丘两字吗？比丘是不应该无事生非的，更不应该怂恿人家争吵。争吵可以破坏和合的僧团，争吵可以招致人家对于三宝的轻视，你们的罪过真是不小啊。大家应该为般荼和卢伽两人作‘苦切羯磨’。得到‘苦切羯磨’惩戒的人，不能够为他人授大戒，不能够为他人的依止师，不能够收沙弥，不能够教诫比丘尼；不应核重犯‘苦切羯磨’罪，不应该犯相似的罪，不应该呵责怨恨作羯磨的人，不应该说清净比丘的过失，不应该违逆清净比丘；应该折伏自已，恭敬领受，否则终身不离‘苦切羯磨’。

到会的僧众遵照释尊的指示，另外开了一个会议，宣布般荼、卢伽两人的过失，并且郑重地作了“苦切羯磨”。般荼、卢伽两人听了释迦严厉的教训又受了大众的教育，流泪满面，深自忏悔，苦苦地要求大家解除“苦切羯磨”。作羯磨的比丘就去告诉释尊，释尊道：

“如果般荼、卢伽两人经过大家的教育和帮助，真心悔改，是可以解除‘苦切羯磨’的，其他的人如有同样情况，也可以解除。不过你们要记着，凡是不听教导的人，不应该为他们解除‘苦切羯磨’。解除了就应该一心和合，不再无事生非。”

般茶、卢伽听释尊那样说了，更加感觉惭愧，更加感觉释尊慈厚如父母，就从座位上站起来，脱了鞋子，偏袒右肩，长跪在大众前面，恳求大家解除他们的“苦切羯磨”。结果大家就一致同意解除“苦切羯磨”。于是，般茶、卢伽两人愉快地随着大众走回庄严和乐的精舍。

四

舍卫国的西边有一个迦尸国，也是释尊游化的地方，那里有一个富饶的居士名字叫质多罗，在他自己的庄园附近建造一所精舍，经常供养比丘僧。有一位郁多罗比丘住在那里很久，质多罗居士对他很恭敬，供养得无微不至。有一次优波斯那比丘和他的弟子们游化到那里，质多罗居士也同样竭诚招待，并且当面约请优波斯那比丘第二天到他的家里去应供。可是郁多罗比丘不在场，后来知道了就很生气，认为他是精舍的主人，质多罗居士要供养其他的比丘，应该先征得他的同意，当时就决定给质多罗居士一个下不去。第二天，郁多罗比丘和优波斯那比丘们一同到质多罗居士家里去应供，看见准备了非常丰富和精养的饮食，更加生气，就声色俱厉地呵斥质多罗居士道：

“远道的大德比丘来到这里，为什么连胡麻的欢喜丸都不准备，这还算什么供养！”

质多罗居士本来是很诙谐的，知道郁多罗比丘又动无明火，就笑着说：

“郁多罗比丘，你不要动怒，我说个笑话给你听。北方有一个卖鸡的人挑了一担鸡回去，路上有一只乌鸦飞下来和母鸡交配了生下一只小鸡，叫起来，上一声像鸡鸣，下一声又像乌鸦叫。”

郁多罗比丘听完了笑话，气得面孔变色，顿时大发雷霆，马上就要离开那里。质多罗居士连忙陪罪，请他原谅，并且挽留他不要离开那里。央求了一次不行，再次、三次也不行，郁多罗比丘终于掉臂而去。这时释尊在舍卫国，郁多罗比丘就到那里把事情的原原本本禀告释尊，释尊召集大众为郁多罗比丘作“下意忏悔”，要他向质多罗居士下意忏悔。并且说：

“凡呵责三宝、破威仪、恶口骂比丘、破比丘利养、恶口骂居士、教居士与居士争、教居士与比丘争、教比丘与比丘争、教比丘与居士争、都应作‘下意羯磨’。作‘下意羯磨’之先，应考虑三件事情：一、居士所说是否实在，二、比丘所作是否应该，三、是否可以要比丘下意。如果考虑好了，大家同意作‘下意羯磨’，由一位比丘领着那位‘下意’的比丘到居士那里，说明来意，并请他受忏悔。居士应该避到听不见讲话的地方，看着“下意”比丘如法忏诲。如果不受忏悔，应该再三说明，请受忏悔，如果居士无论如何不接受，可能是他凭借什么势力，别有用心，比丘就不应该在他那里住。”

郁多罗比丘听了释尊的训诲，非常感动，在大众前面承认自己的错误，同意“下意羯磨”，就由一位比丘陪着他到质多罗居士那里去。质多罗居士也知道自己那样讲笑话是不对的，现在释尊又要郁多罗比丘来求忏诲，心里感觉很惭愧，诚恳地接受了忏悔。等着郁多罗比丘如法忏悔完了，就出来向比丘们顶礼，要求郁多罗比丘仍旧住在精舍里，接受他的四事供养。郁多罗比丘从此痛改前非，在修行上进步很快。质多罗居士也愈加体会到佛慈的广大，加深了信心，对于比丘们的供养也更周到。后来郁多罗比丘很少离开那里，和质多罗居士结为生死不渝的道义之交。（《十诵律》卷三十一）

（原载《现代佛学》1954年10月号，署名鉴安）

从阿育王法敕刻文看佛陀遗教对于印度社会所发生的影响

一

阿育王的名字，在中国佛教徒心目中相当熟悉。相传远在秦始皇四年（公元前二四三年），西域沙门室利房等十八人携带经典来到长安，虽然并未留下什么历史上的证据，而有许多人认为可能是事实，因为正当阿育王派遣大德四出弘法的时候。据《水经注》所说，后来东汉明帝时代的楚王英曾经建造过阿育王寺。《高僧传》卷十《佛图澄传》也说过："临淄城内，有古阿育王塔。"《法苑珠林》卷三十八还说："此汉地案诸典籍寻访，有二十一塔并是育王所造"。现在浙江宁波的阿育王寺舍利塔依旧是中国佛教徒朝拜的中心之一，所以阿育王的名字在中国佛教徒心目中相当熟悉，是十分自然的。

可是汉译的《阿育王传》或《阿育王经》上，只有阿育王的本生、皈佛以及巡礼佛迹、造塔、施僧等故事，《善见律毗婆沙》上也只记载阿育王支持法藏的结集，和派遣末阐地、摩晒陀等大德至罽宾、锡兰等地弘法的事情。对于阿育王皈依佛教之后，如何把佛陀的遗教运用在施政方面，则资料非常之少。《天尊说阿育王譬喻经》云："王心甚解，欢喜无量，告天下侍养孤老，周济穷乏。"《分别功德论》卷三云："昔阿育王奉法精进，常供养五百僧众，……复后四城门中给诸穷乏。"也都只是布施、救济一方面的事情，不足以见阿育王施政的大体。我以为佛教史上的护法名王，他的施政大体一定是符合于佛陀的教法的。在这全世界佛教信徒隆重纪念佛陀的时候，把中国佛教徒所熟悉景仰的阿育王的施政大体讲讲明白，借以证明佛陀的功德于万一，对于新中国的佛教信徒，可能不是没有帮助的。

要了解阿育王的施政大体，除了法敕刻文以外，恐怕没有更可靠的资料了。法敕刻文大约分为《大摩崖法敕》、《大石柱法敕》、《小摩崖法敕》、《小石柱法敕》、《石窟法敕》、《石板法敕》六大类。它的镌刻年月，大约在公元前第三世纪。因为阿育王的生卒年代，虽然《大智度论》卷二、《异部宗轮论》、《杂阿含经》卷二十三等都说在佛灭度后一百多年，而锡兰的《岛史》第六章和《善见律毗婆沙》卷二则说是在佛灭度后218年。这一百年的参差，曾经引起过东、西洋学术界热烈的讨论，而确定为公元前272年接位，232年卒。四五十年前有斯密士如此主张过[1]，1953年苏联的阿甫奇也夫也是这样说[2]。斯密士还在他的另一名著《印度古代史》上[3]把阿育王一生重要的事迹列为年表如下[4]：

公元前年份	事迹
298	孔雀王朝第二世频头娑罗王接位。
272	阿育王接位（阿育王系频头沙罗王的第二子，兄名修私摩，弟名毗多阿育）。
269	阿育王灌顶[5]。
261	阿育王征服羯陵伽国。
259	阿育王禁止打猎，巡行各地，广布正法，并派遣弘法使团。
257	颁布《小摩崖法敕》第一章及《大摩崖法敕》第三章、第四章。命令官员每五年出去巡视一次，宣传正法。布施耆那教徒两个洞院。
256	颁布《大摩崖法敕》十四章和晓谕羯陵伽各部落的法敕。设置管理和监察佛教事务的官员。
255	扩建迦毗罗卫附近的过去佛塔。
254	颁布晓谕羯陵伽地方人士的法敕。
251	以目犍连子帝须为上首，在波吒厘子城结集法藏。颁布《小摩崖法敕》[6]。
250	布施耆那教徒第三个洞院。
249	朝拜佛教圣地，在兰毗尼园建立纪念石柱。
242	颁布七章《石柱法敕》。
240~232	颁布《小石柱法敕》。
232	阿育王卒。

阿育王留下的法敕刻文，法显法师和玄奘法师在印度留学的时候，都曾看见过一部分，记载在《法显传》和《大唐西域记》里面。如《法显传》云：

阿育王本于此作泥梨城，泥梨城中有石柱，亦高三丈余，上有狮子，柱上有铭，记作泥梨城因缘及年数日月。

又《大唐西域记》云：

（劫比他国城东大伽蓝）傍有石柱，高七十余尺，无忧王（即阿育王之意译）所建也。色绀光润，质坚密理，上作狮子蹲踞。（卷四）。室罗代悉底国给孤独园东门左右各建石柱，高七十余尺，左柱镂轮相于其端，右柱刻牛形于其上，并无忧王之所建也。（劫比罗伐窣堵国城东南窣堵波）前建石柱高三十余尺，上刻狮子之像，旁记寂灭之事，无忧王建焉。四天王捧太子窣堵波侧不远有大石柱，上作马像，无忧王之所建也。（拘尼那揭罗国婆罗林大砖精舍）如来涅槃之像北首而卧，旁有窣堵波，无忧王所建，基虽倾陷，尚高二百余尺，前建石柱，以记如来寂灭之事，虽有文记，不书日月。现足侧有窣堵波，无忧王所建也，是八王分舍利处。前建石柱，刻记其事。（卷六）。（摩揭陀国）佛迹精舍侧不远，有大石柱，高三十余尺，书记残缺，其大略曰，无忧王信根贞固，三以瞻部洲施佛、法、僧，三以诸珍宝重自酬赎，其词云云，大略斯在。（卷八）。（摩揭陀国）迦兰陀池西北行二三里，有窣堵波，无忧王所建也，高六十余尺。傍有石柱，刻记立窣堵波事，高五十余尺，上作象形。（卷九）。

《法显传》和《大唐西域记》关于法敕刻文的记载，虽然只提到石柱，而得之于亲目所见，亲耳所闻，参考的价值当然是很大的。可惜随着印度佛教的衰亡，阿育王留下的宝贵的文化遗产，也几乎隐没不彰。直到公元1356年在德里附近的废墟上发现了两根石柱，才引起注意。可是当时缺少懂得印度古体文字的人，还是不能知道它的内容和价值。1822年在印度河口格尔那尔（Girnar)山麓的大岩石东北面发现刻文，以后在尼泊尔的卡尔西（Kalsi）、印度河上流的夏巴司迦利(Shahbazgarhi)、孟加拉湾海岸的达里（Dhauli）和菩提伽耶北十五哩的巴拉巴儿(Barabar)丘洞院等许多地方，也陆续发现了不少刻文，数十年前又在奥立沙(Orissa)地方的一个农民家里发现了刻有法敕的石板。其间经过世界各国许多专家如普林什伯（J·Prinsep)、达生(Dawsen)、欧立特(S·W·Elliot)、威尔逊(H·H·Wilson)、凯伦(H·Kern)、肯宁汉(Cunningham)多麦士(F·W·Thomas)等人的苦心钻研，才把阿育王的法敕刻文读通了。这不但使印度古代历史因为阿育王事迹的被证实而得以大白于世，同时也把佛陀的功德显示了出来，就佛教界来说，它的意义就更为重大了。

二

六类法敕刻文的内容，大约可以分为下列八项[7]：

一、奉行正法。《大石柱法敕》里说，少漏、众善、慈愍、布施、真诚、清廉是正法（第二章），狂恶、不仁、瞋恚、高傲、嫉妒是不正法（第三章）。一个人要舍弃不正法，行于正法是相当困难的，如果首先看到奉行正法既能获得现世的安乐利益，又能获得来世的安乐利益，那就可以顺从了（第七章）。为了促进正法的推行，《大摩崖法敕》第五章说，阿育王（按敕文作天爱善见王Devanapiyapiyadossi,下同）在接位之后十三年，设置推行正法的官员，在一切有宗派的人民之间，各民族间乃至与西方的邻国之间推行正法，在主人与奴隶、婆罗门与吠舍、孤寡者与老人之间推行正法，使他们都能顺正法行，得到安乐利益。又《大摩崖法敕》第三章说，阿育王的各级官员，每五年要出去巡视一次，（王太子三年出巡一次，见晓谕羯陵迦地方人士法敕），教诲人民奉行正法，如孝顺父母、对朋友、亲族、婆罗门和沙门布施、不杀生，节约和储蓄等等，并检察各级官员是否按照阿育王奉行的正法办事。阿育王自己也率领着王后和王子王孙大小官员实行布施。阿育王的第二王后的布施法敕（石柱）现在依然保存着。据《石柱法敕》第七章说，阿育王认为这样做了，会使京城之内以及其他各地方都得到满足，人民将会被他的慈愍、真诚、清廉、柔和与善良所感动，而孝顺父母，敬重尊长，对高贵的婆罗门、沙门和下贱的乞丐、奴隶采取一视同仁的态度。

二、反对陋俗。《大摩崖法敕》第九章说，人民在生病的时候，嫁娶的时候，生男育女的时候以及出行的时候，都要做各种祷告，特别是妇女，更喜欢做许多细小而无意义的祷告。做这种祷告是否能达到目的是很可怀疑的，因为有时能得到一点细小的果实，有时又完全没有。其实即使得到一点细小的果实，也不过是眼前的利益而已。

三、戒杀生。《大摩崖法敕》第一章说，阿育王不许屠杀任何生物作为祭祀的牺牲品，也不许当作宴会的食品。因为过去在御厨房里每天要屠杀千百只生物是很大的罪过。又《大石柱法敕》第五章说，阿育王在接位之后26年宣布：鸳鸯、鹦鹉、鹅、鹭鹭、蝙蝠、鳖、兔、豪猪、犀、白鸠等二十三种生物和其他四足的生物都禁止食用。又，怀孕中和哺乳中的牝山羊、牝羊、牝猪也不准杀，小羊等生下来未满六个月的也在禁止屠宰之列。阉割家鸡不许，生了虫的谷物不能放进火里，不准放火烧森林，也不能用生物喂生物。四月到十一月的每月十五（月圆日），十二月和正月的初一、十四、十五三天，以及寺院里布萨的日子都不准卖鱼和杀鱼。又在这许多日子里，在饲象林里和鱼池旁边也不准屠杀生物。《大摩崖法敕》第八章还说，阿育王出去巡行的时候，取消了一般帝王的狩猎行乐，也是为了戒杀的缘故。

四、提倡医药。在《善见律毗婆沙》卷二里说过，阿育王看见比丘们生病非常痛苦，就在四城门内设置药藏，而未说明是专为比丘而设的，还是可以加惠平民的。看了《大摩崖法敕》第二章，才知道阿育王在当时设置的医疗机构普遍于全国和邻邦，并且除了人的医疗机构以外，又有兽医机构。同时还把对人畜有益的药材运销各地，广事栽培。

五、造林凿井。《大摩崖法敕》第二章说，把树苗、果苗运到没有栽培过的地方去种植，在道路两旁也栽培树木和挖凿许多水井，以供人畜遮荫和饮用。

六、重视臣下的意见。《大摩崖法敕》第六章说，阿育王命令臣下，无论何时何地，凡有关人民的政务，都可以随时随地上奏，以便随时随地处理。因为他虽然为人民做了很多事情，还感觉不满足，好像对人民负了债似的，需要还清，他认为世上没有一桩事情比为人民谋福利的事业更为重要和高尚。

七、信仰自由。《大摩崖法敕》第十二章说，阿育王对人民的各种信仰，不分在家、出家，一律尊重。同时希望各种有信仰的人专心一意，多学多知，提高自己的宗派的本质，而不自是非他，彼此相见的时候，要用自己的种种善意发言，尊敬对方的宗派。阿育王自己皈依三宝，是一个虔诚的正信优婆塞，而在巴拉巴儿地方布施给耆那教徒三个洞院，就是很好的证明。

八、宽大的民族政策。《大摩崖法敕》第十三章说，阿育王接位的第八年，征服了强邻羯陵迦国，杀伤数十万人，心里感觉到痛苦悲伤，就热心奉行正法，对于无故加害于他的人，能忍耐时都能忍耐。对于住在山林地带的少数民族，即使野蛮生事，阿育王仍旧爱抚他们，使他们反省忏悔而不加惩罚。又，晓谕羯陵迦各部落的法敕里说，阿育王专心一意希望边区人民不要因为他而生恐怖，要他们信赖他，从他接受幸福，像子女们从父母那里接受幸福一样，因为一切人民都是他的孩子。

三

阿育王奉行的正法，可以说就是佛陀遗教的一种实践。如《如来示教胜王经》云：

尔时世尊告大王曰，大王，汝今为大国主，应以正法，勿以邪法，应随法行，勿随非法。……大王，譬如父母怜愍于子，心常欲令离苦得乐，王亦应尔。于诸国邑所有众生，僮仆作使，辅臣僚佐，应以诸佛所说四摄而摄受之。何等之四？一者布施，二者爱语，三者利行，四者同事。……应愍众生皆如一子，应当至诚护持佛法，绍隆三宝，勿食余顾。

又如《佛为优填王说王法政论经》云：

大王当知，略有五种善能发起王可爱法。何等为五？一·恩养世间。谓有国王，性本知足，能为谨慎，成就无贪白净之法，所有库藏随力给施贫穷孤寡，柔和忍辱，多以软语晓谕国界。诸有群臣有故违犯不可免者，量罪矜恕，以实以时如理治罚，如是名王以正法化，恩养苍生。二·英勇具足。谓有国王，神策不坠，武略圆满，未降伏者而降伏之，已降伏者而摄护之，如是名王英勇具足。三·善权方便。谓有国王，一切好事分明了知，方便能和，摄受强党，故得摧伏一切怨敌。四·正受境界。谓有国王，善能筹量府库增减，不奢不吝，平等受用。随其时候所宜，给与所有臣佐亲族及伎乐人。又有疾时，医候食性，方以食之。五·勤修善法。谓有国王，信当来善、不善业人天果报，远离杀生及偷盗、邪行、妄言、饮酒诸放逸处。……任持正法，与诸内宫、王子、大臣，共修惠施，行好善事……

对照经文和阿育王的法敕，条目虽然不同，而精神实质是完全一样的。它推进印度当时社会的发展，在印度史上留下光辉的一页。阿甫奇也夫说：阿育王王朝是古代印度最繁荣的时期。他发展农田的灌溉工作，又建立许多医疗机构，就是繁荣的一种证明。日本的赤松祐之也说，佛教对印度民族的社会生活所给予的最大影响，就是废止由人种偏见而起的种姓制度，自此以后，印度诸种族才有全民统一的信念，孔雀王朝之所以能够统一全印实在是肇端于此。在这时候，人民向婆罗门僧无限止地献纳祭祀用费的事情，因佛教的兴盛而逐渐减少，同时国王、大臣大都信守佛教戒律，广行仁政。开运河，筑堤防，灌溉的条件改善了，各类的产量就大为增加，人民的物质生活和文化生活也随着提高，在阿育王统治的三十几年之间，达到了最高峰[8]。印度的高喀黎（B·G·Gokhale）博士说，孔雀王朝，特别是阿育王的时代，物质文化和精神文化都有相当高的发展。当时的国民经济固然以农业为主，国家的收入也大部分依靠钱粮，而农民每年收两次庄稼，除了完纳钱粮之外，其余的粮食都可以自由售出。同时贸易发达，手工业也得到重视，所以经济情况相当兴盛[9]。

这许多历史的事实，证明信奉佛陀的遗教，非但可以满足了生脱死的宗教要求，而且施行在政治方面，曾经提高古代印度人民的物质生活和文化生活。孔雀王朝虽然在阿育王去世之后不久就灭亡，阿育王的事业也随着烟消云散，而据阿甫奇也夫说是由阶级斗争和经济结合不健全的关系。那末，世界上出现了消灭剥削阶级经济又能全面规划的社会，当然更符合于佛陀的愿望了。明白了印度孔雀王朝兴衰的历史以及佛陀遗教在阿育王时代所发生的影响，再看看祖国伟大的建设，当此全世界佛教信徒共同来纪念佛陀的时候，我想新中国的佛教徒们一定会莫逆于心欢欣无比的。

附注：

(1) V·A·Smith··Asoka’the Buddhist Emperor of India《阿育王》第三版19页至71页。

(2) B·N·Abgheb··Ucrophr gpebhero boctoka《古代东方史》第二版，606页至608页。

(3) Smith··The Early history of India《印度古代史》第四版，62页至207页。

(4) 本文所列年表，又参考日宇井伯寿《印度哲学研究》第四卷335页至337页，及望月信亨《佛教大年表》。

(5) 望月年表以公元前268年为阿育王即位灌顶之年，公元前265年建八万四千寺塔。

(6) 望月年表认为阿育王于公元前251年派遣佛教使团。

(7) 参照Smith··Asoka《阿育王》149页至230页，宇井伯寿《印度哲学研究》第四卷249页至326页，姉崎正治《印度宗教史考》445页至466页。

(8)《印度民族史》60页至65页。

(9) Buddhism and Asoka《佛教与阿育王》143页，225至227页。

（原载《现代佛学》1956年5月号）

印度古代的佛教学术中心——那烂陀寺

印度古代的那烂陀寺或那烂陀大学，是玄奘法师在那里留学很久的地方，一向为中国佛教徒所怀念。苏联科学院最近出版的《世界史》卷三也说："印度的许多寺院，成为中世纪学问的中心，因而产生许多特殊的大学。其中最有名的是那烂陀大学和伐拉毗大学。中国的旅行者玄奘法师在记载里说，那烂陀大学有一万个学生，除了优先研究佛教和婆罗门教的哲学之外，还学习各种科学。"[1]可见那烂陀大学在世界历史上是有其一定的地位的。现在我简单地分为三段介绍如下。

一

那烂陀在印度现在的比哈尔省，位于菩提场和王舍城的东北方。距离菩提场不到两百里，离王舍城更近，只有一二里。《大唐西域记》卷九云："闻之耆旧曰，此伽蓝南庵没罗林中有池，其龙名那烂陀，傍建伽蓝，因取为称。从其实议，是如来在昔修菩萨行，为大国王建都此地，悲愍众生，好乐周给，时美其德，号施无厌，（按即那烂陀的意译），由是伽蓝因以为称。"这是那烂陀寺立名的传说，有人认为，那烂陀中的"那烂"两个音与"那拉"很相近，可能有联系，而"那拉"是一种莲花的名称，因此推测，在长满那拉花的池子旁边建立寺院，即取名为那烂陀寺，似乎更觉合理些[2]。相传舍利弗尊者出生于此，入灭于此。佛陀曾在此三月说法，又有佛陀到过七次之说，[3]可能都是事实。至于建立寺院，据西藏他拉那塔的《印度佛教史》所说，开始于阿育王时代，并且说龙树和提婆都曾做过那烂陀寺的学生和教师，恐怕都靠不住[4]。因为法显于公元404年朝拜王舍城的记录上并没有提到那烂陀寺。如果在法显之前，那烂陀寺已经成为有名的佛教大学的话，不应有此忽略不记的现象。同时从最近几十年间，在那烂陀寺遗址发掘出来的铭文、印章等遗物研究起来，并没有早于公元五世纪以前的记载。因此，印度的学者们认为，公元五世纪以前，在那烂陀地方即使建立过寺院，一定很小，把它扩大为佛教大学式的那烂陀寺，则是出于公元五世纪中叶笈多王朝柯摩罗笈多一世（Kumaragupta I接位于公元

415 年，卒于455 年）的谛造，柯摩罗笈多一世以后的帝王也大都是佛教徒，对于那烂陀寺都有所扩展[5]。

笈多王朝是印度史上极其兴盛繁荣的时期，文学、宗教、艺术、建筑、商业都很发达[6]。玄奘法师在那烂陀寺留学，又正值信仰佛教的戒日王在印度北部和中部建立起一个强盛的国家的时候，所以《慈恩寺三藏法师传》卷三云："印度伽蓝，数乃千万，壮丽嵩高，此为其极，"乃是很自然的事情。其后义净法师又去留学，盛况未衰，他详细地把那烂陀寺的建筑情况记载如下：

然其寺形，畟方如域。四面直檐，长廊遍匝，皆是砖室。重叠三层，层高丈余，横梁板阗，本无椽瓦，用砖平复。寺背正直，随意旋往。其房后壁，即为外面也，叠砖峻峭，高三四丈。上作人头，高共人等。其僧房也，面有九焉，一一房中，可方丈许。后面通窗，户向檐矣。其门既高，唯安一扇，皆相瞻望，不许安帘。出外平观，四面皆睹，互相检察，宁容片私。于一角头，作阁道还往。寺上四角，各为砖堂，多闻大德而住此。寺门西向飞阁凌虚，雕刻奇形，妙尽工饰。其门乃与房相连，元不别作，但前出两步，齐安四柱。其门虽非过大，实乃装架弥坚，每至食时，重关反闭，既是圣教，意在防私。寺内之地方三十步许，皆以砖砌，小者或七步或五步耳。凡所复屋，脊上檐前，房内之地，并用砖屑如桃枣大，和杂粘泥，以杵平筑，用强石灰，杂以麻觔并油及麻滓烂皮之属，浸渍多日，泥于砖地之上，复以青草，经三数日，看其欲干，重以滑石揩拭，拂赤土汁或丹朱之类，后以油涂，鲜澄若镜，其堂殿阶陛，悉皆如此。一作以后，纵人践蹋，动经一二十载曾不圮碟，不同石灰，水沾便脱，如斯等类乃有八寺，上皆平道，规矩相似。于寺东西取房，或一或三,用安尊像，或可即于此面前出多少，别起台观为佛殿矣。此寺西南大院之外，方列大窣睹波及诸制底，数乃盈百，圣迹相连，不可称记，金宝莹饰，实成希有。

从上所述，可知那烂陀寺的规模是非常宏伟的，其原因不外两点：（一）笈多王朝虽然是印度史上极其兴盛繁荣的时代，而文化仍以寺院为中心。（二）寺院文化为当时的统治阶级所重视，因而得到支持与保护。就佛教说，是一种"时节因缘"，"因缘"发生了变化，以前的"时节"也就无法重现。所以玄奘、义净回国之后，印度的巴拉王朝（Pala dynasty 公元第八至十二世纪）虽然也像笈多王朝一样护持那烂陀寺，而1197 至1203 的兵燹之灭，使那烂陀寺夷为平地，一切经像法物荡然无存。据西藏的传说，在此兵燹之后，那烂陀寺又曾经重建过，但不久被彻底毁坏[7]，埋没在漠漠黄沙之中，直到1915 年才被发现而把遗址发掘出来。现在在它的遗址旁边虽然建立了学院，但性质与以前的那烂陀寺完全不同，规模方面也就无从比拟了。

二

那烂陀寺的往事，像闪电般的一瞬，掠过了长空，但是它的一部分精神，还是值得我们参考的，可以分三点来谈谈。

（一）尼赫鲁说："那烂陀的学术地位，在整个印度受到尊重。到过那烂陀就是有文化的标志。进这所大学是不容易的，入学资格限于那些达到一定水平的人们。它是专门注重高深的研究工作的，中国、日本，甚至据说朝鲜、蒙古和布豁（Bokhara）都有学生被吸引到这里来求学。除了宗教和哲学科目（佛教、婆罗门教都有）外，非宗教性的和实用的科目亦予传授。大学内有一个艺术学院、一个建筑系、一个医学院、一个农业系；还有牛奶场和家畜场。大学里的文化生活据说这是些生动的辩论和讨论。印度文化的传布到国外，大部就是那烂陀大学里出来的学者们所做的事业"[8]。这说明那烂陀寺的教学精神，除以辩论和讨论的方式研究佛教哲理外，还学习非宗教性科目，其中并且包括生产事业，此外还注重国际间的友好往来。玄奘和义净的记载中也这样告诉了我们。

《三藏法师传》卷三云："法师在寺听《瑜伽》三遍，《顺正理》一遍，《显扬》、《对法》各一遍，《因明》、《声明》、《集量》等论各二遍，《中》、《百》二论各三遍。其《俱舍》、《婆沙》、《六足》、《阿毗昙》等，以曾于迦湿弥罗诸国听讫，至此寻读决疑而已。兼学婆罗门书、印度梵书。"又《南海寄归传》卷四云："闲斯释已（按即《声明》论译），方学缉缀书表，制造诗篇。致想《因明》，虔诚《俱舍》，寻理《门论》，比量善成；习本生贯，清才秀发，然后函丈传授，经32年，多在那烂陀寺，或居跋腊毗国。……若出家人则遍学毗奈耶，具讨经及论。"又《求法高僧传》卷上《玄照传》云：以翘敬之余，沉情《俱舍》，既解《对法》，清想律仪，两教斯明，后之那烂陀寺留住三年，就胜光法师学《中》、《百》等论，复就宝师子大德受《瑜伽十七地》。"卷下《无行传》云："禅师后向那烂陀，听《瑜伽》，习《中观》，研味《俱舍》，探求律典。"这都是那烂陀寺佛教课程的重要项目。其中除了声明（语言文学）一课以外，大概先学因明（包括《集量论》等），次《俱舍》（包括《婆沙》、《六足》、《顺正理》等），次戒律，次《中》、《百》等论，最后是《瑜伽十七地论》等，吕秋逸先生称为"五科佛学"，是完全正确的[9]。

学习的方法，在《三藏法师传》卷四里也记载得很明白：

时戒贤论师遣法师为众讲《摄大乘论》、《唯识决择论》，时大德师子光先为众讲

《中》、《百》论，述其旨破《瑜伽》义。法师妙闲《中》、《百》，又善《瑜伽》，以为圣人立教，各随一意，不相违妨，或者不能会通，谓为乖反，此乃失在传人，岂关于法也。愍其局狭，数往征诘，复不能酬答，由是学徒渐散而附法师。

从这一段记载上面，可以知道那烂陀寺在讲学方面是不专于一宗一派而有自由讲学的风气，并且注重辩论，辩论输了的人，像师子光论师可以“惭赧”而离开那烂陀寺，但不因此而党同伐异，所以戒贤论师在师子光离开那烂陀寺之后，又派他和玄奘法师同去对付乌荼国的小乘论敌。这种认真而又和合的精神，我以为是应该重视的。

（二）关于那烂陀寺的建筑系，可以从上述那烂陀寺的建筑情况得其彷彿；艺术学院则可从发掘出来的造像等文物设想其规模；农业系的资料很少，医学院的教学情况，可以从义净法师在《南海寄归传》里所说的推知一二。他说：“世尊亲说《医方经》曰，四大不调者，一窭噜，二燮跛、三毕哆、四婆哆。初则地大增，全身沉重，二则水大积，涕唾乖常；三则火大盛，头胸壮热；四则风大动，气息击冲；即当神州沉重、痰阴、热黄、气发之异名也。”又云：“西方《五明论》中。其医明曰，先当察声色，然后行八医，如不解斯妙，求顺反成违。言八医者：一论所有诸疮、二论针刺首疾、三论身患、四论鬼瘴、五论恶阿揭陀药、六论童子病、七论长年方、八论足身力。言疮事兼内外，首疾但目有头，齐咽已下名为身患，鬼瘴谓是邪魅，恶揭陀遍治诸毒，童子始从胎内至年十六，长年则延身久存，足力乃身体强健。斯之八术，先为八部，近日有人略为一夹，五天之地，咸悉遵修。”因此可以揣测那烂陀寺医学院的医药理论科目，可能就是这样。

治疗方法，据《南海寄归传》云：“此等医明，傅乎帝释，五明一数，五天共遵。其中要者，绝食为最。”也就是说，疾病发生了，首先要用饥饿疗法，不进饮食，“纵令大渴，勿进浆水。或一日二日，或四朝五朝，以差为期。”如绝食而病仍不愈者，才“随方处疗，若苦渗汤偏除热病，酥油蜜浆特遣风痾。”这固然说得非常简单，但不难推知那烂陀寺医学院的治疗课程也是相当繁重的。

那烂陀寺重视医药研究的风气，可能渊源于原始僧伽制度，所以现在锡兰的上座部佛教寺院里还特设医药一科目[10]。这种“自益济他”的务实精神，在这大跃进的时代，尤其值得我们重视。

（三）那烂陀寺不但学科完备，而且规范严整。《大唐西城记》卷九云：“僧有严制，众咸贞素，印度诸国皆仰则焉，”此中所谓严，在《求法高僧传》卷上有所说明：

寺内但以最老上座而为尊主，不论其德，诸有门钥每宵封印，将付上座，更无别置寺主维那，但造寺之人名为寺主，梵云毗诃罗莎弥。若作番直典掌寺门及和僧白事者，名毗诃罗波罗，译为护寺。若鸣犍椎及监食者。名为羯磨陀那，译为授事，言维那者略也，众僧有事集众平章令其护寺。巡行告白一一人前，皆须合掌各伸其事，若一人不许则事不得成，全无众前打槌秉白之法，若见不许，以理喻之，未有挟强便加压伏。其守库当庄之流，虽三二人，亦遣典库家人合掌为白，若和方可费用，诚无独任之咎，不白而独用者，下至半升之粟，即交被驱摈。若一人称豪，独用僧物，处断纲务不白大家者，名为俱锣钵底，译为家主，斯乃佛法之大疣，人神所共怨，虽复于寺有益，而终获得罪弥深。

从这一段记载看来，那烂陀寺的管理方法，井井有条，不但采用民主方式，而且“利和同均”，玄奘法师之所谓“严制”，意谓那烂陀寺严格制定的合理的制度，大家信守奉行，而不依靠挟强压伏的方式。这在我们现在看来，也是可供参考的。

三

那烂陀寺毁灭了近七八百年，而仍为大家所怀念，其原因除了上面所说的以外，还有一项，那是对文化有所贡献。《慈恩三藏法师传》卷三云：“僧徒主客常有万人，并学大乘兼十八部，至俗典《吠陀》等书，因明、声明、医方、术数亦俱研习。凡解经论二十部者一千余人，三十部者五百余人，五十部者并法师（按即玄奘法师）十人。唯戒贤法师一切穷览，德秀年耆，为众宗匠。寺内讲座日百余所，学徒修习无弃寸阴。”这是玄奘法师亲身经历过的那烂陀寺僧众们学习的情况。他们不弃寸阴，孜孜研究。在一万人中，通二十部经论者多至一千人，占十分之一，通三十部经论者多至五百人，占二十分之一，可见其水平之高。因此印度佛教史上空有两宗的大乘论师大都出身于那烂陀寺。兹先根据1954年印度出版的《印度人民的历史与文化》第三卷[11]列表如下，然后再加以说明。

上表空宗龙树一系的罗睺罗跋陀罗，据西藏所传曾经做过那烂陀寺的住持，因其出生年代较早，可能不是事实，但僧伽罗悉达约与无著同时，其三传弟子月称就做过那烂陀寺的住持，加耶提菩、商谛提菩和萨婆那蜜多罗也都是那烂陀寺著名的教授。其次有宗弥勒一系的世亲也是那烂陀寺的住持，他的徒子法孙都在那烂陀寺著书立说，使那烂陀寺的学术地位，更加提高。月称在当时被称为佛护“再来”，而佛护在南印度檀多波拉（Dantapura）地方宣扬龙树提婆的学说，发展了中观的理论，至今西藏佛学中的“中观见”，还是以佛护、月称的学说为准绳。世亲是有宗一系的集大成者，他的德业著作由于玄奘法师的传译，我们非常熟悉。他的门弟子陈那和法称对于因明（印度逻辑）有创造性的发展。护法的天分极高，多罗那他的《印度佛教史》上说他能背诵一百部大经。他既从月称问业，又从陈那学法，洞彻空、有两宗的精微，所以他的著作，解决了佛教思想发展过程中一系列的问题，凡是读过《成唯识论》的人，大概都能知道。

大乘佛教无非空、有两轮，而其学说都是从那烂陀寺发展起来的。这个发展，不仅丰富了佛教的内容，而且在印度思想史上，至今还有其一定的影响，所以苏联科学院出版的世界史上还要提到它。

那烂陀寺辉煌的成绩，有的已成过去，无法重视，有的还有其现实的意义，可资取法。现在再来提一提，对于我们，特别是从事佛教教育工作的人，不是没有帮助的。

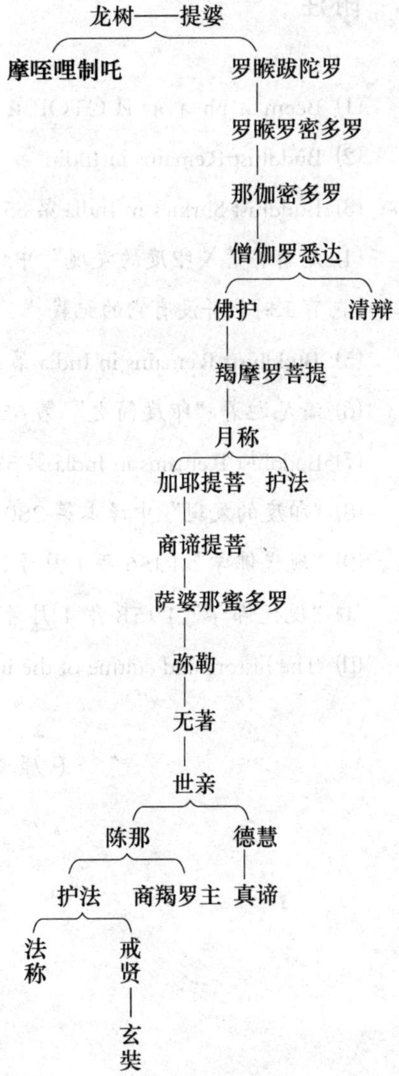

附注：

(1) Bcem и ph а я И СТОР и я TOM Ⅲ第316页。

(2) Buddhist Remains in Indin 第46页。

(3) Buddhist Shrines in India 第85页。

(4) 尼赫鲁著“印度的发现”中译本158页云：“没有人知道它（那烂陀）在什么时候开始工作的，阿育王时代并没有它的纪载。”

(5) Buddhistt Remains in India 第47页。

(6) 潘尼迦著“印度简史”第65至66页。

(7) Buddhist Remains in India 第51至52页。

(8) “印度的发现”中译本第280页。

(9) “现代佛学”1956年1月号吕澂著奘净两师所传的五科佛学。

(10) “现代佛学”1958年4月号了参著“锡兰佛教杂谈。”

(11) The history and cultme of the indian people Volume Ⅲ， The Classical age 第380至388页。

（原载《现代佛学》1958年8月号，署名毓之）

创立黄羊山养道法会弘常住永明宗普照大师传

传曰：维世至季劫，时危民瘼，不有异人笃生，何能拯斯厄运？溯夫导衍灵源，必其种姓真正，因缘具足者，方克符兹祯会。若我创立黄羊山养道法会，弘常住永明宗之普照大师者，以大愿力，乘象选生，应期诞降，此其因缘，固非寻常等闲之事矣。

大师法讳佛光，一名能修，俗姓王氏。龙江望族，家世仁孝。少怀倜傥，长益巍峻。爱老如亲，视病如己，惠泽所被，人钦若圣。又以天纵辩慧，聪悟绝众，群书博涉，一览无遗。民国五年，毕业北洋法政大学。十一年，以省议员出长吉省教育。时大师年三十四岁，桃李盈门，声华籍甚，乡党咸以大器期之。大师亦以翱翔青云，世俗荣华，萃于一身，颇顾而乐之。是年秋，值父病疽，子复伤腿。医者于施术之际，因未用麻醉剂，致痛不可忍，呼号宛转，惨人心脾。时大师随侍养护，吁天求代，不得。顿悟人命苦空无常，生老病死，各自承当，虽有孝子贤孙，亦无能为役。于是捐弃世乐，尽捨家财。南去浙，入太白山中，求慧明老和尚为之披剃。继投天童寺，受具足戒。从此萧然尘外，法喜自娱。

寻以头陀行遍参十方，始知末法道衰，众生无所依止。乃复北归，结茅河北省房山县之上方山中，潜心探索波罗提木叉之隐赜。盖比丘之制，五夏以前专精戒律，持之者，违背凡情，随顺圣道也。如是韬迹晦光，束身摄心，精进坚恒，竟得契佛心源，尘劫凝滞，当下冰消，无边妙义一时尽晓。念夫比丘必须习律有所，方能三业清净，护养戒体，成净法身。遂更进而以正法住世之心，发绍隆佛种之愿。于察哈尔省涿鹿县属黄羊山，立十八净愿，成养道法会一所。并分设男女两道场于清凉寺常住寺中，订定共住规约十条，曰：一、三年不下山。二、安居静室，不游他房。三、先自专修，不管他事。四、不发信件。五、不收信件。六、不会见山外之人，不闻不问不言山外之事，除因法情眷属主要因缘。七、非因自己指使索物，不与侍者闲言语。八、非因普会病缘，不与诸师闲言语。九、愿乐自修，觅友代护，故自定自行此约，更共定共行此约。十、违约者去，合约者住。会中不置方丈并诸执事，以僧腊之先后分上中下座。大师则欲然退处末席，自居于学人侍者之列。一切泯除我见，依教奉行，有义务，无权利。此所以名山有安禅之地，兰若无夺席之争也。

道场之中，僧寮井井，人各一室。既不开堂示众，亦不弘宗演教。一任行人各就自性之所近，自由依戒进修。苟为如来经教所宣说，大师惟依照佛制，恭敬护持而已。绝不主张某法门与道是否相应，某宗与时是否逗机，力泯以法毁法之实，俾法轮常转，本师无量法门，一一大放光明。不分宗派，不轻初学，不慢毁戒。并以蹈律行义，已躬下事，丰于供人，薄于约己之旨，为天下倡。一时道俗闻风向往，承学之士有不辞梯山航海之劳，远自西竺印度，登跃相从者，其盛况可知。

山中不畜世产，亦不执持金银生像。故每年春秋二季，大师必效乞食之制，代诸师下山。缘募道粮。所至宣扬真谛，弘布妙偈，闻其教者，破千年之暗，消恒沙之业，敬僧爱僧之心，油然而兴。故圆音所及，贪则施，暴则敛，刚则随，戾则顺，昏则开，堕则奋，自荣者慊，自坚者化，徇私者公，溺情者义，如沧海之味混百川，须弥之色吞群鸟也。功德之钱，亦络绎于途，云集来会。清修之士，以诸缘具足，无虞匮乏，身心俱安，故殊功悉倍，妙行皆圆。屡有乳窦重流，枯井复涌，苗结双穗，荆条再茂，梅开二度，沉昏夜晓，冬葵发艳，百鸟衔花，甘露呈祥等瑞。夫捐江海而陆注之，彼士大夫所难者，而大师顾独易之，其所以致此者，洵有道矣。

吾教自达摩西来，世系相传，至六祖下，支分派别，遂有五宗之建立。逮宋永明禅师，虽为法眼嫡孙，确圆涅槃心地，所纂《宗镜录》，万善同归，唯心诀等种种妙典，悉能一一深彻诸宗之源，究意禅密净教之底。前贤所谓超出历代诸大善知识之上，而为六祖以后第一人者，诚非虚语。惜乎迄今八百余年，未为立祖。大师每读妙典，喜感传心，思为别立一宗，俾后之学者，有所标依。爰于民国三十年夏历九月廿六日，启白七众慕法同学，在黄羊山养道法会中盛设坛仪，建立新宗，曰常住永明宗，尊永明寿禅师为初祖。大师亦自更法名曰常永明，字广灵。自此永明禅师之微言妙义，真如法味，得以灿然备陈于世间。大师之识力愿力，回绝寻常如此，诚阇梨之雄也。宜其上应付嘱，下拯昏萌，可以荷担如来大法者矣。

不幸芳规初启，道体顿殚，大师竟于民国三十四年（1945年）夏历二月初八晨子时赍志西归，寿五十八岁，出家二十五年，实行安居结夏二十三次，故僧腊亦为二十三也。大师丰资挺特，道范肃人，貌奇古，广额深目，卓然物表，如唐贤素画之阿罗汉像，见者无不生欢喜心，去烦恼想。平时身行禅，心持律，起居动息，皆有常节，应事接物，务为密行，不以戒律成缚，不以义解为祟，不拘泥因果，不荡心虚灭，观机说教，多依孝敬之言，闲邪存诚，一归诸于圆真妙心。自出家至于涅槃，言不诳，心不曲，喜怒自平，逆顺常一。日中一食，一锡飘然，无私欲之营，无物累之患，廓然大公，六根不染，故四大分离之时，无恋着念，亦无厌弃想。

尝曰："佛法超科学而建立，一切信而有徵。我以平等之心敬僧相，依戒之心学净行，念作常随，一以绍隆佛种，正法常住在世为愿。至诚恭敬，劝请十方大德，先隐居深山，一心养道，待真参实证后，再行下山作弘法利生之事，庶几月印千江，日明万国，法法成就，咸得圆通。"（下略）——编者

民国37年7月10日重抄本

（原载《觉有情》第九卷第八期，署名万钧）

士行法师

晋代有一位士行法师，是颍川人，未出家前原姓朱，是一个读书人，出家后对经典用功很勤，且梵行精严，有人荐举他去作官，他心毫不动摇。有人辱骂他，他也能忍受。当时国内所奉经典只有小品，很不完备，而且经内章句缺略，意义多不明白。魏甘露五年，他为着寻求经藏，先到雍州，后一直到了于阗，经历着许多国家，冒着很多危险。这时候，西域很多僧徒。所学的都是佛法中的小品，听到了士行法师要求大乘诸经，很觉奇怪，都不把大乘经典给他，并对他说："我们这里的人一直认小品为正法的，你来了以后，反惑乱我们的心。"坚决的拒绝士行法师的要求。士行法师就对他们说："依照佛经告诉我们，佛法应当流入东方。倘疑这话不是佛说，我以万分诚意来证明他是千真万确。"说了以后，他就堆起许多柴，柴中灌以油，点着了火就焚起来了，一时烈焰腾空，火势正旺。那时士行法师捧着经，跪在地上作着誓言说："佛法应当传入汉地，这是出在佛的金口。恳求诸大菩萨大显神通，来证明这话的正确。倘若我达不到目的，情愿留骨在这里。"他把誓言宣读毕，就把带来的佛经一一投入火中。可是经在火中烧了很多时，积灰已很多了，经文却并未烧毁，依旧和未投入时一样。而且经在火中时，字字发着光明，是人人目睹的。于是当地的人都对士行法师很是敬仰，留他供养。他在西域居住五年，到各地宣传佛法。先遣弟子法饶，送梵文经典到陈留仓恒水南寺，计九十篇，共二十万言。那时河南有位竺叔兰居士，也通梵文的，亲共传译，今所留存的有《放光首品》及《楞伽》诸经。后士行法师回国，居白马寺，年至八十圆寂。寂后荼毗，烧至一日夜，尸形仍是完整。当时国人都对之很是惊异！对他默默说："若真得道法，臭皮囊应当毁坏。"说后，尸体便应声碎散。其中得舍利很多，都光彩耀目。他的弟子慧志乃为他建塔藏骨，并为他作传。这里我们应该注意，这位士行法师是比法显法师还要早出国取经的。

（原载《觉讯月刊》1954 年第 8 卷第 6 期 署名天行）

龙树提婆与无著世亲

从释尊的“本生故事”、多才多艺以及原始僧团的宁静和乐等看来，佛教的真精神可以说是寄托在“大乘”这一方面的。佛灭度后，最先阐扬大乘佛教的是龙树菩萨。我国传承的大乘八宗当中，三论宗和天台宗的初祖就是龙树菩萨。华严宗的二祖、真言宗的三祖、净土宗的二祖（旧传）、禅宗的十四祖也都是龙树菩萨，即此可以知道龙树菩萨与大乘佛教的关系是何等的深切。

龙树菩萨是南印度毗连婆国人，生卒年代还没有十分确定的说法，大约在公元150年至250年之间，也属于婆罗门种姓，从小就受了良好的教育。据鸠摩罗什译《龙树菩萨传》上说：“在乳哺之中，闻诸梵志诵四《韦陀》典各四万偈，偈有三十二字，皆讽其文而领其义。弱冠驰名，独步诸国。天文、地理、图纬、秘谶及诸道术，无不悉综。”可见他也像释尊一样是多才多艺的人。不过他曾经误用聪明，学习邪法，几乎因而丧命。生死的迫胁，内心的负疚，促成他皈趣佛门，发心出家。

我们知道，印度佛教界在释尊灭度以后的六七百年当中，由于见解的不同而分裂为十八部。这许多部派的共同缺点，据最胜子菩萨等著《瑜伽师地论释》上说：“佛涅槃后，魔事纷起，部执竞兴，多著有见”。所谓“有见”，简单地说，就是不能如实了解释尊所说“缘起”、“无我”的道理而执以为实有的意思。这样的“有见”和佛教的“胜义”违背，致使一般佛教徒的思想陷溺在繁琐的教义纷争之中，而行动也和现实社会脱节。那时，大乘经典如《大般若经》、《华严经》、《维摩经》、《首楞严三昧经》、《妙法莲华经》、《大无量寿经》、《思益梵天所问经》、《华手经》、《阿閦佛国经》、《弥勒菩萨所问本愿经》、《般舟三昧经》等，虽然已经相当流行，但是还没有一种著作能够融摄大乘的精神，以纠正小乘的缺点，所以当时的大乘经典还不能在佛教界发生主要的作用。《龙树菩萨传》上又说：

……诣一佛塔出家受戒。九十日中诵三藏尽，通诸深义更求诸经都无得处。遂入雪山。山中有塔，塔中有一老比丘以摩诃衍经典与之。诵受爱乐，虽知实义，未得通利。周游诸国更求余经，于阎浮提中遍求不得。外道论师、沙门义宗咸皆催伏。即起骄慢心，自念言，世界法中津涂甚多，佛经虽好，以理推之故有未尽，未尽之中可推而演之以悟后学，于理不违，于事无失，斯有何咎。思此事已，即欲行之。立师教戒，更造衣服。令附佛法而有小异。欲以除众人情，示不受学，择日选时当与诸弟子受新戒、着新衣。

这段记载正说明当时佛教界的思想相当混乱。龙树菩萨初出家，读诵了大小乘经典而不能尽决所疑，所以要推演佛理，自创新宗。这固然是龙树菩萨一时的鲁莽之处，但也可以见出他的魄力和识量。后来，据《传》上说，是大龙菩萨接他到龙宫里去阅读了很多大乘经典，不过又有人说南印度的民族当中，本来有一族叫做“龙族”，大龙菩萨可能就是龙族的大德。这是有关考据方面的问题，我们且不去管他，但有一点是可以肯定的，就是龙树菩萨在计划创立新宗之后，又钻研了许多前所未见的大乘经典，因此改变了原来的计划，而把自己的聪明才智用在“造论”上面。龙树菩萨所造的许多“论”，大概可以分为两类：一类解释经文，如《大智度论》是解释《大般若经·第二分》的，《十住毗婆沙论》是解释《华严经·十地品》的。又一类是总括大众要义，破外斥小，如《中论》、《十二门论》都是非常精悍的作品。自从龙树菩萨发表了大乘论，将“世出世间不二”、“烦恼菩提不二”、“生死涅槃不二”的大乘义理，从小乘的雾霾里透露出来，就像云开见日一样，精光灿烂，照耀着一切事物。印度的佛教就从小乘时期转入大乘时期。中印度憍萨罗国的引正王为了护持大乘佛教，在国西南三百余里的黑蜂山为龙树菩萨建立一所大伽蓝，玄奘法师《大唐西域记》卷十云：

去山十余里凿十孔道，当其山下仰凿疏石。其中则长廊步檐，崇台重阁，阁有五层，层有四院，并建精舍，各铸金像，量等佛身，妙穷工思。自余庄严，唯饰金宝。从山高峰，临注飞泉，周流重阁，交带廊庑。疏寮外穴，明烛中宇。……招集千僧，居中礼诵。龙猛菩萨（即龙树的异译）以释迦佛所宣教法及诸菩萨所演述论，鸠集部别，藏在其中。上第一层唯置佛像及诸经论，下第五层居止净人资产什物，中间三层僧徒所舍。闻诸先志曰，引正营建已毕，计工人所食盐价，用九拘胝（拘胝者唐言亿）金钱。

从中印度引正王为龙树菩萨建立伽蓝的记载上推想，大乘思想在当时的影响确实是非常之大的。又义净法师《南海寄归内法传》卷四云：

龙树菩萨以诗代书，名为苏颉里离佉，译为密友书，寄与旧檀越南方大国王号娑多婆汉那，名市寅得迦，（此王与引正王是一是二，待考）可谓文藻秀发，慰诲勤勤，的指中途，亲逾骨肉。……五天创学之流，皆先诵此书赞；归心去仰之类，靡不研味终身。若神州法侣诵观音遗教，俗徒读《千文》《孝经》矣，莫不钦玩，用为师范。

龙树菩萨的《密友书》在我国有三种译本，以义净法师所译的《龙树菩萨劝诫王颂》为最完善，颂前并注明："寄与南印度亲友乘土国王"，可见龙树菩萨的教化普被之广，邻国的佛教徒就有闻风倾慕，远来参学的，提婆菩萨是其中的杰出人才。

据《大唐西域记》上说，提婆菩萨是锡兰国人，他渡海入印求见龙树菩萨的时候，龙树菩萨盛了满钵的水，命弟子拿去放在他的前面，提婆菩萨看见了，一言不发，从容地把一枚针投入钵里。龙树菩萨听了弟子的汇报，非常高兴，就许可提婆菩萨进见。晤谈之下，龙树菩萨很赏识他，认为"法教弘扬，伊人是赖"，就授以"至真妙理，法王诚教"。提婆菩萨也"五体投地，一心归命"，成为龙树菩萨的传法之人。可是"钵水投针"的意思，龙树菩萨门下的许多弟子都不明了，龙树菩萨又对他们解释道："满钵盛水表示我的智慧和学问很渊博。把针投入，一沉到底，表示能够继承和钻研我的学问。这个意义本来是很简单的。但他能够马上领会，这就不同凡响了，因此我传法给他。"这个故事，很像我国禅宗祖师们所运用的机锋，所以禅宗推尊龙树、提婆两菩萨为祖师，实在不是出乎偶然的。

提婆菩萨又名圣天或迦那提婆，据鸠摩罗什译《提婆菩萨传》上说，提婆菩萨豁达大度，乐于施舍，曾经为大自在天施舍左目，仅存一目，故曰迦那，迦那就是一只眼睛的意思。后来因为南印度一个国王不信佛法，他就改换了服装应募为国王的大将，立了很多功劳而不要什么报酬，因而引起国王的惊愕和询问，提婆菩萨这才说明自己的来历，引导国王崇敬佛法。外道们不服，提婆菩萨就倡议开会辩论，并且说，如果辩论输了，甘愿斩首谢众，因为他不需要愚痴的头颅。外道们听提婆菩萨那样一说，也议论纷纷，表示同样的决心，可是提婆菩萨对他们说："我如果输了，一定斩首，如果你们输了，可以不必斩首，皈依佛法，做我的弟子就是了。"外道们当时还不服气，和提婆菩萨辩论了很久很久，没有一个人能够难倒提婆菩萨，结果都皈依佛法，成为提婆菩萨的弟子。大乘佛教经过提婆菩萨那样的舍命弘传，扩大了龙树菩萨的影响，而他自己也得到了"圣天"的美号。

提婆菩萨的著作，如我国有译本的《百论》、《广百论本》、《百字论》、《破楞伽经中外道小乘四宗论》及《释楞伽经中外道小乘涅槃论》等都是"破他"的论著，对于弘赞大乘，有其伟大的作用，可是也因此而遭受外道们的嫉忌。据《传》上说，提婆菩萨是被外道刺死的。龙树菩萨住世可能比提婆菩萨为久，《大唐西域记》卷十说："龙猛菩萨闲约术，飧饵养生，寿年数百，志貌不衰。"可见寿命相当长。关于他的圆寂，《传》上说：

有一小乘法师，常怀忿嫉。龙树问之言，汝乐我久住世不？答言：实不愿也。退入闲室。经日不出，弟子破户看之，已蝉蜕而去。

龙树菩萨的灭度，无疑与小乘佛教徒有密切的关系。从这里我们可以知道，大乘佛教经过龙树菩萨的提倡，提婆菩萨的弘护而普被全印，佛陀的积极精神掩没了消极自了的小乘思想。但小乘佛教以及外道旁门的势力并没有根本消灭，死灰复燃，急而反噬，随时都有可能。在提婆菩萨与龙树菩萨先后逝世之后，印度佛教思想又渐呈混乱的状态，继承龙树、提婆的业绩，起而挽救的是无著菩萨和世亲菩萨。

无著、世亲两菩萨是同胞兄弟，生卒年代大约在佛灭后九百年左右，即公元四五世纪之间，约后于龙树菩萨二百年。无著菩萨是北印度健驮罗国布路沙城婆罗门憍尸伽的长子，在化地部出家后，学习小乘空观，毫无所得。据说他那时非常痛苦，要想自杀。有一天，看见一个人用劲地把铁棒在棉花上磨，他好奇地问那个人做什么，得到的回答是磨成绣花针。他更加奇怪，不觉失笑起来，那个人正色说道："把铁棒在棉花上磨成绣花针固然不容易，但磨的日子久了，不怕不成功，同你们出家人修行一样。"无著菩萨一经提醒，顿时豁然大悟，拜谢了那个人回去，加倍努力用功。那时佛教界的情况，据《瑜伽师地论释》说：

龙猛菩萨证极喜地，采集大乘无相空教，造中论等，究畅真要，除彼有见；圣提婆等诸大论师，造百论等，弘阐大义，由是众生复著空见。

这里所说的"空见"，指一般佛教徒的沉空滞寂，漠视客观的存在而言，当然不能使好学深思的无著菩萨满意，他就到逾阿逾阇国从弥勒菩萨问学。

弥勒菩萨的著述，旧传《瑜伽师地论》等五大部，虽然不完全是弥勒菩萨自己作的，但可从而知道弥勒菩萨的学说大概有几个特点，如：建立三性，分瑜伽为十七地，说有无种姓人等，都和龙树菩萨的学说不尽相同。无著菩萨从他受业，加以锤炼发挥，造成《显扬圣教论》、《大乘庄严经论》、《大乘阿毗达磨集论》、《摄大乘论》等几部重要的著作，奠定了第二期大乘的思想。这对龙树、提婆的无相空宗言，称为法相宗。法相宗批判地吸取了小乘部派思想当中比较有价值的东西，融贯在"无住涅槃"的大乘菩萨行里面，既无"执有"的过失，也避免了"沉空"的讥诮；所以有一位学者说："大乘之学，至此而精纯，而究竟。譬之华木，龙树说为其苞，弥勒说为其华，无著说乃其果实也。"这个论断大致是不差的，所以无著菩萨的学说在中印度一带极为盛行。但把小乘佛教不正确的思想完全摧毁，以张大大乘佛教的门庭，犹有待于他的弟弟世亲菩萨的努力。

世亲菩萨是在西印度一切有部出家的，相传他的亲教师觉亲大德曾为数论外道所辱，他就造《七十真实论》驳斥数论外道，得到阿逾阇国超日王的嘉赏。后来他又造《俱舍论》评破一切有部的根本大论《毗婆沙》（义为广解），威望更大。超日王的太子新日曾经从世亲菩萨受戒，接位以后留他住在阿逾阇国受供养，可是新日王的妹夫婆修罗多是外道师，引用外道经论破《俱舍论》，因而引起一场争辩。胜利当然属于世亲菩萨，但婆修罗多并不甘伏，怂恿众贤论师造论救《毗婆沙》义，同时要求和世亲菩萨面决胜负。据真谛译《婆薮槃豆法师传》（义即世亲，或译天亲）云：

天亲知其虽破不能坏《俱舍》义，不复将彼面共论决。法师云，我今已老，随汝意所为。我昔造论破《毗婆沙》义，亦不将汝面共论决，汝今造论，何须呼我。有智之人，自当知其是非。

从这一段记载上面，可以知道世亲菩萨的大半生中都是和外道、小乘打交道，没有对大乘佛教用过功，所以主张大乘非佛说。那时无著菩萨年老回原籍休养，深恐世亲菩萨造论破斥大乘，就写了一封急信给世亲菩萨道："我得了重病，请你赶紧回来。"世亲菩萨得信马上回去，看见无著菩萨还很康健，深觉诧异。无著菩萨恳切地对他说："我的病在心里，并且是为你而起。你不信大乘，时常毁谤，将来一定要遭受苦报，我们同胞兄弟焉得不为你担忧，这就是我的重病了。"世亲菩萨被无著菩萨深挚的友爱所感动，就虚心地向他请教。无著菩萨倾筐倒箧，详为解释，世亲菩萨也细心钻研，反复徵验，最后才肯定"小乘为失，大乘为得，若无大乘，则无三乘道果。"世亲菩萨既然肯定了大乘的价值，就深自悔责以前毁谤大乘的过失，他对无著菩萨说："我以前因为有舌头的缘故毁谤大乘，现在知道错了，只有把舌头割下来才可以谢罪。"无著菩萨恳切地回答他道："你这又错了。毁谤大乘的过失，纵割千舌也不能补救。可是你如果发心造论解释大乘教理，以前的过失也就消灭了。"无著菩萨吩咐了世亲之后不久就圆寂，年龄大约七十五岁。世亲菩萨禀承遗诫，开始造大乘论，其最精要的是《唯识二十论》、《唯识三十颂》、《摄大乘论释》、《辩中边论》、《佛性论》等。《传》上说："凡是法师所造，文义精好，有见闻者，靡不信求。故天竺及余边土学大小乘人，悉以法师所造为学本，异部及外道论师闻法师名莫不畏伏。"总之，大乘佛教在世亲菩萨时代已经登峰造极，小乘佛教不正确的思想廓清殆尽，以后在印度就没有重行振作。可惜世亲菩萨转入大乘较晚，他发心造大乘论的时候，已经精力衰惫了。所以《唯识三十颂》没有来得及造长行就圆寂在阿逾阇国，年龄大约八十岁。

世亲之后，大乘论师如陈那、护法、佛护、月称等都是很著名的大德。他们的立论，虽然不出龙树、无著两大系的纲领，而门户见深，互相水火，大乘佛教又逐渐支离破碎起来。以后印度佛教日益从俗，以至于和婆罗门教不分彼此，再加上外来势力的摧残，佛陀的教化也就在印度逐渐暗淡下来。但在我国以及其他国家的影响还很显著。我们抚今追昔，对于龙树、提婆、无著、世亲四位菩萨弘护佛教真精神的功德是永远不应该忘记的。

（原载《现代佛学》1954年11月号，署名鉴安）

道安法师

在我国佛教史上，除了鸠摩罗什和玄奘法师以外，对于我国佛教贡献最大的，恐怕要算东晋时代的道安法师了。慧皎《高僧传》用三千多字记载道安法师，而属于遗闻轶事者占十之八九。在那许多遗闻轶事当中，如“四海习凿齿”“弥天释道安”的酬答，习凿齿写给东晋朝的宰相谢安推尊道安法师的信，郄嘉宾赠送一千斛米而道安法师只淡淡地回答了“损米弥觉有待之为烦”九个字，以及谏阻苻坚伐晋等等，也见于《晋书》、《世说新语》、《弘明集》等书，都是传诵当时，流誉后世的佳话。从那许多遗闻轶事上面，我们可以知道道安法师的风度识量实在超越常流，习凿齿称赞他为“非常的有道之士”是很确当的。但单从那许多遗闻轶事上去看道安法师，我以为是不能够知道他对于我国佛教有多大贡献的。现就道安法师时代的佛教情况、道安法师的法系及年历、道安法师对于我国佛教的贡献，分段述之如下，希望能够从而说明道安法师的伟大之处。

一 道安法师时代的佛教情况

自佛教传入我国到道安法师的时候，已经有三百四五十年的历史，在这绵长的岁月当中，西来大德如安世高、支娄迦谶、竺法护等翻译了很多经典，有关于“禅数”的，也有关于“般若”的，可以说具体而微。但禅数杂于方术，而般若比附老庄。如《菩萨内习六波罗密经》（费长房《历代三宝记》谓为汉人严佛调译，僧祐《出三藏记集》失载）以“守一得度”解释禅波罗密，《阿那律八念经》（此经《历代三宝记》谓汉支曜译，《出三藏记集》卷三安公失译录中著录）也说：“何谓四禅，惟弃欲恶不善之法，意以欢喜，为一禅行。以舍恶念，专心守一，不用欢喜，为二禅行。……”可是道教里面的《太平经》卷九十六说：“守一者可以为忠臣孝子，百病自除，可得度世。”《经钞》乙之五也说：“守一明之法，长寿之根也，万神可御，出光明之门。守一精明之时，若火始生时，急守之勿失。”又《抱朴子.地真篇》说：“守一存真，乃能通神，少欲约食，一乃留息。”这就未免混淆不清了。道安法师的亲教师佛图澄，《高僧传》上说他“风姿详雅，妙解深经，傍通世论。讲说之日，止标宗致，使始末文言昭然可了。加复慈洽苍生，拯救危苦。”我们当然是相信那样说法的，但《晋书》卷九十五《佛图澄传》则云："少学道，妙通玄术。永嘉四年来适洛阳，自云百有余岁。常服气自养，能积日不食。善诵神咒，能役使鬼神。"此外都是些奇奇怪怪的故事，全篇两三千字，没有一句讲到佛法。这是为什么呢？因为汉魏时代最重方术，谶纬迷信的观念深入人心，几乎可以左右朝政，对于人民生活习惯的影响当然更大，所以当时的历史家就很自然地把佛图澄歪曲了。这是道安时代佛教情况的一方面。

两汉帝王崇尚黄老，东汉桓帝宫中还并祀黄老、浮图。到了魏晋南北朝，由于兵祸连绵，社会紊乱，当时的知识分子，一部分人思想苦闷，感觉没有出路，一部分人投靠统治阶级，帮助他们设法麻醉人民，就提倡研究《老》、《庄》、《周易》所谓三玄之学。名士们满口"逍遥游"、"自然"、"无为"，行动上也大都飘飘欲仙，好像不食人间烟火似的，加以统治阶级的有意利用，玄学清谈，极盛一时。顾炎武《日知录》卷十三云：

魏明帝殂，少帝即位，改元正始，凡九年。其十年则太傅司马懿杀曹爽，而魏之大权移矣。三国鼎立至此垂三十年，一时名士风流盛于雒下。乃其弃经典而尚老庄，蔑礼法而崇放达，视其主之颠危若路人然，即此诸贤为之倡也。自此以后，竞相祖述，如《晋书》言王敦见卫玠，谓长史谢琨曰，不意永嘉之末，复闻正始之音。沙门支遁以清谈著名于时，莫不崇敬，以为造微之功，足参诸正始。《宋书》言羊元保二子，太祖赐名曰"咸",曰"粲"，谓元保曰，欲令卿二子有林下正始余风。王微《与何偃书》曰，卿少陶元风，淹雅修畅，自是正始中人。《南齐书》言袁粲言于帝曰，臣观张绪有正始遗风，其为后人企慕如此。

玄学清谈的"正始遗风"既然像《日知录》里所综述的那样为人所企慕，自然就要侵入佛门。顾亭林提到"沙门支遁"，不过是在行迹上着眼，还没有从佛教思想的被熏染立论。如"本无"一个名词，本来是清谈家用以解释"本体"或"道"的概念的，而支谶、支谦、竺佛念释《般若经》都用以翻译"真如"。支谦译《明度经·本无品》有云：

一切皆本无，亦复无本无，等无异于真法中本无。诸法本无，无过去当来现在，如来亦尔，是为真本无。

汤用彤说："支谦认一切皆本无，如来亦本无，故佛与道为一，而本无与如来亦不二也。"（《汉魏两晋南北朝佛教史》）这就是以般若比附老庄的例子。道安法师的同学竺法雅提倡"格义"，也是"以经中事数，拟配外书，为生解之例"，当然，拟配最多最密切的也只有老庄。此外竺法深、竺法汰立本无宗，支遁立即色宗，于法开立识含宗，道壹立幻化宗，支愍度立心无宗，于道邃立缘会宗，都是以般若比附老庄的议论，妨碍对于佛理的正确了解，这是道安时代佛教情况的又一方面。

两晋名士表面上好像都很恬淡高逸，其实是经不起考验的。北齐颜之推《颜氏家训》卷三云：

平叔（何宴）以党曹爽见诛，触死权之纲也。辅嗣（王衍）以多笑人被疾，陷好胜之阱也。山巨源（山涛）以蓄积取讥，背多藏厚亡之文也。……郭子元（郭象）以倾动专势，宁后身外已之风也。阮嗣宗（阮籍）沈酒荒迷，乖畏途相诫之譬也。谢幼兴（谢鲲）赃贿黜削，违弃其余鱼之旨也。彼诸人者并其领袖，玄宗所归，其余桎梏尘滓之中，颠仆名利之下者岂可备言乎。直取其清谈雅论，剖玄析微，宾主往复，娱心悦耳，非济世成俗之要也。

不幸这种“宾主往复，娱心悦耳”的“清谈雅论”，也成为当时佛教界的风气，如《世说新语·言语篇》云：“道一道人好整饰音辞，从都下还东山。经吴中，已而会雪下，未甚寒，诸道人问在道所经？一公曰，风霜固所不论，乃先集其惨澹郊邑，正自飘瞥，林岫便已皓然。”又《文学篇》云：“于法开始与支公（支遁道林）争名，后精渐归支，意甚不忿，遂遁迹剡下，遗弟子出都，语使过会稽。于时支公正讲小品，开戒弟子道，林讲比汝至，当在某品中，因示语攻难数十番，云旧此中不可复通。弟子如言诣支公，正值讲，因谨述开意，往反多时，林公遂屈，厉声曰，君何足复受人寄载来！”名僧名士，气味大同，照颜之推所说，名士既“非济世成俗之要”，那末，名僧当然和佛法也就不大相干了。这又是道安时代佛教的一种情况。此外译经既多，疑伪杂出，翻译从来就没有一定的规则，译名及其所表达的意义极不一致，在佛学研究上困难很多，这也是一种情况。

二　道安法师的法系及年历

关于道安法师的法系及年历，兹先根据日人境野黄洋《中国佛教精史》列表于后，再参照汤用彤《汉魏两晋南北朝佛教史》加以说明。

据《唐僧传》，道安法师本姓卫，永嘉六年（312 年）生于常山扶柳县。十二岁出家，因为形貌黑丑，不为剃度师所重。年二十四入邺都师事佛图澄，一般人也因为他的黑丑加以轻视，但佛图澄很赏识他，对轻视他的人说：“此人远识，非尔侪也。”佛图澄每次讲经，大都由道安法师复讲，解决了许多疑难问题，赢得“漆道人，惊四邻”的赞叹。佛图澄死后（348 年），石氏内乱，道安法师避难晋县的濩泽，时为晋穆帝永和五年（349 年），年三十七。

后又与同学竺法汰北往飞龙山。永和十年（354 年）在太行恒山创立寺塔，跟他出家和依止皈敬的人几乎“中分河北”。继应武邑太守卢歆的迎请前去讲经。晋穆帝升平元年（357 年）还邺都，住受都寺，年四十五，后又因乱迁居率口山、王屋女林山和洛阳南面的陆浑。流离颠沛，山栖木食，景况是相当困难的，而斋讲不断，注经甚勤，可以想见他的坚苦卓绝。晋哀帝兴宁三年（365 年），慕容恪攻河南，情势非常混乱，刚巧襄阳的大名士习凿齿致书道安法师，迎请他前去弘法，他就率领同学和徒众南下。到了新野，同大家商量道：“现在遭遇凶年，如果不依止国主则无法弘化，有弘化能力的人可以分散开来到其他大城市去建立道场。”大家认为他的意见很对，决定叫法和去四川，法汰与弟子昙壹、昙二等四十余人去扬州，道安法师自己和慧远等四百多人至襄阳，时年五十三。安师在襄阳先居白马寺，后移檀溪寺，每年常讲两次《放光般若经》，又孜孜矻矻整理经典和编撰经录，得到朝野的推重。晋孝武帝遣使通问，并有诏书道：“安法师器识伦通，风韵标朗。居道训俗，徽绩兼著。岂直规济当今，方乃陶津来世。俸给一同王公，物出所在。”

晋孝武帝太元四年（379 年），前秦的苻坚攻占襄阳，道安法师和习凿齿皆为苻坚所追致。据《晋书》卷八十二云：

既见与语大悦之，赐遗甚厚。……与诸镇书，昔晋氏平吴，利在二陆，今破汉南，获士裁一人有半耳。

苻坚给各地方封疆大吏的通告里所说的“一人”，就是道安法师，“半人”指习凿齿而言，因为他脚疾严重，不能行走。苻坚既得道安法师，就请他移锡长安。据《高僧传》说：“既至，住长安五重寺，僧众数千，大弘法化。”可见他德望的崇高。晋孝武帝太元十年（385 年）2 月 8 日圆寂于长安，年七十四。

道安法师的法系

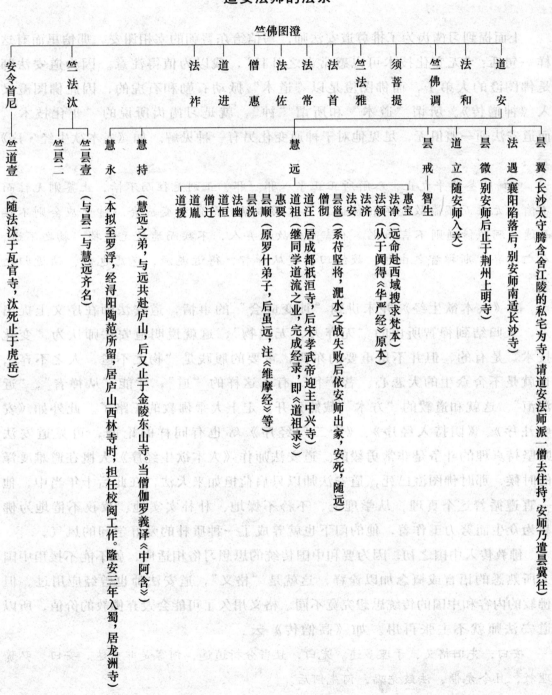

- 竺佛图澄
  - 安令首尼
    - 竺道壹（随法汰于瓦官寺，汰死止于虎岳）
  - 竺法汰
    - 竺昙壹（与昙二与慧远齐名）
    - 竺昙二
  - 法祚
  - 道进
  - 僧惠
  - 法佐
  - 法常
  - 法首
  - 竺法雅
  - 须菩提
  - 竺佛调
  - 法和
  - 道安
    - 昙翼（长沙太守腾含舍江陵的私宅为寺，请道安法师派一僧去住持，安师乃遣昙翼往）
    - 法遇（襄阳陷落后，别安师南适长沙寺）
    - 昙徽（别安师后止于荆州上明寺）
    - 道立（随安师入关）
    - 昙戒
      - 智生
    - 慧远
      - 惠宝
      - 法净（远命赴西域搜求梵本）
      - 法领（从于阗得《华严经》原本）
      - 法济
      - 法安
      - 昙邕（系苻坚将，淝水之战失败后依安师出家，安死，随远）
      - 僧彻
      - 道汪（居成都祇洹寺，后宋孝武帝迎主中兴寺）
      - 道祖（继同学道流之业，完成经录，即《道祖录》）
      - 惠要
      - 昙顺（原罗什弟子，后虽远，注《维摩经》等）
      - 昙诜
      - 法幽
      - 道恒
      - 僧迁
      - 道胤
      - 道援
    - 慧持（慧远之弟，与远共赴庐山，后又止于金陵东山寺。当僧伽罗義译《中阿含》）
    - 慧永（本拟至罗浮，经浔阳陶范所留，居庐山西林寺时，担任校阅工作。隆安三年入蜀，居龙洲寺）

三 道安法师对于我国佛教的贡献

上面提到习凿齿为了推尊道安法师，写信给东晋朝的宰相谢安，那信里面有这样一句话："无变化技术可以惑常人之耳目"，我以为值得注意。因为道安法师是佛图澄的大弟子，而佛图澄是以"道术"掀动石勒和石虎的，因此佛图澄又入《神僧传》。所谓"道术"和所谓"神"，就是习凿齿所说的"变化技术"，而道安法师一概俱无，足见他对于神通变化另有一种见解。如《人本欲生经·序》云：

四谛所鉴鉴乎九止，八解所正正乎八邪。邪、正则无往而不恬，止鉴则无往而不愉。无往而不愉故能洞照傍通，无往而不恬，故能神变应会。神变应会则不疾而速，洞照傍通则不言而化。不言而化故无弃人，不疾而速故无遗物。物之不遗，人之不弃，斯禅智之由也，故经曰，道从禅智，得近泥洹，岂虚也哉，诚近归之要也。

勘《人本欲生经》并未讲到"神变应会"的事情，道安法师在序文上提出来，又归结到禅智所由的"无弃人，无遗物"，这就说明道安法师认为"变化技术"是有的，但并不是重要的东西，重要的履践是"物之不遗，人之不弃"，也就是不舍众生的大悲心、菩萨行。有了这样的"道"，才能"从禅者"，"近泥洹"，这就和道教的"方术"截然分开，走上大乘佛教的正路了。此外如《安般注序》、《阴持入经序》、《十二门经序》等也有同样的论调，可见道安法师坚持真理的斗争是非常勇毅的。道安法师作《人本欲生经序》大概在避难濩泽的时候，那时佛图澄已死，道安法师以只肩荷担如来大法，在此后十年当中，他一直遵循着这个真理，从学理上，不矜不燥地、朴朴实实地、孜孜不倦地为佛教为众生而努力工作着，他的门下也就养成了一种质朴的爱好学问的风气。

佛教传入中国之初，因为要和中国传统的思想习俗相适应，就不能不援用中国人所熟悉的语言或概念加以诠释，这就是"格义"，道安法师也曾经应用过。但佛教的内容和中国的传统思想究竟不同，格义用久了可能会毁弃佛教的价值，所以道安法师就不主张再用。如《高僧传》云：

安曰，先旧格义，于理多违。光曰，且当分析逍遥，何容是非先达。安曰，弘赞理教，且令允惬，法鼓竞鸣，何先何后。

这是道安法师和僧光辩论用不用格义的记载。僧光以为格义是先达传下来的一种方法，只可应用，不必再问是非。道安法师认为弘扬教理，首先要求正确，先达不先达的问题不必理会。这也是道安法师坚持真理的一种表现，格义的流行，大概以后就逐渐衰退以至于熄灭。此外道安法师又立性空宗义弘扬般若的道理，如僧叡《大品经序》曰：“亡师安和上，凿荒涂以开辙，标玄指于性空，落乖纵而直达，殆不以谬文为阂也。亹亹之功，思过其半，迈之远矣。”又《毗摩罗诘堤经义疏序》曰：“格义迂而乖本，六家偏而不即。性空之宗，以今验之，最得其实。”又元康《肇论疏》曰：“如安法师立义以性空为宗，作《性空论》。什法师立义以实相为宗，作《实相论》，是谓“命宗”也。”则道安法师的立性空宗义，在于驳斥比附《老庄》的本无宗等六家宗旨，那个时候，性宗的重要典籍如《大智度论》、《中论》等尚未译出，而道安法师的议论就与后来鸠摩罗什的实相宗暗合，吉藏在《中论疏》里说道：“安公本无者，一切诸法，本性空寂，故云本无。此与方等经论，什、肇山门义，无异也。”从这里更加可以知道道安法师所了解的佛教是何等的纯正深湛，而他的辨别是非又是何等的认真与严格。由于道安法师的努力，中国佛教才从神怪的依附的雾霭里透露出来，进入罗什时代的新阶段。

习凿齿给谢安的信中有云：“无重威大势可以整群小之参差，而师徒肃肃，自相尊敬，洋洋济济，乃是吾由来所未见。”这是道安法师在襄阳弘法时候道场的情况，后来在长安当然也是一样的。据《高僧传》说：“安既德为物宗，学兼三藏，所制僧尼轨范，佛法宪章，为修三例：一曰行香定座上经上讲之法，二曰常日六时行道饮食唱时法，三曰布萨差使悔过等法。天下寺舍，遂则而从之。”

那时戒律传来的还极不全备，可以想像得到，一般寺舍是不会有什么体统的，道安法师斟酌实际情况，制定轨范，僧尼才像僧尼，道场也才像道场，所以习凿齿要极口赞叹说：“吾由来所未见”了。这样的师徒，在这样的道场里，又可以想像得到是不会搞“宾主往复，娱心悦耳”那一套的。扭转当时佛教界沾染着的浮夸风气，使佛教四众如法修学，这又是道安法师的贡献。至于废僧尼俗姓改姓释氏，则是大家都知道的史实，不必多说。

关于整理经典方面的贡献又可分为三项：

一、注疏经典。《出三藏记集》卷十五《道安法师传》云：“初经出已久，而旧译时谬，致使深义隐没未通。每至讲说，唯叙大意，转读而已。安穷览经典，钩深致远，其所注《般若》、《道行》、《密迹》、《安般》诸经，并寻文比句，为起尽之义，及析疑、甄解，凡二十二卷。序致渊富，妙尽玄旨，条贯既序，文理会通，经义克明，自安始也。”根据《出三藏记集》、《隋众经目录》、费长房《历代三宝纪》的记载加以统计，道安法师注疏经典的著作包括序文在内，共为五十六种。现所存者，除《人本欲生经注》以外，其余仅有序文收于《出三藏记集》中。此外据《隋书经籍志》及《通志》、《图谱》类，道安法师又著《四海百川水源记》一卷，《江图》一卷。又《出三藏记集》著录《西域志》一卷，皆已佚失。

二、编撰经录。《出三藏记集》卷十五云："自汉魏迄晋，经来稍多，而传经之人，名字弗说。后人追寻，莫测年代。安乃总集名目，表其时人，诠品新旧，撰为《经录》。众经有据，实由其功。"道安《经录》的全文早已失传，但还有一部分保存在《出三藏记集》里面，我们可借以窥见它的体例和精神。如《出三藏记集》卷十三云："有阿阇世王《宝积》等十余部，以岁久无录，安公校练古今，精寻文体，云似谶所出。"就这一点也可以知道道安法师编撰《经录》是如何的精勤和谨严，他是深深地懂得这一方面的科学方法的。当时疑伪经典已经不少，鱼目混珠，佛头著粪，《出三藏记集》卷五收《安公疑经录》云："……经至晋土，其年未远，而喜事者以沙标金，……安敢预学次，见泾渭杂流，龙蛇并进，岂不耻之。今列意谓非佛经者如左，以示将来学士，共知鄙倍焉。"严别真伪，分清泾渭，非有绝大的手眼不能办到，道安法师护卫正法的功德是不可思议的。

三、总结翻译的经验。道安法师《摩诃钵罗若波罗蜜经抄序》云："译胡为秦，有五失本：一者胡语尽倒而使从秦，一失本也。二者胡经尚质，秦人好文，传可众心，非文不合，斯二失本也。三者胡经委悉，至于叹咏，叮咛反复，或三或四，不嫌其烦，而今裁斥，三失本也。四者胡有义说，正似乱辞，寻说向语，又无以异，或千五百，划而不存，四失本也。五者事已全成，将更傍及，反腾前辞，已乃后说，而悉除此，五失本也。然《般若经》，三达之心覆面所演，圣必因时，时俗有易，而删雅古以适今时，一不易也。愚智天隔，圣人叵阶，乃欲以千岁之上微言，传使合百王之下末俗，二不易也。阿难出经，去佛未久，尊大迦叶，令五百六通，迭察迭书。今离千年而以近意量截，彼阿罗汉乃兢兢若此，此生死人而平平若此，岂将不知法者勇乎，斯三不易也。涉兹五失，经三不易，译胡为秦，讵可不慎乎。"这是汉晋以来佛经翻译的经验总结，把语文意义等方面的问题说得明明白白，为后来的佛经翻译指出了正确的道路。隋彦琮的八备十条，唐玄奘的五种不翻，以及宋赞宁的六例说，都以此为典则。道安法师以后，我国佛经的翻译转入灿烂时期，不能不归功于此。

道安法师对于我国佛教的巍巍功德，值得我们永远纪念着，他的立身行事也值得我们学习或效法。

（原载《现代佛学》1954年12月号，署名鉴安）

道安法师的著作和学说

道安法师是东晋时代最杰出的佛教学者，我在《现代佛学》1954年12月号上，已把他的年历、法系以及他对于我国佛教的贡献大致讲了一下，现在再把他的著作和学说详细谈一谈。

一

关于道安法师的著作，可以分为现存的和佚失的两项。**现存的著作又可分为下列五类：**

甲、注疏——《人本欲生经注》一卷，收于各大藏内。

乙、载于《出三藏记集》，标名为道安法师所作的经论序十四篇——《安般注序》、《阴持入经序》、《人本欲生经序》、《了本生死经序》、《十二门抄序》、《大十二门经序》、《道行经序》、《合放光光赞略解序》、《摩诃钵罗若波罗蜜经抄序》（又称《大品经序》，《隋众经目录》同）、《增一阿含经序》、《道地经序》、《十法句义经序》、《阿毗昙序》、《十四卷鞞婆沙序》。

丙、载于《出三藏记集》，标名为未详作者，而可肯定为道安法师所作的经论序六篇——《渐备经十住胡名并书叙》、《四阿含暮抄序》、《僧伽罗刹经序》、《婆须蜜集序》、《比丘尼戒本所出本末序》、《关中近出尼二种坛文夏坐杂十二事并杂事》共卷前中后三记。

丁、载于《出三藏记集》的《综理众经目录》原文两段《新集安公疑经录》、《新集安公注经录》。

戊、未载于《出三藏记集》而见于《鼻那耶经》卷首的《序》一篇。

佚失的著作也可分为下列六类：

甲、著作目录见于《出三藏记集者》三十种——《综理众经目录》一卷、《光赞折中解》一卷、《光赞抄解》一卷、《般若放光品析疑准》一卷、《析疑略》一卷、《起尽解》一卷、《道行品集异注》一卷、《大十二门注解》

二卷、《小十二门注解》一卷、《了本生死经注》一卷、《蜜迹金刚经持心梵天经甄解》一卷（隋《众经目录》作《持心梵天经略解》一卷、《金刚密迹略解》一卷)、《贤劫八万四千度无极解》一卷（隋《众经目录》作《贤劫经略解》一卷、《历代三宝记》作《贤劫诸度无极解》一卷)、《人本欲生经注撮解》一卷、《安般守意解》一卷、《阴持入注》二卷、《大道地注》一卷、《十法句义连杂解》共一卷（《历代三宝记》作《众经十法连杂解》一卷)、《义指注》一卷、《训异注》一卷、《九十八结解连约通解》一卷、《三十二相解》一卷、《三界诸天混然淆杂录》一卷、《答法汰难》二卷、《答法将难》一卷、《西域志》一卷、《实相义》、《道行指归》、《般若析疑略序》、《安法师法集旧制三科》。

乙、著作目录见于隋《众经目录》者三种——《中阿含经序》、《光赞般若略解》二卷（或即《出三藏记集》之《光赞折中解》及《光赞抄解》)、《十二门禅经注解》一卷（或即《出三藏记集》之《小十二门注解》)。

丙、著作目录见于唐元康《肇论疏》者一种——《性空论》（或即《实相义》）。

丁、著作目录见于《隋书·经籍志》者一种——《四海百川水源记》一卷（新、旧《唐书·经籍志》并同）。

戊、著作目录见于《唐书·经籍志》者一种——《江图》。

己、著作目录见于《文选注》者一种——《泥洹经注》。

庚、著作目录见于《乐邦文类》者一种——《往生论》六卷（以上四种，《古今经录》均未著录，是否为道安法师所撰，待考)。

道安法师的著作，除了属于一般史地方面的《四海百川水源记》、《江图》和《西域志》以外，其余都是关于佛教方面的，按照它的性质，又可分为下列七类：

甲、般若方等类：

现存——《合放光光赞略解序》、《摩诃钵罗若波罗密经抄序》、《渐备经十住胡名并书叙》、《道行经序》、《了本生死经序》。

佚失——《光赞折中解》、《光赞抄解》、《般若放光品析疑准》、《析疑略》、《起尽解》、《道行品集异注》、《密迹金刚持心梵天经甄解》、《贤劫八万四千度无极解》、《了本生死经注》、《泥洹经注》、《往生论》、《实相义》、《性空论》、《道行指归》、《般若析疑略序》。

乙、阿含本缘类：

现存——《增一阿含经序》、《人本欲生经序》、《人本欲生经注》、《四阿含暮抄序》、《僧伽罗刹经序》。

佚失——《中阿含经序》、《人本欲生经注撮解》。

丙、禅修类：

现存——《安般注序》、《阴持入经序》、《十二门经序》、《大十二门经序》、《道地经序》。

佚失——《大十二门注解》、《小十二门注解》、《安般守意解》、《阴持入注》、《大道地注》。

丁、律仪类：

现存——《比丘尼戒本所出本末序》、《关中近出尼二种坛文夏坐杂十二事并杂事记》、《鼻那耶经序》。

佚失——《法集旧制三科》。

戊、毗昙类：

现存——《阿毗昙序》、十四卷《鞞婆沙序》、《婆须密集序》。

己、经录类：

现存——《综理众经目录》中《疑经录》、《注经录》原文两段，其余原文或已佚失，或参杂于《出三藏记集》中。

庚、名相类：

现存——《十法句义经序》。

佚失——《十法句义连杂解》、《义指注》、《训异注》、《九十八结解连约通解》、《三十二相解》、《三界诸天混然淆杂录》、《答法汰难》、《答法将难》。

二

在叙述道安法师的学说之前，先谈一谈他的治学方法，这从《综理众经目录》体例的探索上可以考见。《出三藏记集》卷二云：

迩及桓、灵，经来稍广。安清、朔佛之俦，支谶、严调之属，翻译转梵，万里一契，离文合义，炳焕相接矣。法轮屈心，莫或条叙，爰自安公，始述名录，诠品译才，标列岁月，妙典可征，实赖伊人。敢以末学，响附前规，率其管见，接为新录。

又隋法经等撰《众经目录》卷七云：

比逮东晋二秦之时，经律粗备，但法假人弘，贤明日广，于是道安法师创条诸经目录，诠品译材，的明时代，求遗索缺，备成录体。

都是说明道安法师编撰《综理众经目录》，运用了诠品译才（费长房《历代三宝记》作诠品新旧）、标列岁月和求遗索缺的方法，同时僧祐《出三藏记集》的体例，也是以《综理众经目录》为依据的。如《出三藏记集》卷二《新集经律论录》，在《漏分布经》、《四谛经》下注云："安公云，上二经出《长阿含》"。又在《七处三观经》、《九横经》、《八正道经》下注云："安公云，上三经出杂阿含"。又在《阿毗昙九十八结经》等下注云："安公云，似世高（按即安世高）撰。"在《五盖疑结失行经》下注云："安公云，不似护公（按即竺法护）出。"可以看到道安法师诠品译才的章法。此外，如《出三藏记集》卷十三《安玄传》云："安公称，佛调出经（按即严佛调，曾与安玄共译《法镜经》）省而不烦，全本巧妙。……孟详出经（按即康孟详，曾译《中本起经》），奕奕流便，足腾玄趣。"也是关于"诠品译才"方面的记载。

"标列岁月"的地方更多，如《出三藏记集》卷二，《宝积经》下注云："安公云，一名《摩尼宝》，光和二年出。"《普耀经》下注云："安公云，出方等部，永嘉二年五月出。"对于佛教史实的考订，都有很大的用处。"求遗索缺"的记载，如《渐备经十住胡名并书》叙云：

……《渐备经》恨不得上一卷，冀因缘冥中之助，忽复得之。……《大品》上两卷，若有可寻之阶，亦勤以为意。……《首楞严》、《须赖》，并皆与《渐备》俱至。凉州道人释慧常，岁在壬申，于内苑寺中写此经，以酉年因寄，至子年四月二十三日达襄阳。《首楞严经》事事多于先者，非第一第二第九，此章最多，近三四百言许，于文句极有所益。《须赖经》亦复小多，能有佳处。云有《五百戒》，不知何以不至，此乃最急。……常以为深恨，若有缘便尽访求之。（《出三藏记集》卷九）

从这一段文字上，可以知道道安法师在"求遗索缺"方面是尽了最大的努力的，而得到了的经典，对于他的研究也确有很大的帮助。他就在这样的收获和努力之中，写下了《综理众经目录》的如下几章：

一、《经律论录》第一，共244部，455卷。

二、《失译经录》第二，共131部，135卷。

三、《凉土异经录》第三，共59部，80卷。

四、《关中异经录》第四，共24部，24卷。

五、《古异经录》第五，共92部，92卷。

六、《疑经录》第六，共26部，30卷。

七、《注经录》第七，共27卷。

《综理众经目录》是道安法师谨密地运用治学方法所产生的结果，它不但超过了以前的所谓"旧录"，为后来的佛教徒提供了宝贵的参考资料，同时也养成朴实谨严的学风，开创了纯正的佛学研究，这又可以从道安法师的其他著作上知道一点梗概。

《出三藏记集》卷十五《道安法师传》云：“初，经出已久，而旧译时谬，致使深义隐没未通，每至讲说，唯叙大意转读而已。安穷览经典，钩深致远，其所注《般若》、《道行》、《密迹》、《安般》诸经，并寻文比句，为起尽之义及析疑甄解凡二十二卷。序致渊富，妙尽玄旨，条贯既叙，文理会通，经义克明，自安始也。”这就是道安法师开始纯正地研究佛学的说明。其中所谓“起尽之义及析疑甄解”，虽然上面已经举出几种书名，但我以为和“寻文比句”一样，都是道安法师的治学方法。吉藏《法华义疏》讲到注疏的体例，有“预科起尽”的说法，可见“起尽”就是科判的意思。良贲《仁王经疏》云：“昔有晋朝道安法师，科判诸经以为三分，序分、正宗、流通分，”可为佐证。那么上面所举的《般若放光品起尽解》，其实就是《放光般若经》的科判。“析疑”“甄解”在《人本欲生经注》里面也可以找到例子。如云：“至深至妙，何得言易见乎？自有痴来，经劫累身，悠悠者比丘有不了谛反视，如有者万无一人，曷云分明邪！”近于析疑的体裁。又云：“现当为见也，是意微妙，本句倒。”则好像是甄解。总之，道安法师研究佛学，自搜求资料、校勘异同到注解经文，都是一字不苟，力求核实的。从这样的治学方法所理解的佛法，自然不至于支离破碎或笼统模糊了。所以吉藏《中论疏·因缘品》云：“安公本无者，一切诸法，本性空寂，故云本无。此与方等经论，什肇山门义，无异也。”又元康《肇论疏》云：“安法师立义以性空为宗，作《性空论》，什法师立义以实相为宗，作《实相论》，是谓命宗也。”又僧叡《毗摩罗诘堤经义疏序》云：“自慧风东扇，法言流咏以来，虽日讲肄，格义迂而乖本，六家偏而不即，性空之宗，以今验之，最得其实。”对于道安法师的学说都备加颂扬。

三

不过，我以为现在来谈道安法师的学说，还应该从现存的著作来研究，其余的资料只可作为参考之用。当然，道安法师的著作大半散失，要研究清楚是有困难的，但总还可以知道一个比较翔实的梗概。

道安法师出家之后先读到《辩意经》。《辩意经》又名《诸法要义》，解释善恶果报的所以然之故，对一个初入佛学的人来说，启信的作用很大，我以为道安法师也从这部经上初步建立了信仰。如《了本生死经序》云：“倒见众生，凡在三界，罔弗冠痴佩行，婴舞生死。……既则狎贤侮圣，纵其奸慝，贪剑恚钺，枭截玄路，群诽上要，殃祸备尝矣。”和《辩意经序分》的内容相似，可见道安法师的发心真切和信仰恳挚，是始终不渝的。他的学说的发展是以这个为基础的，现存的《人本欲生经注》就是这一类的代表作品。

《高僧传》说，道安法师读完《辩意经》后，就读谈六度、谈不以生死为生死的《成具光明经》，则已经进入大乘般若的领域，后来又从佛图澄学习，在禅修和般若两方面自然更有特殊的进境，道安法师一生的著作，也以这两部分为多，现在先谈般若。

“夫诸方等无生诸三昧经，……真众生之冥梯。……方欲研之，穷此一生，冀有微补。”这是《渐备经十住胡名并书叙》中的几句，可以知道道安法师在六十三岁的时候还是那样勤勤恳恳地钻研般若经典。又《道行经序》云：

且其经也，进咨第一义以为语端，追述权便以为谈首。行无细而不历，数无微而不极，言似烦而各有宗，义似重而各有主。琐见者庆其迩教而悦寤，宏哲者望其远标而绝息，陟者弥高而不能阶，涉者弥深而不能测，谋者虑不能规，寻者度不能暨。

这是道安法师对于般若经的体会，而他又以为要钻研般若经典，不能单用“考文”、“察句”的方法，因为“考文则异同每为辞，察句则触类每为旨；为辞则丧其平成之致，为旨则忽其始拟之义。”这也就是说，单用考文、察句的方法去钻研般若经典，往往会忽略法性平等和真如为首（首或作始，与始拟之说合）的义理，而流于支离破碎，所以要“率初要终，忘文全质”，用“三脱照空，四非明有，统鉴诸法，药病双亡”的观行，“据真如，游法性”而“冥然无名”（以上引文皆见《道行经序》）。这在《合放光光赞略解序》上有比较明晰的解释。

第一，是法住法位，世间相常住，所以说“如者尔也，本末等尔，无能令不尔也”。第二，本末等尔的真如，“皎然不缁”，“有无均净”，又称为法身。这样的法身，“泯尔都忘，二三尽息”，“于戒则无戒无犯，在定则无定无乱，处智则无智无愚”所以又叫做“常道”。第三，常道“无所著”，“泊然不动，湛尔玄齐，无为也无不为也”，称之为真际。真际、法身和如，都是说法性上说的，是绝对的理体，所以用泊然、湛、玄等词形容他。吉藏《中论疏·因缘品》所说的“释道安明本无义，谓无在万化之前，空谓众形之始”，应该从这里去理解。可是《名僧传抄》第十六《昙济传》说：“本无之论，由来尚矣。何者？夫冥造之前，廓然而已。至于元气陶化，则群像禀形。形虽资化，权化之本则出于自然，自然自尔，岂有造之者哉。”则用老庄的玄谈来诠释道安法师的般若性空的义理，实在是很不恰当的，不过它随后又说道安法师所主张的本无性空，并不是说在虚豁之中，能生万有，还是不差的。

如，法身、真际是“第一义”，与它相对的是“诸五阴至萨云若（按即萨婆若）”，称为“世俗”。“此两者谓之智，而不可相无”，当然就是真俗二谛不一不异不即不离的意思。这表现在行动上，就是：

痴则无往而非徼，终日言尽物也，故为八万四千尘垢门也。慧则无往而非妙，终日言尽道也，故为八万四千度无极（即波罗密多）也。所谓执大净而万行正，正而不害，妙乎大也。

我们通常所说的“举足下足皆道场”，或者“头头是道”，也不外乎这个道理。那么，道安法师虽然处在般若弘传的初期，而对于般若性空的义理，的确已经有了透辟和正确的了解。汤用彤《汉魏两晋南北朝佛教史》说：“吉藏又谓安公本无与方等经论，什肇山门义无异，则未免言之太过。……安公所说，吾人虽因文献不足，不能测其全，但决无即动求静之旨。”未免故作微词，厚诬古德了。

其次关于道安法师的禅修的学说，我以为一方面是和他的信仰与般若思想相适应的一种表现，一方面也受了他的老师佛图澄的影响。《道地经序》云：

无本之域，杳然难陵矣；无为之墙，邈然难逾矣。……圣人有以见因华可以成实，睹末可以达本，乃为布不言之教、陈无辙之轨。阐止启观，式成定谛。……夫绝爱原、灭荣冀、息驰骋，莫先于止；了痴惑、达九真、见身幻，莫首于观。大圣以是达五根，无登漏，扬美化，易顽俗，莫先于止，靡不由兹也。……人之处世，蒙昧未祛，熙熙甘色如飨太牢，由处秽海，幽厄九月，既生迆迆，逻遘百凶、寻旋老死，婴苦万端，漂溺五流，莫能自返。圣人深见以为苦证，游神八路，长陟永安，专精稽古则逸乐若此，开情纵欲则酸毒若彼，二道显著，宜顺所从。

这一段说明止观禅修是契入“无本”（即本无），“无为”的方便法门，同时也是了生脱死超越轮回的唯一途径。至于“扬美化，易顽俗”的说法，在《安般注序》里也有同样的论调说：

安般寄息以成守，四禅寓骸以成定。寄息故有六阶之差，寓骸故有四级之别。阶差者，损之又损之，以至于无为；级别者，忘之又忘之，以至于无欲也。无为故无形而不因，无欲故无事而不适。无形而不因故能开物，无事而不适故能成务。成务者即万有而自彼，开物者使天下兼忘我也。

这比《道地经序》讲得更清楚，和支道林论佛图澄的事迹也相符合。《世说新语·言语篇》云：“佛图澄与诸石游，林公曰，澄以石虎为海鸥鸟”。海鸥鸟的典故见于《庄子》，说有一个人喜欢海鸥，每天到海上和海鸥在一起生活，海鸥也忘掉他不是自己的同类而飞翔栖止在他的周围，似可作为“使天下兼忘我”的注解。又《人本欲生经注》云：“行兹定者，冥如死炭，雷霆不能骇其念，火燋不能伤其虑，萧然与太虚齐量，恬然与造化俱游。”《安般注序》云：“得斯寂者，举足而大千震，挥手而日月扪，疾吹而铁围飞，微嘘而须弥舞。斯皆乘四禅之妙止，御六息之大辩者也。夫执寂以御有，策本以动末，有何难也。”都可能是受了佛图澄影响的关系，尤其是在神变方面，虽然古代佛教学者都普遍信仰，而佛图澄是以神异著称，通常都把他列入《神僧传》或《高僧传神》异类内的。

不过道安法师认为禅修另有崇高的目的，不能满足于神变。如《大十二门经序》云：“根立而道生，觉立而道成，莫不由十二门立乎定根以逆道体也。……明乎匪禅无以统乎无方而不留，匪定无以周乎万形而不碍，禅定不愆，于神变乎何有也。”统乎无方，周乎万形，就是上文所谓“执大净而万行正”的意思，符合般若第一义谛的境界，在这个境界里神变就没有它的地位或重要性了。习凿齿致谢安书，称赞道安法师“无变化技术可以感常人之耳目”，如果从这里去理解，就觉得意味深长了。

此外道安法师在戒律、毗昙方面也有他的见解，但戒律初传，毗昙的研究也刚开始，涉及的方面不广，可谈的不多，现从略。

道安法师是中国佛教史上的完人之一，他的言行在当时起典范的作用，也为后来佛法的弘传建立了良好的基础。在这实事求是的新时代里，我们还应该认真向他学习。

（原载《现代佛学》1956年7月号，署名鉴安）

道安（一）

（公元312—385年）

道安，是东晋时代杰出的佛教学者，生于东晋怀帝永嘉六年（312年），卒于孝武太元十年（385年）。

道安出生于常山扶柳县（今河北省冀县境）的一个读书人家里。由于世乱，早丧父母，从小就受外兄孔氏的抚养，七岁开始读书，到十五岁的时候，对于五经文义已经相当通达，就转而学习佛法。十八岁出家（此据《名僧传抄》之说，《高僧传》等作“年十二出家”）。因为形貌黑丑，不为他的剃度师所重视，叫他在田地里工作，而他一点没有怨色。几年之后，才向剃度师要佛经读，由于他有惊人的记忆力，使他的师父改变了态度，就送他去受具足戒，还准许他出外任意参学。大约在他二十四岁的时候（东晋成帝咸康元年，公元335年），在石赵的邺都（今河北省临漳县境）遇见了佛图澄。佛图澄一见到他就非常赏识，对那些因他丑陋而轻视他的人说，此人有远识，不是你们所能及。因而他就师事佛图澄。

据《高僧传》卷五的记载，道安在佛图澄死后才离开邺都，十三、四年之间，他经常代替佛图澄讲说，并且解答了许多理论上的疑难问题，赢得“漆道人，惊四邻”的美誉。佛图澄死后，石虎即皇帝位，内部变乱，道安就在这时离开河南到山西的濩泽（今临汾县境）去住。濩泽地方很偏僻，可以暂避兵燹之祸，因此竺法济、竺僧辅和竺道护等都先后冒险远集，和道安共同研究后汉安世高所译的有关禅观方面的《阴持入经》、《道地经》和《大十二门经》，并作了注解。

道安在濩泽住了不久，又和同学法汰至飞龙山（今河北省涿鹿县境），与僧光等相叙。僧光对于禅定极有研究，是道安还没有受具足戒时的老朋友，相见之后就住下来互相研讨。这时道安已经放弃了“格义”，他和僧光的一段辩论很为珍贵。《高僧传·僧光传》说：“安曰：先旧格义，于理多违。光曰：且当分析逍遥，何容是非先达。安曰：弘赞教理，宜令允惬，法鼓竞鸣，何先何后？”这说明僧光的思想比较保守，认为格义是先达传下来的一种方法，只可应用，不必再问是非。道安就不以为然，他以为弘扬教理，首先要求正确，先达不先达的问题可以不必理会。这大概就是佛图澄所说的“远识”，也可从而想见道安的气概和风度。

《高僧传》说，石虎死后（东晋穆帝永和五年，公349年），石遵在位的时候，曾经派中使请道安返邺住华林园，并广修房舍，但为时一定不会很久，因为石遵在位仅183天就被杀，道安大概就在那个混乱的时候率众去邺都西北的牵口山，又和法汰在山西境内弘化，并在太行恒山建立寺塔。这时，社会紊乱，人民痛苦到了极点，而道安率众行道精进不懈；在他的身上和道场里面，人们可以得到精神上的慰藉和寄托。因此“改服从化者中分河北”，慧远也在这个时候从他落发出家。武邑太守卢歆听到道安的德化，派专人请他去讲经。后来又回到邺都，住受都寺，当时他年已四十五岁。

那时石赵灭亡已八年，冉闵和慕容儁的混战也已经结束，慕容儁虽在邺都建立了后燕，而不大信佛，加以战乱不息，元气未复，《高僧传》说“天灾旱蝗，寇贼纵横”，“人情萧索”，道安不得不率众去山西的王屋女林山，不久又渡过黄河到达河南省的陆浑县（今嵩县境）。当慕容玮派慕容恪攻略河南的时候，习凿齿从襄阳致书道安，请他南下弘法，他就和同学、弟子们离开河南，走到新野。他为广布教化，命同学法汰率领弟子昙一、昙二等四十余人去扬州，又命同学法和去四川，他自己率领弟子慧远等四百余人到襄阳，先住在白马寺后，又创立檀溪寺。

襄阳在那时还属于东晋，社会环境比较安定，道安在那里住了十五年，得到充分发展事业的机会。据《出三藏记集》卷十五说：

初经出已久，而旧译时谬，致使深义隐没未通；每至讲说，唯叙大意，转读而已。安穷览经典，钩深致远；其所注《般若》、《道行》、《密迹》、《安般》诸经，并寻文比句，为起尽之义，及析疑、甄解，凡二十二卷。序致渊富，妙尽玄旨；条贯既序，文理会通。经义克明，自安始也。

这是关于考校译本、注释经文方面的事业。同书卷二云：

迩及桓灵，经来稍广，安清朔佛之俦，支谶严调之属，翻译转梵，万里一契，离文合义，炳焕相接矣。法轮届心，莫或条叙；爰自安公，始述名录，铨品译才，标列岁月。妙典可征，实赖伊人。

这是创制《众经目录》的事业。中国佛教界有了这样的注疏和经录，才能承先启后，循着正轨发展。否则杂乱无章，毫无头绪，即使后来有了像鸠摩罗什那样的大译师，像僧肇那样的大学者，恐怕也会受到障碍的。道安在襄阳，除了从事佛学的研究与著述外，每年还讲两次《放光般若经》。《高僧传》说“四方之士，竞往师之”，可见当时的法席之盛；因此就不能不制定僧规。《高僧传》卷五本传云：

安既德为物宗，学兼三藏，所制僧尼轨范，佛法宪章，条为三例：一曰行香定座上经上讲之法；二曰常日六时行道饮食唱时法；三曰布萨差使悔过等法。

道安法师所制定的这些规范，在当时已见到很好的效果。如习凿齿致谢安书中有云：

来此见释道安，故是远胜，非常道士，师徒数百，斋讲不倦。无变化技术可以感常人之耳目，无重威大势可以整群小之参差；而师徒肃肃，自相尊敬，洋洋济济，乃是吾由来所未见（《高僧传》卷五）。

这是习凿齿亲自所见的事实。道安的风范对当时佛教界的影响一定很大，所以“天下寺舍，遂则而从之”。东晋的封疆大吏如桓朗子、朱序、杨弘忠、郄超等都非常敬重他，有的请他去开示，有的供养食米千斛，有的送铜万斤。他创立檀溪寺，“建塔五层，起房四百”，可见工程之大。前秦的苻坚是东晋的敌人，也遣使送来外国的金箔倚像、金坐像、结珠弥勒像、金缕绣像、织成像各一尊，可能也是为了庄严檀溪寺。东晋孝武帝曾经下诏书表扬道安，并且要当地政府给他像王公一样的俸禄。这都说明道安在襄阳十五年，各方面都很成功。东晋孝武帝太元四年（公元379年），苻坚遣苻丕攻占襄阳，道安和习凿齿皆被延致。苻坚并认为襄阳之役只得到一个半人，一人指道安，半人为习凿齿。苻坚既得道安，就请他住在长安五重寺，时年六十七。

道安在长安的七、八年当中，除了领导几千人的大道场，经常讲说之外，最主要的是组织翻译事业。如昙摩难提翻译《中阿含经》、《增一阿含经》、《三法度论》，僧伽提婆翻译《阿毗昙八犍度论》，鸠摩罗跋提翻译《毗昙心论》、《四阿含暮抄》，昙摩鞞翻译《摩诃钵罗蜜经抄》，耶舍翻译《鼻奈耶》，他都亲自和竺佛念、道整、法和等参加了翻译工作，有时对于不正确的译文还加以考正或劝令重译。他在《摩诃钵罗蜜经抄序》上所说的翻译有五失本、三不易，都是他的经验之谈，为后来的译经工作指出了正确的道路。

据《高僧传》卷五说，魏晋沙门依师为姓，姓各不同；道安认为“大师之本，莫尊释迦”，才改姓释氏。又他广博的学问和文学的素养，成为长安一般衣冠子弟请教的目标，当时有“学不师安，义不中难”的谚语，可以想见他为社会所推重的情形。因此当苻坚要想进攻东晋，朝臣劝谏无效的时候，大家又请安乘机“为苍生致一言”。道安在一次和苻坚同车的机会中进言规劝，而苻坚不听，终至败亡。

苻坚建元二十一年（东晋孝武帝太元十年，公元385年）二月，道安圆寂于长安五重寺。

道安的著作，现存的除了收于各大藏内的《人本欲生经注》一卷外，有《出三藏记集》所收录的经论序十四篇，又同《集》标名未详作者而可肯定为道安所作的经论序七篇，和同《集》的《综理众经目录》原文两段；此外还有《鼻那耶经》卷首的《序》一篇。佚失的著作还很多。

道安的著作现存的不多，对他的治学方法和学说只能知其梗概。例如：上面所引的"起尽之义"，其实就是现在所说的科判。吉藏《法华义疏》讲到注疏的体例时，有"预科起尽"的说法；良贲《仁王经疏》说："昔有晋朝道安法师，科判诸经以为三分：序分、正宗、流通分。"道安法师用科判的方法把佛经的内容分章分节标列清楚，研究起来就容易抓住它的中心环节；同时再用"析疑"、"甄解"的方法，对于每一个名词或每一种句义加以分析推详，自然就"文理会通，经义克明"了。此外道安在搜求经本，考校异同方面也尽了最大的努力，如《渐备经十住胡名并书叙》说：

……《渐备经》恨不得上一卷，冀因缘冥中之助，忽复得之。……《大品》上两卷，若有可寻之阶，亦勤以为意。……《首楞严》、《须赖》，并皆与《渐备》俱至。凉州道人释慧常，岁在壬申，于内苑寺中写此经，以酉年因寄，至子年四月二十三日达襄阳。《首楞严经》事事多于先者，非第一第二第九，此章最多，近三四百言许，于文句极有所益。《须赖经》亦复小多，能有佳处，云有五百戒，不知何以不至，此乃最急。……常以为深恨，若有缘便尽访求之。

从这一段文字上，可以知道道安在收集和运用资料方面是非常热心和认真的。他就以这样的治学方法进行研究和撰写著作，养成佛教界朴实谨严的学风，开创了纯正的佛学研究。因此道安的学说在当时起砥柱中流的作用。元康《肇论疏》说："安法师立义以性空为宗，作《性空论》；什法师立义以实相为宗，作《实相论》。是谓命宗也。"又僧叡《毗摩罗诘提经义疏序》说："自慧风东扇法言流咏以来，虽日讲肄，格义迂而乖本，六家偏而不即。性空之宗，以今验之，最得其实。"对于道安法师的学说都备加颂扬，也的确是函盖相称的。

关于道安的学说，大约可以从戒定慧三个方面来谈。在戒律方面，当时虽然戒本未备，广律也只有竺佛念所译的十卷《鼻奈耶》，他认为戒是断三恶道的利剑，无论在家出家都应以戒为基础。他又以为持戒而只重形式也是片面的；也就是说，为了众生的利益，戒律是可以有"开缘"的。这与后来所传菩萨戒的精神相符，也与《般若经》的义理一致。由此可见，道安在戒律方面虽然很严正，而并不是胶柱鼓瑟、偏执不通。

道安的亲教师佛图澄以神变见称，而神变出于禅修；道安自始就注重禅定止观，不能不说是受了佛图澄的影响。他认为禅修达到高深的境界时，“雷霆不能骇其念，火燋不能伤其虑”、(《人本欲生经注》)，同时还能够发生种种神变(《安般注序》)，但它并不是禅修的真正目的。禅修的真正目的在于契入“无本”(即本无)、“无为”而“开物成务”。开物是使天下兼忘我，成务是无事而不适(《道地经序》及《安般注序》)。也就是要从禅修所得到的境界中，使大家忘我、尽性而造成世界的安乐，不仅仅是追求个人精神上的享受或所谓超自然力。《大十二门经序》说：“明乎匪禅无以统乎无方而不留，匪定无以周乎万形而不碍，禅定不愆，于神变乎何有也。”这就说得非常明白。习凿齿致谢安书，称赞道安法师“无变化技术可以感常人之耳目”，如果从这里去理解就更觉意味深长了。

又佛图澄的教理以般若为宗，道安自始就重视《般若经》的研究。他认为研究般若经典不能单用“考文”、“察句”的方法，而要披开繁复的文句体会它的精神实质(《道行经序》)。有了这样的体会，才不至于把虚豁的真如或本无当作能生万有的第一因(《名僧传抄·昙济传》)，也才能把第一义谛与世俗谛不一不异、不即不离的义理表现在行动上。《合放光光赞略解序》(译意)说：

没有智慧则无往而不生室碍，终日所言都不合理，所以成为八万四千尘劳门。有了智慧则无往而不发生良好的作用，终日所言无不合理，故为八万四千波罗蜜。所谓执大净而万行正，就是这个道理。

我们平常所说的“举足下足皆道场”，或者“头头是道”，也不外乎这个道理。那么，道安虽然处在般若弘传的初期，而对于般若性空的义理的确是已经有了相当正确的了解了。

戒定慧三学是成佛的梯航，而道安都有卓越的见解；因此他在中国佛教史上，不但是杰出的学者，而且也是“完人”之一。他的一言一行在当时起过典范的作用，也为后来佛法的弘传建立了良好的基础，中国佛教信徒永远纪念着他。

（原载1982年《中国佛教》第2辑）

道安（二）

东晋僧人。常山扶柳（今河北冀县）人。十八岁出家，因其形貌黑丑，未被重视，令作农务。但因他的博闻强记，数年后，其师改变态度，令其受具足戒，并准许出外参学。约二十四岁时，在后赵的邺都（今河北临漳），得到佛图澄嫡传，因而经常代澄讲说，并解答了许多理论上的疑难问题，故有“漆道人，惊四邻”之誉。

佛图澄死后，后赵内乱，道安赴山西濩泽（今山西临汾），不久又去飞龙山（今河北涿鹿境）宣扬佛图澄的学说。东晋永和五年（349年）应后赵主石遵之请返邺都。不久石遵被杀，道安又去山西和河南。后应东晋名士习凿齿之请，率弟子慧远等四百余人南下襄阳。前后十五年间，穷览经典，钩深致远，注《般若》、《道行》、《密迹》、《安般》诸经；又为四方从学之士制定“僧尼轨范”，即行香定座上经上讲之法，六时行道饮食喝时之法，以及布萨差使悔过之法。

东晋太元四年（公元379年），前秦苻坚遣苻丕攻占襄阳，道安和习凿齿皆被胁迫入长安，道安住五重寺。在长安期间，他除主持几千人的大道场，经常讲说之外，最重要的是组织和参与译经。他在《摩诃钵罗蜜经抄序》中指出，翻译有“五失本”、“三不易”。五失本，即胡语尽倒而使从秦，一失本也；胡经尚质，秦人好文，传可众心，非文不合，二失本也；胡经委悉，至于叹咏，叮咛反复，或三或四，不嫌其烦，而今裁斥，三失本也；胡有义记，正似乱辞，寻说问语，文无以异，或千五百，刈而不存，四失本也；事已全成，将更傍及，反腾前辞已乃后说而悉除，五失本也。三不易，即删雅古以适今时，一不易也；以千岁之上微言，传使合百王之下末俗，二不易也；今离千年而以近意量截，三不易也。这为后来的译经工作指出了正确的道路。

道安在戒、定、慧三个方面造诣颇深。在戒律方面，当时虽然戒本未备，但他认为戒律是可以“开缘”的。这与后来所传菩萨戒的精神相符，也与《般若经》的义理一致。在禅定方面，他认为修禅所达的境界，可以使修禅者忘我而造成世界的安乐，不是追求个人精神上的享受或所谓超自然力。他主张研究般若经典不能单用“考文”、“察句”之法，而应透过繁复的文句，体会其精神实质，才不至于把虚豁的真如当作能生万有的第一因，也才能把第一义谛和世俗谛不一不异、不即不离的义理表现在行动上。

据《高僧传》载：道安俗姓卫，因魏晋沙门依师为姓。故道安认为“大师之本，莫尊释迦”，才改姓释氏，并为后世僧徒所遵行。

（原载1988年《中国大百科全书·宗教卷》）

鸠摩罗什法师

一

佛教传入我国之后，所以能够弘扬和发展，首先依靠历代大德翻译的经典。据现在的《经录》及《高僧传》等书统计，除摩腾、竺法兰两人的事迹犹有待于进一步考定外，自东汉桓帝元嘉元年（公元151年）安世高翻译《明度五十校计经》起，到清乾隆七年（公元1742年）工布查布翻译《造像量度经》止，1600年间，译出的经律论三藏，见于《大唐内典录著》者794部，见于《开元释教录》者1037部，见于《大明三藏圣教目录》及《大清三藏圣教目录》者1460部，见于日本《大正新修藏总目录》者1692部。前后译师约两百人，其中大部分是从印度和西域各国西来的大德。他们满怀弘法的热情，而受了语言文字的限制，创始翻译是非常艰难的，如《出三藏记集》卷第一云：

自前汉之末，经法始通，译者胥讹，未能明练，故浮屠桑门，言谬汉史，音字犹然，况于义乎。……若夫度字传义，则置言由笔，所以新旧众经，大同小异。天竺语称维摩诘，旧译解云无垢称，关中译云净名，净即无垢，名即是称。此言殊而义均也。旧经称众佑，新经云世尊，此立义之异旨也。旧经云乾沓和，新经云乾闼婆，此国音之不同也。略举三例，余可类推矣。是以义之得失由乎译人，辞之质文系于执笔。或善胡义而不了汉旨，或明汉文而不晓胡意，虽有偏解，终隔圆通。若胡汉两明，意义四畅，然后宣述经奥，于是乎正。前古译人莫能曲练，所以旧经文意致有阻碍，岂经碍哉，译之失耳。

据我们现在看来，翻译等于创作，必须精通业务和两种文字，才能应用信、达、雅的原则，把原作的意义和风格表达出来，这当然不能求之于翻译佛经的开始时期。《出三藏记集》所说是实在的，但对于译师们当时选词造句下笔踟躇的苦况，我们也应该有所体会。后来译经既多，积累起来的经验为改进译事创造了良好的条件，姚秦的鸠摩罗什法师就是在这个基础上发展出来伟大译师。

《出三藏记集》又说："逮乎罗什法师，俊神金照，秦僧融肇，慧机水镜，故能表发挥翰，克明经奥，大乘微言，于斯炳焕。至昙谶之传《涅槃》，跋陀之出《华严》，辞理辩畅，明踊日月，观其为义，继轨什公矣。”这说明了鸠摩罗什法师在我国佛经翻译史上的重要地位，所以它接着又把二十四个新旧译不同的重要名词列举在下面道：

旧经众祐，新经世尊。旧经扶萨（亦云开士），新经菩萨。旧经右佛（亦独觉），新经辟支佛（亦云缘觉）。旧经萨芸若，新经萨婆若。旧经沟港道（亦云道迹），新经须陀洹。旧经频来果（亦一往来），新经斯陀含。旧经不还果，新经阿那含。旧经无着果（亦云应真、应仪），新经阿罗汉（亦言阿罗诃）。旧经摩纳，新经长者。旧经濡首，新经文殊。旧经光世音，新经观世音。旧经须扶提，新经须菩提。旧经舍梨子（亦秋露子），新经舍利弗。旧经为五众，新经为五阴。旧经十二处，新经十二入。旧经为持，新经为性。旧经背舍，新经解脱。旧经胜处，新经除入。旧经正断，新经正勤。旧经觉意，新经菩提。旧经置行，新经正道。旧经乾沓和，新经乾闼婆。旧经除馑男、除馑女，新经比丘、比丘尼。旧经怛萨阿竭阿罗诃三耶三佛，新经阿耨多罗三藐三菩提。

这里所说的“新经”，即鸠摩罗什翻译的经典，“旧经”当然指什公以前译出的经典而言。新译和旧译的界限既然划分了出来，自然会引起我国佛经翻译的分期问题。

《中国佛教精史》的作者日人境野黄洋，以罗什之前为古译时代，罗什至隋唐之前为旧译时代，玄奘以后为新译时代。但他并没有详细说明为什么要这样划分的理由。小野玄妙在《经典传译史》里，大体上采取了境野黄洋的意见，而以汉魏西晋为古译时代，东晋到南齐为旧译时代的前期，梁、陈、隋为旧译时代的后期，唐以后为新译时代。他就翻译的沿革上举出许多分期的理由，而没有充分注意到译经的体例和弘传的情况，所以我认为那样分法是没有什么必要的。据小野玄妙说，《出三藏记集》的所谓“新经”指晋末及梁代译出的经典而言，如果就唐以后看来，就是旧经了，因此他称之为“旧译”。我们如果应用这个说法来看唐宋时代译出的经典，距离现代约近千年，已经非常之旧了，我们是否可以也称唐宋以后为旧译时代呢？当然不能，因为还没有新的译经体例可以互相比较。所以《出三藏记集》所说“新经”的意义，主要是指体例而言，它的另立一品，举出二十四个重要名词的新旧不同译法，就是很好的说明，而新经的译法一直为以后的译师所沿用，我们能说它是旧译吗？又罗什法师所译的经典，至今为一般佛教徒所爱好，如《法华经》、《金刚经》、《维摩经》都有几种译本，而佛教徒们日常所用以持诵的都是罗什的译本，没有那一个用西晋竺法护译的《正法华经》、吴支谦译的《佛说维摩诘经》，乃至唐玄奘法师别译的《说无垢称经》、元魏菩提留支别译的《金刚般若波罗密经》，除了少数研究学问的佛教徒作为参考用书之外，很少有人当作持诵的本子。就这弘传的情况来说，罗什法师所译的“新经”，并不能并入旧译之内。总之，我国佛经翻译的体例，至罗什法师而奠定了坚固的基础，以后纵有发展，基本上很少变革，因此，我以为鸠摩罗什法师是我国佛经翻译史上新译时代的开创第一人；如果加上以后的翻译史实，总起来说得比较清楚些，不妨以罗什至奘师之前为新译时代的前期，奘师以后为新译时代的后期。

二

鸠摩罗什或作鸠摩罗耆婆，拘摩罗耆婆、鸠摩罗、耆婆，都是梵文的音译，意为“童寿。”据《晋书》、《高僧传》等所说，他原籍印度，祖上历代做宰相，是个世家。他的父亲鸠摩罗炎避位到新疆境内的龟兹国，和国王的妹妹耆婆结婚，约于东晋康帝建元元年（公元343年）生罗什。（罗什法师卒于东晋安帝义熙九年癸丑四月十三日，僧肇诔文有“癸丑之年，年七十”之语，上推生年，当为此年。）当时的龟兹原是佛教国家，《出三藏记集》卷十一《比丘尼戒本所出本末序》云：

拘夷国（即龟兹——作者）寺甚多，修饰至丽。王宫雕镂，立佛形像，与寺无异。有寺名达慕蓝，百七十僧，北山寺名致，隶蓝五十僧，剑慕王新蓝六十僧，温宿王蓝七十僧。右四寺，佛图舌弥所统。寺僧皆三月一易屋、床座。或易蓝者，未满五腊，一宿不得无依止。王新僧伽蓝九十僧。阿丽蓝百八十比丘尼，输若干蓝五十比丘尼，阿丽跋蓝三十尼道，右三寺比丘尼，统依舌弥受法戒，比丘尼外国法不得独立也。……今所出比丘尼大戒本，此寺常所用者也，舌弥乃不肯令此戒来东，僧纯等求之至勤，每嗟此后出法整唯之斯戒末乃得之。……大法流此五百余年，比丘尼大戒了于其文。以此推之，外国道士亦难斯人也。……

根据这段文字推测，佛教传入龟兹约在公元前两百多年的时候，《阿育王息坏目因缘经》上也说：“新头河表，至婆伽国，乾陀越城、乌特村聚、剑浮安息、康居乌孙、龟兹于阗、至于秦土，此阎浮半，赐与法益，纲理生民，垂名后世。”或者阿育王曾经派遣传教师到过龟兹也未可知。自此以后，龟兹佛法一直相当兴盛，到鸠摩罗什的时候，僧尼律仪还很如法。《比丘戒本所出本末序》“王新僧伽蓝”下还有一段小注道：“有年少沙门字鸠摩罗，才大高，明大乘学，与舌弥是师徒，而舌弥阿含学者也。”罗什七岁随母出家，可能都是依止佛图舌弥为师。舌弥是小乘师，《高僧传》说罗什出家后日诵毗昙千偈，三万二千字，也可能都是小乘毗昙。罗什九岁，随母至罽宾，从槃头达多学《中阿含》及《长阿含》四百万字，神童的名声传布各地，罽宾国王对他爱敬备至。十二岁又随母回龟兹，继至沙弥国学一切有部的《发智》、《六足》，同时博览外道经书，如《四吠陀典》、《五明诸论》，以及文辞制作，阴阳星算。当时有两个落莎车国的大乘师在沙勒，罗什和他们辩论之后，才知道“昔学小乘，如人不识金，以鍮石为妙，”就从他们受诵《中》、《百》、《十二门、三论》及方等大乘经典，因此能够在温宿国驳倒一个极负盛名的外道头子，誉满葱岭南北。那时罗什快满二十岁，他的母亲因为到处参学，精修禅定，已经证得二果，怂恿龟兹国王亲自去迎接罗什回国弘扬大乘教义，同时准备受具足戒。罗什回到龟兹，在王宫里受了大戒，就从卑摩罗叉学十诵律，而他的母亲从此就离开他到印度去了。据《高僧传说》：

什母临去，谓什曰，方等深教应大阐真丹，传之东土，唯尔之力，但于自身无利，其可如何！什曰，大士之道，利彼忘躯。若必使大化流传，能洗悟镬俗，虽复身当炉镬，苦而无恨。

从罗什回答母亲的话上，可以知道他当时不但通达大乘数理，而且也已经体现了大乘佛教的真精神。后来他留住龟兹很久，继续研究和弘扬大乘佛教，他的声名逐渐流传内地，为道安法师和前秦的苻坚所仰慕。公元379年（前秦建元十八年）苻坚遣吕光伐龟兹，临发，苻坚嘱付吕光道：“朕闻西国有鸠摩罗什，深解法相，善闲阴阳，为后学之宗，朕甚思之。贤哲者，国之大宝，若克龟兹，即驰驿送什。”吕光是相当英武的人，于384年战胜了龟兹，也得到罗什，可惜那时苻坚已经失败，交通阻塞，吕光在凉州自立为王，忙于战争，更顾不上送罗什西来。直到公元401年五月（后秦弘始三年）姚兴遣硕德打败吕光的第二继承者，他的侄儿吕隆，灭了后凉，罗什法师才于那年的12月20日到达长安，计算年龄已经五十八岁了。

南北朝时代的帝王大多数信佛，姚兴对于佛法还有相当的研究，所以罗什法师到了长安，极为朝野所崇敬，如《晋书》卷一百十七云：

兴如逍遥园，引诸沙门于澄玄堂听鸠摩罗什演说佛经。罗什通辩夏言，寻览旧经，多有乖谬，不与胡本相应。兴与罗什及沙门僧䂮、僧迁、道树、僧叡、道恒、僧肇、昙顺等八百余人，更出《大品》。罗什持胡本，兴执旧经，以相考校。其新文异旧者，皆会于理义。续出诸经并诸论三百余卷，今之新经，皆罗什所译。兴既托意于佛道，公卿已下莫不钦附，沙门自远而至者五千人。起浮图于永贵里，立波若台于中宫。沙门坐禅者恒有千数。州郡化之，事佛者十室而九矣。

这一段记载说明了罗什法师到达长安以后的佛教盛况，其中有三点应该注意：一、罗什法师在凉州十七、八年，可能学过汉族语文，到长安后，大概又补习和校正了一下，所以《晋书》上说他"通辩夏言"，《高僧传》上也说"转能汉言，音译流便"，这是罗什法师开创新译时代最有利的工具。二、在罗什到长安之前，道安法师已经直接、间接培植了一批"法门龙象"，《高僧传》卷三云："时有生、融、影、叡、严、观、恒、肇，皆领悟言前，辞润珠玉。执笔承旨，任性伊人。""生"就是道生，"融"就是道融，"影"是昙影，"严"是慧严，"观"是慧观，叡、恒、肇就是《晋书》上的僧叡、道恒和僧肇。他们继承了道安法师重视学术的风格，敢于思辩而又谨守绳墨，加以博闻强识，文藻佳妙，对罗什法师的译经事业，帮助很大。三、罗什法师译出的经典，据《出三藏记集》卷二说，共35部，294卷，其中最主要的是：《大品般若经》、《小品般若经》、《法华经》、《维摩经》、《金刚经》、《阿弥陀经》、《禅经》、《大智度论》、《中论》、《十二门论》、《百论》、《成实论》、《十住毗婆娑论》等，都为后来的义学所宗。此外罗什法师还曾为姚兴著《实相论》二卷，现已失传。和慧远、稚榷远等问答的记载，收于《大乘大义章》中，从那里也可以窥见罗什法师见解的一斑。罗什法师到长安十二年就圆寂，《出三藏记集》云："后有外国沙门来曰，罗什所谙，十不出一"，可见罗什法师的学问很广博，因为来内地太迟，未能尽传于世，这是非常可惜的事情。

三

上面第一节从佛经翻译时代的分期确定鸠摩罗什法师在我国佛教史上的地位，第二节约略介绍他的生平，这一节拟综述他对于我国佛教的影响。为了便于说明，先把他的学统列表如下表：(见下页)

根据上表，可以知道罗什门下，"法将"如云，很多是名震朝野，行解精诣的人物。当时有八俊（生、肇、融、叡、恒、影、严、观）十哲（八俊加道恒、道标）的说法，又有"通情则生融上首，精难则观肇第一。""生叡发天真，严观洼流得，慧义郁彭亨，寇渊（即僧渊）于嘿塞"的品评。其中竺道生的顿悟成佛及阐提有佛性两义，贯串在后来成立的若干宗派之间。僧肇的义解，自出机杼，显示我国佛教徒在那时候已经能够运用自己的智慧发展佛教的理论。他的论文集《肇论》，至今还是治中国哲学的学者所喜爱的著作。般若三论者皆系罗什所译，他的门下，特精此义。三论宗的集大成者吉藏，在《大乘玄论》卷中说："摄山高丽朗大师（按即僧朗），本是辽东城人。从北土远习

鸠摩罗什

- ——僧叡　罗什西来，僧尼云集，姚兴命为僧主，资待中秩，传诏羊车各二人。
- ——僧迁　初为悦众，助僧管理僧尼。
- ——法钦　与同学慧斌初为僧录，助僧管理僧尼。
- ——道融　请什公出《菩萨戒本》，始讲《中论》、《新法华》，著《法华》、《大品》、《金光明》、《十地》、《维摩》等义疏。
- ——昙影　曾助道安译鼻奈耶，能讲正《法华经》及《光赞般若》，后助什译经。著《法华》、《义疏》并注《中论》。
- ——僧叡　曾听僧朗讲《放光般若经》，师事道安，后参什公译事。讲《成实论》，深为罗什所称赞，又著《大智度论》、《十二门论》、《中论》、《大小品》、《法华》、《维摩》、《思益》、《自在王》、《禅经》等序。
- ——道恒　与同学道标皆学该内外，才思清敏，助罗什详定众经，姚兴劝令还俗，共理国政，不从。恒著《释驳论》及《百行标作舍利弗毗昙序》。
- ——僧肇　弱冠之年从学罗什于姑藏，继同至长安，助什译经。出大品后便著《般若无知论》，什称善。后又著《不真空论》，《物不迁论》迹《注维摩经》及制诸经论序，什亡后又著《涅槃无名论》，文义都很精粹。
- ——道生　初从僧伽提婆学毗昙，后师事罗什，继弘阐《涅槃》，著《维摩义疏》、《法华疏》、《泥洹义疏》、《顿悟成佛义》等，多独到的见解，在当时佛教界中影响很大。
- ——慧叡　为谢灵运作《十四音训叙》，条列梵汉，昭然可了。
- ——慧严　罗什卒后居建业东安寺，为宋帝所重，后与慧观、谢灵运治《涅槃大本》。弟子法智，《成实》、《大品》学者。
- ——慧观　初师庐山慧远，继从什公游，著《法华宗要叙》。后南归，著《辩宗论》、《论顿悟渐悟义》及《十喻》、《诸经序》等。
- ——僧导　助什译经，参议详定。著《成实》、《三论》义疏及《空有二谛论》，德业为宋帝所重。弟子以《成实》知名者、有僧因、僧威、昙济及道猛。猛思入渊微，盛弘《成　实》，济即《七宗论》的著作。
- ——僧嵩——僧渊
    - ——惠纪　嵩弘《成实》，僧渊续之，纪则从渊受《成实》，兼通数论。
    - ——道登　与纪均为北魏孝文帝所重。登卒，孝文至其寺，谓诸王及侍官曰：“朕每玩《成实论》，可以释入深情，故至此寺焉。”
    - ——惠球　曾为荆州僧主。
    - ——昙度　撰《成实论大义疏》盛传北土。
- ——僧业
    - ——慧光　业从什受《十诵》，洞悉深奥，什欢曰：后世之优婆离也。光又与同学昙斌随业学《十诵》，数当讲说。
    - ——僧璩　总习众经，尤明《十诵》，为宋僧正。
- ——慧询——道营　询受学什公，尤善《十诵》、《僧祇》，营偏善《僧祇》。
- ……法度——僧朗——僧诠——法朗——吉藏
- ……昙谛　与僧碧特有因缘，晚居虎丘，讲《易》、《礼》、《春秋》各七遍，《法华》、《大品》、《维摩》各十五遍。

罗什师义。”又《涅槃经游意》曰：“云禀关河（按即关中），传于摄岭。摄岭得大乘之正意者。”可见三论宗是从罗什学统传衍而来的。此外天台宗和罗什学统虽然没有直接的联系，但天台二祖慧文尊者读了《中论·四谛品》偈“因缘所生法，我说即是空，亦名为假名，亦名中道义”，才悟得空有不二的中道。慧文传之慧思，慧思传之智颤，智颤在陈隋之间常讲《大智度论》，则天台宗也是从罗什学统的法乳孳长起来的。三论、天台两宗在唐宋以后的盛衰虽不尽相同，而始终是我国佛教思想的主流之一。鸠摩罗什法师对于我国佛教发生了怎样的影响，就此可以想见了。

（原载《现代佛学》1955年2月号，署名鉴安）

东林远公

一

东晋孝武帝太元三年（公元378年），慧远法师到达江西的庐山。那时，长江以北的许多地区，由于五胡十六国的混战，形成“尸流满河，白骨蔽野，极目荒凉，白日不见行人”的惨象。慧远法师的亲教师道安法师在河南一带，因而不能不时常避难、乏食、分散徒众。江南比江北好一点，但官僚们倚仗着“翼戴之功”和门第的特权，尽量兼并农民的土地，如王（导）谢（安）两大家族各有田庄几十处，刁协强占镇江附近的田亩竟至一万顷。孝武帝太元二年，废除地税，改为每人每年纳“口税”三斛，即一石五斗。八年，又增税米每人五石，连服役中的丁男丁女也没有例外。此外人民还有多种苛杂的负担，甚至连修房子、种桑树也要纳税，人民依旧生活在水深火热之中。同时那些官僚地主们还不断的互相排挤，如《世说新语》云：

桓温来朝，诏吏部尚书谢安、侍中王坦之迎于新亭。时都下汹汹，云欲诛王、谢，因移晋祚。坦之甚惧，安神色不变，曰，晋祚存亡，决于此行。温既至，百官拜于道侧，温大陈兵卫，延见朝士。坦之流汗沾衣，倒执手板，安从容就席，谓温曰，安闻诸侯有道，守在四邻，明公何须壁后置人邪。温笑曰，正自不能不尔。

此外王敦、苏峻前后作乱，杀戮了很多“异己”之人。社会上层除了骄奢淫佚，欺诈倾轧之外，简直没有什么是非公道可言。当时许多有学识、有肝胆的人，如刘驎之、戴逵、龚玄之、孟陋、翟汤等等，大都“不屑世事，耕而后食”，谢绝朝廷的一切征召。陶渊明所作《归去来辞》中的：“归去来兮，田园将芜胡不归！既自以心为形役，奚怅惆而独悲！悟已往之不谏，知来者之可追，实迷途其未远，觉今是而昨非”，如果结合当时整个社会的情况读起来，就格外觉得意境凄恻，耐人寻味了。

佛教方面，因为大德们的提倡、贵族们的崇信，以及人民生活的痛苦，皈依佛教的风气在社会上已经相当兴盛。出家僧尼日渐增多，寺庙的数目也随着扩大，加以信施的供养和若干特权，寺庙生活就逐渐糜烂起来。如未详作者的《正诬论》

引云：

道人（即僧尼）聚敛百姓，大构塔寺，华饰奢侈，糜费而无益。（弘明集卷一）

又道恒《释驳论》引云：

今观诸沙门，通非其才。群居猥杂，未见秀异。……触事蔑然，无一可采。何其栖托高远而业尚鄙近。至于营求汲汲，无暂宁息。……或占相孤虚，妄论吉凶；或诡道假权，要射时意；或聚畜委积，颐养有余；或指掌空谈，坐食百姓。斯皆德不称服，行多违法。……且世有五横，而沙门处其一焉。……（《弘明集》卷六）

这是慧远法师时代佛教界的一种情况。远公“风鉴朗拔”，见解超群，看到当时社会纷乱和佛教界芜杂的情况，自不能不有所感慨。他的栖托匡庐，乃至三十年“影不出山，迹不入俗”，我们是可以理解的。

二

慧远法师，本姓贾，东晋成帝咸和九年（公元334年）生于山西崞县（今古雁门楼烦）。年十三，从舅父令狐氏到河南省许州一带读书，“博综六经，尤善老庄。”据《高僧传》说：“宿儒英达，莫不服其深致”，足见他对于儒道两家的理论，从小就有相当深邃的体会。当时范宣子隐居在江西南昌，躬耕自给，博极群书，屡次谢绝官僚们的推荐，名重大江南北。慧远法师想去依止他，同过隐居生活。因为战乱阻塞了交通，无法南下，听到道安法师在山西大同府浑源县的恒山建立寺院，聚徒讲学，就去访问。时年二十一岁。道安法师的德学风度，深为慧远法师所倾折，及听到了《般若经》的讲解，觉得“儒道九流，皆糠粃耳，”就和胞弟慧持，一同“投簪落发，委命受业”，决心依止道安法师出家。后来他给刘遗民的信里也提到说：“每寻畴昔，游心世典，以为当年之华苑也。及见老庄，便悟名教是应变之虚谈耳。以今而观，则知沉冥之趣，岂得不以佛理为先。”（《广弘明集》卷二十七）可见慧远法师注重研究教理，并不是单凭情感决定信仰的人。

出家以后，“精思讽持，以夜续昼”，非常精进。二十四岁就登座讲经，旁征博引，解决了很多疑难问题，为前辈和同学们所推服，道安法师对他也很器重，特许他“不废俗书。”晋哀帝兴宁三年（公元365年）年三十二，随道安法师至湖北襄阳弘化，一直到太元三年（公元378年）离开襄阳和道安法师，他在十三年当中所做的许多事情，《高僧传》上没有详细的记载。根据《竺法汰传》，知道他曾经奉道安法师之命到荆州问竺法汰的病，并参加竺法汰召集的驳斥“心无义”的辩论会。据《高僧传》卷五云：

时沙门道恒，颇有才力，常执心无义，大行荆上。汰曰，此是邪说，应须破之。乃大集名僧，令弟子昙一难之。据经引理，析驳纷纭。恒仗其口辩，不肯受屈。日色既暮，明旦更集。慧远就席，设难数番，关责锋起。恒自觉义途差异，神色微动，尘尾扣案，未即有答。远曰，不疾而速，杼轴何为？座者皆笑矣。心无之义，于此而息。

又《高僧传》卷六《慧永传》云："释慧永……伏膺道安法师，素与远共期，欲结宇罗浮之岫。远既为道安所留，永乃欲先踊五岭。行经浔阳，郡人陶范苦相要留，于是且停庐山之西林寺。"从这段记载上，知道慧远法师曾经要求离开襄阳，到广东省增城县的罗浮山去隐居而没有得到道安法师的允许。最后苻坚的军队攻占襄阳，道安法师为苻坚所延致，北上长安。慧远法师就在道安法师的"分张从众，各随所之"的嘱咐下和道安法师告别，以后也就没有机会见面。当慧远法师和其它许多同学向道安法师告别的时候，道安法师对其它的人都有所训诲，惟独对于慧远法师不发一言，慧远法师就跪下去请教道："独无训诲，俱非人例。"道安法师说："如公者，岂复相忧。"这一句话说明了道安法师对于他的赏识，而慧远法师是怎样一个有作为的人，也就非常明白了。

宋朝的朱熹，在东林寺看见了慧远法师的画像，对同游的人说："远公如不出家，不作大官，必作大寇"（《朱子语类》）。这并不是毁谤慧远法师的话，而是就他的相貌上断定他是一个"非常人"。《高僧传》也说："远神韵严肃，容止方棱，凡预瞻睹，莫不心形战栗。曾有沙门持竹如意欲以奉献，入山信宿，竟不敢陈，窃留席隅，默然而去。有慧义法师，强正少惮，将欲造山，谓远弟子慧宝曰，诸君庸才，望风推服，今试观我如何！至山，值远讲《法华》，每欲难问，辄心悸汗流，竟不敢语。出谓慧宝曰，此公定可讶。其伏物盖众如此。"又曰："远少所推先。"根据这一点宝贵的记载，我们可以想像得出一个恢廓严整、不轻许可的大德来。

慧远法师和慧持及弟子数十人离开襄阳，先到荆州上明寺住了一个短时期，即应慧永之招到庐山，住山北龙泉精舍。不久，江州刺史桓伊在西林寺的东面更建房殿，供养远公，称东林寺。据宋陈舜俞《庐山记》，东林寺离龙泉精舍十五里，建于太元九年。"郤负香炉之峰，傍带瀑布之壑。仍石垒基，即松栽构，清泉环阶，白云满室。复于寺内别道禅林，森树烟凝，石径苔合，凡在瞻履，皆神清而气肃焉。"远公安居在这样一个幽静的环境里，可以说得遂隐居的初志了。但远公并不想灰身灭智、借此自了，他的所以托志林泉，实有其伟大的抱负在。如《答桓玄料简沙门书》云：

佛教凌迟，秽杂日久，每一寻思，愤慨盈怀。常恐运出非意，混然沧胥。此所以夙宵叹惧，忘寝与食者也。见檀越澄清诸道人教，实应其本心也。……贫道所以寄命江南，欲托有道以存至业。业之隆替，实由乎人。值檀越当年，则是贫道中兴之运。幽情所托，已冥之在昔。……（《弘明集》卷十二）

桓玄倡议沙汰（即料简）众僧在安帝隆安二年（公元398年）。他的办法是："诸沙门有能申述经诰、说畅义理者，或禁行修整、奉戒无亏恒为阿练若者，或山居养志不营流俗者，皆足以宣寄大化。……其有违于此者，皆悉罢遣，所在领其户籍，严为之制。……唯庐山道德所居，不在搜简之例"（《弘明集》卷十二）。太元三年到隆安二年，慧远法师已经把庐山开辟成为真实的道场，表率当时的佛教，他的庄严的行愿，对于后来的"法运"关系也很大。

慧远法师卒于东晋安帝义熙十三年（公元417年）八月初六，年八十四。驻锡庐山，前后共计三十九年。

三

远公对于桓玄的沙汰僧尼，原则上是同意的，但料简僧尼的标准则不尽相同。他说："经教所闻凡有三科，一者禅思入微，二者讽味遗典，三者兴建福业。三科诚异，皆以律行为本。"希望桓玄依据这个标准进行沙汰，以免发生偏差。沙汰的事情因为桓玄作乱伏诛，没有来得及施行，但远公在庐山的一切建树，大体上是按照他的这个主张进行的。

第一、远公自己"率众行道，昏晓不绝，"规范相当严格。各地佛教信徒陆续到那里去参学的，据《高僧传》所说，出家人中大都是"谨律息心之士"，居士也都是"绝尘清信之宾"，可知远公取人非常认真，决不随便。当时桓玄以封建淫威要沙门敬礼王者，远公竭力反对，著《沙门不敬王者论》五篇说明他的意见，并用非常严肃的语句答复桓玄关于此事的咨询，沙门敬礼王者的主张终于被打消。《高僧传》说，"自是沙门得全方外之迹"，其实也就是远公反抗封建统治得到了胜利。关于《十诵律》，本来是鸠摩罗什同弗若多罗在长安翻译的，后来弗若多罗病故，剩下三分之一没有译出，远公知道了非常惋惜，刚巧昙摩流支从西域到长安，远公就遣弟子致书昙摩流支请他继续译完，《十诵律》才有现在的全本。这都是远公维护僧制及戒律的功绩。

第二、僧肇在《致刘遗民书》中提到支法领从西域取得方等新经二百余部，请回大乘禅师一人、三藏法师一人、毗婆沙师二人的事情。支法领是远公弟子，他去西域系奉远公之命。大乘译师即佛陀跋陀罗，他到长安不久就和罗什门下发生意见，以至于被擯而南下依止远公。远公为他致书姚兴，解除擯事，又请他译出《达磨多罗禅经》，弘阐一切有部嫡传的禅法。

第三、罗什入关，远公致书通好，并遣道生、慧观等北上从学。后来听说罗什要回本国，就连忙上书劝阻，并提出十八个问题请他解释。这也可以见出远公爱才若命，求知若渴，毫无门户之见的古道热肠。此外，远公又请僧伽提婆在庐山译出《阿毗昙心》，讲述一切有部的教义。门人当中如慧义等受了小乘学说的影响，竟以大乘方等经典为魔书，但远公并不加以禁止，后来僧伽提婆还经常在南京一带讲学。这种“讽味遣兴”的态度，应该可以说是非常开明的了。

第四、远公到庐山不久，听说月氏国有佛化毒龙所留的影相，“欣感交怀，志欲瞻仰”，偶尔遇到一个西域来的大德叙述那个佛影的相好，就“背山临流，营筑龛室，妙算画工，淡彩图写。色疑积空，望似烟雾，晖相炳暧，若隐而显。”同时还撰述了五首铭文，刻在佛影的旁边。这是属于兴建福业的。

现在我们一提到东林远公，就会联想起“白莲结社”来。其实结社念佛固然是远公留下的芳型，但对于他的伟大的抱负、遒劲的魄力、阔大的胸襟、广博的学识以及三科料简的苦心孤诣，我们更不能忘怀，否则存迹遗真，那就不免厚诬古人了。

四

佛教传入中国以后，因果报应之说即深入人心，因而也引起一部分人士的反对，如何承天《报应问》云：

西方说报应，其枝末虽明而根本常昧。其言奢而寡要，其譬迂而无征。乖背五经，故见弃于先圣，诱掖近情，故得信于季俗。……夫鹅之为禽，浮清池，咀春草，众生蠢动弗之犯也，而庖人执焉，鲜有得免刀俎者。燕翻翔求食，唯飞虫是甘，而人皆爱之，虽巢幕而不惧。非直鹅燕也，群生万有往往如之。是知杀生者无恶报，为福者无善应。……余故谓佛经但假设权教，劝人为善耳，无关实叙。……（《广弘明集》卷十八）

当时有很多佛教信徒著文加以驳斥，慧远法师也著《三报论》约一千字，说明现报、生报、后报的差别，解释一般人“善恶无现验”的疑惑。后来又函答桓玄的问难，用世、出世间的若干道理，反复申叙，证明三世因果之说为不虚。三世因果的信仰既已确定，再加上社会环境非常混乱的客观原因，对于“无常迅速，身后茫茫”的问题，就不免发生惶恐而要设法安排了。如《广弘明集》

卷二十七云：

彭城刘遗民以晋太元中除宜昌、柴桑二县令，值庐山灵邃，足以往而不反，遇沙门释慧远，可以服膺，丁母忧去职入山，遂有终焉之志。于西林涧北，别立禅坊，养志闲处，安贫不营货利。是时闲退之士轻举而集者，若宗炳、张野、周续之、雷次宗之徒，咸在会焉。遗民与群贤游处，研精玄理，以此永日。远乃遗其书曰，……君诸人并为如来贤弟子也，策名神府为日已久。徒积怀远之兴，而乏因籍之资，以此永年，岂所以励其宿心哉。意谓六斋日，宜简绝常务，专心空门，然后津寄之情笃，来生之计深矣。……

这里所说的“怀远之兴”，也就是“身后茫茫”的感觉，所谓“因籍之资”即“念佛三昧”，“津寄之情笃，来生之计深”，大概就是信念功深，决定生西了。刘遗民等接受远公劝诫，皈心净土法门，于元兴元年（公元402年，远公年六十八岁）7月28日，在远公领导下，同“息心贞信之士”123人，在庐山之阴般若灵台精舍阿弥陀像前建斋言誓，共期西方。这就是所谓“白莲结社”。

《誓愿文》是刘遗民所作，其中有“可不克心重情，叠思以凝其虑”一句话，可能就是他们修持念佛三昧的方法。从这句话上推测，远公念佛不是持名，同时他询问鸠摩罗什的十八个问题当中提到的念佛三昧，系指般舟三昧而言。据罗什解释道：

见佛三昧有三种：一者菩萨或得天眼、天耳，或到十方佛所，见佛难问，断诸疑网。二者虽无神通，常修念阿弥陀佛等现在诸佛，心住一处，即得见佛，请问所疑。三者学习念佛，或已离欲或未离欲，或见佛像，或见生身，或见过去、未来、现在佛。是三种定，皆名念佛三昧。……上者得神通见十方佛，中者虽未得神通，以般舟三昧力故，亦见十方佛，余者最下，总名念佛三昧。复次若人常观世间厌离相者，于众生中行慈为难，是以为未离欲，诸菩萨故，种种称赞般舟三昧。而是定力，虽未离欲，亦能摄心一处能见佛，则是求佛道之根本也。

罗什所说的般舟三昧，或者就是东林结社修持的内容。远公大概以后汉支娄迦谶译的般舟三昧经作为依据，观想念佛，和后来的持名念佛不属于同一类型。

关于“白莲结社”的传说，在《誓愿文》里只有“藉芙蓉于中流”的说法，那是指生西以后莲胎化生而言，与结社无关。其他比较早的记载上也没有关于“东林院中多植白莲”的痕迹，可能是中唐以迹的一种传说。又关于莲社十八高贤，通常皆信以为真，其实宋陈舜俞《庐山记》就说“东林寺旧有《十八贤传》，不知何人所作，文字浅近，以事验诸前史，往往乖谬，读者陋之。”现在许多考证佛教史实的学者都能够举出许多证据，证明当时并无“莲社十八高贤”之说，可能也是后来的讹传，无关于远公结社的宏旨。

总之，结社念佛是远公创造的一种集体修持的方法，固然有功于后世，但远公值得我们纪念的，还有一段精神在，上面已经约略提到了，这是我们现在应该特别注意的地方。

（原载《现代佛学》1955年3月号，署名鉴安）

法显、玄奘两大师

一

观夫自古神州之地，轻生殉法之宾，显法师则创辟荒途，奘法师乃中开王路。其间或西越紫塞而孤征，或南渡沧溟以单逝。莫不咸思圣迹，罄五体而归礼，俱怀旋踵，报四恩以流望。然而胜途多难，宝处弥长，苗秀盈十而盖多，结实罕一而全少。实由茫茫象碛，长川吐赫日之光，浩浩鲸波，巨壑起滔天之浪。独步铁门之外，亘万岭而投身，孤漂铜柱之前，跨千江而遣命。或亡飧几日，辍饮数晨，可谓思虑销精神，忧劳排正色，致使去者数盈半百，留者仅有几人。

这是义净法师《大唐西域求法高僧传》序文当中的一段。它告诉我们两桩事情：一、西行求法的高僧，以法显法师和玄奘法师为最著名，成绩也最大。二、西行求法是一件千难万苦的事情，非有坚固的毅力和克服困难的决心不能达到目的。考《高僧传》、《出三藏记集》等书，在法显法师之前，西行求法的人，有魏高贵乡公甘露五年（公元260年）的颍川朱士行，以及后来的竺法护、康法朗、于法兰、竺佛念、慧常、慧叡、支法领等一二十人。他们大都因为当时所翻译的经典太不全面，意义又不够明确，不能满足，所以冒险西行，希望能够解决佛法修学上的问题。他们有的只到了西域（就是现在的新疆境内），有的只到了交趾（即越南），有的取回了重要的经典（如朱士行、竺法护），有的半途而废客死他乡（如于法兰）；都是开拓我国佛教的功臣，值得我们追念和敬佩。

从法显法师回国（东晋义熙八年即公元412年）以后到玄奘法师出国（唐贞观三年即公元629年）之前的217年间，西行求法的大德有智猛、道嵩、昙无竭、道泰、法献、惠生、宋云、宝暹等近百人。他们多数受了法显法师精神的激发和取得了西行的若干经验，其中如惠生与宋云还是元魏明帝派遣出去的。照道理说，他们遇到的困难可能会比较少些，但是那时候的交通极不方便，往返几万里大都是步行，沿途山川丛杂，道路纷歧，加以自然界的灾害和其他种种阻碍，西行求法的苦况是想像不到也是诉说不完的。他们对于我国佛教的贡献，即使是片纸只字之微，也是值得我们馨香顶戴、衷心铭感的。

二

法显法师本姓龚，原籍山西临汾，三岁出家，二十岁受大戒。玄奘法师本姓陈，原籍河南偃师，十一岁出家，二十一岁受大戒。据《高僧传》卷三说，法显法师三岁出家的原因是因病，《续高僧传》卷四说，玄奘法师从小就出家是因为“少罹穷酷”，但他们的天资都很高，不是通常的小沙弥所及。如法显法师十岁丧父之后，他的叔父劝他回家，他说：“本来不是因为有父亲才出家的”。又有一次他和几十个小同学在田里割稻，突然来了偷稻的贼，小沙弥们吓得都逃散了，只有法显法师一个人不动声色地留在那里，并且用佛教因果报应的道理劝告他们，那许多偷稻的贼居然听法显法师的话“舍谷而去”。玄奘法师一出家就非常用功，他看到同学们“剧谈掉戏”，时常批评他们道：“经不云乎，夫出家者为无为法，岂复恒为儿戏，可谓徒丧百年。”而他自己则“每恒听受，昏明思择”，就是每逢听讲的机会都不放弃，听完讲回来，从早到晚细心研究，因此大家都很喜欢和帮助他。

法显法师西行求法的动机，据他自己所写的游记上说：“法显昔在长安，慨律藏残缺，于是遂以弘始二年岁在己亥，与慧景、道整、慧应、慧嵬等同契，至天竺寻求戒律。”（法显法师出国的年份，《高僧传》、《历代三宝记》、《大唐内典录》等书上都是东晋隆安三年，即后秦弘始元年（公元399年），“二年”之说可能是传写的错误。）那时，道安法师圆寂已十四年，鸠摩罗什还没有到长安，我国的戒本只有曹魏昙摩柯罗译的《僧祇律比丘戒本》，康僧铠译的《四分律杂羯磨》，东晋昙摩羯多译的《僧祇律比丘尼戒本》和昙摩持译的《十诵律比丘戒本》等几种，真可以说“残缺”之至了，所以道安法师在《渐备经序》七说：“云有《五百戒》，不知何以不至。此乃最急。四部不具，于大化有所阙。”法显法师致慨于律藏的残缺，可能是受了道安法师的影响。

据《高僧传》等说，玄奘法师在洛阳净土寺出家以后，就从寺里的大德景法师学《涅槃经》，从严法师学《摄大乘论》，后来又与兄长捷法师到四川成都从道基学《毘昙》，从宝暹学《摄论》，从道振学《迦延》。道基、宝暹等都是当时有学问的名僧，因为避乱入蜀。玄奘法师“敬惜寸阴，励精无怠，二三年间，究通诸部”，不但为道基等深所爱重，俊秀的名誉还传播到长江中游一带。受大戒后，学习了诸部戒律，觉得川中无可问学，又沿江东下，在湖北江陵的天皇寺讲了大半年《摄论》、《毘昙》，得到汉阳王及其群僚的爱戴，衬施如山。但玄奘法师志不在此，又北游相州从慧休学《杂心》、《摄论》，到赵州从道深学《成实》。道深和慧休都是历参名宿的大德，尤其是慧休，他既学灵裕的《涅槃》，又学明彦的《成实》、志念的《小论》、昙迁的《摄论》，并且也受业于真谛三藏的弟子道尼和从洪遵、法砺学过律，他在当时真是博学多闻的佛教学者，玄奘法师得他的启发很多，而仍有许多问题不能解决，乃西入长安从法常、僧辩听《摄论》，依旧不能满足求知的要求。《大慈恩寺三藏法师传》卷一云：

法师既遍谒众师，备飡其说，详考其理，各擅宗途，验之圣典，亦隐显有异，莫知适从。乃誓游西方，以问所惑，并取《十七地论》以释众疑，即今之《瑜伽师地论》也。又言昔法显、智严亦一时之地，皆能求法导利群生，岂使高迹无追，清风绝后，大丈夫当继之！

这是玄奘法师西行求法的原因。他虽然受了法显法师的影响，而在出国之前积储的“资粮”比法显法师为多，因此西行求法的目的也比法显法师为大，他们在印度所学的更有广略之分，回国后译出经典的分量当然也就不能相等了。

至于玄奘法师的“所惑”，究竟是什么问题，史传上都没有说明白，但根据当时我国佛教界的情况加以研究，也可以约略推知其梗概。我们在介绍龙树菩萨和无著菩萨的文章当中曾经说过，龙树菩萨阐扬空义的用意，主要是破斥外道和小乘违反缘生性空的“有见”，而无著菩萨的学说则在于说明宇宙人生如何缘起的道理以破除“沉空滞寂”的谬执。印度的大乘佛教发展到无著菩萨的时代，才比较全面地解决了许多教理上的问题。我们在介绍道安法师一文里也曾经说明，我国佛教在道安法师的时代，般若性空的义理受了玄学清谈的影响，几乎变质，幸得道安法师出来纠正，才免于“离经叛道”。道安法师圆寂之后，鸠摩罗什东来长安，译出空宗的重要经论和小乘的《成实论》，一时研究《般若》、《三论》的人非常之多。《成实论》虽属小乘而攻难《毘昙》，便于初学，罗什门下的僧道、僧嵩且成为《成实论》的名师，因而流衍为成实宗。这说明道安法师以后我国佛教的弘扬还是偏重在性空一方面，对于宇宙人生如何缘起的道理，知道得并不太多。其后三论宗、天台宗成立，理境上虽然进了一步，但无著、世亲的著作刚刚由真谛三藏等传译过来，量固不全，文义上也有很多问题，因此三论宗和天台宗仍旧没有跳出原来的窠臼。在这种情况下，好学深思的玄奘法师自然不能满足。我们再从玄奘法师的师承来研究，他从出家之后到出国之前，先后曾经从过六个人学《摄大乘论》，好像他对于《摄论》有癖好似的；此外他所问学的也都是《毘昙》、《杂心》等等，没有提到《般若》和《三论》，因此有人说他“偏重法相”。其实这正表明玄奘法师在性空宗义之外竭力找寻宇宙人生如何缘起的道理，而这个道理在当时的中国佛教界是非常不够的，于是他就不得不出国找寻“理无不穷、事无不尽、文无不释、义无不诠、疑无不遣、执无不破、行无不修、果无不证”(《瑜伽师地论释》)的相宗宝典《瑜伽师地论》了。

三

法显法师与慧景等于弘始元年三月从长安出发，经过甘肃的靖远、张掖、敦煌，渡过沙河到新疆境内的鄯善、焉耆、于阗、疏勒、子合，取道葱岭抵北印度境，费时两年零三个月。入北印度后，历经乌苌、犍陀卫、那竭、毘荼等国，渡印度河，转入中印度境内的僧伽施、拘萨罗、毘舍厘、迦尸、拘睒弥、摩竭提等国，在巴连弗邑住三年，学梵书、梵语、写律。后又沿恒河东下，经瞻波国，到东印度的多摩梨帝国住两年，写画完了经像就乘海船到锡兰，准备回国。计自公元401年至409年，法显法师在印度游学共八年。

法显法师在锡兰住二年，公元411年8月离开锡兰，泛海回国，遇到大风浪，在大海里飘流九十日才到爪哇，在那里停留五月，于412年四月乘船向广州进发，航行了一个多月，又遇大风，几经险难，于7月14日到达山东的青州，回到了祖国。前后计共13载，经历32国，携回在印度抄写的《摩诃僧祇众律》、《萨婆多众律》、《杂阿毘昙心》、《埏经》、《方等般泥洹经》、《摩诃僧祇阿毘昙》，在锡兰抄写的《弥沙塞律》、《长阿含》、《杂阿含》及杂藏，都是我国没有的经典。又据法显法师自己写的游记上说，他在舍卫城的时候，印度的佛教徒都惊讶地对他说：“我等诸师和尚，相承已来，未见汉道人来到此也”。可见义净法师所说的“显法师创辟荒途”是完全正确的，这也可以见出法显法师的精进勇猛。

玄奘法师出国的时候，突厥强盛，统率雪山以北西域的六十多国，所以玄奘法师不得不走天山北路，从玉门关，经高昌、阿耆尼、屈支，绕道素叶城见到突厥可汗，讲得致西方诸国的信以后才西行。他比法显法师多走了一段弯路，一个人在沙漠里吃的苦头也比较多。可是高昌王麴文泰和他很有缘，用很多钱为他打通突厥可汗的关节，因此高昌以西，除了自然界的障碍以外，玄奘法师的行程是比较顺利的。到了印度，周游110国，到处参访善知识。兹将玄奘法师在印度所学经论、受学处所、师资人名以及学时的久暂，列表如下（见下页）：

根据上表，可知玄奘法师在印度的时候，无时无刻不是在参学，而且所学的尽是解决他在国内“所惑”的经论，所以周游全印回到那烂陀寺以后，著《会宗论》三千颂难破不善般若空义的师子光论师，又著《破恶见论》一千六百颂，破斥小乘人的诽谤大乘，解决了印度佛教界当时的纷争，得到印度历史上的名王戒日王和鸠摩罗王的崇敬。戒日王为了显示玄奘法师对于大乘佛教正确和成熟的理解，通知十八大国王和所有学问的大小乘僧及尼乾外道五六千人齐集曲女城，和玄奘法师辩论。玄奘法师把称扬大乘的论意写出来挂在大会场门口，并且说明，其中如有一个字意义不明被驳倒的，就斩首以谢。印度的小乘僧和外道们耻于本宗义理的被破斥，又妒忌他

所学经论	受学处所	师资人名	学时久暂
毗婆沙	缚喝罗国纳缚伽蓝	般若羯罗	月余
俱舍、顺正理、因明、声明、婆沙	迦湿弥罗阇耶因陀罗寺	僧称	二年
经百论、广百论	磔迦国大庵罗林	七百岁婆罗门	一月
对法论、显宗论、理门论	至那仆底国突舍萨那寺	毗腻多钵腊婆	十四月
众事分毗婆沙	阇烂达那国那伽罗驮那寺	旃达罗伐摩	四月（以上北印度境）
经部毗婆沙	禄勒那国	阇耶毱多	一冬半春
有部辩真论	秣底补罗国	蜜多斯那	半冬一夏
佛使毗婆沙、日胄毗婆沙	曲女城跋达罗毗诃罗寺	毗离耶犀那	三月
瑜伽论、顺正理、显扬、因明、声明、集量、中百等	摩揭陀国那烂陀寺	戒贤法师	五年
毗婆沙、顺正理	伊烂拏国	怛他揭多也毱多及羼底僧诃	一年
集量论	南憍萨罗国	某婆罗门	月余（以上中印度境）
大众部根本毗昙	驮那羯磔迦国	苏部底及苏利耶	数月
征问瑜伽论	达罗毗茶国	僧加罗国僧	（以上南印度境）
正量根本论、摄正法论、教实论	钵伐多罗门	某二三大德	二年（北印度境）
婆沙等决疑	那烂陀寺西底罗释迦寺	般若跋陀罗	两月
唯识抉择论、意义理论、成无畏论、不住涅槃十二因缘论、庄严经论及问瑜伽因明等论	那烂陀寺附近杖林山	胜军居士	二年

的声望，大家纷呈驳难的理由，可是没有一个人经得起玄奘法师的反驳。这样经过十八天，玄奘法师取得完全的胜利，增加了大乘佛教的光辉，他也赢得“大乘天”的美号。这就是义净法师所说的“玄奘法师中开王路”，实在是中华民族历史上的光荣。

四

和法显法师同到印度去的道整，看见印度“众僧威仪，触事可观，”想到本国僧众的戒律残缺，就不肯回国。但法显法师“本心欲令戒律流通汉地，于是独还。”这和道整一比较，就显出法显法师“不为自己求安乐，但愿众生得离苦”的崇高品格来了。他在归国途中遇到危险的时候，“唯一心念观世音及归命汉地僧众，”所以在青州登陆之后，就急急忙忙到南京，和佛驮跋陀罗禅师共同译出五大部律之一的《摩诃僧祇律》。此外还译出《方等泥洹经》，为后来的译出准备了条件。法显法师全心全意为觅求戒律往返中印，终于达到目的。他写下的游记，至今还是世界历史学家研究印度古代史地和中印交通史的重要参考资料。他晚年到湖北的江陵，卒于辛寺，春秋八十有六。

玄奘法师在印度得到那么崇高的荣誉，戒日王坚留他在那里毕生受供养，照通常的眼光看，他是可以不回来的。但玄奘法师对戒日王说：

支那国去此遐远，晚闻佛法，难沾梗沾，不能委具，为此故来访殊异耳。今果愿者，皆由本土诸贤思竭诚深之所致也，以是不敢须臾而忘。

从玄奘法师的这几句话上，我们看见了大乘菩萨的真实履践和精神。他终于说服了戒日王的挽留，携带经典五百二十夹、六百五十七部和许多舍利、佛像，取路天山南路归国。这一路，和法显法师西行的路程相仿佛。当时高昌王麴文泰已死，玄奘法师就没有再弯到高昌去，直接经过沙州（即法显法师经过的沙河）进玉门关，回到长安，时为贞观十九年（公元645年）正月，前后共经一十七载。那时唐太宗因“征伐”高丽到了洛阳，要玄奘法师前去相见，晤谈之下，也非常有缘，并且劝请他还俗辅理国政。玄奘法师坚辞了，在长安弘福寺、慈恩寺、玉华宫等处致力于翻译带回的经典。计自太宗贞观十九年三月到高宗麟德元年（664年）二月玄奘法师示寂（六十三岁），二十一年之间，共译出大小乘经典74部，1335卷。其中有性宗的根本经典六百卷《大般若经》；相宗“六经”的《解深密经》和《菩萨藏经》；相宗论“一本”的《瑜伽师地论》，“十支”的《显扬》、《中边》、《五蕴》、《百法》、《杂集》、《二十唯识》、

《摄大乘》、《成唯识》八种；一切有部的《发智》、《识身足》、《法蕴足》、《品类足》、《集异门足》、《界身足》和《大毘婆沙论》。此外还有《俱舍论》和反驳《俱舍论》的《显宗论》、《顺正理论》，以及讲因明的《理门论》、《入正理论》和外道胜论师的《十句义》等等。玄奘法师译出这许多大小乘、性相两宗的重要经论，补足了我国佛教界的缺点，我们才能窥见印度佛教的全貌。

玄奘法师在印度的时期比法显法师久，游历过的地方也比法显法师多，写下的游记——《大唐西域记》更比法显法师的游记丰富。前几天有一位印度的学者对我说，如果没有玄奘法师的《西域记》，发掘印度古代的史迹就无从下手。据说《大唐西域记》的记载非常准确，"按图索骥"，丝毫不差。因此《大唐西域记》也和法显法师的游记一样，成为世界学者研究古代印度史的重要文献。

法显法师和玄奘法师对于我国佛教的贡献，在分量上固然不大一样，但他们两位大师为了利乐广大的群众，而奋不顾身牺牲自己的精神是完全相同的。这个崇高的品质，可以开发出无量的功德和事业，也将永远为世人所纪念。

（原载《现代佛学》1955年1月号，署名鉴安）

唐代天文学家一行法师

唐代一行法师，是一个卓越的天文学家，他在中国学术史上，有着光辉灿烂的一页。

法师俗姓张，名燧，一作遂，是河北巨鹿人，他的祖父据《旧唐书》所载，是当时襄州都督张公谨，后封郯国公。父亲叫张擅，也做过武官。他出生在世代作官的家庭里，从小就博览群书，精通历象和阴阳五行等学问；并曾向那时藏书很富的学问家尹崇借阅杨雄著的《大玄经》，几天就归还了。尹崇说："这部书意旨相当深奥，我研究了许多年，还不能得到其中的精义，你应该多加参研，为什么就这样快来归还呢？"哪知他竟回答说："我已完全懂得它的意旨了！"说了就取出他自己著的《大衍玄图》和《义诀》两稿交给尹崇看，尹崇看了大为惊服；以后逢人便说："他是今日的颜回。"

他于二十七岁，在荆州景丰禅师处出了家，没有多久，转入嵩岳普寂禅师那里深究禅理，以后又在真纂法师处学律部，采集诸经要旨成《摄调伏藏》一书。因着他精于历法算数，传到了当时唐玄宗皇帝的耳中，就于开元三年，诏入禁庭。在开元九年，他奉诏撰《大衍历》，这种历法，是采集诸家之长，别创一格，其中已运用了今日所谓不定方程式的高级算学。计算时日，最为准确，所以这种历法，此后一直为历代所采用。据说他创造这个"大衍历"，费时达三年之久，为了一个问题不能解决，曾步行万里到浙江天台山国清寺访问一个达真和尚，他的研究精神，实可为后人效法。

他在开元十一年，又和梁令瓒创造了"开元黄道游仪"，这是一种星辰经纬的测验器，用这来测验星辰子午线的长度。并考得七曜行程，互相证明，测知了恒星本动的事实。这在欧洲直到十八世纪时才被英国哈雷所发现。却不知中国早已有人研究出这个问题了。

在开元十三年，他又制造了"武成殿水运浑天仪"，这是一种借用水力转动来计算时日的方法，比铜壶滴漏更简便，可惜此法，后来没有流传下来。据清人王元春《回国日记》中说："自鸣钟创于僧人，而中国失其传，西人习之，遂精机器。火车本唐僧一行激铜轮自转之法，加以火蒸气运，名曰法车。"这当然是牵强附会的，但是一行法师虽不是火车的发明人，然而却是知道运用机械的具有高度技巧的人，这些当是不能否认的事实。

关于他的佛学，是奉密宗，起初善无畏三藏来，他就受了胎藏法。到开元八年金刚智来，他也从这受金刚顶经的秘诀。当善无畏译《大日经》，他参加译场，并记善无畏的口说，并著《大日经疏》二十卷。又金刚智开译场，他也列入，笔受润文，译出密宗经典《略出经》等四部。其中《现证大教王经》，与善无畏的《大日经》及《苏悉地经》被合称为密宗三要经。

开元十五年，他圆寂于洛阳，年四十五，玄宗特为辍朝三日对他志哀，诏葬于铜人原，赐谥大慧法师，并特制碑文亲书于石，另出内库钱五十万为建一塔。

他是善无畏的嫡嗣，而他却无嗣法的弟子，所以他死了以后，善无畏的法脉遂绝。

还有一行法师的从祖张太素曾著《魏书》一百卷。缺《天文志》、后来由一行来续成。一行法师的著作，除了上面已提到外，又有《大衍论》、《天一太乙经》、《太一局遁甲经》（天文学方面），《释氏系录》（佛学方面）等多种。一行法师只活了四十五岁，但是他有这么大的贡献，在历史上确是不能多见的。

上面这个一行法师的简略传记，我是根据《旧唐书》和《宋高僧传》及《佛祖统记》等材料而写成的。我们读了以后，应该明白祖国已进入历史新时期，佛教徒和全国人民一道，要为完成“逐步实现国家工业化，和逐步地过渡到社会主义社会”的历史任务而奋斗。释迦牟尼佛教导我们应学习的“五明”中的工巧明，就是科学技术，我们必须学习好并掌握它来为人民服务。古代的大德像一行法师，对于科学技术的钻研苦学的精神是值得我们学习的。

（原载1955年3月号《现代佛学》，署名天行）

一行大师和他的《大日经疏》

关于密宗在我国的传承，通常都认为它的系统如下：

大日——金刚——————————善无畏——一行
如来——萨埵——龙树——龙智——金刚智——不空——惠果

不过，据《宋高僧传》所说，善无畏学密宗法于中印度那烂陀寺的达摩掬多，金刚智学密法于西印度，都与南印度的龙智没有师承关系。又相传密宗经典藏于南印度的一个铁塔之中，龙树菩萨诵持大毗卢遮那真言，以七粒白芥子打开塔门，亲得金刚萨埵的传授。但不空自己所著的《金刚顶经义诀》卷上，只说“中天竺国佛法渐衰，时有大德先诵持大毗卢遮那真言……”，并没有提到龙树。又传说不空于天宝二年（公元743年）到锡兰求法的时候，就是从龙智学的瑜伽十八会法，但是《宋高僧传》和飞锡（曾参加不空的译场）所撰的碑文上都说，不空在锡兰遇到的是普贤阿阇黎，并非是龙智。可见密宗的史实，异说纷纭，莫衷一是，也不容易改订出它的真伪来。现在我不想在这方面多费笔墨，只从可靠的历史记载上，肯定密宗正式在我国弘传，的确是从善无畏、金刚智开始，而整套地建立起密宗理论的，则是他们两人的高足一行大师。

善无畏，梵名戍婆揭罗僧诃，略为输波迦罗，是佛陀叔父甘露饭王的后裔，公元637年（唐太宗贞观十一年）生于东印度乌茶国佛手王宫，曾继王统做过短时期的国王，后让位于野心的哥哥而出家。年八十，经北印度、新疆来到长安，时为唐玄宗开元四年（公元716年）。过了九年之后，才和一行共译《大日经》七卷，《苏婆呼童子经》、《苏悉地羯罗经》各三卷等。开元二十三年（公元735年）圆寂，年九十九。金刚智，梵名缚曰罗冒地，是中印度国王伊舍那鞦摩的第三皇子，公元671年生（唐高宗咸亨二年）。开元八年（公元720年）携《金刚顶经》梵本经锡兰、佛逝等国到达洛阳，比善无畏迟来四年。开元十一年在长安与一行、不空等共译《金刚顶瑜伽中略出念诵经》四卷等，可以说和善无畏的译出密宗根本经典几乎是同时的。开元二十九年（公元741年）圆寂，年七十一。

一行大师，本姓张，名遂，魏州昌乐人，生于唐高宗弘道元年（公元683年），圆寂于唐玄宗开元十五年（公元727年）仅四十五岁。据《旧唐书》卷一九一及《宋高僧传》卷五所说，他的记忆力和悟解力特别强，在出家之前就精于天文学，著有《大衍元图及义诀》一卷。从嵩山普寂禅师披剃后，因为天资过人，普寂从其游学，“三学名师，罕不谘度。”在当阳依悟真习《毗尼》，据说又到过天台山从一位隐名的高僧习算法。可见他是学无常师、博通内外的人，因此为当时的佛教界及士大夫们所称道。开元五年，唐玄宗命他的族叔、礼都郎中张洽请他入京。据《旧唐书》说：“置于光太殿，数就之访以安国抚人之道，言皆切直，无有所隐。”则一行大师又是洞明施政大体、生性梗直的人。不过，我以为唐玄宗请他进京的主要原因，不外两个：一，询问历法，二，安排与善无畏共同译经的事情。《旧唐书》又说：

一行尤明著述，撰《大衍论》三卷，《摄调伏藏》十卷，《天一太一经》及《太一局遁甲经》……各一卷。时麟德历经推步渐疏，敕一行考前代诸家历法，改撰新历。又令率府长史梁令瓒与工人创造黄道游仪，以考七曜行度，互相证明。于是一行推《周易》大衍之数，立衍以应之，故撰《开元大衍历》。……初，一行从祖东台舍人太素撰《后魏书》一百卷，其《天文志》未成，一行续而成之。

这是他在天文历法方面的成就。译经的事情，上面已经提到过，但是他对于佛教的贡献，远比参加译经为大的是撰述了《大日经疏》二十卷。因为《大日经》是密宗的根本经典，事相繁杂，义理丰富，如果没有这一部疏，我们是不能了解密宗的道理的。温古（善无畏的嫡传弟子之一，曾参《大日经》译场）撰《大日经义释》（按即《大日经疏》的别本，文义大同小异），《序》云：“……禅师一行，命世之生也。……承诏与三藏译出此经，乃为笔受。译语比丘宝月，练谙教相，善解方言。非禅师不能扣其幽关，非三藏莫能扬其至赜。此中具明三乘学处及最上乘持明行法，欲令学者知世间相性自无生故，因寄有为，广示无相，一一推核以尽法界缘起耳。”

《宋高僧传》上也说：“上符佛意，下契根源，利益要门，斯文为最。”事实上，我国译出的密教经咒仪轨非常之多，而从教理方面源源本本解释密教的只有这一部书。我们如不从这一部书去理解密教，在修持或践履方面可能就会发生偏差。以下拟节录该书的一些原文，说明密教的本来面目，借以解答一点问题，同时也可以从而确定一行大师在我国佛教史上的重要地位。

温古在《大日经义释·序》里说“一一推核以尽法界缘起”，可谓一语破的。密宗的教、理、行、果，的确是围绕着这个中心的。如《大日经疏》卷四云：“法界者即是众生界，众生界者即是心界，心界者即是本性净，本性净者即是遍至一切，等同虚空。……如虚空离一切相而含万象，离一切作而世间事业因之得成。”又卷三云：“观无尽法界以一切心为一心，以一切门为一门。或观无余众生界以一心为一切心，以一门为一切门。”这和华严家所谓一即一切，一切即一，互涉交融、重重无尽的法界缘起说是相似的。所以《大日经疏义述》卷一解释“毗卢遮那（义即大日）本地法身”和“加持身”道：“《金刚经》云应无所住而生其心，《净名》云从无住本立一切法。谓无所住与无住本即本地身，而住其心与立一切法是加持身。”这明白地告诉我们，法身佛毗卢遮那是就“无所住”或“无住本”的法性立名的。法性如虚空离一切相而含万象，因此说毗卢遮那如来俨然说法。又，“金刚”或“执金刚”也不一定是说的“执金刚神”，《经疏》说：“此宗密意是如来金刚智印”，也就是“如来内证功德差别智印”。同时对于以毗卢遮那为主体的法会，也可以解释为“由此众德，悉皆一相一味，到于实际，故名集会。”《经疏》卷四又云：

如来以世间因缘事相，拟义咒喻不思议法界，以俯逮群机。若可承揽，便能普门信解，勇进修行，及以蒙三密加被，自见心明道时，乃知种种名言，皆是如来密号，亦非彼常情之所图也。如言三月持诵，乃是性净圆明中三转方便，岂可但作九旬解耶。又如东方实幢佛乃是初发净菩提心义，岂得但作四方解耶。以此例之，则诸余法门，皆可意领。

用世间事相，种种拟议咒喻说明法界缘起的道理，并建立法界缘起的观行，这是密宗的特点。如果不明白这个特点，执著事相而忘失了理体，那就不是密宗。因此有人说，南天竺的铁塔，其实是指佛自内证的道场说的，或者就是我们每一个人的心。白芥子气味辛辣，可以避邪魅，有降伏的意义，七粒白芥子即七觉支，因七觉支能降伏烦恼，这样说来，有人在研究铁塔的所在地和是白色的还是黑色的问题，实在都是多余的事情了。

法界本净，遍至一切，故一色一香无非中道，一切法都是佛法的道理，密宗也采用。如《经疏》卷三云：“兼综众艺者，谓妙善世间种种伎艺也。谓声论、因论、十八明处、六十四能、算数方药、观相工巧之类……如是法中，尽与实相不相违背。”又，卷二云：“一切业烦恼无非佛事，本自无有缚，令谁解脱耶？如良医变毒为药，用除众病，又加虚空出过众相而万象具依。若住此不思议解脱时即是真阿罗汉。”又，卷四云：“若一切有为之法皆悉住于实相，岂得如彼痴人，或欲逃避虚空，或欲贪著虚空乎。”把这样的认识贯彻到行动方面，就自然注重精进和利他，如《经疏》卷三云：

精进是一切善法之根本，能发动先世福德，如雨润种，能令必生。若无勤勇之心，则虽有宿殖之业，无由发起，乃至今世利乐尚不可得，何况菩提道耶？是故由发行因缘便得深信，以深心故即能志求胜法，荷负众生，须养以大悲胎藏，令得增广。故云有常念利他之性者，方可传授也。

《大日经》上所说的“菩提心为因，大悲为根本，方便为究竟”，也是和这许多理论密切地配合着的。《经疏》卷一解释道：“观心实相，如净虚空，于内证所行，得深信力，万行功德从此增长，故曰菩提心为因也。大悲即兼明大慈，拔一切苦，施无量乐，即是于一切智地乃至无余有情界皆悉生根也。方便之业，即是利他。”积极的精神，也很显著。因此密宗斥小乘为断灭而主张一生成佛。如《经疏》卷十六云：

以此慧火之字，焚彼菩提之性真金之矿，令垢秽无余。然即焚竟，岂如二乘断灭灰烬而不复生耶？不如是也，诸垢之薪已尽，更有妙生，所谓净菩提也。

又，卷十五云：“菩萨有二事故，不堕断灭中，谓大悲及方便也。”这都坚决地表明和小乘的行果划清了界限，而一生可以成佛的勇气也就增长起来了。《经疏》卷二云：

以净菩提心为出世间心，即是超越三劫瑜祇行。……若依常途解释，度三阿僧祇劫得成正觉；若秘密释，超一劫瑜祇行，即是度百六十心等一重粗妄执，名二阿僧祇劫。超二劫瑜祇行，又度百六十心等一重细妄执，名二阿僧祇劫。真言门行者复越一劫，更度百六十心等一重极细妄执，得至佛慧初心，故云三阿僧祇劫成佛也。若一生度此三妄执，即一生成佛，何论时分耶？

关于百六十心等妄执的解释，此地不谈，而从这一段经疏当中，可以体会到密宗的精神确是含有蓬蓬勃勃的朝气的。

在一千多年前印度古代的环境中，运用这样的理论，发挥这样的精神以及实践净菩提的利他行，一切方式方法和应该遵守的戒律就必须从发展上解决问题，不能墨守成规了。《经疏》卷三云：

有诸异学深乐围陀火祠之法，愿生梵世，闻佛密藏中亦有火天真言行法，旨趣甚深，故即从此门而入正法。复有奉事自在、毗纽、那罗延、日月等种种世天，若闻佛密藏中亦有彼等诸天真言行法，乃至毗卢遮那大我之身，即便信受而入正法。或有志愿生三界诸天者，闻佛秘藏中具有诸天乘真言行法，能令于无量世生彼天中，不复退堕终成第一义天，由此深心愿乐，得入正法者。或有宗习世间五通仙法者，闻佛秘藏中具有迦叶、瞿昙大仙等种种真言，能令获得不思护神通，乃至如毗卢遮那住寿长远，彼便踊跃志求，得入正法、以如是等种种门故，佛说火神诸处皆可造漫荼罗也。

火祠就是崇拜火神的人，用火烧东西以求福祐的意思，在密宗里叫做护摩。可是烧东西的意义则“如天地不可相并”。如对吠陀四十四种火法而立的十二种火法当中，形方色黄端严而有威力的智火，表示佛陀本尊的形状。形方色黄象征金刚座，端严表示内庄严，威力指佛陀的十力等而言。知道了这样的火，就可以用它去烧尽无始以来的无明薪积而没有一点儿遗留，佛陀的功德就自然成就了。这样解释可以使崇拜火神的人舍弃邪执，皈趣正法（这一段说明见《经疏》卷十九）。其实密宗对于各种颜色也给以一定的意义，如黄色是娑罗树王色，因佛陀在此树下成正觉，万德开敷，所以又称增益色。青色如净虚空具含万象，表示成办诸事并出生随类之形，所以又称无量寿色。据《经疏》卷六云：

世间彩画，不过五色，然更相涉，有种种深浅不同，巧慧者善分布之，出生万像无有穷尽。法界不思议色亦复如是，统而言之，不过五字门，然亦更相发挥，成种种差别智印，如来以普门善巧，图作悲生漫荼罗，乃出生世界微尘数随类之形，犹不穷尽。瑜伽行人若得此中意者，触类而长，自在施为。

这说明密宗的一切仪轨和解释，都可以随缘施设，灵活应用，因而密宗的三昧耶戒和小乘戒固然完全两样，与瑜伽菩萨戒也是有所不同的。如小乘戒以淫、杀、盗、妄为四波罗夷（波罗夷是断头，不共住的意义，是最重大的过恶），而三昧耶戒的四波罗夷则是：一，不应舍正法而起邪行。二，不应舍离菩提心。三，于一切法不应悭吝。四，不得于众生作不饶益行。《经疏》卷十七云：

菩萨自有根本重禁，此中所谓杀、盗、淫、妄但是偷兰（按即偷兰遮或偷罗遮，义为粗恶罪），非彼菩萨极重也。……舍佛即是断一切菩萨之命而绝其成佛之根，若行杀、盗、淫、妄，但于道有碍，非是绝成佛之根本，故但成偷兰也。

又，犯了四根本重禁后，“更洗浣其心而重受之，即还得戒。不同二乘戒，折石断头，无再得义。”密宗在戒律方面这样宽容和与人为善的精神，和他的全部教义也是完全一致的。

从上面所述密宗的教理、行、果看来，它发展了般若思想，发挥了菩萨行的积极精神，从方便利他的动机上，和印度当时的现实环境合起来而形成为一种面目不同于原始佛教的大乘宗派。一行大师在《大日经疏》里明白地告诉了我们，使我们现在还能够了解密宗的本来面目而不至于堕入神秘主义的圈套之中，他的功勋是不可磨灭的。同时我觉得一行大师求知欲非常迫切，对当时的各种学问几乎都有兴趣，也非常刻苦用功，所以博通内外，著作精湛，现代科学方面的人士还不断提到他。这或许就是密宗真精神的表现，在目前的确是值得密宗学人和其他一切佛教徒们学习和发扬的。

（原载《现代佛学》1955 年 8 月号，署名鉴安）

一行（一）

（公元683—727年）

一行，是我国古代有数的天文学家，也是密宗教理的组织者。他生于唐高宗弘道元年（公元683年），圆寂于唐玄宗开元十五年（公元727年）十月，年仅四十五岁。

一行原籍魏州昌乐县（依《旧唐书》卷一百九十一之说，当今河南省南乐县境，(《宋高僧传》作巨鹿)，本姓张，名遂，是唐初功臣张公谨的后裔。天资聪敏，过目不忘。二十岁左右，已博览经史，精于历象阴阳五行之学。一次，他几天之内写成《大衍玄图》及《义诀》各一卷，阐释杨雄的《太玄经》，得到名藏书家尹崇的奖誉而声名大震。当时武三思独揽朝政，猜忌正士，出于某种意图，想与一行结交。一行鄙薄他的行为，隐而不见，适遇普寂禅师在嵩山弘扬禅要，参听之后，深受感动，就礼普寂为师，落发出家，时年约二十四、五岁。

出家之后，得到普寂的许可，四出参访，《高僧传》说他不远千里到浙江天台山国清寺从一位隐名的大德学习算术，内外学的造诣因而更深，名声也更大了。唐睿宗即位（公元710年，一行二十八岁）之后，曾派东都留守韦安石以礼征聘，一行称疾坚辞，却徒步走到湖北当阳去从悟真律师学习毗尼。

开元五年（公元717年），唐玄宗命一行的族叔礼部郎中张洽亲自去湖北请他入朝，协助善无畏翻译《大毗卢遮那成佛神变加持经》（即《大日经》）。

唐玄宗请一行进京，主要的目的是为了要整理历法，从新旧《唐书·律历志》的记载看来，一行开始草拟《大衍历》是在开元九年（公元721年），到开元十五年（公元727年）完成，共经过六、七年的时间。在这六、七年，他的工作非常紧张。在历法方面，他要做许多准备工作，如《新唐书·艺文志》所载的《历议》十卷、《历立成》十二卷、《历草》二十四卷、《七政长历》三卷等书，都是为草拟《大衍历》所提出的重要文献。此外他还要收集实测的资料，如《旧唐书·天文志》云："玄宗开元九年，太史频奏日蚀不效，诏沙门一行改造新历。一行奏云：今欲创历立元，须知黄道进退，请太史令测候星度。”这是从天象方面去找立论的客观根据，因此他又必须制造天文仪器以供测候之用。

《新唐书·天文志》说：开元十一年（公元723年），一行和率府兵曹参军梁令瓒，用钢铁铸成可以测量星宿运动和考察月球运行规律的黄道游仪。测候结果，证实了恒星的位置有移动，画成三十六张图，深得唐玄宗的嘉许，亲为黄道游仪制铭。接着，一行又受诏和梁令瓒等制造浑天仪。浑天仪又称浑仪，是我国古代研究天文的重要仪器，创始于西汉武帝时代的洛下闳。东汉安帝元初四年（公云117年），张衡就用漏水来转动；后来又屡有修改，经过一行和梁令瓒的改制，才比较完备。《旧唐书·天文志》说：

铸铜为圆天之象，上具列宿赤道及周天度数。注水激轮，令其自转，一日一夜，天转一周。又别置二轮络在天外，缀以日月，令得运行。每天西转一匝，日东行一度，月行十三度十九分度之七，凡二十九转有余而日月会，三百六十五转而日行匝。仍置木柜以为地平，令仪半在地下，晦明朔望，迟速有准。又立二木人于地平之上、前置钟鼓以候辰刻，每一刻自动击鼓，每辰则自动撞钟。皆于柜中各施轮轴，钩键交错，关锁相持。即与天道合同，当时共称其妙。铸成，命之曰“水运浑天俯视图”，置于武成殿前以示百僚。

由此可以考见当时的创造精妙。

《新唐书·天文志》又说：“中晷之法：初（李）淳风造历，定二十四气中晷，与祖冲之短长颇异，然未知其孰是。及一行作《大衍历》，诏太史（按即太史监南宫说、太史官大相元太等）测天下之晷，求其土中，以为定数。”这就是用圭表测量日影于同一时间在各地投影的差数（即所谓“影差”），以计算太阳距离赤道南北远近的方法。如太阳走到最北而位置最高的时候，圭影最短，就是夏至节；太阳走到最南而位置最低的时候，圭影最长，就是冬至节，依此可以区分二十四节气和测定时刻。一行根据当时实测的结果，计算出来大约五百二十六里（唐里小程每里为300步，合454.363公尺）270步，影差二寸有余，纠正了《周髀算经》“王畿千里影差一寸”的说法。影差与北极的高度有关，而一地的北极高度即等于该地的纬度。所以一行“大率三百五十一里八十步而极差一度”的议论（《新唐书·天文志》），就是说明纬度一度的长度，亦即子午线一度的长度，比公元814年回教王阿尔马蒙的实测子午线早九十年。《新唐书·天文志》说，一行根据许多资料作《复矩图》，南自丹穴，北至幽都，每极高移动一度，就注明它的差数，可用以确定日蚀的偏全和昼夜的长短。后来昭宗时代（公元889年—903年）的边冈重订历法，认为一行此图非常精粹，是不可磨灭的作品。

《大衍历》的主要著作《经七章》一卷（《新唐书·艺文志》作《开元大衍历》一卷），大约是一行在开元十二年（公元724年）开始写的。一行圆寂后，经过张说的编次，和《长历》三卷、《历议》十卷、《立成法》十二卷、《天竺九执历》一卷、《古今历书》二十四卷（或即《新唐书·艺文志》之《历草》二十四卷）、《略例奏章》一卷，合并为五十二卷，总称为《开元大衍历》。

后来，太史令用灵台候簿核对，证明《大衍历》相合的十之七、八。所以《新唐书·历志》说："自太初（汉武帝）至麟德（唐高宗），历有二十三家，与天虽近而未密也；至一行，密矣。其倚数立法，固无以易也；后世虽有改作者，皆依仿而已。"

一行关于《大衍历》的著作，可惜流传下来的已经不多；当时以及后代对于他技术之巧、历算之精，非常景仰，因此别人的许多有关著作，也用一行的名字。查各书所载，用一行名的计有三十二种七十五卷，多数出于依托，因为大都佚失，现已无法详细楷定。至于《旧唐书·一行传》所说的《大衍玄图》一卷、《义诀》一卷和《后魏书》中的《天文志》（《宋史·艺文志》著录后魏《天文志》四卷），可能是一行的作品，可惜也已散失，无从稽考了，但他对于天文学的巨大贡献和成绩，是不可磨灭的。

一行的佛教著作见于著录的有：《摄调伏藏》十卷（《宋高僧传》作六十卷）、《释氏系录》一卷、《大日经疏》二十卷、《药师琉璃光如来消灾除难念诵仪轨》一卷、《大毗卢遮那佛眼修行仪轨》一卷、《曼殊室利焰曼德迦万爱秘术如意法》一卷、《七曜星辰别行法》一卷、《北斗七星护摩法》一卷、《宿曜仪轨》一卷，共八种。其中《释氏系录》已佚。《药师琉璃光如来消灾除难念诵仪轨》等，或属于金、胎合部，或属于胎藏部，都是通常的密教仪轨。《七曜星辰别行法》前面有一段似序非序的文字，可以证明它和相传是"一行禅师修述"的《梵天火罗九曜》，皆出于后人的依托。所以一行的佛教著作应以组织密宗教理的《大日经疏》为代表。

据《续古今译经图记》所说，善无畏为一行在洛阳大福先寺翻译《大毗卢遮那成佛神变加持经》是在开元十二年（公元724年）。而崔牧《大日经序》说，译毕之后，一行"重请三藏和尚敷畅厥义，随录撰为《记释》十四卷"；即《大日经疏》的著作年代，大约在开元十三年（公元725年）。至于《经疏》的名称，或称《义释》，或称《义记》，卷数也有七卷、十卷、十一卷、十四卷和二十卷的不同，内容也不完全一致。据说一行临终命弟子智俨、温古改治《疏文》，更名《义释》，因而传抄有异，但理论上并无出入。

《大日经疏》对于中国密宗的贡献，除了把经中“文有隐伏，前后相明，事理互陈”（温古《大日经义释序》）的地方解释明白，保存了善无畏所传的图位，和注明许多事相的作法与意义之外，更重要的是发扬大乘佛教世出世间不二的积极精神，使密宗教理合理化，而一行就是这种精神的实践者。

据《开元释教录》、《续古今译经图记》、《宋高僧传》等书所说，一行又曾从金刚智咨询密法，请译金刚顶瑜伽中《念诵法》四卷，《佛说七俱胝佛母准提大明陀罗尼经》一卷，并受灌顶。因此一行是传承胎藏、金刚两部密法的大阿阇黎。他在我们佛教史上的地位是极为重要的。可惜他积劳成疾（玄宗撰碑文有吐血忘倦之语），不到五十岁就圆寂了。《旧唐书·一行传》说：玄宗赐谥曰大慧禅师，并“为一行制碑文，亲书于石，出内库钱五十万为起塔于铜人之原。明年，幸温汤，过其塔前，又驻骑徘徊，令品官就塔以告其出豫之意。更赐绢五十匹以莳塔前松柏焉”。可以想见当时朝廷对于一行的尊仰和怀念。一行所贡献于我国古代文化的功绩，也将永远昭垂史册。

（原载1982年《中国佛教》第二辑）

一行（二）

唐代僧人，天文学家。俗姓张，名遂，魏州昌乐县（今河南南乐县境）人，一作巨鹿（今属河北）人。早年博览经史，精于历象阴阳五行之学。曾因在数天之内写成《大衍玄图》及《义诀》一卷，阐释杨雄的《太玄经》，得到有名的藏书家尹崇的推重而声名大振。当时武三思独揽朝政，猜忌正士。一行鄙薄他的行为，为了回避武三思对他的笼络，师从在嵩山弘扬禅要的普寂禅师，落发出家。出家之后，普寂纵其游学。他不远千里到浙江天台山国清寺从一位隐名大德学习算术，内外学的造诣因而更深，唐睿宗即位后，曾派东都留守韦安石以礼征聘，一行不重名位，称疾坚不应命，而徒步到湖北当阳从悟真律师学习戒律。

开元五年（公元717年），唐玄宗为向一行垂询历法，以及请其与印度来华僧人善无畏共同译经，命礼部郎中张洽（一行之族叔）亲自到湖北敦请入朝。据《宋高僧传》记载：唐玄宗曾以宫中簿籍面试一行，他过目成诵，深得玄宗的尊敬和信任，并时问以安国抚人之道。《旧唐书》称一行答问“言皆切直，无有所隐”。《旧唐书》又载：“时《麟德历经》推步渐疏，敕一行考前代诸家历法，改撰新历。又令率府长史梁令瓒等与工人创造黄道游仪，以考七曜行度，互相证明。于是一行推《周易》大衍之数，立衍以应之，改撰《开元大衍历经》。”并且，他还续成《后魏书·天文志》。此外，一行根据实测，在世界上第一次算出子午线一度的长度。

一行与印度僧人善无畏、金刚智共同译出《大日经》七卷，《苏婆呼童子经》、《苏悉地羯罗经》各三卷，《金刚顶瑜伽中略出念诵经》四卷等，因而得到善无畏与金刚智两家密宗大师的不同传承。他撰述《大日经疏》二十卷。将密宗的一切事相，融贯于“法界缘起”之中。密宗也采用法界本净，遍至一切，故一色一香无非中道，一切法都是佛法的道理。《大日经疏》发展了般若思想，发挥了菩萨行的精神，从方便利他的动机上，和印度当时的现实环境结合起来而形成为一种面目不同于原始佛教的大乘宗派。

（原载1988年《中国大百科全书·宗教卷》）

东渡弘法的鉴真大师

一

山川异域，风月同天，
寄诸佛子，共结来缘。

这是古代日本佛教徒绣在一千领袈裟边上的诗句，用以供养中国的高僧大德的。从这首诗上，可以想像得出古代中日两国佛教徒的友谊是何等的亲密，而中国的佛教大德确有因此发广大心，勇猛精进，东渡弘法的，这人就是唐代扬州大明寺的鉴真大师。

据《宋高僧传》卷十四及日本淡海真人元开所作的《唐大和尚东征传》上说，鉴真大师是扬州江阳县人，俗姓淳于。年十四，随父亲到大云寺去，看见了佛像，深受感动，就发心依该寺智满禅师出家，时为武后长安元年（公元701年）。中宗神龙元年（公元705年），年十八，从道岸律师受菩萨戒。又三年（中宗景龙二年，公元708年），至长安实际寺，从恒景律师受具足戒。恒景和道岸都是当时有名的大德，《宋高僧传》卷五说，恒景律师从文纲律师学毗尼后，又入覆舟山玉泉寺，追研智者禅师的止观法门，著有《顺了义论》二卷、《摄正法论》七卷、《佛性论》二卷，是一个三学圆明、解行兼备的人。道岸律师的行实，记载在《宋高僧传》卷十四的，比恒景为详，是一个“十方龙象，罔不师范”，又是“请帝墨敕执行南山律宗”的人物。鉴真大师的天性本来非常笃实，又亲从这样的大德受业，自然养成一种坚毅恳至的作风，为后来的弘化事业，奠定了良好的基础。

《宋高僧传·鉴真本传》又说：“观光两京，名师陶诱，三藏教法，数稔该通，动必研几，曾无矜伐。”可见鉴真大师到了长安以后，除了依止实际寺的恒景律师学习一两年戒律和天台止观以外（恒景律师于中宗景龙三年，即公元709年离开长安，归隐覆舟山），又从其他名德参学几年。现在我们还知道他曾经从融济律师学过《行事钞》、《业疏》和《轻重仪》，又从大亮律师等学过《法砺疏》。所以鉴真大师在戒律方面虽以南山为宗，而又兼通相部的学说，他的系统如下：

鉴真大师在长安参学，正是律宗方面新旧纷争，莫衷一是的时候。他是一个注重实践的人，大概不以为然，所以学了没有几年就回扬州，专门弘传南山的戒法和做许多兴福的事情。《东征传》云：

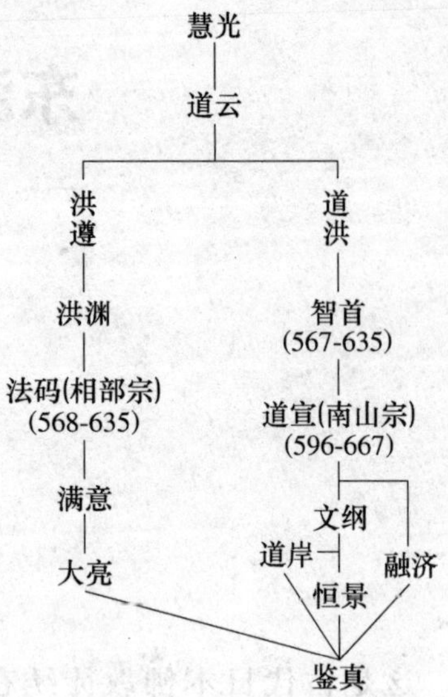

> 昔光州道岸律师命世挺生，天下四百余州以为受戒之主。岸律师迁化之后，其弟子杭州义威律师响振四远，德流入纮，诸州亦以为受戒师。义威律师无常之后，开元二十一年，时大和尚（按即鉴真大师）年满四十六，淮南江左净持戒者，唯大和尚独秀无伦，道俗归心，仰为受戒之大师。凡前后讲《大律》并《疏》四十遍，讲《律钞》七十遍，讲《轻重义》十遍，讲《羯摩疏》十遍。具修三学，博达五乘，外秉威仪，内求奥理。讲授之闲，造立寺舍，供养十方众僧，造佛菩萨像其数无量。缝衲袈裟千领，布袈裟二千余领送五台僧，设无遮大会。开悲田而救济贫病，启敬田而供养三宝，写一切经三部，各一万一千卷。前后度人受戒，略计过四万有余。其弟子中，超群拔萃为世师范者，即有扬州崇福寺僧祥彦……等三十五人，并为翘楚，各在一方，弘法于世，导化群生。

这是鉴真大师东渡之前，在国内弘法利生的情况，而《宋高僧传》上一无记载，不能不说是老大的疏忽。

二

日本知道有佛法，大约在继体天皇的时候（公元522年左右），那是从朝鲜传过去的。后来经过苏我稻目、苏我马子以及圣德太子的提倡，才逐渐兴盛起来。圣德太子于隋炀帝大业三年（公元607年）派遣小野妹子等至我国通好，并求佛法。大业四年，日本就派旻法师、清安法师等八人至我国留学。唐代来我国留学的所谓"学问僧"和"请益僧"，在史籍上可以看见的，大约有八九十人，其中以最澄、空海、常晓、圆行、圆仁、圆珍、惠连、宗叡所谓入唐八大家为最著名。礼请鉴真大师东渡弘法的，则是荣叡和普照两位"学问僧"。荣叡和普照同时于唐玄宗开元二十一年（公元733年）至我国留学，天宝元年（公元742年）十月因为回国经过扬州，适值鉴真大师在大明寺讲律，参听之后，非常钦佩，就向大师顶礼恳求说：

佛法东流至日本国，虽有其法而无传法人。日本国昔有圣德太子曰，二百年后，圣教兴于日本，今钟此运，愿大和尚东游兴化。

那时鉴真大师已五十五岁，而扬州近海，海上风波的险恶，他和他的门徒是深深地知道的，所以鉴真大师接受了荣叡、普照两人的恳求，动员他的门徒随他东渡的时候，他的大弟子祥彦就说：“彼国太远，生命难存，沧海淼漫，百无一至；人身难得，中国难生，进修未备，道果未克”。真是一瓢冷水，但大师毅然决然地说：“是为法事也，何惜性命！诸人不去，我即去耳。”他的门徒经鉴真大师这样一激励，祥彦首先表示愿意同去，道兴、道航、如海、思托等二十一人也都愿意去，这就组成了鉴真大师的第一次东渡弘法团。

可是这一次并没有去成。因为内部意见不一致，如海并利用当时沿海有海贼蠢动的情况，捏造是非向政府告密。结果，准备东渡的船只被没收，如海坐诬告罪决杖六十，递送本贯还俗，荣叡和普照则依例遣送回国。但他们两人并没有灰心，回避了政府的例规，又去恳求鉴真大师。大师安慰他们道：“不须愁，宜求方便，必遂本愿。”就托人买得岭南道采访使刘臣邻的军用船一只，准备一切，和祥彦、道兴、德清、思托等十七人，连同画师、玉作、刻碑等手工艺工人一共八九十人组成第二次的弘法团。

天宝二年（公元743年）十二月，鉴真大师率领他的弘法团扬帆出国，到了狼沟浦，就被大风浪打破了船，上岸修理好了再走，到乘名山又被风浪把船打得粉碎。幸而人员没有损失，忍饥挨饿三五天才得到救济，勉强走到宁波的阿育王寺去休息。那是天宝三年的初春，浙东许多大寺院的僧众听说鉴真大师到了，纷纷请他去讲律传戒。有一些人舍不得大师出国，就向当地政府控告荣叡引诱鉴真大师，荣叡因而被捕下狱，枷递至杭州。那时荣叡已经病得很厉害，请求出狱治疗，过了一些时候，诡称病死，潜离杭州，又和普照去恳求鉴真大师。大师看见他们坚贞不移，非常高兴，就派法进等三人到福州去买船，并置办食粮用品。他自己率领门徒三十多人巡礼天台山后，到达温州，想从那里去福州和法进等会合，一同出国。可是各地方政府都得到上级的指示，不让他们出国。大师无法，只好闷闷地仍旧回到扬州。这是第四次的挫折。

天宝七年（公元748年）六月，鉴真大师又和祥彦、荣叡、普照、思托以及水手等三十五人乘船出国。风浪好像专和他们为难似的，到了通州的狼山附近就遇到大风，及至进入东海，“风急波峻，水黑如墨，沸浪一透如上高山，怒涛再至似入深谷”，就这样在茫茫大海里漂流了十四天，一直漂流到海南岛，才脱离险境。海南岛的佛教徒也知道敬重鉴真大师，为他在振州建造了一所寺院，又请他讲律度人。后来经过广东的雷州，广西的梧州，广东的端州、韶州，江西的吉州，江苏的润州，过江又回到扬州。这一挫折，水陆往返一两万里，从行的日本学问僧荣叡病逝在端州，祥彦圆寂于吉州，大师自己因为在南方受了暑热，“眼光暗昧”，又为庸医所误，遂至双目失明，真可以说是备尝艰苦的了。

三

天宝十二年（公元753年）十月，大师已经六十六岁，又因日本大使藤源清河及副使吉备真备的恳请而慨然东渡。这回没有遇到什么风波，同行者有法进、昙静、思托、义静、法载、法成、普照等法师十五人，智首尼等三人，外加优婆塞潘仙童、胡国人安如宝、昆仑国人军法力、瞻波国人善聪等一共二十五人。所带物件，除如来舍利、佛像、金字《华严经》、金字《般若经》、《四分戒》和诸家疏释、《天台止观》等外，还有王右军和王献之的真迹行书四帖，大概也是鉴真大师收藏和心爱的文物。

日孝谦天皇天平胜宝六年（公元754年）二月，鉴真大师和他的弘法团到达日本当时的京城奈良，当时大家知道他为了东渡弘化，几经艰苦，迎慰的礼节特别亲切和隆重。天皇命吉备真备传口诏道：

大德和尚远涉沧波投此国，诚副朕意，喜慰无喻。朕造此东大寺经十余年，欲立戒坛，传授戒律，自有此心，日夜不忘。今诸大德远来传戒，实契朕心，自今以后，受戒传律，一任大和尚。

鉴真大师受日本朝野如此信任和崇敬，初到的五年就住在东大寺戒坛院的唐禅院，其后五年住在唐招提寺，那是大师在淳仁天皇天平宝字三年（公元759年），用朝野的信施特建的一所寺院，专门弘传《四分律》、法励的《四分律疏》和道宣的《四分律钞》，“以持戒之力，保护国家”。

据日本僧慧安所作《戒律传来记》上卷说，鉴真大师在东渡之前，修造过古寺八十余处，对于造寺造像，极有经验。所以按照道宣律师的《戒坛图经》在东大寺建立戒坛，还是大师亲自指挥的。戒坛建成，天皇首先登坛受菩萨戒，其次是皇后、太子受戒，又其次是沙弥澄修等四百四十余人受具足戒。原来受过戒的大僧灵祐等八十余人也舍了旧戒，重依大师受戒。日本的三宝至此具足，为后来佛教的发展，打下了坚实的基础。有人说，鉴真大师到日本，结束了所谓奈良朝古京六宗的佛教而为平安朝的佛教创造了条件，同时他的艰苦卓绝的风范，也为日本佛教界增加了不少生命力。这种说法，是很合理的，所以近代的日本佛教界著名人士如常盘大定等，都认为鉴真大师是日本佛教界的大恩人，他的事迹可以昭垂千古。

上面提到，鉴真大师曾经从恒景律师学过天台宗，带到日本去的经典当中也有天台宗的章疏。他在日本，除讲戒律以外，也讲天台三大部，如《唐招提寺缘起略集》云：

从三年（天平宝字）八月一日，初讲读《四分律》并《疏》等，又《玄义》、《文句》、《止观》等，永定不退轨则。……兼和上（鉴真）天台教观，禀法进僧都、如宝少僧都、法戴、思托等和上化讲天台，代代相承而于今不绝。

又东大寺戒坛上面安置多宝塔一事，通常也以为是鉴真大师在日本致力于弘扬天台宗的证明。因为多宝塔出于《法华经》，戒坛上安置多宝塔，表示他对于《法华经》的热烈的信仰。鉴真大师传天台宗义于法进，法进传最澄，最澄入唐请益之后，归国成立日本的天台宗，史称传教大师。

其次鉴真大师和他的弟子。对于密宗的关系也很深。如他们带到日本去的佛像当中，就有雕白檀千手像一尊，绣千手像一铺，都是密宗的佛像。又，唐招提寺金堂内有相传是如宝所作的千手观音像一尊，现尚存在。这可能对于空海（即弘法大师）入唐求受密法有决定性的影响。空海和最澄就是发展日本平安朝佛教的中心人物，都和鉴真大师有关系。所以，说鉴真大师为日本平安朝佛教的发展创造了条件，史实告诉我们，是非常正确的。

四

史实又告诉我们，鉴真大师不惟精研戒律，而且又是多才多艺的人。他懂得修造，又通医学，对于本草学尤有心得。当时日本从中国带回去很多药材，而不知道辨别真伪，天皇敕令鉴真大师辨正。据说，鉴真大师虽然双目失明，“辨之以鼻，无一错误。”后光明皇太后有病，鉴真大师曾为诊治，极有效验，世传《鉴真秘方》。又他的记意力很强，据说在东大寺校正一切经，并刊刻戒律三大部，开日本刻版事业的先河。

他的弟子，也都各有特长。如唐招提寺内的金堂，相传是如宝率有缘的施主所建立。《特别保护建造物及国宝帐解说》中的评语如下：

金堂为今日遗存天平时代最大最美之建筑物。……为他时所无。以丰肥之柱，雄大之斗拱，承远大之出檐，屋盖为四柱，大栋两端高举鸱尾，呈庄严之外观。……要之，此堂为今日所存天平时代佛殿之最完备者，其构造装饰，足以代表当时最发达之式样手法。

这可能是如宝督率工匠，按照中国佛殿的圆样建造的，金堂内的丈六卢舍那佛坐像，相传是始络追随大师的思托所作。《特别保护建筑物及国宝帐解说》中也有评语的：

此为天平时代末，最伟大最巧妙之雕像，已为众所共评。其全形之格式，可谓权衡尽善。所设衣襞，甚为自由，不失写生之体。

又，法力，义静也能造像，和思托所造，都同样成为日本佛教界最宝贵的文物。此外思托和法进两人的诗文都非常好，对于促進中国文学在日本的传播，也起了一定的作用。如《唐大和尚东征传》末，载思托《伤大和上传灯逝》的诗云：

上德乘杯渡，金人道已东。戒香余散馥，慧炬复流风。月隐归灵鹫，珠逃入梵宫。神飞生死表，遗教法门中。

又法进伤大和上诗云：

大师慈育契圆空，远迈传灯照海东。度物草筹盈石室，散流佛戒绍遗踪。……化毕分身归净国，娑婆谁复为验龙。

鉴真大师圆寂于宝字七年（公元763年）5月6日，年七十七，思托和法进的挽诗，固然表现了他们文学上的造诣，同时也道出了日本广大佛教徒对鉴真大师的哀思。在这中日两国佛教徒为保卫世界和平而日渐取得联系的时候，鉴真大师的伟大人格，更加值得我们崇拜和效法。

（原载《现代佛学》1955年10月号，署名鉴安）

鉴真大师的律学传承

鉴真大师在一千二百年前，为中日友好和文化交流，做出了千古不磨的贡献。此次，通过中日两国文化界和佛教界的共同纪念，发扬了他的伟大精神，对于推进中日两国人民今后友好合作保卫世界和平的神圣事业，将发生积极的作用。因此，为了进一步认识鉴真大师学养的深邃和人格的崇高，从各方面研究他的立身行谊以及学术源流，就非常必要了。这里谨就有限的资料，初步探讨一下鉴真大师的律学传承。

日淡海真人开元撰《唐大和上东征传》（以下简称《东征传》）云：

大周则天长安元年（公元701年）有诏，于天下诸州度僧，便就智满禅师出家为沙弥，配住大云寺，后改为龙兴寺。唐中宗孝和皇帝神龙元年（公元705），从道岸律师受菩萨戒。景龙元年，杖锡东都，因入长安。其二年（公元708）3月28日，于西京实际寺登坛受具足戒，荆州南泉寺弘景律师为和上。

《宋高僧传》卷十四《唐扬州大云寺鉴真传》所记，与此大同，不过“弘景律师”作“恒景律师”而已。日本东大寺沙门凝然（1240—1321）述《三国佛法传通缘起》卷下，则有下面一段较为详细的记载：

鉴真和尚是天台宗的第四祖师（原注云，从天台取。若从南岳取者，是第五世），随弘景禅师受具足戒，并学台教。弘景是南山律师亲度授具弟子，随章安大师学天台宗。鉴真随道岸律师受菩萨戒，即是三聚通受之法。随融济律师学《南山律钞》、《业疏》、《轻重仪》等。道岸、融济并南山道宣律师受学弟子。弘景、融济俱释《南山律钞》。鉴真随西京禅定寺义威律师听法砺律师《四分律疏》一遍，次就西明寺远智律师听彼疏一遍，次于东京授记寺从全修律师及慧策律师听彼疏各一遍。后随西京观音寺大亮律师听《砺疏》五遍。前后始终学相部大疏总获九遍，上之诸师并西塔满意律师受学门人也。鉴真受具五夏之中，如是游学究砺、宣宗。

这是我们现在所能知道的，关于鉴真大师受戒及研究律学的重要史实。

又《东征传》云：

昔光州道岸律师命世诞生，天下四百余州以为受戒之主。岸律师迁化之后，其弟子义威律师响振四远，德流八纮，诸州亦以为受戒师。义威律师无常之后，开元二十一年，时大和尚年满四十六，淮南江左净持戒者，唯大和尚独秀无伦，道俗归心、仰为授戒之大师。凡前后讲《大律》并《疏》四十遍，讲《律钞》七十遍，讲《轻重仪》十遍，讲《羯磨疏》十遍，具修三学，博达五乘。外秉威仪，内求奥理。讲授之间，造立寺舍，供养十方众僧。造佛菩萨像，其数无量。缝衲袈裟千领，布袈裟二千余领，送五台山僧。设无遮大会，开悲田而救济贫病，启敬田而供养三宝。写一切经三部，各一万一千卷。前后度人授戒，略计过四万有余。其弟子中超群拔萃为世师范者，即有扬州崇福寺僧祥彦、润州天乡寺僧道金、西京安国寺僧璿光、润州栖霞寺僧希瑜、扬州白塔寺僧法进、润州栖霞寺僧乾印、汴州相国寺僧神邕、润州三昧寺僧法藏、江州大林寺僧志恩、洛州福先寺僧灵祐、扬州既济寺僧明烈、西京安国寺僧明债、越州道树寺僧璿真、扬州兴云寺僧惠琮、天台山国清寺僧法云等三十五人，并为翘楚，各在一方，弘法于世，导化群生。

《三国佛法传通缘起》卷下，也有一些不同的说法：

年二十六讲《砺律疏》，至三十一讲《南山钞》及《轻重仪》，年至四十讲《羯磨疏》。其后迄六十六，四部文籍，常恒讲说。……修造故寺八十余所。……讲《四分律》及《法砺疏》满四十。……亲度僧尼四万有余，厥中智行拔群者四十余人，各化一方，俱是龙象，皆究律藏，兼研经论，或是法相、天台，或是《俱舍》、《三论》、《摄论》、《维摩诘》等众典，无不该畅。

这是鉴真大师东渡之前，在国内授徒传戒讲律的大概情况。

鉴真大师带到日本去的四十八部经典之中，据《东征传》所记，属于戒律方面的，有《四分律》一部六十卷，法砺师《四分疏》五本各十卷，光统律师《四分疏》百二十纸，智周师《菩萨戒疏》五卷，灵溪释子《菩萨戒疏》二卷、《明了论》一卷，定宾师《饰宗义记》九卷、《补释饰宗记》一卷、《戒疏》二本各一卷（按日本贤位撰《唐大和尚东征传》作《戒本疏》。此外又有“法铣律师《尼戒本》一卷、及《疏》二卷”），观音寺亮律师《义记》二本十卷，南山宣律师《含注戒本》一卷、及《疏》、《行事钞》五本、《羯磨疏》等二本，怀素律师《戒本疏》四卷，大觉律师《批记》十四卷，终南山宣律师《关中创开戒坛图经》一卷。其中绝大部分都还完整地流传至今，当然更是研究鉴真大师律学传承的重要依据。

凝然《云雨钞》云：

《饰宗义记》十卷，定宾律师所作。律师先作后九卷。第二已后，初解本疏。《饰宗记》第一，总明大小两乘法数阶位，进修因果，欲令学者开学路，建立五门，次第陈相，然未至半，奄焉报终。于后诸德，令大福先寺灵祐律师作续彼轴，一轴已满，五门周备，分教摄法，法数释名，出体轨模，进修阶位，大乘小乘法相尽旨，虽在简约，无不周普。灵祐是鉴真和尚亲度弟子，讲敷律藏，研究《俱舍》、学习《瑜伽》、《唯识》等论，大小化制，精详语练，故震旦诸德令彼续作。鉴真和尚来朝之时，此等章疏齐来弘通。

这里所说灵祐补撰的《饰宗义记》第一卷，可能就是《东征传》所记的《补释饰宗记》一卷，那么，鉴真大师带到日本去的经典著作之中，有他的弟子的作品在内，不能不说是中日佛教交流史上的一段佳话。又从这一段佳话上，可以明白两桩事情，一桩是：定宾作《饰宗义记》为了解释《法砺疏》，破斥怀素之说；灵祐应众人之请，补撰叙论性质的第一卷，当然不能违反定宾的原意；可见鉴真师徒，也是不同意怀素一派的学说的。另一桩是：灵祐精通《瑜伽》、《唯识》论，而《瑜伽》《唯识》是玄奘学派的根本典据，也是南山道宣律师资以判教及解释戒体的思想源泉，鉴真师徒于此用功，可见其学养的深厚。可惜灵祐所补的《饰宗义记》第一卷，已经佚失不传了。

鉴真大师到达日本之后，传戒讲律的一系列活动，据《东征传》、《贤位传》、《宋高僧传》、《戒律传来记》、《律宗琼鉴章》、《云雨钞》、《唐招提寺解》、《传律图源解集》、《招提千岁传记》、《南都东大寺戒坛院略缘起》、《东大寺戒坛院受戒式》等所载，大约有以下七项：

一、天平胜宝六年（公元754年，唐玄宗天宝十三载）二月[(1)]鉴真大师应孝谦天皇的请求，在东大寺卢舍那佛殿前，依照中国清官寺戒坛的图样，用印度祇园精舍的三斗土，建立日本的第一个戒坛。坛有三重，以表成就三聚净戒，趣入三解脱门。初层为摄律仪戒法身清净断德之坛，以表万善所依。第二层为摄善法戒报身修善智德之坛，亦即十师授戒的处所，用以显示报身的智慧，及其契入内证的法身和生起外用的化身，而圆成佛果之相。第三层为饶益有情戒化身慈悲恩德之坛。又因只有二寸高，用以表示如来证二空，悟二谛，成二轮，慈悲超越二乘之义。即在此处安立金铜的多宝塔，塔内供奉释迦、多宝二佛并座之像，用以开示平等大慧之教，彰显不生不灭之理，证明一乘佛性的金刚宝戒；或者说是表示一乘深妙、理智冥合之相。

二、天平胜宝六年四月五日，圣武天皇请鉴真大师登坛授菩萨戒，天皇恭拜鉴真大师。其次皇太后、皇太子也同受菩萨戒。其次沙弥证修等四百四十余人受戒。又内道场高行僧神荣、行潜等五十五人，随鉴真大师登坛受通别二戒。日本高僧志忠、灵福、贤璟等八十余人，也皆舍弃旧戒，重行受戒。鉴真大师说戒之时，梵音浏亮，满堂耸听。

三、天平胜宝七年，移东大寺戒坛于大殿之西，别作戒坛院。

四、天平宝字元年（757年），开始在敕施的新田部亲王旧宅的基础上，建唐招提寺，三年八月告成。孝谦天王亲书“唐招提寺”四字，悬于讲堂。又诏鉴真大师筑戒坛，从受菩萨大戒[2]。

五、天平宝字五年（或云六年），在东国下野药师寺、西国筑观世音寺建立戒坛，并授戒。东大寺戒坛十人受戒，准中国式，两国戒坛五人受戒，准边国式。

六、鉴真大师在唐招提寺讲解相部疏释并《定宾记》。又讲南山钞疏等，又开梵网会，显扬《梵网经》，而用《濮阳疏》及《法铣疏》作为参考。

七、鉴真大师的弟子法进，在日本常讲《梵网经疏》及《戒本疏》、《羯磨疏》、《行事钞》、《比丘尼钞》、《拾毗尼义钞》、《慧光略疏》、《智首广疏》、《法砺中疏》，即所谓四分律家的五大部三要疏。又随众请讲天台三大部四遍。著有《梵网经注》六卷、《沙弥经钞》五卷、及《戒坛式》等。思托也应道璿之请，为忍基、常巍等讲《法砺疏》及《定宾记》。

根据上面的资料，我们可以先把有关鉴真大师律学传承中师资授受的统系，列为下表：

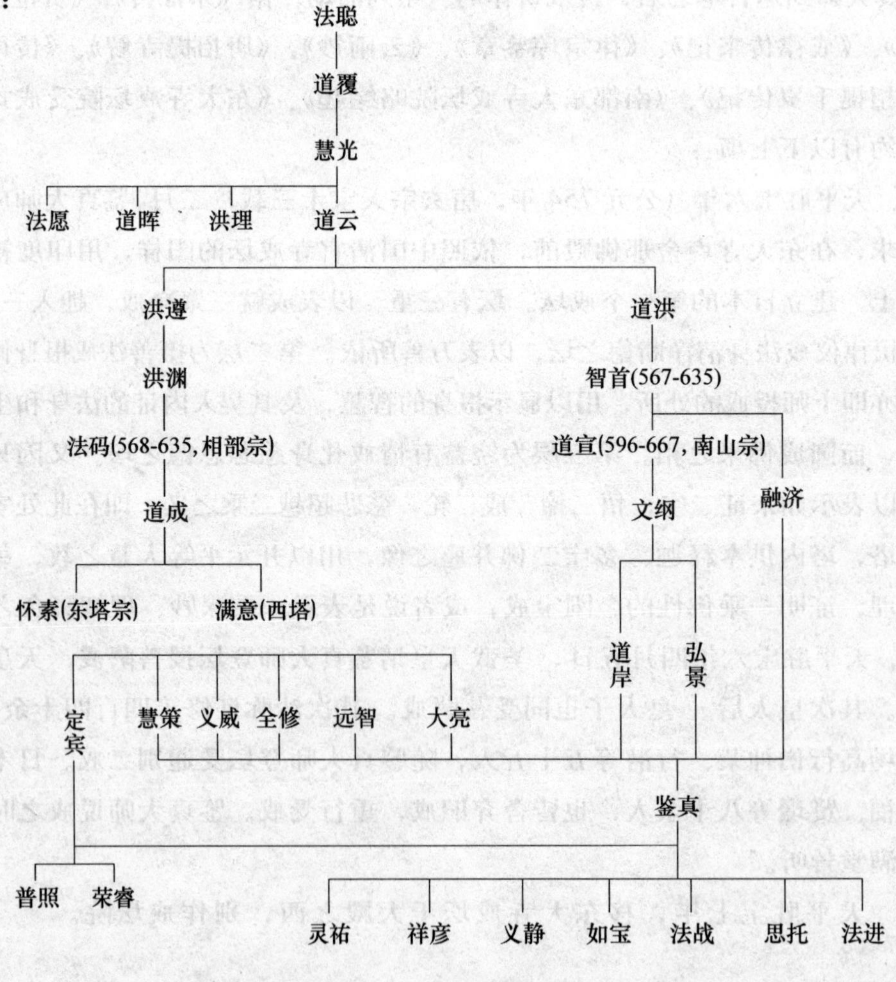

其次，律宗传戒和受戒的目的，一般讲来，是依照佛陀的遗教，止恶兴善，而这两者又是互相密切地联系着的。因此，在受戒之时，以及受戒之后，如何能够巩固和发展止恶兴善的作用，也就是“戒体”的问题，就成为律宗里面必须解决的一个根本性问题了。道宣律师《四分律删补随机羯磨疏》云：

夫戒体者，何耶？所谓纳圣法于心胸，即法是所纳之戒体。然后依体起用，防遏缘非。……如萨婆多二戒同色者。彼宗明法，各有系用。戒体所起，依身口成。随具辨业，通判为色。

萨婆多部（一切有部）把“戒体”当作有形质的色法，道宣律师是不赞成的，接着他说：

由此宗中，分通大乘，业由心起，故胜前计。分心成色，色是依报，心是正因。……考其业体，本由心生，还熏本心，有能有用。

道宣律师在讨论这一个问题的时候，引用了法相宗的学说，引起后来一些不同意见的争论，但是他把戒体归属于心法，则是非常明显的。所以宋代元照律师在《济缘记》里解释道：

四分部中，蕴大乘义。……况明心造，超过有部，故云胜也。……若论始起，则心为能生，体是所生；若约熏习，则体为能熏，心为所熏；心与业体，互为能所，有能有用。能谓发起后行，用即防遏缘非。

这是很正确的。鉴真大师对于“戒体”的问题如何主张，由于他没有留下著作，直接的材料是没有的，但是从间接的材料上还可以知道得很清楚。据《三国佛法传通缘起》和《传律图源解集》等所说，日本鸟羽天皇时代，律学已渐衰微，中川寺的实范律师发愿中兴，到唐招提寺受戒学戒之后，于保安三年（公元1122年，宋徽宗宣和四年）写成《东大寺戒坛院受戒式》一书，传承了鉴真大师的授戒方式。其中“正受戒法”一段，有这样的记载：

东羯磨师语受者云：……今当尘沙戒法住汝等身中，若此戒法有形色者，入汝等身时作天崩地裂之声。由是非色法故，今汝等不觉。汝等会发殷重心，勿得懈慢。今为汝等作羯磨圣法，发尘沙戒善。汝等不闻，外道仙人用咒术力尚能移山填海，回天转日，岂况如来六道之师，所说圣法而无此力。今一白三番羯磨，世尊口出。我今传此，当发汝等戒体，汝等须知之。

羯磨师在授戒的时候向受戒者郑重地说明戒体不是色法，而是要用殷重心去承当的。同时又用外道仙人咒术力的比喻，烘托着“如来所说圣法”的神圣，借以熏染本心，巩固戒体，不能不认为是道宣律师的戒体说，在临坛授戒上的灵活应用。因此可以肯定，鉴真大师在戒体问题上，忠实地传承了道宣律师的学说。

道宣律师于同一书中，在戒体之后，谈到圆教的问题，他说：

由有本种熏心故，力有常能，牵后习起功用故，于诸过境，能忆、能持、能防，随心动用，还熏本识。如是展转，能净妄源。若不勤察，微纵妄心，还熏本妄，更增深重；是故行人，常思此行，即摄律仪，用为法佛清净心也。以妄复真，不令明净，故须修显，名法身佛。以妄复真，绝于智用，故勤观察，大智由生，即摄善法，名报身佛。以妄复真，妄缘憎爱，故有彼我生死轮转，今返妄源，知生心起，不妄违恼，将护前生，是则名为摄众生戒，生通无量，心护亦尔，能熏藏本，为化身佛，随彼心起，无往不应，犹如水月，任机大小。

这是上文所谓小乘《四分律》“分通大乘”的主张的进展。同时他把大乘的三聚净戒判为法、报、化三身之因，于是种种律仪，乃至六度万行，都属佛乘。《济缘记》云：“今立圆宗，会小归大，不由小径，直造大方，乃为成佛菩提发足之始。”也是一贯的理论。道宣律师生当中国佛教发展到各宗鼎盛、义学玄远的时候，有这种主张是非常自然的。鉴真大师承其遗风，就把这种主张具体地表现在戒坛上面了。根据《祇洹寺图经》和《关中创立戒坛图经》（即清官寺戒坛）所说，戒坛限于三重，用以表示“三代”(3)与道宣律师自己的主张无关。而鉴真大师在日本东大寺所建筑的戒坛三重，就直接用以表示“三聚净戒”·并以第一层表示法身，第二层表示报身，第三层表示化身，在第三层上又安置了释迦、多宝二佛并座之塔，以表示佛乘的尊严。这样的传承，不但克绍箕裘，而且青出于蓝了。

至于“东大寺戒坛十人受戒，准中国式，两国戒坛五人受戒，准边国式”的规定，虽然源出律藏，而在中国有许多争论。例如，通常认为四个出家人以上方为僧；而也有一人、三人、五人、十人、二十人为僧的异说。道宣律师是坚持四人为僧的主张的，因而在受戒方面，也就自然同意“中国十人”“边方五人”的说法了。不过这里所说的“中国”，是指每一个国家的首都所在或中心地区而言，边方或边国就是边远偏僻的地方。此外，在“边方”下面，本来还有“持律”二字。有人认为“中国制十人者，四人善解法律，六人足数便得；边地开五，要须持律”。道宣律师反对这种说法，他说：讲到“持律”，不能分别中心地区和边远地区。中心地区僧徒多，知法不难，所以不需要写明“持律”二字；边远地区僧徒少，知法困难，为了避免凑数的偏差，所以特加“持律”，其实重视持律，无论中国或边方都应该是一样的。鉴真大师也继承了道宣律师的这种精神，所以《贤位传》说：鉴真大师规定了东大寺十人受戒，东国、西国两寺五人受戒之外，又在边远地区的寺院之中设立律学院，派遣门弟子前去讲律，这当然是进一步发扬南山宗义的具体措施。

法砺律师的生卒年代，比道宣律师稍早一些。道宣律师在《续高僧传·相州日光寺法砺》传中，有“前后讲律四十余遍，制《四分疏》十卷，《羯磨疏》三卷，《舍忏仪》、《轻重叙》等，各施卷部，见重于时”等语。在明律的《附论》中，也只作一般的赞扬，而在有关《四分律》的著作中，则对于法砺律师颇有微词。道宣律师认为，法砺律师所作的《四分律疏》，虽然有斥破昔非的“废昔义”，和显立今是的“辨正义”，而“显行世事，方轨来蒙”不够。又以为游词很多，“如明善来上法、三皈八敬、受缘受体，明发戒时节，其文虽广，当今无缘，多述何益”。但是据大觉律师所作《四分律抄批》的引证和比较看来，《法砺律疏》，确还有他的独到之处。如解“尸罗言泠，无破戒热”一语，应师云：“谓是悟解之意也，亦云泠然清静之貌也”。似乎不太贴切。法砺律师的解释：则为“泠、音灵。谓戒法清凉，无郁蒸之恼，故曰泠也”。就讲得很明白。又如解释“事通大小”，立师云：“受戒是大，忏重是小，呵谏等亦通大小”。济师云：“受戒忏重三举是大，四摈是小”。都不全面。《法砺疏》则把单白、白二、白四三种羯磨，各分上中下三品，共为九品，大小界限就非常清楚了。像这样的疏释，在《法砺疏》中是不少的。所以《宋高僧传（卷十四）道成传》云：“时文纲律匠，虽先依澄照大师（按即道宣），后习律文，乃登成之堂奥矣。”道成是法砺的弟子，文纲从道宣受业之后，又去从他学习，可见法砺师所开创的相部宗，确实是有仔细研究的价值的。鉴真大师在长安从融济律师学习了南山宗的重要著作之后，又从相部诸师学《法砺疏》九遍，后来，在国内和日本也经常讲解《法砺疏》，这一方面固然是受了文纲律师的影响，一方面也是鉴真大师善于运用大乘佛教四依精神[4]的表现。至于鉴真大师也讲定宾律师《饰宗义记》的原因，则凝然《四分戒本疏赞定记》卷一，引鉴真大师的弟子灵祐所作的《补亡饰宗序》云：

夫“饰宗”者，通章以遣迷，辨问而销滞。详经阅论，考古御今，饰以先宗，详其深理，使夫先进不冈，后进不殆。……观夫初建五门，傍通大教，后解三要，究尽小宗。二段之文，递相映带，欲人沾道有序。居中不偏。

鉴真大师带到日本去的灵祐《补饰宗义记》一卷，上文说过，已经佚失了，这篇序，幸而被凝然保存了下来，使我们对于鉴真大师所以要讲《定宾记》的原因更加清楚。同时，我个人觉得，鉴真大师讲《定宾记》，当然要从第一卷讲起，而第一卷是他的弟子补写的，这样，鉴真大师也就常讲他的弟子的著作了，即此可以见到鉴真大师气度的宽弘，人格的伟大。他在东渡之中，经过几次严重的失败，而随行弟子，舍死忘生，始终不离，最后终于达到目的，很明显，与他的气度与人格的感召，是有极为密切的关系的。

道宣律师《四分律删补随机羯磨疏》云："如《善戒经》欲受菩萨戒者，先当净心受七众戒，趣菩萨道。"《济缘记》解云：

菩萨戒自有两宗。若《梵网经》是华严部，道、俗、非、畜，皆得受之，则通渐顿。若《善戒经》是示佛涅槃部，唯比丘得受，唯渐无顿。今且据《善戒经》明之。七众戒即五、十、具，该七众故。

从这段文义看来，鉴真大师在十八岁的时候，从道岸律师所受的菩萨戒，无疑是梵网戒。后来他开梵网会，讲《梵网经》，乃至以濮阳智周法师所撰的《梵网经菩萨戒本疏》作为参考，并为圣武天皇等授菩萨戒，都是前后一贯的。《濮阳疏》现只存卷二、卷四，其中引用天台宗义甚多。从天台智者大师的《菩萨戒义疏》上，也可以发现上述鉴真大师解释三重戒坛的理论根据。例如：《菩萨戒义疏》卷上云：

次三聚戒体者，律仪者，法戒仪则规矩行人令入道也。……大士誓心，不过止恶兴善。若不动身口即是止恶，发戒防动。不动即是律仪戒，若应动身口即是兴善。今发此戒，防其不动。摄善摄生，即是应动涉事，故开为两。取策励众善，依六度门称善法，起心兼物，依四弘门称摄众生。即是为人故动，下化众生，中修万善，上归佛果也。律仪多主内德，摄生外化，摄善兼于内外，故立三聚也。

这与鉴真大师的说法是完全吻合的。从这里面，我们更加可以知道，鉴真大师在律学传承上，是以理长为宗，没有什么门户之见的。

鉴真大师的爱好天台宗，可能渊源于弘景律师。《宋高僧传"卷五"唐荆州玉泉寺恒景传》云："初就文纲律师隶业毗尼，后入復舟山玉泉寺，追智者禅师习止观门。"所以凝然《云雨钞》上，说鉴真大师从弘景律师受具足戒，并学台教，是可信的。鉴真大师的大弟子法进所撰《沙弥十戒并威仪经疏》五卷，是鉴真师弟遗留下来的惟一完整的十余万言的大著。第一卷有云：

问："亦有人净心与一念相应，契会一切佛法否？"答："若有凡夫菩萨，欲于一念中具足一切佛法者，应修中道正观。云何正观？若能谛观心性非空非假，而不坏空假之法，若能如是照了，则于心性通达中道，圆照二谛。若于自心中见中道二谛，即见一切诸法中道二谛，亦不取中道二谛，以决定性不可得故，是名中道正观。"

这纯粹是天台宗义，很难说，与鉴真大师的传授无关。又卷五有一段非常有趣的故事，在国内现存有关天台宗的史籍之中还没有发现过。又从这一段故事上，可以考见古代佛教寺院里面互相辨难的情况，所以不嫌辞费，先把全文移录如下：

故隋炀帝时，有天台国清寺智者大师，在内供奉。从京暂归天台，路迈越州嘉祥寺过，正值吉藏法师讲《法华经》，道俗万余，二时听讲。其大师入堂少时座听，法师便令行如意，命人论义。大师伸手欲取如意，法师不许："如此着破衲禅师，久在山中守木头火百无所知，何能论义？如意且过，不用与之！"大师便言："只缘不解视听句偈，奈何座主不垂恩流？"法师又言："对众论谈，要须有德，禅师口讷，应非其人！"大师无言，如意便过。听经少时，便归国清。出门，乃报侍从沙弥灌顶言，"此人讲经邪僻极多，正义全少，汝可送我至寺，来此化取，将归见吾。"沙弥受语，"奉尊上言，如蒙所愿"。灌顶送师事了，复还嘉祥寺中下行座听。每日二时论义不绝，上行数床，如意尽遍。法师又言："下头计亦无人。"灌顶便言："如意未到，那得无人！"法师回顾，喝言："可过如意与彼沙弥。"其灌顶得如意已，峻膝小座赞法师言："座主内该三藏，外备九流，超汉代之摩腾，道齐龙树，迈秦朝之罗什，德若马鸣，逸气孤标，英丈（艾）独秀，明三车而晓四智，朗五眼而证六通。包乾坤，括宇宙，扬佛法，化众生。灌顶多幸，遇斯师匠。"沙弥声高，语气动地。法师玩弄云："沙弥那不将声补体[5]？"灌顶报言："法师那不削鼻填眸。"吉藏鼻长而眼深也。吉藏言："小师虽然如此，尺水亦不生大波。"灌顶又言："尺水虽不沈鲸足，得淹其蝼蚁也。"法师告云："小师莫漫多语；好作问头，阿阇黎为答。"沙弥报言："野干为和尚，经有明文；未委胡作阿阇黎，有何典据！"吉藏睹此，便举手将如意打案一下，如意便折。灌顶调言："如意既折，义锋亦摧。"吉藏告曰："我如意折，取汝手里者。"灌顶高声举如意，报云："百年之后，方当付嘱！"吉藏见此奇诃，便下高座问沙弥言："卿师事何人？"灌顶报言："内供奉大德天台大师！前者至此听法，座主不肯与如意是也。"法师闻此，倍自恳责："我等愚痴，不识圣人。弟子沙弥，智慧尚尔，何况于本师。"当时停讲，共其灌顶奔往天台，遥见大师，膝行肘步，涕泗流泣，泪下如雨。其大师每日二时升座为人说法，吉藏屈身犹如机凳，要令大师踏背上座，下亦如此。……其大师《法华经玄疏》二十卷、《大止观》十卷、《四教》十二卷、《禅门》十卷、六卷本末，四卷未至，《行法华忏法》一卷、《小止观》一卷、《六妙门》一卷，并法进边有本，乐欲学者，可来取本写之流通。

吉藏法师是三论宗的集大成者，在智者大师圆寂那一年（隋开皇十七年）的 8 月 21 日，曾经恳请智者大师讲《法华经》，不久智者大师圆寂，吉藏法师又去向灌顶请教。历史的事实如此，足以说明吉藏虽然"傲岸出群，颇怀简略"，而是从善如流，不耻下问的。但如法进所述，恐怕是当时天台宗人推崇祖德的一

种传说，不一定都是事实。不过就法进有意在解释“沙弥有问即答，应声分明”一项下面，详述这一段传说，又声明欢迎大家去抄写天台宗的章疏看来，更加可以知道鉴真师弟对于天台宗是如何的心悦诚服了。

由于鉴真大师对于天台宗的心悦诚服，所以在戒坛第三层上面安立多宝佛塔。多宝佛塔的故事，见《妙法莲华经“卷四”见宝塔品》，大意是这样：

当释迦牟尼佛在王舍城耆阇崛山中，为弟子们演说《妙法莲华经》的时候，有一个高大的七宝所成的佛塔，从地涌出，释迦牟尼佛当即用白毫光召请他方化身之佛，齐集耆阇崛山，并用右手指弹开七宝塔门。端坐其中的多宝佛，就分半座与释迦牟尼佛，即时释迦牟尼佛入其塔中，坐其半座，结跏趺坐。

这就是上文所说释迦、多宝二佛并座之像的根由。天台智者大师《法华经文句》卷八云：

多宝表法佛，释尊表报佛，分身表应佛，三佛虽三而不一异。……塔从地涌示不灭，分座共坐示不生。……平等大智者，即是诸佛智慧。……平等双照，即是平等大慧。

又《法华玄义》卷九云：“由显一故，古佛塔涌。”这都是鉴真大师所熟悉的天台宗的根本教理，完全把它应用在戒坛上面了。本来，《戒坛图经》说过，祇洹寺的第三重戒坛上面，曾经安立一种复釜形以复舍利，在复釜形上还加宝珠，供养舍利，构成五重，表示五分法身。但是鉴真大师不采用这种传统的戒坛形式，用多宝佛塔代替了复釜形和宝珠，乃是把南山宗和天台宗密切结合起来的一种比较突出的创造。这和他的艰苦不拔的精神一样，在中日两国佛教史上，都是很少见的。

鉴真大师的深心大愿和艰苦不拔的精神，深深地感动着中日两国佛教徒和人民的心灵，现在从探讨他的律学传承上，发现了他的宽弘的气度和突出的创造精神，也是值得我们赞扬和取法的。目前，世界和平受到帝国主义及其追随者的严重威胁，中日两国的邦交也还没有正式建立起来，降魔也就是和魔鬼斗争的庄严任务，还很艰巨，鉴真大师伟大人格中许多宝贵的精神，对于我们说来都是有用的。我觉得中日两国佛教徒和广大人民如果能够效法鉴真大师、向一切阻碍中日两国友好往来的邪恶势力作斗争，则一切困难都是可以克服，一切善良的愿望都可以圆满的。因此，现在我们来纪念鉴真大师，并不仅仅是追念古德，探讨他的律学传承，也并不仅仅是考订异同而已。

附注：

⑴《东征传》云："其年四月初，于卢舍那殿前立戒坛，天皇初登坛受菩萨戒"，因此，望月辞典年表172页，也把建立戒坛和天皇受戒，记在四月份内，其实是有问题的。《东大寺杂集录》卷三云："天平胜宝六年甲午二月四日，和尚初至日本，圣朝敕安置东大寺，即令行坛法。四月五日，太上天皇于卢舍那佛前请鉴真和尚登坛授菩萨戒"。可见鉴真大师在日本创建戒坛，是在天平胜宝六年二月，经过一两个月的工程，到四月初告成，天皇才能登坛受戒。否则，即使工料齐备，也不能在三两天内造成一个戒坛的。

⑵《东征传》与《贤位传》，都没有关于在唐招提寺建筑戒坛和孝谦天皇受菩萨戒的记载。重庆《传律图源解集》下云："总和尚于日本国结筑三戒坛：一，东大寺戒坛，二，西国观世音寺戒坛，三，东国药师寺戒坛。"说明唐招提寺没有戒坛。但是凝然《律宗琼鉴章》云："于日本国结三戒坛，一，东大寺戒坛，二，西国观世音戒坛，三，东国药师寺戒坛。……唐招提寺亦建戒坛。"则在三个戒坛之外，复有唐招提寺戒坛，而语气上不能肯定为鉴真大师所筑。凝然的另一种著作《云雨钞》云："鉴真和尚造唐招提寺，即立戒坛，全与东大寺同。"这就肯定了唐招提寺戒坛是鉴真大师所筑的。《招提千岁传记》和《律苑僧宝传》，则都书明为奉诏所筑，今从之。

⑶ 我空、法空、俱空、是为三空。

⑷ 依法不依人，依义不依语，依智不依识，依了义不依不了义，是为四依。

⑸ 原夹注："谓沙弥身小而语声大也。"

（原载《现代佛学》1963年第5期）

惠　能

（公元638—713年）

唐代僧人。中国佛教禅宗六祖。一作慧能。

俗姓卢，范阳（今北京大兴）人。幼随父流放于岭南新州（今广东新兴）。父亡随母移居南海，艰辛贫困，以卖柴为生。二十四岁时，得人资助，北上参学。唐朔元年（公元661年）在黄梅谒见禅宗五祖弘忍。五祖乃令其随从作务，劈柴踏碓八个多月。其时弘忍年事已高，急于传付衣法，命弟子作偈以呈。时神秀呈偈云：“身是菩提树，心如明镜台，时时勤拂拭，莫使惹尘埃。”弘忍以为未见本性，未传衣法。惠能口诵一偈，题于壁上：“菩提本无树，明镜亦非台，本来无一物，何处惹尘埃。”弘忍见此，唤惠能到堂内为其讲《金刚经》，并传以顿教衣钵，命即南归。

惠能南归广东后，于仪凤元年（公元676年）正月初八到广州法性寺。据《瘗发塔记》载，当印宗法师在该寺讲《涅槃经》之际，“时有风吹幡动，一僧曰：风动；一僧曰：幡动；惠能进曰：“不是风动，不是幡动，仁者心动”。印宗闻之悚然，即于正月十五日为他落发，二月初八受具足戒，因而有瘗发塔的遗迹。

惠能说法，“以定慧为本”，又曰“先立无念为宗”。所谓无念，就是虽有见闻觉知，而常空寂之意。关于“顿悟”，他的解释是：自心从本已来空寂者，是顿悟。即心无所住是顿悟；今于顿中立其渐者，即如登几层之台，要借阶渐，终不向渐中而立渐义。又说：又有迷人，空心静坐，百无所思，自称为大。此一辈人，不可共说，为邪见故。他还说：“佛法在世间，不离世间觉。离世觅菩提，恰如觅兔角。”这一偈语，不但扼要地说明了禅宗源于般若，而且为禅宗的开展，奠定了理论基础，对于后来各派禅师们的建立门庭，影响极大。

开元二年（公元713年），惠能卒于新州国恩寺。韶、广二州门人，迎惠能遗体至曹溪南华寺供奉至今。

（原载1988年《中国大百科全书·宗教卷》）

延　寿

（公元904—975年）

延寿，字冲元，王姓，本贯江苏丹阳，后迁余杭。年十六，曾献《齐天赋》于吴越王钱镠。后曾为余杭库吏，又迁华亭镇将，督纳军需。他因为自幼信佛，戒杀放生，擅自动用库钱买鱼虾等物放生，事发被判死刑，押赴市曹而面无戚容。典刑者怪而问之，他回答说，动用库钱是为了放生，自己没有私用一文，于心无愧。因此被无罪释放，并听其从龙册寺翠岩禅师出家，时年三十。

当时法眼宗文益的弟子德韶在天台山弘化，延寿前往参学，得到印可。由于文益洞悉当时禅宗学人空疏不通教理的弊病，提倡研究教理，延寿深受影响，在国清寺结坛修《法华忏》，又到金华天柱峰诵《法华经》三年。据《景德传灯录》卷二十六及《净慈寺志》卷八所说，延寿于后周太祖广顺二年（公元952年）住持奉化雪窦寺，从他参学的人很多，其中当不乏深明教理，宗眼明澈的学者，因此《雪窦寺志》有在雪窦寺写成《宗镜录》初稿的说法。

宋太祖建隆元年（公元960年），吴越国忠懿王弘俶见灵隐寺颓废倾圮，请延寿到杭州主持复兴工作，重建殿宇，前后共计一千三百余间，加以四面围廊，自山门绕至方丈，左右相通，灵隐因而中兴。次年又接住永明寺（即净慈寺），忠懿王赐智觉禅师号，从学的多至二千余人。《宗镜录》一百卷在此寺的演法堂定稿，因此改名为宗镜堂。开宝三年（公元970年）奉诏于钱塘江边的月轮峰创建六和塔，高九级，五十余丈，作为镇潮之用。当时高丽国王抄读了《宗镜录》，深受启发，遣使航海来宋赍书叙弟子礼，并奉金线织成袈裟、水晶数珠、金澡罐等。延寿为随同使者前来问道的学僧三十六人印可记莂，法眼宗旨因而弘传高丽。

开宝七年（公元974年），又入天台山传菩萨戒，求受者约万余人。开宝八年12月24日示疾，越二日晨起焚香趺坐而逝，世寿七十二，僧腊四十二。太平兴国元年（公元976年）建塔于大慈山，宋太宗赐额曰寿宁禅院。延寿著作，除《宗镜录》外，又有《万善同归集》三卷、《唯心决》一卷、《神栖安养赋》一卷、《定慧相资歌》一卷、《警世》一卷，而以《宗镜录》对于后世的影响为最大。

《宗镜录》全书约共八十余万言，分为三章，第一卷前半为标宗章，自第一卷后半至第九十三卷为回答章，第九十四卷至第一百卷为引证章。所谓“标宗”，即“举一心为宗”。此一心宗，“照万法如镜”，《宗镜录》的立名，即自此义而来，据卷三十四所说，教是《华严》，宗是达摩，因《华严》示一心广大之文，达摩标众生心性之旨，其实是发扬了法眼的宗旨。因为法眼有《三界唯心颂》和《华严六相义颂》。《宗镜录》全书在诠释“一心”处，引用《华严经》及贤首宗的理论最多。这是由于贤首宗兴起在天台宗和慈恩宗之后，法藏、澄观博涉教诲而极意谈“圆”，重重无尽，圆融无碍的说教，与禅宗门下经常提举的“佛语心为宗，无门为法门”，互相呼应。有时禅家宗旨得到《华严》义理的引证而愈益显豁，所以禅宗五家宗派最后一宗的开山祖师法眼及其法孙延寿重视华严，乃是佛教发展史上必然会出现的现象。

由于法眼宗重视华严，所以《宗镜录》卷二十四说：“此宗镜内，无有一法而非佛事。”又卷六十六说：“生老病死之中尽能发觉，行住坐卧之内俱可证真。”这与六祖慧能所说的：“念念时中，于一切法上无住。一念若住，念念即住名系缚。”马祖道一所说的：“若欲直会其道，平常心是道。何谓平常心，无造作，无是非，无取舍，无断常，无凡无圣，只如今行住坐卧应机接物尽是道。”沩山灵祐所说的：“一切时中，视听寻常，更无委曲，亦不闭眼塞耳，但情不附物即得”，并无二致。这“情不附物”的一念心行，可以说是禅宗的特色，也是历代禅师们行持的心髓，所以他们之中，有的风标超逸，行谊可风，有的自在解脱，坐亡立化，都是从这种涵养而来的。《宗镜录》全书，虽然问答联绵，引证繁富，而千回百转也是着眼于此，所以《宗镜录》毕竟是借教明宗的著作，而不是混宗于教的书集。因此在九十几卷的问答章里虽然罗列了天台、贤首、慈恩的教义，而只是一味会通，借以证明心宗的深妙，并没有料拣异同，解决教理上的问题，这又是《宗镜录》的一大特色。

引证章引证了大乘经一百二十种，诸祖语一百二十种，贤圣集六十种，共三百种。其中保存了一些宝贵的文献。例如：南岳怀让和青原行思的两段法语，都未见于《景德传灯录》、《古尊宿语录》等书。此外在问答章里所引用的《中论玄枢》、《唯识义镜》等书，现在皆已失传，幸而《宗镜录》保存一点资料，还能从而考见原书的大概。

延寿的教理宗眼，非常明澈，相传他又重视净土法门，未免与六祖惠能所说的：“凡愚不了自性，不识身中净土，愿东愿西，悟人在处一般”，有些凿枘，这又是佛教发展史上不可避免的现象，存而不论可也。

（原载《中国佛教》1982 年 8 月第 2 辑）

道 济

（公元1150—1209年）

南宋僧人。又名湖隐、方圆叟。俗姓李。天台（今属浙江）人。他的神异故事广泛流传于民间，通称济颠僧或济公。他从灵隐寺住持佛海瞎堂禅师出家。传说他言行类似颠狂，嗜酒肉。据北磵禅师《湖隐方圆叟舍利铭》所载，他是天台临海李都尉文和的远孙，狂而疏，介而洁，游踪半天下，所至题墨，文词隽永。但他生活落拓，寝食无定，寒暑无完衣，所受布施供养，不久即付酒家。对于老病僧人，他尽力备办药物相助。无故不入富贵人家。后常居杭州净慈寺。《清一统志》载净慈寺曾一度毁于火，他到严陵山（今浙江桐庐）一带募化，使净慈寺得以恢复旧观。临终前作偈曰："六十年来狼藉，东壁打到西壁，如今收拾归来，依旧水连天碧。"有《钱塘湖隐济颠禅师语录》记载其神异事迹。

（原载1988年《中国大百科全书·宗教卷》）

木拂和尚甲行日注抄

木拂和尚，又号华桐流衲、雨山游衲、一字浮衲、茗香客衲、松云巢衲。吴江人，即叶绍袁（字仲韶，号天廖道人），天启进士，官工部主事，不耐吏职，乞养归。妻沈宛君，工诗，五子三女，并有文艺。一门之中，更相唱和。国变后，父子悉皆为僧，高风劲节，古今罕匹。此为其出家以后之日记，收于《荆驼逸史》之中，起乙酉八月二十四日，止戊子九月二十五日。所记时事虽不甚详，而明末吴地忠臣义士之所守则可概见。读者幸审览之，或亦可为研讨我国民族性之一助。——编者注。

甲申（按即崇祯殉国之岁）旧京警跸之后，即当枕戈洒泣，鞠旅北征，君志胆薪，臣希种蠡，上报先帝之仇，下慰中原之望，而天渝不敬，泄然涂□，即扼长淮要险，祖述晋宋，俾板荡余民，不至左衽幸尔，乃镇师交攻，苍灵涂炭，奸臣窃柄，权贿熏天，胡（本作□今改下同）羯乘衅而生心焉，噬脐何及之有。乙酉宏光改元，正月朔旦，余草莽臣不敢问国家大事，只为吾郡筮之，□□之复九四，□□□余怃然曰，倘胡人乱□，胡马南牧之兆乎！……亡何有钱唐公之难，余以婚姻孔袁、儿中于祸，朱子夏趣余为天目游，余念昭代大烈，远轶千古，必无胡人一弩，反掌易之。况吾邑忠义，首冠江以南，秉干执戟之士，云蒸霞蔚，何氛之不靖，而儿辈鼓厉宗族，负缑义旅，招徕草泽，闻风兴起者，倾心恐后。……自八月二十一日，龠说之徒，煽骑南下，二师（原注：吴日生，沈君晦）皆溃，胡势大张，益骄蹇吾邑，甚有不如其令者，引落血比屋僇也。士大夫遂推纷以媚焉。余叹曰……我颜臣子，分固当死，世受国家当死，读圣贤书又当死。虽然死亦难言之，姑从其易者，骆丞续楼观沧海句耳，御匣朝开，郊坛夜集，固我让皇帝君臣家法也。于是矢计游方外以遁，时八月二十四日也。

二十五日甲辰，微雨。四更起，栉沐告家庙辞之。同子世佺（云期）、世侗（开期）、世倌（星期）、世倕（弓期）往圆通庵，三幼孙藏之他所，冀存一线。……庵主达元留余，且再观去就。

二十六日乙巳，大雨。以两先人及亡妇子女遗像七轴，家谱一轴，诰敕六轴，余诗文杂著八本，《午梦堂集》六本授达元为护藏之。他日天心厌乱，返我故服，彭咸旧都之居，孙绰遂初之赋，亦未可知。至晚，严甥仲日来（原注：名祇敬，文靖公曾孙）云，我亦拜辞老母偕往矣。母即余姊，贤智识大体，谓甥曰：尔非名宰辅子孙乎？若去一丝发为胡，即日在我前，我死目不瞑；汝若全去发为僧，天涯海角，我心亦安。遂同宿庵中。

二十七日丙午，雨。晓起理装，家人辈至庵中拜别。余曰，此行也，若幸中兴有期，则归来相见亦有日，不然，从此永诀矣。两幼主室家之好未完（原注：倌、倕未婚），岂不痛心，然留之事胡必不可，我亦无可奈何耳。三孙不及见其长大，幸为我善视之。……诸妇女可寄西方尼庵，汝辈但为谋其糊口者，俾无冻馁以免感且不朽。家人皆伏地哭，余亦泣。登舟，二兄幼与叔秀侄来送，侄孙舒胤亦来，时年十五，泪潸潸不止矣。既发，冒雨至栖真寺，即香上人简庵夜可生上人为祝发焉。即此后或有黄冠故乡之思，但恐彭泽田园，门非五柳，辽东归鹤，华表无依耳。

九月初二日庚戌，雨。早别二上人行。（原注：即香可生）余曰，行将焉往？有言双径者，有言武林，有言邓尉者。余曰，我吴人也不可更入矣，其湖与杭乎。……

十九日丁卯，晴暖。宁初（按是无多庵僧？与木拂同行者）往临平访朱子夏，夜至，亦已为头陀。

二十日戊辰，晴。与朱子夏坐石上看红叶，赤霞千片，锁绕青翠间，斜阳半挂，四无人声，凉风微动，叶叶如欲吐语。

廿七日乙亥，晴冷。超、闻二公来候，日落木静，寂寂凝寒，父子五人，而二子卧床，二子兼执仆役，一僮病又，凄惨之况，对景倍盈。

二十八日丙子，晴冷。咏少陵诗：南菊再逢人卧病，北书不至雁无情。凄然泣下。

十月初十日戊子，雨，午晴。宝寿石公来，石公曹洞巨宗，先承枉驾，又婉讽主人，不当轻避世客，临行更勉余泉石自娱，毋久陨忧时之泪。邂逅高情若尔，能无结让佩之。

二十七日乙巳，阴晦，小雨。夜与儿辈谈长至伊迩，家中无祭拜两先人者，为泣下沾衣。咏顾著作诗：此夜断肠人不见，起行残月影徊徊。悲婉久之。

十一月初五日癸丑，晴，异冷如昨。陈起岩同许明长来，开国勋卫世胄也，芄支□曾受知吾邑周忠毅公，（原注：公为仁和令）今秋□当明经选矣，以胡故为僧居黄林庵。天气甚寒，余为沽酒夜话。

十四日壬戌，晴。太平寺前酒家金奉川敬字兄弟，进谒，送桔诸品，为余弃家行遁，慕重之也。市中有好礼如此，可为穷途之嘉遇矣。

十六日甲子，晴冷。张度常来，方弱冠，亦僧服，自楚中归云：长江数千里，苍茫无一庐舍，焚僇之惨，不忍举目。

十七日乙丑，晴冷。径山觉公，遣二僧中张戴宏致书邀余入山，以石公言知之。

十二月初六日甲申，晴冷。午，至宝筏庵，见徐匪石、陈湖起，义士也，亦为僧。密通家信，夜，家人辈来见。

十五日癸巳，晴。吴巨乎（原注：巨乎祖海洲先生，先君丙戌同籍也。）赠诗云：闰六月城陷，生民涂肝脑，我泣类妇人，长夜直彻晓，戴星奔武唐，结友欲共讨。何期彼贞臣，绝药饵先老。惊逝爰一吟，自此肠便槁。岁寒谁同心，啮雪空自饱。今睹贤圣僧，不觉心倾倒，冠裳变胡服，斯文尽已扫。父子及昆弟，如公家直少，削发皈空王，除烦不除恼。破家无欢吟，投诚有怒□。先世忝同籍，约契若不早。我行凌溟澥，望此善自保，英主方恢疆，佛前岂终老。

二十五日癸卯，晴暖。侄孙学山（原注：舒胤）戴酒肴来，云，周鲁望（名东侯）、吴子方（名肃）、王延平（名建）皆为僧，士之贫而节义也，何可不识之，以愧世之富贵胡服者。

二十六日甲辰，晴。吴叔向邀为其尊人题主，辞再三不获，今日设砚席庵中行之。夫方外从事，固为创闻。其求不求诸朱绂以为宠荣，而属一流离行遁之老衲，古君子之风雅欤。

丙戌二月初二日，阴冷。沈古叔寄赠诗云：宰官乃现比丘身，岂使甘心遂隐沦，佛子未尝无所猛，英雄始信有其人。喜持木槵多成算，屡向薄团是卧薪，寄迹空门知逆境，好留慧剑斩腥尘。

二十五壬午，阴，午晴。顾石甫来，北风雨雪，卫人之怀，已深见之，殊慰。袖出一金赠余，余苦谢，壁立贫士，奈何欲周故人。石甫云，我心也，岂可以贫论哉。余恐固却则世间恒习，非吾辈道义心期，且重负好友意，故受之。然此谊当于古人中求矣。

四月十六日壬辰，晴。家中人来云，营中有陈其不，念余贫，不许兵入余家，而朱斌未知，恐肆掠及我，亦以周瑞印条封之。感诸将士用情之厚矣。义师去，忽安庄胡来，突入将书厨悉毁，简帙抛零满地，《午梦堂集》板碎可供爨，愤余贫而无物以逞憾也。

十八日甲午，晴。俟长白□盗船鱼塍庆合稍张取焉。过白龙桥，遇汾湖邻人送酒一坛、米一石。由简村出太湖，东南风甚大，十余里波光顷刻飞渡，至百关哭拜二先人墓前，循览松楸，幸存无恙。忽见一短棹东来，则亮迪之父子暨周鲁望，不期之会喜畏交深，恨眉之不一同把袂耳。

二十七日癸卯，陟长岭下至荐福寺，渴甚，求井水饮，寺僧出霜梅侑之至跨塘，托仪仲（原注：少司空念扬孙，亦僧服）觅一舟往抵青芝山，暮矣，步至纲尚家。……

二十八日甲辰，晴。至仲日寓，仲日与顾仲熊前后居也。端木自秦中归，在焉，言钱江事，相持一哭。仲日设酒，大鸿亦在。（原注：仲熊，端木次子；大鸿，端木长子）

二十九日乙巳，小雨。端木洗觯相留，出秦中诸诗，纪国变，写幽愤，如在天宝之世矣。述昆山之祸，其族闺秀殉节者五六人。一嫁王者色尤异，死亦尤烈。夏彝仲女为候雍胆子玄询妇，玄询早死，今为尼云精进妙慧，不减空室道人。（宋龙图学士范珣女）

五月初一日丙午，雨。访薛谐孟于真珠坞，在圆通庵为僧，风仪朴厚，古道君子也。

初三日戊申，晴，诸友早别，半夜大风雨雷电。

初四日己酉，晴。吴日生迁营校接牍至云：武林诸义士来顾行幕，讲说德义，颂叹无极，高风大节，固宜遐迩景慕，垂誉千秋矣。但山林嘉尚，独不念荷戈枕甲之瘁耶。弟血战经年大仇未报，军孤饷乏，救援路绝，忧心如焚，未知所出。若得越中三千君子军，成犄角之势亟图进取，所大快也。闻诸君入山问策鲁连先生，幸广教之，无虚彼望。

六月初八日癸未，晴凉，文瑜侄来云：二月间义师起时，其卒在余门前伐一柳枝，众共诃责之曰，物以人重，岂有忠义远遁之家，损其手植乎。余何人焉，可比甘棠蔽芾哉，而勿剪之也。

八月初五日戊寅，晴。佺自市墟归云：晤陆履常于善庆庵为僧。名孝廉至不能橐饘糊口于授经，贤哉。

二十六日己亥，晴。顾太冲来，僧服。

九月初五日戊甲，阴。浓云罨荟，西风敲竹木间，又作重阳意矣。去秋今日正冒雨至一华庵，流光忽忽，何以为怀。沈若一来，僧服。

十月初七日己卯，阴。顾端木、张齐芳来。张，烈愍公子也，任金吾，亦僧服。

十四日丙戌，晴。沈君翼生卒，贫无四壁，依沈君庸家，居吕山桥，含殓之具，一无所出。余适卖墓田四庙，先有十金偿还酒腐账，余存二两五钱，遣僮持去。侗亦卖田为珠桂计，尚在箧中亦与之。然余父子自是亲戚至情耳，病中医药所资则皆徐仪仲应给之。同是客处贫士，又非深交，友道所难也。亡后奔走竣事，则赖黄孺完力矣。

二十八日庚午，晴。侄孙学山，来言吾邑宴虏令之盛，笾豆肴核费至二十余金，倍席赍从、伶人乐伎、华灯旨体俱不在内也。不知虞悰食谱中所载何物，耗金钱乃尔。国破民痍之日，为此滥觞贡媚膃肭，捐俭约之风犹小，丧名义之防实大。……因作一绝云：买宴春宵列锦屏，缗钱二十万余增。降奴此夜千珍错，若尔箪醪上孝闻。

十二月初二日甲戌，晴。与儿甥辈往圣恩寺观说戒，受戒一百余人，威仪灿然。……薛谐孟、杨维斗、吴茂申皆在。……武进乡同年韩不挟嗣子公严亦僧服同谐孟在。

初九日辛巳，晴冷。遣诗剖公（按即圣恩寺方丈），公复云：顷接翰教，知大根器与杨李并驾，赖诸檀护，得展戒法仪规，纵使灵山俨然。必待旁观证据，若能于高沙弥边看破，又何须向羯磨师拾吐余乎。佳什灿如，不能赓和，当录日来上堂话奉酬雅意，佐工夫鞭影何如。

十一日癸未，晴冷。薛谐孟、韩公严来。……余甲子同籍无锡钱其若（名先）与黄蜚起义太湖，兵败同二子沉死湖中。顾子凝（名棻）亦然，遁入湖州山中死。王畹仲（名荪兰）任广东县副，张献忠来攻，自缢死。三臣忠魂死骨，九泉之下能无徼恩圣主之思，中兴茂典，似当首加崇恤。阐既往之幽贞，厉将来之至节矣。不然，人心士风至今日顽钝无耻已甚，何以障狂波而返正欤。

二十六日戊戌，晴。……夜梦丁大司空以紫方锦片幅广二三尺许如坐褥大，金书“忠孝”二字贻余，余悬堂中诰命匣上。

丁亥正月二十三日乙丑，阴冷。……吴茂申、赵缔之亦僧服来，不值。

二十九日辛未，阴风。赵钦仲来，僧服。

三月十三日甲寅，晴。拜墓归，道中晤沈治佐，出所作曲相示，犹乙酉秋赠余父子祝发词也：扑面胡尘秋风扬，愁发三千丈。难支几夜霜。梦整缨冠，拜手皇上，泪血染枫江。数丹心，一缕青丝放。（原注：步步娇）离恨愁天老，思君落日长，宁怜绿鬓有无恙。酒不洒葛巾陶元亮，冠不带故里文丞相，不是他儒心释像，撑个东土纲常，倒借那西方和尚。（原注江儿水）莲花香世界，贝叶古文章，跳出个鬼啸神号弥天网，且自筑灵台云水乡。（原注：侥侥令）铁铮铮头颅那厢，骨碌碌衣冠这厢，试看取推三瞒两，自吊胆与悬肠，更顿首且诚惶。（原注：园林好）一朝百万□眉葬，举世里那堪喝棒，任他云满毗卢月满床。（原注：尾声。治佐名永隆，吴江人。）

二十二日癸亥，晴。……同年李子木僧服同元长上人来。

二十五日丙寅，晴。儿辈往圣恩寺看华严道场，徐庆宇招余同陆明湖（原注：履常封翁）小饮。陆年七十矣，亦僧服，品雅格高，博综今古，谙练有识，谈言不倦。云曾见《建文实录》，载出亡事甚明，《致身录》是赝书。

二十六日丁卯，晴。沈君善来，释号宝威。午饭别去。

四月二十五日丙申，晴。胡在长歧岭钱家谷二潭杀人如刈蒯，抢掠妇女赀什不可记。杨维斗如樊参军幕矣，故往一云商更迁之策。迨夜又闻胡于山中索九人焉，杨维斗、薛谐孟、姚文初、陆履常、顾端木、吴茂申、包朗威，惊几及余。

二十六日丁酉，晴。夜至枫桥止，倕从焉。饮汤重卿楼，予白李君采在。重卿义士也，君采素心人也，知九人之言皆讹，因维斗而风影疑耳，然人言藉藉，山中不可以久留矣。

五月初八日戊申，晴。智证庵有邻人，昔曾识余者，属致一牍于王敬锡，当以一百二十金为寿。余曰，饿死事小，夷齐亦非异人耳。岂可通姓名于失节之叛臣哉。托以方外故辞之。

十五日乙卯，晴。与可生往梅溪，……庵主大山，光禄孙公潇湘子也。早年信佛。师事天童。乙酉国变，遂去发，以故墅为新蓝。……

六月十一日庚辰，晴风。与佺、倌往当湖，冯茂还亦僧服久矣。黄平立孙元襄同在，二君俱高蹈弃子衿不就。

十二日辛巳，晴。访表侄冯子近，亦僧服。

十六日乙酉。晴热。闻武康不拈香，不拜胡主位，令逐之。问尔往江右就朝宗于宝华，当今禅席一人矣。

八月初二日庚午，晴热。陆嗣安介潭同子近来。嗣安僧服四月，于山中识之。介潭刚晤于梅溪。亦弃去子衿□□就。

二十二日庚寅，晓雨晴，晡又大雨。侗来云：顾大鸿、仲熊云间被害时，兄弟争死辨海上诸礼皆出已手。与父无异也。胡亦相顾咋指。叹机云河桥之后又有此二□。

十月初五日壬申，晴。信至云，端木被害金陵矣。伤哉。

十二月初九日乙亥，晴。倕佺就医邓尉，二十余日矣，杳无消息，故倌倕往视之，先至溪拉桐偕去，晚间枯林戢响，斜理涵河，东窗对影，一樽黯绝。颜子之乐自在箪瓢，予不堪忧者，家国殄瘁，岂能忘心。李陵所云：胡笳互动，边声四起，独坐听之，不觉泪下。

（原载1941年《狮子吼月刊》第1卷第5、6、7期合刊，署名缁哉）

洋和尚照空

一、照空受戒记

1931年3月，我在杭州灵隐寺削发出家。我的师父却非方丈要我不一定马上就受戒，而太虚法师以为非马上受戒不可，我就和太虚法师同到上海，在赫德路净业社住了两天，又转南京。那时他是中国佛协会主席，以他的名义，写了一封介绍信给我带着，赶到离南京四五十里的宝华山隆昌寺去受戒。

到隆昌寺是3月11日，已经“封堂”（宝华山每年传戒二次，春期自3月1日起至4月初8止，凡受戒者必须于3月1日前入戒堂，过期不收，故名封堂）。过期十天，照规矩是无论何人一概不收的，也从来没有破过例。可是太虚法师的介绍信为我开了方便之门。当家师招呼得很周到，兴高采烈地告诉我有一个外国人也在受戒。我淡淡地问：是不是印度人或高丽人？他赶紧说不是，是西洋人，不会讲中国话。我心里非常奇怪。

当家师陪我吃了中饭，引我曲曲折折走到韦驮殿左边楼上，靠近山门口的一间房里去。窗前一个身穿灰色布衣，头上剃得光光的戴眼镜的和尚，伏在桌上用自来水笔写字。他见了我们，站起来向当家师合十作礼。呀！高鼻子，绿眼珠，他就是那个受戒的西洋人！我再不能抑制我的好奇之心，就操着不甚娴熟的英语问道：May I speak English with you?

他慌忙卸下眼镜，和我攀谈，我才知道他法名照空，匈牙利人，生长在德国，五十二岁。还有他的师父寂云、师兄照心也在此。当家师把我安置在他的对面铺上，他很殷勤照拂我这个新来的“戒兄”（同受戒者以戒兄互称，我们则互呼brother），叠被铺床，又借了一条毛毯给我盖脚，说：虽然春深，山上夜里还是很冷，一不小心就感冒，对于受戒是不大方便的。

过一会，他的师父、师兄进来了。他首先把我介绍给他的师兄，原来是他的义务翻译，六十岁，广东番禺人，据说是海军界的老前辈，美国留学生，俗名庞子扬，参加过中东之役，又帮黎元洪在汉口办过武备学堂。后来我们熟识了，他告诉我许多关于黎元洪和宋教仁的事。他说宋在当时不过是一个学生，而学潮来时，教师解决不了的，必挽宋出来转圜，故共称之为宋公明。照空的师父是浙江天台人，年纪比他小，日本留学生。未出家时，在官场中混过，和陈英士关系很深。长方脸，络腮胡子，衣服破破烂烂，望之令人生畏。我们四个人住在一起。

他们都不吃晚饭，因为寂云和照心同在泰国的佛教团体里住过，而照空，据说在锡兰的庙里学过二、三年巴利文和梵文，所以都还保持着南方佛教生活的习惯。我也就跟着他们每天只吃两餐。不吃晚饭，佛教术语叫作“持午”。头几天，我有点过不惯，五六天后，早午两餐的分量加多，也就不觉得什么了。而照空替我记下了每餐逐渐增加的碗数，这使我非常惊异。

当时受戒者男性共四百余人，除我等三人住于客房外，其余皆分住四堂，每堂有堂师四人，分司教导戒规之事。照空、照心隶第二堂，我隶第四堂。堂师非常优待我们，每饭必添菜，尤其是红烧党参苗，我最爱吃。所以人家排着班在斋堂里捧着钵，肃静无声地呷豆腐汤，而我们食前方五尺——半个方丈——比出钱的施主还吃得好；并且不要半夜起来作早课，晚上也不要在韦驮殿里叩几百个头。有时人家在搬柴、摘茶叶，佛家术语名之曰“出普”，而我们却荡着手游山。在那几百张面孔的表情上，可以看得出对于我们的羡慕之深。

我因为到得迟，有许多规矩没学到，如拜佛，搭袈裟，开坐具等等的方法，都是照空转教给我的。我问他出家的原因和在俗的姓名，他告诉我，姓Lincoln，名Trebitoch，对于佛法有真切的信仰，不吃肉已很多年，又因为受了爱子瘐死英伦的刺激，所以出家。后来照心对我说，照空当过吴佩孚的顾问。因和照心的儿子熟而认识照心，又因照心而认识寂云。照心陪照空在杭州城隍山准提阁——寂云的小庙里住过一两个月，就在那里决定落发。照心为着成全这第一个在中国出家受戒的欧洲人，也决定出家，自己和寂云于是由朋友而变成了师徒。

戒堂里并不清净，尤其是中国人不讲究卫生和堂师们的无知无识，使这个欧洲人不十分满意。大约是快要受比丘大戒的时候，他那一堂的堂师，任意用细杨枝在受戒弟子的光头上敲着教“遮难文”，激起了他的无名火，他对我和照心说，这样野蛮，非但不合佛法，而且也不是人对人的举动，他不受戒了，要到南京去告他们。我和照心极力劝阻，又请知客师出来转圜，叮嘱堂师们以后在照空面前，不要用杨枝打人，他才答应继续受戒。传戒和尚德宽，有一次请他去谈论这一件事，是我陪去的，大家看见我和他同来同往，就将一切是非归罪于我，当家师固然不高兴我，堂师们每餐的添菜也没有了，照空轻藐地骂那班和尚可鄙。

照空说，受戒以后，准备到法国南部建造一个佛教丛林，大体的规模采取中国式，内容则注重学术化，不是有相当学问的和尚不挂单，要我去帮他的忙。我答应了，约定到上海去商量。这时江宁县的县长听说有西洋人受戒，特地来参观，和照空谈了许多话，偶尔说了一句“四大皆空”，照空就钉着问四大从何空起？那个县长虽然在美国读过书，并没有研究过佛学，回答不出。照空回来要我问他的师傅，寂云说，本来是空的。我翻译给他听，他摇摇头，“no”了几声。我问他怎样回答，他说四大从我空起。

他又说，英国的哲学家，除Hume差强人意外，其余皆不足道，乃是英国文字不够表达高深思想的缘故。德文文法和梵文很相似，近来直接从梵文译成德文的经典很多，而且很靠得住，所以他深以生长在德国为幸，而且劝我学德文。此外他又写了两个懂得外文的锡兰和尚的名字和通讯处给我。这是我随身带的Ruskin和Carlyle的书引起来的话。

四月初一早晨吃糖糯米粥，所有的红枣子，都被照空一个人舀去了，他说是Good Omen，因为那天是他第三次到中国来的一周纪念日。他又说，匈牙利人就是匈奴的苗裔，在全欧洲也只有匈牙利人衣服上像中国人一样用布扣子，所以他相信他的前生是中国人。下面两个故事，是他那时告诉我的。

不记得是民国几年，照空在汉口替某方活动，于花柳场中认识一个姓王的经理，征花纵酒，天天在一起。有一次，叫到一个年约二十二三的歌女，举止很大方，谈吐也不俗。姓王的还是那一股轻薄劲儿，照空劝他放尊重点，当时那个歌女很感激似地请照空明天到她的芳居去耍。照空觉得她懂英语，就用英语问她，她摇摇头，装作不懂。第二天他如约而去，刚进门，听到弹得很熟练的钢琴声。琴声止，歌女含笑出迎，在她的妆台旁边，发现有一本狄更司的原文小说。照空就凭着这个强迫她用英语和他谈话，她的确懂得英语。照空恳切地问她为什么自甘堕落，她流着泪，向照空诉说生平。她是满族人，辛亥革命时，父亲和哥哥在杭州自尽，她和母亲逃到上海。不上两年，典当殆尽，日子眼看过不下去了。那时她只有十四五岁，她恳求她的母亲把她卖出去，终于卖给了鸨母，鸨母见她知书识字，相貌出众，很想把她栽培成摇钱树，英语和钢琴就是那时学的。到了十八九岁的时候，广东的曹某恢复了她的自由，同她正式结婚。谁知同居不久，又被遗弃。她的母亲为此气病，不上一年就死了。她那破碎的心，还痴想着在风尘之中，物色个诚实君子，托以终身。照空问明了那个姓曹的名字，原来是和他相熟的，他出于慈悲，极力斡旋，终于弥补了这一片情天的缺陷。

还有一次，在京沪车中，一个美国人对着几个初到中国的英国人大骂中国是匪国。照空声色俱厉地对那个美国人说：“我在美国的时候，有弟兄两个抢了一列火车。强盗在闹市里假装拍电影外景，抢了刚从银行里用汽车运出来的几百万块钱。这是大家知道的事实。中国的土匪，和美国的比起来，不过是些顺手牵羊的小偷而已。”接着一个英国人就向他请教中国问题，一个日本记者也插进来问中日怎样才会协调？他说：“中日的不协调是日本人造成的，只有日本真能开诚布公和中国合作，中日之间的冲突，才能解决。”那个日本人偷照了他的相，后来他经过日本的时候，发现那张相片和新闻一起在报上登出。

四月初八是释迦牟尼佛的诞辰，我们就在这一天受菩萨戒。燃香或称烧疤，是用以表示学佛决心和牺牲精神与供养心的。唐代苏鹗的《杜阳杂编》、宋代王君玉的《续杂俎》里所记的“练顶”，就是这个制度的作俑，在受戒当中是最后的难关。用艾绒做成的半寸长的香，虽说已经烧存了性[1]，重新点起来也还要半分钟，尤其是要把火灰按在头上，最是难受，每次总有几个被烧昏过去。但是我们又受到了特别的待遇，这是我永远忘不了我们那位堂师的地方。因为他在火刚要烧到头皮上，我感觉着如针头刺痛的时候，他就很快地把火灰一个个拿掉，手法之敏捷，真是少见，过后虽然有些热辣辣不好过，可是并不痛苦。照心怕溃烂，想用万金油搽。寂云说，搽了油就没有疤，照空也表示不赞成，说疤是区别僧俗最好的标志，将来他到法国开丛林，传戒的时候也要用这办法。

这时。太虚法师特地寄给我一封信，要我受完了戒不要下山，就在隆昌寺住。我和照空商量，他劝我只当没有接到那封信，一同下山。关于住的问题，寂云说，只要不嫌淡薄，到他的小庙去住没有问题。于是我就和他们三人及另外许多戒兄下山同到龙潭。我因为所有的行李都在中国佛教会，故先回南京，他们则先到上海，约好一星期后在上海古拔路一个德国旅馆里见面。

到了南京，太虚法师劈头就问，收到他的信没有？我惊讶似地说：“什么信？没有！”这是照空教给我的。于是太虚法师把那个递信的老实人责怪了一顿。当时太虚法师因为和圆瑛不和，打算辞职不干了，要我和谈玄、如明两人组成佛教宣传考察团，首先去安徽工作，并且说，如果我不参加，他们也不干。因为当时谈玄还写不通文章，如明虽去过德国，但笔墨有限。我替他们拟好了简章和备案的公文后，就带着一部分日常用品溜到上海。照空正准备到北平去，寂云、照心则已经回了杭州。我在那小小的德国旅馆里只住了一晚，关于到法国南部建造佛教丛林的事并没有谈到。第二天他搭车去北平，我搭杭车回杭州。

到了杭州，才晓得照心虽为照空而出家，但对他并不满意，他们师徒之间，有老大的裂痕。没几天，照心愤恨地回香港去了，寂云有事要问照空，还得由我转述。最奇怪的是，还有伦敦 Buddism in England 的编者 March 君，要我转寄给照空的一封信，大意如下：

……我早就想写信给你，总没有写成。前几天有一个朋友在柏林看见了你的大著 War can be abolished，写信来问我关于你的种种，我替你答复了他，现在来告诉你。

关于你出家是否真心实意的问题，我的答复是“一个刚从黑暗里出来找到光明的人，我想不会再到黑暗里去的”。

关于你受戒时，是否在头上也要野蛮地烧上几个疤的问题，我答道：“既在中国受戒，当然要烧上几个野蛮的疤，何况又是到西藏去的绝好护照呢！”

我把这封信转寄给照空，一直没有得到他的信，消息从此断绝。

二、照空的师父

寂云俗姓谢，名国梁，号仁斋，浙江天台榧溪人。早岁留学日本，攻法政。回国后，在东三省做过官。家里本来很殷富，自奉甚厚，食非肉不下箸。后来去向弘一法师请教，因而茹素学佛，独资造极乐寺于天台苍山之麓，供养弘一法师，但弘一法师只小住数日就他去。后寂云与尤惜阴、庞子扬同去泰国，在那里住了几年。尤惜阴在南洋出家，法名演本，号弘如。寂云回国后，经过厦门，于1930年从南普陀寺的转逢老和尚剃度，法名寂云，号瑞幢，是年冬即去南京宝华山受戒，并定居于杭州城隍山准提阁。准提阁本来是一个很小的香火庙，寂云接住后，在其东侧空地上造了五六间静室，作为同道们修学之所。我回到杭州，就住在准提阁的楼上。到年底，听说寂云的皈依弟子之间发生了意见，我就离开准提阁到以梅花著名的超山去住，此后就没有再见到他。1956年6月17日，他从四川寄给我一封信，已经改名为“了性”了。信的全文如下：

老拙自在杭别后，不久辄去结茅终南。迨抗日军兴，乃携钵入川，寄居荒寺，农园自给。日寇投降，拟朝峨嵋后东归。道经嘉定，被诸居士留住，忽忽又六七载矣。前日阅报，知京中有佛学院之筹设，闻讯之下，欣喜莫可言。当此大法绝续之秋，凡为佛子，皆应努力，随时代而改进。拙虽老病残年，亦思奋勉，岂可沉寂空山。因之不揣冒昧，肃笺敬恳座下可否为之介绍，加入僧团学习服务。倘获依处，得亲善知识，幸何如之。待宝成路通车后，便可带一随侍能耐劳苦之青年新戒，准备北迁。有无机缘，务望拨冗赐复，鹄候慈音。

寂云禅师高年博识，对于开办佛学院，如此热忱，使我十分感动，当即寄去川资，请他东下。可惜，不久就得到嘉定方面佛教界来信，他因住山多年，感受风湿，心脏病发作逝世了。他的遗著有《农禅诗钞》一册。

三、照空想去西藏被阻于重庆

据1931年7月世界新闻社报道：前国际侦探、英国会议员、耶教牧师及油企业家林肯氏最近在中国为僧，完成了出家仪式。此事引起一个问题，即西方人归向东方的宗教，已经到达如此热烈的程度，原因究竟何在？因此，E. llanter氏曾走访照空于北平城中荒僻处的一所中国式房屋中。照空把他头上的十二个香疤给他看，证明他已经变为中国的外国和尚了。他全身都是僧装，布衣布鞋布裤，纯为中国材料所制。他说：

我在中国出家，就是对此世界已不复感有兴趣了。我今年五十二岁，世味备尝。张眼看此世界，看不到别的，只见苦痛与烦恼，而一般人如醉如狂，沉溺其中而不悟。

我自入世以来，也曾和大家一样努力求快乐，我也曾经一度为耶教牧师。然对于耶教，愈研究愈减少信心，终于脱离耶教。既而图求教于苏格拉底、柏拉图、康德、尼采及叔本华，又求乐于金钱名位，然而愈求而失望愈多，余开始觉到生活真是一种惨剧。因此厌弃世间，转而为僧。

他说，他已不复注意政治，往往数星期不看报纸。他又说，国民党政府曾因德国军事顾问鲍欧氏的介绍，拟聘他为政治顾问，他没有答复，鲍欧曾批评他“愚不可及”。他到北平后，曾发表过《我为什么出家为僧》一文，兹节录其中数段如下，以见一斑。

一切生命，抱同一个目的，神与人，禽兽与草木，一切皆然，绝无例外，一句话，就是试图快乐。所以乐的问题即是生的问题，生的问题也就是乐的问题。

吾人求乐之道，虽各各不同，而以满足欲望为乐则无不同，由此可见吾人所追求者，实属同一。吾人自呱呱堕地到撒手长眠，无一时不如此，其间从无改变，也不能有改变。但事实上没有一个人能得到真正永久之乐，这是不可否认的。因而人们构设一切幻想以遮掩之。

目前，德国的若干学者，继法国学者之后，认为基督《圣经》包括《新约》在内，不足以使人信服。同时在锡兰、印度工作的若干英国人，因为接触了《吠陀》经典与佛教，感到非常有味，尤其是佛教。遂不畏艰难，从事学习梵文及巴利文，首先译佛典为英文。英德两国均设有巴利经典会，其目的在于把巴利文经典翻译刊布于世。经多年的辛苦工作，巴利经全部已在英国刊布了。

今日的西方世界，对于佛教的兴趣及了解，正在日渐滋长。德国柏林附近有一所佛学院，系已故的丹律克博士所设。在汉堡、莱伯锡、特来斯登，均有佛教团体。在慕尼克有一个佛教会，主持者乃西方最伟大的佛教学者葛立穆博士。慕尼克佛教会与法国南部的一个佛教团体有联络，这个法国的佛教团体是我去年游法时所组织的，其总部设在尼斯。英国佛教会有多处，在伦敦附近有一佛寺，乃锡兰僧人于两年前募建的。美国也有佛教团体若干。而佛教刊物，则英、德、美三国都有。

中国及中国的佛教徒应派导师到欧洲及美洲，用佛说的真理教导其人民。教彼等以达到和平快乐之路，教彼等应作善而勿为恶，教彼等求生命之真理，勿妄信幻构之天国。

从上述照空的自述看来，他出家是有深刻原因的。可是他研究过南传佛教，没有接触过中国所传的佛教，尤其对于中国佛教的现状，毫无所知。据1934年《海潮音》五月号法舫写的一篇文章中说：

忆在北平时，余曾请照空在柏林寺讲演，其所说的道理，纯属小乘佛教，曾蔑视中国无真正之出家僧人，表示彼将传道于中国。当时中外僧俗听众五六百人，颇有不惬意者，余即宣告：

“照空所说不能代表整个佛教，更不能代表中国佛教，他所说的不过是少部分的小乘佛教耳。他如果要在中国传教，希望他息心在中国居住十年研学中国佛教。”听众颇以为然。后来，我又约胡子笏、汪波止、林黎光诸人与照空谈话，现将该谈话情况录要如下：

“照空师，你到中国有几次？”我们问。

“前后共六次”他回答。

“未出家前，研究佛学有几年？”

“与佛学接触有三十年之久，但是专门的真实的研究，是最近的六年。”

“研究佛学所取材料是何种译本？”

“大多数是巴利文的德文译本，间及巴利文的英文译本以及日本人的英文写本。我看这几种译本佛书时遇着难题的时候，便直接去研究巴利文，但我对巴利文，亦未深通。”

“照空师，你曾与中国出家、在家的佛学者谈过佛学没有？”

“没有，我从没有看过中国佛书，也没有与中国佛学者谈过佛学。”

后来照空又说：

“我对于佛学唯信仰‘佛说’[2]的才认为是真的，不信其他的东西，如像中国的偏于大乘和锡兰、印度的偏于小乘，我一概不相信那些大小乘的佛经。那些不是真实佛经。

佛经没有大小乘的，须知佛在世本无大小区别，也没有写出各种经书来。《四阿含经》[3]里包含佛说很多，所以我不相信佛法有大小乘的分别。”

“你不相信有真的佛经，那么，你的佛学知识，从何而来？”我们又问他。

“我也不完全说一切经典都是假的，我也相信有很多的圣典是真的可学的，不过其中有很多是错的。但是依着惟一无二的一个方法，也容易知道哪部经是真的，哪部经是假的。”他回答。

“依何种方法得知？”我们问。

“无我，凡与无我道理相应者为佛说，否则不是佛说。”他的回答。

“我们知道无我这一点，在中国佛学上，是所谓三法印之一，是佛教大小乘法的共同原理。还有两个法印，你全不知道。”我们最后对他的回答。

如此不断地谈了足有一小时半才结束。我们认为他对于巴利文小乘佛学，似稍有相当的研究，未必全部洞悉。不过他认识佛教“无我”的原理，那是很对的。其他的话，不过是观察不同，他有先入为主，知其一，不知其二的我慢[4]主观罢了。

照空在当时的北平如此演讲，当然不受欢迎，还有化名“不空”的人，著文大加攻击，照空就离开北平，到达重庆。

从上述英国 March 君给照空的信看来，照空本有去西藏研究佛教的打算，他到重庆，就是去向刘湘提出帮助他去西藏的申请。刘湘是个军阀，当时他非常注意西康和西藏的问题，又正支持开办汉藏教理院的事情，对于照空的申请，顾虑重重，非但不予答复，还把他安置在北碚缙云山上的寺院里。照空在那里住了一些日子，知道此路不通，就出川离开中国返回欧洲。

照空师徒是在 1935 年初回到我国的。及至日本军队进入华北，照空到了上海，听说日寇开始想利用他，他坚决拒绝，并曾写文章发表在欧美的报刊上，反对日本侵略中国。日寇就想对他下毒手，他曾和一个徒弟带着一点资财，潜往后方，但半路上被国民党军劫掠无余，他又不得不重回上海。

1943 年 10 月 8 日，六十四岁高龄的照空，因手术逝世于仁济医院。其葬礼举行时，有各国人士参加，安葬于上海第一区公墓。有人说，照空在手术中逝世，是日寇下的毒手。

附注：

(1)“烧存性”为佛教成语，意即曾经烧过，但未烧透。

(2)“佛说”指佛祖释迦牟尼说的话。

(3)“四阿含经”是释迦牟尼最早讲的一部经。

(4)“我慢”为佛教语，傲慢的意思。

（原载《文史资料选辑》第79辑）

印光法师嘉言录约编序

释迦之教，因人而施，显、密、禅、净，各有所对。发其迹，纷歧路以亡羊；达其源，泯江河于一水。是以余于治显教者取法藏，弘密法者取一行，究宗乘者取灵祐，论净土者取憨山。而唐宋以来，诸家门户之见，皆以为末学之辨，一往之谈也。然而人情好异，性喜新奇中庸之言，叶动中下，于是禅门有别传之说，瑜伽行者亦以即身成佛为开示，而其实皆□叶之慈悲也。印光法师之赞叹净土超胜者，当亦本此。余年十九，随某耶稣教士避暑普陀，谒法师于后寺，怀《观音灵感录文钞》归，而未有所入。披剃后，负笈金陵，徐季广居士自成都来，邀参报国，动定甫陈，遽受棒喝。余然后知法师为血性男子，有古宗师风，未可以寻常师僧目之。姑苏沦陷，敌焰猖披，而独于灵岩则不敢犯，谓正法师之慈威默化所致哉。全国人士，凡知法师，方且日夜祷祝，以冀法师久住世间，凡众生□佑，孰意二十九年（1940年）11月4日以示寂闻。八桂飘残，群情沮丧，广西省佛教会开会追悼之余，罗正见、陆慧度等居士皆曾皈依法师者，复有选印《印光法师嘉言录》之议，推余治其事，余乃取二十二年（1933年）7月上海佛学书局印行本，考订删正而存十之五，凡勉人居心诚敬，劝注重因果，示伦常大教者所存为最多。盖皆法师独得于心之微言要旨，而为今日社会之所极端需要者也。吁嗟斯世，儒者固不复以正心诚意为事，即号称佛弟子者，亦多口头活计，稗贩如来，不知砥砺以为人。僧园狼藉，无异悲田。教法凌夷，几同魔说，此世之所以弥乱，而更不闻有往生西方，即身成佛，以及顿悟无生者矣。若夫究竟之谈，则论理事，悟证，宗教之义，皆甚尽理。法师固属通人，余知其必将更示奇特，大转法轮而济此弱□□。节录既竟，用缀数言，以告阅此书者亦所以报法师开示之恩。中华民国三十年（1941年）4月10日，释巨赞译序于桂林月牙山寺。

（原载1941年6月《狮子吼月刊》第1卷5、6、7期合刊）

天台与嘉祥

一

天台山和嘉祥禅寺都在浙江省的东半部，而且相距不远，智者大师和吉藏大师也是同时代的人。《国清百录》卷四收录吉藏大师致智者大师的四封信，其中一封请讲《法华经》，兹节录如下：

吴州会稽嘉祥寺吉藏稽首和南。……南岳睿圣，天台明哲，昔三业住持，今二尊绍系。岂止洒甘露于震旦，亦当振法鼓于天竺。生知妙悟，魏晋以来典籍风谣，实无连类。释迦教主童英发疑，卢舍法王善财访道，敢缘前迹，谛想崇诚。谨共禅众一百余僧，奉请智者演畅《法华》一部。此典众圣之喉襟，诸经之关键，伏愿开佛知见，耀此重昏，示真实道，明兹玄夜。……吉藏仰谢前达，俯愧询求，兢惧唯深，但增战悚。谨闻。开皇十七年八月二十一日。

从这封信——也可以说是“启书”上，知道吉藏大师对于智者大师真是倾倒备至，甘拜下风。据《续高僧传》卷十九，智者圆寂于开皇十七年十一月二十四日，又卷十九云：“十七岁智者现疾”，可能在吉藏启请的时候，智者已经现疾，所以没有能够开讲。后来智者的弟子灌顶在“称心精舍”讲《法华经》，法缘很盛，吉藏先借了智者的《法华义记》看过一遍，更加心悦诚服，就在天台山去向灌顶请教。这不仅是中国佛教史上的美谈，同时也可以说明当时佛教界的一种情况。

因为三论宗的集大成者吉藏大师，据《续高僧传》所说，从小就“精辩锋游，酬接时彦，绰有余美”。后来他在长安弘法，“道俗云奔，隘溢堂宇”，“游诸名肆，薄示言踪，皆掩口杜辞，鲜能具对”。有一次他参加一个规模相当盛大的辩论会，“对引飞激，注瞻滔然，合席变情，赧然而退”。可见吉藏大师是非常精于思辩的。同时他“爱狎风流，不拘检约”，“傲岸出群，颇怀简略”，不是一个轻易就肯折服的人，那么他为什么对于天台宗的义理那样心折呢？这应该从当时佛教界的实际情况去了解。

佛教传入我国之前，支配整个社会思想的不外两种倾向。一种是出于宗教要求的方术迷信，一种是代表传统精神的阳儒阴道的玄想。这两种倾向的隐显消长，时常发生变迁。但它始终保持着根深蒂固的潜在的影响。佛教传入我国之初，一般人都视同方术，同时“禅数”或“禅法”最容易满足宗教的要求，所以汉末安世高开始译经，就译出《安般守意》、《十二门》、《修行道地》、《明度五十计校》等禅经。后来印度的禅师陆续西来，禅经的翻译也逐渐增加，鸠摩罗什一到长安，僧睿就从他受禅法，东林远公也竭力支持佛陀跋陀罗禅师翻译禅经和传授禅法的工作，这都说明修习禅定从来就是我国佛教界十分注意的事情。

关于适应阳儒阴道的玄想，不免援引《般若》。我国第一个西行求法的朱士行，就是求的《般若经》。两晋南北朝玄学清谈盛行，鸠摩罗什译出了《大智度论》、《中论》、《十二门论》、《百论》，般若义理，如日中天，佛教徒中几乎没有人不研究般若的。同时翻译的经典既多，理论上的差别，史实上的出入，逐渐积累了许多问题，需要佛教界加以处理，所以有分宗判教的各种说法。

到了智者和吉藏的时代，我以为我国佛教界急需解决三个问题：甲，般若义理中，最根本的也最容易迷糊的“法与法性”的问题。乙，禅教或禅法的整理问题。丙，分宗判教说的审定问题。这三个问题在当时如果得不到适当的解决，我国佛教必将支离破碎，逐渐失掉它在我国所起的作用。智者和吉藏都努力于解决这三个问题，而以天台宗的教理，比较全面、深入。吉藏的倾倒智者，决不是偶然的。

二

天台宗推尊龙树菩萨为始祖，其在我国的传承则从北齐的慧文尊者开始。唐湛然止观《辅行传弘决》卷一之一云：

若准九师相承所用，第一讳明，多用七方便，恐是小乘七方便耳，自智者已前，未曾有人立于圆家七方便故。第二讳最，多用融心，性融相融，诸法无碍。第三讳嵩，多用本心，三世本无去来，真性不动。第四讳就，多用寂心。第五讳鉴（或作监），多用了心，能观一如。第六讳慧，多用踏心，内外中间心不可得，泯然清净，五处止心。第七讳文，多用觉心，重观三昧，灭尽三昧、无间三昧、于一切法，心无分别。第八讳思，多如随自意安乐行。第九讳顗，用次第观如次第禅门，用不定观如六妙门，用圆顿观如大止观。以此观之，虽云相承，法门改转。慧文以来，既依《大论》，则知尔前非所承也。

这里所说的《大论》，即龙树菩萨造，鸠摩罗什译的《大智度论》。所谓依《大论》，如宋志磐《佛祖统记》卷第六云：

师夙禀圆乘，天真独悟，因阅《大智度论》卷第三十……师依此文修心观。《论》中三智实在一心中得，且果既一心而得，因岂前后而获。故此观成时，证一心三智，双亡双照，即入初住无生忍位。师又因读《中论》，至《四谛品》偈云，“因缘所生法，我说即是空，亦名为假名，亦名中道义。”恍然大悟，顿了诸法无非因缘所生，而此因缘有不定有，空不定空，空有不二，名为中道。师既一依释论，是知远承龙树也。……师以心观，口授南岳，岳盛弘南方，而师之门人在北者皆无闻焉。

南岳慧思尊者卒于陈太建九年（公元577年），年六十四，逆推生年当为北魏宣武帝延昌二年（公元513年）。他于北齐武平之初（公元554年）因避毒害，率众自河南嵩阳到光州大苏山，年四十一，则他和慧文见面，可能在三十岁左右。中间又曾经参谒过“鉴师”和“最师”。他在大苏山，常讲《法华经》和《般若经》。陈光大二年（公元568年）至南岳，以后就没有离开那里。《续高僧传》卷十七云：“江东佛法，弘重义门，至于禅法，盖蔑如也。而思慨斯南服，定慧双开，昼谈理义，夜便思择，故所发言，无非致远。便验因定发慧，此旨不虚，南北禅宗，罕不承绪。……造《四十二字门》两卷，《无诤行门》两卷、释《论玄》、《随自意》、《安乐行》、《次第禅要》、《三智观门》等五部，并行于世。

智者大师俗姓陈，以梁武帝大同四年（公元538年）生于湖北的华容。年十八，投湘州果愿寺法绪出家。二十岁在大贤山诵《法华》、《无量义》、《普贤观》等经。二十三岁至大苏山依止慧思尊者，据《续高僧传》卷十七云：

后命学士智𫖮代讲《金经》（按即《金书法华经》），至一心具万行处，𫖮有疑焉。思为释曰，汝向所疑，引乃《大品》次第意耳，未是《法华》圆顿旨也。吾昔夏中苦节思此，后夜一念顿发诸法，吾既身证，不劳致疑。𫖮即谘受《法华》行法。

天台宗的粗朴的概念，从这一段记载上可以想见。智者依止慧思六年，于陈废帝光大元年辞师至金陵，住瓦官寺。初到之日，如《智者大师别传》云：“上德不德，又知音者寡”，大概是因为自北而南，人家还不大知道的关系。及到开讲《大智度论》、《法华玄义》和次第禅门，听法者都感觉亲切畅快，闻所未闻。当时江南的大德，如长干寺慧辩、天宫寺僧晃、小庄严寺慧荣、梁代宿德大忍、定林寺法岁、禅众寺智令、奉诚寺法安，都“舍指南之位，遵北面之礼”，“率其学徒，问津取济。”指别传说：“兴皇法朗，盛弘龙树，更遣高足，构难累旬。磨镜转明，揩金足色，虚往既实而忘反也。好胜者怀愧不议而革新，斯之谓欤。”兴皇寺的法朗即吉藏之师，据《百论疏》云：“大师每登高座，常云不畏烦恼”，可见其意气之豪。他和智者如何辩论，现在已无可考见，但《别传》上提出“革新”两字，我以为非常值得注意。据我推想，智者天资卓绝，理解明晰，加以慧思尊者的定慧熏习，天台宗义，大概在大苏山已经有了一个胚胎。当时的金陵佛教界虽然不大注重禅法，但义学讲解是相当兴盛的，智者在那里八年，经过各种辩难，他的思想，因剪裁、修正、补充而逐渐坚实致密起来，形成了天台宗的体系。这个体系，发展了慧文、慧思的思想，对当时的各家来说是最有系统、最有创见的，所以说是“革新”。

陈宣帝太建七年（公元575年），智者年三十八，因为想避喧自修，初入天台的佛陇。《别传》云：“旋归佛陇，风烟山水，外足忘忧，妙慧深禅，内充愉乐。然佛陇艰阻，舟车不至，年既失稔，僧众随缘，师共慧绰种苣拾橡，安贫无戚”，从这些史实上，我们又可以想像得到，智者大师是一位风度闲雅、胸襟宽和的人。他在佛陇住了十年，除接受陈宣帝的供养、应郡守之请讲《金光明经》、设放生池以外，传记上没有说他讲过别的经论，那么他的潜居天台，完全为的是进一步体验他的学说。

陈后主至德二年（公元584年），智者年四十八，奉诏再至金陵，在太极殿开讲《大智度论》及《仁王般若经》。自此以后一直到隋文帝开皇十七年圆寂（六十岁），是他法缘具足，尽力弘扬他的已经成熟的思想体系和兴建有为功德的时期。《别传》云：“智者弘法三十余年，不畜章疏。安无碍辩，契理符文，挺生天智，世间所伏。有大机感，乃为著文。奉敕撰《净名经疏》至《佛道品》为二十八卷、《觉意三昧》一卷、《六妙门》一卷，《法界次第章门》三百科始著六十科为三卷、《小止观》一卷、《法华三昧行法》一卷。”这些著作现在都还存在，其余如《法华玄义》、《法华文句》、《摩诃止观》、《释禅波罗蜜次第法门》等著作，大都是他的门人灌顶所记录。但如《观无量寿经疏》、《智者大师禅门口诀》、《净土十疑论》、《五方便念佛门》等，或谓有可疑之点，出于后人依托，兹不具论。

三

三论宗的传承，除推尊龙树外，一般以鸠摩罗什为中国的初祖，什传道生，生传昙济，济传河西道朗，朗传摄山僧诠，诠传兴皇法朗，法朗传吉藏。其实是不大正确的。因为从历史上考证起来，道生、昙济、道朗的年代先后以及学说主张都和三论宗没有什么关系。但三论宗的思想导源于罗什是不能否认的。罗什之后如僧肇、僧导、僧叡、道融等都以三论驰名，影响所及，“豪杰之士，虽无文王犹兴”，死扣住“嫡传”，有时倒反会抹煞历史发展的实际情况。

三论宗的实际倡导者是僧诠之师僧朗。《高僧传》卷八云：

释法度，黄龙人，少出家，游学北土，备综众经，而专以苦节成务，宋末游于京师，高士齐郡明僧绍抗节人外，隐居琅琊之摄山，挹度清徽，待以师友之敬，及亡，舍所居山为栖霞精舍，请度居之。……度常愿生安养，故偏讲《无量寿经》。……度有弟子僧朗，继踵先师，复网山寺。朗本辽东人，为性广学，思力该普，凡厥经律，皆能讲说，《华严》之论最所命家。

据此，僧朗之师法度是一位念佛的老修行，虽然“备综众经”而并不注重义学，僧朗三论当然不是从他学习的。又吉藏《大乘玄论》卷一云：“摄山高丽朗大师，本是辽东城人，从北土远习罗什师义，来入吴土。”这更可以证明僧朗之学非出于法度而别有所传承。但究竟是什么人传授给他的呢？史料缺乏，无从臆测。

僧朗以三论命家，在当时极有声誉。梁武帝天监十一年（公元512年）曾遣中寺释僧怀、灵根寺释慧令、止观寺僧诠等十僧，诣山谘受三论大义。法华玄义释签云：“九人但为儿戏，唯止观诠学习成就。”僧诠所传，唯存中观，但他的四大弟子，不仅在作风和造诣上有“四句朗、领悟辩、文章勇、得意布”的不同，而且见解也不大一样。如《续高僧传》卷七云：

辩公胜业清明，定慧两举，故其讲唱，兼存禅众，抑亦诠公之笃厉也。然其义体时与朗违，故使兴皇（按即法朗）座中排斥中假之诮。

至于号称得意的慧布，则常乐坐禅，誓不讲说。又曾经到北方见过邈禅师和禅宗的二祖慧可，和思禅师也激烈地辩论过。他看见有人求生西方，则告以：“方土乃净，非吾愿也；如今所愿，化度众生。如何在莲花中十劫受乐，未若三途处苦救济也。”我以为这多少会给法朗的弟子吉藏以影响。

法朗意气甚豪，前面已经提到过，《续高僧传》卷七云：“往哲所未谈，后进所损略，朗皆指摘义理，征发词致，故能言气挺畅，清穆易晓。”可见法朗实在是一位是非分明，敢作敢为的大德。三论义理，得他的阐扬而盛行大江南北，严重地打击了《成实论》的学说，也为天台宗的弘传创造了条件，英气勃勃的吉藏从他参学，真可以说“得所依止”了。

吉藏大师俗姓安，本安息国人，祖上因避仇迁入我国的广东南部，后又迁来金陵。他的父亲是一位虔诚的佛教信徒，在他很小的时候就引见真谛三藏，蒙赐以“吉藏”的名字。后来他的父亲出了家，也就送他依法朗落发，年仅七岁，时为梁敬帝绍泰元年（公元555年）。《续高僧传》卷十一云：“采涉玄猷，日新幽致，凡所咨禀，妙达指归，论难所标，独高伦次，词吐瞻逸，弘裕多奇”，则吉藏大师也是一个天分很高，文采丰富的人物。隋灭陈，法朗圆寂，吉藏大概三十二岁，就到浙江会稽的嘉祥寺去住，继续法朗的遗志，在那里弘扬三论十五年，因此称嘉祥大师。但吉藏的开展弘法事业，还是在开皇十七年以后，也就是受了天台宗的影响以后。《僧传》又云：

开皇末岁，炀帝晋蕃，置四道场，国司供给。以藏名解著功，召入慧日，礼事丰华，优赏伦异。王又于京师置日严寺，别教延藏往彼居之，欲使道振中原，行高帝壤。

按隋炀帝是智者的菩萨戒弟子，在智者圆寂之后，如此礼重吉藏，其中是否有天台宗的关系，则不得而知。但吉藏在长安开始讲经，的确是讲的《法华经》，并且引起过争论。由于他的学识广博，口才流利，折服了许多有名的学者，“芳誉更举，顿爽由来。”隋亡，自处卑室，竭诚礼忏，又别置普贤菩萨像，躬对坐禅，观实相理，这可能又与天台宗的作风有关。唐高祖武德初年，置十大德管理佛教教务，吉藏大师是其中的一位。但年事已高，积劳成疾，不久便于唐高祖武德六年（公元623年）圆寂，年七十五。临终制《死不怖论》，俨然有慧布的遒劲之风。

四

一般人谈到分宗判教，往往把天台等宗的说法和《解深密经·无自性相品》的三时教相提并论，我以为是不妥当的。因为《解深密经》所说的有教、空教和中道教，是就印度佛教发展的历史说的，而天台宗的藏、通、别、圆四教是就观行上说的。这有什么理由呢？第一、我国佛教到了智者、吉藏的时代，小乘部派和大乘空有两宗的典籍，虽然不全，差不多都有了，理论的差别，史实的出入，在露出矛盾，想把它会通的人就有分宗判教的说法。智者之前的许多议论，如虎丘笈法师的三时教、光统律师的四宗、耆阇寺凛法师的六宗等等，大都支离牵强，不能解决问题。第二、天台宗判摄的五时八教之中，最重要的当然是化法四教，藏、通、别、圆，描绘了思维进展的过程。也说明了理解佛教的先后次第。至于每一教下面附属的经典，不过作为一种理论的代表，并不是说每一部经就只能属于每一教，而不能通于其他的教。所以五时（华严时、阿含时、方等时、般若时、法华涅槃时）的说法，不过是配合化法四教的一种安排，不能胶柱鼓瑟，钻牛角尖。这就把教理上存在着的矛盾问题合理地解决了，同时又指出修学或观行的路线和方向，我以为这是智者大师对于我国佛教的重大贡献。三论宗的二藏说（声闻藏、菩萨藏）和三轮说（根本法轮、枝末法轮、摄末归本法轮）都过于粗略，并没有解决问题。

《般若经》所谈的空，大家知道是诸法的实性或实相。既然是诸法的实性或实相，它和诸法究竟发生什么关系呢？例如有人问“万法归一，一归何处？”就是在追寻法与法的关系。这在《般若经》和《大智度论》上讲得已经很多，但还有进一步加以发挥的可能。天台圆教，就是着重在讲清楚这个问题。如《法华玄义》云：

《释论》云，何等是实相？谓菩萨入于一相知无量相，知无量相又入一相。二乘但入一相不能知无量相，别教虽入一相又入无量相不能更入一相，利根菩萨（按即圆教菩萨）即空故入一相，即假故知无量相，即中故更入一相。如此菩萨深求智度大海，一心即三，即真实相体也。……生死苦谛不可思议，即空即假即中，即空故方便净，即假故圆净，即中故性净，三净一心得名大涅槃。《净名》曰，一切众生即大涅槃，故名不可思议四谛也，不可复灭。此即生死之苦谛，是无作之灭，亦是集道也。烦恼集谛不可思议，即空即假即中，即空故一切智，即假故道种智，即中故一切种智，三智一心中得名大般若。《净名》曰，一切众生即菩提相，不可复得。此即烦恼之集而是无作道谛，亦是苦灭。故名不思议一实四谛也。

此外“百界千如”、“一念三千”的说法，也从这里开展出来，构成一套巧妙的玄学。法与法性的关系问题，经过智者大师的发挥，真是淋漓尽致，巧不可阶。世与出世之间、生死与涅槃之间、烦恼与菩提之间，几乎泯除了界限。有人说这是受了我国传统思想影响的关系，其实是般若思想必然会发展到达的一个阶段，所以印度后期佛教并未受过我国传统思想的影响而发展成为密宗，天台宗传入日本之后也和密宗结合起来而成为台密。三论宗的四重二谛，也是说明法性的关系，但没有天台宗的波澜壮阔。

以止观结合圆教，这是天台宗的创造，如《摩诃止观》云：

圆顿止观相者，以止缘于谛则一谛而三谛，以谛系于止则一止而三止，所止之法虽一而三，能止之心虽三而一。以观观于境则一境而三境，以境发于观则一观而三观，观三即一，发一即三，不可思议。不权不实、不优不劣、不前不后、不并不别、不大不小。故《中论》云，因缘所生法，即空即假即中。一中论三，三中论一，若见此意即解圆顿教止观相也。

但天台宗虽讲圆顿止观，而并不废弃渐次和不定两种止观，智者自己还亲笔写出《六妙门》和《小止观》，并且常行法华三昧，所以从之者如市。三论宗在这方面是不具足的。

智者大师是我国佛教史上的龙象，他所组成的天台宗教理，的确有其特色。他解决当时佛教界存在着的问题，既能满足一般人的宗教要求，也和我国的传统精神并行不悖，所以他能够得到当时佛教界普遍的崇拜信仰而代替了三论宗。三论宗在唐代以后就湮没不彰，这是最重要的原因。

（原载《现代佛学》1955 年 4 月号，署名鉴安）

华严宗的传承及其他

一

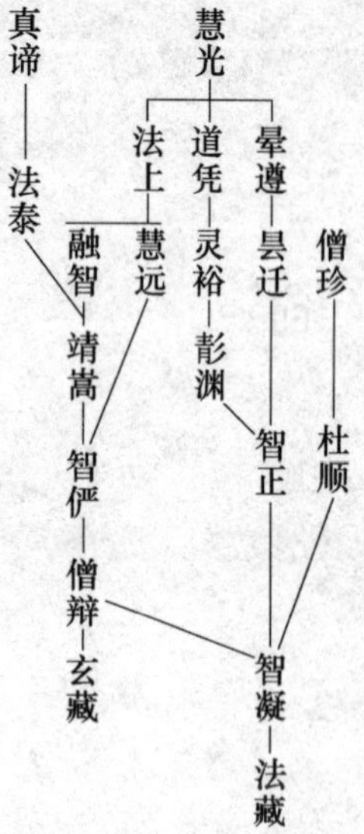

关于华严宗的传承。通常以杜顺为初祖，智俨为二祖，法藏为三祖，但稽考史实，并非确论。兹先把它的真实的传承列表如右，然后加以说明：

慧光是跋陀禅师的弟子，又于元魏宣武帝永平年间（公元508年至511年）参加勒那摩提翻译《十地经论》的译场。《续高僧传》卷二十一本传云："以素习方言，通其两诤。取舍由悟，纲领在焉。自此《地论》流传，命章开释。"可见慧光是最初弘扬《十地经论》的大师，所以后来称他为地论宗的"元匠"。又《华严经传记》卷二云："后更听《华严》，深悟精致，研微积虑，亟涉炎凉。既而探赜索隐，妙尽隅奥，乃当元匠，恒亲讲授。光以为正教之本莫过斯典，凡有敷扬，备申恭肃。每讲必中表洁净，至于听众亦同之。履屐并脱之阶外，各严香华，颙颙合掌，敬法之勤，千岁罕俦矣。有疏四卷，立顿、渐、圆三教，以判群典。以《华严》为圆教，自其始也。"则慧光实在又是华严宗的导源者。

大家知道，《十地经论》是《华严经》第六会中《十地品》的释论，慧光身兼两宗"元匠"，乃是十分自然的事情，而自从他提倡《华严经》之后，一时研究《华严》的风气骤然兴盛起来。如慧光的弟子昙遵著《华严疏》七卷，昙遵的弟子昙迁也精研《华严》，作《明难品玄解》，传弟子智正。又如慧光的再传弟子灵裕，名重当时，隋文帝曾下诏迎请，拟立为国统，对于"《华严》一部，弥深留心"，著有《华严经疏》及《旨归》共九卷，裕传终南山至相寺彭渊，智正从昙迁至长安后，又从彭渊研究二十八年，智正传智俨，大概都没有离开至相寺，因此后来都以至相称呼他们。又法上是慧光的上座弟子，在魏、齐两代历为统师，所部寺院四万余所、僧尼二百余万而常讲《十地论》。他的弟子慧远是隋文帝开皇七年敕召六大德之一，也常讲《十地论》，又作《华严疏》七卷。远传智凝，经过僧辩而传于智俨，结成华严宗的胚胎。所以从传承上看，华严宗的学说，主要是发源于地论宗。

真谛三藏是摄论宗的开山祖师，一生坷坎不遇，而没后得弟子法泰、智恺、道尼等的弘扬，摄论宗义，盛传南北。慧光的三传弟子靖嵩曾从法泰问学数年，精融《摄论》、《俱舍论》，对于《佛性》、《中边》、《无相》、《唯识》、《异执》等四十余部论，也都能总其纲要，撰《摄论疏》六卷、《杂心疏》五卷和九识、三藏、三聚戒、三生死等玄义。又慧光的再传弟子昙迁晚年专弘《摄论》，在长安开讲的时候，上面提到的慧远也去听讲，可见其影响之大，撰有《摄论疏》十卷。这许多摄论宗的义理，经过智正和僧辩的传承，也就汇归于智俨。

至于杜顺和智俨的关系，《华严经传记》卷三云："释智俨，姓赵氏，天水人也，父景……年十二，有神僧杜顺无何而辄入其舍，抚俨顶谓景曰，此我儿，可还我来。父母知其有道，欣然不吝，顺即以俨付上足达法师，令其顺诲，晓夜诵持，曾无再问。"这里所说的"曾无再问"是实在的，因为智俨从杜顺出家之后，在常法师处听《摄大乘论》，在辩法师处听《四分》、《迦延》、《毗昙》、《成实》、《十地》、《地持》、《涅槃》等经论，在琳法师处广学征心，索隐探微，并没有从杜顺学什么。他从智正听了《华严经》，"虽阅旧闻，常怀新致，炎凉亟改，未革所疑，遂遍览藏经、讨寻众释，传光统律师（即慧光）文疏，稍开殊轸，谓别教一乘无尽缘起，欣然赏会，粗知眉目"，可知启发智俨的，确实是慧光一系的学说，而非杜顺。《续高僧传》卷二十五，列杜顺于感通类，提到智俨，也只简单地说："弟子智俨，名贯至相，幼年奉敬，雅遵余度。"引申"幼年奉敬"一语，可能含有长大以后就没有跟随杜顺的意思，而"雅遵余度"的话，也可以从《华严经传记》卷四《樊玄智传》上得到解答。《樊传》云：

> 樊玄智，泾州人也。……年十六舍家于京师城南，投神僧杜顺禅师习诸胜行。顺即令读诵《华严》为业，劝依此经修普贤行。又服膺至相寺整法师（按即智正），入终南山温习斯典，遂得一部周毕。

大概杜顺以《华严》修禅观，所以注重读诵，杜顺度智俨出了家，叫他的上足弟达法师教导智俨"晓夜诵持"的可能也是《华严经》。但樊玄智要进而了解《华严经》的全部义理，还是去请教至相寺的智正，这更可以证明杜顺是专修禅定的禅师，以神通妙用见重于时，不像南岳慧思一样也是留心教理的人，否则法藏自己编集的《华严经传记》上，为什么不提到法界观的传承呢？有人说，崔致远的《法藏和尚传》上有这么几句："至相俨和尚每嗟大教，久阻中兴，会驱光统椎轮，益仰圣尊大路。"所谓"圣尊"，系指杜顺而言，"大路"可能就是说的法界观。但"大路"两字非常含浑，作为"读诵《华严》，修普贤行"解释亦未始不可。所以《宋高僧传》卷五所谓："杜顺传华严法界观与弟子智俨，讲授此晋译之本，智俨付藏"的说法，是法藏以后兴起的一种传说，可以存疑，不能据为定论。

二

智俨生于隋文帝仁寿二年（公元602年），卒于唐高宗总章元年（公元668年），其时智𫖮、灌顶先后逝世，继承天台宗的法华智威、天宫慧威，如《天台九祖传》所说，或以辞藻见称，或"乐静居山，罕交人事"，对于天台宗义似乎并没有什么发挥。又玄奘法师译事方毕，法相唯识的义理犹有待于阐扬，同时慧能六祖尚未出家，禅宗的门庭还没有正式建立起来，所以智俨的著作，如《大方广佛华严经搜玄分齐通智方轨》、《华严孔目章》、《华严五十要问答》、《华严一乘十玄门》等，虽然已经构成了《华严经》的骨架，而并未能旁征博引，应机取舍。如《大方广佛华严经搜玄分齐通智方轨》卷一上云："一化始终，教门有三：一曰渐教，二曰顿教，三曰圆教……此经即顿及圆二教摄"，似乎还没有跳出慧光的窠臼。《华严经传记》说智俨二十七岁就写好了《搜玄记》，怕有错误，"七宵行道，祈请是非，爰梦神童，深蒙印可，而栖皇草泽，不兢当代，及乎暮齿，方屈弘宣。"可见他是一个小心谨慎的人，扩张门庭的事业，当然只有待于大气磅礴的法藏了。

法藏即贤首国师，本西域康居国人，故又称康藏法师。据崔致远撰《法藏和尚传》所说，他十六岁的时候在岐州法门寺阿育王舍利塔的前面炼过一指，十七岁又入终南山学道家的服食法，吃过几年白术，同时也阅读大乘经典。后以亲病出山，刚巧智俨在长安云华寺讲《华严经》，参听之下，非常佩服，以为"真吾师也"，智俨对他也非常赏识。那时他大概二十二三岁，尚未出家。其后三四年，智俨圆寂，临终，指着法藏嘱托道成、薄尘二大德道："此贤者注想于华严，盖无师自悟，绍隆遗法，其惟是人。幸假余光，俾沾剃度。"又二年，武则天为荣国夫人的逝世树福度僧，法藏得到皇帝的批准落发，时年二十八岁（唐高宗咸亨元年，公元670年），自此以后，就经常在宫庭内讲经。调露年间（公元679年）因为他"本资西胤，雅善梵言，生寓东华，精详汉字，"与中天竺三藏地婆诃罗校对《华严经》的梵本，继奉帝命与成、尘基师等译补缺文，复礼润文，慧智度语。武后证圣元年（公元695年）实叉难陀新译八十卷《华严经》，法藏笔受，复礼缀文，梵僧战陀、提婆二人译语，又有义净、圆测、弘景、神英、法宝等审复证义。久视年间（公元700年）助实叉难陀译《大乘入楞伽经》。后又与地婆诃罗同译《密严经》等。中宗神龙元年（公元705）张柬之作乱，法藏"内弘法力，外赞皇猷"，事定之后，得到三品的奖赏。继奉诏于林光殿与实叉难陀共译《大宝积经·文殊师利授记会》。睿宗先天元年（公元712年）圆寂，赠鸿胪卿，赙绢一千二百匹，在当时是一种特殊的光荣。

从法藏所处的时代和他一生的遭遇看来，可以说是非常幸运的。例如同他一起翻译经典的圆测、法宝都是奘师门下的法将；义净是精通汉、梵佛学的大师；复礼也是博通内外，名重当时的人物；加以禅宗的南能、北秀分别弘传，我国佛教已经达到了全盛的高潮。在这时候需要一位有大手眼的人出来总揽众流，取长舍短，融结为一种新的理境，把佛教更向前推进一步。法藏的条件十分优越，他自己似乎也有这个企图，如《法藏和尚传》云：

藏也蓄锐俟时，解纷为念。既遇日照三藏（即地婆诃罗），乃问西域古德，其或判一代圣教之升降乎？答曰，近代天竺有二大论师，一名戒贤，二称智光。贤则远承慈氏、无著，近踵护法、难陀，立法相宗。光即远体曼殊、龙树，近禀青目、清辩，立法性宗。由是《华梵》两融，色空双泯，风除惑霭，日释疑冰，具如《探玄》所译。……以梁陈间有慧文禅师，学龙树法授衡岳思，思传智颤，颤付灌顶，三叶腾芳，宛若前朝佛澄、安、远。说通判四教之归，圆悟显一乘之极。藏以寝处定慧，异代同心，随决教宗，加顿为五。……或开或合，有别有同，融正觉之圆心，变方来之邪见，永标龟镜，实淬牛刀。

法藏著作现存者约共二十余种，而以《华严经探玄记》、《华严一乘教义分齐章》等为最重要，在判教、分宗、无尽缘起等方面都有了楷正的说法，比智俨的学说当然进了一步。可是他的上足弟子慧苑在《华严经刊定记》里批评判立五教的不当道：

若言以教离言故与理不别者，终、圆二教岂不离言？若许离言，终应名顿，何有五教。若谓虽说离言不碍言说者，终、圆二教亦应名顿，以皆离言不碍言故。

慧苑的大胆批评，被后来的华严宗师戴上了"不肖"的帽子，以至于排斥在华严宗的传承之外。这里面是有一些问题的，但无关紧要，现在不谈。

三

《宋高僧传》卷五《法藏本传》云："属奘师译经，始预其间。后因《华严》证义润文，见识不同而出译场。"这完全是无稽之谈。因为奘师圆寂于唐高宗麟德元年二月（公元664年），法藏年仅二十二岁，照崔致远《法藏和尚传》"年甫十七……于太白山（即终南山）饵术数年"的说法，可能还在终南山，即使已经到了长安，而刚从智俨听了一点《华严经》的道理，并且还没有出家，决无参加奘师译场笔受、证义、润文之理。但为什么会有这个讹传的呢？我以为牵涉到中国佛教史上的一个重要问题——无尽缘起说或法界缘起说在我国佛教界所发生的作用的问题，现分为五层说明如下：

一、佛教缘起性空的道理是颠扑不破的，但接着有一个问题必须加以解决，就是性空之理与缘起之理是一还是二？如果说是两个，则像牛的两角一样，彼此并无多大关系；反之，如果说成一个，则缘起和性空两个概念就没有区别了。事实上，普遍的抽象的性空之理，可以从每一具体的事物上去理解它，而并不局限于每一具体的事物之内，说成截然不同的"二"和完全一致的"一"，都是有毛病的，因此经论上都用"不一不二"或"非一非异"的术语来说明这种关系。如《大智度论》卷九十云："众生、实际，一异亦不可得。若是一，则坏实际相。所以者何？得是一性故。菩萨知是二法不一不二。"又《成唯识论》卷九云："此圆成实与彼依他起非异非不异。异，应真如非彼实性；不异，此性应是无常。"可见在理事或法性与法的关系这个问题上，性、相两宗的说法都是一致的。

二、法与法性的关系，既然是"不一不二"的，那么法性对于法究竟有什么作用呢？《中论》云："以有空法故，一切法得成。"《维摩经》云："依无住本立一切法。"《大般若经》卷五六九云："诸法虽生，真如不动。真如虽生诸法而真如不生。"经论上这样说法，并不是把真如法性当作"上帝"或"太极"一样能够创造或生长天地万物，而是说明天地万物都不能离开真如法性、都具足真如法性的意思。例如"甜"这一概念是从尝了各种各样的糖才知道的，因此说它是糖的性质。糖的种类和形状虽然千差万别，而甜性是一致的、普遍的。糖如不甜就不成其为糖，所以才说是糖，就必定具有甜的性质；法性对于法的作用亦然。《大智度论》卷三十二又有："实际与无明合故变异则不清净"的说法，似乎更为突出。我国佛教界自古以来就自诩为大乘根器，在这一问题上的议论也最多，三论宗的二谛观、天台宗的圆融三谛等等都是从这里推阐出去的。从这里推阐出去，可以打破真俗、理事以及生死涅槃、烦恼菩提的执著而发菩提心，行菩萨道，这是它所发生的良好作用。但流弊所及，有时光是玩弄玄学论调，反把临济禅师所谓“无多仔”的本来非常简单明白的佛法，说得云里雾里，莫明其妙而妨碍辨别是非和正确的观行。

三、打破了真俗、理事的执著之后又将如何行动呢？这是一个非常具体的问题，印度佛教发展到无著、世亲的时代才得到明确的解决，那就是“无住涅槃”。《成唯识论》卷十云：“真如出所知障，大悲般若常所辅翼，由斯不住生死涅槃，利乐有情，穷未来际。用而常寂，故名涅槃”。这是“无住涅槃”的定义，表现在行动上还有其非常丰富的内容，如《瑜伽师地论》卷三十六《真实义品》云：

诸菩萨乘御如是无戏论理（按即不住生死不住涅槃的道理），获得如是众多胜利，为自成熟诸佛法故，为成熟他三乘法故，修行正行。彼于如是修正行时，于自身财远离贪爱，……不侵恼他，又能勤修一切明处令其善巧，为断众生一切疑难，为惠众生诸饶益事……为欲除遣精勤修学一切善巧所生劳倦。又性黠慧成极真智，为极真智常勤修学。……于具功德诸有情所，常乐现前供养恭敬，于具过失诸有情所，常乐现前发起最胜悲心愍心，随能随力令彼断除所有过失……

从无住涅槃的定义和内容上看，都充满着非常积极的精神，因此也就不会拘泥形式或小节。玄奘法师一生精进勇猛、坚苦卓绝的风范是符合于无住涅槃的原则的，同时从《宋高僧传》卷四的《窥基传》和《元晓传》看来，他的门庭非常开阔，可能没有什么拘闲。相传提倡戒律的道宣很不以窥基的行为为然，又有“三车和尚”之说；元晓更是“示迹乖疏”，不拘常度的人。或者在当时有一部分人士不满意于玄奘法师的作风，加以慈恩宗的学说博大谨严，极力避免空疏的玄学滥调，和我国佛教界传统的好尚不同，因此造出法藏和奘师闹意见的故事来。

四、无尽缘起或法界缘起是华严宗的中心思想，法藏所楷定的四法界、十玄门等等，在说明性法对于法的作用上有其卓越的贡献。他在《华严问答》一书中解释性起缘起的意义道：“其无缘起即无性起，无性起即不成缘起。然即其缘起离相顺体故为性起，即是性起随缘故为缘起。虽无二体，二义不相是也。”和“不一不二”的道理并不违背。又解释《起信论》的真如无明互熏道：“谓真如平等义，无明迷自义，非真如无无明，非无明无真如，是故互熏也。此义即显事理明暗相即相融义入无分别理也。”也和上面所引《大般若经》、《大智度论》的教理相符，不能说他所楷定的华严宗义越出了般若的范围。可是他不注意上面所说的“非常具体的问题”，排斥慈恩宗义于圆教之外，认为“不摄华严法门”（见《华严一乘教义分齐章》卷一），这就成为后来捏造法藏退出奘师译场的传说的根据。

五、无尽缘起或法界缘起是般若思想发展的极致，在法藏之前有其一系列的发展过程，这在上面的几篇史话之中已经叙述过了，在法藏之后依旧停留在这个思想体系上面，而没有能够再向前推进一步和菩萨行结合起来。停留就是退步，再加上脱离了饶益有情的实践，自然不免于空洞；空洞是不能满足广大信徒的宗教要求的，所以中国佛教经过会昌法难和理学家的攻击之后，就趋向于调和三教与崇拜他力，致使佛教“每况愈下”。说到这里，我个人认为法藏大气磅礴，从法与法性的关系上，构画出一套如吕秋逸居士所说的“精致的图式”，确实有其不可磨灭的功绩，但他没有尽量利用印度佛教最精深的资料融结成为一种行解圆融的典范，以表达佛菩萨广大的智慧和庄严的行愿，则是他的缺点。这或者也是受了时代限制的关系，我们不能求全责备。法藏与奘师闹意见的讹传，实际说明了我国佛教发展的特点和衰落的基本原因，虽然是佛教史上的一段旧公案，还是值得我们现在加以注意的。

（原载《现代佛学》1955年7月号，署名鉴安）

宗门文献目录

宗门者，第一义之玄门也，为一切诸法作洲渚舍宅，故称曰宗门，是教内之精髓，非别传于教外。

对读教而滞名著相，不了玄义者说别有传授，落草之谈，盖为慈悲之故，未可以作宾说会。机用活泼，神化无方，故为此土豪杰所归。大鉴而后，踏杀一切，千余年来之佛教史，亦即宗门史也。其流经宋、明两代而开为理学，因理学传入欧西而助成唯理主义（Ratonalism）之发展，演为今日之文明。宗门与世界文化关系之大，有如此者。宗门本不重师承，而因说为别传之故，不得不有所援证，争执伪妄亦自此而起。惠矩、契嵩与昙曜争，神会与普寂争，临济宗与曹洞宗争，入主出奴，各立门户，且有因而涉讼者。(《碧血录》周靖跋云："血性丈夫四字，费隐容和尚所书。先君子鼎革后潜心二氏之学，归依费老人。时有《五灯严统》讼事"）末流所趋，复有张商英之传法称相公禅（见叶石林《避暑录》），某禅僧之纳贿开堂（出处待检），及今而仅存模样，皆足为旁观者之口舌，启其源流混杂之疑，是故有中国禅、印度禅之说。而《雍正御选语录》中，对于德山、妙喜、高峰诸大德，皆有不足之词。前贤遗著之中，亦实有短长可议，则欲置之不问，不可得矣。

余夙有志于是，拟作宗门源流考详论之。范围过大，问题过多，迄未敢轻易落笔。爰述其所欲根据之材料于次，以就正于博识之君子。倘亦有同声相应者乎？所欲根据之材料，除经论及《高僧传》等外，约分四类述之：一、宗门文献目录；二、历代山寺志目录；三、历代高僧碑铭目录；四、历代寺院碑记目录。其间颇有名存实亡，及实存而余犹未见者。乖缪缺漏之处，知不能免，流亡载道，无可求书，增补校正之图，惟有待于将来耳。

宗门文献目录分为：甲、语录全集类；乙、灯录颂古类；丙、专著笔记类；丁、警策清规类；戊、传记语录类；共五类。

参考之书有：《大正新修大藏经》（下简称"大"），《弘教书院缩刷大藏经》（缩），《卍字续藏经》（续），《径山方册大藏经续又续目录》（径），《龙藏》（龙），《四库全书总目》（四），《影印宋碛砂藏经》（碛），《百黄檗载》（黄），《新唐书·艺文志》（新），《宋史·艺文志》（宋），《五代史·艺文志》（五），《元史·艺文志》（元），

《明史·艺文志》（明），《清史稿·艺文志》（清），《崇文总目》（崇），《国史经籍志》（国）。其有未识出处者，概为各地单行之本，昔时随手抄录，未详所自，今亦无可补叙，不忍削去，故亦存之。诸家书录，记释氏书颇多讹误，拟作《诸家书录释氏书目校勘记》论之，兹不能详。

甲、语录全集类

书名	卷数	作者	出处
南宗顿教最上乘摩诃般若波罗蜜经六祖惠能大师于韶州大梵寺施法坛经	一卷，	唐，法海集	大，宋，崇

（巨赞按：《宋志·崇文总目》仅皆有“坛经”二字，又另著录法海撰《六祖法宝记》一种，疑即《六祖大师事略》，故入传记语录类。）

书名	卷数	作者	出处
六祖大师法宝坛经	一卷，	元　宗宝编	大，龙，径，缩，黄，国
黄檗山断际禅师传心法要	一卷，	唐　裴休集	大，续，径，缩，黄，新，宋，国
黄檗断际禅师宛录	一卷，	唐　裴休集	大，续，缩，国
黄檗禅师语录	一卷		国
镇州临济慧照禅师语录	一卷，	唐　慧然集	大，国
瑞州洞山良价禅师语录	一卷，	明　语风圆信郭凝之编	大，续，国
筠州洞山悟本禅师语录	一卷，	日本　慧印校	大，续
抚州曹山元证禅师语录	一卷，	日本　慧仰校	大，续
抚州曹山本寂禅师语录	二卷，	日本　玄契编	大
云门匡真禅师广录	三卷，	宋　守坚集	大，国
潭州沩山灵祐禅师语录	一卷，	明　语风圆信郭凝之编	大，续
金陵清凉院文益禅师语录	一卷，	明　语风圆信郭凝之编	大，续，宋，国，崇
法眼前后录	六卷，	元　则等编	宋
汾阳无德禅师语录	三卷，	宋　楚圆集	
又云汾阳善昭禅师语录（《国史经籍志》作一卷）云，			续，国
黄龙慧南禅师语录	一卷，	宋　惠泉集　又云普贤禅师语录	大，续
黄龙慧南禅师语录续补	一卷，	日本　东晙辑	大，续
杨岐方会和尚语录	一卷，	宋　仁勇等编	大，国
杨岐方会和尚后录	一卷		大，续

法演禅师语录	三卷，宋　才良编	大
明觉禅师语录	六卷，宋　惟盖等编	大，龙，径，缩，黄，国
圆悟佛果禅师语录	二十卷，宋　绍隆等编 (《国史经籍志》作十七卷)	大，龙，径，缩，黄，国
大慧普觉禅师语录	三十卷，宋　蕴闻编	大，径，缩，黄
宗杲语录	五卷，黄文昌编	宋，国
虚堂和尚语录	十卷，宋　妙源编	大，续
宏智禅师广录 　天童正觉禅师广录	九卷，宋　侍者宗法等编	大，续
如净和尚语录	二卷，宋　文素编	大，续
天童山景德寺如净禅师续语录	一卷，宋　义远编	大，续
古尊宿语录	四十八卷，宋　赜藏主集	续，径，缩，黄
续古尊宿语要	六卷，宋　师明集	续
四家语录	六卷，收马祖、百丈、黄檗、临济四家语录	续
五家语录 　又云五宗录（收临济沩仰曹洞云门五家录）	五卷，明　圆信郭凝之编集	续，径
马祖道一禅师广录	一卷	续，国
百丈怀海禅师语录	一卷	续，国
百丈怀海禅师广录	一卷	续，宋
曹山本寂禅师语录	一卷，明　圆信郭凝之编集	续
雪峰义存禅师语录 　又云真觉大师语录	二卷，明　林弘衍编次	续，直，国
善慧大士语录 　又云傅大士录	四卷，唐　楼颖录	续，宋，国，崇

（巨赞按：《宋志·国史经籍志·崇文总目》皆作傅大士心王传语。）

庞居士语录	三卷，唐　于頔编集	续，新，宋，国

（巨赞按：《新唐志》作庞蕴诗偈三卷，三百余篇，宋志作一卷。）

石霜楚圆禅师语录 　又云慈明和尚五会语录	一卷，小师慧南重编	续，国
黄龙四家录	四卷，收慧南祖心悟新慧方四家录	续
宝觉祖心禅师语录	一卷，侍者子和录，门人仲介	

又云晦堂和尚语录		续
死心悟新禅师语录	一卷	续
超宗慧方禅师语录	一卷	续
雪峰慧空禅师语录	一卷，嗣法慧弼编	续，国
又云东山和尚语录		
长灵守卓禅师语录	一卷，嗣法介谌编	续
白云守端禅师语录	二卷（《国史经籍志》作一卷）	续，径，国
开福显宁禅师语录	二卷，嗣法月庵善果编	续
月林师观禅师语录	一卷，侍者法宝等编	续
无门慧开禅师语录	三卷，侍者普敬等编	续
龙门清远禅师语录	八卷，嗣法善悟编	
又云佛眼禅师语录		续，国
虎丘绍隆禅师语录	一卷，参学嗣端等编	续，径
应庵昙华禅师语录	十卷，嗣法守诠等编	续，径
西山□亮禅师语录	一卷，侍者觉心、志清编	续
率庵梵琮禅师语录	一卷，小师了见、侍者文郁、本空编	续
北硇居简禅师语录	一卷，参学大观编	续，国
偃溪广闻禅师语录	二卷，侍者门人元清等编	
又云佛智禅师语录		续
大川普济禅师语录	一卷，门人元恺编	续
淮海云肇禅师语录	一卷，门人侍者宝仁等编	续
介石智朋禅师语录	一卷，参学侍者正贤等编	续
无文道燦禅师语录	一卷，小师惟康编	续
密庵咸杰禅师语录	二卷，参学小师崇岳、了悟等编	续，大，径
龙源介清禅师语录	一卷，侍者士洵、德高等编	
又云佛海性空禅师语录		续
曹源道生禅师语录	一卷，侍者道冲编	续
痴绝道冲禅师语录	二卷，嗣法门智沂编	续
松源崇岳禅师语录	二卷，参学善门等录	续
无明慧性禅师语录	一卷，侍者妙俨等编	续
运庵普岩禅师语录	一卷，侍者元靖等编	续

破庵祖先禅师语录	一卷，参学圆照等编	续
无准和尚奏对语录	一卷，侍者了南、了垠编	续
绝岸可湘禅师语录	一卷，嗣法门人妙恩等编	续
樵隐悟逸禅师语录	二卷，侍者正定编	续
石田法薰禅师语录	四卷，门人了觉师垣等	续
剑关子益禅师语录	一卷，侍者善珙等编	续
环溪惟一禅师语录	二卷，参学觉此编	续
希叟绍昙禅师语录	一卷，侍者自悟等编	续
希叟绍昙禅师广录	七卷，侍者法澄等编	续
西岩了慧禅师语录	二卷，门人侍者修义等编	续
月硐禅师语录	二卷，嗣法妙寅侍者法严等编	续
平石如砥禅师语录	一卷，嗣法门人文才等编	续
断桥妙伦禅师语录	二卷，侍者文宝、善靖编	续，径
方山文宝禅师语录	一卷，嗣法孙先睹、祖灯等录，机云编	续，径
无见先睹禅师语录	二卷，嗣法门人智度等编	
又云妙明真觉禅师语录		续，径
雪岩祖钦禅师语录	四卷，嗣法门人昭希陵等集	
又云慧明禅师语录		续，径
海印昭如禅师语录	一卷，门人行纯等集	
又云普照大禅师语录		续
石屋清珙禅师语录	二卷，参学门人至柔等编	
又云佛慈慧照禅师语录		续，径，元
高峰原妙禅师语录	一卷，参学门人编	续，径
高峰原妙禅师录要	一卷，侍者参学持正录，洪乔祖编	续
天目明本禅师杂录	三卷	续
天如惟则禅师语录	九卷，（《国史经籍志》作四卷）小师善遇编	续
又云佛心普济文慧大辩禅师语录		
兀庵普宁禅师语录	三卷，侍者净韵等编	
又云宗觉禅师语录		续
石溪心月禅师语录	三卷，侍者住显等编	
又云传衣石溪佛海禅师语录		续

石溪心月禅师杂录	一卷	续
虚舟普度禅师语录	一卷，嗣法门人净伏等编	续，径
月江正印禅师语录	三卷，门人居简妙心等编	续
昙芳守忠禅师语录	二卷，嗣法继祖等编	
又云大中大夫佛海普印广慈圆悟大禅师语录		续
横川行珙禅师语录	二卷，门人本光等编	续
古林清茂禅师语录	五卷，小师元浩清欲应槐编	续
又云扶宗普觉佛觉佛性禅师录		
了庵清欲禅师语录	九卷，参学一志、元皓等编	
又云慈云普济禅师语录		续，径
穆庵文康禅师语录	一卷，嗣法参学清逸、智辩等编	续
恕中无愠禅师语录	六卷，嗣法学参宗黼道萓等编	
又云空室和尚语录		续，径，元
了堂惟一禅师语录	四卷，门人宗义等编	续
呆庵普庄禅师语录	八卷，门人慧启等编	
又云敬中和尚语录		续，径
元叟行端禅师语录	八卷，门人法林等编	
又云慧文正辩佛日普照禅师语录		续，径，龙，元
楚石梵琦禅师语录	二十卷，门人祖光等编	
又云佛日普照慧辩禅师语录		续，径，龙，明，国
愚庵智及禅师语录	十卷，门人观通等编	续，径
又云明辩正宗广慧禅师语录		
南石文琇禅师语录	四卷，门人宗谧等编	续，径
投子义青禅师语录	二卷，传法自觉重编	
又云妙续大师语录		续，国
投子义青禅师语录	一卷，嗣法道楷编	续
丹霞子淳禅师语录	二卷，嗣法小师庆预校勘	续
真歇清了禅师语录	二卷，侍者德初等编	
又云悟空禅师语录		续
净慈慧晖禅师语录	六卷，弟子明聪等编	
又云自得禅师语录		续

云外云岫禅师语录	一卷，小师士惨编	续，径
无明慧经禅师语录	四卷，嗣法元贤重编	续
晦台元镜禅师语录	一卷，嗣法道盛集	续，径
见如元谧禅师语录	一卷，门人道璞集	续，径
博山无异大师语录集要	六卷，首座成正录	续
为霖道霈禅师秉拂语录	二卷，书记太靖录	续
为霖道霈禅师餐香录	二卷又作八卷，书记太泉录	续
为霖道霈禅师还山录	四卷，侍者兴灯等录	续
为霖禅师云山法会录	一卷又作三卷，弟子谢大材、潘道靖、黄大广录	续
宗贤道独禅师语录	六卷，法孙今释重编	续，龙，径
湛然圆澄禅师语录	八卷，门人明凡录，祁骏佳编	续，径
玄沙师备禅师广录	三卷，参学智严集	
又云宗一大师广录		续
玄沙师备禅师语录	三卷，明林弘衍编次	续
荐福承古禅师语录	一卷，门人文智编	续
法昌倚遇禅师语录	一卷，小师宗密编	续
吴山净端禅师语录	二卷，法孙师皎重编	
又云安闲和尚语录		续
慧林宗本禅师别录	一卷，嗣法慧辩录	续
慈受怀深禅师广录	四卷，侍者善清等编	续
云谷和尚语录	二卷，参学宗敬等编	续
诸方门人参问语录	一卷	续
祇图正仪	一卷，宋　道楷撰	续
善权位天一悦禅师语录		径
善一禅师语录		径
山西柏山楷禅师语录		径
予雍如禅师语录		径
华严起珍宗禅师语录		径
沩山古梅冽禅师语录		径
性空何一禅师语录		径
滦州万善晖洲和尚语录	侍者性空、寂宝	径

香岩洗心水禅师语录	径
正觉润光泽禅师澡雪集	径
白云象林真禅师语录	径
通天澹崖原禅师语录	径
通天逸叟高禅师语录	径
频吉禅师语录	径
元洁莹禅师语录	径
侣严禅师语录	径
敏树赤松禅师语录	径
灵机祖亮禅师语录	径
梅溪度禅师语录	径
灵隐文禅师语录	径
别庵禅师语录	径
卓峰禅师语录	径
玉眉禅师语绿	径
大笑禅师语录	径
童真禅师语录	径
乔松禅师语录	径
三山禅师语录	径
衡山禅师语录	径
义公一揆禅师语录	径
法幢远禅师语录	径
纯备德禅师语录	径
幻住明禅师语录	径
体宗禅师语录	径
其白禅师语录	径
古林智禅师语录	径
密行禅师语录	径
竹浪禅师语录	径
锦江禅师语录	径
石关香严禅师语录	径
鹤峰林我禅师语录	径

三峰元禅师语录	径
不厌乐禅师语录	径
晦岳禅师语录	径
天则禅师语录	径
调实居士证源语录	径
山铎禅师语录	径
东岩禅师语录	径
圭峰禅师语录	径
德禅风师语录	径
莲峰禅师语录	径
月霞澹师禅师语录	径
海幢阿字禅师语录	径
千山剩人禅师语录	径
庐山天然禅师语录	径
法柱栋禅师语录	径
长明炅禅师语录	径
知空蕴禅师语录	径
天树禅师语录	径
子肃禅师语录	径
启真禅师语录	径
翼庵禅师语录	径
还初禅师语录	径
寒松禅师语录	径
长目禅师语录	径
北京楚林禅师语录	径
洪山俞昭禅师语录	径
古宿尊神鼎一揆禅师语录	径
远庵禅师语录	径
佛敏禅师语录	径
佛冤禅师语录	径
耨云禅师语录	径
蔗庵禅师语录	径

天台独朗禅师语录		径
寂光禅师语录		径
大方禅师语录		径
石璞禅师语绿		径
佛古禅师语录		径
文穆彦禅师语录		径
观涛禅师语录		径
百愚禅师语录		径
智覃禅师语录		径
秀野林禅师语录		径
奇然禅师语录		径
恒秀禅师语录		径
云幻宸禅师语录		径
破峰禅师语录		径
竹庵古林禅师语录		径
密印禅师语录		径
坚可禅师语录		径
慧觉禅师语录		径
祖揆符禅师语录		径
宝持禅师语录		径
愚者禅师语录		径
云叟禅师语录		径
云腹禅师语录		径
象崖禅师语录		径
内绍禅师语录		径
灵树禅师云岩集		径
爕云禅师语录		径
继起禅师语录		径
三峰朝宗禅师语录		径
佷亭禅师语录		径
憨予暹禅师语录	六卷，释法云广学同	径，清
自闲禅师语录		径

婴宁禅师语录		径
不磷禅师语录		径
嵩山禅师后录		径
梓舟禅师语录		径
南明不会禅师语录		径
明觉聪禅师语录	二十卷	径，龙
宏智千岩语录		径
达变方融禅师语录		径
断愚坦庵禅师语录		径
巴掌耳庵禅师语录		径
吹万铁壁禅师语录		径
莲月月幢禅师语录		径
介庵一初禅师语录		径
天王水鉴和尚六会录		径
法澜澄禅师语录		径
龙光禅师鸡肋集		径
山晖蒿山禅师语录		径
卧龙拙禅师语录		径
楞严法喜禅师语录		径
颛愚法玺禅师语录		径
懒石禅师语录		径
二隐芝岩禅师语录		径
季总徹禅师语录		径
祇园禅师语录		径
永济禅师语录		径
古雪禅师语录		径
笑堂禅师语录		径
斌雅介为禅师语录		径
云峨禅师语录		径
百痴禅师语录		径
永觉禅师语录		径
尔瞻禅师语录		径

雪关禅师语录		径
溥山禅师语录		径
鸳湖禅师语录		径
山茨际	四卷	径，龙
丈雪禅师语录	一卷，澈润编	径，清
隐元禅师语录		径
即念大休禅师语录		径
石雨禅师语录		径
三宜禅师语录		径
瑞白禅师语录		径
天岸禅师语录		径
林野禅师语录	八卷，释行谧等编	径，清
浮石禅师语录	十卷，释行浚等编	径，清
牧云禅师语录		径
石奇禅师语录		径
万如禅师语录		径
龙池万如禅师后录	一卷，释行果超英同编	清
弘觉禅师语录		径
费隐禅师语录	一卷，行和编	径，清
破山禅师语录		径
五峰禅师语录		径径
觉浪禅师语录		径径
寿昌禅师语录		径
无隐修禅师语录	十二卷	径，龙
雪峤信禅师语录	十卷	龙
幻有传禅师语录	十卷	径，龙
古庭禅师语录		径
毒峰禅师语录		径
无幻禅师语录		径
无趣禅师语录		径
唯庵禅师语录		径
罗湖禅师语录		径

端狮子语录		径
雪庵禅师语录	四卷	径，国
云门禅师语录		径
赵州禅师语录	一卷	径，国
御选语录	四十卷，清世宗选	径，龙
妙果禅师语录（名水盛字竺源西湖僧）		元
真觉慧灯集		元
海弓古梅禅师语录	二卷（卢州僧）	元
雪村聚语录	（金坛人居勾容崇明寺）	元
克庵禅师语录	一卷（洪武时人）	明，国
元静三会语录	二卷	明
保宁仁勇禅师语录	一卷，参学道务门人圆净录	续，国
无异元来禅师广录	三十五卷，法孙弘瀚汇编弘裕同集	
又云博山大舣和尚广录		续，明
（《明史·艺文志》作二十二卷）		
永觉元贤禅师广录	三十卷，嗣法道霈重编	续
（《明史·艺文志》录弘释录三卷）		
紫柏尊者全集	二九卷	续，龙，径，明
（巨赞按：《明志著录语录》一卷，长松茹退二卷）		
憨山大师梦游全集	五五卷，侍者福善日录门人 通炯编辑	续，龙，径，明
（《明史·艺文志》著录《华严法界镜》一卷，《楞严真义》十卷，《法华通义》七卷，《观楞伽记》四卷，《肇论略注》三卷。《绪言》一卷）		
即非禅师全录		径
白云守端禅师广录	四卷，参学处疑智本等编，小师海谭录	续
普庵印肃禅师语录	三卷	续
晦堂慧远禅师广录	四卷，参学齐已等编	
又云佛海禅师广录		续
笑隐大䜣禅师语录	四卷，门人延俊等编	
又云广智全悟禅师语录	续，径	
无准师范禅师语录	五卷，侍者宗会等编	
又云佛鉴禅师语录		续
为霖禅师旅泊庵稿	四卷，弟子太泉等录	续

大觉普济能仁琇国师语录　七卷，释音纬编　龙，清

（《清史稿·艺文志》作十二卷）

密云悟禅师语录　十卷　龙，径

明道正觉森禅师语录　三卷　续

宏觉忞禅师语录　二十卷　续，龙，径

禅宗永嘉集　一卷，唐　玄觉撰　缩，黄，新，宋，国，崇

（巨赞按：《新唐志》作十卷，广州刺史魏靖编次）

瑞应瀛山语录　径

天目中峰和尚广录　三十卷　径，缩，续，黄，元，国

北山参玄语录　十卷，神清编　新，国，崇

楞伽山主小参录　一卷　宗，国，崇

绍修漳州罗汉和尚法要　三卷　宋，国，崇

（巨赞按：《国史经籍志》作一卷，又别出《漳州罗汉琮和尚法要》三卷）

惠忠国师语录　一卷　宋，国，崇

龙清和尚语要　一卷　宋

紫陵语　一卷　宋，国，崇

德山集仰山沩山语　一卷　宋，崇

无住和尚说法　二卷，僧钝林集　宋，国，崇

（巨赞按：《国史经籍志》作唐僧纯休集）

普愿语要　一卷　宋，国

瀑布集　一卷，重显　宋

重显语录　八卷　宋，国

净慧禅师语录　一卷　宋，国

松源和尚讲解问答语录　一卷　宋

雪村语录（镇江僧）　元

本岩元禅师语录　元

元长语录（字无明，号千岩，　元

乌口伏龙山圣寿寺僧。赐

号佛慧圆明广威无噗普利大禅师

四会语录　僧祖明（奉化人径山僧）　元

万松老人释氏新闻万寿语录　元

汾阳绍和尚语录　一卷　国

汾阳第二代语录	一卷	国
古塔主语录	三卷，宋道古	国
三山角和尚语录	一卷	国
富沙僧老语录	一卷	国
空峰岩和尚语录	三卷	国
玉芝和尚内语	二卷	国
笑岩集	四卷	国
船子和尚机缘集	一卷	国
元中语录	三卷，张云撰	宋，崇

（巨赞按：《宋志》录作宝）

百文广语	一卷，释怀和撰	崇
兴化禅师语录	一卷	国
睦州师语录	一卷	国
宝应禅师语录	一卷	国
德山禅师语录	一卷	国
风穴禅师语录	一卷	国
石门禅师语录	一卷	国
首山禅师语录	一卷	国
琅琊广照禅师语录	一卷	国
唐明嵩禅师语录	一卷	国
佛历奏录	一卷	国
南泉禅师语录	一卷	国
道吾真禅师语录	一卷	国
佛光照禅师语录	一卷	国
叶县省禅师语录	一卷	国
神鼎禅语录	一卷	国
大愚翠岩寺语录	一卷	国
法律禅师语录	一卷	国
大随法真禅师语录	一卷	国
僧齐堂禅师语录	三卷	国
大珠语录	一卷	国
鼓山兴圣国师语录	一卷	国

净因语录	一卷	国
智门禅师语录	一卷	国
云峰悦禅师语录	二卷	国
天台百会语要	一卷，口僧荣口	国，崇
濂洽尔轩语录	五卷	明
法聚玉芝语录	六卷	明
又内语	二卷	明
全闽祖师语录	三卷，林应起	明
清世宗语录	一九卷	清
具备禅师语录	二卷，济华编	清
岫峰宪禅师语录	五卷，智质编	清
芥子弥禅师语录	二卷，明成等编	清
信中符禅师偶言	二卷净符撰	清
南山天愚宝禅师语录	四卷，智普编	清
雄圣惟极禅师语录	三卷，超越编	清
东悟本禅师语录	四卷，通界编	清
昌启顺禅师语录	二卷，明成等篇	清
南岳大慧禅师语录	一卷	国
龙济语要	一卷	国，崇
净本语录	一卷	国，崇
宏源语录	二卷	国
相传杂语要	一卷	国，宋，崇
积元集	一卷	国，宋，崇
释民要语	一卷	国
妙中语	三卷	国
五位语	一卷	国
三转语	一卷	国
五峰集	三卷	国
秀禅师语录	一卷	国
怀和尚语录	一卷	国
海会语录	一卷	国

灵隐胜和尚法要	三卷	国
宝华轲和尚语录	一卷	国
悦泉师掏泉集	三卷	国
明觉祖英集	一卷	国
明觉天泉集	一卷	国
明觉后集	一卷	国
物初大观禅师语录	一卷，门人德溥等编校	
宗门宝积录	九二卷，清本晢辑	
神会和尚遗集	胡适编，商务印书馆出版	

乙、灯录颂古类

宝林传	十卷，智炬	大，新，宋，崇
（巨赞按：《宋志》作一卷，注并不知作者）		
景德传灯录	三十卷，宋　道原纂	大，龙，径，缩，碛，黄，宋，国，崇
续宝林传	四卷，闽僧宝闻撰	五，宋
续传灯录	三十六卷，明　玄极辑	大，续、径，缩，黄
传法正宗记	九卷，宋　契嵩编	大，龙，径，缩，碛，黄，国
传法正宗定祖图	一卷，宋　契嵩编	大，缩，碛
天圣广灯录	三十卷，宋　李遵勖编	续，宋，国
建中靖国续灯录	三十卷，宋　惟白敕集	续，宋，国
联灯会要	三十卷，宋　悟明集	续，国
嘉泰普灯录	三十卷，宋　正受集	续，直，宋，国
五灯会元	二十卷，宋　普济集	续，径，龙，四，元，国
五灯会元续略	九卷，明　净柱辑	续
五灯严统	二十五卷，明　通容集	续
五灯全书	百二十卷，清　超永编辑	续
增集续传灯录	六卷，明　文琇集	续
五灯会元补遗	一卷，明　文琇集，收于增集续传灯录卷六	续
续灯正统	四十二卷，清　性统编集	续，径

续灯存稿	十二卷，明　通问编定，施沛汇集	续
锦江禅灯	二十卷，清　通醉辑	续
黔南会灯录	八卷，清　如纯辑	续，径
佛果圆悟禅师碧岩录	十卷，宋　重显颂古，克勤评唱	大，续，龙，国
万松老人评唱天童觉和尚颂古从容庵录		
	六卷，宋　正觉颂古，元行秀评唱	大，续，元
无门关	一卷，宗　绍编	大，续
证道歌颂	一卷，宋　法泉继颂	续
颂古联珠通集	四十卷，宋　法应集；元普会续集	续，径，缩，黄，元
宗门拈古汇集	四十五卷，清净符汇集	续
宗鉴法林	七十二卷，清　集云堂编	续
禅林类聚	二十卷，元　道泰集	续，元
佛果击节录	二卷，宋　重显拈古，克勤击节	续
峚绝老人天奇直往雪窦显和尚颂古		
	二卷，明　本瑞直注，道霖性福编集	续
林泉老人评唱投子青和尚颂古空谷集		
	六卷，宋　义青颂古，元　从伦评唱	续，元

（巨赞按：《元志》作《空谷传启集》三卷，参学比丘义聪录，聪字彦明）

林泉老人评唱丹霞淳禅师颂古虚堂集		
	六卷，宋　子淳颂古，元　从伦评唱	续，元

（巨赞按：《元志》作《虚堂习听录》三卷，参学比丘慧泉编，泉字无竭）

峚绝老人天奇直往天童觉和尚颂古		
	二卷，明　本瑞直注，性福编集	续
分灯录	三十五卷，井度	国
神宗联灯录	明禅师	国
禅院瑶林一六卷	井度	国
万松老人评唱天童觉和尚拈古请益录		
	二卷，宋　正觉拈古，元　行秀评唱	续，元
径石滴乳集	五卷，清真在编，机云重续	续
雪兆禅师佛祖正传		径
憨休禅师敲空遗响		径

颂古合响		径
拈八方珠玉集	三卷，宋，祖庆重编	续
通玄百问	一卷，元　圆通问行秀答从伦颂	续
青州百问	一卷，元，一辩问圆觉答从伦颂	续
雪菴从瑾禅师颂古	一卷	续
禅宗颂古联珠集	一卷，宋　法应编	直
教外别传	十六卷，明　黎眉等编	续，径
正源略集	十六卷，清　达珍编	续
正源略集补遗	一卷，清　达珍编	续
揞黑豆集	九卷，清心圆拈别，火莲集梓	续，清
禅宗正脉	十卷，明如卺集	续，径，缩，黄，明
南岳单传记	一卷，清　弘储表	续，径
续灯录	七卷，明　元贤辑	续
祖庭指南	二卷，清　徐昌治编述	续，径
楞伽师资记	一卷，唐　净觉集	大
宗门统要续集	二十二卷，宋宗永集；元　清茂续集	缩，径，黄，元，国
宗门统要	十卷，宋　宗永	直，宋，国
智闲偈颂	一卷（二百余篇）	新，国
大唐国师小录法要集	一卷	新，国，崇
宝觉禅师见道颂	一卷（寓言居士注）	宋，崇
禅宗理性偈	一卷道璭	宋，国，崇
净惠禅师偈颂	一卷	宋，国，崇
惟劲禅师赞颂	一卷	宋，国，崇
法眼禅师集真赞	一卷	宋，国，崇

（巨赞按：《崇文总目》、《国史经籍志》皆无集字）

颂证道歌	一卷	宋
八方珠玉集	四卷，大圆涂毒二僧集诸宗禅语	宋
至元心灯录	至元间云壑瑞禅师撰	元，国
金华分灯录	十卷，章有成	明
宗门颂古摘珠	二十八卷，释净符撰	清
法灯拈古	一卷	国

明学拈古	一卷	国
雍熙禅颂	三卷，宋　僧辨隆	国，崇
元中女宝	三卷，张云表集禅门偈颂	国
四家颂古集	四卷，天童雪宝投子丹霞	国
清凉眼禅师偈颂	一卷	国
禅宗颂古联集	二十卷	国
传灯玉英集	三十卷，杨亿	国
庞居士歌	一卷，庞蕴撰	崇

丙、专著笔记类

少室六门	一卷	大，续
信心铭	一卷，隋　僧璨作	大，国
国史经籍志有达磨信心铭		一卷
最上乘论	一卷，唐　弘忍述	大，续
永嘉证道歌	一卷，唐　玄觉撰	大，缩
禅源诸诠集都序	四卷，唐　宗密述	大，径，黄
禅源诸诠集	一百一卷，唐　宗密撰	国，崇
宗镜录	百卷，宋　延寿集	大，龙，径，缩，黄，五，宋，国
万善同归集	三卷，宋　延寿集	大，续，龙，径，缩，黄，国
永明智觉禅师唯心诀	一卷，宋　延寿撰	大，续，径，缩，黄，国
定慧相资歌	一卷，宋　延寿撰	大，续，龙，缩
禅宗决疑集	一卷，元　知彻述	大，续，径，缩，黄，国
传法正宗论	二卷，宋　契嵩编	大，龙，径，缩，碛，黄，国
菩提达磨大师略辨大乘入道四行观	一卷	续
达磨大师血脉论	一卷，少室六门之一唐　慧可撰	续，新，宋，国，崇
达磨大师悟性论	一卷，少室六门之一	续
达磨大师破相论	一卷，少室六门之一	续
人天眼目	六卷，宋　智昭集	续，大，径
顿悟入道要门论	一卷，唐　慧海撰	续，径，宋，国，崇

宋志有大云惠海和尚要法			一卷
中华传心地禅门师资承袭图	一卷，唐	宗密答	续
心赋注	四卷，宋	延寿	续，龙，径，五，国
五代志作	一卷		
临济宗旨	一卷，宋	慧洪撰	续，四
智证传	十卷，宋	慧洪撰　觉慈编	续，径，国
重编曹洞五位显诀	三卷，宋	慧霞编　广辉释	续
宝镜三昧本义	一卷，清	行策述	续
宝镜三昧原宗辨谬说	一卷，清	净讷述	续
证道歌注	一卷，宋	彦琪注	续
证道歌注	一卷，	僧原白注	宋
永嘉禅宗集注	二卷，明	传灯重编并注	续
宗门玄鉴图	一卷，明	虚一撰	续
廓庵和尚十牛图颂	一卷，宋	师远述	续，国
禅宗十牛图	一卷，明	胡文焕著	续
普明寺牧牛图颂和颂	一卷		续，径
五宗原	一卷，明	法藏著	续
辟妄救略说	十卷，明	圆悟著　真启编	续
拣魔辨异录	八卷，清	世宗皇帝制	续，清
五家宗旨纂要	三卷，清	性统编	续
源宗集		盛源(嘉兴资善寺僧)	元
宗范	二卷，清	钱伊庵编辑	续
禅宗指掌	一卷，清	行海述	续
观心玄枢	一卷，宋	延寿撰	续
证道歌注	一卷，宋	知讷述	续
证道歌注	一卷，元	永盛述　德弘编	续
拟寒山诗			径
究心录			径
佛果克勤禅师心要	四卷，	嗣法子文编	续
祖庭事苑	八卷，宋	善卿编	正，续
丛林公论	一卷，宋	惠彬述	续

禅宗杂毒海	十卷，元　祖阐重编	续
禅宗杂毒海	八卷，清　性音重编	续
祖庭钳锤录	二卷，明　通容辑著	续
千松笔记	二卷，明　大韶著	续，径
万法归心录	三卷，清超	续，清
禅门诸祖师偈颂	四卷，宋子　昇录　如祐录	续
正法眼藏	六卷，宋　宗杲集并著语	续，径
大慧禅宗杂毒海	二卷，参学法宏道谦编	
又云普觉宗杲禅师语录		续，直
即休契了禅师拾遗集	一卷，日本　及藏主集录	续
古林清茂禅师拾遗偈颂	二卷，日本　海寿编次	续
为霖禅师禅海十珍	一卷，清　道霈集	续
紫柏尊者别集	四卷，清钱谦益纂阅	续
圣箭堂述古	一卷，清　道霈述	续
云门麦浪怀禅师宗门设难	一卷，明　许元钊录	续
宗镜大纲	二十卷，清　世宗皇帝编选	龙
大光明藏	三卷，宋　宝昙述	续
五灯严统解惑编	一卷，明　通容述	续
大慧宗门武库	一卷，宋　道谦编	大，续，缩，国
雪堂拾遗录	一卷，宋　道行	续，缩，国
罗湖野录	一卷，宋　晓莹集	续，四
指月录	三十卷，明　瞿汝稷集	续，明
续指月录	二十卷，清　聂光编辑	续，清
大阆和尚显宗集	一卷	宋，崇
大乘入道坐禅次第要论	一卷，道信	宋，国，崇
东平大师默论	一卷	宋，国，崇
统休无性和尚说法记	一卷	宋
栖贤法隽	一卷	宋，国，崇
荷泽禅师微诀	一卷	宋，国，崇
裴休拾遗问	一卷	宋，国，崇
显宗记	一卷，荷泽僧神会	宋，国
祖门悟宗集	二卷，智达	宋

法门锄宄	一卷，清　净符著	续
五家辨正	一卷，日本　养存述	续
五派一滴图	一卷，日本　一东著	续
云卧纪谭	二卷，宋　晓莹录	续
丛林盛事	二卷，宋　道融撰	续
人天宝鉴	一卷，宋　昙秀辑	续
枯崖漫录	三卷，宋　圆悟录	续
禅苑蒙求瑶林	三卷，金　志明撰　元　德谏述	续
禅苑蒙求拾遗	一卷	续
山庵杂录	二卷，明　无愠述	续
正宗心印后续联芳	一卷，明　善燦著	续
林间录	二卷，宋　慧洪集	续，径，四，国
林间录后集	一卷，宋　慧洪集	续，四
佛祖心录	一卷	续
归元直指	四卷	径，明
寒山诗	七卷	径，新，国，崇
国史经籍志崇文总目皆作		
宝镜三昧		径
法藏碎金录	十卷，宋　晁迥撰	四，直，宋
大乘开心显性顿悟真宗论	一卷，沙门大昭居士慧光集释	大
大乘北宗论	一卷	大
传法宝记	一卷，唐　杜朏撰	大
赞禅门诗	一卷	大
大乘无生方便门	一卷	大
南天竺国菩提达磨禅师观门	一卷	大
王梵志诗集	一卷	大，国
修心诀	一卷	黄，国
真心直说	一卷	黄
菩提达磨胎息诀	一卷	新
六祖大师金刚经大义诀	二卷	崇
金刚般若经以口诀正义	一卷，慧能	新，宋，崇

（巨赞按：崇文总目无正字）

禅关八问	一卷，杨士达问，唐宗美对	新，宋，国
参同契	一卷，希运	新，宋（宗美注）国，崇
大乘经要	一卷，良价	新
抱一子注	一卷，延寿	五
惠能仰山辩宗论	一卷	宋，国，崇
(巨赞按：国史经籍志无惠能二字)		
傅大士宝志金刚经赞	一卷	宋，国
菩提达磨存想法	一卷	宋
(巨赞按：国史经籍志纠缪附道家)		
禅林钩元	九卷	明
禅林余藻	一卷，陆树声	明
禅家六籍	十六卷，戚继光	明
禅源诸诠	一卷，古音	明
宗镜广删	十卷，陶望龄	明
参禅要诀	一卷，王肯堂	明
禅燕	二十卷，徐可求	明
宗镜摄录	十二卷，袁宏道	明
禅宗正统	一卷，袁中道	明
宗教答响	一卷，大舣	明
寒灯衍义	二卷，宗林	明
洞宗会选	二十六卷，释智考撰	清
尊宿集	一卷，聂光撰	清
禅关入门	一卷	国，崇
禅宗金刚经解	一卷，宋安保衡	国
遗圣集（杂抄诸禅师宗门对语 ）	一卷	国，宗
七科义状	一卷 段立之问 僧悟达答	国，崇，宋
(巨赞按：宋志作释神澂撰)		
宝志十二时歌	一卷	国
净沤歌	一卷	国
达磨妙用诀	一卷	国
了破迷梦诀	一卷	国

石屋禅师诗	二卷	国
禅藻集	二卷，杨慎	国
宗记百篇	永嘉鲍埜	国
僧齐宝禅要	三卷	宋，崇

（巨赞按：宋志禅要作神要）

坛经注	三卷，僧慧昕	宋
中峰广慧禅师一花五叶集	四卷	元

（原载1941年《狮子吼月刊》1941年第11、12期合刊）

编者注：巨赞法师《宗门文献目录》余篇丁、戊两类等篇，因资料难觅，未能收全编入。

禅　宗

佛教自西汉末年从印度传入中国汉族地区之后，在二千多年漫长的时期中，形成了不少大小乘宗派，其中最重要的是大乘八宗。八宗之中，有的数传即绝如法相宗；有的虽流传至今而仅限于若干地区如天台宗；只有禅宗，自唐代中叶以后，一直到现在，汉族地区的佛教寺院，几乎大多数是属于禅宗的。因此，对于禅宗的研究实有其重要意义。

禅宗的“禅”字是梵语禅那（Dhyana）略称，或音义并举，译为禅定。禅定以“心一境为性”，就是把心意集中于一处的意思。因此佛经上处处记载着佛陀以身作则，率领并鼓励弟子们修习禅定。可是《景德传灯录》卷五云：

开元中，有沙门道一，住传法院（在今湖南南岳），常日坐禅。师（怀让禅师）知是法器，往问曰：“大德坐禅图什么？”一曰：“图作佛。”师乃取一砖于彼庵前石上磨。一曰：“师作什么？”师曰：“磨作镜。”一曰：“磨砖岂能成镜耶？”师曰：“磨砖既不能成镜，坐禅岂得成佛耶！”

这似乎与佛陀倡导修习禅定的教导相违。又《六祖坛经》云：

有僧举卧轮禅师偈曰：“卧轮有伎俩，能断百思想。对境心不起，菩提日日长。”师闻之曰：此偈未明心地，若依而行之，是加系缚。因示一偈曰：“惠能没伎俩，不断百思想。对境心数起，菩提作么长。”

从这个偈语上看，好象惠能禅师也反对坐禅似的，那末，又为什么尊之为禅宗六祖呢？

唐玄奘法师把禅定意译为“静虑”。既“静”且“虑”，说明卧轮的“能断百思想”以及道一未遇怀让时期的坐禅，根本不符合禅定的规律，而惠能的偈语，则与“静虑”之意相符。释迦牟尼教导弟子们修习禅定，当然是在静虑上用功夫。不过，“静”与“虑”是不同性质的两种心理状态，怎么能够合而为一呢？印度龙树大师所著《大智度论》卷十七云：“禅定难得，行者一心专求不废，乃当得之。诸天及神仙，犹尚不能得，何况凡夫懈怠心者”。可见要把“静”与“虑”合而为一，确实不是容易的事情。又卷二十一云：

有一居士礼佛已，随从佛后白佛言：“世尊，向者雷电霹雳，有四特牛，耕者二人，闻声怖死，世尊闻否？”佛曰：“不闻。”居士言，“佛时睡耶？”佛言：“不睡。”问曰：“入无心想定耶？”佛言：“不也，我有心想，但入定耳。”居士言：“未曾有也。诸佛禅定大为甚深，有心想在禅定，如是大声，觉而不闻。”

释迦牟尼的禅定功夫当然是最高深的，但他在入定之后还有心想知觉，因此须要结合四禅（四静虑）的支分（成分）来进一步研究。据《杂集论》等书所说，四禅的建立，支分不同。四禅的支分，除“心一境性”相同外，初禅有寻、伺、喜、乐、定，二禅有内等净、喜、乐、定，三禅有舍、念、正知乐，四禅有舍清净、念清净、不苦不乐受。可见佛陀入定，觉而不闻，正可作为四禅的例证，因为第四禅还有清净的“念”。不过四禅并不是最高的禅定，此外还有各种“三昧”或“定”。

据《佛本行集经》、《出曜经》等记载，释迦牟尼出家之后，曾经参访过王舍城（Qajagrha）附近，以“无所有处定”为究竟的阿啰逻迦蓝（Ārada-Halāma）和以“非想非非想定”为真解脱的优陀罗罗摩子（Udraha-ramaputra），都不能满足他的要求。后来他又从毘舍离（raieili）的跋伽婆（Bhargara）修习自饿苦行，几乎不能维持生命，这才决心放弃苦行，独自一人走到尼连禅河（Naranjana）洗澡毕，受牧女乳糜的供养，逐渐恢复了体力，在菩提树下温习了所学到的禅定，再进而深入修研，一直到《成唯识论》卷十所说：“金刚喻定现在前时，永断本末一切粗重，顿证圆满转依，穷未来际利乐有情”。可见成佛必须证得超过其它一切禅定的“金刚喻定”，才能永断一切烦恼粗重，顿证佛果，利乐有情。修定的复杂性质及其重要性，于此可见。

释迦成佛，无师自通，当然没有什么过去流传下来的经典可以作为佐证。他能不把自己证悟的境界或“心要”传给他的大弟子摩诃迦叶吗？所以禅宗门下历来相传，“灵山会上拈花微笑”传法于摩诃迦叶的故事虽不定可靠，而据情理推测，摩诃迦叶得到释迦牟尼的“心印”是可以肯定的。《大智度论》卷五十五云：“阿难是第三转法轮将”，可见摩诃迦叶之后，从阿难到菩提达摩一脉相传的二十八祖说，虽有各种异议而并非出于虚构，因此禅宗门下经常宣说的“教外别传”，不能说是没有根据的。

关于汉地禅宗初祖达摩的传说，通常根据《洛阳伽蓝记》卷一及《续高僧传》卷十六的记载，认为他于六朝的齐、梁之间，从印度渡海东来，大约在520年左右到达北魏的都城洛阳，见到永宁寺的九级浮图，自云：“年一百五十岁，历涉诸国，靡不周遍”。不过他的“禅教”，并不为当时当地“盛弘讲授”的佛教界所重视，于是他在嵩山少林寺安心壁观，以“二入四行”教导弟子慧可、道育等。“二入”谓理入、行入。理入的内容，据《续高僧传》说：

藉教悟宗，深信众生同一真性，客尘障故，令舍伪归真，凝住壁观，无自无他，凡圣等一，坚住不移，不随他教，与道冥符，寂然无为，名理入也。

这一段“理入”的阐述，虽很简单，而实为后来禅宗发扬光大的思想基础。《续高僧传》卷三十五《法冲传》中称之为“南天竺一乘宗”。此外历代相传，还有一些关于达摩的著作，则真伪混杂，此地就不多引用了。

据《续高僧传》卷十六说，慧可少时博览群书，出家之后，精研三藏，在四十岁时遇达摩，从学六年，达摩授以《楞伽经》四卷，并对他说：“我观汉地，惟有此经，仁者依行，自得度世”。慧可曾依《楞枷经》义，作偈语答向居士曰：

说此真法皆如实，真幽之理竟不殊。本迷摩尼为瓦砾，豁然自觉是真珠。无明智慧等无异，当知万法即皆如。愍此二见之徒辈，申词措笔作斯书。观身与佛不差别，何须更觅彼无余。

此中“观身与佛不差别”，就是达摩所说的“凡圣等一”，而“万法皆如”，也就是“含生同一真性”之意，足见慧可确实传承了达摩的心法。不过他也因此而遭受迫害，几乎丧命。北周建德三年（574），武帝破坏佛教，慧可年已九十，与同学昙林曾努力保护经典和佛像。后来他又南行隐居于舒州皖公山（在安徽潜山县西，距湖北的黄梅不远），在这山里传法于三祖僧璨。据唐房琯撰《三祖僧璨碑文》说，僧璨请慧可为他忏悔，慧可说：“将汝罪来，与汝忏悔”。僧璨觅罪不得，慧可就说，我已经为你忏悔了，因此称为三祖。

据唐净觉《楞伽师资记》云：“可（慧可）后粲禅师，隐思空山（与皖公山邻近），萧然静坐，不出文记，秘不传法。唯僧道信奉事粲十二年，写器传灯，一一成就”。（据《续高僧传·辨义传》说：粲禅师于仁寿四年—公元604年—前逝世。）净觉又云：“其信禅师，再敞禅门。……说我此法，要依《楞伽经》诸佛心第一。又依《文殊说般若经》一行三昧。”可见道信已经在依《楞伽经》之外，又以《般若经》为依据，这大概就是“再敞禅门”的含义。道信从武德初年（公元618年）起，在湖北黄梅的双峰山（一名破头山）居住三十多年（公元651年逝世），著有《菩萨戒法》一卷、《入道安心要方便法门》一卷，而以坐禅摄心守一为主，会众多至五百，传法于五祖弘忍。

又《楞伽师资记》述道信法语云：“此法秘要，不得传非其人。非是惜法不传，但恐前人不信，陷其谤法之罪。必须择人，不得造次辄说，慎之慎之”。这是从上佛祖传法的座右铭，在禅宗门下，影响极大。

据唐宗密的《禅门师资承袭图》说，道信除传法于弘忍外，又旁出一枝，称为牛头宗。初祖法融（599—657），以下是智岩、惠方、法持、智威、慧忠。《全唐文》卷九百零八，载法融《心铭》一百九十八句，每句四字，其中所说："心性不生，何须知见。本无一物，谁论熏炼"。以及"菩提本有，不次用求，烦恼本无，不须用除"。好像是后来惠能所倡南宗的先声，但法融又有"虚空为道本"之说，与惠能所说"无住为本"不同。又法融在《绝观论》中说："草木无情，本来合道"，为惠能门下的神会、怀海等所反对。因此说牛头宗是道信旁出的一枝是合适的。

弘忍（602—675）得法领众之后，从学的人更多，于是在双峰山的东边冯茂山（一作冯墓山）另建道场，名东山寺，当时称他的禅学为东山法门。《楞伽师资记》云："其忍大师，萧然静坐，不出文记，口说玄理，默授与人。"

中国禅宗的风气，或曰"禅风"，至此才建立起来，对于后来禅宗的发展，关系很大。东山法门吸引了七百多徒众，定居一处，过着集体生活，实行生产自给。唐显庆五年（公元660年），高宗李治召弘忍入朝，他固辞不赴。他常对人说："诸祖只是以心传心，达者印可，更无别法"（见《宗镜录》卷九十七）。据唐宗密《圆觉经大疏抄》等说：龙朔元年（公元661年），弘忍对他的许多弟子们说，你们终日供养，只求广种福田，不求出离生死。自性若迷，福何可救？你们各去后院，自看智慧，各作一偈呈来我看。为悟大意，付汝衣法，作第六代祖。当时大家认为神秀是上座、教授师，一定有偈呈弘忍，别人就不用做了。神秀知道大家的用意，暗自推敲了几天，便在三更时分，自己执烛，在南廊墙上写了下面的偈语：

身是菩提树，心如明镜台。时时勤拂拭，勿使惹尘埃。

弘忍见偈后说："依此修行，大有利益"。弟子们听弘忍所说，尽皆传诵，赞叹善哉。弘忍问神秀以写偈的事情，神秀承认，但弘忍说：

汝作此偈，未见本性，只到门上，未入门内。凡愚依此修行，即不堕落。如此见解，觅无上菩提，即不可得。

当时就命神秀再作一偈，神秀思考了几日，偈未做成，却引起了在东山踏碓八个多月，年仅二十四岁的岭南行者卢惠能（638—713）的深思。他因为不识字，就请别人在壁上写了"菩提本无树，明镜亦非台。本来无一物，何处惹尘埃"的偈语。弘忍见后，故意对人说："此偈亦未见性"，但当夜三更，弘忍却唤惠能到堂内为他讲《金刚经》，至"应无所住而生其心"一句，惠能一闻，言下便悟，弘忍即传以衣法，为六代祖，并命惠能就离开东山南归，还嘱咐他三年不要弘化（此据敦煌本《坛经》，惠昕本作"五年勿说"），这就是惠能得法的因缘。

据唐张说《大通禅师碑》云，神秀在东山服勤六年，弘忍曾命他洗足，引之并坐，而神秀“涕辞而去，退藏于密”。这时惠能已经南归，弘忍为了安慰神秀，所以有这样的举动。但神秀知道自己不够资格，所以涕辞而去。这不能不引起神秀的弟子们对于惠能的怀疑，所以惠能行至大庾岭时，被俗姓陈名惠明的僧人追上，而传以正法，并命他向北教化别人。关于这一件事，神秀可能被怀疑为主使者，但唐中宗李显于神龙二年（706）《召曹溪惠能入京御札》中说：

朕请安、秀二师宫中供养，万机之暇，每究一乘。二师并推让云，南方有能禅师，密受忍大师衣法，可就彼问。今遣内侍薛简，驰诏迎请。愿师慈悲，速赴上京（见全唐文卷十七）。

惠能当时并未奉诏入京，但从这里可以知道神秀的确是推重惠能的，决不会指使门徒暗害他。所以陈惠明以及其他寻逐惠能的人，其实都是出于他们自己的打算。不过据杜朏《传法宝纪》说，神秀离开黄梅之后，曾遭迁谪，潜为白衣，其真实原因，现在已无从稽考。

惠能辞别弘忍南归之后，隐遁山林，隐遁时间有三年、五年、十五年、十六年等说。这里面有两个问题，需要解决：一，为什么要隐遁，二，隐遁时间究竟多久？关于第一个问题，通常皆认为惠能为了逃避迫害，所以隐遁。不过从陈惠明的追逐看来，逼害并不是十分危险的，虽须隐遁。那末，惠能为什么要隐遁呢？我认为惠能南归之后，隐遁山林，逃避迫害是表面原因，而其实是为了体验弘忍启发他的“应无所住而生其心”的《金刚经》文义。

惠能的第四代弟子灵祐（771—853）说过：“若真悟得本，他自知时，修与不修，是两头话。如今初心，虽从缘得，一念顿悟自理，犹有无始旷劫习气，未能顿净，须教渠净除现业流识，即是修也，不可别有法教渠修行趣向”。这说明顿悟之后，还要净除现业流识，还要修。怎样修呢？“应无所住而生其心”固然是说明体用兼该的经文，而也是“修”的不二法门。“无所住”即“静”，“生其心”即“虑”。上面说过，静虑是禅定的正确意译。那末，惠能隐遁山林，其实是为了勤修禅定，也就是达摩所说的“凝住壁观”。唐宗密《禅源诸诠集都序》卷上之二说：“达摩以壁观教人安心云，外止诸缘，内心无喘，心如墙壁，可以入道，岂不正是坐禅之法？”因此，达摩西来所传承的宗派叫做“禅宗”，否则就与禅宗的称号名实不符了。

禅定难得，上面引证的《大智度论》已经说得很清楚了，因此认为惠能隐遁三年是不正确的。有人又根据唐刘禹锡《大唐曹溪第六祖大鉴禅师第二碑》所说：“按大鉴，生新州，三十出家，四十七年而殁”，断定惠能隐遁五年。但唐法性寺住持法才的《瘗发塔记》（全唐文卷九一二）载明惠能于仪凤元年（676）

正月初八，在广州法性寺（即光孝寺）因风动幡动的辩论，引出他的“仁者心动”一语，而被当时正在讲《涅槃经》的印宗所叹赏，即于正月十五日为他落发，二月初八受具足戒，因而有“瘗发塔”的遗迹。从龙朔元年到仪凤元年（661—676）共十五、六年，可见惠能潜修禅定的时间相当长，其证境当然是非常深邃的。

惠能出家之后，首先为大众说“定慧门”。他说：

善知识，我此法门，以定慧为本。大众，勿迷言定慧别，定慧一体不二。定是慧体，慧是定用。即慧之时定在慧，即定之时慧在定。若识以义，即是定慧等学。

“定慧等学”就是“无所住而生其心”。因为“无所住”即是定，“生其心”即是慧。惠能是从“无所住而生其心”的经文，悟出“定慧等学”的微旨的，其余一切法语，都是从此义引伸扩充而来。黄檗《传心法要》云：“你但离却有无诸法，心如日轮常在虚空，光明自然，不照而照，不是省力底事。到此之时，无棲泊处，即是行诸佛行，便是应无所住而生其心。”这里所说的“你但离却有无诸法”，便是“应无所住”，“心如日轮”乃至“不照而照”，便是“而生其心”。但又说“不是省力的事”，当然是指惠能得法之后，在广东隐遁修行十五、六年而言，可见成佛作祖，决不是可以轻易承当的。至于说“到此之时，无棲泊处，即是行诸佛行，便是应无所住而生其心”，则是画龙点睛，把禅宗祖师们的深切践履和高尚情操描绘出来了。

弘忍门下，除惠能得法之外，据《法如行状》说，法如在弘忍门下十六年，于垂拱二年（公元686年）开法于嵩山少林寺，至永昌元年（公元689年）去世，年仅五十二岁。临终遗嘱，命门人往荆州当阳玉泉寺神秀门下谘禀。神秀当时住在玉泉寺的度门兰若，由于法如弟子们的推重，度门兰若成为当时中原禅法的中心。大足六年（公元701年）武则天诏召神秀入京，亲执弟子礼，礼遇极为隆重。以后又为中宗李显等所礼重，当时称为“两京法主，三帝门师”。神龙二年（公元706年）逝世，年一百零一岁，谥大通禅师。又据《楞伽师资记》等说，神秀弟子义福、普寂、景贤、惠福、降魔藏，皆有名于时。此外玄赜、智诜等，也都是从学于弘忍而广开禅法于京城和四川等地的。

惠能没有应朝廷的征召，他的影响自然只能及于周围的僧俗弟子们，所以宗密《圆觉经大疏抄》卷三之一云：

能大师灭（公元713年）后二十年中，曹溪顿旨，沉废于荆吴，嵩岳渐门，炽盛于秦洛。普寂禅师，秀弟子也，谬称七祖。

这时，惠能的弟子神会于开元二十年（公元731年）在滑台（今河南滑县）大云寺召开无遮大会，定南北两宗的是非，后来又于天宝四年（公元745年）在洛阳荷泽寺召开大会，得到兵部侍郎宗鼎和太尉房琯的支持，曹溪南宗的影响，终能与北宗相抗衡，但是决定性的胜利，则是在安史之乱以后。因为神会用开坛度僧的办法帮助郭子仪筹集军饷，及至安禄山失败，唐肃宗李亨诏召神会入内廷供养，并敕将作大匠为神会营造禅宇于荷泽寺中。郭子仪还为他出面申请，为初祖菩提达摩之谥。广州节度使韦利见也启奏请六祖的传法袈裟入内供养，六祖确为五祖的嫡传，至此才完全定夺，神秀一脉的传承，也就从此一蹶不振了。神会对于中国禅宗在后代的开展，确实是有功劳的。

不过据敦煌本神会的《南宗定是非论》说："从上六代以来，无有一人凝心入定"，与禅宗的史实不符。所以《坛经》宗宝本云："（惠能向神会道）汝向去有把茆盖头，也只成个知解宗徒"。有人认为"知解宗徒"的说法，是坛经的编集者，属于曹溪门下的另一系统，及荷泽的洪州、石头门下的关系。但曹溪门下既有人以"知解宗徒"论神会，可见确有不以"知解"说禅的禅师在，这就是南岳的怀让及其洪州百丈怀海一系，青原的行思及其石头希迁一系。

从惠能、怀让、行思一直到后周显德五年（公元958年）法眼宗的文益圆寂，两三百年间，禅宗形成沩仰、临济、曹洞、云门、法眼五个宗派，现在先把这五派一脉相传的二十二家统系，列表如下：

- 惠能
  - 南岳怀让—马祖道一—百丈怀海
    - 沩山灵祐—仰山慧寂
    - 黄檗希运—临济义玄
  - 青原行思—石头希迁
    - 药山惟俨—云岩昙晟—洞山良价—曹山本寂
    - 天皇道悟—龙潭崇信—德山宣鉴—雪峰义存
      - 云门文偃
      - 玄沙师备—罗汉桂琛—法眼文益

惠能、怀让和行思的法语，大都直显心性，道一（709—788）的法语符合般若经意，而已用圆相，用掴，用蹋，用打。对于坐禅，道一语录中有一则云："泐潭惟建禅师，一日在法堂后坐禅，祖见之，乃吹建耳两次。建起定见是祖，却复入定。祖归方丈，令侍者持一碗茶与建，建不顾，便自归堂。"这与怀让在南岳对他的教导不同。又有一则云："石巩慧藏禅师……投祖出家，一日在厨作务次，祖问曰，作什么？曰，牧牛。祖曰，作么生牧？曰，一回入草去，便把鼻孔拽来。祖曰，子真牧牛。"这是以牧牛喻修静虑的故事，可见道一及其门下确实是非常用功的。

怀海（—814）的法语，比道一多。他对于教理非常熟悉，因此在回答学人的禅语请问时，也常用教理解答。他的一则上堂法语说："灵光独耀，回脱根尘，体露真常，不拘文字。心性无染，本自圆成，但离妄缘，即如如佛”。是他的独到处，也是他的践履处。其实“但离妄缘”云云，也就是惠能所说的“定慧等学”，必须经过长期锻炼，才能“灵光独耀，回脱根尘”，怀海不愧为惠能以至道一的继承人。

怀海在江西奉新百丈山宏法，四方闻风而至，因此创立禅门规式，成为后来禅宗寺院的典范。据《景德传灯录》卷六云：

百丈大智禅师（怀海的谥号）以禅宗肇自少宝，至曹溪以来，多居律寺，虽别院，然于说法住持，未合规度，常尔介怀。……师曰，吾所宗，非局大小乘，非异大小乘，当博约折中，设于制范，务其宜也，于是创意别立禅居。

禅宗的宏传有了这样的禅居，也就根深蒂固了。不过当时的禅居结构之中，没有大殿，只有法堂，后来才有所改革。又行“普请法”，即集体劳动。怀海自己“凡所作务，必先于众”。众皆不忍，早收作具而请休息，怀海曰：“吾无德，争合劳于人”。他遍觅作具不得，竟至忘了吃饭，故有一日不作，一日不食的嘉言懿行流传于世。

怀海的弟子灵祐，是湖南宁乡县西沩山同庆寺的开山祖师，他的大弟子慧寂(814—890）住在江西宜春县南的仰山，因此形成“沩仰宗”。灵祐上堂法语云：

以要言之，则实际理地，不受一尘，万行门中，不舍一法。若也单刀直入，则凡圣情尽，体露真常，理事不二，即如如佛。

这一则法语，把“理事不二”与“即如如佛”联贯起来，发扬了怀海的精神，对于“行持”确有亲切的指导作用。所以沩仰宗在五家宗派中最为“高峻”。

仰山慧寂幼时依止耽源，问：“有一人在千尺井中，不假寸丝，如何得出？”耽源云：“痴人，谁在井中”，因而领悟玄旨。后参沩山灵祐，也提出同一问题，沩山唤云：“慧寂”，寂应诺。沩山云：“出矣”，顿释前疑曰：“吾在耽源处得体，沩山得用”。慧寂在耽源处又曾得到南阳慧忠的九十七种圆相图，乃是悟后保住功夫中最精要的方法，可惜没有流传后世。

临济义玄（—866）是惠能第六代，初从黄檗希运参学三年，不知道问话。当时睦州道纵是第一座，教他去向黄檗问“如何是佛法的大意。”义玄便去问，谁知问声未绝，黄檗便打。下来后，睦州劝他再去请问而三度挨打，义玄对睦州说：“早承激劝问话，唯蒙和尚赐棒，所恨愚鲁，且往诸方行脚去”。睦州遂告黄檗云：“义玄虽是后生，却甚奇特，来辞时，愿和尚更垂提诱”。过了一天，义玄向黄檗告辞，黄檗指往高安参大愚。义玄到了高安，大愚问：“什么处来？”义玄云：“黄檗来。”大愚又问：“黄檗有何言教？”义玄便将三次问话三次被打的经过说了，并问大愚：“不知过在什么处？”大愚云：“黄檗与恁老婆心切，为汝得彻困，更来这里问有过无过。”义玄闻言大悟，便道：“佛法也无多子。”大愚便搊住义玄衣领云：“适来道有过无过，而今又教无多子，是多少来？是多少来？”义玄在大愚肋下打了一拳，大愚便托开云：“汝师黄檗，非干我事。”义玄就返回黄檗，黄檗一见便问：“汝回太速生！”义玄云：“只为老婆心切。”黄檗云：“遮大愚老汉，待见与打一顿。”义玄云：“说什么待见，即今便打。”遂鼓黄檗一掌，黄檗哈哈大笑。义玄后在河北正定临济寺弘化，因此称为临济宗。他上堂说法云：

山僧往日曾向毘尼中留心，亦曾于经论中寻讨，后遂一时抛却，访道参禅。后遇大善知识，方乃道眼分明，始识得天下老和尚，知其邪正。不是娘生下便会，还是体究练磨，一朝自省。道统，你欲得如法见解，但莫受人惑。向里向外，逢着便杀。……不与物拘，透脱自在。

义玄的这许多法语，确是非常透彻与自在的，但不易为学人所掌握，他为了锻炼人，所以用棒用喝，痛下针锥，于是有三玄三要、四料简、四照用等方法，临济宗旨就大行于世，一直流传到现在。总的说来，用“险要”二字表达临济宗是比较适当的。又义玄自己说经过“体究练磨”，可见得来也并非容易。

行思之后，经希迁、惟俨到昙晟，传法于洞山良价（807—869，惠能下第六代），良价传曹山本寂（840—901），成立曹洞宗。良价幼时从师念《般若心经》，至“无眼耳鼻舌身意”处，即以手扪面问师云：“某甲有眼耳鼻舌，何故经言无？”其师骇然异之，即指往五洩山礼默禅师剃度。年二十一受戒后，首谒南泉，次参沩山，都不相契，后参云岩，问：“无情说法，该何典教？”云岩云：“岂不见《弥陀经》云，水鸟树林皆悉念佛念法。”良价于此有省，而犹未彻。后辞云岩，外出参学，因过水睹影，大悟前旨，有偈云：“切忌从他觅，迢迢与我疏。我今独自往，处处得逢渠。渠今正是我，我今不是渠。应须恁么会，方得契如如”。云岩闻之，传以《宗镜三昧》。后住江西高安之洞山，上堂云：“直须心心不触物，步步无处所，常无间断，始得相应，直须努力，莫闲过日。”可见良价是真实修行人，每时每刻都在用功，所以临终时命剃发，洗澡，披衣，鸣钟辞众，俨然坐化。当时大众号恸，数小时不止。良价忽开目谓众人云：“出家人心不附物是真修行，劳生惜死，哀悲何益”！复令主事人办“愚痴斋”，延七日，良价也随众饮食，斋毕乃云：“僧家无事，大率临行之际，勿须喧动”。遂入方丈，端坐而逝，时为唐懿宗咸通十年。

本寂于良价处得法后，在江西吉水开法，因仰慕六祖，遂名山为曹山，后因世乱，迁宜黄荷玉寺，学人云集，洞山宗旨，因而大盛。本寂曾解释良价的《五位显诀》与《五位君臣颂》，都是根据《宝镜三昧》，用以勘验学人及悟后保养的。例如本寂曾解释五位君臣旨诀云：

正法（君）即是空界，本来无物。偏位（臣）即是色界，有万象形。正中偏（君视臣）者，皆理就事。偏正中（臣向君）者，舍事入理。兼带（君臣道合）者，冥应众缘，不堕诸有，非染非净，非正非偏，故曰虚玄大道，无着真宗。

从这个解释上可以知道，曹洞宗旨，甚为“绵密”，所以经得起时代的考验，至今传承不绝。

希迁之后，经过道悟、崇信、宣鉴、义存，至文偃（864—945，惠能下第八代）而成立“云门宗”。文偃初参睦州道踪，踪才见来，便闭却门。文偃乃扣门，踪曰：“谁？”文偃曰：“某甲。”踪曰：“作甚么？”文偃曰：“己事未明，乞师指示。”踪开门定睛一顾，便闭却。如是连三日扣门，踪日日如此。至第三日，踪才开门，文偃乃拶入，踪擒住曰：“道、道。”文偃拟议，踪便推出曰：“秦时𫐐轹钻”，遂掩门，拶损文偃一足，因而悟入。踪印可后，指见雪峰义存，因而嗣法雪峰。文偃示众云：“三乘十二分教，缘是无言语，因什么道教外别传……虽然如此，犹是门庭之说，须是实得与么始得”。

文偃说法，气象阔大，机锋迅利，他的弟子缘密曾总结为三句，即：“函盖乾坤、截断众流、随波逐浪”。函盖乾坤是就体上说一切现成，其余二句则是就用上说纤尘不立。因此文偃常用顾、鉴、咦三种表示接引学人，可能是从道踪的机用而来。又他常用一个字回答，如有僧问：“如何是云门剑？”他答曰：“祖。”问：“如何是正法眼？”答曰：“普。”当时称为一字关，表现出云门宗的“刚劲”之风。又他常用代答的方法开示学人，也是一种非常别致的禅风，都不是通常的禅师所能效法。尤其是他所说的“须是实得与么始得”，更能体现出惠能以来真参实学的精神，不易为浮泛者所继承，所以进入北宋时期，云门宗风为之一变，到了元初，也就绝响了。

法眼宗的文益（885—958），是青原下第八世，依玄沙师备的弟子桂琛得悟。据《五家语录》卷五云，文益结伴参学，路过漳州，为雪所阻，暂住地藏院，桂琛问他到什么地方去，他答云行脚去，可见他并不了解桂琛。雪霁辞行，桂琛门送之，问道：“上座寻常说三界唯心，万法唯识，乃指庭下片石云，且道此石在心内，在心外？”文益答云：“在心内。”桂琛曰：“行脚人著什么来由，安片石在心头！”文益窘无以对，即放下包袱依桂琛求诀择。经一月余，日呈见解，说道理。桂琛对他说：“佛法不恁么。”文益云：“某甲词穷理绝也”。桂琛云：“若论佛法，一切现成”。文益言下大悟。后为南唐所重，逝世后，谥大法眼禅师，因此称法眼宗。他的《宗门十规论》自叙云：

……然虽现在顿明，事须渐证。门庭建化，固有多方，接物利生，其归一揆。苟或未经教论，难破识情。驰正见于邪涂，汨异端于大义，误斯后进，枉入轮回。文益中恻颇深，力排匪逮。拒辙之心徒壮，鼹河之智无堪，于无言中强显其言，向无法中强存其法。宗门指病，简辨十条，用诠诸妄之言，以救一时之弊。

这一篇自叙，文虽不长，而说明不少问题：一、文益文词赡博，在五家宗派中不易多得。二、"理在顿明，事须渐证"云云，与上举沩山灵祐的说法一致，也与六祖惠能的行谊相符。三、"未经教论，难破识情"之说，则提出了研究教理的主张。而在法眼语录中明确地记录着他的《三界唯心颂》和《华严六相义颂》，可见他对于唯识宗和华严宗的教义都有深刻的研究。四、禅宗传承到文益时代，开堂说法的人已经发生了很多弊病，所以说："驰正见于邪涂，汨异端于大义"，这在文益之前的历代禅师，没有这样讲过。五、举出宗门的十条弊病之中，竟有党护门风之说，可见自达摩以来建立的禅宗风范，已经破坏殆尽。法眼宗事实上是五家宗派的殿军，可用"深透"二字加以说明。

文益说："门庭建化，固有多方，接物利生，其归一揆"，这是对五家宗派的分别建立而言，未始不是一种合于客观事实的说法。进入北宋之后，临济宗分为黄龙、杨岐两派。黄龙山（在今江西南昌市）的慧南（1002—1069），是临济下八世，参楚圆得印可，示众云："道不假修，但莫污染。禅不假学，贵在息心"。又设三关（上座生缘在何处，我手何似佛手，我脚何似驴脚）勘念学人，门庭严峻，人喻之如虎，传一百六、七十年而绝。

杨岐山（在今江西萍乡县北）的方会（992—1049）也是临济下八世，参楚圆得悟。当时称他浑无圭角，禅风如龙，兼怀海、希运之长，得道一的大机大用。在黄龙派法脉断绝之后，杨岐派即恢复了临济的旧称，至今不绝。

不过从杨岐、黄龙两派的语录看来，大都矜尚语句的修饰而很少真参实学。如方会的弟子守端，印可五祖寺法演所呈诗："山前一片闲田地，叉手叮咛向祖翁。几度卖来还自买，为怜松竹引清风"。未免失于轻易。自此以后，禅风有所改变，于是有"颂古""评唱"等一类禅门偈颂行世。《禅林宝训》卷下，引心闻昙贲禅师之说云：

天禧间（1017—1021），雪窦（重显，云门下三世）以辨博之才，美意变弄，求新琢巧，继汾阳（善昭，临济下五世）为颂古，笼络当世学者，宗风由此一变矣。迨宣政间（1111—1119），圆悟（克勤，杨岐下三世）又出己意，离之为《碧岩集》。……于是新进后生，珍重其语，朝诵暮习，谓之至学，莫有悟其非者。痛哉，学者之心求坏矣。

由于《碧岩集》在当时的影响极大，《禅林宝训》卷下又云："今人杜撰四句落韵诗，唤作钓语，一人突出众前，高吟古诗一联，唤作骂阵，俗恶俗恶，可悲可痛。"禅宗机用变成逢场作戏，所以圆悟的弟子大慧宗杲（1089—1163）把《碧岩录》的刻板毁掉，企图杜绝"不明根本，专尚语言，以图口舌"的禅病。不过宗杲并没有能够杜绝这种禅病，因为毁板之后不久，就重行刻板，为什么？我以为应该研究一下心闻所说的"笼络当世学者"一语。

禅宗的集大成者惠能，本来是一个不识字的，出家之后，为了直指心性，语句都很质朴平实，其后的青原、南岳、马祖、石头、百丈等，都亲自开山种地，参加劳动，所示语句也大都开门见山，质直无华，所以只要机缘凑合，村姑野老也可因而悟道。如马祖位下的凌行婆和以后的台山婆、烧菴婆等，见地透彻，机锋灵活，并不逊于得法的高僧，可见当时的禅风，比较接近于人民大众。后来禅宗的影响不断扩大，士大夫们逐渐被吸引到禅宗方面来。冠盖莅临禅门的次数愈多，村姑野老们自在参禅的机会就愈少。到了北宋，禅宗门内，除了禅和子以外，就只见到官员们憧憧往来，很少有村姑野老们的足迹。翻开重显的语录，就可以见到他和曾公会学士的交谊很深，和附马都尉李文和、于秘丞、沈祠部等也常有往还，他的荣任雪窦寺方丈，就是出于曾公会的推荐。克勤和士大夫们的来往更密，他经常为运判、侍御、朝散、安抚、少保、典御以及贵妃、郓国大王、莘王、济王等达官贵人上堂说法，历任名刹的方丈也都出于朝贵们的推荐。朝贵们都鄙视劳动，爱好"斯交"，所以禅师们就不得不抛弃"一日不作，一日不食"的锄头，拈起吟诗作赋的生花之笔来了。所谓"笼络当世学者"，似可以从这里去体会。

宗杲毁了《碧岩录》的刻板，他自已则提倡"看话头禅"，把"敲门砖"给发心参禅的人，首先欢迎的可能是士大夫们。如宗杲有一次用佛教哲理对张无垢侍郎谈《论语》的"吾无隐乎尔"，张无垢初不相契，继在游山之时闻到木樨香，宗杲随口念了"吾无隐乎尔"，据说张无垢因而豁然大悟。朱熹在答孙敬甫书中说：

见杲老（即宗杲）与张侍郎书云，左右既得此把柄入乎，便可改头换面，却用儒家语说向士大夫，接引后来学者。后见张公经解文字，一用此法。

这一事实，不但说明宗杲善于用"敲门砖"，而且把"合流"的倾向扩大到佛教以外的儒家去了，宋明理学的形成，宗杲可能与有力焉。他似乎比他的老师克勤又进了一步。

宗杲在他的《语录》里说：看话头时"须是行也提撕，坐也提撕，喜怒哀乐时，应用酬酢时，总是提撕时节。提撕来，提撕去，没滋味，心头恰如一团热铁相似，那时便是好处，不得放舍，忽然心华发明，照十方刹。"其实是应用了惠能“定慧等学”中的慧学，可是他却反对正觉（1091—1159）所倡导的“默照禅”。如他在答陈季任的书中说：“近年以来，有一种邪师说“默照禅”，教人十二时中是事莫管，休去歇去，不得做声。往往士大夫为聪明利根所使者，多是厌恶闹处，怎被邪师辈指令静坐却见省力，便以为易，更不求妙语，只以默照为极则。”事实上，正觉在《默照铭》中说：“默默忘言，昭昭现前，鉴时廓尔，体处灵然”。又在《坐禅箴》里说：“不触事而知，不对缘而照”，都是应用了惠能“定慧等学”中的定学，不过在方法上与宗杲有所不同而已，决不是什么“邪”，所以看话禅与默照禅从宋以后，经元、明、清三代以至于今，都继承不绝。不过象宗杲那样的门户之见，只是说明当时的禅风，已经变得很浅薄了。

正当禅宗流弊已经非常严重，临济、曹洞互争短长的时候，法眼宗的延寿（904—975）却撰集了《宗镜录》一百卷。他在卷六十一中云：

今时学者，全寡见闻，恃我解而不近明师，执己见而罔披宝藏，故兹编录，以示后贤，莫踵前非，免有所悔。

可见他撰集《宗镜录》的目的，是为了扶衰救弊。而延寿圆寂之后，当时丛林多不知《宗镜录》之名，法眼宗的法脉也因此断绝。大约经过一百年，才刻板流通，不久又被增改。一直到了明代，方恢复旧观。清代雍正年间，虽被推重为“达摩西来以后，宗门中述佛妙心，续绍佛命，广济含生，利益无尽者，未有若禅师此书者。”但也没有在禅门中发生应有的作用。原因是禅宗门庭朽腐，即使金代有曹洞宗的万松行秀，元代有临济宗的中峰明本，明末清初有圆悟（临济宗）、元贤（曹洞宗）等宗师，也没有能够挽回颓势，却陆续出现了以下三种情况：一、宋初以后，不断有人提倡禅修与念佛合一。二、为了争夺法统，出现了唐代有两个道悟同时在湖北江陵弘传禅法，而把其中一个作为马祖道一的法嗣。于是云门、法眼二宗，就归属于南岳怀让一系。青原行思一系下，就只有曹洞一宗了。三、清帝雍正撰写《拣魔辨异录》一书，以政治威力，干涉禅宗内部的纠纷，致使被镇压的三峰派系的各大禅寺如杭州的灵隐寺等，遭受改换门庭的打击，禅宗流传至此，就更奄奄无生气，所以满清中叶以后，净土信仰更为普通，禅宗已成强弩之末，不穿鲁缟了。

禅宗史略

禅宗　中国佛教宗派。主张修习禅定，故名。又因以参究的方法，彻见心性的本源为主旨，亦称佛心宗。传说创始人为菩提达摩，下传慧可、僧璨、道信，至五祖弘忍，下分为南宗慧能，北宗神秀，时称“南能北秀”。

史略　佛教传入中国后，禅学或修禅思想一直获得广泛的流传，在东汉至南北朝时曾译出多种禅经，禅学成为相当重要的流派。相传菩提达摩于六朝齐、梁间从印度渡海东来，梁普通（公元520年～526年）前后到洛阳弘扬禅法。因其禅法不为当时佛教界所重，乃入少林寺安心壁观，以“二入四行”禅法教导弟子慧可、道育等。慧可从达摩六年，达摩授以《楞伽经》四卷。复隐居于舒州皖公山（今安徽潜山东北），传法于僧璨。僧璨受法后又隐于舒州司空山（今安徽太湖北），萧然静坐，不出文记，秘不传法。唯有道信侍璨九年，得其衣法。复至吉州（治所在今江西吉安）传法，尝劝道俗依《文殊说般若经》一行三昧，可见其除依《楞伽经》外，还以《般若经》为依据。后住湖北黄梅双峰山（一名破头山）三十多年，主张“坐禅守一”，并传法于弘忍。其另一弟子法融在金陵（今江苏南京）牛头山传牛头禅。

弘忍得法后即至双峰山东冯茂山（一作冯墓山）另建道场，名东山寺，时称其禅学为“东山法门”。其“萧然静坐，不出文记，口说玄理，默授与人”的作风，开中国佛教特有的禅风，对后来禅宗发展影响甚大。著名弟子有神秀、慧能、惠安、智诜等。相传弘忍为选嗣法弟子，命大家各作一偈，时神秀作偈：“身是菩提树，心如明镜台，时时勤拂拭，勿使惹尘埃。”弘忍认为“未见本性”。慧能也作一偈：“菩提本无树，明境亦非台；本来无一物，何处惹尘埃。”弘忍认可，并秘密传以衣法，为第六代祖。慧能得法后南归，隐居十五年，继至曹溪住宝林寺。后应请在韶州大梵寺说摩诃般若波罗密法，并传授无相戒。嗣法弟子有行思、怀让、神会、玄觉、慧忠、法海等四十余人。法海集其言行为《六祖坛经》，是为南宗。神秀于弘忍寂后至荆州当阳山玉泉寺弘禅，二十余年中门人云集，是为北宗。神会先后在南阳、洛阳大弘禅法，南宗遂成禅宗正统，慧能宗风独尊于天下。神秀北宗则门庭寂寞，传不数代即衰亡。

经典 该宗所依经典，先是《楞伽经》，后为《金刚经》，《六祖坛经》是其代表作。

理论 提倡心性本净，佛性本有，见性成佛。主要依据是达摩的“二入”、“四行”学说。“二入”指“理入”和“行入”。理入是凭借经教的启示，深信众生同一真如本性，但为客尘妄想所覆盖，不能显露，所以要令其舍妄归真，修一种心如墙壁坚定不移的观法，扫荡一切差别相，与真如本性之理相符，寂然无为。这是该宗的理论基础。行入即“四行”：报怨行、随缘行、无所求行与称法行，属于修行实践部分。慧能继承这一学说，在《六祖坛经》里主张舍离文字义解，直彻心源。认为“于自性中，万法皆见；一切法自在性，名为清净法身”。一切般若智慧，皆从自性而生，不从外入，若识自性，“一闻言下大悟，顿见真如本性”，提出了“即身成佛”的“顿悟”思想。其禅法以定慧为本。定慧即“无所住而生其心”。“无所住”指“定”，“生其心”即“慧”。慧能从“无所住而生其心”的经文中，悟出了定慧等学微旨。禅宗的一切思想，皆从此义引申扩充而来。

发展和演变 慧能著名的弟子有南岳怀让、青原行思、荷泽神会、南阳慧忠、永嘉玄觉，形成禅宗的主流，其中以南岳、青原两家弘传最盛。南岳下数传形成沩抑、临济两宗；青原下数传分为曹洞、云门、法眼三宗；世称“五家”。其中临济、曹洞两宗流传时间最长。临济宗在宋代形成黄龙、杨岐两派。合称“五家七宗”。

沩仰宗 伪山灵祐及其弟子仰山慧寂创立。其修行理论继承和发扬道一、怀海“理事如如”的精神，认为万物有情皆有佛性，人若明心见性，即可成佛。

临济宗 义玄创立。因义玄住镇州（治所在今河北正定）临济院而得名。提出“三玄”（三种原则）、“三要”（三种要点）、“四料简”（四种简别）、“四照用”（四种方法）等接引学人。因其机锋峭峻，别成一家。

曹洞宗 洞山良价及其弟子曹山本寂创立。其教法“五位君臣”说，从理事、体用关系上说明事理不二、体用无碍的道理。

云门宗 文偃创立。因文偃住韶州云门山（在今广东乳源县北）光泰禅院而得名。其禅风被称为云门三句：“函盖乾坤”，“截断众流”，“随波逐浪”。常用“顾”、“鉴”、“咦”三种表示，接引学人，表现出“刚劲”的宗风。

法眼宗 文益创立。南唐中主李璟赐谥其为“大法眼禅师”而得名。提出“理事不二，贵在圆融”和“不著他求、尽由心造”的主张。以“对病施药，相身裁缝，随其器量，扫除情解”，概括其宗风。

黄龙派 慧南创立。因其住黄龙山（在今江西南昌市）而得名。法门为“道不假修，但莫污染；禅不假学，贵在息心”。

杨岐派　创始人方会。因住杨岐山（治所在今江西萍乡县北）而得名。时人称其兼百丈怀海、黄檗希运之长，得马祖道一大机、大用，浑无圭角，宗风如龙。

禅宗五派的思想，相差无几，仅是门庭施设不同，接引学人方法有所区别，以致形成不同宗风。法眼宗文益在他所著《宗门十规论》中指出："曹洞则敲唱为用，临济则互换为机，韶阳（指云门——引者）则函盖截流，沩仰则方圆默契"，指出四派不同之点。法眼宗的宗风则为"一切现成"。

禅宗在五家七宗以后，禅风有所改变，有"颂古"、"评唱"等一类禅门偈颂行世。后有克勤作《碧岩集》，影响很大。从此禅宗机用变成逢场作戏。后克勤弟子大慧宗杲销毁《碧岩集》刻版，想杜绝不明根本、专尚语言的禅病。但不久又有刻版重出，宗杲的预定目的未能达到。后来他提倡"看话头禅"，将"敲门砖"给发心参禅者，深受士大夫们欢迎。这种佛儒合流倾向，影响到宋明理学的形成。宗杲又反对正觉所倡导的"默照禅"，称之为"邪禅"，认为是不求妙语，只以默照。实际上看话头禅应用慧能定慧等学中的"慧学"，默照禅应用其中的"定学"，两家只是方法上的不同。这两家禅学，自宋以后，经元、明、清三代，至今不绝。

正值禅宗流弊严重，临济、曹洞互争短长时，法眼宗延寿编《宗镜录》一百卷，对各派宗旨分歧持调和态度，目的是扶衰救弊。但此书在一百年后才刻版流通，不久又被增改，至明代才恢复旧观。清雍正年间曾被推崇一时，但始终未在禅门中发挥应用。以后金、元间有曹洞宗行秀，元有临济宗明本，明末清初有临济宗圆悟、曹洞宗元贤等宗师，继续弘扬禅法，都未能挽回颓势，并陆续出现三种情况：(1) 宋初，不断有人提倡禅净合一；(2) 为争夺法统，临济宗后人歪曲云门宗的传承，把云门、法眼两宗归属于南岳怀让一系，而将青原行思一系说成只有曹洞一宗；(3) 清帝雍正撰写《拣魔辨异录》，以政治威力干涉禅宗内部纠纷，迫使被压制的派系所属各大禅寺，如杭州灵隐寺等，改换门庭。禅宗至此奄奄一息。清代中叶后净土信仰普遍，禅宗已成强弩之末，不穿鲁缟。近代以来的禅寺，实际都已成为禅净合一的寺院。

影响　禅宗在中国佛教各宗派中流传时间最长，至今仍延绵不绝。它在中国哲学思想上也有着重要的影响。宋、明理学的代表人物如周敦颐、朱熹、程颐、程颢、陆九渊、王守仁都从禅宗中汲取营养。禅宗思想也是近代资产阶级思想家如谭嗣同、章太炎建立他们思想体系的渊源之一。对外传播亦甚广。八世纪，新罗僧信行入唐从神秀受法，将北宗禅传至朝鲜。道义从马祖弟子智藏受法，回国传入南宗禅，称禅寂宗，后改称曹溪宗，为朝鲜禅宗主流。十二世纪末，日僧荣西入宋，受法于临济宗黄龙派虚庵怀敞，将此宗传入日本，称千光派。俊荷受杨岐派禅法，回国弘传。南宋末年中国禅僧多人渡日，传杨岐派禅法。十三世纪初，日僧道元入宋，从洞山第十三代弟子天童如净受法，将曹洞宗传入日本。十七世纪，福建黄檗山万福寺隐元隆琦应邀赴日弘法，设坛传授禅戒，成为与曹洞、临济并列的黄檗宗，至今不衰。

（原载1988年《中国大百科全书·佛教卷》）

禅余随笔

一

现代印度哲学家路易（MоноPоH Ⅱ Ψ онPо й）用孟加拉文写的一部分《印度哲学史》，已于去年译成俄文，由苏联外文书籍出版社出版。据俄译本的序文介绍，路易是用唯物论的哲学观点来扼要地叙述印度哲学的历史的，可见是一部比较进步的著作。全书共540页，除了讲希腊哲学的130页外，他用八十三页的篇幅讲佛教哲学，占印度哲学部分的五分之一。他在引言中说，佛教和路伽耶陀派[1]相似，完全从婆罗门教的权威中解放出来[2]。佛教的逻辑，除了象迦毗罗[3]所应用的归纳法之外还包括演绎法。迦毗罗在这方面表现得胆怯与动摇，特别在宗教与神的关系上，佛教的大师们，如那先（Nagasena）世友（婆须密Vasumitra）、觉音(Buddhaghosa)则表现得坚定而无畏。在他们的冷酷的逻辑影响之下，一切神秘主义和婆罗门教的蒙昧的先验性与不可解都一扫而空。遮闭了若干世纪的浓黑云雾，在朝阳的照耀之下，消逝无踪。佛教的教理不是象迦毗罗的教理那样机械的，他的原理是辩证的。这不但表明物质的变动，而且还有新生。存在与不存在互相交错，肯定与否定——这一切范畴相互代替。恩格斯说希腊哲学家们生成是辩证法家。不过恩格斯的意见决不适用于巴门尼德、芝诺[4]等等，而是完全适用于佛教的大师们。佛教大师即使是唯心论者龙树与无著，也是辩证法家，而那先、觉音、世友、法救(Dharmatrata)、世亲、鸠摩罗多(Kumaralabdha)、婆檀陀(Bhadanta)等，则非但是辩证法家，而且还有唯物论的观点。世亲的晚年转变为唯心论者，这好像德国的哲学家黑格尔一样，他是一个唯心论者，而不害其为辩证法家。

如果说哲学史是唯心论与唯物论斗争的历史的话，那么佛教哲学中有唯心论和唯物论的斗争，也是很自然的事，所以我对于路易的这种说法，大体上是同意的。同时我又觉得，对于这种说法，不应该作为个别哲学家投其所好的见解来看，因为目前已经有其他许多哲学家发为同样的论调。如苏联科学院最近出版的《哲学史》第一章中说：

佛教在早期发展阶段上，把整个世界看成是统一的巨流，这条巨流是由许多个别的元素即物理的和心理的元素("法" Dharma)构成的。但是佛教否认物质这个一般概念，即标志客观实在的范畴。世界的元素(法)处在经常变化的过程中，在自然界中发生着永无休止的变化，无穷无尽的生和灭；存在就是不断的生存，这就是早期佛教的中心思想。恩格斯指出，像古代的希腊人一样，早期的佛教徒已经有了自发的辩证的思维（中译本第53页）。

又苏联阿尼凯也夫（АникееВ）在其所著《古代印度哲学中的唯物主义流派》一书中也说："唯物主义因素也存在于佛教哲学派别毗婆沙部和经量部中，它们承认物之现实存在是不以任何超自然力量和意识为转移的"（中译本第43页）。此外如说：人由地、水、火、风四种元素组成，人死后，地的元素即从人的躯体还归于地，水的元素还归于水，火的元素还归于火，风的元素还归于风，感觉散入虚空，没有常住不变的灵魂，也是属于唯物论方面的。当然，我们不能把这种朴素的唯物论和自发的辩证法与科学的唯物辩证法混同起来，但如果把佛教哲学中的这许多理论一笔抹煞，像十九世纪英国的高夫（A·E·Gough）那样，认为印度哲学（包括佛教哲学在内）是静止和停滞的热带思想，出于低等种族的哲人或惰性文化的人民之所创造[5]，那就十分错误的了。

二

十九世纪末（公元1897年），帝俄科学院开始在彼得格勒（即现在的列宁格勒）出版佛教文库（Bibliotheca Buddhica)第一种《梵本大乘集菩萨学论》之后，工作就一直继续不断地进行着，到1936年，苏联科学院还出版了第三十种《辨中边论》，1937年，还出版了第二十九种《佛说佛母宝德藏般若波罗密经》的梵藏文对照本。现在我先把这三十种书目译出如下。

一、寂天(Santideva)的《大乘集菩萨学论》(Siksasamuccaya)。英国彭达尔教授（C·Bendall）根据剑桥大学图书馆所藏古代梵本及俄国米那耶夫（Minaev）教授在印度发现的梵文古抄本校订出版，同时还参考了藏文及汉文的译本。出版年份为1897年。在书名下附英文解译，称该书为《佛教纲要》，是早期大乘佛教的主要典籍。

二、《佛说护国尊者所问大乘经》(Rastrapalapariprccha)。

三、《撰集百缘经》(Avadanaasataka)。斯佩尔博士(Dr·J·S·Speyer）校订的梵文本，也参考过藏文、汉文译本。出版年份为1904、1906。

四、龙树(Nāgārjuna)的《中论颂》(Mūlamadhyamakakārikās)及月称

(Candrakīrti)、般若商那巴达(Prasannapada)的解释。比利时蒲辛教授(Vallée Poussin)用法文校订的梵文本，参考了藏文本。出版年份为1903、1904、1906、1907、1910。

五、《三百佛像集》(Cборникизообѱра ений 300 бурханов)。俄国奥登堡教授(С·Ф·одвденбург)根据阿里朋亚细亚博物馆所藏的西藏画象印行。出版年份为1903。

六、《喇嘛教的宗教用品概述》(Обзор собранияпредметов дамайского кудbта)。格龙弗基里教授(А·грюнведедb)用俄文编写，1905年出版。

七、法称(Dharmakirti)的《正理一滴论》(Nyāyabindu)及法上(Dharmottara)的《正理一滴论释》(Nyāyabindutīkā)。苏联谢尔巴茨柯伊(И·Щербатской)教授校订的梵文本，出版年份为1918。

八、法称的《正理一滴论》及法上的《正理一滴论释》。谢尔巴茨柯伊教授校订的藏文本，出版年份为1904。

九、月称(Candrakīrti)的《中论释》(Madhyāmakāratāra)。亦即《入中论》。比利时蒲辛教授校订的藏文本，出版年份为1907、1908、1909、1912。

十、《法华经》(Saddharmapun d ārīka-Sūtra)。英国凯伦教授(H·Kern)及日本南条文雄教授，根据伦敦皇家亚洲学会，不列颠博物馆、剑桥大学图书馆等处所藏梵文古本校订的本子，出版年份为1908、1909、1910、1912。

十一、《正理一滴论释注》(Nyāyabindutīkātippani)。谢尔巴茨柯伊校订的梵文本，出版年份为1909。在书名下，俄文说明云："对于法上著作的解释"。

十二、《古回鹘文佛经残页》(Tisastvustik)。拉特罗夫教授用德文译出，并附钢和泰(А·Ф·Стам Годbстейн)的注释。出版年份为1909、1910。

十三、《翻译名义大集》(Mahāvyutpatti)。俄国米那耶夫教授(И·П·минаев)及米拉诺夫教授(Н·Д·Миронов)校订的梵文本，1910年出版。

十四、《观世音菩萨》(Kuan-Si-im Pusar)。拉特罗夫(W·Radloff)教授从古回鹘文译成德文，而古回鹘文是从汉译《法华经》译出的。出版年分为1913。

十五、《犍椎梵赞》(Kien-Chui-Fan-Tsan 或 Gan aīstotragathā)、《七佛赞呗伽陀》(S apta jinastavahsamāpthah)、《佛说文殊师利一百八名梵赞》(Aryamanjusrīnamastas·taka)。钢和泰根据汉文音译及藏译，还原为梵。出版年分为1913。

十六、佛护(Buddhapalita)的《中论释》(Mūlamadhyamakavrtti)。华尔绥教授(MaxWalleser)校订的藏文本，出版年份为1913、1914、1929。

十七、《金光明经》(Suvarn aprabhasa)。拉特罗夫教授及马罗夫教授(S·Malov)

校订的古回鹘文本，出版年份为1913、1914、1915、1917。

十八、多罗那他(Taranatha)的《七流教法史》(Edelsteinmine或Kah bab Dun Dan，即书名下附德文说明及序文内引英文说明的“七圣示”)。格龙弗基里教授用德文从藏文译出，并附藏梵文索引，1914年出版。

十九、法称的《相续作证论》(Samtānantarasiddhi)及费纳多提婆(Vinitadeva)的《相续作证论释》(Samtānāntarasiddhitīkā)。谢尔巴茨柯伊教授校订的藏文本，1916年出版。

二十、世亲 (Vasubandhu)的《阿毘达摩俱舍论本颂》(Ablnaharmakos akārikā)及《阿毘达摩俱舍论》(Abhidharmakosakhāsyam)。苏联谢尔巴茨柯伊院士校订的藏文本，出版年份为1917。

二十一、耶输密多罗(Yasomitra)的《俱舍论疏》(Sphutārthā Abhidharmakos avyākhyā)。法国烈维(S·Lé vi)教授及苏联谢尔巴茨柯伊院士共同校订的梵文本，出版年份为1918。

二十二、《拉卜楞金殿中的弥勒像》(Статуя Майтрен в эадотом храме в ПаВране)。巴拉琴教授(В·В·бвараднйн)用俄文从藏文译出。

二十三、弥勒 (Maitreya)的《现观庄严论》(Abhisamayālankāra-Prajnāaoa rmita upades a-Sāstra)。苏联谢尔巴茨柯伊院士及奥倍密勒 (E·Obermiller)校订的梵藏文本，出版年份为1929。

二十四、法称的《正理一滴论》及法上《正理一滴论释》的梵藏、藏梵索引第一卷，出版年份为1927。

二十五、法称《正理一滴论》及法上《正理一滴论释》的梵藏、藏梵索引第二卷，出版年份为1928。

二十六、苏联谢尔巴茨柯伊院士用英文编译的《佛教逻辑》(Buddhist Logic)两卷，主要内容是译出法称、法上的著作，1930年出版。

二十七、拉特罗夫用德文从古回鹘文翻译的《金光明经》。1930年出版。

二十八、寂天的《菩提行经》(Bodhicaryāvatāra)。苏联芙拉基米尔卓夫(Ъ·Я·ВдадиМирцов)校订的蒙文本，1929年出版。

二十九、《佛说佛母宝德般若波罗密经》(Prājna-Pāramita-Ratna-Guna-Sam caya Gāthā)。奥倍密勒教授校订的梵藏文对照本，1937年出版。

三十、弥勒的《辨中边论颂》(Madhyānta-Vibhanga)及世亲、安慧(Sthiramati)的释。苏联谢尔巴茨柯伊院士用英文从梵文译出，1936年出版。

从《佛教文库》的目录以及对于它的内容有了初步了解之后来说，我个人有几点体会：

(一)近百年来，西洋佛教学者通常所用的研究方法是比较客观和科学的。因为涉及的范围太广，问题太多，有时不免支离破碎，但从语文的比较上以审定字义，从古本的校勘与翻译上以明辨教理，为佛教的研究奠定了良好的基础。《佛教文库》则是这个良好的基础当中最重要的一环。

(二) 苏联的著名佛教学者如奥登堡、谢尔巴茨柯伊，不但学识广博，态度谨严、而且乐于同其他各国的学者分工合作。如谢尔巴茨柯伊在他所校订的藏文《俱舍论颂》的一篇俄文叙言中说，藏文《俱舍论颂》及《释》的出版、英文俄文的翻译由他自己负责；梵文耶输密多罗《俱舍论疏》第一章的出版及《俱舍论疏》的法文翻译由法国的烈维教授负责，第二章以下及两种中文《俱舍论》的出版，由日本荻原云来教授负责；古回鹘文译本的出版由罗斯博士 (Dr D・Ross)负责；《俱舍论颂》及《释》的法文翻译由比利时蒲辛教授负责。这种协作的精神，真是难能可贵。

(三)从《佛教文库》的内容来看，似乎苏联的佛教学者，对于我国藏族佛教的文献比较熟悉。除上列的书目以外，谢尔巴茨柯伊还有：

陈那 (Dignaga) 的《集量论》(Pramānasamuccayavrtti) 藏文校订本及英译本。

伏斯脱立科夫 (A・Vostrikov)校订的藏文本及由藏译英的著作有：

法称的《释量论》(Pramānavārtika)及天帝觉(Devrendrabuddhi)注的藏文校订本与英译本。

陈那的《因轮择论》(Hetucakra)及丹达拉让巴(Bstan-Dar-lha-rams-pa)注的藏蒙文校订本与英译本。

土毕恩斯基(M・Tubianski)由藏译英的著作有：

嘉木样协巴(Hjam-dbyans-bžad-pa)的《宗派论》(Grub mthah)英译本。

苏联佛教学者对于我国藏族佛教既有如此甚深的因缘，所以他们对于佛教的理解，自然要受藏族佛教的影响，这对于我们研究西藏佛教方面是有帮助的。

三

近几年来，许多研究印度哲学的学者，谈到龙树和无著的学说都颇有微词。如印度的巴罗拉曼摩尔蒂(Y・Balaramamoorty)在他的《佛教哲学》一文中说：龙树弘扬新的概念，称为中观，并制定他的中观派的理论。中观是一种相对论，在它攻击教条主义的时候是不错的，但在它进一步否认任何客观真理的确实性的时候，就走入下坡路了。它已下降到一个对任何事物都加以怀疑不能肯定任何事物的理论。唯识派或瑜伽宗的创始者无著和他的兄弟世亲，完全否认客观世界，仅仅认为绝对的内心或阿赖耶识是现实的，这个理论完全违反了佛陀提出的缘生理论[6]。但在汉译龙树与无著的著作，如巴罗拉曼摩尔蒂文中提到龙树所著的《大智度论》[7]等书中所说的，就不是如此。

《中论·观业品》云："虽空亦不断，虽有亦不常，业果报不失，是名佛所说。"又《大智度论》卷七十云："但破于世间起常无常，不破世间。如无目人得蛇以为缨络，有目人言是蛇非是缨络。佛破世间常颠倒不破世间。"这都可以说明龙树并没有否定一切，至于《中论》所破，皆以"实有自性"为对象，实有自性既破，空义方成，空义成而后一切法才能出现，如《中论·观四谛品》说："以有空义故，一切法得成，若无空义者，一切则不成。"这也就是说明世间一切法生灭无常，没有"实自性"，以无"实自性"故名空，因此，空又为一切法构成的基本原理，否则一切法实有自性，恒常不变，就与生灭无常的客观现象不符，所以要破。可见龙树并没有"否定一切"。但是我们不能否认，龙树之后的中观学派中确有抱否定一切的虚无主义主张的人，如玄奘译最胜子等造《瑜伽师地释》云："佛涅槃后，魔事纷起，部执竞兴，多著有见。龙猛菩萨证极喜地，采集大乘无相空教，造《中论》等究畅真要，除彼有见；圣提婆等诸大论师，造《百论》等弘阐大义，由是众生复著空见。"这里所说的"空见"，可能就是"虚无主义"，而"有见"就是执著实有自性。

无著倡导唯识派或瑜伽宗，固然是为了解决当时佛教界存在的一切问题，同时也是针对"空见"的虚无主义而发的。如无著《摄大乘论颂》云："于绳起蛇觉，见绳了义无、证见彼分时，知如蛇智乱。"古代对于这一个颂的解释是：

此中所说的绳觉时遣蛇觉，喻观依他遣遍计执觉；见绳众分遣于绳觉，喻见圆成遣依他觉。此意即显所遣二觉（实蛇觉及实绳觉）皆依他起，断此染故，所执实蛇、实绳不复当情，非于依他以称遣故。蛇由妄起，体用俱无；绳借麻生，非无假用；麻譬真理，绳喻依他。

这是用绳蛇做比喻，说明三性（遍计所执性、依他起性及圆成实性）的体用有无。因绳而见为蛇，是虚妄的执著，体用俱无。绳借众缘和合而成，没有"实自性"，故无体。即此无实自性的原则，构成绳的客观存在故有用，此用生灭无常故云"假"，这个所谓"假"并无否认之意。上文说"非于依他以称遣"，就是说明不能否定依他的存在，这是唯识派或瑜伽宗理论上的一大特点。所以《瑜伽师地论》卷七十四云："第一（即遍计所执）是无体（此所云体，意义较广，与《摄大乘论颂》不同），能转有体；第二（即依他起）是有体，能转有无体，能生自类及起人、法二尘；第三（即圆成实）有体非能转，绝戏论故。”这里明文肯定依他有体，后来瑜伽宗的大师们乃有“性境不随心”之说。“性境”即真如及真色实心，“不随心”就是不随能缘之心三性不定，其为客观存在，意义非常明确。因此巴氏说唯识派或瑜伽宗“完全否认客观世界”，似乎也只有在唯识学派的末流里找。

附注：

(1) 路伽耶陀派（Lokayatas)又名斫婆伽或遮缚伽派（Carvakas)，即汉译佛经中所说的顺世外道。相传此派的创始者为斫婆伽，故以为教派之名，路伽耶陀即顺世之义。

(2) 原文为“从宗教的权威中解放出来”，按诸印度古代史实，应为“从婆罗门教的权威中解放出来”。

(3) 迦毗罗(Kapila)是数论的创始者。

(4) 巴门尼德（Parmenides)和芝诺(Zeno)都是希腊古代著名的哲学家。

(5) 见高夫(A·E·Gough)著《The Philosophy of the Upanishaadss》(奥义书哲学)，此据阿尼凯也夫著《古印度哲学中的唯物主义流派》一书所引。

(6) 见1956年印度出版的（New Age》(新世纪月刊）四月号第43~45页。

(7) 原文在梵语“Prajna Paramita”之后，附“ The limits of knowledge”作为解释，1956年《学习译丛》八月号所发表的译文，即直译为“知识的限制”，不妥。因梵语“Prajna Paramita”即音译的“般若波罗密多”，意译的“智度”，而“Paramita”一词有“圆满”、“极度”（Perfection）和“超越”、“卓绝”(Transcendent)之意，旧译作“度”，很确当，巴氏以英文limit（限度或最大限额）作解，亦属可通，但决不能译为limit的另一意义之“限制”。

（原载《现代佛学》1959年3月号和5月号，署名万均）

饶云随录

一

抗日期间，山西太岳地区的八路军，为了阻击日寇抢劫祖国宝贵的佛教文物《金藏》（即赵城广胜寺大藏经），曾经牺牲八个战士的生命。《金藏》现在安全地保存在北京图书馆的善本书库里，为着抢救佛教文物而英勇牺牲的八位战士，也将永垂不朽。

但是《金藏》自清初以来，就有散佚，到1934年，支那内学院派人去考查的时候，只剩下4957卷，大约损失了十分之三。所以《金藏雕印始末考》的附目里，遇有缺佚的卷帙，就注明出来。如“遐”字号至“体”字号的《大涅槃经》四十卷下注云：“存五卷，抄三卷，体帙全缺”。可是，全缺的体帙，现在发现了，这是多么可喜的事。

据山西省文物管理委员会的负责人说，1952年，赵城好义村的张筱衡先生（《金藏雕印始末考》上提到的张奇玉先生之侄）把过去收藏的谁园藏书六十七箱书籍捐献给国家，其中第十三箱是一百五十二卷卷子式的佛经，因为版式不同，当时有人认为是活字版。本年二月，我因参观访问之便，又得到山西省人民委员会办公室的协助，展阅了其中的三十七卷，发现它就是佚失的《金藏》，其中不仅有《大涅槃经》“体”字号的全帙，还有“主”帙的《景德传灯录》等，都是《金藏雕印始末考》的作者所未见过的珍籍。兹将这一百五十二卷的经目抄录如下：

字	《大方广三戒经》	三卷
乃	《法镜经》	一卷
	《佛说胞胎经》	一卷
服	《佛说离垢施女经》	一卷
	《佛说决定毗尼经》	一卷
	《郁迦罗越问菩萨行经》	一卷
	《佛说幻士仁贤经》	一卷

	《佛说阿阇贳王女阿术达菩萨经》	一卷
衣	《得无垢女经》	一卷
裳	《胜鬘师子吼一乘大方便方广经》	一卷
	《佛说摩诃衍宝严经》	一卷
	《慧上菩萨问大善权经》	二卷
	《佛说大乘方等要慧经》	一卷
	《摩尼宝经》	一卷
	《毗耶婆问经》	一卷
伐	《拔陀菩萨经》	一卷
臣	《大方广入如来智德不思议经》	一卷
迩	《大般涅槃经》	七卷
壹	《大般涅槃经》	八卷
体	《大般涅槃经》	十一卷
率	《大般泥洹经》	四卷
	《大般涅槃经》后分	一卷
宾	《佛说方等般泥洹经》	一卷
	《四童子三昧经》	三卷
归	《方广大庄严经》	六卷
王	《方广大庄严经》	二卷
树	《大乘顶王经》	一卷
	《佛说大方等顶王经》	一卷
	《佛说维摩诘经》	一卷
方	《维摩诘所说经》	二卷
	《华严一乘教义分齐章》	一卷
敢	《佛说转女身经》	一卷
图	《十八部论》	一卷
写	《新譬喻经》	一卷
禽	《四阿含暮抄解》	二卷
彩	《释迦谱》	六卷
	《释迦氏谱》	一卷
	《释迦方志》	二卷
左	《续高僧传》	五卷
达	《续高僧传》	四卷

承	《续高僧传》	四卷
明	《续高僧传》	二卷
杜	《佛说大乘圣吉祥持者陀罗尼经》	一卷
	《佛说无能胜幡王如来庄严陀罗尼经》	一卷
钟	《圣虚空藏陀罗尼经》	一卷
	《大乘日子王所问经》	一卷
	《佛说大乘善见变化文殊师利问法经》	一卷
	《佛说金耀童子经》	一卷
隶	《佛说赞法界颂》	一卷
封	《大宋新译佛说解忧经》	一卷
县	《天台八教大意》	一卷
陪	《大正句王经》	二卷
辇	《十不二门指要钞》	三卷
驰	《景祐天竺字源》	六卷
誉	《元至元辨伪录》	四卷
禅	《景德传灯录》	六卷
主	《景德传灯录》	九卷
云	《景德传灯录》	六卷
穑	《止观大义》	一卷

以上经目是根据山西省文管会初步整理的记载抄录的，其中刻本和补抄本的记载，可能有不清楚的地方，例如方字号的《维摩诘所说经》两卷都是补抄本，没有注明。又补抄本原来所写的千字文号码可能也有错误，因此在《金藏》编目的研究上也存在着问题，只有留待以后再行考订。此外《须摩提经》一卷、《佛说须摩提菩萨经》一卷及《刊修景德传灯录》一卷，在原记载上没有注明字号，所以没有列入。

在我所看到的三十七卷之中，有题跋的不多，只《圣虚空藏菩萨陀罗尼经》卷首说法图后，有题云：

永乐村施主李八　郑千户　王大　李四　周五得娘娘　郝大郎　豕鹿村宠二　刘大郎　高家保　王耶耶　杨耶耶　吉和村王氏　张官人　姚□　安水王元帅吕令使　何官人　李官人　北港村许耶耶　刘元帅各管一片

卷末有“印藏经会首僧祖美”的长条朱印，对于进一步考证《金藏》的源流，也是有用的资料。

二

关于文物古迹的普查工作，山西省做得很早，也很有成绩，其中有关佛教的文物古迹，根据安恭己等所写的材料集纳起来，在古建筑方面，除了大家知道的五台山南禅寺、佛光寺，应县佛宫寺木塔，大同上下华严寺、善化寺以外，又有平顺县王曲村唐建的天台庵佛殿、石灰村五代晋建的大云寺佛殿，规模虽不大，而小巧玲珑，具有地方性的特点。朔县城净福寺的金建弥陀殿，应县城内净土寺的金建大雄殿，平遥郝洞村镇国寺北汉建的中殿，寿阳寿王村宋建的妙胜寺中殿，晋城史南庄宋建的青莲寺大佛殿、藏经阁，介休兴地村元建的回銮寺大殿，赵城县广胜上下二寺和明应王殿的元代建筑群，也都是典型的木构建筑。在砖石建筑中，有灵丘县太白乡北魏建的觉山寺砖塔，安邑县北曲村唐建的报国寺圆形砖塔，晋城县史南庄唐建的青莲寺石塔，浑源县城内金建的圆觉寺释迦砖塔，平遥县冀郭村金建的慈相寺砖塔，各有宗教信仰上的以及历史艺术上的价值。赵城县广胜上寺砖砌琉璃装饰的飞虹塔，虽然就全部权衡上看，收分特急，最上层檐只及最下层的三分之一，缺少卷杀圆和的风味，琉璃的装饰也有繁缛不当的毛病，但就琉璃自身的质地及烧造艺术来说，确是无上精品，为现存最大最完整的明代中期琉璃塔。

壁画是古建筑的附属文物。山西的一些名贵壁画，在解放之前，被帝国主义者勾结地方劣绅和奸商盗去不少，因而遗留下来的就不多。据说在普查工作中，一共发现了十五处，其中五台山佛光寺大殿的几个拱眼上还留有唐代和宋代的画幅。赵城县广胜下寺旁边明应王殿四周的元代壁画，题材新颖，不全用宗教故事，有一幅戏剧画相当生动，使人感觉到好像立在台下看戏一般，非常轻松愉快。平顺县石灰村大云寺佛殿扇面墙上的菩萨画像，是五代晋天福年间的作品；稷山县马村青龙寺南殿的元代壁画，朔县城内崇福寺弥陀殿内的明代壁画，也都有一定的艺术价值。

雕塑方面，大同的云岗石窟和太原的天龙山石窟，中外驰名，五台佛光寺的唐塑和长子县慈林山法兴寺的宋塑，也极为各方所注意。但是近在太原河西土堂村净园寺的一尊“土佛”，却未经人道。这尊“土佛”很特别，据乾隆四年，《重金大佛碑记》云：

人间供奉佛像常也，以铜铸之常也，以金溶之常也，以木刻之常也，以石琢之常也，以泥塑以金装仍常也。惟兹大佛，独以土就，且藏之山中，隐而不显，不知几千万古。

所谓“土就”，乃是在可以挖窑洞的“立土”上，雕成一尊大佛。这尊大佛是结定印的释迦像，高约三丈，表面装了金而神态非常安闲。明嘉靖二十年《重修土堂阁楼记》云："佛像不知肇造于何时，然或者谓元宋汉间。"明代中叶已不知道佛像的年代，可见在明代之前就已雕造了。现在盖在佛像前面的阁楼还完好无损，佛像的保护也是得到重视的。将来如果把他的雕造经过考证出来，必定会在我国雕塑史上增添一项新的题材。

古本经典方面，除了第一段所说的《金藏》以外，山西省文管会最近收藏了十几卷北宋神宗元丰年间在福州东禅寺雕印的藏经。据北京图书馆善本室的负责人说，北京图书馆和上海方面都只各有几卷。可见山西的十几卷是丰常宝贵的。这十几卷经的名称和卷数如下：

《胜鬘师子吼一乘大方便方广经》一卷（推）

《佛说如来智印经》一卷（常）

《佛说海意菩萨所问净印法门经》卷九之十（密）

《佛本行集经》卷十一（荣）

《法苑珠林》卷七十四、卷七十六（经）

《菩萨善戒经》卷第八（贤）

《阿毗达磨大毗婆沙论》卷一百八（沛）

《佛吉祥德赞》卷上（桓）

《注华严法界观门》一卷

《大涅槃经》卷三十一（率）

此外还有《如来示教胜军王经》、《佛为胜光天子说王法经》等残卷多种。而在《法苑珠林》等卷首都有题记，兹按年代先后抄录如下：

福州东禅等觉院住持慧空大师冲真，于元丰三年庚申岁，谨募众缘，开大藏经印板一副，上祝今上皇帝圣寿无穷，国泰民安，法轮常转（《法苑珠林》卷七十六）。

福州东禅等觉院住持传法慧空大师冲真等，谨募众缘，恭为今上皇帝、太皇太后、皇太后、皇太妃祝延圣寿，国泰民安，开镂大藏经印板一副，总计五百函，函各十卷。元丰八年乙丑岁五月日谨题（《胜鬘经》）。

福州东禅等觉院住持传法慧空大师冲真等，谨募众缘，恭为今上皇帝、太皇太后、皇太后、皇太妃祝延圣寿，国泰民安，开镂大藏经印板一副，总计五百函，仍劝一万家助缘，有颂云：东君布令恩无涯，是处园林尽发花，无限馨香与和气，一时散入万人家。元丰八年乙丑岁五月日题（《佛说如来智印经》）。

福州东禅等觉院住持传法赐紫智华与僧契璋等，谨募众缘，恭为今上皇帝、太皇太后、皇太后祝延圣寿，国泰民安，开镂大藏经印板一副，计五百余函。元祐六年正月日谨题（《菩萨善戒经》卷八）。

福州东禅等觉院住持传法沙门智贤，谨募众缘，恭为今上皇帝祝延圣寿，阖郡官僚同资禄位，雕造大藏经印板五百余函。时元符三年十一月谨题（《阿毗达磨大毗婆沙论》卷一百八）。

福州等觉禅院住持传法广慧大师达杲，收印经板头钱，恭为今上皇帝祝延圣寿，阖郡官僚同资禄位，雕造大藏经印板计五百余函。时大观四年八月日谨题（《佛吉祥德赞经》卷上）。

福州等觉禅院住持传法广慧大师达杲，收印经板头钱，恭为今上皇帝祝延圣寿，阖郡官僚同资禄位，雕造大藏经印板计五百余函。时政和二年二月日谨题（《佛说海意菩萨所问净印法门经》卷九之十）。

从以上的七则题记研究起来，可以纠正以前关于福州东禅寺和开元寺雕造经板的三种错误说法。第一种是：东禅寺经板开雕于神宗元丰三年（公元1080年），费时二十四年刻成。即在徽宗崇宁二年（公元1103年）刻成。现在知道，到了政和二年（公元1112年）还在刻经。如果断定政和二年东禅寺经板刻成，也应该是三十二年，而不是二十四年。第二种是：开元寺经板是刺戟于东禅寺经板告成而继起的，自徽宗政和二年始事。可能也不是事实，因为那是从东禅寺经板刻成于崇宁二年的假定出发的。如果开元寺经板开雕于政和二年，而东禅寺经板在政和二年还在刻密字号的《海意菩萨所问净行法门经》，只可以说接近完成而非已经告成，当然不能说开元寺经板是刺戟于东禅寺经板的告成而继起的。第三种是：开元寺募刻经板，为了便利劝募，先雕《法苑珠林》。现在题记上告诉我们，东禅寺开始刻经就在元丰三年先雕《法苑珠林》，并非开元寺首创，当然也不能说仅仅是为了“便利劝募”了。

这许多问题关系虽然不大，但由于有了山西省文管会收集的资料，可以把过去不十分明白的问题搞得更加正确，这就不能不向山西省文管会的负责同志表示恳切的谢意。

三

苏联科学院出版的《佛教文库》(Bibliotheca Buddhica)，在1937年以前，一共出版了三十种。1960年继续出版的第三十一种，是用俄文从巴利文译出的《法句经》，译者为托巴罗夫(В・Н・Тодоров)。全书二十六品、四百二十三颂，勘同锡兰那拉达法师（Narada Thera）、佛陀达多法师（Buddhadatta Mahathera）等用英文翻译的本子，也和日本友松圆谛、福岛直四郎等用日文翻译的本子一样，都是根据巴利文藏经中小部经的原本译出的，而和我国吴代维祇难所译的《法句经》二卷、宋代天息灾所译的《法集要颂经》四卷不同，和有解释附在颂文后面的晋法矩共法立译《法句譬喻经》四卷、姚秦竺佛念译《出曜经》三十卷更是大异其趣。托巴罗夫在序文中说：

中译本和巴利文《法句经》的区别是很大的。中译本有三十九品，而巴利文本只有二十六品，因此，有人认为中译本的一些内容，在巴利文本中找不到任何反映，而事实刚刚相反。

托巴罗夫的说法是正确的，因为中译本《法句经》和《法句譬喻经》虽然都是三十九品，而《出曜经》是三十四品、《法集要颂经》是三十三品，同时《法集要颂经》和《出曜经》的最后两品都是《比丘品》（即《沙门品》）和《梵志品》），在品目上与巴利文本是相同的。至于义理方面，则原始佛教的精神，基本上是一致的。

托巴罗夫的长序分为六个部分：第一部分从佛陀的生平谈到大小乘发展的历史；第二部分谈佛教文学及其影响；第三部分先谈巴利文藏经在恢复结集三藏以前的佛教学说上可能发生的作用，次介绍巴利文藏经的内容；第四部分谈《法句经》的地位和意义，以及各种版本的大概情形；第五部分谈《法句经》的艺术成就和一些品的意义与结构；第六部分是参考书目。

在第一部分中，托巴罗夫说，佛陀涅槃之后，他的学说得到宣扬，也受到歪曲，因此有许多学者对于佛陀存在的真实性表示怀疑。例如法国的印度学家谢纳尔（E·Senart），就把佛陀的生活当作太阳神话的反映来看待。但是，尽管谢纳尔的理由已经完全一致地被推翻了，并且有人提出运用谢纳尔论证的方法，也可以把拿破仑的生活当作太阳的神话；而有许多历史学家仍旧毫无证据地对佛陀的历史存在的真实性表示怀疑，乃是对于佛教问题了解得很差的关系。托巴罗夫的这一番议论是很正确的，因而使我觉得苏联科切托夫（А·Н·Кочетов）在《佛教的起源》一文中所说：

分析经典著作与研究早期佛教艺术，可以证实佛陀的虚构性。现在，坚持佛陀符合史实性的，只不过是佛教徒和一些资产阶级科学的代表人物罢了（见中译本第37页）。

这实在是不能作为定论的。

在第三部分中，托巴罗夫根据国际上许多知名的佛教学者研究的结果，指出大乘各派的原本之中，保存着结集三藏以前若干残留的概念，这在南传佛教的典籍之中是没有踪影可寻的；因此，大乘原本在显露结集三藏以前佛教的思想与概念方面，是有其特殊的意义的。

由于发现了许多《法句经》古写本，其中包括十九世纪末二十世纪初在和阗发现的驴唇字手写残本，所以托巴罗夫在第四部分中说，驴唇字手写残本是古代印度俗语(Prakrit)的改订本，是至今已经知道的《法句经》版本中最重要的联结环节，它最终地动摇了那种陈旧的意见，即认为巴利文本最接近原始本也是最古的意见。因此，他认为在恢复《法句经》的最初原本之前，应该编纂一部相应的词典，在这部词典里应该反映出各种《法句经》版本的异文，并显示着其间相互的联系，等等。如果有了这许多初步的工作做基础，就可以去试行恢复《法句经》的最初原本的工作了。

托巴罗夫辛勤的劳动是值得称赞的，限于篇幅，我只想介绍至此为止。

（原载《现代佛学》1962 年第二期和第五期，署名鉴安）

读《宗镜录》

《宗镜录》一百卷，五代吴越国延寿（公元904年—975年）集。延寿是法眼文益的嫡系，法眼在《宗门十规论》里鼓励参禅的人研究教典，又有颂云："今人看古教，不免心中闹。欲免心中闹，但知看古教。"都是针对当时的禅师们轻视义学落于空疏的流弊而发，延寿编集《宗镜录》的动机，当然渊源于此。《宗镜录》卷四十三云：

近代相承，不看古教，唯专己见，不合圆诠，或称悟而意解情传，设得定而守愚暗证，所以后学讹谬，不禀师承。

又卷六十一云：

今时学者，全寡见闻，恃我解而不近明师，执己见而罔披宝藏，故兹遍录，以示后贤，莫踵前非，免有所悔。

延寿在这两段文里，发挥了法眼的观点，把编集《宗镜录》的原因，也说得非常明白。

据《景德传灯录》卷二十六及《净慈寺志》卷八所说，延寿得法于法眼的大弟子德韶之后，于后周太祖广顺二年（公元952年）住持奉化雪窦寺，其时，"学侣臻凑"，从他参学的人很多，因此《雪窦寺志》上有在雪窦寺写成《宗镜录》初稿的传说。宋太祖建隆元年（公元960年）吴越国忠懿王请住杭州北山的灵隐寺，明年（公元961年）又请住南山的永明寺（即净慈寺），从他参学的人多至二千余众。宋慧洪（公元1071年—1128年）《林间录》卷下云：

予尝游东吴，寓于西湖净慈寺。寺之寝堂东西庑建两阁甚崇丽。寺有老衲为予言，永明和尚以贤首、慈恩、天台三宗互相冰炭，不达大全，故馆其徒之精法义者于两阁，博阅义海，互相质难，和尚则以心宗之衡準平之。又集大乘经论六十部、西天此土贤圣之言三百家证成唯心之旨，为书一百卷传于世，名曰《宗镜录》。

考《净慈寺志》，《林间录》所说的"寝堂"，原名演法堂，建于显德元年（公元954年），凡五楹，因为延寿在此堂内集成《宗镜录》的定稿，改名为宗镜堂。

《宗镜录》集成之后，据宋元祐年间（公元1086年—1093年）杨杰《宗镜录序》说："吴越忠懿王宝之，秘于教藏"。宋昙秀的《人天宝鉴》上也说："禅师既寂，丛林多不知（《宗镜录》)名，熙宁中(公元1068年—1077年）圆照禅师始出之，……于是衲子争传诵之。"圆照的提倡，引起社会上的注意，元丰年间（公元1078年—1085年）皇弟魏端献王乃镂板分送当时有名的丛林。不过在其后的元祐年间（公元1086年—1093年)，《宗镜录》经过法涌、永乐、法真等人的"校读"，并刻新板流布，面目可能和魏端献王所刻的不同。明代的蕅益（公元1599年—1655年）在《灵峰宗论》卷七《校定＜宗镜录＞跋》里说：

永明大师……辑为《宗镜录》百卷，不异孔子之集大成也。未百年，法涌诸公擅加增益，于是支离杂说，刺人眼目，致袁中郎辈反疑永明道眼未彻，亦可悲矣。……予阅此录已经三遍，窃有未安，知过在法涌，决不在永明也。癸己新秋，删其芜秽，存厥珍宝，卷仍有百，问答仍有三百四十余段，一一标其起尽，庶几后贤览者，不致望洋之叹，泣歧之苦矣。

魏端献王的原刻本，杨杰《宗镜录序》上说："四方学者罕遇其本"，可见早已绝版；而蕅益用以校定的《宗镜录》则是根据法涌的新本，那么现今流传的《宗镜录》是法涌等人"擅加增益"的本子，而不是延寿的定本。不过法涌等人并没有把《宗镜录》修改得面目全非，蕅益说："虽被法涌杂糅，然具眼者观之，金沙可立辨也。"

《宗镜录》全书约共八十余万字，分为三章，第一卷前半为标宗章，自第一卷后半至第九十三卷为问答章，第九十四卷至第一百卷为引证章。标宗章"立正宗以为归趣"，问答章"申问答用去疑情"，引证章"引真诠成其圆信"。所谓正宗，即"举一心为宗"，此一心宗，"照万法如镜"，又编联古制的深义，撮略宝藏的圆诠，故称目录。《宗镜录》的名义如此，读者就不难想见它的内容。卷一云："剔禅宗之骨髓，标教网之纪纲，余惑微瑕，应手圆净，玄宗妙旨，举意全彰。能摧七慢之山，永塞六衰之路，尘劳外道，尽赴指呼，生死魔军，全消影响"。这是延寿编集《宗镜录》的目的，而所谓"禅宗之骨髓"、"教网之纪纲"，据卷三十四所说，教是华严，宗即达摩，因为华严示一心广大之文，达摩显众生心性之旨，其实仍不出法眼的见地。法眼在地藏院从"三界唯心、万法唯识"引起疑情，得桂琛"若论佛法，一切现成"的启示而大彻大悟，现在法眼语录里还有他的《三界唯心颂》和《华严六相义颂》。《宗镜录》全书在诠释"一心"处，引用《华严经》及贤首宗的理论最多，特别是在第四十六卷里说："若究竟欲免断常边邪之见，须明《华严》六相义门，则能任法施为，自亡能所，随缘动寂，不坏有无，具大总持，究竟无过矣。"很难说不是从法眼的见地上发展出来的。

贤首宗兴起在天台宗和慈恩宗之后，法藏、澄观博涉教海而极意谈“圆”，重重无尽、圆融无碍的说教，层出不穷，和禅宗门下经常提举的“佛语心为宗，无门为法门”互相呼应，有时禅家宗旨得到《华严》义理的引证而愈益显豁，所以禅宗五家宗派最后一宗的开山祖师法眼重视《华严》，乃是佛教发展史上必然会出现的现象。《宗镜录》卷二云：

何谓一心？谓真妄染净一切诸法无二之性，故名为一。此无二处，诸法中实，不同虚空，性自神解，故名曰心。

又卷四十五提出“一心为万法之性，万法是一心之相”，“应须性相俱通，方得自他兼利”。又卷二十八云：“本是一心真如妙性无尽之理，因体用卷舒，性相相入，理事包徧，缘性依持，义分多种，略即六相，广乃十玄。……悉入宗镜之中。”

这都是用《华严》家言诠释禅家所谈的心性，因而强调自在圆融和顿了一心的作用。如卷三十八云：“此宗镜奥旨，自在圆融，谓欲一则一，欲异则异，欲存即存，欲泯便泯。异不碍一，泯不碍存，方为自在。常一常异，常存常泯，名为圆融。”又卷二十六云：“此《宗镜录》不拣内道、外道、利根、钝根，但见闻信入者，皆顿了一心，理事圆足。”卷二十七云：“若未达一心，触途皆伪，正行亦成邪行，佛门变作魔门。若入宗镜之中，无往不利，苦行亦成妙行，邪宗即是正宗。”乃至说：“此宗镜内，无有一法而非佛事”（卷二十四）。“生老病死之中尽能发觉，行住坐卧之内俱可证真”（卷六十六）。不过，如何才能达到这种境地呢？卷三云：“一念澄寂，万境旷然，元同不二之门，尽入无生之旨。”又卷六云：“若直入宗镜，万事休息，凡圣情尽，安乐妙常；离此起心，皆成疲苦。”而所谓“一念澄寂”、“万事休息”又是什么样的状态呢？卷四十九云：

真如之性，灵通自在，照用无方，不可同无情物。佛性是生气物，不可兀尔无知，但无心量。种种施为，如幻如化，如机关木人，毕竟无有心量。于一切处，无系执，无住著，无所求，于一切时中，更无一法可得。

这和六祖惠能所说的“念念时中，于一切法上无住，一念若住，念念即住名系缚”；马祖道一所说的：“若欲直会其道，平常心是道。何谓平常心？无造作，无是非，无取舍，无断常，无凡无圣。只如今行住坐卧应机接物尽是道”；沩山灵祐所说的“一切时中，视听寻常，更无委曲，亦不闭眼塞耳，但情不附物即得”；并无二致。禅宗门下虽有“只贵子眼正，不贵子行履”的说法，而特别注重这“情不附物”的一念心行，可以说是禅宗的特色，也是历代禅师们行持的心髓。这一念心行从对于事理的彻悟而来，有时又反过来引发对于事理的彻悟。历代著名的禅师当中，有的风标超逸，行谊可师；有的自在解脱，坐亡立化；都是从这种涵养而来的。《宗镜录》全书虽然问答联绵，引证繁富，而千回百转也是着眼于此。所以《宗镜录》毕竟是借教明宗的著作，而不是混宗于教的书籍，因此在九十九卷的问答章里虽然罗列了天台、贤首、慈恩的教义，而只是一味会通，借以证明心宗的深妙，并没有料拣异同，解决教理上的问题，这是《宗镜录》的一大特点。

据蕅益的研究，本录问答章分为三百四十多段，每一段又包含若干问题，大约在第四十六卷以前，所有问答，多明法性，第四十六卷以后，多明法相。不过也并非严格区分，因为在第四十六卷以前，也有谈到法相的问题，第四十七卷以后，也有谈到法性的问题的。每四十卷以前的主要问题有：

云何唯立一心以为宗镜？

云何是心？云何是心法？

若言有真有妄是法相宗，无真无妄是破相宗，今论法性宗，云何立真立妄，又说非真非妄？

觉体不迁，假名有异，凡圣既等，众生何不觉知？

诸法所生，唯心所现者，为复从心而变，为复即心自性？

此宗所悟，还有师否？

发菩提心，当有几种？

有何因缘令诸法混融无碍？

何乃以心标宗，以治一切？

云何但了一心，无边佛事悉皆圆满？

如何是一切法皆是佛法？

即心成佛者，为即真心，为即妄心？

成佛之理，或云一念，或云三祇，未审定取何文？

佛外无心，心外无佛，云何教中更立念佛法门？

云何阐提不成佛耶？

凡曰有心，皆得成佛，如今现见众生，何不成佛？

法身无像，真土如空，皆是一心，无别依正，云何教中广谈身土？

如何是菩提之相？

一念成佛，已入信门，如何得目前了了分明而见？

此一心宗，成佛之道，还假历地位修证否？

云何非心非佛？

云何总摄千途，咸归一道？

如何是十玄门安立所以？

法唯心说者，云何教立五时，听分四众？

既以心为宗，教中云何又说破色心论？且何心可宗，何心可破？

万法唯识者，于诸识中，何识究竟？

境识俱遣，众生界空，诸佛究竟成得何法？

佛旨开顿渐之教，禅门分南北之宗，今此敷扬，依何宗教？

悟此心宗，修行之人得圆满普贤行否？

既无心念，木石何殊，又绝见闻，如何觉悟？

唯识之相，如何指示？

前标宗不言法相，云何已下更用广说诸识种现、熏习差别义理、瑜伽唯识，百法五位事相法门？

外道小乘诸古师等谬解唯识正理，凡有几种？

第四十七卷以后的主要问题有：

约有几种识？

云何世间及诸圣教说有我法？

第八识有几能变，能令诸识生长显现？

阿赖耶识与几心所相应？

种子识与阿赖耶识，为一为异？

佛种从缘起者，即是熏习义，约法、报、化三身中，是何佛种从缘起？

三量行相如何？八识各具几量？

本识变似根身器世间等，为是自变，为是共变？

有漏识变，有几种变？

此识于善、不善、有覆无记、无覆无记四种法中，何法所摄？

第八识于真、俗二谛俱建立否？

诸心法等，为有差别，为无差别？

云何说此识为一切法本？

若不立此第八识，有何等过？

第七识云何离眼等识别有自体？

染污末那常与四惑相应，云何说不共无明？

第七思量何法？

若无末那，有何等过？

若心外无实色，则眼等五识无有所缘？

前五识具几业，能瞭前境？

于眼等六识中，有几分别？

根尘所对，现证分明，如何圆通，得入空理？

意识缘境多少，三境三量如何分别？

六根分见闻觉知，都具几量？

以何经论，证有九识？

《楞伽经》所明三种识，于八识中如何分别？

云何说十一种识？

觉海澄源，一心湛寂，云何最初起诸识浪？

如何是智？

心所之门，如何开演？

无为法内，如何指陈？

真如非识之所变现，何成唯识？

八识体性，都有几种？

若不立三性，有何等过？

所变之相，如何开演？

佛之知见，如何开示悟入？

众生妄执我法二心，从何而起？

云何是二无我义？

境从何而空？识从何可有？

云何为世俗谛？云何说胜义谛？

凡圣通论，都有几境？

五蕴初科，四大元始，以何为义？

世间无有一法不从缘生，具几因缘，能生万法？

云何广辨四缘，及诸因果？

约教所论，有几种生死？

总别二报之业，如何分别？

真妄生死，约事而言，还有终始否？

或名佛性，或称如来藏，云何成藏义？云何名佛性？

云何悟入一心，能令根境悉成三昧？

云何论说诸佛常依二谛说法？

一心开真如生灭二门，有何所以？

本始二觉，从何立名？

一色一香，无非中道，以何为中道？

云何一真体上，而分五位十地之名？

佛地功德都具几法成就圆满？

云何说三身差别？

身已具三，土有几种？

涅槃非有，故经云，设有一法过涅槃者，我亦说如幻如梦，即后学之人徒劳景慕？

诸佛如来已断无明，无有心相，云何能知真俗差别之境，名一切种智？

不过前后问题以及所阐释引证的，重复的地方很多，卷第一百云："虽前引后证，文广义繁，则语语内而利益根机，闻闻中而惊新耳目，何厌重说，起此慢心"。又云："今闻《宗镜》卷卷之中，文文之内，重重唱道，一一标宗，长善提根，成于法乐。……请不生怠，厌于频闻"。从这里更加可以知道，延寿编集《宗镜录》只是借教明宗，成其对于宗的"圆信"，而并无意于解决教乘的纷争。

《引证章》引证了大乘经120种，诸祖语录120种，贤圣集六十种，共300种。其中保存了一些宝贵的文献。例如南岳怀让和青原行思的两段法语，都未见于《景德传灯录》、《古尊宿语录》等书。此外在《问答章》里所引用的《中论玄枢》、《唯识义镜》等书，现在皆已失传，幸赖《宗镜录》保存了一点资料，还能从而想见原书的大概。

《宗镜录》在禅师们轻视义学的流弊发展到相当严重的时候编集成书，在当时对于佛教界的教育意义很大。所以宋代元祐年间的宝觉禅师说："吾恨见此书晚。平生所未见之文，功力所不及之义，备聚其中"（《人天宝鉴》）。他非但手不释卷，孜孜研究，还撮录玄要，成为《冥枢会要》三卷，刻板流通。后来又有祖心增辑为《宗镜广枢》十卷（《净慈寺志》）。不过《宗镜录》的卷帙太多，对于一般佛教徒的参考来说，是有所不便的，所以清世宗（雍正）在《宗镜录》后叙里说："此书历宋元明以迄于今，宗门古德，不乏具眼，而从未见有称道赞扬，标为第一希有者，亦可异矣。"说《宗镜录》成书以后，从未有人称道赞扬是不合事实的，但阅读它的人不多则是实在情形。即如雍正用"上谕"推重《宗镜录》说："朕谓达摩西来以后，宗门中述佛妙心，续绍佛命，广济含生，利益无尽者，未有若禅师此书者也。”又“录其纲骨，刊十存二”，编为《宗镜大纲》一书，以政治力量，广为传布，也并没有达到“凡有心者，皆入此宗”的目的。推究它的原因，一个是禅宗发展到清初，已成强弩之末，提不起来了。另一个，还是《宗镜录》本身不便于一般佛教徒参考之故。

《佛祖历代通载》卷十八云：“高丽国王览师（延寿）言教，遣使齐书叙弟子礼，奉金缕袈裟紫晶数珠金澡罐等。彼国僧三十六人，亲承印记，归国各化一方。”这是《宗镜录》的影响远及于朝鲜佛教界的记载。

（原载《现代佛学》1962年第1期，署名毓之。）

碧岩录

《碧岩录》，十卷，是佛果圆悟禅师（公元1063年—1135年）于宋徽宗政和年间（公元1111年—1117年）住持湖南澧州夹山灵泉禅院的时候，根据雪窦重显（公元980—1052年）的《颂古百则》，加以评唱，又经过他的门人编集而成的。夹山是善会禅师在唐懿宗咸通十一年（公元870年）开辟的道场，在开辟之后有僧问善会，如何是夹山境？他答道："猿抱子归青嶂里，鸟衔花落碧岩前。"禅意诗情，极为浓郁，因而传诵一时，夹山也被禅师们称为"碧岩"。佛果把他的评唱集取名为《碧岩录》或称《碧岩集》，原因就在于此。

雪窦《颂古百则》所依据的掌故，除绝大部分取自禅宗公案外，又引用《维摩》、《楞严》、《金刚》等经，而且是以云门宗的公案为重点的，这从下列各则公案的统计上可以窥见一斑：

云门文偃十四则，

赵州从谂一则，

百丈怀海四则，

马祖道一、雪峰义存、南泉普愿各三则，

《楞严经》、文殊、巴陵颢鉴、镜清道怤、南阳忠国师、智门光祚、仰山慧寂、风穴延沼、投子大同各二则，其余如《维摩经》等都是一则。

云门文偃的禅风，法眼文益在《宗门十规论》里以"函盖截流"四字称颂他，云门一宗的特色，也不外乎此。"函盖"即云门三句语的"函盖乾坤"，缘密（文偃的门人）颂云："乾坤并万象，地狱及天堂，物物皆真现，头头总不伤。"这是就体上说的。"截流"亦即三句语中的"截断众流"，缘密颂云："截山积岳来，一一尽尘埃，更拟论玄妙，冰消瓦解摧。"这是就用上说的。体上一切现成，用上纤尘不立。云门说法，变化纵横，总不出此范畴，而在《云门广录》中约占篇幅二分之一的"代语"，正是体现了这种意旨。不过用法眼的标准来看云门的语句，有时不免于"任情直吐，多类于野谈，率意便成，绝肖于俗语"（《宗门十规论》），他的法孙智门光祚就有所改进。在智门光祚的语录里，简单率意的代语较少，清新文雅的语句较多，如智门颂文殊白椎的公案云："文殊白椎报众知，法王法令合如斯。会中若有仙陀客，不待眉间毫相辉。"格律声韵都很工稳，比云门所作偈颂愈见功力。雪窦重显是一个有文学素养的人，他受了智门的熏陶和当时著名禅师如汾阳善昭等人的影响，无论上堂、小参、举古勘辨，所用语句，都注意修辞，而尤以《颂古百则》为丛林所重。颂古的意旨，不出"函盖截流"的精神，而用事行文，大都有所依据，如颂文殊白椎公案云："列圣丛中作者知，法王法令不如斯。会中若有仙陀客，何必文殊下一椎。"这一首偈颂，用了智门的韵和语句，字面上虽似立意相反而更为显豁轻灵，这或者就是为丛林称重的原因所在。

佛果圆悟生在雪窦稍后，而属于临济宗的杨歧派。杨歧方会的禅风，《续传灯录》卷七说他"提纲振领，大类云门"，所以临济宗的圆悟根据云门宗的《雪窦颂古百则》加以评唱，乃是十分自然的事情。圆悟悟道因缘，据《续传灯录》卷二十五说，是从"频呼小玉元无事，只要檀郎认得声"两句所谓小艳诗悟入的，悟后偈语深得诗中三昧，可见他也是一个富有文学素养的人。他对雪窦《颂古百则》的评语道："雪窦颂一百则公案，一则则焚香拈出，所以大行于世。他更会文章，透得公案，盘礴得熟，方可下笔"。真是倾倒备至，因而在每一则公案和偈颂的前面加一段提纲式的垂示，又在公案和偈颂的每一句下面系以短小精悍的着语（夹注），然后分别在公案和偈颂后面加上评唱，成为首尾非常完全的著作，对于参究学人的启发作用是相当大的，所以当时有人称为"宗门第一书。"

不过，自从《碧岩录》问世，宗门派别逐渐倾向于合流，而"禅机"也逐渐融化于"诗境"，变化不可谓不大，所以比较保守的心闻昙贲愤愤地说："教外别传之道，至简至要，初无他说，前辈行之不疑，守之不易。天禧间雪窦以辩博之才，美意变弄，求新琢巧，继汾阳为《颂古》，笼络当世学者，宗风由此一变矣。逮宣政间，圆悟又出己意，离之为《碧岩集》。彼时……宁道者、死心、灵源、佛鉴诸老，皆莫能回其说；于是新进后生，珍重其语，朝诵暮习，谓之至学，莫有悟其非者。痛哉！学者之心术坏矣。绍兴初，佛日入闽，见学者牵之不返，日驰月骛，浸渍成弊，即碎其板，辟其说，以至祛迷援溺，剔繁拨剧，摧邪显正，特然而振之，衲子稍知其非而不复慕。"（《禅林宝训》卷四）这一段文字当中提到的佛日，就是圆悟的大弟子大慧宗杲（公元1089年—1163年）。元仁宗延祐四年（公元1317年）径山万寿寺（在浙江余杭县，大慧也在那里做过住持）住持希陵。《碧岩录》后序云："大慧禅师因学人入室下语颇异，疑之，才勘而邪锋自挫，再鞠而纳款自降，曰，我《碧岩集》中记来，实非有悟。因虑其后不明根本，专尚语言，以图口捷，由是火之，以救斯弊也”。这大概是当时的事实，“火之”，就是把《碧岩录》的木刻版烧掉。不过在元成宗大德四年（公元1304年）三教老人的《碧岩录序》云：“圆悟顾子念孙之心多，故重拈雪窦颂；大慧救焚拯溺之心多，故立毁《碧岩集》。释氏说一大藏教，末后乃谓不曾说一字，岂欺我哉。圆悟之心，释氏说经之心也；大慧之心，释氏讳说之心也。禹稷颜子，易地皆然，推之挽之，主于车行而已。”此外，大德九年周驰的序，大德六年净日的跋等，对于圆悟和大慧的论调，和三教老人所说的大致相同。《碧岩录》从此就成为“丛林学道诠要”，而模仿《碧岩录》的著作，如元代从伦评唱投子丈青的《颂古百则》，称为《空谷集》；元代行秀评唱天童正觉的《颂古百则》，称为《从容庵录》等，层出不穷。宋、元以后的禅风也都没有跳出这个窠臼。所以《碧岩录》全文虽不过十二万字左右，在中国佛教史上，则是一部对于禅风转变有深远影响的著作。

（原载《中国佛教》1989年第4辑）

晦鸣录

钟离权曰："闲来屈指从头数，得见清平有几人。"士生斯世，欲待诸缘具足，而后致力于修持者，谬矣。昔唐径山法钦禅师避乱南徙，藏一金钗于雨具中以备不时之需，同行某大德（此事未见于僧传，名待检）乘其不在而弃之。比返，觅金钗不得色变，某大德斥之而后顿然大澈。是故逆增上缘，有时反足以为进德之助。孟子所谓：天降大任，必先劳苦其人之心志筋骨者，亦此意也。今者倭寇豕突，毁我法事，名蓝倾毁，学院辍业，一切弘化刊物，除《海潮音》外，亦皆完全停刊。累累衲僧，不遑宁处，于友朋通信，以及《海潮音》上所发表之文字观之，知我佛教同仁，精神上莫不异常苦闷，此甚非佛教前途之福也。爰录古德处乱之法，以为我佛教同仁龟鉴，标曰"晦鸣"，取风雨如晦、鸡鸣不已之意也。

分众弘化

释道安，姓卫氏，常山扶柳人。事佛图澄为师。于太行恒山创立寺塔，改服从化者，中分河北。年四十五，还冀部住受都寺，徒众数百，常宣法化。石虎死，彭城王嗣立，遣中使请安入华林园。安以石氏之末，国运衰危，乃西適牵口山。迄冉闵之乱，人情萧索。安乃谓其众曰：今天灾旱蝗寇贼纵横，聚则不立，散则不可，遂复率众入王屋女林山。顷之，复渡河依陆浑山栖，木食修学。俄而慕容俊逼陆浑，遂南投襄阳。行至新野，谓徒众曰：今遭凶年，不依国主，则法事难立，又教化之体宜令广布。咸曰随法归教。乃令法汰诣扬州，曰：彼多君子，好尚风流。法和入蜀，山水可以修闲。安与慧远等四百余人渡河。既达襄阳，复宣佛法。

勉王抗敌

求那跋摩，此云功德铠。宋元嘉初，迎请西来，当其犹在关婆国时，颇为国王所敬，顷之，邻兵犯境，王谓跋摩曰：外贼恃力，欲见侵侮，若与斗战，伤杀必多，如其不拒，危亡将至，今唯归命师尊，不知何计。跋摩曰：暴寇相攻，宜须御捍，但当起慈心，忽兴害念耳。王自领兵拟之，旗鼓如交，贼便退散。王遇流矢伤脚，跋摩为咒水洗之，信宿平复。

不负所托

释僧导，京兆人，博洽有风神，为宋高祖所重。高祖肃清长安后东归，留子桂阳公义真镇关中，临别诏导曰：儿年小留镇，愿法师时能顾怀。义真后为西虏所逼，出自关南，中途扰败，追骑将及。导率弟子数百人遏于中路，谓追骑曰：刘公以此子见托，贫道今当以死送之，会不可得，不烦相追。群寇骇其神气，遂回锋而反。义真走窜于草，会其中兵段宏，卒以获免。高祖感之，因令子侄内外师焉。后立寺于寿春，即东山寺也。常讲说经论，受业千有余人。会虏灭佛法，沙门避难投之者数百，悉给衣食，其有死于虏者，皆设位行香，为之流泪哀恸。

舍身济众

释法进，或曰道进，或曰法迎，凉州张掖人，有超迈之德，为沮渠蒙逊所敬。逊卒后，安周继景环而立。值岁饥荒，死者无限。周既事进，进属从求乞以赈贫饿，国蓄稍竭。进不复求，乃净洗浴，取刀盐至深穷窟饿人所聚之处，次第授以三归，便挂衣钵著树，投身饿者前云：施汝共食。众虽饿困，犹义不忍受。进即自割肉柱盐以啖之。两股肉尽，心闷不能自割，因语饿人云：汝取我皮肉，犹足数日，若王使来，必当将去，但取藏之。饿者悲悼，无能取者。须臾弟子来至，王人复至，举国奔赴，号叫相属，因举之还官。周敕以三百斛麦，以施饥者，别发仓廪，以赈贫民。至明晨乃绝，出城北阇维之，烟焰冲天，七日乃歇。尸骸都尽，唯舌不烂，即于其处，起塔三层，树碑于右。

固志不移

帛远，字法祖，河内人。研味方等，妙人幽微，世俗坟索，多所该贯。白黑宗禀，几且千人。晋惠之末，太宰王颙镇关中，虚心敬重，待以师友之敬。祖见群雄交争，干戈方始，欲潜遁陇右，以保雅操。会张辅为秦州刺史镇陇上，祖与之俱行。辅以祖名德显著，众望所归，欲令反服，为己僚佐。祖固志不移，由是结憾。先有州人管蕃，与祖论议，屡屈于祖，蕃深衔耻恨，每加谗构。一日，祖诣辅共语，忽忤辅意，辅使收之行罚。众咸怪惋，祖乃呼十方佛，祖前身罪缘，欢喜毕对，愿从此已后，与张输为善知识，无令受杀人之罪。遂便鞭之五下，奄然命终。孙绰道贤论以之匹稽康云。

不废传译

昙摩难提，又云法喜，兜佉勒人，以苻氏建元中至于长安。先是中土群经，未有四含，坚臣武威太守赵正，欲请出经。时慕容冲已叛，起兵击坚，关中扰动。正慕法情深，忘身为道，乃请道安等于长安城中，集义学僧请难提译出《中》及《增一两阿含》第一百六卷。及姚苌寇逼关内，人情危阻，难提乃辞还西域。其时也，苻坚初败，群锋互起，戎妖纵暴，民流四出，而犹得传译大部，盖由赵正之力。正字文业，洛阳人。情度敏达，学兼内外，深为坚所倚任。坚死后出家，更名道整。

持名免厄

释道汪，长乐人，庐山远公弟子，研综经论，雅善涅槃，蔬食数十余年。尝至梁州，为羌贼所围，垂失衣钵。汪与弟子数人，誓心共念观世音。有顷，觉如云雾者覆汪等身，群盗推索不见，于是获免。

济施四载

那连提黎耶舍，此云尊称，北天竺乌场国人。齐天保七年至于京鄴，文宣礼遇隆重，安置天平寺中，请为翻经三藏。周武灭齐，佛教与国，一时平殄。耶舍外假俗服，内袭三衣，避地东西，不遑宁息。五众凋窘，投厝无所。俭饿沟壑者，减食施之，老病无力者，随缘济益。虽事力匮薄拒谏行之，而神志休强，说导无倦。屯负留难，更历四年。

结心护戒

慧布，姓都氏，广陵人，从止观寺诠法师学大乘，慧悟遐举，南岳思禅师等，并叹赏之。梁太清末，侯景作乱，荒馑累年，三日失食。至第四日有人遗布饭而微似猪肉之气。虽腹如火然，结心不食。又曾患脚气，医令服蕹，自此至终，常陈此罪。或见诸人乐生西方者，告云西方乃净，非吾愿也。如今所愿，化度众生。如何在莲华中十劫受乐，未若三途处苦救济也。

鉴乱如归

释亡名，俗姓宋，南郡人，本名阙，深为梁元帝之所礼待。有宝人铭曰：余十五而尚文，三十而重势位。值京都丧乱，寇冕沦沉，海内知识，零落殆尽。乃喟然叹曰，夫以回天倒日之力，一旦早凋，岱山磐石固，忽焉烬灭，定知世相无常，浮生虚伪，譬如朝露，其停几何。大丈夫生当降魔，死当饲虎，如其不尔，修禅足以养志，读经足以自娱，富贵名誉，徒劳入耳。乃弃其簪弁，剃其发须，衣纳杖锡，听讲谈玄云云，文多不具录。又著《至道论》、《影喻论》、《修空论》等，盛重于世。

挺身护法

慧远，姓李氏，燉煌人。仪止冲和，局度通简。负岌之徒，相谊亘道，併悟继接，不略三余，沐道成器，非量可算。及承光二年春，周武灭齐，便行废教，敕前修大德，并赴殿集。帝自升高座，叙废立义云：真佛无像，则在太虚，遥敬表心。佛经广叹而有图塔崇丽，造之致福，此实无情，何能恩惠，愚民响信，倾竭珍财，广兴寺塔。既虚引费，不足以留，凡是经像，尽皆废灭。父母恩重，沙门不敬，勃逆之甚，国法岂容。并退还家，用崇孝始。朕意如此，诸大德谓理何如。于是沙门火统法上等五百余人，咸以帝为王力，决谏不从，佥合默默。下敕频催答诏，而相看失色，都无答者。远顾以佛法之寄，四众是依，岂以杜言，情谓理伏。乃出众答曰：真佛无像，信如诚旨，但耳目生灵，赖经闻佛，藉家表真，若使废之，无以兴敬。帝曰：虚空真佛，咸自知之，未假经像。远曰：汉明已前，经像未至，此土众生，何故不知虚空真佛。帝时无答。远又曰：若以形像无情，事之无福，故须废者，国家七庙之像，岂是有情，而妄相尊事。帝不答前难，诡通后言，乃云：佛经外国之法，此国之用，七庙上代所立，朕亦不以为是，将同废之。远曰：若以外国之经，废而不用者，仲尼所说出自鲁国，秦晋之地，亦应废而不学。又若以七庙为非，将欲废者，则是不尊祖考。帝又不答。远曰：陛下向云退僧还家崇孝养者，孔经亦云，立身行道以显父母，即是孝行，何必还家，方名为孝。帝曰，父母恩重，交资色养，弃亲向疏，未成至孝。远曰：陛下左右，皆有二亲，何不放之，乃使长役，五年不见父母。帝曰，朕亦依番上下，得归侍奉。远曰：佛亦听僧冬夏随缘修道，春秋归家侍养。帝又无答。远抗声曰：陛下今恃王力自在，被灭三宝，是邪见人，阿鼻地狱不拣贵贱，陛下何得不怖。帝勃然大怒，直视于远曰：但令百姓得乐，朕何辞地狱诸苦。远曰：陛下以邪法化人，现种苦业，当共陛下同趣阿鼻，何处有乐可得。帝理屈更无所答，乃下敕云：僧等且还，后当更集。当斯时也，齐国初亡，周兵雷震，见远抗诏，莫不流汗，而远神气嵬然，辞色无挠。上统衍法师等执远手泣而谢曰：天子之威，如龙火也，难以犯触，汝能穷之，大经所获法菩萨，应当如是。彼不悛改，非汝咎也。远曰：正理须申，岂顾形命。即辞诸德曰：时运如此，圣不能违。法实不灭，不以忧恼。遂潜于汲郡西山，勤道无倦。三年之间，诵《法华》、《维摩》等各一千篇，用通遗法。既而山谷饮禅诵无歇。及隋受禅，大兴佛法，远蒙敕召，受沙门都，又敕住兴善寺等，四方投学，接踵于道。

廉存造次

灵裕，俗姓赵，典阳人。著《华严》、《维摩》、《般若》、《涅槃》等疏，百余卷，为隋代朝野道俗所宗。周武灭齐之时，潜形世壤，衣斩缞三升之布，如丧考妣，誓得佛法更始，方袭旧仪。引同侣二十余人，居余聚落，夜谈正理，昼读俗书。时属俭岁，粮粒无路，乃造《卜书》一卷，令占之取坐标价，日市米二升，以为恒调。既而言若知来，疑者丛闹，得米遂多。裕曰：先民有言，舐密刃伤，验于今矣。索取《卜书》，对众焚之。日别自往，须臾获价，卷席而归，所得食调，及时将返，用供同厄，遂达有年。

（原载《海潮音》1938年第19卷第6号，署名万均）

曹溪南华寺历代沿革考

梁天监初，西域有智药三藏者，浮海西来，自广州登陆而北。经曹溪口，掬水饮之，香美异常。语其徒曰：此水与西天之水无异，源上必有圣地堪为兰若者。乃溯流穷源，至于曹侯村，四顾山水回环，峰峦挺秀，叹曰：宛如西天宝林山也。顾谓居民曰：可于此山建一梵刹，百七十年后，当有无上法宝，于此演化，得道者如林，宜号宝林。时韶州牧侯敬中，以其言具表奏闻，上可其请，赐额“宝林”，遂成梵宇。此梁天监三年事，前于六祖生年贞观十二年戊戌二月八日子时，134年。隋末兵燹，鞠为茂草，尔时建筑规模，亦更无可考见。想开创之初，筚路蓝缕，当不能宏丽庄严如京师诸寺刹者也。

唐咸亨二年，六祖北上寻师，至于韶州，遇高行士刘志略结交为友。志略有姑为尼号无尽藏，常读《涅槃经》。祖暂听之，即为解说其义。尼遂执卷问字，祖曰：字即不识，义即请问。尼曰：字尚不识，曷能会义？祖曰：诸佛妙理，非关文字。尼深叹服，号为行者，又告乡里耆艾，申请供养。于是众议营葺“宝林古寺”，俾祖居之，四众云集，俄成宝坊。寻以求法心切，决然舍去，直造黄梅。此《景德传灯录》卷五之说，与《坛经·自序品》不合。《自序品》云：“惠能安置母毕，即便辞违，不经三十余日，便至黄梅，礼拜五祖。”夫自新州至黄梅的三千里，以每日行百里计之，三十余日，差足以达，则又何能待营葺告成而后去耶？《灯录》之说，盖不足据。《宋高僧传》卷八云：“有劝于宝林古寺修道，自谓己曰：本誓求师而贪住寺，取乎道也，何异却行归舍乎，明日遂行。”此差可信，大约祖与刘志略本有瓜葛，便道访旧，因而谈玄，又因而有住寺之劝，一席间事，费时不多，无背于《自序品》之说。然既劝祖于宝林古寺修道，而不及营葺之事，岂当时犹有殿堂禅室，堪寄瓶钵者乎。其如鲁殿灵光，巍然独存于兵火之余，抑更经檀施之复兴缔构，不可得而知矣。

《自序品》又云：“惠能后至曹溪，又被恶人寻逐”。此得法南归后事，《传灯录》、《高僧传》以及法海所撰事略，皆无记载。然以情理度之，时祖虽得东山衣钵，而见嫉于神秀之徒，琐尾流离，无枝可托。曹溪有宝林寺，复有无尽藏等虚心求法之士，人地相宜，暂来寄迹，乃意中事。此次仅居九月，而其为当地人士之所推崇，则可想见。故嫉之者得以按图索骥，远来加害，今香炉峰下犹有避难石云。至于修造，则无尽藏等既非有力之人，祖犹作俗士装，时亦甚暂，当无可观。

仪凤元年祖在广州祝发受戒，二年春，辞众归宝林。印宗与缁白送者千余人，直至曹溪。时荆州通应律师与学者数百人依祖而住，故《事略》有云：

师至曹溪宝林，观堂宇湫隘，不足容众，欲广之。遂谒里人陈亚仙曰：老僧欲就檀越乞坐具地，得不？仙曰：和尚坐具几许阔？祖出坐具示之。亚仙唯然。祖以坐具一展，尽罩曹溪四境，四天王现身坐镇四方，今寺境有天王岭，因兹而名。仙曰：也知和尚法力广大，但吾高祖坟墓，并坐此地，他日造塔，幸望存留，余愿尽舍，永为宝坊。

此皆未为《传灯录》及《高僧传》所取，余亦疑之。夫六祖此次之来曹溪，送者余人，韶州刺史韦璩且请于大梵寺转妙法轮，并受无相心地戒。一时声势，何求勿得。必待显示神通而后得地，是无信心檀施矣。故宋姚令威《西溪丛话》卷上云：

咸亨中有晋武侯玄孙曹叔良者，住在只峰山宝林寺左，时人呼为双峰曹侯溪。至仪凤中，叔良惠地于大师。自开元天宝以来，时人乃号六祖为双峰和尚。传后题云（按是《唐李舟作能大师傅》，今佚）。《安南越》记：晋初，南方不宾，敕授恒山立曹溪为镇界将军兼和平南总管。晋室复后，封曹候为异姓王，居石角双峰两峤之间。自仪凤二年，叔良惠地于大师，愿陪贵寺，方呼为双峰曹侯大师也。

据此可知事略之说，乃粉饰之词也。

《事略》又云：

“师游境内，山水胜处辄憩止，遂成兰若一十三所，今日花果院，隶籍寺门。”是除主刹之外，又有附庸之兰若十三所也。主刹建设情形，已无可考。花果院之遗址，亦无一存，仅能于《曹溪通志》中知其名目位置而已。兹特录之于次，以见当时之伟观。

一兴云寺，在库前。一崇云寺，在杨梅田头山。一资圣寺，在石宝坪。一灵山寺，在双石领尾，即虎榜山水口。一当林寺，在曹冈。一原峰寺，在谭田头，即高陂角。一宝典寺，在演山显村。一郁林寺，在其田。一高泉寺，在潩溪。一东林寺，在苍村。一望云寺，在木坪。一深峰寺，在社溪。

据上所列仅十二所，其一或者以为即是主刹。非也，盖《事略》既谓花果院十三所隶籍寺门，主属分明，不容混计，则十三所中，已有一所之名目位置，早已失传矣。

祖之入灭，为先天二年八月三日，住持宝林，共三十六年。此三十六年间，中宗改寺名为中兴，及赐摩纳宝钵于前；武后又于万岁通天元年赐水精钵盂、摩纳袈裟等于后，睿宗神龙三年改称法泉，敕韶州刺史重加严饰，并赐祖新州旧宅为国恩寺。山门鼎盛绝后空前，乃曹溪之黄金时代也。嗣后，开元中又改称建兴，上元中改称国宁。（此据《西溪丛话》，又云神龙中改为广果。）上元元年肃宗遣使就请祖衣钵归内供养。至永泰元年代宗梦祖请衣钵，敕遣镇国大将军刘崇景顶戴送还，并令僧众亲承宗旨者，严加守护，勿令遗坠。宪宗元和七年，岭南节度使马总请于朝，为祖求称号，诏谥大鉴禅师，塔曰元和灵照。柳宗元、刘禹锡等撰文记之。

唐末刘氏称制番禺，每遇上元烧灯，迎真身入城，为民祈福。宋太祖平南海后，韶州盗周思琼叛乱，塔庙悉成灰烬，而真身为守塔僧保护，一无所损。寻有制兴复，功未竟，会太宗即位，留心禅门，颇增壮丽焉。太平兴国三年，改称南华，加谥大鉴真空禅师，塔曰太平兴国。真宗天禧四年，帝承庄献皇太后旨，遣使曹溪，迎信衣入宫瞻礼，寻送还并赐藏经供器。仁宗天圣十年，复迎真身及衣钵入大内供养，仍遣使送归曹溪，加谥大鉴真空普觉禅师。神宗熙宁元年，又加谥大鉴真空普觉圆明禅师。三朝优礼，不让李唐，祖庭固仍盛也。南宋绍兴二十四年，塔复罹回禄之变，至三十三年，由住持僧奉宁募损修复。

元末群盗蜂起，所至焚掠，南华自亦不免。至洪武初元，已颓败不堪矣，永乐间始稍加修葺。其后宣德朝则有金书《法华经》及丝绣罗汉十八幅之赐，正统朝则有金书《华严经》二部之赐，宏治及嘉靖朝，则有九莲观音像及护持金牌之赐。复经僧慧淳于成化二十一年重建信具楼，僧如靖于正德二年重修六祖说法堂，僧清洁于正德十二年重修大殿，僧太仓于嘉靖十六年自费重修祖殿，僧悟全于嘉靖二十年重建方丈，僧文瑞于弘治间重修禅堂，僧智汉于正德十一年重修塔，俱见曹溪道志各碑文。祖庭慧命，赖此得免于中绝，而零落之状，略可概见。即于此时，复由十方制而变为子孙制。

万历间，南华殿宇，有宝林门、罗汉楼、大殿、经阁、钟鼓楼、祖殿、塔、禅堂、法堂、方丈，犹具丛林气象，而寺僧则习于下流，无复僧相。憨山《中兴曹溪禅堂香灯记》中云：“僧徒各务庄农，失其本业。久而不法，招集四方亡命，盘据山中，开张铺店，屠沽淫赌。初借赀于僧而后反为害。山场田地房舍多被吞噬，日久庐墓遍山中。积年既久，牢不可破，僧俗倒置，秽污丛杂。由是而外侮日至，官讼勾牵，动以奸为名，而僧不堪命。”又《中兴宝录》云：“寺中百门，皆扃其户，入门绝无人迹，惟祖殿侍奉香火数僧及住持方丈而已。”衰颓芜秽，至于此极，殆不足以使人信其过去之光荣史矣。

屯监海门周公署南韶，欲力振之，未几而去。既而惺存祝公视事韶州道，乃毅然拯救。会直指程公达，两广制府刘公继文亦谋修建，共推憨山大师肩其任。师以庚子冬月应命入山，念祖庭法道攸系，誓死从根本上着手整理。选僧捧诵以祝厘，授戒法以励清修，教僧童以树人材，培祖龙以护道脉，改风水以消凶煞，驱流棍以除腥膻，新祖庭以崇香火，辟神路以壮规模，廓廊庑以整瞻视，清租课以厚常住，立库藏以储蓄积，设监寺以专典守，刻票号以明收支，种种颓靡，一旦振起。又今禅堂为道场根本，乃为僧居，即捐资买地，移七主，各为修整安居，以易其基。继修正堂五间，前殿五间，穿堂三间，左右廊房各七间，方丈库房各三间。复以自买栴檀林房以易僧居为香积厨，修华严楼为祖庭头门，建无尽庵以补汉龙，买僧寮以为药宝，立智药三藏为开山祖。百废俱举，几七年而工将半。豪右忌之，诬以侵吞常住，讼于按台。经年案白，而师以老病谢事，建设未完，大德又去，子孙顽劣，乃无规范，是以终为复兴之障也，惜哉！

清康熙朝，平南王尚可喜入粤，兴崇梵宇。知海内选佛名场，曹溪实首屈一指，即为规画修复。土木所费，约十余万，总理其事者为真修实行和尚。今据碑文，约略述这于次。

据《事略》，寺殿前有潭一所，龙常出没其间，触挠林木。一日现形甚巨，波浪汹涌，云雾阴翳，徒聚皆惧。祖叱之曰：你只能现大身，不能现小身。若为神龙，当能变化，以小现大，以大现小也。其龙忽没，俄顷，复现小身跃出潭面。祖展钵试之曰：你且不敢入老僧钵盂里。龙乃游扬至前，祖以钵舀之，龙不能动，祖持钵归堂，与龙说法，龙遂蜕骨而去。《宋高僧传》所记大同，当是事实。自龙化后，六祖拟以土石将潭填平，于上建殿，功尚未完而寂。憨山大师亦有志填筑而亦未果。平藩填平之，即于上建大雄殿。殿前为罗汉楼，楼下列四天王像，盖即古制山门也。殿后原为御经阁，改为新祖殿。门前左右列御碑亭，殿左有铁塔一座，所以镇压龙属者。又左列说法堂，东角为普庵殿，前折而西为南廊，又前折而左皆僧寮。殿右为西廊，亦僧寮，前折而左为南廊，是为正区。

新祖殿左为旧祖殿，殿之前陛，即陈亚仙祖墓，墓前数步为宝塔，塔前为诸天殿。祖殿左为方丈，其前为本来堂、说法堂，又前为禅堂，其右为伽蓝堂，又前为尚王生祠，祠后为韦驮殿。说法堂之东为护法堂，其侧为观音殿，西向。护法堂之前东廊为香积厨，亦西向。是为左区。

旧祖殿后为程苏庵，又左后为飞锡桥，为伏虎亭，龙王亭。其正区罗汉楼之前为宝林门，又前为曹溪门，为挹翠亭。最前为曹溪古渡亭，亭前即曹溪。挹翠亭之东为观音桥，又东为东来桥，通翁源路。挹翠亭之西为西来桥，又西为饮香亭，通曲江路。此其建筑规模，堪称闳大，复请木陈高足雪樵禅师为住持，阿盘继之，曹溪宗风，稍稍复振。

阿盘之后，无可征考，而十房子孙，则依然存在。又《曹溪通志》卷首所绘南华全图，塔前无殿宇，大殿前仅有钟鼓楼、罗汉楼，及降龙塔、御碑亭，与平藩所建筑者不合。或者该图是道光十六年刘学礼重刊通志时所补，而诸天殿、普庵殿以及僧寮等在当时皆已不存矣。同治甲戌，林述训、张希东等募集万金，将全部屋宇重加修葺，至光绪元年而工始竣。民国八年李根源等捐赀补葺罅漏。自此以后，日渐衰颓，至民国二十二年（1934年）而寺僧之坠落，一如憨山未至南华之时。据虚云和尚云：祖殿前左右两厢开铺卖鸦片，殿后即两大茅坑，其他可知。

民国二十二年（1934年），李汉魂师长驻节韶州，偶游曹溪，见寺僧不肖，有辱祖庭，乃发重兴之愿，当即派员入闽迎鼓山涌泉寺住持虚云和尚主持其事。一时善信如云，群起为助。

（原载《狮子吼月刊》1988年第27卷，署名万均）

灵隐小志

再版前言

1947年2月我曾经写成《灵隐小志》一书，由灵隐寺发行，初版二千册，不久即销售一空。正拟再版而时局日趋紧张，我于赴港讲经返杭之后，又不得不再赴香港，再版之事就无从考虑了。解放以后，由于书中观点有待修订，而我又在北京工作，无暇及此，因此就没有再版。

解放之初，灵隐寺大殿毁于白蚁，经政府拨款重修，焕然一新，其中大佛一尊，在造形上曾得到周恩来总理的指示，使能圆满无缺。十年浩劫之初，灵隐寺一度有被破坏的危险，也因周总理的威望所及，得以免于劫难。因此，在粉碎“四人帮”之后，灵隐寺经过修葺，重行开放，得到广大群众的热烈欢迎。对于政府落实宗教信仰自由的政策也更深入人心。

1980年4月中旬，我于游罢黄山之后，回到我出家之地的灵隐寺，只见殿宇庄严，游旅如云，而缺乏介绍灵隐历史古迹的作品，因此有修订再版《灵隐小志》的想法，也得到寺方负责人的赞同，而苦于手头已无原书，不易著笔。丁云川同志听到这个消息，于出差来京之便，带来旧藏《灵隐小志》一册，真如大旱之望云霓，喜出望外。于是改文言为白话，删除一些不必要的章节，作为导游之用。“自序”一文，系初版原作，录存供参考。书中有错误或不妥之处，敬希读者随时赐教，以便改正。1980年9月5日，巨赞于北京中国佛教协会。

初版自序

订知己于山川，已无俗骨；礼空王于梵刹，渐涤尘襟。是以灵隐鹫峰，常为高僧之化域，钱塘明圣（西湖旧名钱塘湖，明圣湖在其南），亦成名士之蘧芦。方志所传，遗徽犹在，攀寻所至，芳躅可追。然而灵隐三书（清孙治《灵隐寺志》，厉鹗《增修灵隐寺志》，沈镤彪《云林寺续志》），棼于体例，武林掌故，积若邱山，览之者如入海量沙，述之者多断章取义，稽考差可，探胜则非，于是有《灵隐小志》之作。将以揭自然之幽奇，彰前贤之懿范，登游人于觉路，语信士以玄诠。张岱有云，若云善游西湖，惟在深情领略，世间伧父，何易言游，余于于林，亦同此感。夫阳和焕发，景物华鲜，茸茸之芳草连天，澹澹之烟波无际，都人士女，倾城来游，控香鞯，拥翠軿，盈衢塞路，累迹摩肩，此固未免乎嚣，而或以为俗者也。然当钟鸣夜静、月朗中天，林间之宝殿巍巍，涧底之泉声活活，则如封右丞之图画，满目空明。朝暾甫上，梵呗初宣，鸲鹆翩翩以争鸣，清露垂垂而欲滴，则如咏渊明之篇什，生意盎然。雨止瀑肥，急流如注，壑轰轰分雷震，峰耸耸而似飞，则如读昌黎之古文，神魂陡壮。越涧穿林，登高远瞩，江浩渺兮似海，城屯聚而若蜂，则如歌东坡之诗余、心胸并朗。摩诘之画，元亮之诗，退之之文，子瞻之词，皆文化之精英而艺林所珍赏者也，乃俱能于灵隐得其彿佛，游岂易言哉。东晋开山迭经兴废，千六百载，名德如林。永明大慧之禅修，赞宁契嵩之著作，道标皎然之吟咏，道济守益之神奇，或传佛祖之心灯，或示迷徒以正轨，功在圣教，矩矱常存，不有所书，将同忘祖。《萍栖诗抄》，却非上人之作也，《还斋吟草》，则作者之俚句，附之篇末，聊志幻迹。将来建置，众议佥同。愿力庄严，固有待于贤者，信施功德，尚期望于诸方。读本书者，幸留意焉。民国三十五年（1946六）夏历十月初六日，巨赞谨叙于灵隐寺。

山水景物

杭州一名武林，宋淳祐《临安志》（施谔撰）卷八云：

《西汉志·会稽郡钱塘》注，武林山，武林水所出，《祥符旧经》云，在县四十五里，高九十二丈，周围一十二里。又名灵隐山，隐苑山，仙居山。上有五峰，曰飞来，曰白猿，曰稽留，曰月桂，曰莲华。峰之前，有合涧曰武林泉。武林之阴，北涧之阳即灵隐寺。武林之南，南涧之阳，即天竺寺。

此外，周草窗的《武林旧事》卷五所说亦略同。清初《灵隐寺志》的作者孙治，以为武林山是合赤山埠，进龙浦、古荡、西溪、湖滨等六十里内之山而言，则是没有什么根据的。

武林山自天目山蜿蜒而来，夭矫磅礴，谶记称为“龙飞凤舞到钱塘”。《施志》又云：“天目山下武林灵隐山始韶秀，而山于是左右分。北高峰左转抵葛岭，标以保俶塔。右转挟南山，标以雷峰塔。二塔为西湖门户”。这样说来，武林山虽不甚高大，而实为钱塘的主山。杭州别名武林，看来就是来源于此。海宁许雪庄《咏武林山》诗云：“涧合东西流派远，山联南北结根深。蜿蜒奇秀开灵竺，千古真源属武林”，非常得体。又据宋灵隐寺僧契嵩《武林山志》云；“灵隐山一名武林。秦汉号虎林，以其栖白虎也。晋曰灵隐，用飞来故事也”这就讲得很清楚了。

飞来峰一名灵鹫峰，是灵隐寺的案山。东晋咸和三年，印度僧慧理至武林，看到飞来峰就说：

此天竺灵鹫峰之一小岭，不知何代飞来？佛在世曰，多为仙灵所隐，今复尔耶？

当时人们开始不相信他，他又说：此峰向有黑白二猿，必相随至此。”就在洞口呼唤，果然有黑白二猿跃出，因此大家信以为真，而命名为“飞来峰”。峰高四十余丈，棱层剔透，嵌空玲珑，其色非青非紫，带白带绿。张陶庵云：“使有石癖者见之，必具袍笏下拜，不敢以称谓简亵之，只以石丈呼之也”。我们如以地质学的观点看，固不必信“飞来”之说为真，而从游览或文艺上说，“飞来”之说，似较有趣。

莲花峰在飞来峰西，《水经注》谓有孤石壁立大三十围，其上散开，状如莲花。今从下遥望，下阔上锐，从顶下视，其石四面敷开，极似莲花，称为莲花峰是很确当的。宋梅尧臣诗云：钜石如芙蕖，天然匪雕琢。盘礴峰顶边，婵娟秋江侧”。书画诗情，跃然纸上。莲花峰上旧有莲花泉，今涸。

呼猿峰又名白猿峰，以理公呼猿而得名，在莲花峰之西。顶亦有大石，其下为呼猿洞。洞很深。我曾经带了电筒进去过。初尚宽敞，渐进渐仄，有时匍匐于地才可以过。地皆细沙，很平软洁净，约行里许，力尽乃出。壁间有乾隆年间题名，墨色如新。《湖壖杂记》云：“顺治己丑秋夜，一僧于月下见一白猿，立于峰顶，皎如积雪，映月逾洁。辛卯冬，青莲阁下一黑猿戴笠而趋，众皆见而呼之，猿却顾微吟，越涧而去。”这段记载如果是真实的话，理公之言，似乎不虚，洞口有饭猿台广丈许，高二尺。

月桂峰乃下天竺法镜寺的案山。相传月中桂子，尝坠于此，因以为名。稽留峰为中天竺法净寺的主峰。《太平寰宇记》云：“许由葛洪皆隐此忘返，故名”，其实是不对的。考东晋永和年间，有许玄字远游者建思真精舍于峰下，著诗十二篇，论神仙之事，王羲之和他为世外之交。“玄”与“由”音近，因而以讹传讹。葛洪的从祖葛孝先，世称葛仙翁，孙吴赤乌年间亦隐居于此，遂称其地为葛坞。葛洪从葛仙翁的弟子郑隐习方术，又师事南海太守鲍靓，著《抱朴子》等书，为道教建立理论上的基础，其后以丹砂之故，远游岭南，今广东罗浮山及广西勾漏山皆有其遗迹。晚年又返回武林，隐居葛坞，相传得道于青林洞。

北高峰为灵隐寺的坐山，高三百五十余丈，乃武林上左支的最高者。石磴数百级，曲折三十六弯。其上原有灵顺寺。登颠远眺，群山屏绕，湖水镜涵，西望钱塘江，如匹练新濯。遥接海色，茫茫无际。山之东麓有无著禅师塔。师名文喜，唐肃宗时人，瘗骨于此。宋韩侂胄欲取为葬地，开塔见容色如生，发垂至肩，指爪盘屈绕身，三日不坏，就重行掩闭，今尚存。

此外莲花峰旁有宰相峰，北高峰西有石笋峰、龙门峰、西源峰、双桧峰，今皆不著名。稽留峰西有中印峰、白云峰、乳窦峰、狮子峰、香炉峰、善住峰，则属于天竺山了，此不详。

灵隐之水，北涧发源于西源峰，南合白沙坞支涧，西北合大桐坞支涧，流过吴寺桥，西北合乌石峰水，南会呼猿涧暗水，合于冷泉水源。北合石笋支涧，又北合金沙银沙支涧、及韬光支涧，东流过曹家桥，汇于灵隐寺前之冷泉，入石门涧，经回龙桥会南涧水于合涧桥下，曰灵隐浦，亦号钱源，南宋通舟至此。

南涧发源于五云山水出岭，西合上竺两山支涧，又合观音井水，经金佛桥，东合杨梅坞支涧出琮老桥，东合中竺永清坞支涧，北出中竺寺桥，东合下竺神道坞支涧，北过下竺寺桥，东合月桂峰支涧，过慈云北涧，出飞来峰至合涧桥与北涧合。自此经白乐桥，东、西行春桥，金沙滩里五桥，汇于西湖。

灵隐山门，旧有“绝胜觉场”四字，相传为葛洪所书，后又易“绝”字为“最”字，引起不少争论。今照壁书“咫尺西天”四字，尚属得体。因为相传飞来峰从天竺飞来，而灵隐道场的规模，至今还没有衰歇。自照壁入山门，更前行百余步到回龙桥和龙泓洞。桥洞之名都有龙字，则因钱塘之山自天目龙飞凤舞而来，南支为凤，故有凤凰山，北支为龙，故多用龙名，以应谶记。龙泓洞前有理公塔，即开山慧理祖师埋骨之所。高二丈余，七层，明万历十八年重建。虞淳熙撰塔铭，嵌于第二层；第三层刻《金刚经》及“光明净域”、“南无宝藏胜佛”等字。第四层以上皆刻佛像，都是明代的作品。塔旁有二石刻，一佛像，一执金刚神，皆属于密教的。造像题名中“至元”二字，尚可辨识。

龙泓洞俗称观音洞，因其中有石刻观音像而得名。像前洞顶有窍如井口透天光，故又名通天洞。郭祥正诗云：“洞口无凡木，阴森夏亦寒。曾知一泓水，会有老龙蟠。”“龙泓”之名作这样解释，是很贴切有诗意的。“龙泓洞”三字，本来是宋末金华王庭之书，王庭是误国奸相贾似道的门客，后人因恶贾而兼恶王庭之书，乃被划去。元江淮释教总统所经历郭某补书，郭也不是正人君子，不久，仍被划去，故至今无洞名。洞口弥陀佛像，吴越王己未年（即周世宗显德六年）周钦右造。又周太祖广顺元年滕绍宗于洞外石壁造弥勒、观音，势至三菩萨像各一尊。此外宋开禧元年沈宁、嘉定元年某比丘各造罗汉一尊。元师帝至正十六年，元帅伯颜造佛像十尊，又观音菩萨一尊，现仍在洞内。至元十九年、二十年、二十六年、二十九年，徐僧录、杨思谅、杨连真伽及脱脱夫人各施资造像，皆有《造像记》可考。前代题名，唐则有萧悦、王亘、乌重儒，宋则有孙觉、张徽、苏颂、蒋之奇、岑象求、李杞、高荷、李琮、朱明之、杨景略、黄颂明、胡援、林希、陆德与、贾似道等。贾似道题名，字径五寸，最易辨识。文曰：

咸淳丁卯七月十八日，贾似道以岁事祷上竺回，憩于此。客束元嘉，俞昕，张濡，黄公绍，王庭从。子德生侍。期而不至者廖莹中。沈坚刻。

考咸淳丁卯为度宗当国的第三年，贾似道已因乞和冒功封魏国公，而元军进窥湖北的襄樊，举国震骇，岁事当指此而言。这么大的国事，而想用祈祷解决，真可谓邪臣误国，难怪他要窜死于道路了。

观音像右侧有小洞极深，相传从前有采石乳的人深入不已，听到篙橹风浪之声，大怖而回。因此有人认为从那里可以通过钱塘江，直达萧山。左侧出洞，循石级而上，至一线天，只见石室上面有一小圆洞漏天光，寺僧以竹竿指示游客观看，其中仿佛有观音像云。唐代的丁飞（字瀚之）曾住在里面，学养生术，年八十六而反壮。善小楷，其蘸笔池在寺中大悲阁下，一线天的悬岩上刻“佛国”二字，上天竺僧道行书。据说他练习此二字三年而后敢刻，故尚遒劲。

龙泓洞之右为玉浮洞，其前十余步为谢灵运翻经台，《异苑》云：“杜明甫钱塘人，居灵隐，夜梦东南有贤人来访。时谢玄生孙名灵运，以其父奂狂荡射杀蒋侯妹清溪小姑树鸟，姑怒殛死之。玄遂不敢留灵运，求寄养于明甫十五方还，故名客儿。相传灵运儿时翻经于此，故以为名。”玉乳洞曲折通明，象桂林伏波山下的伏波洞。伏波洞有宋代造像，玉乳洞四壁所刻罗汉，亦皆北宋真宗咸平年间刻，施资者为周延庆、董延赞、俞赞、苏氏七娘、汤用、张旺、樊仁厚、沈十娘、洪二娘、吕七娘、周德保等。洞内峭壁高数十丈，不能登，为蝙蝠栖息之所，大者若鹰，故又称蝙蝠洞。玉浮洞三字，明方豪书。吴赤乌二年，葛孝先得道于此。

玉乳洞之右为射旭洞，又钟青林洞或青林岩，也就是理公岩。相传理公燕寂于此，故又名燕寂岩。其中有宋乾兴年间胡承德所造卢舍那佛会十七尊，陆盛并妻李一娘造观世音菩萨像一尊，都有《造像记》可考。陈时《湖上青山集》云：“香林洞左有日月岩，一圆如日，一半弯如月，下为梦谢亭，”今已无可考索。此洞俗名老虎洞，因东向的洞口形如虎口而得名。称为射旭，也因洞口向东之故。至于称为香林，则因从前种植过桂花的缘故。

关于飞来峰的造像，明田汝成《西湖游览志》，袁中郎《西湖记述》等，都认为元代江南释教总统杨连真伽所造，从上面的石刻题记看来，可以知道是不对的。其实，梁简文帝已有赐灵隐石像的记载，唐陆羽《灵隐寺记》也说："有僧于岩上周围镌罗汉佛菩萨，"可见隋唐以前，飞来峰上早已镌刻过佛像，可惜题志剥蚀，无可稽考了。

自理公塔循大路入寺，必经回龙桥，吴越时名清绕桥，桥上建春淙亭。清乾隆九年厉樊榭记云：

……桥旧无亭，乾隆癸亥，巨公重新云林寺，饬余材剩甓成之。登斯亭者，抑挹山翠、俯听泉响，炎曦阴霖有所庇，而物色之奔赴若天造而神输。巨公问名于余，余以合涧桥旧有春淙亭，盖取苏文忠"雨润春淙一灵鹫"之句。今亭废久矣。宜移其名于此。……

太平天国之役亭毁，光绪初重建，民国三十三年（公元1944年）住持却非以水泥钢骨重修。自春淙亭至冷泉亭，丹垣绿树，蓊郁空蒙，山岚在衣，谷响生足，顿使游人消除尘意。崖旁弥勒即坦腹作笑颜的罗汉像，北宋真宗乾兴年间，胡承德并合家眷属同发心造。复有人在其西壁又刊罗汉像十七尊，成十八罗汉，但雕刻艺术远远不如弥勒像。其旁多闻大王，元至元二十九年资政大夫行宣政院使杨谨造，今作多宝天王，误。天王之西为石门涧旧有瀑雷桥，今废。宋赵安抚于桥边创建壑雷亭，几经修建，今尚存。冷泉亭在其西十余步，明袁中郎云："由飞来峰至冷泉亭一带，涧水溜玉，画碧流青，为山之极胜"，很对。唐白乐天《冷泉亭记》叙述很详，今收于《艺文撷英》中。

冷泉亭对岸山半为翠薇亭，过涧经藏六洞、喇叭洞拾级而上。藏六洞三字，太虚法师书，乃冷泉流至石门涧所经由的小壑，其旁有一小穴，吹之作呜呜声，故名喇叭洞。藏六洞至翠薇亭约六十余级，半路刻康熙三十八年御笔飞来峰三字，正对冷泉亭。考《宋史·韩世忠传》，绍兴十一年，秦桧收三大将兵权，世忠乞解枢柄，又上表乞骸骨。十月，罢为醴泉观使，奉朝请，进封福国公。从此杜门谢客，时跨驴携酒，从一二仆从纵游西湖以自乐。十二年改封潭国公，二十一年八月逝世，追封蕲王，谥忠武。他建翠薇亭于飞来峰，正是他纵游西游以自乐的时候。亭成，他的儿子韩彦直年仅十二岁题云：

绍兴十二年，清凉居士韩世忠因过灵隐，登览形胜，得旧基建新亭，榜曰翠薇，以为游息之所，待好事者。三月五日男彦直书。

按此刻高二尺一寸，广三尺，文八行，每行六字，正书经三四寸，笔力仿颜鲁公，金石家认为罕觏之品，今不存。至于命名之意，《一统志》云："时岳飞已死，飞曾有《登池州翠薇亭》诗，故作此亭以怀岳飞也。"考岳飞被害在绍兴十一年12月29日，距建亭时，仅六十六日，世忠与岳飞共御外侮而飞含冤被害，触景生情，用寄隐痛。清汪继壕云："是四十八言者，实著南宋偏安之局，安得轻视，即为南宋一朝之鉴可也。"讲得很深刻。此亭于民国三十四年（公元1945年）重建，虽有联语，而无一语讲到这方面，应该说是疏忽。

自翠薇亭左侧而下，过涧即为法云弄，长数里，其中原有永福寺、青莲山房、白云山房、超然台、郧公庵、岣嵝山房等，都是名胜，现皆湮没。

灵隐寺前左右各立一石幢，皆宋太祖开宝二年吴越国王建。左刻大佛顶尊胜陀罗尼，右刻随求即得大自在陀罗尼。此二石幢本在奉先寺，寺久废，神宗景祐二年十一月，灵隐寺住持延珊禅师迁来重建，距今约九百四十多年。又大雄宝殿前左右各有一石塔，皆九层，高五丈余。孙治《寺志》云："上有石匾，书'吴兴广济普恩真身宝塔'十字，二塔所题皆同，而无年代日月。山中旧物，所存唯此。其塔八方，下刻佛顶首陀罗尼，二塔皆同。塔上所镌佛，皆梁像。此或慧理之后，六朝僧所为耳。其无岁年者，岂以朝梁暮陈故耶。"然据近人梁思成氏考证，系宋初建筑，距今约一千年。

灵隐寺后二里巢居坞有韬光庵，昔名法安院。唐韬光禅师居其间，与白居易为方外交，自此立名韬光。韬光禅师与白居易唱和诗碑立于金莲池侧，其上为炼丹台，可以望见西湖。更上二里为北高峰。

灵隐胜景，大约如上所述。至于物产，宋赞宁法师《笋谱》云："林竹笋，出灵隐山中，中坚亦通小脉，笋坚可食，采竹作杖可爱。新妇竹笋出武林山，其竹圆直，韧可为篾，笋则三月而生，可食。扶桑竹笋，生武林山西，旧谓双竹院中所产，修篁嫩条，皆封抽并引。鹤膝竹出灵隐山，节密而内实，略如天台藤，间有突起者。"按扶桑竹，又名天亲竹，鹤膝竹，又名曲竹，唐公竹。此外又有石面竹、方竹。花木则有海石榴花、红辛夷花、黄牡丹、骨里红梅花、石面灵桃、西栗树、红木、楠木、梓、檀、枫、樟等。西栗树今称莎罗树，乃慧理祖师从印度接来种，实大小如胡桃，可以入药。

历代沿革

灵隐自东晋咸和年间理公创建以来，已历一千六百余年，历代纷更，几经兴废，至今依然寺貌庄严。当其初创、佛法未盛，一切规制，仅具雏形，到灵隐游览的人，一定不多，所以到宋智一法师住寺，能够啸聚群猿而自称猿父。其后梁武信佛，曾赐田给灵隐寺，灵隐的规模必有可观。唐陆羽《灵隐寺记》云：

晋宋已降，贤能迭居，碑残简文之辞，榜蠹稚川之字。榭亭岿然，袁松多寿，绣角画拱、霞翚于九霄，藻井丹楹，华垂于四照。修廊重覆，潜奔潜玉之泉，飞阁岩峣，下映垂珠之树。风铎触钧天之乐，花鬘搜陆海之珍。碧树花枝，春荣冬茂，翠岚清籁，朝融夕凝。

陆羽，唐肃宗时人，当时灵隐寺的空前盛况，不难想像而得。会昌法难，寺毁僧散，其后虽稍兴复，仅具规模。直到吴越王钱镠，命延寿禅师重行开榻，建僧房五百余间，赐名灵隐新寺。忠懿王继之，建房宇一千三百余间。回廊自山间左右，绕至方丈，真可谓洋洋大观了。

宋真宗景德四年改灵隐寺为灵隐山景德寺。天禧五年又改景德寺为景德灵隐寺。仁宗天圣二年，章懿太后赐庄田及钱。皇祐元年赐御绣《观音心经》二卷，及回銮碑飞白黄罗扇等御用之物。庆历中，丞相韩琦、参政欧阳修等奏赐契嵩所著书入藏。苏轼知杭州，补书唐白居易所书冷泉二字后亭字。南宋建都杭州，高宗绍兴五年，改名为灵隐山崇恩显亲禅寺。孝宗乾道三年二月，诏每年于四月初八佛诞日赐帛五十匹。八年赐瞎堂禅师直指堂印，改法堂为直指堂。宁宗嘉定年间，评定浙江禅院，以五山为冠首，而余杭的径山第一，灵隐次之，净慈又次之，宁波的天童又次之，育王第五。当时有人为灵隐寺鸣不平，其实大可不必。因为灵隐寺产业丰饶，信施山积，自然使寺僧趋向于苟且偷安，明田汝成所著的《西湖游览志余》中，所记灵隐当时许多不如法的事情，可以为证。理宗赐书“觉皇殿”三字易大雄宝殿，又赐书“妙庄严域”四字及千佛赞等。阎妃矫旨夺寺中菜园建集庆寺为其先人的功德院，称赛灵隐，今已废。

元武宗至大元年，觉皇殿蠹朽倾颓，住持正传损资与平章张缔重修，至仁宗皇庆元年落成。顺帝至正己亥，寺毁于兵，癸卯，住持辅良始建方丈室、伽蓝堂。

明太祖洪武十七年，住持慧明建觉皇殿成。永乐元年善才增塑佛像及诸供具。宣德五年闰十二月觉皇殿灾，九年住持昙瓒建左右翼门，又住持良价建觉皇殿，复还旧观。正统十一年，玹理建直指堂，堂额为张即之所书。隆庆三年全寺毁于雷火，止余直指一堂。时海寇纷扰，寺僧德明等图复兴而力不足。万历十年，吏部尚书张瀚及司寇陆光祖命寺僧迎如通任住持，至即讲经，信施很多。后十一年冬开始重修，经五年落成。大殿仿唐式，用平头柱四十八、石柱十六，改觉皇殿为大雄宝殿。又就弥勒阁旧址建三藏殿，其后为直指堂，又后为方丈，方丈左为妙应阁，右为选佛斋，张瀚又为之记。208年，司礼太监孙隆重修，于三藏殿中置轮藏以奉藏经，计六百三十八函。轮藏之左为药师灯藏，计四十九灯。轮藏之右为水陆像藏，总一百二十五轴。崇祯十三年，寺中又遭回禄，仅存大殿、直指堂及转轮殿。

明清年间，灵隐僧众已扩充为二十四房。“房”的制度就是把各院落分作私人产业，一切收支及招收徒众等事，外人都不得干与，而灵隐住持，则由各房公举，隐然自成一部落，而道风就无从谈起了。清初，有一个豁堂禅师自幼在灵隐出家，受戒后，历参名师，得法于三峰藏禅师，灵隐各房举为主持。但当时的灵隐形成“苔寮薛壁”的破败状况，豁堂自名其居的房屋为“破堂”。正在这个时候，具德和尚在扬州开堂说法，请豁堂去领众，因此相知很深。顺治五年冬，豁堂回灵隐，即建议公请具德和尚为灵隐寺住持，重兴古刹。寺众震具真德和尚的德望，都表赞同。六年春具德和尚入院，即谋规复，历十八年百拱千栌，金碧丹黝，为东南之冠。计完成七殿：天王殿（高七丈）、大雄宝殿（高十三丈五尺）、轮藏殿、伽蓝殿、五百罗汉堂（五十四间）、金光明殿、大悲殿。十二堂：祖堂、法堂（高七丈二尺）、直指堂（高六丈七尺）、大树堂、东禅堂、西禅堂、东戒堂、西戒堂、斋堂、客堂、择木堂、南鉴堂。四阁：华严阁、联灯阁、梵香阁、青莲阁。三轩：面壁轩、青貌轩、慧日轩。一林：玉树林。三楼：响水楼、看月楼、万竹楼。以及双桂室、香积厨、圃室、浴室、各寮房公所等。虽曰重兴，实同开创。张岱西湖梦寻卷上云：

具和尚为余族弟。丁酉岁，余住候之，则大殿方丈，尚未起工。然东边一带阒阁精蓝，凡九进，客房僧舍百十余间。香积厨中，初铸三大铜锅，锅中可煮米三石，食千人。具和尚拊锅示余曰，此弟十余年来所挣家计也。饭僧之众，亦诸刹所无。午间方陪余斋，见沙弥持赫蹄送看，不知何事。弟对沙弥曰，命库头开仓，沙弥去。及余饭后出寺门，见有千余人蜂拥而来，肩上担米，顷刻上廪，米斛无声，忽然竟去。余大骇异，问之和尚，和尚曰，此丹阳施主每岁致米五百担，水脚挑钱，纤悉自备，不许饮常住勺水，七年于此矣。余为嗟叹，因问大殿何时可成？和尚对以明年六月为弟六十，法子万人，人馈十金，可得十万，则吾事济矣。逾三年而大殿方丈俱落成焉。

张岱的记载，当系事实。灵隐自经具德和尚整顿而积弊尽除，古风重振，当时皆称为“东南第一山”。不过饮水思源，我以为还应归半功于豁堂禅师，否则具德和尚纵有绝大神通，怎能施展之于灵隐山呢！

继具德者为晦山，未出家时与吴梅村同笔研，颇有文名。李闯破京，崇祯殉国，他即焚书恸哭，披剃于千华老人处，依具德和尚习戒律及禅宗，当过几个大丛林的方丈，著《锻炼禅人说》十三篇，为诸方所钦仰。主持灵隐后，不改故常，建飞来峰牌坊、具德和尚慧日塔院、普同塔三座，以补未备。康照二十八年，帝南巡，到灵隐寺游览，主持谛晖，奏对称旨，帝亲书云林二字给他，即改寺名为云林。后来在三十八年、四十二年、四十四年康熙又三至灵隐，都有记游之诗。雍正十一年六月颁帑金五百两、斋僧二千人。乾隆初，住持巨涛，嗣法谛晖，博涉群书，为当代朝野所重。当时光禄少卿扬州汪应庚来游灵隐，与巨涛一见契合，即捐资重修大雄宝殿及其他殿、堂、阁、轩、楼、亭等数十处，又补饰五百罗汉，修理合涧桥、龙泓洞，鹫峰径等，从乾隆六年十月到九年十月，经历三个年头，用费二万余两。

乾隆于十六年、二十二年、二十七年、三十年、四十五年、四十九年，六游灵隐，都有诗记游，刊刻于石，现在还立在寺前御碑亭中。四十一年，布政使徐恕与司道各府，因灵隐寺宇，年久失修，捐款修葺。又以寺僧五百余人，食用浩繁而向无田产，全靠募化居民斋饭，以资糊口，因使灵隐寺僧就近带管天竺，用天竺的香火钱，补灵隐斋粮的不足。这个办法得到朝廷核准，永远遵守。四十四年，因灵隐天竺同一住持，顾此失彼，难以兼全，乃恢复分管旧制，而令天竺每年津贴灵隐斋粮银二千两。这个办法，据说到民国以后才取消。

嘉庆二十一年秋，寺毁于火，工程浩大，恢复不易，事为朝廷所知，特赐帑金一万两重修，当地的督府司道也首先倡捐，得银一万一千两。道光元年，汪大临倡义请商纲增捐，共得银十万七千两，存库备用。当时的住持仪谦，也向浙东西绅士劝募，前后亦得万两左右。三年，运司宋如林请发存项，大兴土木，又遴选董事负责领款，及购买木石砖瓦各项，悉心经理。遭毁殿宇，次第修复。岁久倾圮的天王殿罗汉堂，按照旧式，一律鼎新。不料头山门又在那时为邻火所毁，董事们在捐资重修之外，又买其旁的民居加以拓展，前缭以墙，旁界以弄，比以前更为壮观。这次的修复工程，开始于道光三年的七月七日，落成于八年的四月十六日，共用银十三万七千余两。十四年夏，阮元为浙江巡抚，刻朱熹、翁方钢等集成，议藏灵隐，因建灵隐书藏，又广集世典储藏其中，用唐人"鹫岭郁岧峣"诗字编号，选灵隐寺僧玉峰、偶然二人，按照所订的条例管理，使能永守，阮元自为之记。其时寺中所藏，尚有宋明教契嵩禅师的上堂槌、宝达照佛镜、白沙床，宋孝宗赐直指堂印，范仲淹所遗床，秦桧斋僧锅，龙文拜石（石长八尺，阔六尺，龙鳞隐见石中），沈周飞来峰图，灵隐山画卷，程嘉燧冷泉亭图，李流芳西湖卧游画册，冷泉红树图，宋天圣八年赐杭州灵隐山景德灵隐禅寺牒，以及董其昌、密云、三峰、谛晖、巨涛、陈鹏年，翁方钢、朝高望、王时敏、张照、梁同书、白松鳞、石辑玉等人墨迹。咸丰十年，太平军入杭州，寺又被毁，仅存天王殿及罗汉堂。偶有流落人间，如沈周《灵隐山书卷》，我曾于南京某展览会上见到过，当然不可能复还寺中。

自此以后，住持灵隐者，由贯通而昔徵，而心融，而慧明，而却非。贯通是天竺法镜寺僧，住持之后，修建联灯阁、大寮、库房等房屋，光绪三十四年圆寂。昔徵扬州人，出家凤林寺，住持十年，锐意整顿，因得到盛宣怀的护持，于宣统二年重建大雄宝殿，仍高十三丈五尺。建殿木料本系清宫向美洲所买，用以修理颐和园的，因时局不靖，南运杭州，修建灵隐。民国六年（公元1917年），又建大悲阁。心融在住持期间，没有什么建树。民国九年（公元1920年）以后的住持慧明是禅宗尊宿，脱略著称，全寺事务均由监院却非料理。民国十九年（公元1930年）慧明示寂，却非继任，修建翠薇亭、春淙亭，不久天王殿亦用水泥钢骨翻造落成，寺貌焕然一新。民国二十五年（公元1936年）冬，罗汉堂不戒于火被毁，前代所遗之物，现在只有天王殿中木刻韦陀像而已。民国二十六年（公元1937年）十一月，日本军国主义的侵略军进入杭州，难民麇集在灵隐天竺，红十字会设难民收容所于灵隐，收容难民五六百人，不易维持秩序。客堂、伽蓝殿，东山门及梵香阁，都因难民夜半失火被焚。幸寺僧奋力抢救，没有波及大殿、天王殿。当时却非处境非常困难，就去上海暂避。自此以后，寺中境况更窘，常常无米为炊。这种情况，一直延续到抗战胜利才告结束。却非返寺后，虽云退居，而仍主持寺务，1948年冬圆寂。

解放之初，即1949年7月，大殿正梁及一根二八公尺长的木柱遭白蚁蛀空折断，大殿正中部分倒塌，佛像压毁。1952年夏，由民政厅组成“杭州市灵隐寺大雄宝殿修复委员会”主持修复工作，由政府拨款，用钢筋水泥施工，到1954年底完工。接着，就修理大佛像后面的海岛和左右两旁的诸天与圆觉。关于重塑大佛像的问题，有人主张恢复原塑三尊，有人根据国外佛教寺庙的习惯提出只塑一尊。经浙江省人民委员会报请国务院核示，国务院电示云：“泥塑贴金像一尊。”当时有许多佛教徒认为泥塑不能经久，樟木可就地取材，经报请省人民委员会批准改用木雕贴金，工程则由中央美术学院华东分院负责，该院即于1956年制成石膏稿样陈列在大殿上征求意见。当时周总理正在杭州，看到大佛的石膏稿样，当场指示说：“佛像的脚应露出，腿部须放大，头发要用罗钉式，各方面须符合佛教传统。”修复委员会遵照周总理的指示，修正了定稿，即用樟木进行雕造。佛身净高9.1公尺，背光，中嵌七佛，高1.96公尺，全部彩画贴金。莲座高3公尺，贴金。须弥座高2.5公尺，贴金彩画并用，石台重行雕刻安装，高2公尺。佛像上悬宝盖，彩画垂旒，高2.48公尺。从这样的高度说，可以认为是我国最大的木雕坐式佛像，不过佛头和佛手，施工中间改用“脱胎”工艺，用夏布上漆制成。前后用款共达四十四万余元，充分体现了中国共产党领导下的各级政府，贯彻宗教信仰自由政策的具体措施，得到全国佛教徒的衷心拥护。

十年浩劫之初，即1966年8月26日，一股破四旧的狂风震撼着灵隐寺，当时浙江大学数千名学生迅速行动起来，赶往灵隐寺，守护在天王殿前，不让要砸灵隐寺的人进去，并呼吁全省工农兵给予支援。接着双方就开展激烈的辩论，一直到二十七日清晨两点左右，省委一个人来传达当时“中央文革”的电报，说什么“灵隐寺是否保护，由群众自己决定”，这对要砸灵隐寺的人以极大的鼓舞，但浙大的学生和前来支援的工人、农民，声势浩大，不使对方得逞，一直守护到八月底，我们敬爱的周总理在百忙操劳之中，得知灵隐寺有被破坏的危险，发来“灵隐寺暂加封闭”的电报，才使灵隐寺得以保存下来。现在凡是知道这一事件经过的人，没有一个人不对周总理表示感激和爱戴。“四人帮”被粉碎后，灵隐寺又由政府拨款修理，国内外游人络绎不绝，也都对周总理同声感戴。

高僧事略

开山慧理祖师，西印度人，东晋咸和初来武林，先建灵鹫寺，后建灵隐寺。灵鹫寺原址在飞来峰前，久废，建筑规模不可考，而灵隐寺历久不衰。其晏坐处号理公岩，又名晏寂岩，瘗塔在今回龙桥东首。

智一法师，刘宋时居灵隐山半峰，精守戒律而善长啸，牵曳其声，杳入云际，嗖飗凄切，闻者悲凉，称之为衰松梵。养一白猿，有时觅食不远，智一乃发声长啸，声震林木，白猿即达，谓之白猿梵，因而自称猿父。其后冷泉水边聚集了一群猴子，有人就常常送食品给猴子吃，所以现在还有饭猿台的古迹。

圣达贞观禅师，钱塘人，俗姓范。生有奇相，舌紫罗纹，手左右掌纹成字形。出家后深研经律论三藏，当时有谚话说：“钱塘有贞观，佛法当天下一半。”曾谒天台智者大师请受禅法，智者因与贞观年龄相近，只承认是法兄弟。隋开皇十五年，因到灵隐山头陀石室宴坐，信众们为他建立了南天竺寺，请他居住。他能文，有雅操，隋文帝三次征召，李世民两次延请，都以疾辞。大业间在山行中自标葬地于灵隐寺的东岗，年七十四，无疾坐化，就葬在那里。

我国古代对于出家为僧，限制很严，如果不经过政府考试合格者，不得剃度，否则一经告发，即得重罚，所以僧人品学不至过于庞杂。考试方式，每代不同。唐肃宗乾元元年，通经七百页者方许剃度，而灵隐的道标法师为第一名。师本姓秦，富阳人。七岁出家，依灵隐白云峰海公为师。后习戒律，有高行，在南天竺结茅屋于峰西，号西岭草堂。尤善诗章，辞体古健。当时吴兴有清画，会稽有灵澈，互相酬唱，名重当代。陆羽称知标曰：“日月云霞为天标，山清竹木为地标，推能归美为德标，居闲处寂为道标”，真可谓推重备至。还有人说：“霅之昼能清秀，越之澈洞冰雪，杭之标摩云霄。”因此，李吉甫、韩皋、吕渭、孟简、白居易、刘长庆等皆与他为方外交。长庆三年示微疾，旋逝世，年八十四。

现在大家都知道弘一法师，他本姓李，名叔同，是我国艺术界的老前辈。金石书画无一不精，诗词音乐造诣极探。当代艺术家丰子恺、刘质平等都是他的弟子。出家虎跑寺后，受戒于灵隐寺，而还经常与人结翰墨缘，影响很大。求之古人，只有唐代的皎然和清画法师足以相比拟。皎然本姓谢，是谢灵运的十世孙。幼有异才，性与道合，遂削发出家，受戒于灵隐，依坚道守直律师习戒律，并留心于诗篇，颇有造诣。著有《诗式》一书。中年参访禅学，有所悟解，遂入湖州杼山隐居。贞元五年，李洪为湖州太守，素来钦佩皎然的著作，想代为公之于世，皎然开始不允所请，经李洪再三恳求，才把稿本交给他，因而得以广为流布，极为相国于頔及颜鲁公真卿等名流所重。不过皎然清净其志，高迈其心，不为浮名虚利所动，而只是乐处林峦，与有道者交游，终身不变。贞元年间圆寂于山寺，有集十卷，于頔 为之序。贞元八年五月，敕写其文于秘阁，当时都以为荣。

“满堂花醉三千客，一剑霜寒十四州”，这是诗僧贯休上钱武肃王的诗，当时贯休在灵隐。王得诗大喜，要贯休改十四州为四十州，乃相见。贯休曰：“州既难添，诗亦不改，”即拂袖而去。西入四川，以诗投孟知祥，有：“一瓶一钵垂垂老，千水千山得得来”之句。知祥得诗亦大喜，优礼相待，署号禅月大师，常呼为得得来和尚，梁乾化二年，终于所居，年八十一。《禅月集》二十五卷，收于《四部丛刊》。休字德隐，兰溪登高人，俗姓姜。

在历代沿革一章里，提到延寿禅师中兴灵隐寺的事迹。延寿，字冲元，钱忠懿王赐号智觉，清雍正帝加封“妙圆正修”四字，又说：“信为曹溪后第一人，超出历代大善知识者”。俗姓王，余杭人，七岁诵《法华经》，五行俱下。年二十八为华亭镇将，以公款买鱼鳖鸟兽放生，亏累巨万，被举发，判处死刑，临行神色怡然，钱文穆王奇而赦之，听为僧。初住天台智者岩习定，后参德韶国师得悟。建隆元年，钱忠懿王请重创灵隐寺，继主永明道场即净慈寺，著《宗镜录》等书，因此净慈寺有宗镜堂。他的《自行录》收于《续藏》，卷首自序云：

弘明集中先德有检校三业之说。检校者，审察我此身从旦至中，从中至暮，从暮至夜，从夜至晓，乃至一时一刻、一念一顷，有几心几行、几善几恶，几心欲摧伏烦恼，几心欲降伏魔怨，几心念三宝四谛，几心悟苦空无常，几心念报父母恩慈，几心愿代众生受苦，几心发念菩萨道业。上已检心，次复检口，如上时刻，自旦以来，已得演说几句深议，已得披读几许经典，已得理诵几件文字，已得几回叹佛功德，已得几回称菩萨行。次复检身，已得几回屈身礼佛几拜，已得几回屈身礼法礼僧，已得几回扫除尘垢，正列供具。如是检察，自相训责，知我所作，几善几恶。

延寿禅师这样刻苦自励，所以当时认为他是弥勒降生，徒从如云，上座弟子二千余人，开宝八年趺坐而化，舍利无数，塔于净慈寺右侧。

我国佛教自唐宋以后逐渐变质，至清末而每况愈下。民国以来，稍有振作，而由于没有奉行赞宁法师的遗教，所以并没有解决问题。赞宁在其所著《僧史略》中辟专题《论卫法》云："道安以诙谐而伏习凿齿，慧远以诗礼而诱宗雷之辈，复礼以辩惑而柔权无二，皎然以诗式而友陆鸿渐。此皆不施他术，唯能博学耳。况乎儒道二教，义理玄邈，释子即精本业，何妨钻极以广见闻，勿滞于一方也。"说得非常恺切，而赞宁的博闻多识，虽东方朔、张茂先亦不能超过他。相传徐铉在南唐做官时，尝入澄心堂办公，到飞虹桥头，马不肯前，即使鞭之流血，也不肯走。徐铉乃写信向赞宁请教。赞宁答复道："下必有海马骨，水火都不能毁，憔浇以腐糟即毁。"徐铉如言掘之，到一丈多深，果然发现一根大兽骨，上胫长五尺，膝面下长三尺，积薪焚之，三日不动，以腐糟浇之即烂。又徐谔得到一幅画牛，但那画上的牛，白天啮草栏外，夜则归卧栏中，徐谔以为神物，献之李后主煜，煜献之宋太祖，宋太祖以示群臣，没有一个人能够说明，赞宁说：

南倭海水或灭，滩碛微露，倭人取诸蚌余泪和色着物，则昼隐夜见。沃焦山或风烧飘举，有石落海岸，滴水碧色，染物则尽见夜隐。此二形殆二物所画也。

可见我国古代曾经发现过隐色墨水，赞宁能知其来历，不愧为博物学家。赞宁德清人，俗姓高，出家于灵隐，习南山律宗。吴越王署为两浙僧统，宋太祖征入京，赐号通慧大师。淳化三年，兼翰林史馆编修。享年七十八岁，建塔于龙井。其著作的现存者，除《僧史略》外，《宋高僧传》三十卷，均收于《大藏》。

韩愈的原道，欧阳修的本论，都是古代排斥佛教最激烈的文字，然而韩愈在潮州见到大颠禅师之后，与孟简的信中即称赞大颠"能以理自胜，不为事物侵扰"。欧阳修临终还读《华严经》，因此契嵩禅师著文痛驳韩愈，而欧阳修仍不得不称誉他。契嵩字仲灵，自号潜子，广西藤县镡津人，俗姓李。七岁出家，十三得度落发，十九游方，得法于洞山晓聪禅师。庆历间，至杭州，居灵隐永安兰若，作辅教篇。欧阳修读之，惊曰："不意僧中乃有此郎。"契嵩又上书仁宗，辩明佛理应崇的若干要点，仁宗览之，诏付传法院编次，又赐明教之号，以示褒宠。朝中自丞相韩琦以下，大都延见称誉，而他自己所住的屋里，萧然无长物，与人清谈终日，则娓娓不倦。皇祐间又著《禅宗定祖图》、《传法正宗记》以扶翼宗门。熙宁五年六月初四日示寂于灵隐寺。火化后，眼舌及童贞不坏，顶骨出舍利，红白晶洁状如大菽者三，又常所持木数珠亦不坏。东坡云："契嵩常嗔人，未尝见其笑。辩才常喜人，未尝见其怒。余亲见二人皆趺化，乃知二师以嗔喜作佛事也。"这是很有见地的说法。契嵩遗书有《镡津文集》十九卷，收于《大藏》，塔在永安兰若之左。

雪窦重显禅师，字隐之，遂宁人，得法于智门祚禅师。他素与学士曾会厚善。有一天，遇于淮上，曾问重显打算去那里，重显曰，将游杭州，登天台雁宕。曾曰，灵隐天下胜地，住持珊禅师是老朋友，就写了介绍信交给重显。重显到了灵隐，没有把介绍信拿出，随大众一起生活，专任打扫厕所的工作。过了三年，曾公访重显于灵隐，无人知道，找到厕所旁的小屋才相见。曾问起介绍信，重显才拿出来，并且说，您的意思很好，然而行脚人不是寄书邮。珊禅师深以为奇，即命领众。后主持奉化雪窦寺三十余年，以《颂古百则》著名于时。晚年，悲学者寻流失源，作《为道日损偈》曰："三分光阴二早过，灵台一点不揩磨。贪生逐日区区去，唤不回头争奈何。"读者酸鼻。皇祐四年七月七日寂，年七十三，塔于寺之西坞，赐号明觉禅师。

大慧宗杲禅师，字妙喜，宣州宁国奚氏子。年十三始入乡校，一日与同窗戏谑，用砚投击，误中先生帽，偿金而去。因而放弃世间学问，诣东山慧云院出家，又遍参诸方，依止克勤圆悟禅师最久，为当时朝野所重。绍兴二十八年，因丞相张德远荐，任余杭径山方丈，先在灵隐寺开堂说法，阐扬圆悟的禅法。住径山后，僧侣云集，多至一千七百人。后因张德远被贬谪而勒令还俗，编置衡州六年。限满复僧衣，仍住径山。卒年七十五，有《语录》及《宗门武库》等行世。

如璧禅师，本姓饶名节字德操，江西临川人，以文章著名，与曾子宣丞相陈了翁等友善，拟娶妻，遇白崖长老，晤谈有得。有一次他从外面回来，仆人和他谈话，他觉得与平常不一样，怪而问之。仆人说，听说白崖长老有道行前往请问，经开示，忽然觉悟，身心安泰，如此而已。德操叹息说，你能这样，我反不能，就再往白崖问道，经过八天，居然澈悟，就与其仆一同削发为僧，德操名如璧，仆名如琳。参方至浙，乐灵隐山川，留连忘返。如琳抱病，德操躬进药饵，卒后，尽送终之义，为时人所称誉。后主持襄阳天宁寺，夏均父为请疏，有云："无复挟书，更逐康成之后，何忧成佛，不居灵运之前。""岂惟江左公卿，尽倾支遁，独有襄阳耆旧，未识道安。"当时以为精当。德操自号倚松道人，所为诗文，情辞高迈，号倚松集。

自《济公传》出而妇人孺子莫不知有济颠僧。济颠僧确有其人，不过他的行谊不像《济公传》上所说的那样离奇古怪。他的师父瞎堂慧远禅师的道行，实比济公为高，而世反不知其名，何哉？瞎堂有题画一词云："来往烟波，十年自号西湖长。秋风五緉，吹出芦花港。得意两歌，夜静声初朗。无人赏，自家拍掌，唱彻千山响。”读了这首词，可以想见他的高风清德。孝宗乾道年间，应诏入对内廷，有“愿陛下早复中原”之语，又可以想见他关心国家的义胆热肠。

慧远，眉山金流镇彭氏子，年十三，在药师院出家后，研习经论。当时圆悟克勤禅师住持成都的昭觉寺，即往参叩，机锋峻发，称为铁舌远。圆悟逝世之后，东下江浙，屡主名刹。乾道六年，（敕住灵隐），赐号佛海禅师。淳熙二年，他住灵隐已六年，忽示众云：“淳熙二年闰，季秋九月旦。闹处莫出头，冷地着眼看。明暗不相干，彼此分一半。一种作贵人，教谁卖柴炭。向汝道，不可毁，不可赞，体若虚空没涯岸。相唤相呼归去来，上元定是正月半。”都下喧传而疑之。至期，师升座说法毕，送入方丈扃闭。师旧畜一猿，颇驯狎，因衣之，称为猿行者。久之，寺众从窗隙窥看，声息并无，只见猿行者持卷侍侧，急入，师已逝矣。猿所持书，乃辞世偈也。偈曰：“拗折秤锤，掀翻露布，突出机先，鸦飞不度。”留七日，颜色不变，塔全身于寺右鸟石峰。《语录》四卷，收于《续藏》。

通常说，强将手下无弱兵，像瞎堂禅师那样高明，他的弟子道济当然不会是无能之辈。考《宋北磵禅师文集·湖隐方圆叟舍利铭》云：

舍利，凡一善有常者，皆有焉，不用荼毗法者，故未之见。都人以湖隐方圆叟舍利晶莹而耸观听，未之知也。叟天台临海李都尉文和远孙，受度于灵隐佛海禅师。狂而疏，介而洁，着语不加刊削，要未尽合准绳，往往超诣，有晋宋名缁逸韵。信脚半天下，落魄四十年，天台雁宕，匡庐潜皖，题墨尤隽永。寒暑无完衣，与之寻付酒家保。寝食无定，勇为老病僧办药石。游族姓家，无故强之不往。与蜀僧祖觉老略相类。觉尤诙谐。他日觉死。叟求文祭之，略曰：“公也不羁，谐谑峻机，不循常度，辄不逾矩。白足孤征，萧然蜕尘。化门既度，一日千古，迥超尘寰于谈笑间。叟曰：嘻，亦可以祭我。逮其往也。果不下觉，举此以祭之，践言也。叟名道济，曰湖隐，曰方圆叟，皆时人称之。嘉定二年五月十四，死于净慈。邦人分舍利，藏于双严之下。”

照北磵所说，济公乃一热情、直率而有逸才的人，可是明河《补续高僧传》为之立传经称之为颠，并且说：“饮酒食肉，与市井浮沉。喜打筋斗，不着裤，形媟露，人讪笑之，自视夷然。为人诵经下火得酒食，不待召而赴。吟诗曰：‘何须林景胜潇湘，只须西湖化作酒。和衣卧倒西湖边，一浪来时吞一口。’息人之诤，救人之死，皆为之于戏谑谈笑间。神出鬼没，人莫能测。”这与北磵所说，有点区别，可能是根据仁和沈孟柈编的《钱塘湖隐济颠禅师语录》而写的。沈孟柈不知南宋何时人，其言不雅驯，现收于《续藏经》中。

痴绝道冲禅师，武信人，俗姓荀，宋理宗淳祐四年，奉旨自嘉兴光孝寺移住灵隐。阎贵妃以特旨夺灵隐寺菜园建集庆寺，冲师诤之不得，即日退院，示众云："欲去不去被去碍，欲住不住被住碍。浑不碍，十洲三岛鹤乾坤，四海五湖龙世界。"就背着包笠，往游庐山。理宗遣使挽留，不回，乃赐灵隐古荡圩田以谢。师才学过人，每日以一箧付侍者，有人求他的手书，以纸投箧中。夜深人静，侍者进箧，师秉烛挥笔，随纸多少皆尽，日以为常。后住经山，年八十二示寂。

大川普济禅师，奉化人，元初住持灵隐，纂修《五灯会元》。《五灯》即：《景德传灯录》、《天圣庆灯录》、《建中靖国续传灯录》、《淳熙联灯会要》、《嘉泰普灯录》，都是禅宗传法的史传。《五灯》的卷帙很多，不便披览，大川综合为《五灯会元》，为研究禅宗史传者大开方便之门，因此，至今仍以为圭臬。

元叟行端禅师，临海何氏子。爱灵隐山水清胜，留住很久，自号寒拾里人。元仁宗皇庆元年住持灵隐寺，赐号佛日普照。平生以呵叱怒骂作佛事，而济人利物的事情皆阴为之，而没齿不言。享年八十八。弟子如古鼎铭、梦京噩、楚石琦，皆各化一方，有名于时。因此，行端禅师是灵隐以嗔怒作佛事的第二人。

前溪德明禅师，黄岩人，姓林氏。明嘉靖间，海寇焚湖墅，灵隐山后人民逾岭到寺避难，寺僧都以为海寇必至，主张弃寺窜散。只有德明主张合众结台于大路，声势相援，海寇才不敢至。又煮粥以济贫乏，于是人有固志，卒年八十一岁。

清初文字狱，凡治近代史的人，大都知道戴南山、吕留良等案件，而佛门亦被波及，则知道的人不多。常熟三峰的法藏禅师，是宁波天童寺密云禅师的嗣法弟子，而嫌其师一棒到底，不谙机用，乃著《五宗原》一书，提倡五家纲宗，立说新奇，从之者众。其徒具德和尚，开法灵隐，座下常逾万人。这里面不免有一些明末遗老以及忠贞之士参杂其间，这就引起了雍正的歧视。他亲撰《拣魔辩异录》一书痛驳法藏，说他违反祖意，还下令禁止弘传。具德和尚的法脉因此断绝。具德名弘礼，会稽张氏子，幼从父兄住杭州经商，不喜章句时文，而好与黄冠导引之士游，既而悟其非，至普陀山出家。听法藏禅师说法于金粟寺，又跟他入三峰请益，历时很久，方蒙印可。重兴灵隐后，锻炼学人钳锤迅利，造就人才很多。当时人称赞说：慈明、杨岐、戒演、妙喜之后，一人而已。清康熙六年十月十九日示寂，年六十八。《十会语录》三十余卷，毁失于雍正时期。

艺文撷英

冷泉亭记　　唐·白居易

东南山水，余杭为最；就郡言，灵隐寺为最；就寺观，冷泉亭为最。亭在山下水中央寺西南隅，高不倍寻，广不累丈，而撮奇得要，地搜胜概，物无遁形。春之日，吾爱其草薰薰、木欣欣，可以导和纳粹，畅人血气。夏之日，吾爱其泉宁宁、风泠泠，可以触烦析酲，起人幽情。山树为幄，岩石为屏，云从栋生，水与阶平。坐而玩之者，可濯足于床下；卧而狎之者，可垂钓于枕上。矧又潺湲洁澈，甘粹柔滑，眼目之翳，必舌之垢，不待盥涤，见辄除去，潜利阴益，可胜言哉。此所以最余杭而甲灵隐也。先是领郡者有相里君造虚白亭，有韩仆射皋作候仙亭，有裴庶子棠棣作观风亭，有卢给事元辅作见山亭，及右司郎中河南元薁作此亭。于是五亭相望如指之列，可谓佳境殚矣，能事毕矣，后来者虽有敏心巧目，无所加焉。故吾继之，述而不作。

山游唱和诗叙　　唐·契嵩

杨从事公济与冲晦晤上人访潜子，明日乃邀宿灵隐，又明日如天竺，遂宿于天竺也。三人者，游且咏，得诗三十六篇。公济请潜子前叙，潜子让公济曰，吾不敢先朝之士。公济曰，此山林也，论道不论势，潜子叙，非忝也。潜子曰诺，吾叙。济公济与潜子辈，儒佛其人，异也，仕进与退藏，又益异也，今相与于此，盖其内有所合而然也。公济与冲晦以嗜诗合，与潜子以好山水闲适合。潜子亦粗以诗与冲晦合，而冲晦又以爱山水与吾合。夫诗与山水，其风味淡且静，天下好是者几其人哉，故吾属得其合者尝鲜矣。适从容山中，亦以此会为难得，故吻然嗒然，终日相顾，谓几忘其形迹，不知孰为佛乎，孰为儒乎。晋之时，王谢诸子以乐山水友支道林。唐之时，白公隐庐阜，亦引四释子为方外之交，其意岂不然哉。合之道，其可忽乎。云与龙贵以气合，风与虎贵以声合，圣与贤贵以道合，君与臣贵以时合，学者贵以圣人之道合，百工贵以其事合，昆虫贵以其类合。不相合，虽道如仲尼伯夷，亦无所容于世也，天下乌得不重其所合乎。方二君之来也，逼岁除，山郁郁以春意。然代谢相夺，乍阴乍晴，朝则白雪青霭，绚如也。晚则余冰残雪，莹如也。飞泉泠泠，若出金石，幽林梅香，或凝或散。树有啼鸟，涧有游鱼。而二人者嗜山水，则所好益得，嗜闲适则其情益乐，胜气充泱而更发幽兴，优游纡余，吟啸自若，虽旁人视之，不知其所以为乐也；坐客接之，不知其所以为得也。独潜子苍颜敝履，幸其来游，而谓之曰，二君之乐非俗之所乐也，二君之得非俗之所得也，是乃洁静逍遥乎趋竞尘累之外者之事也，终之可也。因评其诗曰，公济之诗赡，冲晦之诗典，如老丽雅健，则其气格相高焉。潜子嘿者，于诗不专，虽其簿弱疾拙，远不及二君，岂谓尽无意于兴也。藤州镡津东山沙门契嵩撰。

灵隐寺　　唐·骆宾王

鹫岭郁岧峣，龙宫锁寂寥。楼观沧海日，门对浙江潮。桂子月中落，天香云外飘。扪萝登塔远，刳木取泉遥。霜薄花更发，冰轻叶互凋。夙龄尚遐异，披对涤烦嚣。待入天台路，看余度石桥。

灵隐寺　　唐·白居易

一山门作两山门，两寺元从一寺分。东涧水流西涧水，南山云起北山云。前台花发后台见，上界钟声下界闻。遥想吾师行道外，天香桂子落纷纷。

请韬光禅师斋　　唐·白居易

白屋炊香饭，荤膻不入家。滤泉澄葛粉，洗手摘藤花。青芥除黄叶，红姜带紫芽。命师来伴食，斋罢一瓯茶。

辞白太寺斋　　唐·韬光

山僧野性好林泉，每向岩阿倚石眠。不解栽松陪玉勒，惟能引水种金莲。白云乍可来青嶂，明月难教下碧天。城市不能飞锡去，恐惊莺啭翠楼前。

灵隐寺　　唐·司空曙

青山古寺绕烟波，石磴盘空鸟道过。百尺金身开峭壁，万龛灯焰隔烟萝。云生客到侵衣湿，花落僧前覆地多。不与方袍同结足，下归尘世竟如何。

飞来峰　　唐·张祜

西南山最胜，一境是诸天。上路穿岩竹，分流入寺前。蹑云丹井畔，望月石桥边。洞壑江声远，楼台海气连。塔明青岭雪，钟散暮松烟。何处去犹恨，更看峰顶莲。

冷泉亭送唐林夫　　宋·苏轼

灵隐前，三竺后，雨涧春淙一灵鹫。不知水从何处来，跳波赴壑如奔雷。无情有意两莫测，肯向冷泉亭下相萦回。我在钱塘六百日，山中暂来不暖席。今君欲就灵隐居，葛衣草履随僧蔬。肯与冷泉作主一百日，不用二十四考书中书。

北高峰　　宋·王安石

飞来山上千寻塔，闻说鸡鸣见日升。不畏浮云遮望眼，自缘身在最高层。

嘉公济冲晦见访　　宋·契嵩

数曲青溪山数重，山深日暮已鸣钟。忽闻行客门前语，来觅幽人林下踪。初接风流殊历落，更张灯火倍迎逢。不须便去疑无待，已有黄粮在宿舂。

冷泉亭放水　　宋·范成大

古蘲危蹬着枯叶，脚底翻涛汹欲飞。九陌倦游那有此，从教惊雪溅尘衣。

冷泉亭　　元·方回

寺门不须入，林涧莹清襟。老树几前代，冷泉知我心。縋萝猿接果，龛石佛添金。别有真天趣，月寒秋夜深。

北高峰　　明·张时徹

复岭盘青汉，危峰峙碧空。赪霞标海树，日月走江虹。桃片千岩落，松阴万壑重。紫薇真可到，脱屐会相逢。

游韬光静坐三七日而去　　明·高攀龙

偶来山中坐，兀兀二旬余。心中澹无事，宛若生民初。流泉当几席，众山立庭除。高树依岩秀，修竹夹路疏。所至得心赏，终日欣欣如。流光易蹉跎，此日良不虚。寄言养性者，远驾深山居。

九日同诸友登飞来峰　　明·查继佐

扶筇峰顶快登高，千里湖山一望遥。黛色敲开灵鹫石，波光飞到浙江潮。图攒翠壑看三竺，锦醉青枫见六桥。狂啸直舒天地外，沧州共订老渔樵。

三生石　　明·袁宏道

此石当襟尚可扪，石旁斜插竹千根。清风不改疑圆泽，素质难雕信李源。驱入烟中身是幻，歌从川上语无痕。两言入妙勤修道，竹院云深性自存。

慧理开山祖塔　　清·晦山

欲表灵峰异，迦维特地来。双猿呼洞出，五赤凿云开。石塔当溪口，全身听壑雷。到山先觌面，谁虑没荒莱。

大殿前石塔　　清·晦山

矗出如双阙，浮图耸殿阴。悉檀钱氏物，标榜永明心。八面雕镂古，千龄剥绣深。钜鳌擎不倦，劫海拥狮林。

莲花峰　　清·晦山

崔嵬最高顶，奇石水经传。乱吸千峰翠，平开十丈莲。冰霜鲜腊月，台座逼空天。信是灵山物，拈来不记年。

满江红冷泉亭　　宋·辛弃疾

直节堂堂，看夹道、冠缨拱立。渐翠谷，群仙东下，珮环声急。谁信天峰飞堕地，傍湖千丈开青壁。是当年、玉斧削方壶，无人识。

山木润，琅玕湿。秋露下，琼珠滴。向危亭横跨，玉渊澄碧。醉舞且摇鸾凤影，浩歌莫遣鱼龙泣。恨此中、风物本吾家，今为客。

遗闻轶事

相传唐骆宾王与徐敬业讨武后兵败亡命，不知下落。宋之问因被贬谪到杭州，游灵隐寺。月夜赋诗，得“鹫岭郁苕峣”二句，接不下去。当时有一僧人在旁问他，为什么苦吟，宋告以原因。僧曰，何不接“楼观沧海日，门对浙江潮”。宋深以为异，问寺中其他僧人，才知道是骆宾王，及至再去找他，已不知去向。考《骆丞集》卷二，有《在江南赠宋五之问》五古一首，又卷三有《在兖州饯宋五之问》，及《送宋五之问别凉字》五律各一首。且一则曰：“故人漳水滨”，一则曰“别后相思曲，凄断入琴风”。可见骆宾王与宋之问本系好友，即使骆宾王削发为僧，宋之问不应全不认识。因此，我认为这个传说是出于后人的附会。

骆宾王灵隐寺诗有“桂子月中落”句，考孙治《灵隐寺志》卷一云：“唐天宝中，尝雨桂子，有一子成树。按天宝为唐明皇年号，骆宾王随徐敬业讨武则天为光宅六年，相隔六十余年，骆宾王早已死了，他怎么能知道这件事？大概天宝以前早就有雨桂子的传说。又宋天圣中丁卯秋七月十五之后，灵隐殿堂左右纷纷下了豆雨，圆形，有黄白黑三色；清康熙五年灵隐大殿落成后，又下了蓖麻雨，都以为是月中桂子。其实是别处草木种子，因大风卷入空中，过灵隐而下坠，并没有什么奇特。

飞来峰顶旧有神尼舍利塔，隋文帝仁寿二年，遣慧诞送舍利至灵隐，选地基动工的时候，发现一个石坎把舍利函放进去，刚好相合，就在那里建塔。尼名智仙，抚养过隋文帝杨坚，因此杨坚即位之后，令天下造佛塔，而以尼舍利函送灵隐建塔。舍利，印度梵文的音译，音为灵骨。佛教习惯，僧人死后，都举行火葬，火化而不坏者称为舍利。可能是生理上的一种结晶现象，还没有被科学家所研究。

宋《德寿宫记》略云：“高宗雅爱湖山之胜，于宫内凿大池，引水注之，像西湖冷泉；又叠石为山，像飞来峰，名其堂曰冷泉。吴郡王益，宪圣太后之弟也，一日，竹冠练衣，芒鞋竹杖，携一童纵竹灵竺，濯足冷泉磐石之上。游人望之，俨若神仙，罗者奏闻。次日，高宗以小诗召之曰，趁此一轩风月好，桔香酒熟待君来。王亟往，高宗迎笑曰，昨日冷泉之游乐乎？王顿首谢。高宗曰，朕宫中亦有此景，卿欲见之否？引登冷泉堂，中揭一画，乃图王野服濯足之状，且御制一赞云：富贵不骄，戚畹称贤。扫除膏粱，放旷林泉。沧浪濯足，风度潇然。国之元舅，人中神仙。尽醉而罢，因举图以赐之。”这一故事，似乎很风雅，但正当南北分裂，国难未已的时候，这样耽于逸乐，就可以知道宋高宗确实没有恢复中原的雄心壮志，结果造成南渡偏安之局，论史者似乎也可以连类及此。

瞎堂慧远禅师尝随孝宗游飞来峰。孝宗问：“既是飞来，何不飞去？”对曰：“一动不如一静。”又至上天竺，见观音手中亦持念珠，问曰：“人持念珠念观音，观音持念珠念谁？”对曰“仍念观音。”孝宗问为什么？瞎堂对曰：“求人不如求己。”

“三生石上旧因缘”一语，知道的人很多，可是很少有人知道他的出处。考《甘泽谣言》，“唐有李源者，京洛人，父憕，死安禄山之乱。源悲愤，不仕不娶。居惠林寺三十年，与僧圆泽（或作圆观）友善，相约游蜀峨眉山。源欲自荆州溯峡，泽欲取长安斜谷路。源不可，曰，吾已绝世事，岂可复道京师哉。泽默然久之，曰，行止固不由人。遂自荆州入蜀，路次南浦。见妇人锦裆负瓮及汲，圆泽曰，此吾托身之所也。李源问之，泽曰，妇人姓王氏，吾当为之子，孕三岁矣，吾不来，故不得乳，今既见，无可逃者。公当以符咒助我速生。三日浴儿时，公临视，以笑为信。后十三年中秋夜，当与公相见于杭州天竺。源悲悔为具沐浴，易服，至暮，圆泽亡而妇乳。三日往视之，儿见源果笑，源遂不果入蜀，反居惠林。后十三年，自洛适杭州赴其约。闻葛洪亭畔有牧童菱髻骑牛歌《竹枝词》，隔水呼源，观之，乃圆泽也。歌曰：“三生石上旧精魂，赏月吟风不用论，惭愧故人远相访，此身虽异性常存。”源问泽公健否？答曰，李公真信士，俗缘未尽，慎勿相近，原勤修之。又歌曰：“身前身后事茫茫，欲话因缘恐断肠，吴越山川寻已遍，却回烟棹上瞿塘。”遂拂袖入烟霞而去。三生石在下天竺，不出灵鹫的范围。有人说，据此所言，只有二生，何以称三生？宋赞宁禅师有圆泽三生为比丘之说，似乎可答此问。

疯僧扫秦一事，《说岳全传》讲得很详细，不是完全没有根据。但有两种说法：一种说法是，秦桧既囚岳飞，想杀而未决，闷游灵隐，疯僧叶守益向他数说岳飞的功劳，秦桧颇为所动，归而谋之于其妻王氏，王氏曰，擒虎易，纵虎难，飞遂遇害。另一种说法是，秦桧已杀岳飞，献斋僧锅向灵隐祈祷（此锅清初尚存，见陆次云《湖壖杂记》），有一行者乱言讥桧，桧问他居住何处，僧赋诗有：“相公问我归何处，家在东南第一山”等语。以前灵隐罗汉堂有疯僧像，就是根据这种传说而塑造的。

清嘉庆年间，又有一个叫慧照的疯僧，左手持帚，右手持钵，常在灵隐天竺一带乞食，居中天竺老人洞，皈依他的人很多。有人请他治病，他随手摘一些花草给人回去熬汤，服之便愈，因此礼拜供养他的人更多。钱塘县令曾经驱逐他三次而没有效果，后移居呼猿洞，见人但笑而不语。道光三年五月九日，积薪洞中，自焚而化，葬于龙门山。

灵隐景物，有因僧诗而得到保全的，如宋阎贵妃之父良臣，起香火功德院，想在灵隐寺旁伐松作建筑材料，僧淮海作诗曰："不为栽松种茯苓，只图山色四时青，老僧终不将归去，留与西湖作画屏。"诗为帝所知，遂命弗伐。又明海寇之乱，督府想取寺钟铸兵器，僧真祥上诗曰："百八鲸音吼地鸣，篁溪檀越铸还成，曾闻兵器为农器，岂忍慈声作恶声。一统大明何及此，千年常住敢云争。山僧最苦多遗谴，游宦从今失送迎。"此钟赖以得存。又寺旁废殿基，势家想规为葬地，寺僧又赋诗云："一带空山已有年，不须惆怅起颓砖。道旁多少麒麟冢，转眼无人挂纸钱。"势家见诗，意兴索然，遂打消了原来的企图。

明初，梦堂噩公，得法于灵隐元叟端，担任书记的职务。有一次梦堂在浙东游览，诗人刘孟熙、唐处敬等在曹娥祠分韵赋诗，看见一个和尚穿着破旧衣服坐在船尾，向他们作礼，讨一个剩韵。他们就给他一个蕉字韵，梦堂应声赋诗云："平明饭罢促高梢，撑出五云门外桥。离越王城一百里，到曹娥渡十分潮。白翻晴雪浪花舞，绿弄晚风蒲叶摇。西北阴沉天欲雨，卧听篷韵学芭蕉。"众皆大惊，问清了他就是噩梦堂，就邀他加入诗会。梦堂向诗人讨"剩韵"，既雅且趣，为灵隐生色不少。

清《稗类钞》记康熙问沈近思出家灵隐事，而不甚详。考《新齐谐》云："有沈氏儿丧父母，为人佣工，随施主入灵隐寺，住持石揆见之大惊，愿乞此儿为弟子，施主许之。儿方七岁，即为延师教读。儿欲肉食，即与之肉，儿欲衣绣，即衣之绣，不削发也，儿亦聪颖通举子业。年将冠矣，督学某考杭州，令儿应考，取名近思，遂取中府学第三名。月余，石揆传集合寺诸僧曰，近思余小沙弥也，何得瞒我入学为生员也，命跪佛前剃其发，披以袈裟，改名逃佛。同学诸生闻之大怒，联名数百人上控巡抚督学。有项霜泉者，仁和学霸也，率家僮数十，篡取近思为假辫以饰之。即以己妹配之。置酒作乐，聚三学弟子员赋催妆诗作贺。诸大府虽与石揆交而众怒难犯，不得已，准诸生所控，许近思蓄发为儒。诸生犹不服，各汹汹然欲殴石揆。大府不得已，取石揆两侍者各笞十五，群怒始息。后一月，石揆命侍者僮鼓召集合寺僧，各持香一炷礼佛毕，泣曰：灵隐非有大福分人不能撑持。沈氏儿风骨严整，在人间为一品官，在佛家为罗汉身，故余见而倾心，欲以此座与之。又一念急争，故使入学以继我孝廉出身之衣钵，此皆贪瞋未灭之客气也。今侍者被杖，为辱已甚，尚何面目坐方丈乎。夫儒家之改过，即佛家之忏悔，自今以往，吾将赴释梵天王处忏悔百年，才能得道。言毕，趺坐而逝，鼻垂玉柱二尺许。”沈近思后来中进士，官至左都御史，卒谥清恪。他每次谈到石揆的时候，常常流泪。可见石揆确实是有眼力的。

谛晖有老友恽某，江苏武进人，逃难外出。儿七岁，卖给杭州驻防都统家里，谛晖侦知后，想救出他来。当时在二月十九观音纪念日，满汉士女都要到灵隐天竺进香，也必拜方丈大和尚。谛晖德高望重，对来拜者，从不答礼。都统夫人在婢仆簇拥中来拜谛晖，谛晖探知瘦而纤弱者就是恽氏儿，看到他来，突然起身向儿跪拜，并且说罪过罪过。夫人大惊问故，谛晖说，这是地藏菩萨托生人间，访人善恶。夫人以为奴，听说又打过他，实在罪过得很。夫人惶急求救，谛晖曰无救。夫人愈恐，告都统，都统亲来长跪不起，恳求开一线佛门之路。谛晖曰，不但你有罪，我也有罪。请先留地藏王在寺供养，缓缓为公及夫人忏悔，也为我自己忏悔。都统大喜，布施百万，以儿与谛晖。谛晖教他读书学画，取名寿平，后即送他回家。说我不学石揆的痴心。后来恽寿平不但画名很大，诗文书法也很精妙，有三绝之称。谛晖不忘故旧，成全恽寿平，可以说“高谊”可见。

编者注：巨赞法师著《灵隐小志》，附录有却非法师《萍栖诗抄》，未收入文集。另巨赞法师《还斋吟草》诗篇，则编入文集“书信、诗词”卷。

宗教与民族性

一个民族的形成，不能离开宗教，总理在三民主义里面，已经说得非常透彻。所以宗教与民族性，有其非常密切的关系。总裁在精神总动员纲领里面，也希望宗教徒起来站在精神动员的先头。我们如果再考察英国和日本立国的原因，对于总裁的主张，才能更深一层地知道其为深瞻远瞩的政治动员方案。

研究英国史的学者告诉我们：克伦威尔（Oliver Cromweli)所贡献于英国的，不是1628年到1658年有的共和国政府，而是在这个政府下面，所采行的保护清教徒(Puritain）的政策。克氏自信是上帝命他领导英吉利民族，跑上新时代的“先知”，把英吉利民族造成世界上最优秀的民族，乃是他的责任。圣经是他的法律，圣诗和圣史是他的精神基础。在他的眼中，只有英国才算是真正新教的国家，她负着神的使命，应把新教宣布于世界，所以不惜任何牺牲，征服了反对新教的爱尔兰和西班牙，给英吉利民族以深刻而恒久的影响。

威尔哈昂（Wildh Agen）说，英吉利民族的优越性甚坚强，精勤、自治、团结和重纪律，都是清教徒之所养成，亦即英人用以统治全地球四分之一的土地与人口的精神工具。所以英国人总以为英国的一切，是世界上最好的。有了这宝贵的民族自信心，谁也不能否认她还不会像法人希佛来（Siegfricd)那样幸灾乐祸地说崩溃就在目前。然而是克伦威尔之赐，清教之赐。

日本地小人少，本身没有文化，其能跻于强国之列，又居然××××我拥有四万万五千万人口的大中华民族，事实告诉我们不是偶然的。戴季陶先生说：“欧洲和美国势力的压迫，只是成为日本动摇的原因，成为引起革命（明治维新）的原因，而其革命所以能在短期内成功，完全是历史所养成的种种能力的表现，而决不是从外面输入去的。”所以日本人往往喜欢把“日本化”、“大和魂”几个字，放在脑筋里，不肯放弃。蒋百里先生也说：“日本人以为另有欧洲所没有的‘内在精神’——所谓“大和魂”这个东西。”据我看来，Titz论美学，尝说到忘我的境界，这种容易导入于忘我境界的性格，怕就是大和魂的真谛。而这“刹那间的异常境遇，是从佛教禅宗里所谓悟，所谓空而来的。”而所谓“武士道”的精神，也就是大和魂寄托在武士身上的表现，“轻生死”、“重然诺”、“尚义气”等武士独有的特性，都是渊源于禅宗，并不是陶铸于儒学，这也有历史事实的证明。

禅宗，即所谓中国佛教，盛行于日本，约在元宋之间，忽必烈的所以没有能够东征成功，一方面是吃了风的亏，一方面则是镰仓武士英雄抵抗的结果。这种英雄抵抗的精神，则养成于所谓“武家禅”。这在《兴禅护国论》等书中，叙述得非常详细，不能抹煞。其后一宁禅师奉了忽必烈的命令，东渡谕降，又引起了“公家禅”的继起，论武家礼法的三议正统，也是根据了禅宗的百丈清规做的。日本的能够立国，能够强盛，可以说是完全由于政治情感与宗教思潮的结合。宗教所具凝固民族的力量，我们是无法估计的。

工业革命的怒潮，把日本的封建制度冲破了，导入资本主义、帝国主义的旋流。“町人”的卑鄙龌龊，蝇营狗苟，强××“××”×××，当然更谈不上“武士道”，与“武家礼法”。“×××”的精神扫地无余，剩下的只是盲目的，××的，悲剧性的夸大与无耻，终于自造了一个致命的国难。我们真替××可惜！

前个月，省党部方面，曾有吸引宗教界中优秀份子入党的提案，这的确是一个异常贤明的观点。希望宗教界能够负责起来，用宗教本具凝固民族的力量，以加强全民众的民族自信力，和为国牺牲的决心，使每个国民，都像英法百年战争里面的贞德一样，奋不顾身地，击退了魔鬼般的××。“执柯伐柯，取则不远”，总裁正用殷切的热望，期待我们成功哩！

（原载《觉音》1940年第14期）

佛教传入中国之初的“楚狱”问题

佛教传入中国，通常都以为是后汉永平七年，明帝因梦见金人而遣使西行求法，十年还汉，中国才有佛法。可是《后汉书》卷四十二《楚王英传》上说，在永平八年的时候，楚王英为了响应“入缣赎罪”的诏令，遣郎中令奉黄缣白纨三十匹以赎愆罪。明帝下诏回答道：

楚王诵黄老之微言，尚浮屠之仁祠，洁斋三月，与神为誓，何嫌何疑，当有悔吝。其还赎以助伊蒲塞桑门之盛馔，因以班示诸国中传。

足见佛教传入中国，必然早于永平初年，而楚王英是我国佛教史上信佛最早的著名人物，所以《后汉书·西域传》上说：“楚王英始信其术，中国因此颇有奉其道者。”这大概是确实的。

不过到了永平十三年，楚王英就以大逆不道被废徙丹阳泾县，十四年，自杀。《楚王英传》内又说：“楚狱遂至累年，其辞语相连，自京师亲戚诸侯州郡豪杰，及考案吏阿附相陷，坐死徙者以千数。”这样大的案件，究竟与佛教信仰有无关系，被所谓“辞语相连”的人，是否都是佛教信仰，自然要引起佛教史家的猜测。因此有人认为，由于楚王英提倡佛教，信从他的人很多，因而造成一种声势，刺激了明帝，所以才派遣使臣西行求法，这与其说是信仰佛教，不如说是为了和楚王英争取群众。从这一猜测出发，被“楚狱”牵累的人，自然也都成为佛教徒，或者说楚王英门下的信佛之徒全成为缧绁之人了。但是历史事实是否如此，似犹有进一步加以研究的必要。

我想可以先从汉明帝的为人谈起。《后汉书》卷三论曰：“魏文帝称明帝察察，章帝长者。章帝素知人，厌明帝苛切，事从宽厚。”所谓“察察”和“苛切”，虽然大体上描绘了汉明帝的为人，其实已经为他加工粉饰了，汉明帝的为人，实际上是很难用“察察”或“苛切”说明的。《钟离意传》云：

帝性褊察，好以耳目隐发为明。故公卿大臣数被诋毁，近臣尚书以下至见提曳。常以事怒郎药崧，以杖撞之。崧走入床下，帝怒甚，疾言曰，郎出郎出。崧曰，天子穆穆，诸侯煌煌，未闻人君，自起撞郎。帝赦之。朝廷莫不悚栗，争为严切以避诛责。(《后汉书》卷四十一)

在封建时代，帝王称为天子，其尊严可知，而汉明帝居然亲自动手打人，这还成什么体统。因此钟离意上疏谏争，其中有云："群臣不能宣化理职，而以苛刻为俗。吏杀良人，继踵不绝。百官无相亲之心，吏人无雍雍之志，至于骨肉相残，毒害弥深。"这是当时的政治情况，而是汉明帝带头造成的。汉明帝为了推行他的苛政，还创设了许多刑罚。如《陈宠传》云：

肃宗初为尚书。是时承永平故事，吏政尚严切，尚书决事率近于重。宠以帝新即位，宜改前世苛俗，乃上疏曰……有司执事未悉奉承典刑，用法犹尚深刻。断狱者急于篣格酷烈之痛，执宪者烦于诋欺放滥之文。或因公行私，逞纵威福。……宜隆先王之道，荡涤烦苛之法，轻薄棰楚以济群生。……帝敬纳宠言。……遂诏有司绝钻钻诸惨酷之科，解妖恶之禁，除文致之请谳五十余事，定著于令。(《后汉书》卷四十六)

又，《左雄传》云："孝明皇帝始有扑罚，皆非古典。"所谓"扑罚"即捶扑，为九卿大臣而设。如："大司农刘据以职事被谴，召诣尚书，传呼促步，又加以捶扑。"(《后汉书》第六十一卷）这是在所谓犯官听到传呼，快步上前的时候打他，似乎比《水浒传》上牢狱中的杀威棒还要可恶。捶扑的刑罚，一直拖延到汉顺帝的时候才废除。

汉明帝对于臣民如此残暴，而他自己则装扮得非常儒雅。他经常亲自在太学正坐讲学，而令"诸儒执经问难于前"(《后汉书》卷七十九)。又自制"五行章句"，令桓郁校定，并对桓郁说："我为孔子，卿为子夏，起予者商也。又问郁子几人能传学？郁曰，臣子皆未能传学，孤兄子一人学方起。上曰，努力教之，有起者即白之。"居然以道统自任，可见汉明帝是一个好自用而又十分偏激刻毒的人。

其次，再研究一下当时侯王造反的三种情况。第一种是本人确有反意。如广陵思王荆在光武死后，哭不哀而伪造书信，劝说东海王强拥戴他为天子。后来又对相工说："我貌类先帝，先帝三十得天下，我今亦三十，可起兵未？"相工告密，荆惶恐自系狱，得到宽大处理而仍不肯改，使巫祭祀祝诅，妄图造反，有司举奏请诛，因而自杀（《后汉书》卷四十二)。

第二种是本人并无反意，而是侍从们想升官发财，曲意制造出来的。如《梁节王畅传》云：

畅性聪慧，然少贵骄，颇不遵法度。归国后，数有恶梦。从官卞忌自言能使六丁，善占梦。畅数使卜筮。又畅乳母王礼等因此自言能见鬼神事，遂共占气祠祭求福。忌等谄媚云，神言王当为天子。畅心喜，与相应答。永元五年，豫州刺史梁相举奏畅不道，考讯，辞不服。有司请征畅诣廷尉诏狱，和帝不许。……畅惭惧，上疏辞谢曰，臣天性狂愚，生在深宫，长养傅母之手，信惑左右之言。及至归国，不知防禁，从官

侍史利臣财物，荧惑臣畅，臣畅无所昭见，与相然诺，不自知陷死罪……（《后汉书》卷五十）

刘畅谋反的案件，幸而发生在和帝时代，所以得保首领。

第三种是完全出于邀功者的诬陷。如《陈愍王宠传》云：

熹平二年，国相师迁追奏前相魏愔与宠共祭天神，希幸非冀，罪至不道。有司奏遣使者案验。……愔辞与王共祭黄老君，求长生福而已，无它冀幸。……迁诬告其王，罔以不道，皆诛死，有诏赦宠不案。（《后汉书》卷五十）

师迁本想用诬告讨好朝廷以图升官，结果反而人头落地，可谓自作自受，不过从这里可以知道，封建时代的官场，确实是荆棘满途，黑幕重重的。

楚王英的谋反在上述三种情况中，究竟是属于那一种？我以为是第二种。因为楚王英从小就与汉明帝交好，在永平八年，即进爵为王以后的二十五年，尚无谋反之状，此其一。谋反案件的揭开，由于永平十三年“男子燕广”的告密，而告密的罪状和其后有司案验的奏请是大有出入的，此其二。《楚王英传》上说，男子燕广密告“英与渔阳王平颜忠等造作图谶，有逆谋事”。这在当时上下迷信图谶的环境里是习见不鲜，不能作为谋反的确实证据的。可是在有司案验之后的奏请里，就成为“擅相官秩，置诸侯王公将军二千石，大逆不道”，罪行严重的反叛首领了。但是这个所谓“严重”，是否就是上面所引《陈宠传》中“尚书决事率近于重”的重呢？我以为是的。《后汉书》卷八十一《陆续传》云：

续幼孤，仕郡户曹史。时岁荒，民饥，太守尹兴使续于都亭赋民饘粥。……是时楚王英谋反，阴疏天下善士。及楚事觉，显宗（即明帝）得其录，有尹兴名，乃征兴诣廷尉狱。续与主簿梁宏、功曹史驷勋及掾史五百余人诣洛阳诏狱就考。诸吏不堪痛楚，死者大半，唯续、宏、勋掠考五毒，肌肉消烂，终无异辞。续母远至京师，觇候消息。狱事持急，无缘与续相闻。母但作馈食付门卒以进之。续虽觉考苦毒，而辞色慷慨，未尝易容，唯对食悲泣，不能自胜。使者怪而问其故，续曰，母来不得相见，故泣耳。使者大怒以为门卒通传意气，召将案之。续曰，因食饷羹，识母所自调和，故知来耳，非人告也。使者问何以知母所作乎？续曰，母尝截肉未尝不方，断葱以寸为度，是以知之。使者问诸谒舍，续母果来。于是阴嘉之，上书说续行状。帝即赦兴等事，还乡里，禁锢终身。

这一段描写当时决狱的情况，非常生动，所以把它完全录下来，从而对于所谓“楚狱”得到三种重要的认识：第一，尹兴在饥荒之岁令陆续赋民饘粥，有爱民之心，似不失为“善士”；第二，陆续和梁宏、驷勋等深爱尹兴之贤，又确知尹兴没有参加楚王英的反叛集团，所以备受考掠而终无异辞；第三，汉明帝得到的所谓反叛名册，它上面所开列的人名都是天下善士，而这些善士本人并不知道自己的姓名已登入楚王名册，与楚王也无多大联系，或者竟不相识，所以尹兴的冤狱经过陆续等坚持，真相大白，终于得到赦免。

与尹兴的冤狱相似的是薛汉和焦贶的案件。据《后汉书·儒林传》上说：永平中，薛汉为千乘太守，政有异迹，当然也是“善士”，所以上了楚王英的名册，因而“坐楚事，辞相连，下狱死”。《后汉书》卷三十一《廉范传》云：

诣京师受业，事博士薛汉。……会薛汉坐楚王事诛，故人门生莫敢视，范独往收敛之，吏以闻。显宗大怒，召范入诘责曰，薛汉与楚王同谋，交乱天下，范公府掾，不与朝廷同心而反收敛罪人何也？范叩头曰，臣无状愚戆，以为汉等皆已伏诛，不胜师资之情，罪当万坐。帝怒稍解。

这一段记载告诉我们，汉明帝亲自审理楚王英的反叛案件，并且不准收尸。而廉范的行为也和陆续仿佛，可能由于薛汉无辜受害，义愤填膺，所以有此义举。

又，《郑弘传》云：

弘师同郡河东太守焦贶。楚王英谋反发觉，以疏引贶，贶被收捕，疾病于道亡没，妻子闭击诏狱，掠考连年，诸生故人惧相连及，皆改变姓名以逃其祸。弘独髡头负铁锧诣阙上章，为贶讼罪，显宗觉悟，即赦其家属。（《后汉书》卷三十三）

这一段记载当中明明说是：“以疏引贶”，当然也是根据名册逮捕的，而郑弘上书为贶讼罪，可见有冤可伸。又郑弘为焦贶讼罪之后，“拜为驺令，政有仁惠，民称苏息”。如果说师徒之间可能互有影响的话，那末焦贶未始不是一个“善士”。王充《论衡》卷一《累害篇》云：“焦陈留君兄，名称兖州，行完迹洁，无纤芥之毁。”《集解》引悼广云：“袁宏后汉记，郑弘事博士陈留焦贶。……知此文当是陈留焦君贶而伪倒也。”此焦贶为善士之又一旁证。从这三桩案件上，可以知道，有司奏请上所说的“擅相官秩”等等，大概是根据这个善士名册编造出来的。

那末，楚王英为什么要阴疏天下善士，造此名册呢？我以为楚王英少时好游侠，交通宾客，晚节更喜黄老，学为浮屠斋戒祭祀，似乎还不失为一个有头脑的人。因此，他面对着刻毒的明帝和上下离心的朝政，心里不能不有所警惧，因而想摸一下治乱的底细，所以就把当时各地方当局在治绩上有一套办法的人如尹兴、薛汉、焦贶之流，录下了名单，这就是所谓“阴疏天下善士”。可以说，楚王英造善士名册，目的不是为了造反；否则，他又何必单疏善士呢？不过他也不能不受时代和环境的限制，因而也就相信符瑞和图谶，所交往的人也不免过于庞杂，例如男子燕广告密中提到的王平颜忠，就不是正人君子。《寒朗传》云：

永平中，以谒者守侍御史与三府掾属共考案楚狱。颜忠王平等辞连及隧乡侯耿建、朗陵侯臧信、护泽侯邓鲤、曲成侯刘建。建等辞未尝与忠平相见。是时显宗怒甚，吏皆惶恐，诸所连及，率一切陷入，无敢以情恕者。朗心伤其冤，试以建等物色（注谓形状也）独问忠平，二人错愕不能对。朗知其诈，乃上言建等无奸，专为忠平所诬，疑天下无辜，类多如此。帝乃召朗入问曰，建等即如是，忠平何故引之？朗对曰，忠平自知所犯不道，故多有虚引，冀以自明。（《后汉书》卷四十一）

王平颜忠为了想洗刷自己，诬陷四侯，正人君子必不如此。象卞忌、王礼那样蛊惑楚王英造反的，必是此等人。楚王英有此弱点，又遭逢刻毒的明帝和“以苛刻为俗”的政治局面，所以这一案件，在当时牵连极广。《鲍昱传》曰：

肃宗（即汉章帝）召昱问……对曰，……前在汝南典理楚事，系者千余人，恐未能尽当其罪。（《后汉书》卷二十九）

又《袁安传》曰：

永平十三年，楚王英谋为逆，事下郡复考。明年三府举安能理剧，拜楚郡太守。是时英辞所连及系者数千人。显宗怒甚，吏案之急，迫痛自诬死者甚众。安到郡，不入府，先往案狱，理其无明验者条上出之。……遂分别具奏，帝感悟，即报许，得出者四百余家。（《后汉书》卷四十五）

可见为了考察楚狱，除在洛阳审理外，又在汝南、楚郡等地审理，规模之大可知。其中如鲍昱、袁安虽然主持了公道，而没有获释的人，不一定都有“明验”。因为寒朗对汉明帝说：

臣见考囚在事者，咸共言妖恶大故，臣子所宜同疾。今出之不如入之，可无后责。是以考一连十，考十连百。又公卿朝会，陛下问以得失，皆长跪言，旧制大罪祸及九族。陛下大恩，裁止于身，天下幸甚。及其归舍，口虽不言，而仰屋窃叹，莫不知其多冤，无敢牾陛下者。

在这种情况下，即使鲍昱、袁安要想释尽楚囚，使无冤屈，也是不可能的。而那许多最后还不能不冤沉海底的人，恐怕大都是册上有名，而又无陆续那样的下属替他声辩的“善士”。这许多人都与楚王英没有什么联系，很难说他们是佛教信徒。所以不能因为“楚狱”牵连极广，而就以为楚王英因信佛而造成了声势。

诚然，楚王英在“谋反”之前是有一部分信佛的群众的。如永平八年，汉明帝的诏辞中有“还赎以助伊蒲塞桑门之盛馔”之语，不过，就当时各方面的情况看来，所谓伊蒲塞、桑门的人数可能不多，而其中的伊蒲塞，一定有楚王英的眷属在内。但是楚王英的眷属并没有因“楚狱”而陷身缧绁。因为《楚王英传》上说，楚王英虽然废徙丹阳泾县，而仍“赐汤沐邑五百户，遣大鸿胪持节护送，使伎人奴婢妓士鼓吹悉从，得乘辎軿，持兵弩行道射猎，极意自娱。男女为侯主者食邑如故。楚太后勿上玺绶，留住楚宫。”所以说楚王英门下的信佛之徒全成为缧绁之人，也是没有什么根据的。

从“楚狱”的历史资料上，所了解到的楚王英信佛的情况与声势，如上所述，实际上汉明帝没有为了和楚王英争取群众而派遣使臣西行求法的必要。至于汉明帝为什么要派遣使臣西行求法，或者是否真有此事，则中外历史家和佛教史家已经讨论得很多，拟另为文详之，不赘。

（原载1962年7月19日《文汇报》）

北京佛教丛谈

佛教是怎样传到北京来的

佛教传入中国有悠久的历史。一般认为，佛教在东汉明帝时传入中国。《后汉书·楚王英传》载汉明帝“梦见金人长大，项有日月光，以问群臣。或曰‘西方有神，其名曰佛。陛下所梦，得无是乎？’”于是明帝派人到西方求法，十年后归，中国从此有了佛法。

但《后汉书·楚王英传》又载：“（永平）八年（六五年）诏令天下死罪皆入缣赎。英遣郎中令奉黄缣白纨三十匹诣国相曰：‘托在藩辅，过恶积累，欢喜大恩，奉送缣帛，经赎愆罪。’国相以闻，诏报曰：‘楚王诵黄老之微言，尚浮屠之仁祠，洁斋三月，与神为誓，何嫌何疑，当有悔吝？其还赎，以助伊蒲塞桑门之盛馔。’”

既然当时楚王英已供养着“伊蒲塞桑门”，就说明佛教传入中国并非在所谓明帝遣使求法之后。此外，汉明帝为人残暴骄矜，“公卿大臣数被诋毁，近臣尚书以下至见提拽，常以事怒郎药崧，以杖撞之。”明帝以天子之尊，竟有动手打人之事，可见其暴。但他又经常做出儒雅岸然之态，端坐太学，令“诸儒执经问难如前”；并曾亲自做“五行章句”，令桓郁校定。明帝对桓郁说：“‘我为孔子，卿为子夏，起予者商也。’又问郁曰：‘子几人能传学？’郁曰：‘臣子皆未能传学，孤兄子一人学方起。’上曰：‘努力教之，有起者即白之。’”可见汉明帝不仅自比孔子，而且还以孔子道统继承者自居。《论语》：“子不语怪力乱神”，明帝既尊孔孟之道，怎么会派人到外域求法呢？关于这个问题，我曾在1962年的《文汇报》上发表过文章，这里不多说了。

上面提到的楚王英，是汉明帝的亲弟弟，在当时的王公贵族中最先信仰佛教。永平十三年（70 年），有人告发楚王英谋反，“楚狱”由此大兴，牵连数千人。但因明帝与楚王英兄弟之情甚厚，楚王英虽被充军丹阳郡泾县（今安徽省宣城县），仍“赐汤沐邑五百户”，他供养的佛徒，也获准同往。楚王英的待遇，使佛教由洛阳传播到中国东部的丹阳。最近，在古丹阳以东的江苏海州，发现古代遗留的佛教摩崖造像，经专家鉴定为后汉遗物。这可能就是楚王英当年传播佛教的成果。《后汉书·西域传》载：“楚王英始信其术，中国因此颇有奉其道者，后随转盛。”这大抵说明了佛教最初在中国的传播情况。

三国时徐州牧陶谦部下有个名叫笮融的督粮官，丹阳人，是个虔诚的佛教徒。他曾在徐州修建了一座可容三千人的大庙，并在一次“浴佛节”中对万余佛教徒布斋。从丹阳到海州，要经过徐州。海州与徐州，一处发现了当年的佛教造像，一处曾有过上万佛徒的聚会。这些都说明，后汉三国时期，丹阳一带已是中国传播佛教的基地之一。

此外后汉桓帝时，一位叫安世高的僧人从安息（今伊朗）来到中国。建和二年（公元148年）至建宁四年（公元171年），安世高在洛阳翻译了很多佛经，其中大部分一直保存至今。佛教在中国的传播由此进入了一个新的阶段。此后直至魏明帝时代的百余年里，洛阳的佛教逐渐兴盛起来。其时，王宫旁就有一座佛寺，明帝嫌吵闹，但并不简单地一毁了事，而是妥善地将它迁往别处，并在原寺址修建了一座有佛家意味的莲花池。

徐州和洛阳二地到北京的距离相似，一东一西，佛教可能就是从这两个方向传入北京的。时间当在晋代以前。潭柘寺是北京最早的佛寺，建于晋朝，到这时，北京的佛教已经相当的发展了。

大藏经和房山石刻

1962年，齐燕铭同志曾邀请汤用彤、陈垣等学术界人士，研究整理编《中华大藏经》，现在中央指示要整理古籍，《大藏经》也是其中一部。要重编《大藏经》，必须选择好的底本。古人为了保存佛经，把经文刻在石板上。北京房山县石经山就保存着大量石刻佛经。房山佛经自隋末始刻，至明末才终止，前后千年之久。这是我国文化的珍藏。最初发起刻经的静琬法师，主持刻成《法华经》等12部石经。我曾用房山的石刻《法华经·方便品》与梁朝法云法师所著的《法华经义记》核对过，发现石经经文与法云所引经文完全一致。可见石经是我国现在保留下来的最古、也是最可靠的佛经版本，具有很高的学术价值。中国佛教协会自1956年以后逐渐将它全部拓印下来，现在还在整理之中。我们还从辽刻石经中的千字文编号上，发现《契丹藏》刻本。《契丹藏》依据北宋《开宝藏》刻成，最接近于《开宝藏》的原本。《契丹藏》共579帙，每帙10卷，计5790卷。

现在国内外流行的《大藏经》，是日本大正年间编的《大正藏》，《大正藏》的底本是《高丽藏》。以《高丽藏》为底本的日本《大正藏》，质量不低，但它的校对、标点，都还存在着不少问题。我们要编印《大藏经》，有房山石经这样可靠的底本，又可以参考《高丽藏》以及《赵城金藏》等珍贵古本刻经，因此，我们有条件编印高质量的《大藏经》。

关于《赵城金藏》，现在人们常常提及。这部《金藏》原存山西赵城的广胜寺。1942年春，日本侵略者曾打算劫走这批宝贵的文物。当地党委接到上级抢救经卷的指示后，立即组织群众，调动军队全力保护抢运出境。据当时广胜寺的住持力空法师告诉我，因抢运经卷，八路军与敌人发生战斗，有八个战士在战斗中牺牲了。但又有人回忆说：《赵城金藏》是在当地党委的组织领导下，经过周密的计划，依靠群众，稳妥地抢运出来的。是智取，不是武夺。1949年北京解放后，这部珍贵文物运到北京图书馆。但因《赵城金藏》从广胜寺转移出来之后，在山洞矿井里藏了几年，大都受潮发霉，有的已经揭不开了。后来，我们用棉纸将《赵城金藏》整理修补了。当这部《金藏》还在赵城时，我的一位同学曾对这部经卷进行过调查，写了一本《金藏雕印始末考》。当时，他亲眼见到的《金藏》共4951卷。佛教界为保藏这都珍贵的《金藏》做了一些工作。

《金藏》是个名叫崔法珍的女居士（后出家为尼），以募捐所得的款项在山西刻印的，这项工作开始于1149年（皇统九年），完成于1173年（大定十三年），前后达二十余年。后来，又曾运到北京，在法源寺东边的圣安寺里参照北宋的《开宝藏》补刻。

此外，明建国后，曾先后在南北二京刻印过《大藏经》，分别称为《南藏》、《北藏》。清朝也刻过《大藏经》，称作《龙藏》。还有明末清初刻存于嘉兴的《嘉兴藏》。这些都为我们整理一部《大藏经》提供了优裕的条件。

元、明两代的几位奇僧

元代名臣耶律楚材，原也是个佛教徒。他的师父是万松行秀禅师。现在西四南路西侧有个“万松老人塔”，就是他的墓葬。

万松行秀是佛教支派“曹洞宗”的大师，同时也深通儒家经典。耶律楚材从万松行秀学佛三年，十分刻苦，大寒大暑亦不间断。万松行秀给耶律楚材授法名“湛然居士”，用“以儒治国、以佛治心”的主张教导耶律楚材。万松行秀对耶律楚材的影响是巨大的。“曹洞宗”传入日本后，也有很大影响，他们中经常有人来北京参拜“万松老人塔”。万松行秀在中日人民的友谊和文化交流中，至今仍起着积极的作用。

北京西长安街旁，原有一座双塔寺，是北京居民所熟悉的古建筑。原双塔寺中有九层和七层塔各一座。九层塔是元代海云佑圣国师的墓葬；七层塔是元代可庵国师的墓葬。塔拆除后，两位法师的骨灰及一些遗物都由有关部门收存。

忽必烈即位前，手下有个名叫史天泽的元帅，对海云十分仰慕。经他的引见，海云见到忽必烈，忽必烈事之以师礼。以后，海云曾两度主持大庆寿寺（即后来的双塔寺）。海云虽身为佛门高僧，但不存门户偏见，主张尊敬儒家，保护曲阜孔庙，足见其豁达有见识。

元初的刘秉忠，原是海云、可庵的弟子。刘秉忠得海云的推荐进见忽必烈，论答天下事，了如指掌，忽必烈大为欣赏。及忽必烈即帝位，刘秉忠参照旧典，根据当时的情况，提出了一套政治制度。忽必烈引以为用，下诏纪岁，立中书省、宣抚司，召还并录用前朝旧臣和山林隐逸之士，政治气象为之一新。刘秉忠虽在忽必烈左右参与朝政，但仍着僧衣，保持僧人身份。他法名叫子聪，又曾当过书记，当时人们称他作“聪书记”。以后，刘秉忠官至光禄大夫，位太保，参与中书省事。后来，忽必烈亲自下令，将翰林侍读学士窦默的女儿嫁给刘秉忠，使他还俗。刘秉忠以僧人身分参与元初大政，可算得一个特别的和尚。

明初姚广孝也是一个特别的和尚。他14岁出家，法名道衍，还曾从道士席应真学过阴阳术数。1381年（洪武十四年）以前，他住在苏州穹窿山，著有《净土简要录》等书。1382年（洪武十五年）朱元璋为他的儿子们请和尚当侍从，姚广孝被推荐到燕王朱棣那里，很快成了朱棣的军师。姚广孝深通韬略，“靖难之役”从准备到进行，都有赖于姚广孝运筹帷幄。朱棣登基，论功以姚广孝居首，拜资善大夫、太子少师。复其姓，赐名广孝，命蓄发，不肯。他上朝着朝服，退朝穿僧衣。永乐帝为他修造府第并赐二名宫人，他都推辞不受，始终住在双塔寺里。他坚持过僧人生活的态度，比刘秉忠还要坚决。除政治活动外，姚广孝还是《永乐大典》的主修人之一，并撰有《永乐大典目录》、《姚少师集》、《道余录》等著作。终时84岁。朱棣为他的丧事辍朝三日，以僧礼安葬，并追授上柱国、荣国公、谥恭靖。

（原载《北京史苑》1983年第1辑）

桂平的西山

（**编者按：**抗日战争期间，巨赞法师应桂平佛教界人士的邀请，曾驻锡西山龙华寺。巨赞法师不仅提倡新佛教，对西山风景亦有深厚的感情和独到的见解，《桂平的西山》最初发表在1943年香港出版的《旅行杂志》第16卷第9期上，柳亚子老先生见到此文后，尝赞叹“读之令人神往，惜少杖头钱，无能为买山终老计耳。”后印成单行本发行）

十里春山五里桥，松风一阁话清寮，
举头天宇临空净，极目关河入望遥。
大嶂远分双塔雨，孤城独锁两江湖。
谁将形胜兼名胜，写入风诗付短谣。

余思诏《游西山》

虽说桂林山水甲天下，阳朔山水甲桂林，但是到过桂林，游过阳朔的外省人，总觉得有点儿不够味。有人说，桂林山洞甲天下，这未免近于俏皮。诚然，桂林没有雄伟的高山，湛深的大川，但平地起峰，峰峰森秀，也非全无可取。广西在中国文化史上可以占一页的是词。清末王鹏运、况周颐两家的词，传诵大江南北，桂林山水或者可以说是词的味道。阳朔的风景在江边，记得过了黄泥峡，即入画境，比起四川的瞿塘三峡来，当然不大相称，但比嘉陵江的小三峡，似乎要明秀些。尤其是阳朔县城以南十里的青厄渡，幽深奇诡可以和灌县有名的青城山相提并论。

阳朔风景固然还不差，但只可以供游览而不可以供怡养，最大的原因是没有“林泉之胜”。桂林的气候，时冷时热，变化过于剧烈；沿江一带，商贾云集，真是俗不可耐。尧山硗确，并且水源不够，恐怕很难造林。至于丽泽门外的桃花江。顾名思义，应该是很香艳的，但也只有黄芦白荻摇曳在山影参差的江岸，有时野鸭子出没波心，配着残缺了的水车有意无意地转动，野趣很浓。被诗人画家咏叹描写着的红树，早已被村夫野老砍作柴薪，桃花则根本没有。兴安呢，秦堤的柔柳，有点扬州瘦西湖的味道，飞来石附近，似乎还够得上说一声秀丽，但仅仅飞来石附近够得上说秀丽而已。点灯山我没有到过，分水滩从风景的眼光看，并无多大意味。这么大的广西，难道再没有可游之地了吗？我不能不推荐桂平的西山。

先说桂平

自从太平天国被目为革命的先驱，知道金田起义的人，大概一定知道桂平。金田村在桂平县北四五塘路（桂平方言十里为塘）的宣二里，后倚紫荆山，《县志》说："层峦叠幛中，包里村庄田地，周围百有余里，北连平南永安诸山，西通象州武宣界，无岩泉之灵秀，有草木之苍莽，乃当日瑶僮联络之窝巢，狼虎奔驰之径路"。咸丰二年，洪秀全被向荣、乌兰泰等击败于大湟江（洪氏晋号太平王之地，离紫荆山约有30里）之后，犹能进扰武宣、象州，逐渐长成者，当然受赐于该山。

此外县南70里的白石山在道家的《洞天福地志》上，列为第二十一洞天，和北流的勾漏洞天齐名。有独秀峰，五姥峰、白云窝，青玉峡、漱玉泉诸胜。县西南60里的罗丛山，以岩洞著称，所谓"罗丛岩月"，和"白石洞天"，"西山览眺"，"浔楼春晓"，"铜鼓秋涛"，"东塔回澜"，"龙安悬碧"，"宾秀特朝"，称为"桂平八景"。县南百90里有大容山，是浔梧郁三郡的主山，据说山巅时有积雪，盛夏衾不脱棉。六峰四面相似，入者迷出，洞水屈曲分为九十九流，东南通北流勾流岩，西北通白石山。"两为涧天，作神仙窟，前后招抗，灵异环居"，这是《县志》上的说法，就此也可知道桂平是擅山水之胜的了。

民国十年马君武省长任内，邹鲁、孔庚、曹亚伯等经过桂平游西山，留下了一副长联，古今桂平人引以自豪，上联为：

苍梧偏东，邕宁偏南，桂林偏北，惟此地前列平原，后横峻岭，左黔右郁，汇交二十四江河，灵气集中枢，人挺英才天设险。

这也就是余思诏所说的"形胜兼名胜"，而"孤城独锁两江潮"的两江，即汇交二十四江河的"左黔右郁"。其实桂平人以郁江为右江，又称南江，源出十万大山，合龙州太平诸水，自南宁府横州流经贵县，至桂平城东与黔江合。黔江实为左江，又称北江，源出贵州的都匀，自独山流入庆远、南丹，经融县柳州，下象县宣武至桂平城北与郁江合。黔郁二江合流之水称浔江，所以桂平别名浔州，地势有些象梧州，都是半岛形的三角洲。

桂平古称布山阿林，梁朝始名桂平。广150里袤370里，与平南、贵县、玉林、武宣、容县接界。全县人口五十余万，是广西人口最多的一县，但城内只有两万人。气候略如广东，大约阴历三月至九月皆为夏，九月至十二月为秋，十二月至二月为春，可称为冬的，不过十二月中的几天或十几天。最高温约在华氏95—96度，最低温亦在36度以上，更没有像桂林那么大的风。产米、糖、肉桂和各种水果。西山的茶‘香甘适口殊无涩，澹永如僧更可亲。’（万民一《初试西山棋盘石茶》诗）称为广西的龙井。《县志》上说：‘西山茶，出西山棋盘石乳泉井右观音岩下，低株散植，绿叶铺棻，根吸石髓，叶映朝暾，故味甘腴而气芳芬，炎天暑溽，避地禅房，取乳泉水煮之，扑去俗尘三斗。杭湖龙井未能逮也。棋盘石外亦多种者，而气味不如。’的确是道地的话。据第二区农场调查的报告，西山一带雨量调匀，土壤又多系黄色沙质壤土，最宜于栽茶。棋盘石边的土质，酸性反应比较强，以此茶味比别处的好。栽培的历史，已有几百年之久，可惜历来管理不得其人，大半已经荒无枯死，即现存在的百多株也衰老退化，产量品种，皆不足道。市面上卖的西山茶，则是山后长冲坑的出产，据《广西年鉴》的统计，每年产量为101担，即10100斤，但中茶公司派专家实地去查看，全部茶树约有三十万丛，每丛每年以产干茶3两计算，则有56250斤，当然不能不算是桂平主要物产之一。

古来名流到过桂平，或在桂平做过官的，汉有唐颂，唐有李明远、张澹、韦待价，宋有姚坦、胡旦、廖德明、曾几、赵子崧、韩璜、析彦质。相传周濂溪于庆历年间来游，程明道、程伊川于皇佑间随父龚州任受业讲学于罗丛岩，有‘三先生祠’。明成化嘉靖间，韩雍、王守仁、蔡经、翁万达因平大藤峡（在桂平北五六十里）寇，先后至浔，陶鲁、田汝成亦以征瑶至浔，刘台因参张居正辅国不忠谪戍来浔，皆为浔人祠祀；徐霞客游过白石山，有记。至于本地人有功业文章可见的，宋则有陈坦然，元则有陆南金，明龙渊、龙国禄、陈文明、梁广达，或以德政，或以战功，皆祀乡贤。马文祥力御海寇，著有《西园传羡集》，清陆显仁著《易理溯源》、《将略》、《天文书》等百余万言，刘胜文著《田子集解》，潘亘著《前后闲居行路集》，潘兆萱著《三十三峰草堂集》，黄体正有《诗草》六卷、《杂著》六卷，林凤鸣有《白石山草堂诗稿》，覃图书有《四书镜》、《七经精义》，李少莲有《别有村诗钞》，赖学年有《双节堂文集》、《历代文实》，黄榜书有《少瀛诗文集》，崔瑛著《璚笙吟馆诗余》，黄熊祥有《绪昌诗集》，皆能成一家言，惜版本流传太少，见者不多。但太平天国的重要角色，如杨秀清、萧朝贵、韦昌辉、秦日纲、黄王昆、陈玉成等都是桂平人。黄炽昌说：“吾邑形势天然，思灵中耸，郁黔双流，交汇环抱，而北紫荆南白石，复蔚然挺立，竞秀标奇，山川洵美矣，然仆尝远披古籍，近阅新书，求所谓一人一事一文一物足表异于国中，显扬吾邑名者，似尚阙如。其影响近世史惟太平天国事，应大书特书曰洪秀全起义自广西桂平金田，实为桂平二字洋溢于中原纪载之始，关于学术者无闻焉。”这一段议论，民国初年总纂《县志》的程大璋也认为很对。其实要讲学术，不能不先有文化的蓄积，桂平地方毕竟是比较偏僻些，连黄炽昌自己到了苏州，羡慕着扬子江流域的声明文物之盛，就有终焉之志，不肯回来，怎能怪得其他的人。

程大璋字子良，是康南海的高足弟子，著有《经学通论》、《公羊讲义》、《王制义按》等书，戊戌政变曾被株连系狱。书法得南海的真传而秀逸过之，就其所编纂的《县志》看起来，虽然体例尚欠谨严，而论断事理，颇能博综名实，独具慧眼，所以有人称他为广西的书橱。其侄端门，也是不可多得的人物。他在留学日本时代和马君武等很相契，加入同盟会，参与过革命的大计。光绪三十三年回国，就提倡地方自治，办自治讲习所训练干部，讲述农田水利和蚕桑事业，时代限制他不能继续进行、尽量发展，但桂平地方至今仍深受其赐。尤其是他那种公正无私、关心民瘼的行为，每次和当地的父老谈到他，总会引起大家深刻的追念。现在桂平有中学五所——省立浔中、县立初中、国民中学、私立浔桂中学、私立金田中学，学生共约三千余人。

西山素描

西山也像西湖，同名的很多，都很著名。北平西山八大处是谁都知道的，山西的首阳，河北的房山，江西的南昌山，皆叫西山，皆有丰富的史实与大作家们诗文的传扬。譬如王子安《滕王阁序》里的“珠帘暮卷西山雨”，是指南昌西山而说的。宋蔡元定之称西山先生，则因为他住在福建建阳的西山；真德秀在福建浦城的西山讲学，所以也号西山。就中知道或到过的人比较少，同时也没有经过大作家们传扬过的，恐怕是桂平的西山了。

这个西又名思灵或思陵，何所取义，无可征考。离城西五里，宋以前，县城在山上，山形上锐下广，高约五里，蟠根数十里。《县志》说：“如荷叶倒盖，又若钜网自空中倒撒，复若大人端坐，左右张手于椅栏”。总之是非常端秀的。出西门，沿西山路而上，经过桂蝶村、官桥，抵北麓，上木鱼岭至忠勇亭，路旁森列着五六十株两人围抱不了的古松，绿荫满天，春天一路花香，调和在谡谡的松风里，真令人有已入灵山之感。其下云台石，突起在瀑流泻碧的涧水中，颜色斑烂如云霞，其上可坐数十人。晴天城里的妇女，三三两两携着衣服在石旁洗濯，据说用那里的水洗不用肥皂，洗净了就铺在丛草上等晒干，白一块，红一块，青一块，格外像云；而砧声人语，偶而还和着轻歌低唱，别有风味。更前行约一里，过廉隅坑上的小石桥，西折循石级穿林罅而上至“李公祠”，祠左有“洗石庵”，群木交映，蒙茸不见天日。从此循石级上“龙华寺”，两旁松林更密，嫩苔枯藓，斑斑驳驳渲染着虬枝鳞干，画意很浓。再上有巨石矗立路旁，上刻“碧云天”三字，真是名符其实。涓涓的流泉，应答着清脆宛转的枝头鸟语，则完全是诗境了。上去几十步就是“龙华寺”。寺前摩崖“摩青”两字，尚秀润。寺门联语：“龙隐添诗境，华严说佛经”，虽因冠顶的关系，造句未免勉强，但能将诗境点出，也可以算是贴切的了。

过“龙华寺”向右循石路到“乳泉亭”，那是民国七年陆荣廷造的，“乳泉亭”三字额，据说是他亲笔所写。笔致固然生硬，但很有一定的蛮劲，可以说字如其人。唐继尧于民国十年护法讨陆过此留一联，上联：“自苍梧迤逦而来，造极登峰，伫看南流一束，北流一束”，即景生情，感慨时事，略略可以窥见他的风度；下联“离翠海钓游之所，清风破浪，试问在山如何，出山如何”；则自负不凡，很有气概，旧军阀在这许多地方似乎也还可爱。该亭四面回廊，涂以绿油，掩映在修篁古桧之中，全无俗尘。其下“乳泉”，清冽象杭州的龙井，有时喷出白汁如乳，故以为名，但见过的不多。

“乳泉”之上为“留翠亭”，其旁平地数弓，适当西山胜处，宜弈、宜琴、宜联吟、宜高谈。摩崖“别有天地”四字，很醒目，怪石如狮如象，如大鹏展翅，如卧虎扑食，星罗棋布，目不暇接。而几抱大的古树，大都托根在石头上，大概是在艰困的环境当中，挣扎着，求生存的关系，各有各的雄姿，各有各的特点。老杜《题松树樟子歌》所谓：“阴崖却承霜雪干，偃盖反走虬龙形”，似犹不足状其万一。再上数十级的姚岩，巨石凌空飞下，势若危殆而自宋以来即然，乃宋太平兴国初年知州姚坦（明白）与高僧唱和之地。其前李德邻拓地构“飞阁”，画栋雕梁，明窗净儿，远则极目百里，近则俯瞰双江，更加上塔影波光，山城积翠，风味颇似苏东坡的词。尤其是明月似水的深秋之夜，一片清溶，流光如雾，真会使人作“乘风归去”之想。有人说西山乃李德邻发祥之地，我则以为能选此胜地而建杰阁，其胸襟可知，人非因地而飞，乃地因人而灵也。兹录其《飞阁记》于下：

浔郡西山，夙擅名胜，癸亥秋督师驻此，军事之暇，时相登览，觉山河环拱，气象万千，洵足壮观。惟点缀名山，尚少杰阁，亭与郡人士谋，醵资沿姚翁岩故址，叠石卜筑，以宏远瞻。计甲子春经始，阅时半载，规模粗具。值边警频来，倥偬戎马，不遑兼顾，兹幸政局敉平，返辔遨游，复捐廉鸠工庀材，增其式廓，时乙丑冬也。数年积愫，一旦观成，窃喜而颜其阁曰飞阁，亦取凌起半空，如大鹏振翮之义云尔。民国丙寅仲春李宗仁识。

从“飞阁”下，左转循石级上至“吏隐洞”，其实是两块大石架成的门，高约二三丈，广五六方丈。据说唐御史李明远谪戍浔州，爱此林泉岩洞，隐居不归，因以为名。过洞，悬岩之下，构一亭，名“云林幽谷”，幽静得尘飞不到，夏忘暑热，则几乎是王诘摩的诗，不着人间烟火。该亭为黄植楠所建，其记文在西山的文献当中算是写得比较好的，兹亦录之如次：

西山为浔名胜，其最著之古迹，厥惟李洞姚岩。盖二公去中州，弃官爵而遁于此，所谓潜德而隐者也。今姚岩故址，飞阁巍然背岩跨石而立，信能发其幽光，而李洞自唐以来如故。洞广二丈许，张口若月下弦，内穿穴若剖大瓮，石踞地而塞其半，游者辄止，以为其中空无有也。余穷而挖之，侧身蛇行，穿穴逾石而进，始知此洞别有天地，其危岩壁立环内，突怒错愕博噬，仰望古木肃森，隐见云际，日光下彻，丛影摇拂，若舞鸾鹤。岩尽处，旁出石台，上平如砥，可列饮食，左右夹巨石，坠为大壑，缺为谷口，廓然开朗，一望无际。余得此喜甚，因名之为云林幽谷，纪实也。于是刈芜秽，补破缺，平奇突，凿石通道，筑亭于谷口。倚亭遥望，江城环抱，烟火万家，飞鸟回翔；舟楫与行人往来，皆在衽席之下。春花之朝，秋月之夕，弹琴赋诗饮酒于其间，几不知有人世之苦。然则是谷也，其西山之桃源乎，李公乐此而深藏之，至余始举以示人，非偶然也。余奉檄驻浔，喜浔无事，又喜郡人士相与有成，以发李公之藏，而光李公之德，故于亭之成，宴而落之，民十九年古循黄植楠。

“吏隐洞”直上二里许为“观音岩”，《县志》谓：“极目千里，俯仰天地，莫如观音岩。”可惜殿宇残破，不堪驻足，沿路两旁的古木，早被砍光，不足引人入胜。

风景写完，再说一说“李公祠”、“洗石庵”（下寺）与“龙华寺”（上寺）。“李公祠”是为了纪念李御史而设的，《县志》说：“唐李明远佚其名，以御史谪浔州，弃官隐思灵山之岩，不知所终。浔或旱，祷雨辄应，人以为仙去，立庙山麓祀之，宋封西山郡主。”可见历史很长。现在有三进屋，末进供李公像，两旁罗列着各种偶像，据说从前毁庙的时候，乡下人偷偷抬来安放在这里的。首进为藏经楼，有影印《宋碛砂藏》与《四部备要》等书，归佛教居士林管理。其旁水月宫两进，供观音大士，为浔城男女佛教徒礼拜之地。

“洗石庵”顺治三年募建，也有三进，厅事配置得很不差，“半青阁”、“妙虚楼”、“栖霞亭”题名已雅，可惜现为军用，颓垣破壁，鹤煮琴焚。“龙华寺”大概创建于宋，与姚明白唱和的那位高僧，名字失传，但既有高僧，必有建筑无疑。现在的规模则创始于康熙年间，重修于咸丰癸酉，头进照例供四大天王，二进楼上楼下各五大间，作客厅和住房。“隐几双江台，开轩万木森”，盖为西山胜处。光绪间知府玉祥联云：“吏隐访遗踪，半世功名春梦里；思灵观夕照，万家灯火晚炊时。”颇为桂平人士所传诵。后进大殿三间，有释迦、药师，弥陀及十八罗汉像，但均非金身，未名不雅。

将来的西山

我们就把湖南的南岳做例子吧，凡是山地属于寺庙的总有一点林木，否则纵归林垦局管理，也是童山濯濯。作者以为真正的佛教徒，理智是真的，意志是善的，而情调则非常优美，所以“天下名山僧占多”，同时大寺庙称为丛林。桂平的西山，本为僧有，历来住持不得其人，至产业一度归当地士绅所组织的西山公产保管委员会所保管。现该会已取销，另组桂平西山风景区建设委员会主持西山一切建设事宜。将来的西山，或者可以造成广西的庐山，不妨分两方面说说。

甲、新佛教的建设方面。佛教西来，已经有一两千年的历史，和我国文化早已打成一片，很难分得开。近几百年来，因为僧团组织的每况愈下，僧众分子，过分庞杂，佛教的真精神，隐没不显，以至不能随着时代的转变而前进。到现在，社会的各阶层，都有崭新的姿态，惟有佛教团体还是那么封建，那么死气沉沉。假定不设法革故鼎新，将因不切需要而被整个社会以厌弃，那实在是人类的一个最大损失，所以有新佛教运动的提倡。关于新佛教的理论，当然不是此地所能说得了的，我们提出两个口号作为改革僧制、推进新佛教的目标：一、学术化，二、生产化。“学术化”在于提高僧众的知识水准，博学慎思，研入世出世间一切学问，恢复僧众在学术界原有的地位。“生产化”则求生活之自足自给，根本铲除替人家念经拜忏化缘求乞之陋习，如此则佛教本身可以健全，然后才能谈得上对国家社会的贡献。我倒很想把西山做个实验的场所，最近已经成立了佛教会，会址设于龙华寺，会员约有二百余人；李公祠和水月宫本来是浔地男女佛教徒礼拜之所，亦已改为居士林，附设五明图书馆，目下因为种种关系，规模虽具，成绩犹虚。我在龙华寺则实行自我教育，每天规定时间讲授佛学，和研究其他学问，每月下山两次，为女居士们所举办的女子佛学研究班授课。假定经济可能充裕的话，还得办刊物，和编印比较通俗的佛学书籍。这是关于学术方面的。“生产化”方面，从培植西山茶着手，已经开了十多亩田地，种了百多斤种子，大约三四年后，每年或者可以采到几百斤茶叶，照现在的价格算，约可值两三万元，将来物价低时也不会减少，那我们的生活，真可以连田租都不靠。同时上下二寺的山地很多，土质还不十分差，宜于植桐、植棉，种蓖麻和各种水果，我们都想分区次第栽培。至于三万多斤田租的收入，目下归西山风景区建设委员会掌管，大家都主张开支所余的移作增修西山风景的经常费用，那也未始不可。不过最使我感觉到困难的是桂平僻处桂东，关山迢递，言语不通，不容易招致其他各省有志于佛教改革的僧青年，来此共同努力，而广西本省则又无可就地取才。

乙、风景方面。西山林木葱郁，泉石清奇，所缺乏的是建筑不够，道路太单调，花卉的配备太少。万民一参议在山养病的时候，有《西山风景期望咏》十首，一桃坞，二莲塘，三枫林，四梅岭，五图书馆，六佛学院，七果园，八动物园，九茶园，十疗养院。都是为补救西山的缺点而设。风景建设委员会几经集议，大体上采取《期望咏》的原则；工程的进行，则分修理和建筑两方面着手。修理方面，最近即可动工，先将"龙华寺"、"洗石庵"和"飞阁"、"乳泉亭"修好，约需费十万余元。已有的款，建造方面则须分期进行，第一步先造客房一座，和增辟从下寺到"碧云天"，从"乳泉亭"到"幽谷亭"的路，以与原来的石板路迂回，则游人上下不必单调地循原路往返。第二步改建观音岩前面的"大悲阁"，就半山亭原址重建一亭，又在棋盘石前添造一亭，增辟从"云林幽谷"经棋盘石，回到"乳泉亭"，和从廉隅坑经北岭到下寺的路。第三步在出城上山的路上，夹道补种松柏或其他常绿乔木，每隔一华里，建亭一座，以为游人憩息避雨之所。将"乳泉"前面的大水池修好，种植荷花，则莲塘就有了。梅岭、桃坞和枫林，也都不难造就。听说桂平北部的山中产白鹤，设法养几只在莲塘之旁，再物色几只梅花斑鹿养起来，也未始不可以算动物园；将来麋鹿成群，鸾鹤成阵。飞鸣踯躅在苍崖碧涧之间，或者会不下于日本的神治明宫。第四步再谈图书馆和疗养院的建设。同时欢迎党政名流来山建造别墅。此外假定办得到的话，很可以仿山西的云岗或南京的摄山，在石壁上面，刻一点佛教故事，当然也少不了名人的题咏，对于风景自然增加庄严。还有西山的瀑布，虽然并不肥大，但久旱不涸，很可蓄积成湖，有了湖当然更有新鲜的布置，或者也可以办得到。

导　游

西山离城五里，不远不近，平时有车可以直达山麓，购买东西，非常方便。上山路并不陡峭，石级很宽，从"洗石庵"到"龙华寺"一点也不会吃力，同时绿荫蔽天，轻凉袭人，纵出点儿汗，也打不湿衣衫，所以很像杭州的栖竹径，又像“灵隐寺”的飞来峰路，但树木的种类之多，和姿态的清奇，又比灵隐好多了。就是石头，也比“飞来峰”有味，它好像有意千奇百怪而又善意迎人似地布置着，和厦门南普陀的“五老峰”，可称难兄难弟。但“五老峰”未免尘俗，此地则市喧不到，如高卧的隐士，又如守贞不嫁的名媛。有人说，风景近于长沙岳麓山的“爱晚亭”，我则以为有“爱晚亭”的明丽而幽深过之，从岳麓山望过去，虽然也看得见滚滚江流，横绕城郭，但满目尘嚣又是那么光溜溜的，引不起人们的空灵之感。此地则登高远眺，天南，白石山的双峰，矗立云外，旁边起伏着的岗峦，都是青蓬蓬的。对面平畴万倾，一望无涯，涤荡着人们的心胸，自然浮起一种崇高的超矿的“作意”。沙鸥点点，隐现波心，衬托着横江的塔影，又几乎会令人铜琴铁椁，唱大江东去，所缺少的是远浦闲帆。

记着，此地不但有林有石，还有泉有书，不但可供游赏，还可以供怡养。气候的变化，不像桂林，寒暑调适而温暖的时候多。本地产物丰富，西山的米烧出饭来还是有光泽的，性软韧而富滋养。从桂林有车达大湾，三等票一百十几元，大舱六十几元，上午四时左右开，下午五时到。假定没有亲戚朋友的话，城内“金田旅店”最好，次则“西湖”、“双江”都很像样。最近县府在城外中山公园造了一所“思陵宾馆”，有旅店，有饭店，布置得很雅洁，达官贵人富商大贾过桂平者都寄宿该处，上西山最方便。如果从柳州来，水大的时候，有船直达桂平。梧州与桂平之间，每天有船上下，从南宁来则由贵县转船，比较麻烦点。至于一般物价，都比桂林为低，懂得广东话，处处方便，但本地人都很质朴，并不歧视外省人，这也应说明的。

（民国三十二年（1943年）8月5日改写于西山之龙华寺）

参礼祖庭记

苏长公诗云："不向南华结香火，此生何处是真依"？是以余于丁丑八月八日辞厦门闽南佛学院教职至曹溪。余之得至曹溪也，倭寇实促成之；然而使之饥寒疾病，不能如让和尚之一住十五载者，亦倭寇也。余在曹溪两月，恶疮缠绵，迄未能愈。体气羸之，无力更同向上一着，闲寻碑碣，以考祖庭事实，乃有可以补正曹溪通志之讹略者。语云：入由不得宝，负石归来，犹愈于空手返。是则斯记之作，或亦足以解嘲矣。兹分六段述之。

南华寺之形势

曹溪通志云："南岳蜿蜒迤东，至庾岭而分三派：北则豫章，顺流而下衍洪都，结为匡庐。中则瓯越，翔武夷，过天台，灵隐而穷普陀。南则张为全粤而尽罗浮，曹溪居其心。曹溪北去韶州五十里，南至广州七百里；界清远，翁源之间，背武夷而面南岳，左二罗而右庾岭。寺居溪北，去濛兰三十里。自庾岭数百里至攸岭，西北行四十里许融结宝山，特出大象岭，乃转一山端从寺后，悠然结局。左麓宽展而右紧抱，宛如象鼻之卷。其余支四折而尽于小象岭。香炉峰高起为朝山，左右罗汉诸峰，联络参拱。曹溪绕其前，滰溪缠其后，会于小象岭下，折而西流可五里许，马鞍石宝二山，对若捍门然。又流十里许至虎榜由与浈江会。"斯言也极尽形象之胜，而南华寺附近之实在情形，则犹待于说明。所谓宝山者，即宝林山，又名宝盖山。高约二里，端严凝厚，为南华寺之主峰，余曾一登其巅。遥见东南十余里处，双峰森削，矗峙云端，叩之同行，谓名狗耳岭，曹溪发源于彼，亦即宝林山之来龙也。狗耳岭西北行至迷军山而分为三支，其一为香炉，罗汉诸峰，环拱于南，曹溪循其麓而西注。其一环拱干滰溪之北岸，与南支合成一正圆形。又一即宝林山及大小象岭，横互其中而构成太极图形。造化之奇，叹观止焉。

迷军山又称黄巢山，相传黄巢作乱过曹溪时，断大鉴一指，将之而去，至此黄雾四塞，不辨路径。黄巢惧，急送指还而后雾开，故名。惟并不高峻，雄厚则有之，宝林山承其势而衍为大小象岭。大象岭长约里许，略具象形，南华寺即奠基于其中间。是故宝林山虽为主峰，而实偏于南华寺之东北里许。小象岭回折至南北两支合势之处而尽，曹溪绕出其麓与滰溪会。

岭南平衍，望中皆是稻田，农民赖曹溪之泽，历来无水旱之患，据谓每年出米约可得数千石云。惟香炉罗汉诸峰，高过宝林及大小象岭，望断南瀛，不免令人生逼仄之感；复无树木，益形萧索。岭北岗峦起伏，农田不多，而林木苍蓊，颇饶幽趣，居民中乃有拥资数万者，为岭南所无。至于溪之水，亦较曹溪为丰。南华寺附近之形势，约略如此。

兴废沿革

梁天监初，西域有智药三藏者，浮海西来，自广州登陆而北。经曹溪口，掬水饮之，香美异常。语其徒曰，此水与西天之水无异，源上必有胜地堪为兰若者。乃溯流穷源，至于曹侯村，四顾水山回环，峰峦挺秀，叹曰：宛如西天宝林山也。顾谓居民曰：可于此山建一梵刹，百七十年后，当有无上法宝，于此演化，得道者如林，宜号宝林。时韶州牧侯敬中，以其言具表奏闻，上可其请，赐额宝林遂成梵宇。此梁天监三年事，前于六祖生年贞观十二年戊戌二月八日子时，一百三十四年。隋末兵灭，鞠为茂草，尔时建筑规模，亦更无可考见。想开创之初，筚路蓝缕，当不能宏丽壮严如京师诸寺刹者也。

唐咸亨二年，六祖北上寻师，至于韶州，遇高行士刘志略结为交友。志略有姑为尼号无尽藏，当读涅槃经。祖暂听之，即为解说其义。尼遂执卷问字，祖曰，字即不识，义即请问。尼曰，字尚不识，曷能会义。祖曰，诸佛妙理，非关文字。尼深叹服，号为行者，又告乡里耆艾，申请供养。于是众议营葺宝林古寺，俾祖居之，四众云集，俄成宝坊、寻以求法心切，决然舍去，直造黄梅。此景德传灯录卷五之说，与坛经自序品不合。自序品云：“惠能安置母毕，即便辞远，不经三十余日，便至黄梅，礼拜五祖。”夫自新州至黄梅约三千里，以每日行百里计之，三十余日，差足以达，则又何能待营葺告成而后去耶？灯录之说，盖不足据。宋高僧传卷八云：“有劝于宝林古寺修道，自谓已曰，本誓求师而贪住寺，取乎道也，何异却行归舍乎，明日遂行。”此差可信。大约祖与刘志略本有瓜葛，便道访旧，因而谈玄，又因而有住寺之劝，一席间事，费时不多，无背于自序品之说。然既劝祖于宝林古寺修道，而不及营葺之事，岂当时犹有殿堂禅室，堪寄瓶钵者乎。其如鲁殿灵光，岿然独存于兵火之余，抑更经檀施之复与缔构，不可得而知矣。

自序品又云：“惠能后至曹溪，又被恶人寻逐”。此得法南归后事，传灯录，高僧传以及法海所撰事略，皆无记载。然以情理度之，时祖虽得东山衣钵，而见嫉于神秀之徒，琐尾流离，无枝可托。曹溪有宝林寺，复有无尽藏等虚心求法之士，人地相宜，暂来寄迹，乃意中事。此次仅居九月，而其为当地人士之所推崇，则可想见。故嫉之者得以按图索骥，远来加害，今香炉峰下犹有避难石云。至于修造，则无尽藏等既非有力之人，祖犹作俗士装，时亦甚暂，当无可观。

仪凤元年祖在广州祝发受戒，二年春，辞众归宝林。印宗与缁白送者千余人，直至曹溪。时荆州通应律师与学者数百人依祖而住，故事略有云："师至曹溪宝林，观堂宇湫隘，不足容众，欲广之。遂谒里人陈亚仙曰，老僧欲就檀越乞坐具地，得否。仙曰，和尚坐具几许阔。祖出坐具示之。亚仙唯然。祖以坐具一展，尽习曹溪四境，四天王现身坐镇四方，今寺境有天王岭，因兹而名。仙曰，也知和尚法力广大，但吾高祖坟墓，并坐此地，他日造塔，幸望存留，余愿尽舍，永为宝坊。"此皆未为传灯录及高僧传所取，余亦疑之。夫六祖此次之来曹溪，送者千余人，韶州刺史韦据且请于大梵寺转妙法轮，并受无相心地戒。一时声势，何求勿得。必待显示神通而后得地，是无信心檀施矣。故宋姚令威西溪丛话卷上云："咸亨中有晋武侯玄孙曹叔良者，住在双峰山宝林寺左，时人呼为双峰曹侯溪。至仪凤中，叔良惠地于大师。自开元天宝以来，时人乃号六祖为双峰和尚。传后题云（按是唐李舟作能大师传，今佚）。安南越记，晋初，南方不实，敕授恒山立曹溪为镇界将军兼知平南总管。晋室复后，封曹侯为异姓王，居石角双峰两峤之间。自仪凤二年，叔良惠地于大师，愿陪贵寺，方呼为双峰曹侯大师也。"据此可知事略之说，乃粉饰之词也。

事略又云："师游境内，山水胜处辄憩止，遂成兰若一十三所，今日花果院，禁籍寺门。"是除主刹之外，又有附庸之兰若十三所也。主刹建设情形，已无可考。花果院之遗址，亦无一存，仅能于曹溪通志中知其名目位置而已。兹特录之于次，以见当时之伟观。

一兴云寺，在库前。一崇云寺，在杨梅田头山。

一资圣寺，在石宝坪。一灵山寺，在双石岭尾，即虎榜山水口。

一当林寺，在曹冈。一原峰寺，在谭田头，即高陂角。

一宝兴寺，在演山显村。一郁林寺，在其田。

一高泉寺，在滰溪。一东林寺，在苍村。

一望云寺，在木坪。一深峰寺，在社溪。

据上所列仅十二所，其一或者以为即是主刹。非也，盖事略既谓花果院十三所隶籍寺门，主属分明，不容混计，则十三所中，已有一所之名目位置，早已失传矣。

祖之入灭，为先天二年八月三日，住持宝林，共三十六年。此三十六年间，中宗改寺名为中兴，及赐摩纳宝钵于前，武后又于万岁通天元年赐水精钵盂，摩纳袈裟等于后。睿宗神龙三年改称法泉，勅韶州刺史重加严饰，并赐祖新州旧宅为国恩寺。山门鼎盛绝后空前，乃曹溪之黄金时代也。嗣后，开元中又改称建兴，上元中改称国宁。（此据西溪丛话，又云神龙中改为广果。）上元元年肃宗遣使就请祖衣钵归内供养。至永泰元年代宗梦祖请衣钵，勅遣镇国大将军刘崇景顶戴送还，并令僧众亲承宗旨者，严加守护，勿令遗坠。宪宗元和七年，岭南节度使马总请于朝，为祖求称号，诏谥大鉴禅师，塔曰元和灵照。柳宗元，刘禹锡等撰文记之。

唐末刘氏称制番禺，每遇上元烧灯，迎真身入城，为民祈福。宋太祖平南海后，韶州盗周思琼判乱，塔庙悉成灰尽，而真身为守塔僧保护，一无所损。寻有制兴复，功未竟，会太宗即位，留心禅门，颇增壮丽焉。太平兴国三年，改称南华，加谥大鉴真空禅师，塔曰太平兴国。真宗天禧四年，帝承庄献皇太后旨，遣使曹溪，迎信衣入宫瞻礼，寻送还并赐藏经供器。仁宗天圣十年，复迎真身及衣钵入大内供养，仍遣使送归曹溪，加谥大鉴真空普觉禅师。神宗熙宁元年，又加谥大鉴真空普觉圆明禅师。三朝优礼，不让李唐，祖庭固仍盛也。南宋绍兴二十四年，塔复罹回禄之变，至三十三年，由住持僧奉宁募捐修复。

元末群盗遂起，所至焚掠，南华自亦不免。至洪武初元，已颓败不堪矣，永乐间始稍加修葺。其后宣德朝则有金书法华经及丝绣罗汉十八幅之赐，正统朝则有金书华严经二部之赐，弘治及嘉靖朝，则有九莲观音像及护持金牌之赐。复经僧慧淳于成化二十一年重建信具楼，僧如靖于正德二年重修六祖说法堂，僧清洁于正德十二年重修大殿，僧太仓于嘉靖十六年自费重修祖殿，僧悟全于嘉靖二十年重建方丈，僧文瑞于弘治间重修禅堂，僧智汉于正德十一年重修塔，俱见曹溪道志各碑文。祖庭慧命，赖此得免于中绝，而零落之状，略可概见。即于此时，复由十方制而变为子孙制。

万历间，南华殿宇，有宝林门，罗汉楼，大殿，经阁，钟鼓楼，祖殿，塔，禅堂，法堂，方丈，犹具丛林气象，而寺僧则习于下流，无复僧相。憨山中兴曹溪禅堂香灯记中云："僧徒各务庄农，失其本业。久而不法，招集四方亡命，盘据山中，开张铺店，屠沽淫赌。初借赀于僧而后反为害。山场田地房舍多被吞噬，日久庐墓遍山中。积年既久，牢不可破，僧俗倒置，秽污丛杂。由是而外侮日至，官讼勾牵，动以奸为名，而僧不堪命。"又中兴宝录云："寺中百门，皆为其户，入门绝无人迹，惟祖殿侍奉香火数僧及住持方丈而已。"衰颓芜秽，至于此极，殆不足以使人信其过去之光荣史矣。屯盐海门周公署南韶，欲力振之，未几而去。既而惺存祝公视事韶州道，乃毅然拯救。会直指程公达，两广制府刘公继文亦谋修建，共推憨山大师肩其任。师以庚子冬月应命入山，念祖庭法道攸系，誓死从根本上着手整理。选僧捧诵以祝禧。授戒法以励清修，教僧童以树人材，培祖龙以护道脉，改风水以消凶煞，驱流棍以除腥膻，新祖庭以崇香火、辟神路以壮规模，扩廊庑以整瞻视，清租课以厚常住，立库藏以储蓄积，设监寺以专典守，刻号票以明收支，种种颓靡，一旦振起。又念禅堂为道场根本，乃为僧居，即捐资买地，移七主，各为修整安居，以易其基。继修正堂五间，前殿五间，穿堂三间，左右廊房各七间，方丈库房各三间。复以自买梅檀林房以易僧居为香积厨，修华严楼为祖庭头门，建无尽庵以补汉龙，买僧寮以为药宝，立智药三藏为开山祖。百废具举，凡七年而工将半。豪右忌之，诬以侵吞常住，讼于按台。经百案白，而师以老病谢事，建设未完，大德又去，子孙顽劣，乃无轨范，是以终为复兴之障也，惜哉。

清康熙朝，平南王尚可喜入粤，兴崇梵宇。知海内选佛名场，曹溪实首屈一指，即为规画修复。土木所费，约十余万，总理其事者为真修实行和尚。今据碑文，约略述之于次。

据事略，寺殿前有潭一所，龙常出没其间，触挠林木。一日现形甚巨，波浪汹涌，云雾阴翳，徒众皆惧。祖叱之曰，你只能现大身，不能现小身。若为神龙，当能变化，以小现大，以大现小也。其龙忽没，俄顷，复现小身跃出潭面。祖展钵试之曰，你且不敢入老僧钵盂里。龙乃游扬至前，祖以钵舀之，龙不能动。祖持钵归堂，与龙说法，龙遂蜕骨而去。宋高僧传所记大同；当是事实。自龙化后，六祖拟以土石将潭填平，于上建殿，功尚未完而寂。憨山大师亦有志填筑而亦未果。平藩填平之，即于上建大雄殿。殿前为罗汉楼，楼下列四天王像，盖即古制山门也。殿后原为御经阁，改为新祖殿。门前左右列御碑亭，殿左有铁塔一座，所以镇压龙属者。又左列说法堂东角为普菴殿，前折而西为南廊，又前折而左皆僧寮。殿右为西廊，亦僧寮，前折而左为南廊。是为正区。

“新祖殿左为旧祖殿，殿之前阶，即陈亚介祖墓，墓前数步为宝塔，塔前为诸天殿。祖殿左为方丈，其前为本来堂，说法堂，又前为禅堂，其右为伽蓝堂，又前为尚王生祠，祠后为韦驮殿。说法堂之东为护法堂，其侧为观音殿，西向。护法堂之前东厂为香积厨，亦西向。是为左区。

旧祖殿后为程苏菴，又左后为飞锡桥，为伏虎亭，龙王亭。其正区罗汉楼之前为宝林门，又前为曹溪门，为挹翠亭。最前为曹溪古渡亭，亭前即曹溪。挹翠亭之东为观音桥，又东为东来桥，通翁源路。挹翠亭之西为西来桥，又西为饮香亭，通曲江路。此其建筑规模，堪称宏大；复请木陈高足雪禅师为住持，阿盘继之，曹溪宗风，稍稍复振。

阿盘之后，无可征考，而十房子孙，则依然存在。又曹溪通志卷首所绘南华全图，塔前无殿宇，大殿前仅有钟鼓楼，罗汉楼，及降龙塔，御碑亭，与平藩所建筑者不合。或者该图是道光十六年刘学礼重刊通志时所补，而诸天殿，普菴殿以及僧寮等在当时皆已不存矣。同治甲戌，林述训，张希东等募集万金，将全部屋宇重加修葺，至光绪元年而工始竣。民国八年李根源等捐赀补苴罅漏。自此以后，日渐衰颓，至民二十二年而寺僧之堕落，一如憨山未至南华之时。据虚云和尚云，祖殿前左右两厢开铺卖鸦片，殿后即两大毛坑，其他可知。

民国二十二年，李汉魂师长驻节韶州，偶游曹溪，见寺僧不肖，有辱祖庭，乃发重兴之愿，当即派员入闽迎鼓山涌泉寺住持虚容和尚主持其事。一时善信如云，群起为助。其建筑图如次：

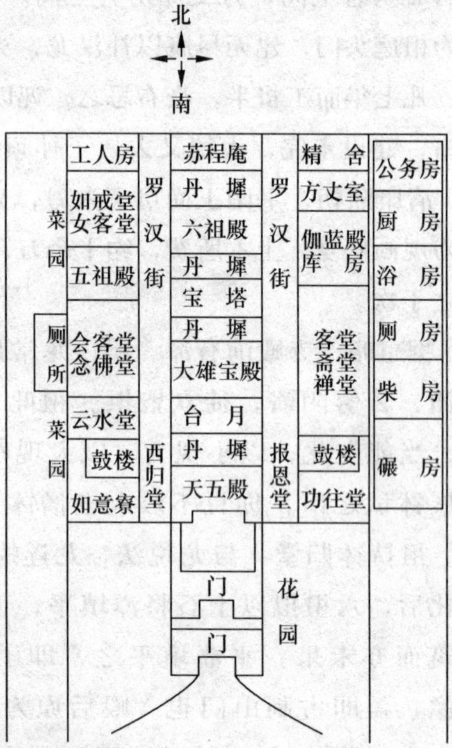

据图，建筑用费，约须三十万元，方能全部落成。兹则已有变更，详后现状篇中。然有一事应为诸方言者，则子孙派中，仅十余人，且皆关茸猥贱之夫，此后无论如何，应将十方制度维持弗堕使彼等重行窜入，贻祖庭之羞也。

历代住持职僧及尊宿

南华开山于智药，大成于六祖，如上已说。六祖灭后，继法席者为令韬禅师，自后即寂寂罕闲。曹溪通志记历代住持，不一其例。一则曰住持尊宿，仅古衲，憨山，融六三人。再则曰继席宗匠，亦仅重辩等十九人。住持一职，开为两类，已不可解，且人数过少，一若祖庭事实更无可考者，兹足怪矣。余据南华现存碑记等，为之补出历代住持四十三人，并存职僧之名。其有名字事迹可稽，而不能决其究任何职者，以尊宿称之。避难来湘，无书可供检考，寥寥百三十七人，私心总觉不慊。

梁天监三年宝林寺创建以后，尔时住持，究系何人，已不可考。或以为智药三藏自主之。考智药三藏所居，在曹溪下游之濛瀼，即今离乌石车站五里之月华寺，今其真身尚存。设三藏自主之，不应遗身他处，则似别有主持之者。此亦佛教史中之疑案也。据观本法师之六祖道场概观云：三藏真身，头胸尚完好，腰以下关节骨细碎剥落。香火僧以穷苦自诿，不加修理。则恐难以久存，有修福者，其留意之。

唐先天二年至肃代之际，令韬禅师继六祖为宝林住持。见传灯录及高僧传等。

元和十四年，道琳由曹溪率其徒请刘禹锡为大鉴撰碑文。见刘禹锡大唐曹溪第六祖大鉴禅师第二碑。考令韬示化，寿九十五，上元元年曾却肃宗入朝之诏，距元和十四年仅五十余年。则道琳或者即是第三代住持。

宋开宝九年院主惠正大师怀感，都监超净大师道隆。见钟文。

天禧四年，南阳赐紫僧普遂奉上命为住持。陛辞之日，赐号智度禅师，锡以藏经供器金帛等。当时恩顾，莫与为比。见余靖南华寺重修法堂记。

宝元康定之间，宝缘禅师，奉上命继智度为住持。亦见余靖重修法堂记。尔时有祐长老者，不知何许人，余靖有诗题于其所居宝林精舍之壁。

元丰年间，第七代住持志拱，见钟文。

第九代住持清桂，字景蟾，见碑文。年月漫患无可考。

绍圣左右住持重辩，见苏轼与南华辩老十三扎等。按苏轼南华长老题名记云："吾宋天禧三年，曾有诏以智度禅师普遂住持，至今明公，盖十一世矣"又书南华长老辩师逸事云："余迁岭南，曾识南华重辩长老。……予自南海还，则辩已寂久矣。过南华吊其众，问塔墓所在。众曰，我师昔作寿塔南华之东数里，有不悦师者，葬之别墓，既七百余日矣。今长老明公独奋不顾，发而归之寿塔。"据此则明公实继辩老法席，而明公既称第十一世，辩老应是第十世住持矣。又此第十一世云者，似数智度禅师为第一世说。不然，自仪凤二年（六祖住持宝林之第一年）至建中靖国元年（东坡作题名记之年）约四五百年，仅十一世，人事上殆不可能。

元符崇宁之间，第十一世住持明公。

绍兴三十三年，敕差奉宁住持南华，见碑文。

淳熙年间，第十九世住持祖莹，又僧了晖，见碑文。按奉宁于绍兴三十三年奉敕住持以后，即重新祖塔，至乾道三年又募捐铸造大钟一口，其钟尚在。乾道之后即淳熙也，祖莹既称十九世，奉宁应是十八世矣。

宝庆元年住持闲云，又惠照，俱见碑文。

此外据曹溪通志所记，宋代住持，又有智昺，明禅师，因禅师，觉禅师等，手头无补续高僧传及五灯全书诸书，无可考。

元法遵古衲禅师，丁亥之岁住持南华，至元二十八年示寂，世腊六十五。据其舍利塔记，谓丁亥之时，衣钵为有力者负去，转辗献之于上，仍奉旨给还云。

大德五年，住持法脉，见碑文。

明洪武二十五年至正统四年，第七十九代住持虚中观意禅师。其薙度师名道学，宝林山僧，俱见碑文。

成化元年，寺僧有满仓成公者，具疏处阙，请复祖业。十年第八十七代，住持惠勉。十三年僧崇晓建本慧淳颇有建设。又僧文瑞重修禅堂，俱见碑文。

正德三年住持如靖，其薙度师名惠铃。又僧圆壁重建香积厨。十一年住持智汉，十二年住持清洁号静堂。又僧圆通，襄理修建。俱见碑文。

嘉靖八年住持圆玺修普菴殿，九年住持真圆修鼓楼，十三年第九十五代住持剩堂重修罗汉楼，又僧太仓重修宝林门，十四年住持真满，十八年住持用周悟全号香溪，二十年僧明纪智纲重修饮香亭，二十四年第九十八代住持净琛号石冈，二十七年住持净，三十二年住持悟环修诸天殿，三十六年住持广燊，俱见碑文。又有丹田禅师者，讳悟进，广州新会潘氏子，生于嘉靖乙未，于三十二年礼南华寺智琏禅师薙染，日诵金刚经不辍。万历甲寅，沐浴更衣，怡然坐化，今其真身尚在。

隆庆五年户长僧如积改建卓锡泉亭。见碑文。

第一百八代住持象冈口禅师，第一百十二代住持新菴善禅师，年月难稽，而在性奎之前，见碑文。

万历元年住持性奎妙善，又住持了顾，重建本来堂。二年住持海袖，又僧如用，性伟，惠宜。六年户长僧超言，耆旧僧性宪请复寺田。七年住持应顺，修观音桥，十年住持宗，二十一年住持法润子贤，建挹翠亭。户长僧积昌，正华，妙传，智鳌，真权，法泉。见碑文。又有行裕，净泰等，见中兴实录。

万历二十八年至三十七年住持憨山大师，融六继之。顺治八年，平南靖南两主至曹溪渠请楞严经于广州长寿禅林，赐紫，可知其世寿甚永。崇祯乙亥余集生居士往博山延请曾任广州光孝寺住持之超尘禅师来曹溪立规矩，置田瞻众。曹溪通志列超尘于继席宗匠中，则超尘实继融六法席者。超尘之后，为朝宗忍与大休珠。勘大休行述，有谓："憨山与朝和尚之后，曹溪不复知性宗，师来得不坠。"此甚可疑。盖融六系憨山门人，顺治八年既在南华，中间复经超尘之整顿，何得谓为不知性宗。或者融六等住持之期，皆不甚久，又不当寓曹溪，寺中一切皆为子孙派所操纵乎。

又户长僧道胜，都管福兴，塔主了际，堂主本昂于万历四十八年重修祖殿。见碑文。此外翰林学士香山何吾驺有宿等持上人讲堂诗。又御史顺德梁元柱有秋日入曹溪宿等上人方丈诗。此等上人或即等持，住持年月，待后再考。

顺治九年，住持妙融，户长僧宗肇，僧官圆旭，十房僧戒光，协理融祖沙门德融。十一年户长海莹，协理粮事可相，十房僧智大。十五年住持德融，称洞宗第三十一世嗣祖沙门，乃大休之高弟也，十七年，重修方丈。监院慧聪。十八年住持慧聪，户长德乘，十房僧达机，禅堂监院可相，十房都管圆学。又僧真修，福恩于顺治五年重修祖塔，八年重修飞锡桥。俱见碑文。

康熙二年住持敬止，监院可相，重修伏虎亭。三年户长僧了凡，塔主积宏。五年住持可相，塔主显洁，十房僧性逵。六年住持德熙，十房管事如满。七年，住持明曜显。俱见碑文。此后平藩重兴曹溪，督工题名除信官外，寺僧有：赐紫重兴曹溪沙门真修，督理都纲司兼禅堂监院可相，监修耆旧僧德兴，净裕，慧聪，塔主法乾，都管僧如满，通圣，智大，湛怡，督理住持宗苇，前住持悟胜，圆义，能持。又重建藏经阁督工题名有：劝缘戒僧真修，督理都纲司可相，住持宗苇，清晃，圆科，塔主德兴，能持，都管真祥，福宽。又请雪樵住持山门公启，具名者为：都纲司兼理禅堂监院可相，僧纲司性昂，住持清晃，户主法赞，塔主慧聪，耆归德兴，宗苇。

雪摭住持之期，亦颇暂，故康熙十三年之住持为能逊，弘裕，又十房僧行章。十六年住持法乾，十房僧真谧，十七年住持阿盘智珠禅师，十九年住持可宣，十房僧行哲。

雍正三年住持福成，又僧深湛，道峻，广讷，侣樵，心广，净玉，真翠，悦权，卓然。

此外据道志又有德明原直赋，天拙宗三德亦尝为住持，年月无考。天拙于顺治十四年丁酉有和龙鼎兹南华即景诗八首，曲江令詹换缘有送天拙回曹溪诗，同时又有访大休及雪之作，则其住持之期，应在大休与雪之间也。

天拙与雪同嗣弘觉忞，为临济宗，原直赋嗣灵岩储，重辩嗣玉泉芳，清桂嗣黄龙南，智畠嗣佛鉴勤，明禅师嗣畠，因禅师嗣大慧杲，觉禅师嗣藏叟珍，朝宗忍嗣天童悟，亦为临济宗。智度嗣广济同，宝缘嗣智门祚，则为云门宗。德明嗣慧林本，超尘嗣博山，大休珠嗣象田观，心照融嗣珠，阿盘嗣弁山讷，皆为曹洞宗。三宗龙象，住持祖庭，继继承承，各以兴复为念，绝未有私其所宗，排斥他系之事，则诚所谓方便多门，归源无二者矣。独怪明末清初灯录之争为不达耳。

现 状

自马霸站下车后，南向行三里至光华亭，即见“通南山”三大字刊于对面山坡，盖即小象岭也。自此更行二里，渡曹溪即至岭下。曹溪之水清澈见底，而疾流有声，胆却者临其上，必将掩耳而走，令人想见大鉴之恶辣犍椎。循岭东行百余步，石壁上有广东某居士题禅阐二字，又数十步，有李根源题菩提无树四字，而曹溪一带适皆无树，过客见者，莫不作会心之笑也。更东行二里，达曹溪门，南华寺之头山门也。屋三大间，近檐际横建额曰曹溪，其后竖建额曰敕赐南华禅寺。有联曰：尘缘空宝镜，岭表一袈裟，宣二年立。前右辟旷地五亩略种花木，曰南华公园，乃六十七师四零二团第五连筑公路时所布置者。

曹溪门后数十步为宝林门，额曰宝林，光绪二年额哲克，张希京，郑绍忠，华祝三等建。有联曰：东粤第一宝刹，南宗不二法门，民二十二年吴川李汉魂撰书。此后数十步，有井一口，石栏剥蚀，不见款识，殆即所谓罗汉井也。其后一二十步，为罗汉楼，上下两层，各三大间，今皆拆毁，余犹及见之。上层檐际额曰：众山一览，乾隆丁亥立，后额曰：罗汉楼。左侧空地置一铜钟，高六七尺，大四围，有文曰：“敕著韶州曹溪宝林山南华禅寺住持，嗣祖赐紫正觉了悟大师奉宁，谨募十方善男信女资财，铸造大钟，永镇祖席。以此殊勋仰祝今上皇帝圣寿无疆，十方舍财檀信，增延寿福者。皇宋乾道三年岁次丁亥。”钟后石堆旁有万历十年舍资僧信断碑及嘉靖甲午修罗汉楼记碑。

罗汉楼后十余步，即龙潭遗址，旧建大雄殿于其上，今已拆去。志称殿前二柏，祖所手植，亦已不存。降龙塔则因修造尚未就绪，拆置地上。塔铁质，共五级，每级高广各二尺，上铸佛像甚多，故又称千佛塔，乃雍正五年所改造者。其旁有铁钟一口，高约三尺，大一围半。有文曰：元丰五年第七代住持志拱造”。又民国八年赵藩书“闻思修”三字碑。有跋云：“南华寺巨钟四，一南汉大宝七年，一宋元丰二年，一元丰五年，一乾道三年，名蓝閟宝也。犹有元明制者，年近不录。愿禅和子励闻思修，庶不负东序之陈列焉。”

龙潭旧基之左，即新大殿。袤四十三步（常步），广四十九步，高约六丈，土木工程费约四万元。中塑大佛三尊及迦叶阿难，左右两壁塑五百罗汉，后为泛海观音，装塑包银共三万元。门首有额三，一曰法鼓宏宣，林森书，一曰宣扬佛典，蒋中正书，一曰妙湛圆明，叶恭绰书。又大铜钟一口，有文曰：大汉皇帝维大宝七年岁次甲子，正月一日戊寅，铸造洪钟一口，重铜一千二百六十斤于长寿寺，永充供养。”又曰：“南华禅院奉敕宣赐广州长寿寺钟一口，将镇祖山，助资国祥。开宝九年院主惠正大师怀感，都监超净大师道隆。”

殿后支巨铁锅一口，高与人齐，大六圈，厚二寸，传谓六祖在时所用之千僧锅，恐不众据，亦无款识可考。此后历十余级而上即灵照塔。塔五级，八方，每方阔七步。高约八丈。灵照二字，二十二年李汉魂篆。下层供一铜像佥谓即是六祖，而顶平额方，高颧阔项，与真身绝不相似。据云：自五祖殿移来，恐是五祖之像，慈悲超脱，亦非常人相也。登塔石梯殊陡窄，最上两层壁上皆生青苔当是塔顶渗漏之故。四围山色，空翠袭人，铁马嘶风，颇令人作遐想。第三层悬一牌，上题：“在任遇缺前即补道署韶州府事广州府知府萧韶，四品顶戴署韶州府曲江县事侯补粮道府富纯敬献”。

塔左搭树皮棚二进，每进五间，前为临时斋堂，后为大寮，皆不蔽风雨。右亦有树皮棚五间，系工人寮。其后下八级为五祖殿五间，今改为禅堂。梁下悬匾一曰：一花六叶，不辨疑识，似御题。有铁钟一，高三尺，大二围元丰二年造。又李根源补刻，赵藩补书，卢铸补篆柳宗元大鉴禅师碑。

塔后四步，即陈亚仙祖墓，略具墓形。墓上建屋如廊，左右各设门便出入。墓前建碑曰：施地檀越主陈亚仙祖墓。又有万历丙申买田碑，李根源等重游南华题名碑等。

墓后门侧，有大鉴祖师遗像碑，李根源书赵藩跋云：“六祖像石刻碑，仆草棘中，腾越李希白始搜得之。像为释了晖倩龙生所绘，释德光作赞，释祖莹跋而镌石。时则宋淳熙戊申秋也。曹溪志失载，亟重树之。国民八年二月赵藩记”。按该碑高四尺，像系半身，披袈裟，戴风帽，垂老之状，约略似塔中铜像，不似真身，可异也。祖莹跋云：“大鉴祖师拚迹四百余祀，其遗风德韵，凛凛如生。云礽相承，遍满天下，而曹溪藐焉。五岭之外，竟不识其慈容□表为何□哉。有龙生者，妙得僧繇之笔，□写□真。比丘了晖□□数十里负囊□□□□□□□□□□□□□□叩题□□□且刊诸丰石，以□其传。□□□□□睹□加□俨然□在□□□□□□□□□本来□□□□□□□□□灿发□□□□□而□□□□□□□□淳熙□□□□元日敕敕住曹溪第十九世法孙比丘祖莹跋。”又：“南华僧了晖持”六字。又：“大鉴祖师遗像命赞，且欲镌石流传不朽云。淳熙戊申仲秋朔住阿育王山第十八世法孙德光稽首。非风幡动露全机，千古丛林起是非。咄这新州卖薪汉，得便宜是落便宜。”此外又有七十九代住持虚中观意禅师行状记碑，成化二十一年御制六祖坛经法宝石序碑等。

墓后过小天井即祖殿，其前左厢小三间为客堂。堂后树皮棚三间，为招待游客之所，与大寮相联。右厢三间为云水堂。祖殿系二层式，上下各三间。上层檐际竖建额曰祖殿，又横建额曰法衍南宗。下层檐际有额曰南天佛地。联二，李汉魂章士钊撰书。殿中建石座，高三尺，长一丈，广八尺，上供大鉴真身塔。形如育王舍利塔，木质，身高七尺，方四尺，顶高五尺，底座方五尺。四周护以红呢，谨从前方启处可以窥见真容。耸顶高颧，广颚阔口，一望而知为具大手眼人，千数百年，英英如生，是以令人瞻仰徘徊而不能已。

真身之前，有两立像，各高一尺，左作梵僧状，据云名灵通侍者，右则护法神像。考通志卷三德清为灵通传者戒酒文云："予初入曹溪，持瓣香敬谒六祖大师，时见主塔僧每月朔望之期以酒供奉灵通侍者。诘其所因，僧曰，侍者本西域波斯国人，乘海舶至广州，闻六祖大师，因随喜归依，愿为侍者，永充护法，卫安曹溪道场。但性嗜酒，不能戒饮，大师许其偷饮。以此妄传，愚僧不达，遂为常规，相习至今，凡千年矣，未有能为侍者洗其污者。末法弟子某，蒙荷祖师摄受，来整曹溪，已经期年。今于万历辛丑腊月八日，乃吾佛成道之辰，特为合山众僧受戒法，虑愚僧执迷不化，乃先为侍者洗白一心以谢众口。敬拈瓣香上禀祖命，告侍者曰……"但憨山去后，愚僧执迷，仍供酒浆。虚云和尚继憨山之志，为侍者说皈依已，将酒器尽皆毁弃。去冬，盖寺大病，有疑为灵通侍者所播弄者，虚云和尚则具疏文向侍者解劝而无应验。是亦宗门趣史也。

祖塔后左右各有石座，高二尺半，方四尺，各建木制小殿于其上。左供憨山真身，方面耸顶，气宇堂堂，于脱洒中见英武。右供丹田禅师真身，长颐隆准，老实修行人相也。

祖殿上层，除祖塔之上，未铺楼板外，四周各铺板庋藏经，故其后檐有额曰藏经阁，亦李汉魂书。所庋藏经有影宋碛沙藏及龙藏。此后为苏程，今改为法堂及方丈室，上下各五间，考坡公苏程菴碑记铭，苏程菴，初名程公菴，乃南华长老辩公为东坡表弟程德孺所作。坡公南迁过之，始更名苏程云。其前有清桂禅师行述碑，剥蚀不可卒读。又孙光庭补书东坡苏程菴记碑，民国八年李根源等重修南华寺记碑。又御书敬佛二大字碑，有款曰："为木陈老人"，"痴道人"。

毗连法堂之左又有屋上下各五间。下层中间为功德堂，供陈亚仙，苏东坡，萧韶，尚可喜等神位，及李汉魂，李根源，邹海滨等长生录位。左右为职事所居。其前有屋二进，各五间，西向，为男客房。上层中间，供陈信具。衣悬于亭式玻璃橱中，丝织品，绣千佛，系我国近化制品，稍有破损，以白绫亲裹，高约四尺半，长约八尺，又二如衣而较小，铺陈衣下，恐是具。钵置其上，口径约五寸，厚三分，外涂漆，于破损处知用钢铁造成。内置木匙铜匙各二，棕刷一。其前桌式玻璃橱中有坠腰石，色青黑，质高坚，重约十余斤，作 前 上后下 形。长尺余，厚四寸，上端有洞通前后，下端仅有凹痕。有文镌其上曰：

龙朔元年镌

师坠腰石庐居士志

桂林龚邦直书

志谓，此石本在黄梅，嘉清间乡人有宦于楚者，异以归。而文不甚可通，颇滋人疑。又有鞋三双，一黄布绣口，邦式如今之僧鞋，底则官靴式。一，仅存官靴式底。一，软底黄缎面，绣花。又绸袜一双。又所谓响鞋者，志谓三宝太监所供，今仅存一底。皮质十层，厚约一寸，头大跟小，如拖鞋。有小银铃六，约略如小儿之系于腕上者，不知究作何用。又唐万岁通天元年敕书一卷，元延祐五年藏文护寺免差敕及明天顺间释本合装一卷，不能识别之异域文书一卷，明正统十年颁大藏敕书一卷，有南皮张之洞等跋。又元延祐四年赐金书孔雀经，及明宣德间赐金书法华经，皆失佚不全。

考增一阿含经，涅槃经，大智度论等，虽俱有世尊付法迦叶之说，而皆未言衣钵相传。付法藏因缘经云："迦叶至鸡足山于草敷上加趺而坐，作是愿言，今我此身著佛所与粪扫之衣，自持已钵，乃至弥勒，令不朽坏，使彼弟子皆见我身而生厌恶。"是则迦叶虽傅衣钵而未付诸阿难。宝林传，传灯录同，但粪扫衣则易为金缕僧伽梨。至于达磨传于二祖之衣，据传灯录，乃其自所服用者，钵未见传。其后二祖传三祖，乃至四祖传五祖，亦皆仅云传衣法而不及钵。坛经自序品始有传衣钵之文，则恐五祖自用之钵耳。曹溪通志乃谓钵是四天王供养如来之物，衣即金缕袈裟，误矣。又考清张尔岐蒿菴闲话卷一云："六祖衣钵，传自达磨，藏广东传法寺。衣本西方诸佛传法信器，钵则魏主所赐。嘉靖中庄渠魏校督学广东，取衣焚之，钵碎之。"据此，则今日所见之衣钵，非惟不足以表信，抑将令人失信，为其赝造故也。

毗连法堂之右，亦有屋上下各五间，则尼戒堂及女客房也。寺东百余步有别墅式之屋三所，一曰南华精舍，一曰证因小筑，一曰种石读书处。南华精舍较宽大，布置亦较精洁，正应供达磨以下五祖之像。

寺前曹溪一带，统称南华洞，而实无洞，殆与庐山白鹿洞命名之意相同。洞中有村庄四，每村有屋百余间或数十间不等。在昔皆为寺中子孙之私宅。今则由寺召租，不准僧人寄居，而子孙派始无可托迹，此乃复兴南华寺之要策也。惟屋宇皆甚卑隘，用草盖者占大半。余尝至其中一院落参观，上漏下湿，鸡豕与人杂处，粪秽遍地，腥臭刺鼻。虽有佛堂而昏暗不能辨佛貌，其余室内皆不通光线。亦有楼，余于其上拣得清息柯居士著归石轩画谈卷八至卷九一册，异之，叩诸同行，知系去春驻军所遗者。不然，安于陋巷，而犹不忘风雅，其僧亦大可与语矣。

副寺语余曰，南华四至，昔日纵横三十里，今仅收谷三百余石。望中诸山，虽名为南华所有，而无力管辖，颇有为豪民所侵占者。此南华寺之现状也。

关于曹溪通志

曹溪有志，始于憨山，曰南华寺志，凡四卷十品，十品者山川形势志，道脉源流志，兴废沿革志，传灯人物志，建制规模志，王臣外护志，香火供奉志，清规典职志，当住库藏志，品题词翰志。清初雪重修，故名曹溪通志。勘其凡例，于旧志颇有不足之词。然而通志讹略，如上可知，憨山通人，岂有更出雪下者。通志凡八卷八目，一山川形势，二，建制规模，三道脉源流，四传灯人物，五继席宗匠，六佛法提纲，七，王臣外护，八品题词翰。传灯人物之后又有继席宗匠，更益以佛法提纲，殊属不妥，以视憨山所分十品，逊色多矣。安得旧志而一读之。

又仰山慧寂禅师，宗门巨擘也，五家语录卷二谓依广州和安寺通禅师出家，非是。盖唐胡曾有闻仰山寂禅师住曹溪诗云："曹溪松下路，猿鸟重相亲。四海求玄理，千峰绕定身。异花天上堕，灵草雪中春，自昔经行处，焚香礼旧真。"可知仰山脱俗，实在南华。故景德传灯录云："依南华寺通禅师落发。"宋高僧传亦云："依南华寺通禅师下削染。"则曹溪通志中何能不有所记载，而无一字提及，其疏略有如此者。

雪之后，通志似经窜改，故佛法提纲中有阿盘语要。阿盘在雪后，雪不能悬记之于前也。其板嘉庆年间已不存，道光十六年，刘学礼重刊。民国十二年又毁，民国二十一年，据刘氏重刊本再重刊，即今所见者也。

余感

憨山云："学道人第一要骨气刚，次要识量大，次要生死心切"，此言诚是。然而年来求友海内，少有具足此条件者。在南华，遇海光上人，同住于书记寮者两月，深知其为狷介之士。余方窃幸又得一真实学道人，乃不获医药而死，余不觉重有感焉。海光师湖南宁乡人，俗姓陶，名光南。清末入泮后又毕业于师范学堂。鼎革后，在陆军小学任教职多年，是故湘中军人，多出其门，继而慨愤时事，罢讲归田，不与达官贵人通，然犹未知有佛法也。其友刘腴深劝渠读明末四大师集，始而惑，继而惊，卒因学柏尊者之文而感悟。民十五，战火纷飞，全湘嚣然，海师亦被迫出外。因缘不合，坎壈无所遇，于是益知佛理之湛深，乃发心出家，受具足戒于南岳福宁寺，时为民国二十年，年已五十三矣。去春慕祖庭之胜，瓶钵南游，方暑即病。常住不备医药，饮食起居复不足以资生，病不能愈。余至曹溪之时，彼已甚困顿矣。偶少闲，相与纵论世出世间事，出入儒释，未尝不合。故为余作书介绍于南岳某法师则以契友相称，余亦谓于丛林中遇如海师其人者，实出意料之外。余至曹溪不久亦相继病，寒甚，海师赠我以缊袍。然而食不得饱，终无益于病体，乃力劝海师同行返湘。海师始亦首肯，而病日增，以至于不能起床。知余为其病而稽留于南华也，正色谓余曰："我已六十，死其分也，子方壮，值兹法末，何可再留。"余为之觅得妥人照应而后去。临行复赠我手抄之大乘止观法门释要二册。呜呼，孰谓竟成永诀，今其灵骨已由其子运返沩山安葬，毗庐月朗，密印风高，谅亦可以安眠于九泉矣。虽然海师之死，南华负责人亦有过焉。为其漠视病人而不设法救济也。海师之前，颇有死者，其后未知如何。宗门淡泊，岂无情之谓哉。明顾应祥游南华寺诗云："十时松荫入翠微，半空楼阁映晴晖。潭龙已化犹余塔，心印无传只有衣。尽向遗骸参佛祖，谁还一语了玄机。芒鞋步出清溪晚，水自潺匕云自飞。"嗟夫余复何信。

民国二十七年戊寅正月十六日脱稿于湖南宁乡龙山佛学院。时倭寇蹂躏长江下游一带，胜地名区悉成灰烬，被屠戮者数十余万人。

（原载《海潮音》19卷第8期）

教制改革

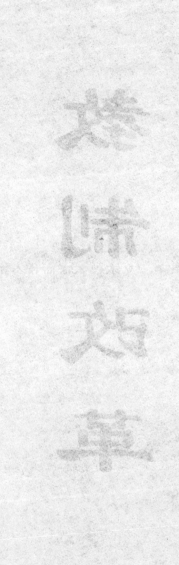

新佛教运动之史的研究

在这个有史的几千年当中，无论学术界争论着有神无神，唯心论唯物论，而花总是在和暖的时候开，叶子总是在寒冷的严冬落，水总是那么流，人也总是“食色性也”。除掉固执偏见的自以为聪明的人，谁也会感觉到在我们主观的概推之外，的确还有一个没有被人类所全部把握得到的真理。

佛在二千五百年以前，早已指明这个主观的概推不足恃，同时更详细讨论到主观的形成和避免主观的方法，企图用纯客观的认知，全部把握那个存在于主观的概推之外的真理。他是成功了的，所以到现在还有许多博学深思之士如弘一法师等，照着他的教条实行。但是一般社会依然是在主观的领域里乱打之绕，并且大都是物质的反映，所以佛和他的大弟子，又不得不适应这个辩证法地发展着的“反映”而随机说法，在佛教史里可以划分成几个阶段，新佛教运动也在这个理论的据点上树立起来。

佛的随机说法之易见者在戒律，譬如戒杀，起初并没有这个规定，后来他的弟子杀了人，受了社会上的谴责非难，才召集大众制定宽泛的条文，接着就针对着从宽泛里漏出来的弊病把条文逐渐严密起来，称之为律（Vinaya）。佛死以前，一共制定二百多条，当时有许多一时高兴而出家的人，受不了这种约束，重行还俗者也很多。最有趣的是一个晚年出家，名叫须跋陀的和尚，在佛死的时候，公然对那些眼泪汪汪的同门说：“仁者弗愁，大沙门（即佛）在世常言是应为，是不应为，我等恒为所囿，今者得自在，可为所欲为矣。”所以第一次结集（Samgiti）席上，阿难陀（Anadah）说：“佛将入灭时会告我，大众若欲弃小小戒，可随意弃。”不过因为小小戒的范围没有确定，未能通过，结果照长老大迦叶（Mahakasapah）的提案议决——“世人既知释子沙门所当护持之戒矣。今若弃小小戒，人不将谓沙门瞿昙（Gautama）所设戒法以师逝而与烟俱消。为免此讥，佛所未制今不别制，佛所已制不可少改。”

此后百年左右，毗舍离（Vaisali）的跋耆（Vajji）比丘就举起叛逆的旗子，提出十事要求改革：一、听许贮盐于角器，二、日影过正午横列二指长的时候可以吃点心，三、在此地吃了马上到别的地方还可以吃，四、同在一教区者，不必同在一处布萨（说罪诵戒的仪式），五，众议处决时，不足法定人数而有效，六、得听许先例，七、得饮未经攒摇的牛乳，八、得饮未发酵或半发酵的椰子汁，九、造坐具可不用边，随意大小，十、得储藏金银财物。这大部分与当时的戒律相违，长老耶舍（yasa）乃召集四方的上座比丘开会，用宗教的情感，在字面上折服了跋耆，但实际上拥护之者仍占大多数，佛教就在此时分成大众上座两部。部别既分，饮食起居的方式因之而大不相同，思想上也有显著的区别。异部宗轮论上所叙大天五事之争，即其离异之发轫。据陈代真谛法师所传，大众部徒众盛弘华严，涅盘，胜鬘，维摩，金光明，般若诸大乘经，近代研究佛教史的学者，也大都承认大众部富有进步改革的思想。所以佛灭之后四百年初，从上座部本部分出来的经量部也吸收了大众部的理论，迨龙树（Nagaijuna）出而保守上座部理论的说一切有部备受破斥，大乘佛教（Mahayana）如日丽天，上座部和死守着大众部堡垒的徒众，不得不退入小乘（Hinayana)之列而渐渐绝迹于人间。

龙树为西历二三世纪之人，生于南印度毗达罗国的贝拉尔（Barar）婆罗门家，少年时候的行为非常之坏，几乎因学邪法而被杀。皈佛之后，痛改前非，加以“天性奇悟，识解超群，”数月之内，读尽经律论三藏，很有一点特别的见解。他的朋友和弟子，就劝他改易服式，另立新教。据龙树菩萨传上所记，他似乎采纳了这个提议，并且一度实施过，以至引起另一位大德对他恳切规劝和供给大量参考书，他才重以释迦为师，誓愿为佛之使徒。可是在理论方面，针对着时代从事于新的开发的工作并没有间断，中论，大智度论，十住毗婆沙论……都是取精用宏而为当时学术界所遵循的作品；风气所被，形成一种学派，称之曰空宗或法性宗。佛教经过这一次洗炼，到现在还保持其烁亮的光辉。

无著（Asangah)、世亲（Vasubandun）兄弟两人，继龙树之后组成有宗或法相宗的理论系统之原因，此在拙作《略论空有之诤》一文中已经说过，不必再叙，其后就是密教的出现。

讲到密教，一般人，尤其是密教的信徒，总夸口密教法门最高，超越其它一切宗派；重要经典如大毗卢遮那神变加持经（简称大日经）等都是法身佛毗卢遮那（简称大日如来）所说，龙树用了神奇的方法，打开南天竺藏经的铁塔，得着守护神金刚萨埵的密印真传而始流行于世，其实多半是附会。唐代传承两部密法（金刚胎藏）的一行大师，在大日经疏里面已经明明白白告诉我们。密教之兴，不过是无著世亲之后，龙智比丘等对于婆罗门教的一种新的适应方法。因为那时婆罗门教内的人才辈出，商羯罗（Sankara）把佛理吸纳混合到婆罗门教里去，形式上造成得比佛教更动人；同时我们要知道全印度的意识形态，历来都被婆罗门教支配着，所以婆罗门教的势力在当时异常兴盛。佛教徒的急起直追，就是把婆罗门教的形式搬到佛教里来，旗鼓相当，自然可以对垒一时，而削足适履，反因以自戕其生。印度大学哲学教授位特客列希那（S. Radhakrishna）的印度哲学中亦云："大乘派既承认各地原有之迷信，自然对于婆罗门与佛教之神道，一律容纳，分别其等第而列之，而以阿弥陀佛冠首；婆罗门以佛为吠雪奴（Visnu）——婆罗门教所奉之保持神）佛教徒称吠雪奴为菩萨；彼此间之哲学与宗教见解日趋于共同，于是佛教变为印度教之一部，佛教所以亡。"（据张君励《明日之中国文化》引）我们则于此可以为随机说法或新的适应一词决定一个范围。

第一、随机说法或新的适应，并不是随波逐波，人云亦云，"做潮流上的死猫死狗"（辜鸿铭先生语，闻诸其高弟江安熊东明教授）。第二、先要立定一个明白的一贯的中心，由此而对着现前的环境，解释一切，衡量一切。第三、不能穿凿附会，故意歪曲以媚俗求容，在理论上这样，在生活行为上也这样。拉氏不是又说：印度佛教之所以亡，除理论失掉中心的原因以外，戒律不振，僧徒生活流于放纵亦一重大原因。这是非常值得我们注意的，今即本之以论我国佛教。

佛教来我国以后，无论在理论方面，在生活行动方面，都与印度锡兰西藏缅甸不同。前几年锡兰的纳罗达（Narada）大师到上海，看见我国佛教制度和他们的不一样，公然批评我们不足以称僧，当时有许多人竟也"自伤己命"，"自惭形秽"起来，赶紧派了几个青年学僧跟他到锡兰去学所谓真正的佛法。其实学固然可以，而硬以我国的僧人为非僧人，乃至发出重行受戒的怪论，则不免夏虫井蛙，贻笑大方。纳罗达何尝懂得龙树无著的精神，那些自伤己命、自惭形秽的人，也太没有中心思想了。

首先我们要知道我国气候寒冷，光披薄薄的麻织袈裟，那只有活活冻死；沙门乞食，佛教未来以前，我国本来没有那个风俗，假定一出家就靠托钵维持生活，那也只有活活饿死。所以祖师们在袈裟之外不得不添置棉的夹的衣服以御寒，不得不耕作以维持食用，根据佛制戒律的原意，这是非常合理的，所以历来称祖师们所立的法为清规。清规，是佛教发展历程当中的一件大事，其重要远过于大众部的改革；将来的佛教制度，必然的要借着这个基础而逐渐迈进，纳罗达大师之流，现在虽然冷笑地非议着，亦必有采行这个办法之一日。

至于理论的开展，那更多了。第一因为我国的文化蓄积本来厚；第二我国人民重视理性，佛教的大乘思想，——也可以说是偏于哲理的学说，颇为国人所乐于接受；第三则那些宏传大乘佛理的大师如僧肇，智颤，法藏，吉藏，澄观，等等，几乎个个都有龙树、无著的手眼，各自扬弃西来之说，冶炼成一适合时代的学派。僧肇之肇论，智颤之天台宗，吉藏之三论宗，法藏、澄观之贤首宗，各有特色，和印度佛教的外形不尽相同，有人好意地，或者竟是歹意地称之为中国佛学，还有人以为他们搀杂了道家儒家的思想，不能算佛教的正统。我则以为这种论调很可以与南传小乘佛教徒之斥大乘非佛说者等量齐观，根本没有学术上的价值。因为我们在僧肇以至澄观的著作当中，理论之最基本或最中心的地方，看不出和他们说中国佛学的先生们，所谓原始佛典四阿含经两样之处。一般造句用语之不同，不过如夏葛多裘的殊异。假定我们看见张三穿了皮袍子就认为他与夏天穿夏布长褂者是两个人，那只有疯子才会承认他是正确。我们学术界的闻人胡适之先生，做了许多关于达摩、惠能的文章，昌言禅是中国的特产，也很可以并入此论。现在我不想驳他，只希望他先多了解一点究竟什么是佛学，再谈佛学与达摩、惠能的关系与区别，从而断其为中国的特产与否方有价值，否则纵然因此而成名赚钱，与学问有什么关系？

佛教起于西纪前五百三十年左右（从成道时算起），至第八世纪，在印度本土即逐渐衰亡，故实际上只流传了一千三四百年，而在我国则自东汉明帝以来一直到现在已经流传了一千八九百年，并且还要绵延下去。根据拉特客列希那教授的说法，则我国佛教之所以能如此发扬光大者，不能不归于清规的完成与各宗大师的紧紧握住中心。密教不能在唐代宏传，在元明虽有政治助力也不能不消灭的原因，或者在此。

过去有许多感觉佛教必须改革的人，曾经唤过僧制摹仿日本——就是和尚可以娶妻食肉穿西装——的口号；教理方面也想极力加上时髦的外衣，譬如现在流行着唯物论，就禽着舌头说佛法也是唯物论的，而北极就是佛经上的须弥山（Sumeruh）。假定真的照这样做，这样说的话，那新佛教运动就变成死佛教运动，这是新佛教运动的同志们所应赶紧纠正改革的。

生产化，学术化，就是使僧制不至于俗化，而僧人的生活可因而庄严起来。详细条文，当然先要把诸家戒本彻底对比研究一番，再参考古代的清规和当前的环境方能定。理论之现代化、通俗化的开展，则无论如何要从佛教最基本的中心出发，否则现代化即等于密教之同化于印度教，通俗化即庸俗化而已。新佛教运动如能依照这个目标做下去，才是地道的随机说法，真正的新的适应，在佛教界内固然可以发生模范作用，同时也就是揭示客观的真理于人间，其效能不仅仅是关于佛教本身的改进而已。

（原载《狮子吼月刊》1941年第1卷第2期）

新佛教运动的中心思想

“有了革命的理论，才有革命的行动”，这在目前，是一句人所共知的格言了。那么理论错误了，当然就会招致行动的谬妄。所以新佛教运动，尤贵有中心思想。

近来有许多朋友常常问我，佛教究竟是什么？简单的回答，可以说“佛教是穷理尽性之学”。穷理是穷宇宙生灭之理，尽性是尽人与万物之性。性即实性或法性，佛教术语名之曰“真如”（Tathata），也就是所谓真理（Truth）。怎样“穷理”？怎样“尽性”？一般人总揣想佛教是主张超经验的冥想的，实则大谬不然。《瑜伽师地论》指示修行的次第，先闻，次思，后修，其它经论所说的也差不多。闻即论语“学而不思则罔”的“学”，亦即中庸的“博学，审问”。“思”则为“慎思”，“明辨”，“修”就是“笃行”。他——佛教并不要人家一味感情用事地迷信，并且根本反对这种宗教的信仰，“四依法”中有“依法不依人”一条，古德又说“大疑则大悟，小疑则小悟，不疑则不悟”，何况他又反对拜偶像，祀鬼神。所以佛教简直是体系完满的哲学，并不能打入宗教队里。虽然叔本华（Arthur Schopenhauer）说，宗教信仰，最能解脱人生的痛苦；文得尔班（Wolfgang Windelband）说，宗教之价值为圣，圣之价值为真善美，（欧阳竟无等居士曾著一书曰《佛法非宗教非哲学而为今世之所需》其意以为一般哲学大都是执着之见，算不得真理，佛法比那些高，所以亦非哲学。）

佛教的真义如此，而自元明以来，佛教的现象，一天天衰落，以至于目今的混杂零落，几乎完全掩蔽了佛的本旨，失落了佛的精神，这究竟是什么缘故？

我们晓得，春秋战国之前，还没有儒家的时候，中国本来有所谓“鬼治主义”的宗教，孔子因之而组成礼教，汉儒又推衍成为阴阳五行，天人相应的说法，结成道教的完整。佛教西来，不能不适应他，因此也视为“方术”之一，安世高、康僧会两大师，居然也以“综达七曜五行，医方异术”，名于时。之后，谶纬之说，一变而为玄学清谈，道安罗什和他的门徒在大江南北鼓吹大乘思想，佛教才蓬蓬勃勃地正常地发育起来，先结三论宗、天台宗的果。到唐朝经过玄奘、法藏的努力，又有法相、贤首两宗继之而起，一时高僧大德，如云之蒸如霞之蔚，真可以说是中国佛教史上的黄金时代。禅宗是为校正教理，盛极之后支离破碎，不得要领的流弊而起，开创的几位祖师，如惠能，如道一百丈，乃至临济法眼的确是“顶门具眼”，别具手段，当时宗门之盛，盖过其它一切宗派。赵宋以来，几乎只有禅宗，其余的许多重要章疏，因此淹没不彰，以至于大量散失，学佛的人不复知道有所谓“教理”，几句偈语，一顿呵喝，就算是“续佛慧命”，“开人天眼目”，禅宗变成了空架子，整个佛教走上厄运。

元朝是红教喇嘛的世界，什么帝师，什么总统，其行为的暴厉恣睢，简直使当时一般士大夫人人切齿，当然只有促进中国佛教的急剧堕落。朱元璋到底是和尚出身，开国之后，很想把佛教整刷一下，可惜他既不学无术，同时又没有像道安、罗什、玄奘、法藏那么伟大的祖师乘运而兴，更因为佛教界已经找不到重要的各宗章疏，所以只是“徒然”。我们看到明朝那许多名士学者的空疏浮薄，就可以推想得出，教佛界是何等的可怜，因此有净土宗的继起。

关于念佛生西，又是一个问题，非此所详。我们只知道在方法上，念佛比参禅更容易，更不要繁复的教理，在元朝以后急剧衰退的中国佛教界中，的确是一服再简单也没有的救急方。清初废除了度牒试僧的制度，出家人可以无限制地招收徒众，小庙变成了家庭，丛林变成了地盘，大大小小的寺庙里大家是为着“吃饭”；参禅、学教，那有功夫提起，可是门面还不能不顾一下，念佛法门就风起云涌地传遍全国，流弊所至，大家可以想象得出，所以有现在日趋严重的教难。

教难之起，原因是很简单的。就是整个社会进步了，佛教还没有进步。丛林里上殿的仪式是“朝仪”，高底单梁鞋模仿“官靴”，其余的一切，都还没有脱掉帝制时代的面目，你说怎么不招致社会的非难和排斥！但是佛教为什么不会跟着社会一道儿进步的呢？原因在于主持佛教者——和尚们——的浑沌没有知识。怎会浑沌没有知识的呢？这个疮养了七八百年，到现在是不能不替他开刀了，否则只有疮口迸裂而死。新佛教运动者看清楚了这一点，对于所谓中心思想，大概可以知道一个方向了吧！

真要谈中心思想，先得了解佛教在印度发展的过程。我在本刊第一期《略论空有之诤》一文里已经讲到，现在再叙述一下。佛所说法本无所谓大乘小乘，其判分在佛灭度以后，大约公元前一世纪，印度的佛教界已经分裂成二十部左右（有南传北传两说），争执着许多零零碎碎的问题，循至于失掉佛的本意，后来的人乃称之曰小乘，又经过一两百年而有龙树出世。他是佛灭度后，最有手眼的菩萨，看到当时佛教界的庞杂无绪，用秋风扫落叶的手段建立所谓“空宗”（法性宗），佛的真精神才又能显示于世，这就是大乘。其后不久，佛教界有许多人误解了他的理论，同时社会环境又须要佛弟子们对教理作一番新颖的解释，于是有无著世亲的“有宗”（法相宗）出现。有宗讨论每一个问题起来，都用比勘的方法，所以是印度佛教的集大成，而其“微言要旨”，又和空宗不相违。佛教经过这两个宗派的开发，才能放射其千古常新的光芒，奠定了不可动摇的中心思想。

佛教到中国来了以后，除掉起初不甚重要的介绍之外，其余各家的著述，都是以空有两宗的理论为标准，三论宗不用说是专门发挥龙树的思想的，天台宗的祖师从《中论》（龙树颂）悟道，种种讲说大都采自《大般若经》，《大智度论》和世亲的《俱舍》，可以说是杂糅空有两宗而结成的宗派，智颤（陈隋间人）说：“天亲龙树，内鉴冷然，外适时宜，各权所据，而人师偏解，学者苟执，遂兴矢石，各保一边，大乘圣道也。（《摩诃止观》卷九）就这几句话上，我们可以看到他的卓识。隋灭唐兴，玄奘法师学成归国，翻译了《解深密》、《瑜伽》、《唯识》等有宗重要的经论以外，又翻译《大般若经》六百卷，可见他也是性相并重，不存门户之见的，所以他的学说（学者称之为法相宗或慈恩宗），在唐初盛极一时。稍后法藏援据玄奘所介绍的性相两宗的说法，和天台宗的思想系统，更加上一番扬弃的工作而组织成贤首宗，分宗判教，大体上是比较圆满一点，他在《楞伽玄义》里也说：“清辩……护法……此二大士，各破一边，共显中道，乃相成非相破也。”这和智颤的话简直一模一样。

至于禅宗，其盛在贤首之后，虽说是“教外别传”，“不立文字”，而实在也并没有跳出空有两宗的圈子，达摩印心的四卷《楞伽》是属于有宗的；五祖授徒，六祖从而悟道的《金刚经》是属于空宗的；密教确是后起的宗派。最近密教学者李安宅居士说：“按原始的佛教，本重个人道德的修养，不尚神灵的崇拜。到了公元一世纪，释迦才变得无始无终，成为崇拜的对象。五世纪时，瑜伽派兴起，神乃特多；修持的工夫，希望与普遍之灵合而为一，大有恢复公元前二世纪身毒教之势——即婆罗门的崇拜。六世纪之末，所谓教外别传的密宗（续部），更创设了无数的菩萨，十世纪与十一世纪之交，“时轮”派兴，讲“金刚道”，各种各样的佛，善静的，愤怒的，遂多至不可胜数。”（《责善》半月刊第2卷第6期）这话是非常正确的，佛教之所以亡于印度，就是这个原因，我在本刊第二期《新佛教运动之史的研究》一文中也已讲到。不过密教的经典当中，始终以空宗的理论做骨干，一行注《大日经》，所引用的经论以《大般若经》、《大智度论》为多，所以西藏佛教，空宗比有宗盛，而密教也终是佛教的一派。净土宗以老实念佛为第一义，一心不乱往生西方为目的，在《弥陀经》、《观无量寿经》里没有讲到好多理论，不过莲池的《弥陀疏抄》，颇取贤首宗义，憨山论净土，也总不脱禅宗的口吻。所以我们从这里可以深深地知道，无论是印度的中国的佛教思想，都以“龙树无著学”为中心，做根本；无论是三论，天台，法相，贤首，乃至禅与密净，都从“龙树无著学”流出。那末我们——新佛教运动者，为救弊扶弱起见，对于龙树无著学应该先有透彻的了解，至少要有相当的根底。否则“不揣其本而齐其末”，结果不是“以水投水”，就是离经叛道。离经叛道之有害于佛，人所共知，“以水投水”，依然漂荡在“门户”的末流里，决不能剥落佛门之疮，显示新鲜活泼的精神而恢复哲学的本态，对于佛教，无外乎也只有加深苦难。桑戴延那（Santayana）说，此后的宗教，应该扬弃其迷信与独断而自比于诗，这虽然不是为佛教而发，但可以做佛教的圭臬。龙树无著学能够洗清一切积垢，至理的纯化，才是真情的旺燃，才是慈悲的开始呀！

最后，不妨再引宋朝赞宁大师的话作结：“魔障相陵，必须御侮，御侮之术，莫如知彼敌情。敌情者，西竺则韦陀，东夏则经籍矣。故祇洹寺有四韦陀院，外道以为宗极；又有书院，大千界内所有不同文书并集其中，佛俱许读之，为伏外道而不许依其见也。此土古德高僧，如道安，慧远，复礼，皎然能摄伏异宗者，宁由博学之故。”（《僧史略》卷上）

（原载《狮子吼月刊》1941年第1卷第8、9、10期合刊）

新佛教运动的回顾与前瞻

从佛教的破除迷信说起

墨子志天，明鬼，而“儒以天为不明、以鬼为不神”[1]，他的“道统”，从此再传即绝。原因据说是中国人迷信宗教的心理，素称薄弱；孔子的确也说过，“未能事人，焉能事鬼”，“未知生，焉知死”的教条。但是自从“梦见金人”、“白马驮经”以来，到现在1872年（公元68——1940年），佛教非但控制着中国大部分民间思想[2]，柳翼谋先生还说：“佛学发天人之秘，拯盗杀之迷，吾国思想高尚之人，亦遂研精其学以为范”[3]。为什么？约翰根室（John Gunther）说：“佛教不承认任何神为最高存在物，佛教是一种行为的模范，一种合理主义的体验，……所以极迎合中国人的嗜好”[4]。此外还有人说：“佛教非宗教，非上帝观，非宇宙论，非多神之崇拜者；是富有道德的系统，为各宗各教之最高峰；其在哲学上的地位，已被世界各国共同承认为现代最精密的理论派。释迦牟尼的地位，实超越于达尔文，利特雷诸人之上”[5]。那末佛教决不是初民心境中神秘迷信的产物，佛教徒当然更不是传习巫术（magic）、播植迷信以自活的巫师。

释迦牟尼成佛之前，整个印度，笼罩在婆罗门神话的氛围之下。社会上严格地分成四个贵贱贫富悬殊的阶级，奉行着繁文褥节的祀神仪式，口里还喃喃地背诵收集在阿闼婆吠陀（Atharvaveda）里的各种咒语，祈求平安、长生，和赌博时的幸运，或希图藉以驱除野兽，疾病，仇敌与魔鬼。佛则大声疾呼，一扫而空，非但不准来自各个阶级，而融融泄泄如父子兄弟的门徒祀神，并且连占卜星相运气炼丹也在禁止之列，所以佛教是彻底破除迷信的、革命的。《景德传灯录》上告说我们，唐代的禅宗寺院里，有许多简直没有大殿，不塑佛像。而当时那些继往开来的“祖师”，如马祖、百丈、黄蘖、灵祐，则大都采取生活自给的办法，参禅不忘种田。这和1239年佛罗伦斯的San Donato Frael Torri寺院，从事机织以自给的办法有点仿佛[6]。就社会经济条件和慈悲平等的立场上研究起来，当然是值得称誉为“合理”的，虽然锡兰缅甸的僧徒，至今还固执地以实行沿门托钵的原始佛教制度为合法。

然而奇怪的是：傅弈、韩愈以后，像欧阳修、王船山之流，时刻诋毁着和尚们的不织而衣、不耕而食，寺庙生活情形，反一天一天违背唐代的合理性，以至于构成现在丛林商店化、地主化、小庙家庭化的畸形状态。所谓最精密的理论，自宋以来，就逐渐被那些多闲的长老们菲薄着，目为义学空谈。大部分和尚，本来是为着生活出家，更用不着佛理。整个佛教界浮沉在愚河痴海的无知浊浪之中，跟着来的就是迷信的“慈航”。佛非但需要批发他所毁弃过的祀神仪式和咒语，同时还得披上方士式的八卦道袍。同源论取中道而代之，也还可以勉强名之曰清谈或空谈，纵然并不是学理；定数论、定命论则暗地里戕害着广大群众奋发有为的心灵，敌人正利用他麻醉我沦陷区内的同胞。此岂佛所及料哉！怎怪得社会人士，对于佛教与佛教徒的讥诮攻难？这之间，便有新佛教运动发生。

以前种种

新佛教运动的发端，应该推溯到同治五年杨仁山先生在南京创办的金陵刻经处。有了他，我们才能看见号称基本佛学，而“道丧千载”的相宗典籍，元明以来非科学的佛学研究方法，为之一变。其后仁老就刻经处设立祇桓精舍，想借以培植一批新的干部，能够直接从梵文巴利文的原典，考校历来翻译的同异，以资雕印方册全藏。曼殊大师也是教师之一。好事多磨，不久就告停顿。金陵同仁，一方面还是募款刻经，一方面则另办佛学研究会，从事于法相唯识的钻研，主其事者为宜黄欧阳竟无先生。据欧阳先生的口述，那时他们生活环境很苦，常常要自己动手烧饭，参考书籍的供应又不够；一字不明，穷思累月，令人想起日本维新志士，没有文法、字典作参考，埋头学习荷兰文、英文的艰苦作风。

又据传说：端午桥于两江总督任内，因祇桓精舍停止，曾在南京创办僧立师范学堂，谛闲、月霞两法师相继主持其事。革命军兴，午桥被害川中，僧立师范学堂校舍全毁，当时的一切组织教育情形，也因之泯灭无存，可以说是新佛教运动的第一场损失。和僧立师范学堂同时，湖南新学之风正盛，庙产兴学的风潮，逼得长沙的和尚也办了一个僧学校。那完全出于临时抑制的心理，事过境迁，自然偃旗息鼓，经过情形，也很难考索。据说为长沙和尚献此抵制妙策者日僧水野梅晓，民国以来颇有师其成法，与社会周旋者，这是新佛教运动当中的“油瓶”。

由于金陵刻经处、祇桓精舍、佛学研究会的开发，民国元年才有佛教会的组织，发起人蒯若木，孙少候，李证刚，欧阳竟无等，都是杨仁山先生的朋友或弟子。他们想使政教分立，彻底改组佛教的阵容，所以对国民政府用公函而不用呈。那时，国父是临时大总统，对此很为赞成，有函复佛教会云：

敬复者顷奉公函，暨佛教会大纲及其余二件，均悉。贵会揭宏通佛教，提振戒法，融摄世间出世间一切善法，甄择进行，以求世界永久之和平，及众生完全之幸福为宗旨。道衰久矣，得诸君子阐微索隐补弊救偏，暨畅宗风，亦裨世道，曷胜瞻仰赞叹。近时各国政教之分甚严，在教徒苦心修持，绝不干预政治，而在国家尽力保护，不稍吝惜，此种美风，最可效法。民国约法第五条载明中华民国人民，一律平等，无种族，阶级，宗教之区别，第二条第七项载明人民有信教之自由。条文虽简而含义甚宏。是贵会所要求者尽为约法所容许。凡承乏公仆者皆当力体斯旨，一律奉行。此文所敢明告者。所有贵会大纲，已交教育部存案。要求条件亦一律附发。复问道安。孙文谨肃。

这新佛教运动史料中的瑰宝，原件似乎保存在支那内学院。当时可惜干部缺乏，居士和尚复不能协调，蒯若木等遂完全退出，交诗僧寄禅接办。寄禅受和尚们包围，佛教会的宗旨，由政教分立彻底改组佛教阵容，而变为乞求政府通融，保护庙产。新佛教运动的一片慈云，又被“业风”吹散。

太虚法师是祇桓精舍的学生，天然是新佛教运动的同志。民元政治革命的成功，激励他和仁山法师等对准旧僧的堡垒投了一颗炸弹——闹金山。可是佛教会早就“变相”，并且交结权贵，根深蒂固。他们失败，太虚则消声匿迹，在浙江普陀山闭关三年。印光法师对我说：他在关房里写了许多改革僧制的计划，《整理僧伽制度论》也是那时写的。他的天分本来很高，文字也相当动人，出了关，时事又许可他“继续努力”，才有《海潮音》佛学杂志出世，开展新僧运动的广大宣传。武昌佛学院、闽南佛学院以及汉藏教理院等等都是在这种宣传下面建立起来的，而武昌佛学院则是新僧的黄埔。

比武昌佛学院的建立稍前，欧阳竟无先生扩充佛学研究会而成支那内学院。沈子培、章太炎、陈三立、叶恭绰、梁启超等皆是热心赞助之人。登高一呼，众山悉应，接着就有法相大学出现。蒋维乔、梁启超都去听讲，其盛可知。至于开办法相大学的目的，一般人总以为不过整理教理而已，其实小看了他们。他们想把法相大学逐年毕业的学生，调和在整个教育界中，佛化全国。民国十六年（1927年），国府奠都南京，法相大学校址以地当冲要被收买，一切计划，就此停顿。而内学院的同门如汤用彤、景昌极、熊十力、缪凤林、蒙文通、盛成中等，都是大学教授，对于佛化的推进，当然还是很有关系。

太虚法师的计划也很伟大，他自己说：“统率无方，实行不足”，所以有许多事业，没有经过必要的阶段而躐等以进；和文化界也失去学术上的联系，影响到干部的健全，阻滞了发展的进程。从前新旧僧之争，曾经闹得烈烈轰轰，像煞有介事，结果逐渐消沉，以至于新旧僧同流合污。民国二十年左右，已经不大听到新的论调，抗战以后，似乎又有点起色。不过如芝峰、大醒、法舫、法尊、竺摩、印顺诸师，在学问和事业上，都是很有办法的。新僧运动终于要在他们手里成功。

推波助澜

“抗战烽火”烧着“拖地的眉毛”，东战场上僧侣救护队的劳绩是不可磨灭的，新僧所为也，谁也不能否认是新僧的一大进步。停顿、解散，不是他们的过失，没有做到的地方，我们替他补上了。

去年南昌失守之后，整个湖南震荡着，连我在南岳福严寺讲学的华严研究社也起了骚动。我们以为佛不许可侵略，所以鼓励抗战；佛教徒是应该参加阻灭侵略的抗战阵线的；同时对于民众的动员，佛教徒也可以为国家民族尽一点力。所以××干部训练班的政治部主任陈石经军长帮助我们组织佛教青年服务团，并且关切地指出我们应该做的工作：

第一，用佛教反侵略的理论，对大部分信佛的日寇努力宣传，使他们知道宗教上所指示的侵略的恶果，而厌战反战。

第二，联合世界佛教徒及各宗教徒，在精神和物质方面，作反侵略的总动员。

第三，利用广大群众，对于佛菩萨的信仰，说明佛菩萨也要他们起来保护祖国，以坚定其抗战的决心。

第四，打破日寇在南方佛教国如缅甸、暹罗、锡兰、安南等处所作征服中国就是挽救佛教的歪曲宣传。

第五，要严密地把各地佛教徒组织起来，拉到抗战的阵线里去。

第六，要以纯正的佛理，洗涤佛教界内一般不正确的理论与组织。

佛教青年服务团，就在这几个工作目标之下，取得第×战区政治部的补助而成立。我们的同志——大定、光宗、澄源、洗尘、明恒、明悟、理妙、西岸、洁矩、遍济、焕文、法奘，……——都认为参加抗战，是佛教救世精神具体的表现，同时也就是宣传佛教的绝好时机，所以大家很兴奋，不怕吃苦。

在南岳，我们策动南岳佛道救难协会的成立，集中南岳全山壮丁年龄内的僧道训练一月，结业后，他们组织流动工作团，由暮笳法师率领，出发衡阳、湘潭一带工作，很得到各界的好评。至今衡阳湘潭的墙壁上，还可以看见“当汉奸的生受国法，死堕地狱”等一类佛化巨型标语，严肃地教训着来往的人们。

“七·七”二周年纪念，我们奉令到长沙工作，在省动员委员会，《国民日报》的招待席上，任启珊先生希望我们领导长沙僧尼精神动员，举行国民公约宣誓。我们都诚恳地接受了，当时我曾说：希望省动会能够领导长沙市内各宗教徒联合起来，组织反侵略同盟，响应国际反侵略大会。他们都以为是。后来我和长沙基督教育年会的张以藩、李振声商量，也很赞成，九政主任胡越并且督促过他们。湘北会战前夕的紧张，粉碎了我们的一切计划，可恨日本强盗！

长沙各界青年献心会，也是我们和长沙青年会、省动员委员会、青年记者学会、妇女工作委员会、伤兵之友社等十几个青年团体配合着举行的。此外如劳军，出壁报，假阵中日报副刊地位出佛青特刊，参加各种纪念会，讨汪大会，征募寒衣运动等，都是关于扩大影响一方面的工作。

本位工作则除帮助长沙市县佛教会，调查长沙市县最近僧尼人数及庙产外，还和他们联合组织长沙佛教青年战时训练委员会，筹办僧伽训练班，报名投考者五十余人，定于9月30日开学。湘北紧张，不得已而解散，损失一两千元，佛青团也随之幻灭。

检讨到马丁路德

一提起新佛教运动，常常会想到马丁路德。他窥见贵族之私、发表告日曼贵族辞，(An Address to the German nobility）力斥宗教捐税之苛，又谓废弃朝拜圣地的习惯并诸节期之后，可使实业繁盛，而贵族得坐收其利。贵族如Ulrich Von Hutten之流，才帮助他摆脱旧教的谋害而为所欲为，这样才有新教出现。引起农民革命，出于他意料之外，贵族又岂能放过他，他的造成严重的错误[7]，真可以说：“赵孟之所贵，赵孟能贱之”。桑戴克（Lynn Thorndike）说：“基督教改革，非通俗运动，且未容成通俗运动。……基督教改革中，民力，经济上，或社会上，政治上所得极微，而废除瞻仰圣地习惯，取消各种基督教团体，及减少节期等事，反使民众失旧日及时行乐之美俗。……基督教改革后，文化益与宗教分离，而教会不复为文化领袖”[8]。这是很可以做新佛教运动之借镜与警惕的。

现在，是全面抗战，全民动员的时候，新佛教运动的同志前面，只有一个敌人——吮吸人类血液的日本恶魔。后面，是敌忾同仇的广大民众。除掉联合广大民众，一致降魔克敌之外，不用发表什么“辞”，自然不会引起什么意外而助纣为虐。这才是我佛慈悲平等的宗旨。对于民众经济上，或社会上政治上的所得如何，现在还不敢说，通俗两个字是可以做到的。既能做到通俗，或者就不会与文化分离；纵不为文化领袖，亦不失为策动社会进化有力的一员。

杨仁山先生的苦心孤诣，不用我们有所置喙。时代没有要他做别的工作，刻经、讲学、著书，奠定了新佛教运动的基业，对于文化上的贡献，是难以估价的。何况欧阳竟无先生能够继续他的理想，不断奋斗渐抵于成功——精刻全藏。太虚法师也还能不背师说，另辟门庭。

欧阳先生说：主持佛教，全靠出家比丘，居士们只能从旁辅助。法相大学停办之后，他想买西方寺给内学院的僧众同学组织模范丛林，后来又想向陈铭枢要南京麒麟门外的空地，建设一个小规模的僧园。“因缘不顺”，都没有成功。我们由此窥见欧阳先生护法的愿望，并不止于一般人所知道的考订章疏而已。“七·七”前他编印过《词品甲》，《四书读》，翻刻过《心史》，都是激扬民气、鼓励抗战的作品。日华佛教研究会的日本和尚，几次要求见面、参观，都被严词拒绝，这在佛教界可以说是空前盛事，值得钦佩的。但是宏传的方法，不甚通俗，有时且失之呆板，所以影响不很大。

太虚法师此次率领国际佛教访问团出国工作，这是他的一大进步，对于他计划中的事业，当然很有帮助。不过他是比较偏于文艺性的人，又天生是宣传家的性格，当真要他做事，非有热心护法、头脑清晰的中坚人物帮他不可。所以我希望他能够先把他的部下调整一下，同时更能解除居士们的包围，新僧运动才有办法。否则需要兑现的现实终归会使他苦闷的。我祝福他康健！期待他成功！

前几年，上海出现了菩提学会的组织，是汤芗铭之辈发起的，班禅大师坐第一把交椅。听说计划很大，也想从而改革全国佛教。我不大清楚其中内容，姑引逸士先生《请益菩提学会》一文以作参考：

菩提学会，比来曾陆续以缘起简章征求发起人，暨一次二次之筹备会议录，播扬报章。吾人考阅之下，不能无疑于斯会。考斯会以翻译、传授、受学、讲辩、修持、编辑、流通藏文经法为筹备事业。然此诸事，南京支那内学院首曾翻译流通藏文之《唯识三十论》，及在翻译中之《现观庄严论》等；次之则有康藏学法团大勇、法尊、超一等所译之《菩提道次第》，及《菩萨戒摄颂》等多种。而专从事西藏经法之学者，先有大勇等在北京之佛教藏文学院，次有赴康入藏之学法团三四十人。近年又有太虚等办于四川之汉藏教理院。皆为举办此等事业已著成绩之先进。而斯会对之毫无表述，并闻所将从事翻译者，亦仅为菩提道等。乃张提其事，既分途四出，召集人材，并呈请设立译场，拨助经费。掩人之美，掠人之功，上欺政府，下罔人民。此于斯会之事业不能无疑者一。按斯会征求发起人启，首云屡承班禅大师提倡，同仁莫不欣从。尝质班禅左右，则班禅实出于应酬，故不无假借招摇之嫌。进察之，所谓筹备委员之主席主任等名单，于西藏学者之法尊、超一、大刚等，南北素著之欧阳渐、吕澂、王弘愿、韩德清、胡子笏、范古农等，及僧中负时望之印光、太虚、兴慈、仁山、常惺、持松等均不邀与，而以圆瑛为副主席。其不重人材，不求实际，惟以声气号召，别有企图，此于斯会人选不能无疑者二。……

至于许多寺庙里面私立的佛学院，如：天宁寺学戒堂、超岸寺佛学院、竹林佛学院之类，都是临时抵制外界压迫的护身符，既没有别的目标，也不愿意想办法。招几个失学的小和尚教教如是我闻，诗云：子曰，对于佛教有什么好处。必然的，他们将与菩提学会一样，在时代高潮的冲激之下，没落，沦亡，而存下的只有朝气蓬勃、活泼泼的新佛教运动。马丁路德还不够做我们的模范，我们要揭示佛陀牺牲无我的精神，外抗强敌，内化民贼，从自力更生的中华民族领土里，完成世界大同的最高理想，建设人间的极乐世界。前进的佛教同仁，团结起来！

前　路

现在要讨论到如何完成新佛教运动了。第一：新佛教运动要和全面抗战、全民动员的阵容配合着，普遍发动佛教同仁参加实际工作，这对于国家、民族贡献之大，上面已经说过不必再提。同时由于工作的陶冶，经验的鞭策，可以将佛教界内一般不正确的观念纠正过来，改少新佛教运动前途的纠纷；从而能够训练出一批新的干部，渗入佛教团体的各个部门，为新佛教运动工作，也不是做不到。

办法：根据去年在湖南工作的经验，需要组织一个像“中国回教徒救国后援会”、“中国基督教徒抗战后援会”之类的、全国性质的佛教徒抗战团体。有了这，各地工作的步伐，才能一致，才能密切联系，就是向国内外呼吁募款也容易有办法；而热心奔走的志士仁人，才不会引起顽固派的惊惧、歧视，以至于被攻击毁谤。不过佛教界内死气沉沉已久，各自为政则自古已然，单靠几个大德的提倡、宣传，不会有什么作用的。譬如：“湖南佛教徒抗敌后援会”假定没有胡越策动、赵恒惕发起，单靠我奔走呼号，恐怕连筹备会的影子也看不见。所以我诚挚地、热切地期望着党政当局，注意佛教问题，注意新佛教运动在抗战，建国乃至学术文化上所可以发挥的力量。

有了全国性质的佛教徒抗战团体，各省各县，都可以依法组织起来。据统计，全国出家僧尼约百余万，各大小庙的财力，也并不能算贫乏。就单办救护一项吧，至少可以供给一两个战区的需要，何况精神动员的意义，比这还大得多呢？

第二：整理僧制。目前的僧制，非但违反唐代的办法，亦且非佛所许可。其招致全社会的非难，真是理所当然。太虚法师的整理僧伽制度论，是前二十几年的东西，有许多议论失了时代价值，须要修改。我以为整理僧制，应该确定两个目标：一、生产化；二、学术化。

生产化是僧徒各尽所能，生活自给。绝对避免土劣式的收租放债和买卖式的迷信营业。效法马祖、百丈的自耕自食，或 San Dona to Frale Torri 寺院的从事手工业，是最妥当的办法。这样，做和尚并不是一种职业，而也能参加劳动生产。对于社会经济，关系最大，增加一般僧徒的健康，犹其余事。写到此地，我觉得目前一般僧徒之几乎完全无知无识，原因是在懒；懒则由于身体之不健康，吃现成饭有以致之。生产化增加了僧界的健康，把懒的魔鬼从佛教界里驱逐出去，则一切才有办法。

学术化则恢复原始僧伽制度，使每一个庙都造成学术团体，而每一个和尚都是文化人。玄奘法师在印度学法的那烂陀寺，六朝慧远法师所组织的东林寺，都是这种办法。所以当时的佛教，能够领袖文坛，而慧远法师的师傅，被崇拜着，有“学不师安，义不经难”之语。

跟着第一个目标来的工作是全国庙产的统制，跟着第二个目标的工作是全国僧尼的淘汰。这与抗战建国的前途，关系非常重大。新佛教运动要在这里替佛教、替国家民族打开一条路出来。详细办法，非此所能尽。

第三：整理教理。关于教理的整理，有许多人想做、在做，大都是考证方面的。我觉得至目前为止，佛教界内各种著作，都还没有和当前的问题衔接。也就是说，没有能够用纯正的佛理，明确地、简单地，替人类解答科学上、哲学上，以及社会政治上的许多问题。这就需要新佛教运动者，在“体验佛理”、服务人群之外，对于世界上的一切学问，都要有深切的了解才行。我在湖南工作停顿之后，筹备出国研究者在此。可是事情太大问题太多，决不是一个人一生一世所能做得到，所以目前最紧要的，是找一个新佛教运动的据点。有了据点，才能集中人材，分工合作。

至于全部藏经的整理，内学院现正筹雕精刻全藏，其成就当在大正新修《大藏经》之上，希望各界帮助他。此外如西藏、锡兰、暹罗、缅甸等处佛教的研究与翻译，印度佛教史迹的调查，也有人在孜孜从事。而佛教内各个问题的穷源竟流，如：戒律的系统研究，小乘各部本末义的研究，大乘各宗义理与史实的研究，中国佛教史研究，都还没有可以大书特书的成绩。贫乏的中国佛教界，有待于新佛教运动来开垦的肥硕的田园呀！

话又要讲到广西省佛教会。他，虽然只有短短的一年多历史、三百多会员，似乎够不上做新佛教运动的根据地。可是由于他本身的没有阻力，党政界的开明，加上文化界的热烈同情，我们想在这里建立新佛教运动的基址。目前，假定能够找到会址的话，马上可以集合一部分去年在湖南参加工作的青年同志，来完成“佛青”、“佛救”、“佛抗”未完成的工作。同时想应用生产化、学术化的原则，组织一个实验丛林，为全国佛教界之倡。其余的工作，就可借之逐渐推进。但愿各界人士指导帮助我们!

编者按：本文略有删节

（原载《狮子吼月刊》1940年第1卷第1期）

附注：

(1)《墨子公输篇》

(2) 林语堂：《吾国与吾民》

(3) 柳论征：《中国文化史》

(4)《亚洲内幕》第24章

(5) The great French master´s essay on the religion of the Buddha in his life and letter

(6)《意大利社会经济史》

(7) Katharine K.Green Martin Luther

(8)《世界文化史》

新佛教运动与抗战建国

抗战差不多四年，成千成万个头颅所换来的代价，我以为比增高国际地位等等更宝贵，更重要的是：民族自信心的增进。有了民族自信心，才有中心文化；有了中心文化，政治才会上轨道；政治上了轨道，抗战建国的大业才能完成。那末新佛教运动上又有什么关系？不妨先从增强民族自信心说起。

菲希德（J·G·fichte）说：忠爱祖国为全民族争自由是一种神圣的宗教生活，民族不是建筑在经济的或政治的基础上，而是建筑在道德与宗教的基础上。这在贺自昭先生所谓学术空气浅薄忘本的目前或者会有人眨眨眼冷笑地报以一嗤，但是我们替菲希德先生找得出很多证据。

研究英国史的学者告诉我们，克伦威尔（Oliver Cromwell）所贡献于英国的，不是1628年到1658年的共和政府，而是在这个政府下面所采行的保护清教徒（Puritan）的政策。克氏自信是上帝命他领导英吉利民族，跑上新时代的“先知”，把英吉利民族当成世界上最优美的民族，乃是他的责任。《圣经》是他的法律，圣诗和圣史是他的精神基础，在他的眼中，只有英国才算是真正新教的国家，她负着神的使命，应把新教宣传于世界，所以不惜任何牺牲，征服了反对新教的爱尔兰和西班牙，给英吉利民族以深刻而恒久的影响。

威尔哈昂（Wildhagen）说英吉利民族的优越性是坚强、精勤、自治、团结和重纪律，都是清教之所养成，也就是英人用以统治全球四分之一的土地与人口的精神工具，所以英国人总以为英国的一切都是世界上最好的。有了这宝贵的民族自信心，谁也不能否认——尤其在希特勒不取跨海西征的最近——她还不会像法人希佛非（Siegfried）所推论期望的崩溃就在眼前。

日本地小人少，本身没有文化，其能跻于强国之列，又居然胆敢侵略我拥有四万万五千万人口的大中华民族，事实告诉我们不是偶然的。戴季陶说：欧洲和美国势力的压迫，只是成为日本动摇的原因，成为引起革命的原因（明治维新）。而其革命所以能在短期内成功，则完全是历史所养成的种种能力的表现，而决不是从外面输入去的。所以日本人往往喜欢把“日本化”，“大和魂”几个字，放在脑筋里。蒋百里也说：“日本人以为另有欧洲人所没有的内在精神，所设大和魂这个东西。据我看来，Yjtz论美学，尝说到忘我的境界，这种容易导入于忘我境界的性格，怕就是大和魂的真谛，而这刹那间的异常境界，是从佛教禅宗里所谓悟、所谓空而来的。”这种大和魂寄托在武士身上，就是所谓武士道，在日本历史上，武士道精神之表现得最光荣的要算镇仓武士抵抗元世祖的跨海东征，而实养成于当时的“武家禅”，这在《兴禅护国论》等书中又叙述得非常详细，不能抹煞。其后一山一宁禅师奉了忽必烈的命令，东渡谕降，又引起了“公家禅”的继起，规定武家禅法的三议一统，也是根据了禅宗的百丈清规做的，日本的能够立国，能够强盛，可以说是完全出于政治情感与宗教思想的结合。菲希德的格言，我们还能忽视吗？

佛教慈悲平等的宗旨，牺牲向上的行为，和儒家的忠恕之道深相吻合，且流传至今而又深入民间。中华民族的所以能够屡仆屡起，岿然独存，佛教的确也是一个决定的因素。我们只看明末清初那些忠臣义士如金堡、赵明扬、钱邦芑、方以智、熊开元、朱若极……等，为什么失败之后，一个个都削发出家，不事新朝，就可想见。那末谁又能够否认这次神圣抗战的内在原因，何尝没有佛教的动力呢？

目前，固然佛教的哲学思想已被后起的宗教形式所掩，在民间和许地山所谓侥幸心与气数思想的迷信结着不解缘，在佛教界内也都是些宿命论者与“信仰上胡乱崇拜”者。这对于民族性当然没有好处，新佛教运动正想针对着这一个流弊，提出佛教“彻底做人”的信条而与以纠正。因为在“彻底做人”的信条下面，信佛的人，无论在精神方面，物质方面，只有依着真理的准绳，范围自己，有一分苟且假借的企图，有一桩不可以告人的暧昧，都不能算是佛的弟子。所以真正的佛教徒，气象是轩昂磊落的，态度是坦白慈祥的，言论是明敏深刻的。他们不求依傍，不计利害，生活在天机活泼的真理之海里，满面孔是赤热的真情，“但行好事，不问前程”，自然是忠孝仁爱、信义和平、彻底破除迷信的实行者。我们如果再拿《高僧传》、《居士传》翻一翻，古往今来有几个佛教大德不是顶天立地的硬汉？王安石说：“儒门淡薄，收拾不住英雄，孟子以后乃皆投入佛门。”新佛教运动与中华民族性的关系，或者也可以从他这一段话想象而得。

在未谈中心文化以前，我先要问什么是文化的中心？也就是问文化从什么地方产生的？现在有许多人都异口同声的说：文化是物质的反映。我的回答是“唯唯否否。”假定文化真不过是物质的反映的话，那我们很不配来讨论文化问题，因为有物质在负责。但是物质本身并没有要我们这样那样做，要我们这样那样做的是人，人不就是经济，不光是机械式的细胞，神经也是活生生的，整个的。有了人，才能所谓社会国家，文化武化（不妨这么说吧），所以文化的中心是人，人才是文化的中心。

人既然是文化的中心，讨论一般文化问题，当然要以人为出发，先决条件是：什么是人？怎样做人？打开一部文化史，可以数得出历史上的许多问题、争端，大都起于人的解释与做人的方式之不同。——当然有的时候，尤其是混乱的时候，在表面上并不显明。——儒家是专门讨论这两个问题的，研究中国哲学的学者，都一致承认儒家是人为主义者，注重伦理道德的实践。佛教呢？也是从人生出发，释迦牟尼的舍位出家，完全为的是想解除人生的苦痛而进求自在解脱，所以他的宇宙论也是拿人生问题做中心的。什么业感缘起，什么诸行无常和孟子的万物皆备于我，《论语》的逝者如斯，都可以沟通得起。佛教在中国流传到一两千年，始终与儒家并道而驰，照这样看来，与其说是“极合中国人的嗜好”，还不如说因为与孔孟哲学基础点相同之故。那末根据了人为文化中心的原则，儒佛两家的思想，或者可以算中心文化的核心了吧？

在西洋，粗朴的原子论者如泰勒士（Thales）、赫拉克里特（Heractius）、德谟克里特（Domocritus）等开了哲学之端，继起的才是苏格拉底、柏拉图和亚里斯多德，他们的哲学思想，恰巧也是从自然转向到人生，所以经得住二千多年的推敲，而还有其不可磨灭的地方。

诚然，极端注重了怎样做人，会忘掉和自然界奋斗而使社会进化停顿，但并不是不可以补救。不过据秋泽修二（《西洋哲学史》、《东方哲学史》的日本作者）的信口开河，任意抹煞，只是暴露了像他那样投降法西斯军阀之无人性，根本够不上谈补救。要谈补救，需要对于中心文化先有认识。新佛教运动或者在此也可以少尽一点绵力。

要使政治上轨道，黄旭初先生的干部政策是非常正确的。孔子说：“其人存，则其政举，其人亡，则其政息。”曾国藩说：“中兴在于得人，除得人以外，无一事可恃。”所以又有人说“干部决定一切，先决条件则是怎样决定干部。”

怎样决定干部呢？以内心的改造为唯一途径。否则法令机关，都可以变成作奸犯科的工具，政府真也不过是舞台而已。其实此次国难的近因，固然是日本军阀的罪恶，讲到远因，则国人道德之堕落实有以招致之。二三十年来，新的浅薄无聊，旧的乌烟瘴气，整个民族道德，落地无余，直到现在社会的那一面还只看到自私自利的伸张。国父的主张精神教育，总裁的提倡精神总动员确是玉律金科，对症良药。

但是要精神振作，不是靠几篇宣言、几句口号可以收效的。丰子恺说：“世间相逢不知老的人毕竟太多，因此这些话（佛教人生无常的话）都成了空话。现在宗教的衰颓，其原因大概在此。现在缺乏慷慨的、忍苦的、慈悲的、舍身的行为，其原因恐怕也在于此。”这话很对，所以新佛教运动对于改造道德，使干部健全，政治上轨道，也有其实际的作用，至于所谓“仓廪实而知礼节，衣食足而知荣辱”，那是为大众着想，我们也不否认。

照上面讲起来，新佛教运动对于增强民族自信心，对于中心文化，对于决定干部使政治上轨道，则有其不能漠视的作用，可以说毫无问题，问题是在于怎样使新佛教运动坚强起来。讲到这，真叫我有点茫然！佛教界内积弊重重，一部分人则不以为非，还不想积极改进。干部的决定，惟待僧青年们自家的奋斗，而事实上是非常艰苦的。但不如此，又何必要佛教！僧青年们！坚强起来，向着抗战建国的大道迈进！

（原载《狮子吼月刊》1941 年第 1 卷第 3、4 期合刊）

怎样处置庙产

贵州省提充庙产的风潮刚刚平息，湖南的提产风潮又高涨起来。7月20日左右，单只祁阳一县，就有三十几个小庙遭殃。求情请愿，正有人在奔走，我想，在目前的湖南，或者不会比贵州更严重，当家师们还可以抱着租谷再睡几觉。

以后呢？丰富的庙产，纵使没有人觊觎，也终归是一个相当严重的社会问题，当家师们决不能常抱租谷以终古。但是问题的怎样彻底解决，还在于佛教当局。

目前，大部分和尚们都还迷信着"有庙产才有佛教"的符咒，谁主张合法处置庙产，谁就是破坏佛教的罪魁。不瞒读者诸君说，去年7月19日，我因为愤于苦心缔造的"湖南佛道教徒抗敌后援会"不能实现，在衡阳《大刚报》发表了贵州省提庙产的消息，想借以刺激湖南佛教徒起而实际工作，那里晓得刺激起来了，他们并不向着我所悬拟的目标前进，受了一两个人的愚弄，都以为我捏造了那个消息，发狂似地向着我冲。不是我跑得快，听说他们要用极残酷的手段对付我。所以我们如果不要解决佛教问题则已，如果要解决佛教问题，应该先从庙产着手。

二十二年（1933年）我在汉藏教理院教书的时候，有许多学生是因为刘文辉在川西提充了庙产才跑出来求学的，有几个因此成就了学业。要不然，他们还不是在小庙里装装香，点点蜡烛，一辈子过着庙祝的生活。刘文辉何负于佛？诚然，这种论断嫌于过激，但是请你仔细调查一下，大凡拥有庙产的和尚们，有几个不是吃吃困困，"逸居无教"的。庙产养成了和尚们的堕性，不长进，以至于使整个佛教界混沌昏乱。再不合理处置，佛教也只有跟着和尚们背时。

佛在世时没有庙产，并且还禁止有庙产。马祖、百丈为校正当时已经很成问题的、依赖布施过活的陋习而提倡躬耕自给，所以从他们门下出来的没有一个不生龙活虎。但是人家要问：学马祖百丈的躬耕自给总要有地可耕才行呀。既有可耕之地，就是庙产，可见庙产不一定是祸根。这是对的，所以处置必须合理。

不过我觉得要和尚们自动的、起而效法百丈的"一日不作，一日不食"，事实上决不可能。外界的压迫，政府的摧残，才是促进合理处置的"逆增上缘"，并且还有滤清的作用。佛教负责当局，应该利用这个动力，把庙产统制到手里，然后才谈得上改革僧制。否则由你高唱入云，他们还不是充耳不闻，尽睡死觉。

一谈到统制，自然有许多麻烦，甚而至于会引起激烈的斗争，那是避免不了的，大可不必顾虑。只要佛教行政机构本身是健全的，一切总可以想得出办法。最紧要的是求得一般僧众的了解，和争取广大僧青年群的动员。宣传与组织当然是需要有计划地进行的，训练干部更是唯一的武器。老实讲，佛教界内的情形比起一般社团来，要简单得多，有了干部，再能够巧妙地应用宣传与组织的成果，还有什么问题不能解决。

就寺庙附近的山或地开辟农林场，勿使有一寸土荒废，其余的租谷，除掉够僧众们吃用的以外，统统汇合起来举办大规模的慈善事业和佛教事业，什么佛教工厂，佛教医院，佛教教养院，佛教大学，佛教……都可以建立得起，尽量的把全国僧尼各尽所能地吸纳进去，教他们，使他们个个成为生产者或学者，这才算是佛教改革初步的成功。以后就很容易详细确定彻底改革的方案了。然而先要从统制庙产着手，不然纸上谈兵，一千年也是秀才造反。过去新佛教运动闹了二三十年没有成功者，就因为没有抓到这个枢纽。现在，环境驱使我们走这条路，“天予匆取，必受其祸”，各省佛教当局其有意乎？

（原载《狮子吼月刊》1941 年第 1 卷第 8、9、10 期合刊）

佛教当前的一个严重问题

从前，黄茂林和邱晞明居士，对于佛法都有深切的认识与信仰，都想出家，但是都不愿意在中国寺庙里削发。因为中国寺庙里的情形太使他们失望，“熏犹不同器而藏”，“君子恶居下流”，所以黄茂林毕竟到了锡兰，邱晞明始终怀念着南方佛教国。他们虽都未遂所愿而死，而使他们不能披上法服，为众生福田的是我们这几十万僧伽。

满智法师没有还俗以前，我因朝峨眉山经过嘉定碰着他，他同我诉说许多和尚们的无聊与可耻，所以他不想再做和尚，后来他居然还俗，未一年而死。最近我知道××法师也还了俗，他是我所敬佩的一个，诗文清丽，并且又是厦门大学毕业生。他的出家，不是偶然的，还俗当然亦非无故。我耽心还有许多法师要步××法师之后尘而脱却袈裟。那整个佛教界会变成狂风暴雨的深夜，看不见一星星光明，佛法会从此灭亡，人类的慧命也从此而断！

大概是僧伽分子太杂，一般知识水准过于低的关系，“语言无味，面目可憎”，自然和上层社会不能取得联系，永远得不到见识。又因为生活的驱使，逼得他们不得不趋于顽劣，做尽许多佛法所不容许的事情，嫉妒障碍，分党分派，固然也含有争夺饭碗的因素，一方面则因为和尚们大都气量狭小，不顾大局，要他们“珍惜人材”是不可能的，你说有知识的怎么能在丛林安身立命，黄、邱两居士怎肯在中国出家。

僧青年们，我们既然皈佛出家，对于这些事实当然要认识清楚，但不要灰心。苏格拉底说：有了知识，才有道德。我们不要再相信那许多“达摩西来一字无”的鬼话（达摩明明有几卷《楞伽印心》），赶紧庄严我们的知识堡垒，然后联合起来，用铁的意志，来打开、来洗涤这龌龊的牢笼。我们要做佛陀的孝子贤孙，就得做那班狮子虫的叛逆门徒。

（原载《狮子吼月刊》1941 年第 1 卷第 5、6、7 期合刊）

重申立场

在佛教界内流行着这么一句话——“若要佛与法，除非僧赞僧”。就是说，不管大和尚的荒淫无道也好，小和尚的蠢如鹿豕也好，对人家说起来，总是“神通广大，法力无边”。这简直是骗鬼，其弊又甚于讳疾忌医。

没有自我批评的勇气，就没有改正过错的机会，昏天黑地，麻木不仁，“遂使志士贤人，抚膺短气，奸猾机巧，逍遥自得。”曾国藩最痛恨这一种风气：文王之必杀华士，孔子之必杀少正卯，何尚过火，当然更不是嫉忌。

佛法重皈依，依法不依人，依智不依识，依了义不依不了义，依义不依文，明明白白要人们辨认是非，识别邪正。所以佛一出世，开口就是外道邪魔破个不了；而后来的经师们的著述，总是破邪显正，并行着如车之两轮。唐宋之间的许多大禅师，风骨最高的大都“不轻许可”，更时时指斥诸方；当时一般没有骨节的人，几乎只敢关着大门自个儿称孤道寡，要不然，便下不得台。佛法则确实是兴的。

新佛教运动其实也和新生活运动一样，带一点继古的色彩，所以除了恢复“生产化、学术化”的古代僧制以外，还要发挥“四依”的精神。我们要严严密密、确确实实地把佛教界内的黑暗面，大胆地向全社会揭露，使那些播弄黑暗者不能再在慈悲向善的幕后藏形。他们不洗心涤虑，重行作人，便只有灭亡。

曾国藩又说：“乱世之所以弥乱者，第一在黑白混淆，第二在君子愈让，小人愈妄。”这是拨乱反正的玉律金科。我们面对着这个乌烟瘴气的局面，何敢妄自菲薄？否则又何必取名为《狮子吼》。

至于真正的大德与护法长者，如印光法师、弘一法师、太虚法师、欧阳竟无居士等，我们正要用一百二十分的真诚热烈，拥护赞扬，举榜样给大家看，给大家学。这是我们的立场。

（原载《狮子吼月刊》1942年第1卷第2期，署名古徽）

所期望于佛教整理委员会者

一、在佛教界内所争论的佛教问题，其实还没有真正关涉到佛教的本身，不过是僧徒的吃饭问题而已。长老们要维持他们传统的地位，不得不顽固地和环境争斗，而那班还没有掌握到寺庙财权的僧徒，流荡在全国各地，各显身手以谋食谋衣，常常会发生尖锐的竞夺，再加上一班吃教的人的掀波作浪，所谓佛教问题乃日形复杂而没有办法可以解决。在这里我希望佛教整理会不要站在半空里发号施令，更不要忽略了经济机构，而再在那些穷而无告没奈何出家、出了家又不能随佛学的人脚镣手拷上重钉一道箍。

二、过去的各级佛教会不过是替几个人张目，并没有为一班呷臭菜汤，睏广单的“禅和子”与“经忏鬼子”，以及其余等等色色的人打算，所以始终不能在佛教界内起作用，反而引起了个人的权利名位之争，使佛教现象益形退化。因此我希望佛教会对于这八十多万僧尼有一个全盘打算，而主持佛教会的人也真要有舍身为法的慈悲心肠。否则覆辙重蹈，只有眼睁睁看着佛教灭亡。

三、佛教之所以衰落由于没有人，要整理佛教当然还是人；人的培植在于教育，过去的僧教育，真要严格说起来是够不上称为教育的。招几个略识之无的人互相咀嚼一下，诗云子曰，如是我闻，三年一毕业，就算学业圆满，法海无边，实际上则是盲盲相引，连天高地厚也不晓得，出路问题，更谈不到。所以我觉得就把过去各佛学院毕业的法师们，全部充实到佛整会里去还是不够的。事实上需要真正的人才，真正的干部。那就希望佛整会先能统制各省僧教育，而后施行合理的循序的教管。等到金毛踞地，咆哮起来，当然狐兔藏形。我个人感觉到，在目前，佛教会顶多只能做到这一层，但是非常重要，主持佛整会的大德们，请纳鄙言！

四、全国各界，正在争着献机，连囚系监狱里的犯人，也募献在监人号。佛教界则一点声息没有，大概有的还在忙着替菩萨装金、开光，难道不能分一点力替国家用用吗？全国八十万僧尼，只要每人出一块钱，就可以买一架驱逐机，何况产业丰富的寺庙也还并不算少。所以最后我希望佛教整理委员会赶紧发动全国僧尼募献“佛教号”飞机，把佛教大雄无畏的精神，用事实表现出来，否则僧尼们成日价要人慈悲布施，自家隔岸观火，一毛不拔，还有什么整理之可言。献机！献机！

（原载《狮子吼月刊》1941年第1卷第3、4合期）

拥护佛教整理委员会

提起来真要使人恼怒。佛教的现象破败零落到如此程度，居然还会有人公然反对新佛教运动。他们说，在深山当中盘起腿子，闭起眼睛打打坐，自会有人送供养，用不着宣传教理，提倡生产。打坐得到了神通，什么飞机大炮，都不奈他何，更用不着参加抗建阵线。所以总持新佛教运动的佛教整理委员会对于他们好像是眼中之钉，一定要极力破坏。据重庆来信，佛教整理委员会之所以到如今还没有实行工作者，为此。

那班人，本来是没落的军阀和官僚，虽然跨进了佛门，并不想对于佛理用一番细密的工夫，道听途说，又加上神奇古怪的传承，简直失去了理智，因此和佛教界的一般所谓死硬派很相得。而到目前为止，全国各寺庙的财产权还完全掌握在他们手中。抗战以前的佛教会就是这一般人的大本营，现在虽然做了交代，心底里自然不肯白白的丢手，其必极力破坏佛教整理委员会也，理有固然。

但是我们听说主持佛教整理委员会的人因此很悲观，很消极，那大可不必。假定真为此挫折而马上收场，未免太对不住人们的期望了。别的鼓励的话，似乎用不着多讲。我们只希望在重庆、成都的僧青年们，首先站出来做佛教整理委员会的后盾，倘有缓急，不惜赴汤蹈火而为之。这样，主持佛教整理委员会的人，自然气势壮盛起来，愿意为佛教分忧，法务前途，才有一线希望。

我们对于佛教整理委员会进行到如何程度，死硬派破坏到何种地步，都不十分清楚，很难为四川的僧青年们提出一个很适当的具体方案，不过我们想，组织一个促进会性质的临时团体是可以的。有了这个团体，可以把全国的僧青年联合起来，为佛教整理委员会作广大的宣传和吸收干部，必要的时候还可以向政府当局请愿，或对死硬派示威。对于佛教整理委员会的法务进行，无疑的有莫大的帮助。宁波没有沦陷前之亦幻法师来信也讨论到这一层，他并且说：用促进会的名义，可以容摄各方面的人材，比什么私人徒众的集团妥当得多，——没有封建思想的影响。

我们又听说，四川有许多可以有为的长老，不大愿意帮助佛教整理委员会。原因，据闻不是受了那班没落的军阀与官僚的挑拨，就是地方观念在作怪。对此，我们只有坦白的劝四川的长老们赶紧改变态度。因为佛教整理委员会要在重庆开展工作，而四川的人首先表示不合作，情形有点近于滑稽，结果，佛教整理委员会固然会因拆台而烟消云散，四川的佛教也不见得会占到什么便宜。

不过据我们猜想，那班没落的军阀和官僚，固然工于挑拨离间，造谣生事，四川的长老们就居然听信他们的话，忘掉佛教前途的兴衰，站到他们那一面去，帮着他们捣自家的乱，这种人，丧心病狂到无以复加，恐怕就有也不多。

至于地方观念，在佛教界内的确是存在着的，有时还冲突得很利害。不过现在是教难甚于国难，救国尤须救教的时候，一切的一切，何必看得太狭，应该牺牲的地方就牺牲点吧，横竖人家完全是为了佛教。四川之大，明眼人之多，我们想或者不会有什么消除不了的畛域。在这当中，我们恳切的希望四川省佛教会的负责人，多多向两方面疏通，解除隔阂，使他们的意见，逐渐接近而融洽起来。佛教整理委员会才能够有健全充实的希望。佛教整理委员会既能健全充实，什么谣言谰语，暗害中伤，自然瓦解冰消，外加上僧青年们的集团拥护，还用得着替佛教整理委员会发愁吗？到那时候，有了实际成绩的表现，就算是最顽固的反对派吧，恐怕也将因良心的激发而表示赞成。

总之，当令而言振兴佛教，非有佛教整理委员会不可。拥护人家就是拥护自己，决没有亏吃。团结起来，僧青年和长老们，拥护佛教整理委员会！

（原载《狮子吼月刊》1941 年第 1 卷第 8、9、10 期合刊）

两种精神

盖天下能够有所成就的人，都具备着两种精神——战斗的精神和创造的精神。鲁迅论章太炎，以为章太炎的战斗的文章，才是他一生中最大、最久的业绩，应该一一辑录、校印，使他和后生相印，活在战斗者的心中。而有人论鲁迅，也以为他的骨头最硬，没有丝毫奴颜与媚骨，在文化战线上，他是代表全民族的大多数，向敌人冲锋陷阵的最正确、最勇敢、最坚定、最忠实、最热诚的空前的民族英雄。这许多议论，不光是足以鼓励人们的志气而已，也有事实的根据。佛教界内不是流行着“道高一尺，魔高一丈”两句话吗，丈与尺，相差十倍，魔与道也始终是对立的，行道必须降魔，自然免不了战斗，所以战斗是值得赞诵的。因为有道在，否则但求天下太平，不问魔强道弱，结果则魔子魔孙，充塞宇宙，谁也逃不了魔手。释迦生下地来，就向魔王们下了哀的美敦书，他一生无时无刻不在战斗之中。出家之前和虚荣欲望战，和亲子之爱、妻妾的羁縻战。出家以后，和外道恶魔战，和不平等的阶级制度，以及不正见的徒众们战，一直到死，他还说：“有德王为护法故，与恶比丘战斗，将从人民眷属有战斗者，有随喜者，命终皆生阿閦佛国。”（《涅槃经》卷三）从这里，我们可以知道佛之所以为佛，是从战斗里庄严起来的，并不是吃吃腼腼，闭着眼睛等死一般地装扮得出来的。

目前的佛教界，好像大家都抱着“有奶便是娘”的主义，巨恶元凶只要肯布施几个钱，就可以变成佛门的上宾，荣膺善男子、善女人的称号，汉奸走狗在杭州、上海“宏法”的消息，居然有人在后方替他传扬。是非不分，公道何在，我真替佛教担心。细细地推究起来，乃是早已没有了道，所以也无所谓魔，当然不用战斗。这样的佛教，无疑的只有走上恶运。

要有战斗精神，一定先须具备创造的精神。你看释迦佛出家以后，东参西学，几乎当时所有的名师都被他访过，但他并不以此为满足，菩提树下，自作活计，乃是他的创造精神的表现，结果因此成就了无上正等正觉。而目前的佛教界呢？到处乌鸦一般黑，谁也不敢对于一切不合理——佛理罢——的事情哼一声，这怎么会如此的。

记得美国的布克夫人说：“中国人自知赋有创造性的，没有民族在过去比他们再善创造的了。但几世纪以来，除了少数个人的偶尔出现来，竟一点创造精神也不见了。这有两个来源：一，在过去，父母师长确曾使每一青年造成固定的典型，而不许其岐异。二，子女在经济方面仰赖父母，强迫他们在少年、青年、甚而成年时有服从心。这里，可以看出一个合理的创造冲动被抑制的原因。”这也可以用来说明佛教界的何以没有创造精神。她又说：“创造精神的再起，就是新的好奇心的勃兴。”我想，在现在这样错综复杂、水深火热的环境当中，总应该刺激得起僧青年们的新的好奇心了罢。单单只会读几句死书，对于自家心灵上的进步是不会有什么好处的。在书本之外，要高瞻远瞩地看清一切环境变化的动态与原因，同时对于自家生理心理上的一切冲动感应，不要随便放过。要很精细地、不客气地从这里参透人生，认识世间，自然因此就可以决定一个比较明白的人生观，而创造的精神才能充分发挥其力量。这样的人，纵使因战斗而失败，也不失为英雄。其实在真理的广场上和恶魔搏斗，除掉创造精神不够、战斗精神提不起来而临阵退缩的人以外，决无失败可言。达摩西来，创造了不立文字的禅宗，北方的禅僧，嫉害他，几次几乎丧命，他咬定牙关，面壁九年，大道终于传下去。创造顿悟说的六祖的经过，也与达摩约略相同，而其法派则至今未绝，这都是很好的榜样或证据。

本刊上卷各期，屡次说明佛教在教理和组织两方面，都应该大加洗刷与整顿，但我们还没有得到很多的同志。固然我们先只有口号而尚未有具体的办法，事实上很不够，而就同情我们的来信当中看起来，创造的精神都很闲淡，当然更难找到强健的战斗精神。我们认为是同志对于人生的参透、世间的认识还不大够的原故。我们自觉渺小，但很愿意和同情我们的人士紧握着手，大踏着步，在创造与战斗的两种精神交织之下，完成新佛教的建设。我歌颂战斗，我赞叹创造，因为他们是生命的源泉！

（原载《狮子吼月刊》1942 年第 2 卷第 1 期）

佛学与人生

我觉得世间一切问题，无论是文化的、社会的、政治的、经济的……都是人的问题。因为有了人，才有这许多问题，除了人，就一无所有。儒家的“为政在人”，“其人存则其政举，其人亡则其政息”，只说明政治问题以人为主；佛教则直捷了当以“人”为宇宙的中心，这恐怕是一个透彻的道理。我们再看西洋哲学，从苏格拉底到黑格尔，通常被称为正统哲学，其思想的共同倾向，乃是人本主义。人本的说法，固然不必尽同于佛，但“人”决定一切问题的原则，则是古今中外一切大思想家所公认的。

一切问题既然决定于人，人生问题当然是一切问题的核心，就是说，由于人生问题解答的不同可以直接间接改变其它一切问题的看法。譬如“五四”前后，因为若干留学生的崇拜欧化，我国传统的文化几乎通被抹煞。现在抗战的炮火，紧逼着名流学者们不能不承认我国原来对于人生问题的答案，传统文化的各部门也跟着被提出来重行沽价。其它问题，皆可类推。

讲到人生问题，真是一个非常复杂严重而值得毕生用力的事情。我们自生下地来，一直到老到死，短短的几十年当中，除穿衣吃饭睡眠以外，其余的时间，统被是非荣辱、得失苦乐，以及种种打算计较所支配，而结果则无论贵贱贫穷、智愚贤不肖，无非是“一抔黄土掩风流”！人究竟应该怎样做呢？决定了怎样做，究竟有什么意义？什么好处呢？其复杂、严重，而值得我们毕生用力者在此。

其实人一长成，有了相当的知识，不管上智下愚，乃至乞丐流氓，脑筋里总有一个人生观。当然大部分是非常模糊的，但确是人们一切行为的原动力。人如果没有这个原动力，思想上就陷于极度的彷徨苦闷，行为即无所依据，他非自杀不可。一个人假如能够明明白白地决定应该怎样做人，则其思想便有统绪（也就是信仰），行为便有力量。孟子所谓“富贵不能淫，贫贱不能移，威武不能屈”的大丈夫，是从这里做出来的。我相信他——大丈夫的生活是非常愉快的、有意义的。

孔子教弟子“入则孝，出则悌，谨而信，泛爱众而亲仁，行有余力，则以学文”。这就是儒家的做人之道。其余类似的教条很多，但是为什么要这样做呢？怎么会这样做呢？这样做了有什么好处？不这样做又有什么不好呢？孔子似乎并没有多讲，孟子也只说到“恻隐之心，人皆有之”，“仁之端也”等一类道理，似乎还未能完全解除人们的疑惑，而使大家以决定那样做人的态度为满足。所以战国末年，神仙修炼的法术大兴，秦皇汉武做了皇帝，还想求不死药，长生不老。

固然，“长生不老”不可能，秦皇汉武的求不死药实在是一种迷信，但确是古往今来，人类感情上一种共同的强烈的要求。有许多自以为通达的人，把这种迷信的形成归罪于佛教，其实大错特错。现在讲佛教与人生的关系，不妨从这里说下去。

所谓迷信，大概可以分成两种：一种是求灵性的永生，一种是求现世或来生的福佑，都是我国原始的宗教，即在其它国家里，也普遍地流行的。记得我出家以前，在上海参加过一个外国人的宗教小团体，会员有英国的上海驻军副司令，法国的教授，丹麦的工程师，挪威的船长和牧师，美国的大老板，中国人只有我一个。团体的名称叫Healing Group，每星期三下午二时开会一次。人一到齐，会长——那个副司令虔诚地点起三支印度线香，在门口窗前桌椅下面各处挥过之后，插在桌子底下，他坐在桌子的一端，拿出一根长约三丈的银丝，把中间一节给坐在桌子那一端的副会长——那个美国大老板握着，他自己又把银丝的两头系在左右腕上。我们也用两手捏住面前的银丝，于是起立唱赞美诗，文句和耶稣教所用的差不多，结末不是AMEN而是长读OUM三个音，据说是印度教的办法，那倒比“阿门”来得肃穆庄严。唱完，会长恳切地宣布病人的住址和姓名毕，大家合目危坐，心想病人约二十分钟，再起立唱赞美诗，算是做完了“功课”，然后散坐讨论关于神学上的问题。他们说，大家捏着银丝心想病人的时候，各人的精神团结在一块，天使就拿去送给病人，助之速愈。这第一先要承认有不死的天使，第二还要相信神力可以医病。和我国一般人的信奉吕纯阳、济公活佛、关帝，毫无两样，实在是一桩值得研究的问题。

我以为这都是发动于人类求生的欲望，因为自古至今，从来没有不死的人，短短几十年，偶一回想，真如石火电光一闪即过，假定不是醉生梦死的人，一定会发生惆怅与恐怖，因此而有求长生的希图。同时天地间的事情，千变万化，人们所希望的，不见得都能够达到目的，就算能达到目的，也必一定经过许多曲折困难与痛苦，所谓“不如意事常八九”，的确是经验之谈。并且有许多事实上的阻碍困难，不完全是人类的聪明才力所能避免与改善的，因此而有神的祈求。所以这种夹七夹八的迷信，无分古今中外，总是那么流行着。上面所说儒家未能解除人们的疑惑者在此；道教虽然浅薄，“道家又作别论”而始终能摄取许多信众者也在此。

释迦出家，因为看见了生物的互相残杀，和感于人事无常——生老病死的苦痛，可以说完全为的是人生问题。可见他不因为生物的互相残杀而消极退避，不因为人事无常而希图长生或神的默佑。他根据其所观感，进求所以然的道理，经过多年的深思明辨，终于在菩提树下发见了生物互相残杀和人事无常的原因。他以为生物的互相残杀是可以消灭的，长生不死不可能，神的默佑总归会使人们失望的，要想解除生老病死的痛苦，另有正路。于是他从此振作起来，慈悲无畏，到处说法，想替人们永远解除心头的迷惑，而循着一个正确的目标，活泼地做人。

他说宇宙间的万事万物，念念迁变，莫有一刻停留，自然没有一事一物能够常存不坏，所以无常是宇宙的实相。无常之故，由于缘生，就是说一切东西是许多因（如种子），与缘（如日光空气水土）和合而成的，因缘千差万别，而为之主者则是吾人的心识。譬如一支粉笔，虽然借铅粉的因与人工胶水相缘而成，但假定没有人们的心识，纵使存在，谁会发见他，利用他？一桩东西不能被发见、被利用，根本等于不存在，其余的一切皆可类推。道理其实很简单，所以佛家承认人为宇宙之中心，而心识又为吾人的中心，那末世间的一切问题，应该决之于吾心了。

一切问题既然决之于吾心，而心理状态，事实上并不简单，最重要的是“执着”。执着即不免为己自私，于是为着私欲的满足或不能满足其私欲，对父母可以不孝，对长上可以不忠，其余种种残败德行的事情，皆从此而起，此世之所以胶胶扰扰，互相虐杀而无已也。欲破执着，首先要了解那个宇宙的实相——无常，既知无常，则对于一切不必要的追求，自然看得淡些，应该那样做的事，或者就会顺着事理那样做去，则自然入孝出悌，谨信亲仁，而堂堂正正地做像一个人。又缘生须受因果律的支配，因果循环，丝毫不爽，“作善降之百祥，作不善降之百殃”，确是不移的定理。所以一个人除非自甘堕落，非积极向上为人不可，这就可以激发道德行为的开展，则佛教的确可以补充儒家之所不及，而助之建立正确的人生观。

因果不爽故，“善恶无门，惟人自召”，则做了恶事求神保佑，纵使有那种贪赃枉法的神，也一点没有办法。反之，纵使有那种嫉贤害能的神，也不能取消我们应该享受的福报。所以求神默佑，实在太不合理。又心相续故，业力不灭；业力不灭故，生命不断“相似相续”，生命既不断，则不用更求长生。况且那许多想求长生的人，是迷信修炼形体可以蜕变出一个永生的灵性来，这也无论如何讲不通的，所以说是迷信。我们如果把这两种迷信破除了，立身行事，自作主张，同时常常体验宇宙的实相，则一切是非荣辱、得失苦乐，自然不会扰我精神，慢慢可以达到孔子所谓“绝四”——毋意毋必毋固毋我——的境界，则生机活泼，“上下与天地同流”，也就是佛教所谓断执的境界。《庄子》说：

“是其尘垢粃糠，将犹陶铸尧舜”，人生至此，或者可以建立崇高的人格、伟大的德性。以之治国，则旋乾转坤，登斯民于衽席；以之教人，则循循善诱，率天下而同风。就是经商作工，也决不至于成为贱丈夫，在阵营里，我想他也一定非常勇敢的。

这样说来，佛教的人生观和儒家相彷佛，不过佛教以哲学为出发点，事事求其究竟；儒家处处以伦理为鹄的，只求事事得当。两者相合，则澈上澈下，圆满无缺，而整个人生问题可以得到解决。人生问题解决了，个个人都有一个生活的目标，则社会决不致于像现在那么混乱龌龊，从而政治经济文化等问题也可以得到正常的解决。但愿每个人都懂得佛理！研究佛学！

（原载《觉有情》1942 年第 10 卷第 4、5 期）

人民政协对于佛教界进行革新的启导作用

——1949年11月12日讲于北京居士林座谈会

人民政治协商会议的经过，报纸上披露得很详细，想大家已都知道，毋庸再说。至于它的意义，我想在说明之先，应该向大家介绍中共中央委员兼宣传部副部长徐特立先生说的几句话。徐老先生前几天在我那里谈到这次政协会议，他认为是继1942年的整风运动之后的又一次全国大整风。我们知道1942年的整风，是整顿党风的宗派主义，学风的主观主义，和文风的党八股，而实际上只是整顿党风。因为学风是党的学风，文风也是党的文风。党的宗派主义、主观主义和党八股整顿纠正了，中国共产党才有今天的成功。这次政协会议徐特老竟看作是全国的大整风，实在值得我们深深地玩味的。

政协会议是9月21日开幕的。在这以前的7月1日，毛主席曾经发表了一篇《论人民民主专政》的论文。在这篇论文中，第一段就说明社会进步了，政党和国家机器，将因其丧失作用，没有需要，逐步地衰亡下去，完结自己的历史使命。同时更紧接着说，没有读过马列主义的刚才进党的青年同志们，也许还不懂得这一条真理。可见毛主席的“七一”论文，的确是有整风作用的。以后几段如论“一边倒”、论“独裁”、论“统一战线”，无一不是为全国的大整风而设。政协会议就是这篇论文的具体的实现。

人民政协《组织法》第一条说：“中国人民政治协商会议，为全中国人民民主统一战线的组织。”这样明白的标示，更可以证明我们上面所说的话是正确。同时，这次代表的成份，包括了全中国所有的民主党派、人民团体、人民解放军、各地区、各民族和国外华侨。真可以说是海涵山负，无所不包。但他们都是在某一个阶段上曾经发生过进步作用，而在今日又是拥护革命的人们，没有一个反动派。所以阵容虽极庞大，而切实地做到了“壁垒森严”四个字。壁垒森严其实就是“一边倒”。用佛教的术语来说，这里面“能立”也“能破”。“能立”就是建立了统一的坚固的革命阵线，在他相反的方面，便是“能破”，即把一切危害国家人民的帝国主义、封建主义、官僚资本主义，以及其它明的暗的大的小的一切反动组织与力量彻底摧毁。这样才不至于使人迷恋旧尸骸，或者分不清友敌。这不是整风是什么呢？

毛主席的“七一”论文里又说：“我们要学景阳岗上的武松。在武松看来，景阳岗上的老虎，刺激他也是那样，不刺激他也是那样，总之是要吃人的。或者把老虎打死，或者被老虎吃掉，二者必居其一。”这话很妙，把所以要“专政”或“独裁”的原因，活生生的画了出来。所以政协《共同纲领》第七条说：“中华人民共和国必须镇压一切反革命活动，严厉惩罚一切勾结帝国主义、背叛祖国、反对人民民主事业的国民党反革命战争罪犯，和其它怙恶不悛的反革命首要分子。”从这里我们可以知道革命是要有景阳岗上武松一般的勇气，对于反革命分子，决不能意存姑息的。

讲到此地，我要讲一讲北来以后我对于中共领导人物的感想。我用古老的观点观察中共的领导人物，认为他们都是像武松一样有血性有骨气的人。如果按照旧的说法，也可以说是狂狷之士。他们因为具有“狂者进取，狷者有所不为”的性格，所以经得起千难万苦的锻炼，坚毅奋勇，领导起革命事业来。但狂狷之士的作风，有时不免矫枉过正。这在中共过去的作风当中可以举得出很多证据的。不过在这次会议里，中共的表现，却是温和客观、既不偏右、又不倾左，可以说是已经由狂狷而渐进于“中行”了。什么叫做中行？中行就是合情合理，这次《共同纲领》的每字每句，都是根据合情合理的原则融会各方的意见而产生的。因此《共同纲领》，也可以叫作合情合理的纲领。在小组讨论时，主张比较激烈而过左的，反是民主人士，调和折衷，不主一偏；力求其合情合理的，反是中共方面。即如当讨论文教政策时，内中有“提倡用科学的历史的观点”一句话，有很多人就认为不够彻底，主张改为“用马列主义的观点”，结果，中共方面的人不主张修改，仍旧采用原文。又如有人提议在人民有宗教信仰自由的条文外，加入反宗教信仰自由的一句话，结果马列学院的负责人认为中外的情形不同，不必加入而撤消原议。有人说苏联和中国的共产党人都是现实主义者，我想这个所谓现实主义，可以解释为合情合理主义，也可以解释为实事求是主义。这次政协的成功，即在于用实事求是的武器，克服了主观主义、宗派主义和左右倾机会主义，而创立了实事求是的平实的作风。我们不妨再举一个例：在政协小组会议中，有人鉴于失业问题的严重，提议在《共同纲领》第五条加“劳动自由”四字。但周恩来先生说，劳动自由是应该尊重的，政府当然尽力设法解决失业问题，不过最近两三年内，还不可能全部解决，所以宁可牺牲那四个宝贵的字眼。我们看，因为不能全部解决失业问题，即不愿加入“劳动自由”四字，则其余的一字一句，都是有了可以全部实现的把握和保证，才列为条文的。这和国民党反动政府的“好话说尽，坏事做尽”相比，真是天地悬隔了。所以徐特老说人民政协是全国的大整风，的确是不错的。

我们再往上追溯，现代东西洋的文明，大都开创于二千五六百年以前，那时候印度的释迦牟尼，中国的孔子，和希腊的苏格拉底都先后成立学派，而都是非常平实的。我们知道孔子是“不语怪力乱神”，和主张“行有余力则以学文”的。苏格拉底针对辩士派的思想，不自以为“智者”，而自称为“爱智者”。释迦牟尼更极力纠正当时吠陀的形式主义、幻想主义，而教他的门徒从最平实的七觉支八正道下手。后来逐渐演变，又大都走向烦琐哲学或空谈理性。距离事实愈远，背弃原来的精神亦愈多。一直到现代，西洋哲学方面很显得贫弱无力，儒家学说也成为反动派的工具，佛教更是成了一个空壳子。总说一句，就是都不曾脚踏实地，和生活和人民紧紧地联系在一起。这时候马克思汇集了科学哲学的大成，用精深的辩证唯物论，创造了社会主义革命，把一切政治文化归还给人民。就他一生的言论和行动上看，可以说没有一个字，一步路是落空的。列宁与斯大林亦然，所以成为马克思最好的学生。我们从整个文化史上说，马列主义实在是二三千年来人类文化的大整风，也就是经过平实的“正”，和空谈的“反”，而复归于平实的“合”。此次政协的成功，正是从这种精神发展出来的，所以又具有继往开来的作用。

所谓佛教界的改革，也就是佛教界的整风。现在先从“歪风”说起。我以为流行在佛教界内的歪风，不外四种：一、饱食终日，无所用心；二、抱残守缺，胶柱鼓瑟；三、买空卖空，言不及义；四、假貌为善，蛀蚀佛教。这也免不了主观主义、宗派主义和八股，自然也都是机会主义。机会主义者，投机取巧，只愿为个人打算之谓也。为个人打算得愈周到，距离佛教的精神愈遥远，这在出家人方面表现得最使人伤心，因此社会上大家认为那就是佛教，连带我们的教主释迦牟尼也受到了糟蹋。居士方面当然也免不了上面所说的毛病，不过比出家人好些，所以过去居士与僧众之间很少真诚的合作。即使有，也大都是互相利用而已。过去佛教界的情形如此，欲求佛教之不为社会所非难攻击，真是不可能的事。

常言道，无风不起浪，空穴自来风。我们如果要追究那四种“歪风”之所由来，当然不可不归咎于佛教制度，尤其是寺庙制度的不良。一个地主阶级，一个依靠资产阶级谋生活的人，要他不装腔做势、胡作非为，或者抖擞精神、振作起来是不大可能的。过去的佛教制度，可以说是完全建筑在地主阶级和依靠资产阶级的寄生生活上面的。佛教团体如各地的佛教分支会，也都像过去的参议会一样，被少数特权阶级所包办，“会”只是替他们装门面、争饭碗而已。所以佛教会的章程上，虽然堂堂皇皇订立了许多整顿教规、兴办事业的条文，结果非唯一事无成，还要低声下气向那许多方丈当家们讨几个钱挂招牌。我们现在谈改革，首先要认清楚这种事实，也就是说要先从制度方面彻底做去。好在《共同纲领》已替我们把腐蚀佛教的烂根子掘掉了。

制度改革好了，僧徒不能再用信仰谋生活，而要从生活中实践信仰、表现信仰，出家的自然不会多。可是我要请大家认识一桩佛教史上的事实，就是僧徒数量的多少与佛教的兴衰成反比例。三武灭法的时候，全国僧数，都在二三百万左右。而玄奘回国以后，佛教最盛的时期，全国僧数据《法苑珠林》所载，不过八万人。所以大家不要以为出家人少了，佛教就会衰亡。我们要壁垒森严，也要学中国共产党在陕北的“精兵简政”政策，重质不重量，才能把佛教制度重新建立起来。否则光是糊糊窗户，粉刷粉刷墙壁，对于一所东倒西歪的房屋是不会发生什么修整的作用的。因此将来的佛教，居士方面所应该负的责任，要比现在大得多。

在将来的佛教当中，居士既应负很多责任，则目前佛教界的改革，不要以为是出家人的事，与在家居士无关。也就是说，为着续佛慧命，从这时起，居士与僧徒应该真诚合作起来，先把佛教的现行制度改革好，然后再整理思想。谈到整理思想，我又以为居士方面所应负担的工作要比出家人为多。因为事实上，目前一般居士的知识水准比出家人为高，可以在整理思想方面负相当责任的。不过我又要大家注意两点：（一）历史发展的观点；（二）从行为中履践的精神。过去佛教界因为有许多纷争，所以削弱了佛教的力量，而纷争之起，我以为是起于不知道历史发展的观点。譬如大小乘之争，宗教之争，禅净之争，显密之争，性相之争，新旧之争，以至于起信论楞严经之争，从历史发展的观点看来，都是所谓“末学之辩”，不值一笑的。又过去大家不注重从行为中履践的精神，纵使谈空说有、舌底生莲，或者精进勇猛、守身如玉，结果还只是他个人的事，或者竟是“脱空妄语汉”，这就违背了释迦牟尼平实的、和人民大众紧紧地团结在一起的精神了。

总之，目前谈佛教界的改革，我们也应该是一个现实主义者。在制度的改革方面，我们既要壁垒森严，又要合情合理。思想方面的改革，则注重了历史观点和履践的精神，才能纠正佛教界的“歪风”，而恢复“实事求是”的佛陀的真正精神。一切教理上的、修持上的无谓争执，自然可以迎刃而解。所以我们现在谈改革固然不能抱残守缺，故步自封，更不有买空卖空，风头主义。我们不必无原则地捧人家的场，也不要人家瞎吹瞎捧。我们要脚跟点着佛地，稳步开展佛教的前途。这才是人民民主时代一个真正佛教徒的正确的认识与行为。人民政协所启导我们者在此。

（原载1952年现代佛学社出版的《关于新的道路》）

从佛教青年服务团到湖南佛教徒抗敌后援会

《优婆塞戒经》上说："在家菩萨，若得自在为大国主，于自国土，常修知足，不以非法求觅财物，不举四兵而取他国。"这是佛教反对侵略的铁证。又《增一阿含经》上说："波斯匿王白佛言：今此国界，有大寇起。夜半兴兵擒获，今已坏之。功劳有在，欢喜踊跃，不能自胜，故诣来至，拜跪觐省。尔时佛告曰，如是大王，如汝所说。"《高僧传》上也说："功德铠法师在关婆国时，颇为国王所敬。顷之，邻兵犯境。王谓法师曰，外贼恃力，欲见侵侮，若与斗战，伤杀必多；如其不拒，危亡将至。今唯皈命师尊，不知何计？法师曰：暴寇相攻，宜须捍御。王自领兵抗之，旗鼓初交，贼便退散。王遇流矢伤脚，法师为咒水洗之，信宿平复。"这又是佛教徒鼓励抗战的证据。佛教青年服务团和湖南佛教徒抗敌后援会的组织，是从这两种意义上树立起来的。

二十八年（1939 年）南昌失守之后，整个湖南震荡着，连我在南岳福严寺讲学的福严研究社也起了骚动。青年人纯洁的愤火，和佛法上所启示的悲愍，当然还有一点准备逃难的打算，使我实在不能再忍耐了，和朋友们经过几次商讨之后，决定组织救亡团体，并征求同志。记得是 4 月 14 日，在福严寺后山树林里开第一次筹备会议，连我和上封寺的知客演文一共五个人，议决名称为：佛教僧青年救亡团，推我起草宣言及简章。15 日上午，我做好了宣言再和他们商量，有两位借口经济没有办法，态度完全变了。在这个时候，我们会见了中央通讯社随军办事处主任黎友民。黎是党国先进，并且信佛，对于我们的计划，鼓励不遗余力，并允将宣言用无线电发出，关于备案一层，也答应极力帮忙，我们才决定干下去。

那时，游击干部训练班第一期刚在南岳开办，教育长汤恩伯，政治部主任陈军长烈，对于指导民运，都很热心。汤将军很忙，我只和他会过几次面，没有多谈。陈军长看了我们的宣言，又关切地指出我们应该做的工作。第一，利用广大群众对于佛菩萨的信仰，说明佛菩萨也要他们起来保卫祖国，以坚定其抗战的决心。第二，用佛教反侵略的理论，对大部分信佛的日寇努力宣传，使他们知道宗教上所指示的侵略的恶果而厌战反战。第三，联合世界佛教徒及各宗教徒在精神和物质方面，作反侵略的总动员。同时还告诉我们许多宝贵的工作经验。汤将军说，他也愿意负责去替我们商量。

可巧田汉先生和鹿地亘、冯乃超、马彦祥等五人也从桂林来了，我在上封寺会见了他们。田先生说：宣言文字太漂亮了，恐怕一般佛教徒看不懂，纵然看得懂也不会引起多大的同情。最好多引用佛教经文，字句也要古老一点。我们便请他斧正，他答应了，在上封寺过了一夜，我们一同下山。经过磨镜台的时候，他为此事，还亲自去和陈辞修部长商量，我们便办了一套呈请备案的公文，请求总政治部备案。可惜田先生太忙，没有几天，就回广西到重庆去了，临走的时候，把这桩事情完全交给陈军长办理，宣言当然没有能够斧正。改头换面，还是由我出马。

可是事实上，做工作是不大容易的，尤其是在错综复杂的抗战阶段，所以陈军长对于我们工作的原则，虽然没有异议，人的决定，还须要考察一番，便来了一个试验。

其时游干班下面有民运指导处的设立，专门办理南岳附近民运工作的事情。指导员徐承枢、周天，我们因黎友民的介绍认识的。谈到南岳僧道的情形，他们希望我们贡献一个动员办法。研究的结果，决定先由民运处召集僧道全体大会后，再请各寺庙负责人举行联席会议，商决动员办法。4 月 23 日下午两点钟，便在大庙圣帝殿前，集中了二百多个和尚与道士。在南岳佛教史上，可以说是开天辟地第一次。中委梁寒操氏亦出席讲话，情绪尚称热烈。

各寺庙负责人联席会议是陈军长主持的，为融洽感情起见，在祝圣寺办了几桌斋招待大家。席间决定筹办地方性质的救亡团体，通过名称为南岳佛道救难协会。公推上封寺方丈宝生为会长，祝圣寺方丈空也、南台寺方丈悟真、大善寺知客有缘、三元宫住持刘光斗道士为副会长。又议决简则十条，其中规定于备案成立之后，集中全山壮丁年龄内的僧道，在祝圣寺受训一月。散会后，陈军长要我们领导他们，我就受宣传股长之聘，演文受训练股长之聘。

可是成立大会，还是杳杳无期，其原因有二：第一，老和尚们怕训练的时候要实弹射击；第二，年轻的怕训练之后政府当壮丁调到前线去。陈军长又不得不花消一点茶点费，召集诸山长老开谈话会。席间，陈军长很温和的告诉他们：训练科目，注重政治常识，及佛学；军事方面，不过操操步伐锻炼身体。至于调到前线去的话，他正恐怕年轻的和尚要到前线去，因为到前线去是须要强健的身体，与丰富的技术的，年轻的和尚懂得那一桩？白白的送死，就是妨碍人家的工作。所以他可担保，训练之后的工作区域，以南岳附近为限。长老们才答应于五月七号开成立大会。陈军长又说：僧徒的没落，佛教的衰微，这是人所共知共见的事实，毋庸讳饰，假定在这时候还不想法补救，将来是一定会遭受严重的打击，所以这次训练，不是长老们帮他的忙，而是他帮了佛教的忙。长老们点点头就散了会。

7号那天，有叶剑英先生出席，发表了一篇动人的演说（载《救亡日报》）。陈军长更体贴入微，叫我们在总理遗像之前，敬一尊佛像，烧一炉檀香。8号就开始训练。每周授课36小时，课程：分政治常识、佛学、军事常识、救护常识、精神讲话、抗战歌曲六门。政治常识有：总理遗教、总裁言行、倭寇侵略史、抗战建国纲领、宣传组训技术、国内外时事六科，每周各两小时。军事常识分：学科、术科两种，每周各三小时。佛学和救护常识，都是每天一小时。教授除佛学外，皆由民运处的几个指导员负责。受训的人，一共七十多个，只有一个疯疯傻傻的道士，其余都是和尚，有20名受过三年以上的佛学教育，30名受过一年佛学教育，其余则目不识丁，所以讲授和管理方面，都非常棘手。

其实棘手的原因，还不完全是程度参差的关系，和尚们因为到处可以挂单吃饭，到处可以敲木鱼赚钱，几乎个个都养成一种不肯吃苦，又不服管束的劣根性。在这里感觉着不舒服，马上背起行李就走，走了也没有人可以干涉他。久而久之，就都只知有己、不顾大局起来。有一次，大家商议要受训的人轮流挑洗脸水，当采买。刚一宣布，就溜走了三个。我们为儆一惩百起见，用公函请他们挂单的大善寺还他们的单，大善寺的知客——副会长有缘，则借口他们没有破坏大善寺的规矩，不允迁单。事情闹成了僵局，管理方面，就无法紧起来，“宁管一队兵，不管一队僧”，的确也是经验之谈。

佛教僧青年救亡团请求军事委员会政治部备案的公文，很久没有批下来，我们又去催陈军长。陈军长说，在军委会政治部备案是有全国性的，恐怕人力不够。还是缩小范围，先在第九战区做起。至于名称，救亡两字是临时性质，不如就用佛教僧青年团来得永久。当时政治部秘书刘善述先生也在那里，他也赞成这种办法。并且说：第九战区政治部主任胡越，和陈军长很相得，只要陈军长去一封信备案是不成问题的。我们就另办了一件请求备案的公文，请陈军长转交第九战区政治部，名称用佛教僧青年团。

过了几天，胡主任到南岳了，我们因陈军长之介绍而得晋见。首先，胡主任说，佛教僧青年团的名称，政治意味太重，将来用以推动工作起来，或者会引起佛教界的歧视，不如改为佛教青年服务团较为妥当。他返省以后，马上就批出来。关于南岳佛道救难协会的工作，他很满意。希望我们用佛教青年服务团的机构，先在湖南省内各个各个地、照样建立地方性质工作单位以后，再联合成为全省的团体，以次推及于第九战区乃至全国。经济方面，他知道我们都是穷光蛋，答应补助开办费和一部分经常费。佛教青年服务团找到了保姆，我们高高兴兴与他告别了衡岳旅馆。

大约是5月28日吧，接到了第九战区政治部准予备案的指令以后，我们就开始把团体充实起来。最大的问题是团员，我们几经商量，认清训练班里可以吸收为团员的只有一二十人。其中有一部分对演文的感想很坏，假定把他们吸收进来，恐怕要闹得四分五裂，所以决定不告诉他们，而只取十个与演文无恶感者，满想先把团体健全地撑起来了，再谋充扩大的办法。

至于经济，一方面呈请第九战区政治部补助，一方面聘请名誉团主任和赞助人，以便较干瘪时向他们开口。我们自己也把腰包掏出来，做服装旗帜等，约费二百余圆，尤以智圆同志所垫为最多，约百余圆。当时曾聘得叶副教育长、陈军长、黎友民主任为名誉主任，张振国、陈荫轩参谋、罗哲明大队长、潘旦明、俞浩、杨国兴、薛子正教官、刘斐章、江南熏队长、胡兰畦团长、刘善述主任及灵涛、明正法师等数十人为赞助人，后又添聘了好几位。

佛青团于6月10日假祝圣寺开成立大会，九战区政治部特派第一政治大队罗大队长赶到监誓，那时游干班第二期政治部主任戴之奇还没有到任，秘书蔡正中代为主席，南岳各机关也都派代表参加。我们虽一共只有十二人，而他们对我们的希望则很大，蔡秘书说：

宗教可以补法治之穷，观于佛教在中国民间的潜势力可知。目前是全民抗战的紧要阶段，佛教既控制了民间的意志，佛教徒就应该起来帮助政府，做动员民众的工作。所以兄弟对于佛教青年服务团的组织，感觉着非常兴奋，今天能够出席这个成立大会，很是荣幸。不过佛教界中，一向沉寂惯了，骤然要他们动起来，事实上是有许多困难的。希望各位同志不要以人力单薄为虑！勇往直前地，不顾一切地照着拟定的目标干下去！我相信不要好久，一下就会展开大规模的工作范围。我们都很愿意以最大的力量，从旁帮助。

罗大队长说：

佛教经典上，常常以“我不入地狱，谁入地狱”两句话勉励教徒。这表示无我牺牲决心与勇气，也就是革命的、抗战的精神。兄弟相信佛教青年服务团诸同志，是本着这种精神起来的。兄弟谨代表第九战区政治部向诸位致其崇高敬意，同时还有一点意见要贡献大家：第一，日本强盗现在正用佛教的幌子，麻醉士兵愚弄沦陷区内的民众，这比飞机大炮，无限制地屠杀，还要利害。希望诸位用纯正的反侵略的佛理，来一个正面的反攻。第二，日本强盗对于南方佛教国如：锡兰、缅甸、暹罗等处，正蛇蝎似地用“征服中国，就是铲除耶稣教势力，发展佛教”的话骗他们，希图借以引诱他们，破坏我们的国际交通，这也希望各位同志，能够在这方面，多尽些力。第三，不要忽略了本位工作，要严密地把各佛教徒组织起来，拖到抗战的阵线里去，南岳有几百和尚，乃是一个很好的工作对象，千万不要放弃。第四，要多多接近民众，因为出家人也起来救国，对于民众是一个很好的刺激。第五，要参加精神动员方面的工作。各位同志，假定能够照着这几个目标工作下去，对于抗战，无疑地有很大帮助，经济的援助，可以用工作争取的。兄弟回部以后，当然会将贵团困难情形，据实报告。

此外还有许多演词，都很宝贵，而我们只报以几颗瓜子、花生米而已。

13 号，我们要和抗剧八队、电影一队到衡山县城，配合当地团体，做欢送出征壮士募款公演的工作。11 号晚上，中央通讯社黎主任与当地士绅谢宪周、唐三等用茶点欢送我们。12 号救难协会训练班毕业，13 号早晨就领着团员出发。他们都排着队在山门口欢送，劈劈拍拍的爆竹声，打响了每个僧青年的心弦。

到了衡山，住在清凉寺。我们的工作为街头宣传，推销公演票，出壁报，写巨型标语，维持剧场秩序，散发慰劳品等外，还印发了《为欢送出征壮士告同胞书》二千份。其文如下：

各位同胞们：

为了保持祖宗的光荣，为了挽救垂危的国运，谁也不能否认我们是神圣抗战，还有一段艰苦的过程。过程的缩短，艰苦的排除，则是全国上下，无论男女老幼，乃至佛教同仁所应该共负的责任。

现在，英勇的出征壮士们，为我们踏上艰苦的征途，去和敌人拼命以争取人类的自由平等，这是何等崇高与圣洁的事！

我们要认清，壮士的出征是为了我们，所以他们自身的康健与安全，他们家族的给养与抚慰，都是我们的事。我们要替他们解除许多问题、许多痛苦，不用他们再为自身与家属操心，分散了战斗的力量。

只要我们实际地做到这一点，胜利的凯歌，定会震动整个世界。所以我们的欢送，绝对不是强作欢容，乃是良心的、人道的、胜利的欢笑。

菩萨会保佑牺牲小我而为大我服务的出征壮士们，更能为帮助他们的人祝福！

在衡山做了一个礼拜的工作，对于民众，似乎发生了一些影响，各界对于我们，也都报以热烈的同情。因为南岳的赞助人，大都是游干班的教官，要替我们募款，所以又回到南岳去。

回到南岳之后，就积极补充与整理。整理是确定纪律，以求不违佛戒，适应僧规。吸烟吃酒皆在禁止之列。补充则是增加团员。很想把这个团体，造成一个流动的佛学院，借实际工作，逐渐养成干部人材，以谋进而改革僧制。有一个小和尚只有16岁，两三次要求入团，我们嫌他年纪太小，不能工作。他说：只要许他入团，扫地、抹桌、送信的事情，总还做得来。我们没有别的话可以拒绝，就遂了他的愿。

南岳赞助人替我们募款的方法有两种：一种捐簿劝募，发起者为第九战区政治部第二政治大队，第九预备师野战补充团第二营，衡山县义安镇军民合作站，南岳镇军民合作站，中央通讯社随军办事处，南岳佛道救难协会，军事委员会政治部抗剧八队和电影一队。劝募的对像是游干班教职员及队员，共募得一百八十余圆。潘教官旦明，马队长抱一出力最多。

另一种是抗剧八队与电影一队联合举行募款公演。因为放影机损坏，和忙着准备“七·七”纪念，没有实现。不过他们给我们精神上的帮助非常之多，尤其是抗剧八队的刘队长和卢林、金陵、王逸诸位同志，简直没有把我们当另外一个团体看待。坦白的指导，恳切的安慰，现在想起来还有说不出的感谢。我们本来约好，在工作方面尽可能地打成一片，以矫正一般工作团队互相倾轧的丑态。而“佛青团”昙花一现地幻灭了，回忆着他们的友谊，真要流泪。当我们整理补充的时候，救难协会组织了流动工作团，由暮茄、绍贤两法师率领到衡阳工作，很得到衡阳各界的赞许，后来他们又到湘潭工作一次，也有很好的收获。

6月30号晚上，接到九战区政治部的代电，要我们到长沙去参加“七·七”二周年扩大纪念会，我们就连夜赶到长沙。从4号到8号，忙得简直喘不出气来。太阳像火一样，照着我们街头宣传，推销戏票，举办超度阵亡将士法会，参加火炬游行，编贴佛青壁报，出席各种集会。有时早晨三点钟就起来，晚上十二点钟才能休息。6号晚上的纪念大会，我们用自己的团体名义，散发《为“七·七”二周年纪念告同胞书》三千份。其词如下：

各位同胞：

无论那一个国家，无论那一个民族，由他的自由幸福的前程，都是从内忧外患的蹂躏中锻炼出来的。十月革命后的苏联不用说，就是希腊文明，也应该感谢波斯大帝的压榨。敌人明治维新的策动者，实际上是荷兰与美国的大炮。所以我们全民的持久的焦土抗战的结果，决不会变成真正的焦土，相反地要从焦土中，建设起一个自由繁荣的新中国。

抗战刚开始的时候，就有人说“抗战两年，八分胜利；抗战三年，十分胜利”。这非但预言着倭寇必然要因虚伪的胜利而总崩溃，同时更说明我们将为血的洗炼而团结，而一致，以得到新生。抗战两年来，在军事政治文化方面，各种进步的事实，证明这话绝对正确。无疑地，这个纪念并不是创痛的回忆，乃最后胜利的预祝。

但是当前的荆棘，还没有完全斩除。如汉奸的活动，吏治没有彻底澄清，民众不够认识等等，都足以迟缓最后胜利的获得。那就需要在精神和物质方面更进一步的总动员。要在精神方面更进一步的总动员，第一先要知道人生的最大目的不是为了肉体的保养，而是借肉体以完成精神的永生。抗战是用肉体锻炼精神的洪炉，持久则要是永生的左券。同胞们！牺牲小我而为国家尽忠，为民族尽孝，乃是最上算的事业，不用再有顾虑，再有畏葸。

在精神方面决定了动员的步伐，物质方面就要统制生活，实行像佛家的苦行主义。老实说，只有苦行才是牺牲的表现，才能实际做救亡工作。

同胞们！前路的荆棘如何斩除，抗战建国的使命如何完成，就看我们在纪念以后，是否切实动员起来。古人说："逆水行舟，不进则退，"这是一句非常有哲理、有经验的话。前进，同胞们！目前就是我们血洗河山、重光祖业的时候！

这就是我们的人力和物力上讲，实在已经尽了很大的力量。罗队长还希望我多做些街头宣传工作。他说：民众会被感动的。

政治部三组组长侯野君先生，是一个真诚热烈的领导者，我在《阵中报社》会见了他。他对于我们的宣言，极口赞扬，认为是抗战史料当中最宝贵的文献；同时也就是近几百年来，佛教界中最清越的晨钟。他对于佛学颇有认识，所以希望我们的工作，能够马上就开展出去，为落伍朽腐的僧伽，开一条新鲜的光明的路。他又说：不要怕困难，不要讲痛苦，干这种伟大的、艰巨的事业，就是连生命都牺牲了，也值得的。我要求在《阵中日报》副刊地位出《佛青特刊》，他不加思索地答应了。并且说，关于经济，他想由《阵中日报》社发起，替我们筹募基金。据他的估计，三四千圆是不成问题的。

此外《阵中日报》总编辑蔡鸿干先生，第一版编辑骆何民先生，副刊编辑马午先生，对于我们的工作，皆尝予以有效的、热烈的赞助。13号出《佛青特刊》第一期，14号又将我的《检举过去探讨将来》一文登出，我们的工作动向，始为长沙人士所知。

自我们的工作动向为长沙人士所知以后，省动员会和《国民日报》社，在财政厅会议所招待我们。到任启珊、雷锡龄、刘昭业等。席间任启珊先生希望我们领导长沙僧尼精神动员，举行国民公约宣誓。刘昭业先生希望我们能借佛教之仪式宣传三民主义，我们都诚恳地接受了。当时我曾说：总理的哲学思想，有人说他倾向于唯心论，而佛教也以唯心论为出发点。所以佛法可以辅助三民主义，在理论方面更深一层的解释。同时希望省动员会能够领导长沙市内各种宗教徒联合起来，组织反侵略同盟，以响应国际反侵略大会。他们都以为是。后来我和青年会张总干事以藩，李主任干事振声商量，也很赞成。胡主任并且督促过他们。湘北会战前夕的紧张，毁灭了我们的一切计划，可恨日本强盗！

长沙佛教团体，有长沙市县佛教会，和湖南省佛教会；主持者都是了凡和尚。八大丛林的财产权，也大半捏在他手里。对于佛教青年团颇表同情。六号午刻，他以地主的资格在华严寺——佛青团临时驻地——设盛筵欢迎我们，又捐助了一百六十块钱。我们知道他有工作的热情，就请他为名誉团主任。

白云庵的当家尼翊莲，也深明大义，我们在南岳和在华严寺的膳食，都是她自动供给的。同时政治部也发给津贴一百圆，陈军长从常德又寄来一百圆，各团员才领到一块钱零用费。后来开福寺、龙王宫也办斋招待我们，我们则在他们的照壁上写上一两条巨型佛化抗战标语，如："当汉奸的生受国法，死堕地狱"。"以佛陀革命牺牲的精神救中国"等，以为酬谢。

长沙的工作环境，比南岳顺利得多。我们遵守政治部的指示，一方面扩大影响，一方面从事本位工作。扩大影响的工作有五：

一、和长沙青年会，三民主义青年团，省动员委员会，青年记者学会，妇女工作委员会，伤兵之友社青年团体筹备献心会。从7月18号起，陆陆续续办了两个礼拜的公。8月2日举行献心典礼，盛况空前，影响甚大，各报皆有记载。

二、参加各种纪念会如："八·一三"，"九·一八"，及特种集会，如"讨汪大会"，"征募寒衣会"等，青年会所主持。而由长沙各青年团体轮流招待的青年联谊会，每星期举行一次。每次或全体或派代表参加，并招待过一次。因此我们和长沙各界，非常熟悉。

三、继续在《阵中日报》副刊地位出《佛青特刊》三期。遇纪念日出佛青壁报，我又常应若干报章杂志之约，写一点报告工作的文章。

四、函四十九师劳军，印发慰劳信如下：

英雄的民族战士们：

你们别离了亲爱的父母妻儿，抛荒了丰茂的田地园圃，踏上征途，效命疆场。用肉的金城，血的汤池，保持了祖宗的光荣，挽救了垂危的国运；使中华民族，展开无尽光明的前途，你们的勋业、声名，也将因此而万古流芳。

同时，你们伟大的牺牲行为，激励了全世界的同情，和后方广大民众的奋起。一向山居世外、不问理乱的佛教徒，现在也动员起来了。英法美苏等二十八个国家，不是已经给我国许多有力援助吗？日本强盗不是为此无法进展，就要总崩溃了吗？后方的民众，正良心地为你们的健康与安全，为你们家属的给养与抚慰设法。总想使你们不要为自身和家属操一点心，妨碍了伟大英雄事业的进展。目前固然还有许多对不住你们的地方，不久一定就会克服的，因为你们的事，就是我们的事啊！

佛告说我们：像你们这样牺牲了个人的幸福而为国家民族艰苦奋斗的战士，就是人类的救星，就是因位的菩萨，一定得到佛的默佑。纵然有什么危险，一定会从暂时的痛苦中，转到永远愉快的乐园里去。

英雄的战士们！天下没有那一桩事比这再值得，再上算。战鼓响了，莫要踌躇，莫要顾虑，日本强盗的残暴凶横，决不容我们多喘一口气的，前进！我们就会跟着来。把日本强盗驱逐出国的时候，最后胜利的凯歌震动全世界的时候，你想，我们多自由，多光荣！末了，祝你们金刚一般的健康！并致民族解放的最敬礼！

五、马超俊先生率领南路慰劳团经过长沙的时候，政治部在耕园设茶点招待他们。很荣幸地，民众团体当中，只有我们被邀参加。即席，我除起立代表佛青团致欢迎词外，又说明佛教徒最合宜于做慰劳工作的理由，并请求加入。马先生颇以为然，惟因长沙各界要求加入者太多，不能取此舍彼而作答。后来长官部发起组织长沙各界前线慰劳团的时候，政治部要我们加入，又是会战前夕的紧张，颠破了我们的团体，故未能实现，这是我觉得非常惋惜的。

本位工作有四：

一、调查长沙市县最近僧尼人数及庙宇。

二、和长沙市县佛教会联合，召集全市县佛教徒举行国民公约宣誓。事先，我们做的宣传工作很多。团员们每天几十里、几十里地跑，实在亏了他们。八月十四举行典礼那天，居然到了五六十个当家方丈，可以算是宣誓代表大会，以后于每月一日，都照常举行国民月会。

三、了凡和尚有工作的热情，加上我们的鼓励与督促，决定和我们合组抗战团体，为全湘楷式。为防备顽固派的异议，我们替他请市县党部，指令市县佛教会呈报工作及组训情形。市县佛教会，即据此于7月28日召集全体理监事，及各寺庙负责人联席会议，一致通过长沙佛教青年战时训练委员会组织法，推我和了凡等九人为委员，而了凡为主任委员，我副之。从此我们的心力，都集中在这一点上了。

四、组织佛青训委会的目的，为筹备僧伽训练班，办训练班的目的，无非是培养干部，充实佛青团而已。难得他们的热心，对于此事，都无异议。训练期间三月，招生40名，须款约2100圆，皆由八大丛林就力量摊派。训练计划，已见本刊第一卷第一期。训练地点本来决定在北门外开福寺，嗣因距城太远，教官往来不便，改设三公祠巷一号。招生除登广告外，又函请长沙各寺庙及各县佛教会保送，以曾在佛学院毕业，或有同等学历者为合格。

可惜这时佛青团因为演文带着一部分团员在外面，胡作非为，如偷吃酒肉赌博等等，造成了内部的分化，我还痴想着借僧伽训练班以资补救，没有辞职。对于不守纪律的团员，分别记过的惩戒。演文则在团务会议上提出破坏纪律的议案，使几个守本分的团员，发生疑惧而自请退出。我留，演文准他们的假，裂痕更深，团员又只剩12人。

我们正在闹意见的时候，九战区政治部抄来一件通知，如下：

案奉军事委员会政治部政运巴字第五三四号代电，奉委座寝侍秘渝代电内开，据佛教青年服务团主任演文，副主任万均号日无线电略称，僧等成立南岳佛道救难协会，并选择一部分青年，组织佛教青年服务团，经呈请第九战区政治部准予备案，于本月四日在南岳正式成立，日内亲赴前线参加实际工作。伏乞垂示，俾资遵循等语。查该僧众等感念国难，奋发忠诚，自动组织参加前线服务，深堪嘉许。希即查明代致慰勉可也。等因，奉此。除呈复外，特录电通知。

惭愧，我们何以克当。有一次我去见胡主任的时候，他提到此事，我只好哑巴吃黄莲似地说："我们对不起蒋委员长的慰勉！"

"八·一三"两周年纪念大会，赵恒惕议长亲自出席，胡主任为我们介绍，承他约我们长谈。我就于17号上午去见他，当时我请他领导湖南全省佛教徒起来参加抗建工作，他答应了。不过那时参议会事情很忙，所以又约我到南岳再谈。因为他已和上封寺方丈宝生和尚约定在南岳福严寺会晤了，我又重回南岳。

我回南岳的第三天，他也从宁辉乡沩山赶回来了。我和他谈到会见赵议长的经过，他似乎没有什么意见。赵议长到了，我写了一个计划书给他，他才督促着宝生和尚发起函召各县佛教界负责人，来南岳开会，筹备湖南佛教徒抗敌后援会。并且说：省参议会尝有人提议以庙产办自卫团，假定在这个时候不起而救国，将来即无可转湾。宝生和尚就慷慨地答应了。

通启是我起稿，经过赵议长的秘书改削而成的。油印，缮发，亦由我和明真法师包办。计发衡山、衡阳、宝庆、湘乡、湘潭、宁乡、长沙、浏阳、永宁、耒阳、郡县、东奇等十余县，五十余件。开会日期9月8号，给了凡的通启是我带回面交的。

了凡本来是宝生和尚的法徒，感情则非常恶劣。他顾虑湖南佛教徒抗敌后援会要妨碍湖南省佛教会的工作，看完通启，气就来了，并且疑心我不忠于长沙的工作。我没有和他多辩，照常替他们布置僧伽训练班，才算平了他的气。至于我之所以设法组织全省性的抗战团体，实有重大的原因在。第一，想用省佛抗会的组织，使佛青团和南岳佛道救难协会流动工作团合并，以谋人事上的彻底改组。第二，以全省寺庙财力，维持经常工作用费。第三，借普遍的组织，以消除各方面的新怨旧恨。第四，扩大工作部门，实际到战地服务。他们的不能合作，使我冷了一半。胡主任也笑着说：时事如此，出家人还闹意见，真不可解。不过事实既然那样，让长沙市县的地盘，给了凡组织湖南省会佛教徒抗敌后援会好了。我又衔着此命，三回南岳。

7 号下午，南岳的几个长老，碍着赵议长的面子，懒洋洋地到了福严寺。8 号上午，衡阳、湘乡的代表，和附近的十几位居士也到了。赵议长要道教徒也加入，就到半山亭找了一个道士当代表。饭后开会。赵议长主席，报告时，说得非常恳切动人。游干班政治部代表和唐辟衡县长等所说，也很扼要。讨论到名称的时候，空也提议用湖南佛道救难协会，因为不合政府统一抗战团体的规定，没有通过。他们就交头接耳，嗟嗟太息起来。赵议长发了一顿脾气，才决定名称为湖南佛道教徒抗敌后援会。继即推定宝生、空也、悟真、有缘、了凡、智能、灵悟、李缘真（道士）、周勃臣、粟勘时和我为筹备委员。由宝生、空也、周勃臣召集。宝生和尚还算热心，本来想邀我到衡阳去筹备开成立大会，为避免空也、悟真等人的摩擦，另外请了一个和空也关系较密的绅士出来办理筹备手续，费用归宝生一人垫出，筹备处设大善寺。

佛道抗敌后援会既不用我操心，长沙训练班还是要我负责。长官部的黄参谋、程科长和三民主义青年团支团部、县党部、县动员委员会、市党部、青年会、红十字会救护总队都很热心帮忙，所以我们都很高兴。报名投考的四五十人，制服40套，一律草绿色僧领中山装，市民看了，乱叫“和尚兵”，开学期9 月30 日。

9 月24 日，“风声鹤唳，草木皆兵。”了凡有停办的意思，经我晓以利害，又允暂迁岳麓山。25日更紧，了凡不顾一切，宣告停办，佛青团也经过一场争议，从此散场。我则暂退沩山，帮宝生和尚办护国息灾法会，同时筹划到印缅各地考察佛教情形，以为将来改进佛教的参考。当时因为经济问题没有把握，做好了一个背裹，准备效法玄奘，行脚西征。不意沩山的朋友，都赞成我出去，陈军长也寄了一点钱来，我才改变出宝庆过沅陵贵阳步行入滇的路线而先回南岳，拟即乘车至桂林转滇。

到了南岳，才知道了凡有信到沩山，要我回长沙恢复僧伽训练班。留在南岳的佛青团旧同志，也逼着我到长沙去，以便僧训班结束之后，在湖南省佛教会下面恢复佛教青年服务团。我又于旧历十一月中旬重到长沙。

其实短期训练，除灌输僧众以政治意识之外，没有别的好处，干部的养成，还是要从工作中锻炼出来的。所以我一到长沙，就提出工作方案九条：一、先恢复省佛教会之活动，而附设佛教青年服务团于其下。二、为适应人力物力之可能，以就地工作为主，注意于研究与学习，以期养成健全之干部，进而扩展工作。三、工作时间，暂以三年为限。四、工作人员最少二十名，须品学兼优，并能刻苦耐劳者。五、宗教团体与其它民众团体之性质稍有不同，故工作人员皆须严格遵守佛教戒律，以免引起其它佛教徒之岐视、轻视，因而丧失领导作用。六、每人每月平均支给养12圆至15圆。七、须建立地方性质之经常工作单位。八、设客观环境须要，而物力人力亦许可时，应与其它政工团体配合，流动工作。九、将僧伽训练班训练时间缩短、规模缩小，而以工作团队之全体工作人员充数职员及学员。

了凡对此也很赞成。过了年，在开福寺将训练地点内内外外布置了半个月，也用了一点钱，可是没有学生来，登报招生，用公函到各庙去催保送也没有效力。去请求国民兵团行文各乡公所代催，他们先答应了，后来又说我们的训练办法虽然已经得到县党部、县动员委员会的许可，而与国民兵役法规抵触，不准备案，当然不能行文各乡公所代催僧青年来城受训。了凡等都灰了心，决定借此收场。恰巧宝生和尚经过长沙，特地来对我说，赵议长还想把佛道抗敌后援会动起来，已定于四月八号在南岳福严寺开成立大会，通知书已发出，一定要我回去帮忙。我是筹备委员之一，况且实际上是我策动的，当然无可推辞，4月2号，怀着一颗高兴的心，又回南岳。

谁知南岳的老和尚都在抱怨宝生哩！他们说出家人都是穷光蛋，有什么力量做后援，有的人还怕抗敌两个字有问题。同时宝生翻印了内政部新近颁布的寺庙举办公益慈善事业条例，他们说是宝生和尚惹出来的，都挖苦他说他想出风头。八号那天，宝生因此没有出席。其余各县的代表，到有一二十人，很有几个因为当地官绅的压迫，怀着极大的希望而来的。群龙无首，一哄而散，湖南佛道教徒抗敌后援会从此打入冷宫。

7月12号，重庆一个朋友从信里告诉我：××会议第十三条议决，新县制实施之日，拟提庙产一部分补助政费，并闻贵州省已经实行云云。当时我以为假定把这个消息在衡阳报上披露出来，一定会引起和尚们很大的冲动，从而使之将佛道抗敌后援会充实起来，或亦可能。果然，19号《大刚报》上登出来，整个衡阳南岳的和尚闹得乱烘烘的一若大乱将临。他们托人到大刚报馆去问这个消息的是否确实和来历，知道是我登的，都集怨于我一人，变成了老和尚们还击我的武器，我连夜下山，走出湖南。去年夏天到南岳借藏经的时候，还有人要和我为难哩！

拉拉杂杂写了上面一大堆，总算把我在湖南的工作经过情形，叙述了一个大概。本来还想将佛青组织大纲、流动工作团团章、佛抗会简章发表，限于篇幅，以后方能披露。

（原载《狮子吼月刊》1942 年第 2 卷第 1 期）

一年来工作的自白

将此身心奉尘刹，是则名为报佛恩。

——《楞严经》

以前种种

也许是出生在没落的小资产阶级家庭的关系，我从小就多愁善感。当风雨晦冥的时候，常常一个人跑到离家五六里路的山里去仰天痛哭。月白风清的晚上，则又一个人兀坐在田塍上横吹短笛。有时在梧桐树下，对月独酌，直至大醉酩酊而后已。有时把省下来的一点钱尽数送给小叫花，还替他难过半天。记得大约是十四五岁的时候，寒假在书房里温书，看见窗外街道上来来往往的人就自己问“来来往往为什么”？刚巧一个朋友走进来，我就问他，“街上的人来来往往究竟为什么”？他反问我，“你在这里又为什么”？我当时吓了一大跳，肩头上好像挑起一个很沉重的担子放不下来，从此就想出家。

19 岁那一年的暑假，从家里偷跑到常州清凉寺去找应慈法师，想跟他出家。机缘不顺，未能如愿，又跑到杭州灵隐寺去出家。刚巧太虚法师在那里，见面之后，他要我做一篇出家志愿书。我用骈文写了四个志愿，一千多字，(从家里偷跑出来随身所带，除替换衣服和雨伞外，只有《老子》、《庄子》，和《昭明文选》三部书）当中有一个志愿是“改革佛教”。其实那时我所知道的佛教，只是在灵隐寺看过几本《安士全书》一类的知识而已，以前我从未研究过。所谓“改革佛教”，究竟不知道从何处说起。(原稿已在“一二·八”之役被毁）可是太虚法师看了很赏识，评语中有“斯亦有志于道之士，得其师导，可臻上达”之语。过了几天，我就跟着太虚法师到厦门闽南佛学院，既未拜师，也没有皈依，糊里糊涂研究了几个月佛学。闽南佛学院大闹风潮，先父又苦苦催归，家未出成，又回上海读了一时期书，秘密参加革命工作。

其实那时搞革命，除了一点赤热真诚的正义感之外，思想是不明确的，行动也未见得进步。我们虽然掌握了江阴县两个报馆，和一部分纱厂工人与中小学教员，组织还是稀松的，一切秘密都被土豪劣绅所知道，联名向江苏省党部告发我们。

通缉令下，牺牲了一个同志，我逃得快，未遭逮捕，可是损失也很大。其时先父去世未久，悲思未已，再加上这样的刺激，以前的人生问题又涌上心来，所以决定再到杭州去出家。本来有朋友要介绍我跟熊十力先生读书，或到山东去跟梁漱溟先生学习，我都辞谢了。偏偏太虚法师又来杭州，承他介绍，依灵隐寺却非和尚正式出家，受具足戒于宝华山，时为1931年，年二十三。

出家之后，从法相唯识的研究开始，在一年半当中，把一本十支和所有注疏，都细细看过，又做了很多笔记。自问心头，佛法对于自己究竟有没有用，当时只能回答一个否字。继又自问，佛法对于自己既然没有用，出家何来，还不如回去。但又一推详，二千多年来学佛而得到受用的人很多，他们难道尽是愚痴的人？这事关系重大，未便草草，而内心的痛苦则自此不断增加，有时连做梦也哭醒。有一次我去看马一浮先生，见面便问“如何是人”？他说从来没有人这样问过，如何是人，还要你自己解答。当时不得要领，不禁哭了起来。自此就不看经论，把自己心里面的问题细细参究。哪里知道问题一个接一个，非常之多。周少猷老先生介绍我到内学院去，见了欧阳竟无先生，解决了一些普通的问题，心头终未宁贴。在内学院住了几个月，应约到四川汉藏教理院去教书，功课不多，又没有事务方面的牵缠，每天还是苦心参究。经过差不多一年的光景，渐渐觉得对于问题的解答，很多与经论不谋而合，问题也越来越尖锐深刻，即又回到内学院打开经本，从三论、般若、天台、贤首、禅、净，以及大小乘经论，都看了一遍。心里蕴藏着的问题渐渐少起来了，就到大街小巷去找问题。前后总计看了七千多卷经论，解决了五百多个问题。（每看一本书都做笔记，每一问题的思考与解答都有纪录，积稿盈箱。）中间还参访了肇安、玉䅺、印光三老，才得安心做一个佛教徒，对于佛教的现状也更深怀不满，这是1937年以前的事情。

“七·七”事变之后，专门在世间学问上用功，除研治先秦诸子、宋明理学之外，抛荒了的英、日文也开始温习，又新学德文，希望能看康德、黑格尔、马克思、恩格斯的原著。可是日寇的凶焰，一天天嚣张，我逃难的路程，也从福建而香港、而广东，（在南华亲近虚云和尚，任书记数月。）而湖南，舟车跋涉，贫病交侵，的确没有办法能做好学问功夫。1939年在南岳办佛学研究社，南昌告警，再也不能耐心读书了，就率领学生二十余人，组织佛教青年服务团参加抗战，这是我重新和现实社会接触的开始。在工作当中碰了很多钉子，有一次几乎有生命的危险，但倒增长了对于佛法的信心。1940年秋，不能再在湖南住下去了，就到广西桂林办《狮子吼月刊》，鼓吹抗战与佛教革新运动，（“生产化、学术化”两口号，就是那时提出来的。）和社会的接触面更加宽广。当时有许多人以为我喜欢活动，其实我是在深入考察社会上每一个阶层的底蕴。形形色色知道得愈多，也更足以证明佛理的正确，希图彻底改革佛教教务的心愿，也愈加坚定。

1946年回到杭州，住灵隐寺，任职浙江省佛教会及杭州市佛教会，对于佛教界的一切内幕，看得更为清楚，才知道在国民党反动政府下面要谈改革佛教教务是办不到的。那时的浙江省主席是沈鸿烈，曾经鼓励我草拟改革浙江全省佛教教务的计划，我认为空言无补，没有理他。后来浙江省主席换了陈仪，杜伟居士当民政厅长，曾经两次对我说，愿意帮助我改革杭州市的佛教教务。我当时用书面向他提出几个问题，没有得到答复，也就置而不谈。事实上社会经济基础未变，旧有的一切，结合在一起，牢固不化，以民政厅长的全副力量，想要加以改造，只是主观的愿望，唯心的想法，决不会成功的。写到这里，不禁使我们想起太虚法师。他几十年奔走呼号，没有得到什么结果者，受了时代的限制之故也。一代大师赍志以没，又不禁使我们低回惋惜，联想到杜工部《吊诸葛武侯》的两句诗："出师未捷身先死，常使英雄泪满襟！"

1948年春在香港讲经，会到了李济深、沈钧儒、章伯钧、郭沫若诸先生。谈到佛教问题，大家认为是一个大问题。人民解放军不久解放全中国，佛教的现状，必将打破，以后如何做法呢？还没有看见新的计划，实在是一个重大的缺憾。当时我也很着急，讲完经，就到台湾去考察，想看看日本化的佛教，究竟如何。在台湾一月，走遍全台，参访了很多寺庙，认为日本化是有问题的，（详情见《台湾行脚记》，载《觉有情》月刊）改革中国佛教教务，应配合时代，重订合理的办法，日本化只能供参考而已。自台湾回到杭州，开始考虑草拟改革全国佛教教务的计划，赵朴初居士也为此到杭州去和我商量过一次，想秘密召集分散在沪、杭、甬一带的进步的佛教徒开一个会，切实商决具体办法。因为我病了一场和其它顾虑，拖延再推延，一直到徐淮战役结束，江南传警，大家万分紧张，无暇及此，我就离杭再到香港。

那时李济深先生等都已北上，夏衍、潘汉年先生则是中共华南局的负责人。夏衍先生是熟人，潘汉年先生没有见过。有一次陈劭先与吕集义先生和他谈到我，据说他对于佛教问题很有兴趣，要我写一个计划给他看了再谈。我当时写了一个新中国佛教改革草案，托吕集义先转交给潘汉年先生。过了好久，没有消息，去看夏衍先生，知道潘汉年先生把我那一个草案同大家研究过，没有提出什么意见，刚巧有人去石家庄，已经带到北方去了。其实我那个草案是急就章，又不明了解放区的实际情形，很多地方有问题，但当时又的确无人可共商量，只好算了。好在由我一人具名，并不代表佛教界共同的意见。以上是我二十年来参学的经过情形，再总括为四点说明如次：一、我从小就爱好佛学，改革全国佛教教务是我的夙愿。二、佛教教务的改革是必然的，但必须吸收佛教界优秀的素质，作为基本精神。像印光老人的“真诚”，弘一大师的“清逸”，虚云和尚、寂云和尚的“刻苦”，太虚法师的“念念不忘佛教”，以及欧阳竟无居士的“赤胆热烈，愿力庄严”，都是值得效法，并加以发扬的。三、事事磨炼，正是入德之门，决不妨碍，也可以说就是真正的修行。相反的，离开了事而想求入理，则是钻牛角尖，愈钻愈窄，最后必定断送了自己的慧命。四、改革佛教教务非但是佛教界的当务之急，并且也是一般社会认为问题甚大，而且非常需要的。

政协前后

1949年4月3日，和李济深夫人吕集义先生等，同船自香港北上，事前夏衍先生和廖沫沙先生替我打了电报来。一到天津，受到招待，颇有“意外”之感，总还以为沾了同行者的光。4月13日抵北京，住永安饭店，起初不知道是政府的招待所，还想自己给房饭钱。他们拒绝了我的意见，招待得无微不至，我才恍然大悟，中国共产党对于赞成革命、爱好民主的人士，不管力量如何，阶层如何，只要肯投向光明，决不遗弃一人，此之谓“统一战线”。我在钦佩及感激之余，深深的感觉着有点惭愧。所以在永安饭店住了两星期，搬到北海公园里面去住以后，我只愿意每月向招待所领取75斤麦粉，而不要其它零用钱。一直到1950年2月，我们办了学习班，伙食有着，就不再要招待。此外我也从没有要北京佛教界一文钱、一斤面。一切为公为私所用的钱，除去年10月上海佛教界寄了一点钱给我以外，都是我在香港讲经所得的报酬。因为我自己觉得能力有限，为国为教，恐怕没有很好的贡献，这样倒反心安些。

至于北京佛教界对于我这样一个陌生人的突然莅临，首先觉得非常惊异。有人怀疑我是老干部，伪装着出家人来做工作的。又有人以为我是带着旧的一套，到新社会来钻门路的。有些不明“改革”两字意义的人，则心惊胆战以为我来破坏佛教的，甚而还有人以为我从南方跑到北方来抢大庙的。但也是有很多明白的人，像周叔迦居士等等，晤谈之下，非常相契。经过一个多月的考察与讨论，用北京市佛教同人的名义，为改革全国佛教，上书毛主席及各民主党派。其主要意义有四：

一、人民民主主义的革命，彻底摧毁了封建的迷信的最后堡垒，使中华民族挣脱了一切枷锁，坚强地站起来，建设自由平等的新社会与新国家。这是五千年历史上最光辉最伟大的一页，而由于中国共产党正确的领导，英勇的斗争，以及各民主党派贤明的热烈的拥护与声援所造成的。我们佛教同仁，对此新时代的降临，一致欢喜赞叹，踊跃爱戴。

二、佛教来到我国，虽有一千八百多年的历史，和我国文化的各方面，虽也曾调和融摄，发生过密切的关系，但在封建社会的长期支持之下，自不能超越现实，完全走他自己的道路的。所以不免逐渐变质，以至于背叛了释迦牟尼。尤其是最近四五十年，全国各大小寺院，由封建地主而商店化、家庭化，格外加强了迷信与没落的倾向，使佛教受尽了社会的揶揄与轻亵。我们实在觉得非常痛心，也曾经做过一点改进工作。但佛教这一个阶层，和整个社会是分不开的，整个社会没有改革，佛教内部的革新也无法进行。所以佛教革新的运动，虽然也有30年的过程，而在这个时代以前，可以说是毫无成绩。现在政府替我们把束缚着佛教的封建与迷信的绳索割断了，并且也把假借佛教名义，宣传迷信，使佛教蒙受不白之冤的种种邪教，如一贯道、九宫道、普济佛教会、普明佛教会等铲除了。佛教将从此站出来，建立他自己的生龙活虎的新生命。所以我们十二万分感谢这个时代，感谢中国共产党。

三、佛教的本质不同于别的宗教，他“无神”又主张“实践无我”。与时代精神深相吻合。加以即待解放的西藏和台湾，都是崇奉佛教的。和我们毗连着的国家，如安南、暹罗、缅甸、锡兰、印度、朝鲜乃至日本，都是根深蒂固的佛教国家。假定在中国革命的过程中，漠视了佛教这一个单位，恐怕对于解放西藏台湾和世界革命的进展，或者会发生困难的。反之，如果新中国的国土上，出现了佛教的新姿态，对于全国的完全解放和世界革命的进展，或者也不无便利之处。

四、提出“生产化”、“学术化”两个口号，作为改革佛教一切制度的目标。生产化可以打破旧时各寺院封建的经济组织，学术化则加强佛教徒对于佛教的认识与正信以破除迷信。封建的组织与迷信的愚昧既已毁弃，佛教革命的本质，才能完全流露。这对于争取落后民众参加革命队伍，不是没有帮助的。

这个意见书的稿子是我写的，签名者共21人，可见改革全国佛教教务的时机已经成熟，改革的办法，虽然还未到确定的阶段，也已得到佛教界内一部分人士的赞成，这在解放之前是不可想象的。至于各民主党派的反映，则都认为我们提出的意见和办法，非常合理。组织方面当然不便批示，但和他们谈起来，也很表同情。这是我一年来工作的一个段落。

在人民政协筹备开会之前，我在田汉先生那里遇到了林伯渠先生，他说人民政协里面，已经决定有宗教单位，我听到了心里非常高兴。林老又很关切的询问北京佛教界的情形。我说不甚安定。他说有什么具体事实，可以报告他，他再反映上去。不久北京市人民政府颁布了严禁毁坏寺庙古迹文物的通告，佛教界的情绪就慢慢安定下来。不过我以为消极的保护之后应该有积极的整理，才能收到实效。曾经本着这个意见和张友渔副市长谈过一次。张副市长非常开明，对于佛教的情形也相当了解。他说积极整理对于佛教和政府都有益处，但非有一个佛教团体从中领导不可。组织团体的时候，最好以解决佛教问题为宗旨，不必涉及其它。这是非常贤明的指示。我就根据这个意见，草拟了一个中华全国佛教整理委员会和筹备会的章程，送请统一战线部核夺。统战部的同志说，组织全国性的团体，需要延揽很多的人才，目前这样做恐怕是有困难的，最好在开过人民政协之后再谈。一则有《共同纲领》可以依据，再则代表本身就负有有处理这个问题的责任。这个意见也是非常正确的，所以就把组织团体的问题暂时搁置起来。

1949 年 6 月 21 日人民政协筹备会全体会议通过参加人民政协的单位及代表名额，居然有宗教界民主人士七人参加，北京佛教同仁知道了无不额手相庆。当时我写了一封信给李维汉先生，大意谓：佛教是世界三大宗教之一，本身有二千五六百年的历史，信徒遍及亚洲各地，近且为欧美人士所爱好，就是苏联也有几个著名的佛教学者，而在我国则已经流传了一千八百多年，到现在还有广大的信徒，所以佛教是有资格参加人民政协的。诚然我们佛教徒太惭愧了，自民国以来，始终没有能够完全打破封建的束缚，努力改造，发挥佛教本有的革命精神而为人民服务。但是现在非猛着硬鞭，彻底革新不可了。我们想，假定不是太不争气的话，经过改造以后的佛教徒，利用原有的信仰基础，或者也还可以在人民大众前面，勉尽绵力的。同时为着信仰，为着报佛恩，我们佛教徒是要争取参加人民政协的。随后我又有一封信给李维汉先生，略谓：

近日于李任潮、田寿昌诸公处，得知政协宗教代表七人中有佛教名额，无任欣慰，愿就所知，更为先生略陈之。政协之有宗教代表，民主政治之盛事也。为宗教代表者，必须能运用新民主主义之理论，解决宗教上一切问题，而后可告无愧于人民。否则委委蛇蛇，点缀议席，固为宗教前途之障碍，抑或亦人民政治协商会议之瑕疵也。就佛教言，因历史之久，信徒之众而积弊愈重，其待解决之问题亦较耶、回两教为多。佛教代表所负之责任，自亦较为艰巨，则佛教代表之选择，不得不力求严格，其理显然。又依佛教经典，出家僧尼主持佛法，而在家居士护卫佛法。故僧可为一寺之住持，而居士仅称护法。近数十年僧尼中固不乏高明之人，而一般素质，每况愈下，其信仰学识，颇有远在居士之下者，惟其主持佛法之身份，则始终不渝。故言佛教之改造，自以僧尼所住持之寺庙为主，而居士所组织之佛教团体次之，此在上毛主席书所附《新中国佛教改革草案》中已详言之。则政协佛教代表，应以出家僧尼为主，其理亦甚显然。

这时候陈铭枢居士已来北京，对于佛教代表的名额问题，认为照佛教的历史之久，信徒之多来说，在宗教代表七个名额之中，应有三名。他也曾为此事和李济深先生联名向李维汉先生提出意见。直到8月31号才作最后决定，佛教代表三名，有一位在特别邀请之中。后来吕秋逸居士因事不能来京，所以没有发表，而只有赵朴初居士和我两人出席。我自己明知责任艰巨，难于胜任，但为二千五百多年的佛教着想，又不能不勉为其难。这是我一年来工作的第二个段落。

10月1日开国纪念日，在天安门上会见了乔木先生。他说佛教对于东南亚各国的关系太大了，应该组织一个协会，进行工作。我说巧得很，我们正想先组织地方性的佛教协会，着手改革佛教教务，章程草案已经脱稿，待印好即可送上请教。这是因为北京市人民政府民政局方面的催促而计划的，但不能不先请示于统战部。据王伯评先生对我说，统战部方面认为佛教教务的需要改革是肯定的，但如何改革，则尚未决定。主要原因有二：一、中央政府里面，是否设立处理宗教事务的机构，尚在考虑。二、政协全国委员会里面宗教事务组尚未开始办公。所以关于组织佛教团体的事情，最好再等一等。当时赵朴初居士因事忙已回上海，而宗教界与政府之间，有很多事情需要商量，我就非留在北京不可了。

自从留在北京，经常和北京佛教同仁讨论进行改革佛教教务的问题。这里面又可分成三个节目：一、佛教问题研究会，这是在政协开会期间，帮助我收集资料，研究问题的临时组织。二、僧众座谈会，乃是发动全市僧众集体讨论的组织，也是临时性质，没有向政府备案。我在这个座谈会上，曾经对大家说道：

我为佛教在新社会中，争取一个合理的立场与正当的工作岗位而来北京。进行到现在，这两个要求，政府已在事实上圆满答复了我们。至于我和赵朴初居士两人，作为佛教代表参加人民政协，并不单纯的因为是佛教徒，而是由于过去对于民主运动多少有过一点贡献的关系。可以说因为是民主人士所以才被邀请为代表，又因为是佛教徒，所以才被邀请为佛教界民主人士的代表。那么我们以后应该怎样做法呢？我们知道佛教界素来和帝国主义风马牛不相及，和官僚资本主义的关系也很少，可是一般社会都认为我们佛教与封建传统是有密切关系的。我们不妨自我检讨一下，我们过去的生活来源，依靠着什么？无可否认的大部分依靠地租，这就证实了我们佛教界和封建主义是个好朋友。此后如果仍继续过去的作风，不谋改进，时代决不容许我们。我们必须深刻地认识，新国家的成立，决不是过去的换朝代，在新社会里，也决不许可有人剥削人，人压迫人的事情。我们对此点，必须根本觉悟。我们应该利用现在所获得的合理立场，与正当的工作岗位，及时努力，真正地发扬释迦牟尼的革命精神，真正从事生产，为社会为人民服务，我们才有前途，否则只有被淘汰。按照目前客观环境来说，佛教并不是没有前途，但是前途必须我们本身去争取；并不是没有光明，光明亦要我们自己去寻求。佛教是有许多问题的，但问题尽容许我们自己去解决；是有许多荆棘的，也尽容许我们自己去剪除。今后为祸为福，为凶为吉，就看我们如何做法了。

接着有238个主要的寺庙，分别提出改革的意见，大概可以归纳为四点：甲、彻底消灭封建与迷信。乙、肃清潜伏在佛教界内的外道及假借佛教名义、欺骗民众的组织。丙、僧伽分别集中从事生产工作。丁、各寺庙产业均为教产，听教会动用。话虽如此，实行起来还是有问题的。所以，正式成立北京市佛教徒学习会，先从搞通思想着手。关于学习会和僧尼训练班的经过情形，另有总结报告，此地不谈。但有一点是可以说的，就是僧尼训练班的成绩，虽然并不如预期的圆满，而不是没有效果的。经过训练的僧尼，思想上比没有经过训练的进步多了。他们认识了时代，认识了佛教的真精神，接受得了改革佛教教务的理论与办法。也知道佛教的前途是要我们用自己的血汗去争取的。因此我们开办麻袋工厂，把他们吸收在这一个生产部门里去，配合着“新丛林”的计划，开展中国佛教新建设的第一步，这是我一年来工作的第三个段落。《新丛林组织纲要》（草案）如次：

一、凡愿成立新丛林之寺院，由全寺大众及有历史关系之信徒居士，共同选举委员会七人或九人组织事务委员会，分别负责。

二、正副主任委员必须由出家者担任，其它事务如出家者无人或不能负责时，可由居士担任之。

三、委员任期均为三年，连举得连任。

四、委员会下分总务、学习、生产、修持、研究等组，其事务分配如下：

（一）总务组——处理庶务、会计、出纳、知客等事宜，相当于库房与客堂。

（二）学习组——主持学习新民主主义及佛学纲要事宜。

（三）生产组——处理工业或农业生产事宜。

（四）修持组——安置年老僧人，及居士之愿专心修持者。年轻者如欲参加，必须在工作之余。

（五）研究组——安置文化水准甚高、佛教研究有素之僧人，使之专门研究，但每半年必须有重要论文一篇。

五、委员会成立之后，凡欲参加新丛林者，须经详细审查，及委员会通过后方得加入。如中途退出，经劝导无效，得任其自由。

六、凡参加新丛林之人，除年老者外，须以体力劳动或脑力劳动取得生活资粮，寺中不供给膳食。

七、寺庙房产收入，除供养年老者及研究员外，所有盈余，作为支付捐税之用。

八、每人工作报酬，得酌量情形提出公积金若干成，作为福利基金及其它不时之需用。

九、经济公开，每月公布收支实况一次。

十、体力劳动或脑力劳动，每人每日皆以八小时为标准。此外每日上殿一次，学习新文化一次，学习佛学纲要一次。上殿仪式另行规定。

十一、凡参加新丛林者，其所有小庙，应全部交由委员会处理。

十二、服装，清规（包括出家受戒等项）之改革另定。

关于各宗教教务改革的问题，自人民政协闭幕之后，即不断与政府商量，直到今年五月五日才由全国委员会宗教事务组召开第二次座谈会，正式提出讨论。首先由代组长陈其瑗先生传达周恩来总理对于宗教问题的指示，大意为：政府与宗教的合作，在于政治上一致，而不求思想上的一致。各宗教应在教言教。基督教应坚持反帝，主要是美帝国主义。各地妨碍宗教信仰自由的事情，应极力纠正。继浦化人先生发言谓："各地干部对于宗教问题，有些处理得不好。这不仅对于宗教如此，对于其它问题亦然。请宗教界不要悲观，要相信政府。困难是可以克服的，整风之后，或可以好转。"最后陈其瑗先生分三点答复我提出的问题：一、保存古迹文物，不单是佛教的问题，政务院不久有明令指示。二、《社团登记条例》，已经反复商讨多次，不久亦可公布，宗教团体不在例外。三、机关部队借用教堂（也包括寺庙在内），应取得其负责人的同意，本年一月间亦已由内务部发出指示。但有空屋的寺庙，应体谅各地房荒的情形，协助当地政府解决困难。至于基督教的改革方针，以自治、自养、自传为原则，曾经八易其稿，直到9月23日才正式公布，可见其慎重将事。

5月29日，宗教事务组召开第三次座谈会，讨论我提出的三个文件：一、目前佛教的情形，二、关于处理一般宗教问题的意见，三、改造佛教的意见。蓝公武先生说，改革宗教的主要目标为劳动生产，抱残守缺的迷信思想要洗刷干净，寺院的地主资格应取消，招收小孩子出家的子孙堂制度，也不应该存在。对于我提出的改革意见表示拥护。谢邦定先生补充了四点意见，为进行宣传，争取自愿，重点示范，教养并重。我觉得都非常正确，就从头加以修改，成为《改革佛教的意见》，叙文和基本原则如下：

全国佛教信徒，对于新时代的降临，新国家的成立，衷心的表示拥护与爱戴。我们不以佛教在我国历史之久，信徒之众，寺庙之多，以及和社会各方面关系的密切而自满，自傲。相反地，我们认为过去的佛教，和封建主义结下了不解缘，而佛教徒的思想与行为，也大都是迷信落后的。因此我们竭诚拥护《共同纲领》，在政府领导之下，反帝国主义、反封建主义，反官僚资本主义，以求洗净佛教界内到现在还存在着的寄生、懒惰、消极、退避等等足以妨碍社会发展的污点，恢复原始佛教实事求是的革命精神，使佛教成为新国家的建设的一种力量。改革佛教的基本原则，拟定如次：

一、由于佛教受封建迷信的熏染甚深，改革之初，以反封建、反迷信为主要工作。同时为保卫世界持久和平，及国家建设的胜利完成，故反帝国主义，反官僚资本主义。

二、从劳动生产彻底改革佛教的现行制度，使出家僧尼，老者有所养，少者有工作，消灭寺院的地主资格，子孙私有制度，和迷信营业。

三、依据人民政府《共同纲领》第四十条之指示，用科学的历史观点，在理论方面，研究大乘教理，弃伪扬真以澄清思想；在行为方面，发扬菩萨行的积极精神，无我除执以实践理论；在文物方面，保全资料，芟芜去秽以整理典籍。

这个《意见》又于6月10日宗教事务组第四次座谈会提出讨论，大家认为相当正确，合于新社会的政策。不过进行起来，不要心急，措辞也要婉转些，以免引起误会。陈其瑗先生传达周恩来总理的指示，也要我们多征求各方面的意见，再作决定。因此于6月18日由李济深、陈铭枢、唐生智、赵朴初、方子藩、周叔迦和我七人，邀请出席人民政协全国委员会第二次会议的代表当中，与佛教有关的诸先生在森隆饭庄座谈。出席者除主人外，有叶恭绰、李一平、周太玄、李明扬、林钧志、董鲁安、梁漱溟、李根源、喜饶嘉措、郑振铎、沙咏沧等十余人。谈论记录，约略如下：

巨赞报告草拟《改革佛教意见书》的经过，以及与全国委员会宗教事务组两次协商的情形。

赵朴初改革佛教的意见，现在所提出来的，可以说是草案的草案，尚须经过各方多次讨论才能成为佛教界全体的意见，据基督教改革意见的修正情形，最初所提，注重在向政府要求解决问题，至最后第八次修正案，完全注重在教会本身工作。佛教改革方案，可以参考。但佛教改革为势必所需，与其被动，不如争取主动。

叶恭绰佛教情况，素来散漫，而且分散在广大区域。若首先从全国性的改革工作着手，恐怕很多困难。即就经济方面而言，很成问题。似可先从地方性的工作着手，规定一个能够适合某一地区的办法，可比全国性划一之整理为易。

陈铭枢改革佛教的意见，今天就北京方面同仁先作商讨，然后再向全国佛教界征求意见。待有决定，再谋组织佛教会。

梁漱溟佛教徒素来像一盘散沙，亟应设法结合成一个中心，即可以今日之集会为基础，本人极愿尽一份力量。

喜饶嘉措改革二字，对于佛教未可轻用。据《意见书》中所说，不过教务问题。佛教徒的行为，本应随地区随时代而求适合，但教理与修养，即所谓佛教，绝不容有所变更，理应坚持，今定名为改革佛教，在汉文中或无问题，若译成藏文，则可能发生极大误会。至于佛教徒的行动如何能与政府相配合，本人以为此正佛教徒份内之事。

巨赞就我们内地佛教的习惯来说，一提到佛教，大都指佛教的形式或制度而言。如果就教理与修养来说，则平常都用"佛学"或"佛法"的名词。所以我们之所谓改革，与喜饶大师的意见相同。

周太玄改革佛教制度，乃僧伽之事，可召集各地僧尼商讨之。

赵朴初现在各地佛教寺院，已在危急存亡之秋，没有组织，无法维持。可以先组织类似佛教徒联谊会性质的团体，以为各地佛教徒互相联络的机构。

李济深：就今日情形而言，改革佛教较宣扬教理工作为急。可先将《意见书》分寄各地寺院征求意见，再召集各地代表共同商讨。

巨赞组织佛教团体，固然要紧，广泛征求意见，也是必须，但总得先有几个基本原则做根据，始能发生作用，否则一定漫无结果。我们今天所讨论的改革意见，应该认为当作根据的基本原则。

讨论结果。为避免误会起见，《改革佛教意见书》改题名为《中国佛教教务改革意见书》。先由巨赞征求北京市僧尼意见，方子藩居士征求上海方面僧尼意见，然后再定期在上海邀请各省市出席人民代表会议的佛教代表，及佛教界热心改革的人士开会，共同讨论。与之同时，我们发起组织现代佛学社，出版《现代佛学》月刊，公推陈铭枢居士为社长，巨赞为主编，其它详细情形，见该社缘起及简章，不赘。不过有一点也可以说说，就是现代佛学社自6月18日发起以来，不到三月功夫就出创刊号，各方面进行得都非常顺利，这或者是十方三宝加被之力。而我们从此在首都有了自己的刊物，可以传达政府的宗教政策，纠正佛教界内的错误思想，发扬释迦牟尼的真精神，以及反映全国佛教界的各种情形。水到渠成，功不唐捐，这是我一年来工作的第四个段落。

以上是我一年来工作的经过情形，虽然说不上有什么功绩，但是我的确为佛教尽了能尽的力量，并且也不是完全没有眉目。这就不能不感谢时代和政府当局的照顾周到，指示贤明。同时得到李济深、陈铭枢、赵朴初、李明扬、周太玄、叶恭绰、李书城、周叔迦、沙泳沧诸位居士，和贤良寺的圣泉和尚、极乐庵的达如和尚，在各方面提携护持，才能有这样的结果，这也是应该特别提出来报告全国佛教同仁的。

为全国佛教同仁进一言

一年来，接到全国佛教同仁寄来很多的信，记得只有南岳的明真法师这样说过：“南岳上封寺惨遭焚如，固然非常可惜。但穷源掘根，实我辈自身忘失佛法，平居未能以大悲方便，摄引化导，复何怨人！”“田租的烂包袱丢掉，僧众省吃俭用，勤耕苦作，量固日少，质将日精，亦未始非佛教前途之福。但负责与农民交涉之青年，在感情上多不无屈辱或威胁之感，弟尚尽力勖以发惭愧之心，发欢喜之心，作酬债想，作报恩想。无此见地，无此气魄，即不能作新中国佛教的主人翁。”“现在只痛恨自己过去的工作离开人民太远了，一切惩罚，是应担当承受的。”明真法师这样反求诸己的态度，使读他信的人，都深受感动，所以我认为只有用这样的态度，才能解决当前紊乱如丝的佛教问题，才能争取佛教光明的前途。其余不是询问佛教有无前途和办法，就是诉说苦情，而且又大都不甚具体，使作答之时，感觉非常困难。所以有几处一直到现在还未复信，这是要深致歉意并请格外原谅的。现在我想就有无前途说起。

当北京市僧尼学习班开学之初，学员们都担心佛教的前途，要我解答。我说第一等人蓦直行去，不问前途；第二等人，认识时务，争取前途；第三等人徘徊歧路，断送前途。为什么不问前途呢？因为佛教假定不是真理的话，你问他有无前途做什么呢？如果佛教是真理，真理是打不倒的，要你问什么前途呢？所以要问佛教有无前途，固然表示他对于佛教的关心，但也可见他对于佛教并未具足信心。知道了这个道理，再从时务上面去求透彻的认识，因势利导，勇猛精进，前途是可以争取得到的。则所谓前途，不是佛教本身的前途，而是我们佛教徒如何站稳佛教立场的前途。有一次我在戏曲改进局和黄芝岗先生谈起这个问题，他说，譬如一条鱼，在甲池里生长的，就只能吃甲池里的水，甲池填没了把它放到乙池里去，就不能不吃乙池里的水，佛教也是这样，过去在封建社会里生长了那么久，被封建阶级利用了那么久，事实具在，不必加以讳饰。现在进入新民主主义社会了，也就非加紧改进不可。如果还梦想再吃甲池里的水，那只是自取灭亡。反之，如果甘心情愿吃乙池里的水，自然没有问题，这就有前途了，何况佛教本来是适宜于在民主的土地上生长的呢。再拿灯做比喻，佛经上也常见日月灯明佛或灯光佛的名号，可见“灯”在佛教里面是非常被重视的。现在的问题是佛教徒打算把这盏灯放在什么地方。放在人家的头上呢？还是放在脚下？或者冷清清地闪烁在阴湿的墙角落里？就要看佛教徒们如何放法了，这是需要勇猛精进，竭力争取的。黄芝岗先生这番话，我以为值得我们佛教徒仔细玩味的，幸勿以河汉视之。所谓徘徊歧路，就是在乙池里而梦想再吃甲池里的水的痴鱼，他有无前途，不必再加解释。

“办法”是跟着前途来的，但并不是同一个项目。前途是目的，是可由之道，办法则是到达这个目的的，走这条必由之道的方法与步骤。北来年余我自信为佛教前途芟除了若干荆棘。至于办法，则不是我和赵朴初居士两个人的事，我们不能替大家作主张。基督教革新的办法，乃是我们很好的榜样。他们先由发起人草拟了一个改进的办法，经过各地基督教会的主要负责人反复讨论，取得同意后，印发全国基督教徒征求签名。据9月22日《新华社》发表的消息，签名者已达一千五百余人。他们的征求签名通启如下：

敬启者，国内基督教同道，经过数月协商，将发表一个对外宣言，现在征求各地同道签名，此事关系基督教前途甚大，希望国内同道，能广泛的参加。除已个别通函征求外，我们很盼望你能代为征求本地基督教领袖的签名，以免有所遗漏。（下略）

又他们在通启后面附加一段说明道：

中国基督教在新中国建设中努力的途径，是我中华教会具有划时代意义的历史性文件。他表示了全国基督教开明领袖领导全国信徒彻底拥护《共同纲领》的政治立场，与促成自治、自养、自传的中华教会的决心。他表示了在反帝、反封建、反官僚资本的新民主主义革命中，基督徒是全国人民的一部分。他的意义与影响，无论就中华教会来说，就人民的新中国来说，就全世界来说，都是广大而深远的。有人以为文件发表后，就没有别的事了，事实上文件发表只是我们工作的开始。当前的最大工作是怎样在广大的信徒中间宣传解释文件的意义，使他能得到千万平信徒的影响拥护，同时我们各教会可以因平信徒对建立中华教会认识的提高而进一步讨论达到自立自养的具体计划。这是极艰巨的工作，但只要我们能坚定信仰，能倚靠信徒，能热诚祷告，教会自立自养的目标一定可以达到。惟有达到了自治自养自传的目标，我们才是真正把主的教会建立在磐石上面。这个工作不但艰巨，并且严重，迫不及待，要忽视它，或只说不做就是罪恶。在今日这不仅不应当，也是不可能的。

《诗经》上说，他山之石，可以攻错，他山之石，可以攻玉。基督教界的一切作法，都是值得我们取法的，“办法”应从这里面产生出来。

至于诉说苦情，当然是应该同情与援助的，我也曾分别反映上去。如湖南南岳上封寺的事件，经报告内务部、文化部后，政务院发出保存古文物的指示当中，特别提出为例。河南开封相国寺的事件，经函请河南省各界人民代表会议佛教代表净严法师就近处理后，净严法师于6月17日及7月25日先后向河南省人民代表会议协商委员会提出报告。兹据来信，河南省人民代表会议协商委员会于八月二日函复净严法师，略谓该会已向河南省人民政府建议两点：一、迅速由有关部门派员到相国寺了解情况，如佛像确有艺术价值，且尚未损毁者，应即妥为保存。二、通知各级人民政府，机关团体，并布告各界人民注意保护名胜古迹，不得损坏。又如山东济南，安徽石弓山，江苏六合等地毁寺逐僧的事件，也都据实报告内务部请予查究。据内务部副部长陈其瑗先生对我说，他们见到了这许多报告，心里非常难过，希望多了解具体情况，以便纠正。不过各地佛教同仁寄来的报告，很多不明不白，甚至连日期地点都没有，只是空空洞洞的诉苦，有时还大发牢骚。又如甘肃灵台县某寺住持，他和人家打了一场架，说是人家欺侮他，要我“依法转呈甘肃省政府及灵台县政府保护。”这实在使我太为难了！

全国佛教同仁们！我们认清楚了前途，用合理的办法，和反求诸己的态度，处理一切有关佛教的问题，自然头头是道，困难冰消；否则片面的诉苦，无理的叫嚣，非惟于事无补，恐怕反要增加困难。所以“合理”的原则有二：一、不违背政府的政策，二、不违反佛教的立场。这是我在目前要想向全国佛教同人进的言。如有错误，还请指教。

1950年中秋节于北京极乐庵之九莲居

（原载《现代佛学》1950年第1卷第1、2期）

从个人主义到集体主义

——论佛教革新运动中的困难问题

关于佛教的整理或改革，一般人都认为是一桩艰巨的工作，有人并且说是一切改革工作中最困难的一环，我近来也深深觉得。但所谓艰巨或困难，一般人大都指形式或制度而言，我所觉得的艰巨与困难，则不单是形式或制度而已；并且以为形式或制度的整理，并不是一桩很难的事情。因为某些佛教问题，其实不是佛教本身的问题，而是社会问题。譬如寺庙的零乱，僧尼的庞杂，以及戒律与清规的废弛等等，我认为都是社会问题而不是佛教本身的问题。社会问题将随社会的进展而逐渐得到合理的解决，就是许多不合理的现象和封建顽固的堡垒，就我看来，决不可能存在很久。所以我始终对于佛教形式或制度的改革，抱定乐观的态度，如要解说，也很简单。

我们知道寺庙之所以零乱，僧尼之所以庞杂，完全由于过去寺庙经济宽裕的关系，或者说是吃饭太容易的关系。佛教界内不是流行着“天下丛林饭似山，钵盂到处任君餐”两句诗吗？“饭似山”，“任君餐”，何等阔绰，何等自由，欲求不零乱庞杂而不可得，自然谈不上戒律与清规了。现在大家知道得很清楚，“天下丛林吃饭难，钵盂到处不成餐”，把佛寺当作救济院的情形以后不会再有的了，僧尼分子也就庞杂不起来；僧尼分子不庞杂，寺庙也就不会零乱，就有戒律与清规可讲了。这不是很简单很明白的事吗？就这一点说，我们的拥护《共同纲领》和《土地改革法》，也是为了佛教的整理或改革。而《共同纲领》和《土地改革法》是中国人民革命的大宪章或基本政策，决不因为我们佛教徒的拥护与否而有所改变。也就是说，不管中国佛教徒对于《共同纲领》及《土地改革法》的态度如何，这个大宪章或基本政策必定全部付之实施的。那也就是告诉我们，不管全国寺庙僧尼以及所有佛教徒对于佛教整理或改革的态度如何，佛教的形式或制度总是要整理或改革的。我的所以乐观，其原因在此。当然，提到整理或改革，无论在那一个过程，那一个阶层中都有曲折，都有困难的，所谓乐观，乃是就总的趋势而说。

那末所谓困难是什么呢？我深深的感觉到，佛教徒（包括出家僧尼，在家男女居士在内）的思想与行动大都（不是完全）暮气沉沉，缺乏朝气。好像一学佛，就把人类一点精光灿烂的势力埋葬起来似的。用佛教的用语来讲，或者可以说是放得下、提不起。然而照禅宗祖师们的说法，放得下的一定提得起，提不起由于未曾放下。这个放而未下、提而不起的状态，最是尴尬，沉沉的暮气，是从这里放散出来的。那末佛教同人们平常说“四大皆空”、“如梦如幻”，还有什么放不下呢？

要解释这个问题，说来话长，我想从个人主义到集体主义说起。

个人主义（Individualism）是一个常用而极为流行的名辞，他的含义很多，大概为：相信个人是真实的，相信一切社会组织是由个人构成，以个人为其终极或最后的单位；相信一切社会组织是为个人而存在，及以个人为目的。总之，以个人为主体，而团体组织次之。这个思想的起源很早，应该追溯到两千五六百年以前。

梯利（Frank Thilly）说：“西洋古代的民族中，其思想很少有超出神话的阶级以上”。（陈正谟译《西洋哲学史》第一页）其实何止西洋古代的民族如此，东方古代的民族也是一样。这说明人类最初被神话迷信统治着的。被神话迷信所统治，就不能不服役于鬼神。如《国语》卷二云：“昔我先王之有天下也，规方千里，以为甸服，以供上帝山川百神之祀。”这已经是很文明的记载了，此外许多野蛮的非人道的举动，大家也都知道，不必详举。嗣后人类的文化进步了，就有人向神权提出抗议，如《左传》卷三云：“国将兴，听于民；将亡，听于神。神聪明正直而一者也，依人而行。”希腊的勃洛塔戈拉斯（Protagoras）说：“人是万事万物的尺度。”印度的释迦牟尼也说：“天上天下，唯我独尊”。这许多代表人类智慧的至理名言，都发生在二千五六百年前左右，一般哲学史上，通常称之为“人的发现”。也就是说在二千五六百年前，人类才开始确立人的尊严，以反抗或解放神权迷信加于人类的压迫。“人本主义”(Humanism)的思想，从此萌芽。

人类的历史上，自从发现了人，产生了人本主义，文化才有正常的进展。可是进展的方向，也有两面：一面是向个人主义走，一面是向集体主义（Collectivism）走。先说向个人主义走的一面，以西洋文化为代表。西洋文化的开创，自然要上溯到古代的希腊。希腊人个性特别发达，爱形式的美，重视体格的健康，有独立自由的精神，而结果形成一种个人主义。又希腊哲学家大都认为灵魂是一种心理的个体，是一种有实质而永恒的实有物。他是我们的“自我”，表明了此一人和彼一人的区别，表明了心理自我和肉体自我的区别，也表明了个体人格是可和他的团体、他的家庭分离的。柏拉图（Plato）主张灵魂不朽，主张灵魂迁移，及以灵魂之离开身体为可喜，也就是把灵魂看作一种独立自存的事物。在柏拉图眼中，灵魂是一种纯粹心理的原子，是私有的、孤独的、无所联系的，这也助长了个人主义的发展。其后基督教的灵魂观，也受了柏拉图的影响，所以基督教的建立者仍着重灵魂的原子状态，仍着重个人自身的责任，而家庭的联系为次要。如《马太福音》第十章说："我来是叫人与父亲生疏，女儿与母亲生疏，媳妇与婆婆生疏。人的仇敌，就是自己家里的人。"这是绝好的证明，所以基督教是偏重个人主义的，西洋社会也就很自然的偏重于个人主义，因为基督教是西洋文化的主流。不幸基督教成为西洋文化的主流之后，教会的神权封建统治，把新鲜活泼的人本主义，活生生地扼杀了，因此造成西洋中古史上的黑暗时期。

文艺复兴举起了反抗神权封建统治的大旗，马丁路德的宗教革命，更是从宗教本身解放教徒，打破教会包办制度的急先锋。这也就是重行恢复人本主义，走回个人主义的路子，这时候资本主义已渐萌芽，加上工业革命的成功，奠定了资本主义的基础，经济上展开了自由竞争，使个人主义格外蓬蓬勃勃地发展起来，西洋文化能有今日的伟大成就，也未始不是肇端于此。但是个人主义发展到最高峰，造成了帝国主义和法西斯主义两条断送个人主义的死路，此路不通，个人主义实有修改的必要。过去资产阶级的哲学家或社会科学家，通常把法西斯主义归入"集体主义"里面，这是非常错误的。我们看，希特勒提倡优秀民族论，实施吓诈政策，那一样不是个人主义极度发展的表现。所以法西斯主义就是帝国主义，帝国主义就是法西斯主义，都是个人主义发展到无可发展，"图穷匕首见"的狰狞面貌。美帝国主义者目前疯狂的侵略行动，不就是很好的说明吗？

帝国主义必然死亡，而且为期不远。但是人类要活下去，活下去必得走活路。个人主义的死路不能再走的了，就只有向"集体主义"走。共产主义的基本精神是集体主义。一般人提到"集体"就头痛，认为"集体"以后，就失掉个人的自由，宣告了个人的死刑。去年二月我在广州中山大学和几位镀过金的教授谈起解放的一切，他们都非常骇怕，认为解放之后，决不会要他们教书的了，学术研究也一定没有自由，所以他们都苦闷得要死。现在事实证明不是那么一会事，为什么？因为共产党是应用唯物辩证法解决一切问题的，从每一个问题的发展过程，内在矛盾和对立的统一等方面去解决问题的。因此共产党所采取的集体主义，决不是片面的集体，抹煞个性或个人的集体，而是吸收了个人主义的长处的矛盾统一的集体主义，我创造一个名词，称之为"人本的集体主义（Humanigtic Collectivism)。法捷耶夫说："苏联文学重复证实了那伟大作家高尔基所说的话："人，这是多么骄傲的名字啊！"苏维埃文学努力着使人类价值恢复其真正的意义。"（袁水拍译《我们的现实主义的道路》）李立三也说："旧社会整个生产制度，整个生产组织，都建筑在机器值钱，人不值钱这样一个基础上的。现在首先要大家改变重视机器，轻视人的观点。要学会重视人，要懂得人是最可宝贵的资本，是人造机器，而不是机器造人。”（《劳动政策与劳动部的任务》）这都可以证明我所创造的那个名词是有道理的。又“人本的集体主义”之具体表现为民主集中制，从这制度所产生的人民政治协商会议上，也可以见到“人本的集体主义”的确吸收了个人主义的长处。他给个人以充分的自由与合理的尊重，而又不是漫无边际。新中国的成功在此，人类之有光明的前途也在此。

西洋社会是个人主义的社会，西洋文化是个人主义的文化，铁案如山，谁也不能否认，那末我们中国呢？中国文化正式的开展是周朝，通常以周公、孔子为代表人物。周公制礼乐，建立了宗法社会的基础；孔子注重实践，思想也比较开明，但对于宗法制度极力加以维护，所以我国文化的面貌，始终带着浓厚的封建色彩。后来道家思想出现在战国时代，以老庄为代表人物，则是典型的个人主义。这两派学说在秦汉之际合流而形成像董仲舒那样杂牌的儒家，终两汉之世，纠结一团，历时愈久而愈不能分，造成表面是儒家而内容是道家的意识形态。这个阳儒阴道的意识形态，我也创造一个名词，称之为“封建的个人主义”(Feudal Individualism)。封建的个人主义与单纯的个人主义不尽相同，单纯的个人主义以个人为本位，封建的个人主义则夹杂着以宗法或家族为本位的成分在内。这是中国社会和西洋社会不同的地方，也就是二千多年来中国社会停滞不进的原因之一。

两汉以后，阳儒阴道的意识形态一直在发展，魏晋清谈，六朝玄学，大家晓得道家的气息很重，宋明理学有人讲过程朱受道家的影响甚大，而不知除陆王稍受佛家影响外，其余十之八九皆道家的余裔。就是解放以前许多正式讲理学的学者及其著作，我也认为骨子里面还是道家的思想。所以我觉得中国传统的思想，表面是儒家，实际是道家。道家思想支配了两千多年来的中国，而学术界无人注意，岂非咄咄怪事。凡此种种，我将于《中国哲学研究》，《佛教与中国思想》及《论乡愿文化》三书中详论之，兹不具述。

“封建的个人主义”的物质基础是封建的农业经济，至鸦片战争之后而发生动摇，辛亥革命之后而摇摇欲坠，加以帝国主义势力的不断深入，在三四十年之内造成了次殖民地的经济，被“五四”运动所揭开的封建黑幕、自始就未能抛弃；同时更搀进了帝国主义带来的变了色的个人主义，使我国人民在思想方面加重了苦难、这就是蒋介石反动政府统治之下，为什么那样贪污腐化、荒淫无耻的主要原因。最近梁漱溟先生说：

过去我满眼看见的都是些死人，所谓行尸走肉，其身未死，其心已死。大多数是混饭吃，混一天算一天，其他好歹不管。本来要管亦管不了，他们原是被人管的。而那些管人的呢？把持国事，油腔滑调，言不由衷，好话说尽，坏事做尽。——其坏事作尽，正为其好话说尽。可怕的莫过言不由衷，恬不知耻；其心死绝就在这里。全国在他们领导下，怎不被拖向死途！（《国庆日的一篇老实话》）

过去情形确实如此，据我看来，乃是在次殖民地的经济基础上，“封建的个人主义”和变了色的个人主义混合起来所表现的结果。而现在呢？梁先生又说：

今天不然了。我走到各处，都可以看见不少人站在各自岗位上正经干，很起劲的干，乃至彼此互相鼓励着干，有组织配合地干。大家心思聪明都用在正经地方。在工人就技艺日进，创造发明层出不穷。在农民则散漫了数千年，居然亦能组织得很好。这不是活起来是什么？由死到活，起死回生，不能不归功于共产党的领导。共产党大心大愿，会组织，有办法，这是人都晓得的。但我发现他们的大同处，是话不一定拣好的说，事情却能拣好的作。言不由衷的那种死症，在他们比较少。他们不要假面子，而想干真事儿。所以不护短，不掩饰，错了就改。有痛有痒，好恶真切，这便是唯一生机所在。从这一点生机扩大起来，就有今天广大局面中的新鲜活气，并将以开出今后无尽的前途。（同上）

这的确也是老实话，据我看来，乃是彻底抛弃了封建的个人主义，实践了“人本的集体主义”之结果。我欢迎这个人本的集体主义，称扬这个人本的集体主义，讴歌这个人本的集体主义，并将追随这个人本的集体主义。

回头来谈谈佛教。据我看，释迦牟尼从婆罗门教神权封建统治里面发掘出了“人”，建立了人本主义而不是向个人主义的一面走，乃是向集体主义一面走的。譬如“僧”的全译为“僧伽”(Samgha)，其意义如《大智度论》卷三云：“僧伽秦言众，多比丘一处和合是名僧伽。譬如大树丛聚是名为林，一一树不名为林，除一一树亦无林。如是一一比丘不名为僧，除一一比丘亦无僧。诸比丘和合故名僧一。又《四分律行事钞》卷上一云：“僧者以和为义。”所谓“和合”或“和”，正确的说法为“六和敬”，又名六慰劳法，六可法，简称六和。《大乘义章》卷十二云：

六和敬者，同止安乐不恼行也。起行不乖名之为和，以行和故情相亲重，目之为敬。和敬不同，一门说六：一身业同，二口业同，三意业同，四同戒，五同施，六同见。身业同者，略有二种：一离过同，同离杀盗邪淫等事；二作善同，同为一切礼拜等善。口业同者，亦有二种：一离过同，同皆远离妄语两舌恶口绮语；二作善同，同为赞诵赞咏等善。意业同者，亦有二种：一离过同，同离一切烦恼业思；二作善同，同修信进念定慧等一切善法。言同戒者，略有二种：一受戒同；二持戒同。言同施者，略有二种：一内施同，自舍己身奉献给尊事；二外施同，舍余资生。言见同者，见谓见解，略有二种：一世谛中见解无别；二真谛中见解无别。

六和敬的解说，又有约为："身和同住，口和无争，意和同悦，见和同解，戒和同修，利和同均。"也足以充分表现集体主义的精神。经律论三藏中的律藏，完全为维护这六和敬、完成这六和敬而设。六和敬完成，僧伽团体成为人类社会上理想的乐园，这在神权封建统治压迫下的古代印度人看起来，一定觉得非常新鲜，非常温暖，好像一个人从冰天雪地或孤零零的荒郊，骤然走进了装有暖气的家园。所以释迦牟尼佛在当时能够摄化那么许多信徒，战胜一切外道邪魔，而不必像其他教主借助于计谋或武力。关于这许多，我拟写《革命的佛教》，《释尊及其弟子》两书详论之，这里不多说。

又《瑜伽师地论真实义品》云：

菩萨行胜义故，于一切法平等平等，以真如慧如实观察，于一切处具平等见，具平等心，得最胜舍。依止此舍，于诸明处（五明：内明为佛学，声明指文字学文学等而言，因明相当于论理学，工巧明包括自然科学应用科学等，医方明可知）一切善巧勤修习时，为断众生一切疑难，为惠众生诸饶益事，为自摄受一切智因，虽复遭遇一切劬劳、一切苦难而不退转，速疾能令身心无劳倦，于诸善巧速能成熟。得大念力，不因善巧而自贡高，亦于他所无有秘吝。是诸菩萨于生死中如如流转，遭大苦难，如是如是于其无上正等菩提，堪能增长。

这里面我们要注意所谓大乘菩萨行，是在生死苦难中，烦恼纷扰中开展出来的。也就是把人家当作自己，从为人的工作中充实自己。所以大乘菩萨深入群众，随众生投入驴胎马腹都可以，这更鲜明的揭示了集体主义的精神。至于为什么要这样"行"的理论根据，当然很多，现在也不谈。

我们如果学梁漱溟先生的话来讲，释迦牟尼佛从人本主义走向集体主义，可以说是人类思想上的"早熟"。恩格斯云："辩证的思想却为人类所独有，但是要有辩证的思想，也必待发展到较高程度的时候。（如佛教徒与希腊人）其完满的发展更是迟了，直到现代哲学才算达到。"（杜畏之译《自然辩证法》第241页）这里面所谓"发展到较高程度"，或者含有"早熟"的意思，所以佛教在印度流传了一千多年，经过几次巨大的变迁，而仍不能为印度社会所全部接受，终至衰亡。其来我国，又正在"封建的个人主义"成熟之后，西来僧侣自始就和方士混在一起，不能不用神异天堂地狱、祸福休咎等一类宗教的情调吸引信徒，于是和"封建的个人主义"刚好合拍。佛教本有的精神以及大乘菩萨行，据我看来，在中国佛教史上除了个别的大德、少数的宗派偶有所表见外，很少发生作用。写到这里我想谈一谈禅宗史上的马祖建丛林、百丈立清规。

《景德传灯录》卷六附《禅门规式》云：

百丈大智禅师以禅宗肇自少室，至曹溪以来多居律寺；虽别院，然于说法住持未合规度，故常尔介怀。乃曰：祖之道欲诞布化元，冀来际不泯者，岂当与诸部阿笈摩教为随行耶？（原注：旧梵语阿含，新云阿笈摩，即小乘教也。）或曰，瑜伽论璎珞经是大乘戒律，胡不依随哉？师曰，吾所宗非局大小乘，非异大小乘。当博约折中设于制范务其宜也。于是创意别立禅居。凡具道眼有可尊之德者，号曰长老，如西域道高腊长呼须菩等之谓也。既为化主即处于方丈，同净名之室，非私寝之室也。不立佛殿唯树法堂者，表佛祖亲嘱授当代为尊也。所裒学众无多少无高下，尽入僧堂中依夏次安排，设长连床施榹架，挂搭道具。除入室请益，任学者勤怠，或上或下不拘常准。其阖院大众朝参夕聚，长老上堂升坐，主事徒众雁立侧聆、宾主问酬、激扬宗要者，示依法而住也。斋粥随宜，二时均遍者，务于节俭，表法食双运也。行普请法，上下均力也。置十务谓之寮舍，（原注：主饭者目为饭头，主菜者目为菜头，他皆仿此。）每用首领一人管多人营事，令各司其局也。或有假号窃形混于清众，并别致喧扰之事，即堂维那检举抽下本位挂搭，摈令出院，贵安清众也。或彼有所犯，即以拄杖杖之，集众烧衣钵道具遣逐，从偏门而出者，示耻辱也。

禅宗通常称为教外别传，其实是教内精髓，百丈清规也颇得集体主义之意。兹再举公案一则如下，藉以考见禅宗丛林开始时“和合”的情形：

因普请锄地次，忽有一僧闻饭鼓鸣，举起锄头大笑便归。师（即百丈）云：俊哉，此是观音入理之门。师归院乃唤其僧问，适来见什么道理便恁么？对云：适来只闻鼓声动，归吃饭去来。师乃笑。（《景德传灯录》卷六）

自从禅宗盛行，其他宗派都被压倒，一千年来的中国佛教史，简直就是禅宗史。百丈清规，也就成为全国寺院的清规。就是到现在，寺院里面职事的名目依然承袭未改。所可惜的是一般寺院只抄袭了百丈的皮毛，而没有师法其精神。加以历代朝野的信奉施舍，全国寺院大都拥有相当多的土地和房产，学佛的六和僧团，一变而为赖佛逃生者的寄生之所，百丈清规一再修改，居然与“封建的个人主义”沆瀣一气，禅宗祖师们所提携的“了生脱死”，以及净土宗的“往生西方”，密宗的“即身成佛”，也带着道家羽化登仙的浓厚的臭味。老实说，中国佛教自赵宋以后，简直是“三教同源”，一塌胡涂。如果稍加分析，则形式搀杂了儒家的宗法制度，内容则是道家的个人主义。住持佛法的“僧宝”如此，皈依三宝的男女居士当然也未必能见过于师。盲盲相导，天下同风，造成佛教界的“死水一潭”。

这一潭死水，在解放之后，稍稍起了一点波澜，乃是因为经济基础发生了动摇的关系。可是据我看来，到目前为止，佛教界还未十分警觉，若干寺院及其负责人还在那里散布死气；至使大部分佛教徒对于世出世间的是非邪正，还分别得不大清楚，这就严重的影响到整理或改革了。我的所谓困难，乃在于此。换一句话说，佛教徒（包括大部分出家僧尼在家男女居士在内）放不下“封建的个人主义”的包袱，提不起走向“人本的集体主义”的任务，徘徊歧路，趑趄不前，一切就不免落后，暮气沉沉了。

但是佛教徒能常此终古吗？我们不妨学陈铭枢先生的笔调答曰：不能，不能。上来我已从个人主义的起源，说到今后人类社会非走“人本的集体主义”的道路不可，而且苏联和我国已经走上了这个道路，一切开展得很好，以后必能充分达到集体主义的最高目标。则佛教徒背上的那个沉重的个人主义的包袱，亦必有放下之一日；佛教早熟的集体主义的精神，终会被采取应用。因此我对于佛教的前途，始终是乐观的；同时认为整理或改革佛教，不单单是为了佛教，而是为了人类的前途，为了完成自己做人的任务。同志们！我爱这个时代，我尤爱我们的教主释迦牟尼佛。

（原载《现代佛学》1950 年第 1 卷第 3 期）

论佛教的爱国主义

论到佛教的爱国主义，不妨先举事实。《增一阿含经》卷二十云：

波斯匿王白世尊曰：今此国界有大贼起，夜半兴兵擒获，今已破贼。功劳有在，欢喜踊跃，不能自胜，故诣来至，拜跪觐省。设我昨夜不即兴兵者，则不获贼。尔时世尊告曰，如是大王，如王所说。

波斯匿王是中印度舍卫城主，在释迦牟尼成佛之后皈依佛教，为释迦在世时有力的护法之一，所以无论大小事情都要报告“世尊”（佛的十号之一），请求指示。这里所谓国界大贼，可能是邻国寇边，波斯匿王很迅速地给他一个迎头痛击，马到成功，而世尊许可之，可见释迦牟尼主张保家卫国，反抗侵略的。这是佛教主张爱国最典型的一个例子。

又《高僧传》云：

功德铠法师在关婆国时，颇为国王所敬。顷之，邻兵犯境，王谓法师曰，外贼恃力，欲见侵侮，若与斗战，伤杀必多，如其不拒，危亡将至。今唯皈命师尊，不知何计？法师曰，暴寇相攻，宜须捍御。王自领兵抗之，旗鼓初交，贼便退散。

这也是一个非常明确的例子，功德铠还参加了救护工作，可见释迦牟尼去世之后，佛弟子还是坚决地主张保卫祖国，反抗侵略的。佛教传入我国之后，佛教徒直接间接参加爱国运动的史实非常之多，如唐太宗平王世充之乱有僧人参加，明代抵抗倭寇侵扰的战役有僧人参加，对日抗战期间，上海的僧侣救护队曾经烈烈轰轰工作过一番，我在湖南也曾组织一个佛教青年服务团参加抗战。所以佛教徒的爱国，自释迦牟尼佛起，一直到现在，可以说是有其历史的传承的。

那末佛教及佛教徒为什么要坚决主张爱国呢？不妨从一般人对于佛教的误解说起。一般人认为佛教主张“戒杀”、“忍辱”、“慈悲”、“方便”，又有“出世”及“四大皆空”的论调。好像消极的成分居多，而现在佛教徒却积极起来参加抗美援朝、保家卫国的爱国阵营，这是否违反佛教的教义呢？这个问题是很容易解答的，先说“戒杀”。

照佛教教理上说，为自己口腹之欲或其他自私自利的冲动而杀生害命，这是佛制戒律所不许的。如果为了救护众生，杀戒是可以开的。如《瑜伽菩萨戒》云：

“如菩萨见劫盗贼，为贪财故，欲杀多生。见是事已发心思惟，我若断彼恶众生命堕那落迦，终不令其受无间苦。如是菩萨以怜愍心而断彼命，由是因缘于菩萨戒无所违犯，生多功德”。根据这条戒律，可知美帝国主义者为贪财故，欲杀多生，正是“劫盗贼”，我们为怜悯故，可以把他杀掉的。这样做，非但不违犯戒律，且生多功德。

“忍辱”这两个字，最易引起误解，他的梵音为“羼提”，唐玄奘法师译作“安忍”，其定义为：“于诸艰难、危苦、凌虐、侮辱等境，及诸深广殊胜法义，顺受不逆，坚持为性。言顺受不逆者，于艰苦境，无怨尤故；于诸凌侮，无恼恨故；于深法义，顺信入故。言坚持者，于自愿行诸胜善法，坚固持守，不因艰苦危逆等境而退失故；是为安忍”。则所谓忍辱，并不是要我们学娄师德的唾面自干，而是要我们在危难艰苦以及被凌辱的地方把握得定。不明佛教真理者望文生义，以讹传讹，把佛教形容成一个软弱无能的姿态了，那是非常错误的。

又照佛教教理上说：“予乐名慈，拔苦名悲”，即此予乐拔苦的种种方法种种工作就是方便。现在朝鲜人民受到美帝国主义者的侵略，正在水深火热之中，苦到了极点。我们佛教徒既以慈悲为本，那就有替朝鲜人民拔除苦难的义务。拔除苦难必须有方法，方便之门应该向这方面开着，则援朝乃是我们佛教徒当前唯一的工作。又朝鲜人民的苦难是美帝国主义者造成的，照佛教教理说，美帝国主义者确是破坏世界和平、危害人类安全的恶魔。魔必须降，释迦牟尼降伏了天魔波旬及其徒众才能成佛。所以佛经上从没有要我们向魔鬼低头，向魔鬼屈膝，在魔鬼铁蹄之下偷生苟活。则抗美即是降魔，也是我们佛教徒应该发奋而起，全力以赴的。同时我们要知道，抗美即所以援朝，除了把美帝国主义者打出朝鲜国境，或者把美帝国主义者埋葬在朝鲜国土之下，不能使朝鲜人民得到安乐，则抗美正是方便，援朝乃是慈悲。

“出世”一个名词也最容易引起误解，因为字面上既曰“出”“世”，当然可以作出离世间解，也当然可以认为逃避现实了。其实佛教以“苦痛烦恼”为世，出世即解除苦痛烦恼之意。譬如“苦集灭道四谛”之中，“苦”“集”二谛是世间，“灭”谛是出世间，“道”谛是从世间渡越到出世间的桥梁，而“集”谛就是一切“烦恼杂染”的总名称。苦集二谛经过道谛而至灭谛，并不是把一切世间悉行毁灭，相反地把苦痛烦恼消灭了，剩下来的则是安乐庄严的清净世间，佛教称之为佛土。则“出世”一语，乃“控制自我，主宰因果，把握生死，创造更高的生命之谓”，并无逃避现实及其他消极的成分在内。

“四大皆空”一语，就字面讲，好像是说一切必归于空无，一切都是空无所有的，其实佛教教义并非如是。“四大”即地水火风，亦即构成世界的四种原素，希腊哲学上也有这种说法。这是说明世界不是什么神或上帝创造的，而是由原素构造成功的，很与现代科学相合。我们这个世界既是原素构造成功的，在其还没有构造成功之时，即无这个世界，也没有这个世界的“本有的坚固不变的体质”。没有“本有的坚固不变的体质”一义，佛教称之为空。其实四大本身也是由许多条件合成的，许多条件没有合成之前，没有四大，即没有四大的“本有的坚固不变的体质”，故曰“四大皆空”。四大既皆没有“本有的坚固不变的体质”，所以才能成其为四大，才能成其为世界，所以“四大皆空”之义，并不能一切都必归于空无，一切都空无所有，相反地，正是说明客观世界有。这话怎样讲呢？因为四大或这个世界在一切条件没有合成之前，如果本有其坚固不变的体质，那末还要一切条件做什么用呢？一切世界将是一成不变的了，而事实上并非如此。所以佛教“四大皆空”的道理，是一个哲学的学说而可以得到科学证明的。没有研究过佛学的人，以为佛教说空，就是虚无主义，那是一个很大的错误。

根据上面的解释，佛教徒绝对应该面对现实，站在反侵略的一面，亦即应该坚决保卫祖国，那是毫无疑问的。所以我们佛教徒积极起来参加抗美援朝、保家卫国、反侵略、爱祖国的阵营，非唯不违反教理，而且在教理以及戒律上认为是“功德”，是“离苦得乐”的必由之道，应该认真去做的。这就是佛教及佛教徒坚决主张爱国的理由。

（原载《现代佛学》1951 年第 1 卷第 11 期）

关于佛教基层组织法

——节录《复曹培灵居士书》

关于佛教基层组织法，目前最好结合爱国主义，与当地抗美援朝分会，中共地委统一战线部及人民代表会议协商委员会接洽，成立佛教界抗美援朝委员会或工作组，把佛教界团结在爱国行动之中，则有许多便利。一、符合政府对于各界人民的要求。二、以爱国的行动，纠正佛教界的超然世外、脱离现实的封建作风。三、爱国必须先知祖国之可爱，因此展开广泛与深入的学习。四、爱国不能徒托空言，必须结合增产捐献，因此展开劳动生产。五、在工作当中可以考验谁是爱国，谁是爱教的，因而产生领导人物及干部。六、其他一切佛教问题，在爱国的前提下，可以争取解决。七、佛教徒在爱国行动上与各界人民取得一致，可以改变视听，得到尊重。八、抗美援朝结束之后，经过改组，就是佛教会。九、经常有上级督促指导，不致空挂招牌。十、人事与工作的伸缩性很大，灵活应用，决不会生毛病。组织抗美援朝委员会有此十利，所以北京只成立了佛教界抗美援朝委员会而没有筹备佛教会。关于北京佛教界抗美援朝委员会成立的经过，见《现代佛学》第六期通讯栏。现在我们设秘书处及宣传组织两部，由此统率各区代表，进行工作。区代表是每区寺庙负责人共同推举出来的，人数不等，每人负责联络几个寺庙成为一组。遇有什么事情，由会通知区代表，区代表再分头通知他们联络的几个寺庙，非常迅速便利。每星期六下午区代表集合开会一次，检讨工作，进行学习。会中费用，归各寺庙分别负担，而由区代表经收。以上是北京佛教界组织的实际情况，一般都认为比以前的佛教会好，各地佛教界如果要依照我们这样做也并非烦难的事。关于组织其他佛教团体，则武汉有佛教联合会，昆明有佛教联谊会，四川有佛教工作委员会，南京有佛教革新委员会，杭州宁波有佛教协会筹备会，只要条件具备，都可取法。

（编者按：本刊叠接各地佛教徒来函询及佛教会的组织问题，颇为迫切，兹节录《现代佛学》巨赞法师复曹居士书论关于佛教的基层组织法，以作总答复之建议，希望各地佛教徒团结在爱国主义的旗帜下组织起来。）

（原载《弘化月刊》1951 年第 7 卷第 125 期）

为僧教育进一言

慧云法师征稿于余，适因某佛教杂志编者还俗取妻，一年而死之事有所感，略书所见，为僧教育界言之。

夫造就弘法人材，以至能编杂志，不可谓非佛门栋梁已，一旦尽弃其所学者而为佛学所绝对禁戒之事，是岂佛学之过哉，则应归罪于主持僧教育者之造因不慎也。惩前毖后，此中亟应审察，约有三端可说。

一、主持僧教育者应以真实为法之心办学。此在表面上言之，似属不急之常谈，其实最关紧要。盖办学而非真心为法者，必不出装饰门面及追求个人名利二途。出于装饰门面者，多为抵制社会之迫厄，故其目的只求敷衍了事，不愿更谋充实，课程以挂名为前提，教授以价廉为标准，学僧知解上之指导，行为上之纠正等等，当非彼辈所能顾及。故有以练习经忏为唯一教材者，有每年讲一两次经即为全部之学程者，以此而谋造就人材，几于痴人说梦。出于追求个人名利者，当未开办之时，即有种种计划，种种宣传，极铺张游扬之能事。开办以后，乃不得不适应其所宣传者而为展览会式之布置。课程以兼收并蓄，包罗万象为宗旨，教授以互相吹嘘，不逆其志为条件，计划之是否能见于实行，学僧之是否有其须要，不问也，将就苟且，共趋于名利之途而莫之或违。是故近年以来，称法师大师者遍国内，而求其真能解了佛法为何事者，实无几人。能编佛教杂志者之还俗娶妻，乃必然之结果也，吾甚愍之。若其办学之出于真心为法者，实有所感于佛教之衰落，课程必切实有次序，教授必聘学有心得，不尚苟同之士，对于学僧必严加督责，使离虚妄，遵王路行。如此则醇朴之风既成，然后可以言造就弘法人材矣。

二、造就人材不能贪多求速成。无量化主各化一方，转秽浊为庄严，登斯民于极乐，诚盛事也。然而佛灭以后，未见其例，则弘法人材，何能多得。南岳位下出一马驹儿，六祖记其踏杀天下士，则亦不必多求。多求必出于将就，将就适足以偾事，弘法利生，终成虚话，此亦极应注意者也。择志向高尚，智慧明敏者，熏陶之于醇朴之环境中，一人亦得，两人亦得，务使安心求学，暗然修研而不责其用。约自20岁起至40岁，20年中埋头经案，纵无大成，必有小就。发言不为士林所笑，庶几可以论出世为人矣。

三、学僧应知自度为先。今日学僧之入学修习，事固甚美，实都为邪位发心。邪位发心者，不堪社会之鄙视，而谋胜人以口也。胜人以口，社会之鄙视乃益甚，观于有识者之厌恶新僧可知，而况更为轨外之举动乎？昔者道安未尝标榜，而人莫不欲师事之；彦范未尝招摇，而颜鲁公韩晋公刘忠州独孤常州穆兵部等数十人，莫不执经受业，自称弟子。足于己者无所待于外，是故化行天下，避影就日，不知退坐室内，终必暍死于道，愚夫之所为也。不然，佛在世时，攻击排斥之者亦甚多，何尝见其惶惶然若不可以终日而谋胜人以口哉？此非腐谈，乃最精要语；亦非不合潮流，乃为适应潮流所最不少之精神，明达之士，幸更一览《先自度论》（见《佛教公论》第1期）。

比闻闽院颇有可为，殊为欣慰。深望能本此旨而切实办理之。毋再任其糟蹋。则一二十年后，重辉佛日者，皆今日主持闽院者之所赐也，企予望之。

（原载《佛教公论》第8号）

再为全国佛教同仁进一言

本刊创刊之初，作者曾就一年来工作当中所接触到的问题，向全国佛教同仁进过一次言，到现在又一年多了，各地反映的问题很多，似乎犹有就管见所及，向全国佛教同仁提供意见的必要。兹分别述之如下，不妥之处，还望海内大德进教之。

一、保护佛教的问题

记得去年（1950年）6月在美帝国主义者操纵之下召开的世界佛教徒联谊会上，曾经有人提议请中华人民共和国的人民领袖为佛教的保护人，并由法舫法师写信来，要我向有关方面征求同意。我曾将法舫法师来信和有关方面商量，得领导上批复如次：

《共同纲领》已予各种宗教以信仰自由的保护，不须要再有个人的保护。

我们认为领导上这样的指示是十分正确的，否则某某保护佛教，某某保护回教，某某保护天主教或基督教，势必造成打擂台的形式，闹得不可开交，作茧自缚，反为信仰自由的障碍。不过最近有人来信报告说，某地人民代表会议上，某居士发言，佛教应加保护；当即有人起立反对说，我们有马列主义，佛教应该打倒云云，恳求设法纠正。我们对于这样的事件，进行分析之后，认为某居士护法的热心是可佩服的，但在大会上发言，要求保护佛教，则未免稍欠斟酌，因其发言稍欠斟酌，所以就不免引起反对了。

所谓稍欠斟酌，其理由有三：一、中国人民政治协商会议，以及各地人民代表会议席上均有佛教代表参加，《共同纲领》上规定了信仰自由，这已经有效地保护了佛教，如果政府再为佛教单独出示保护的话，未免有所偏袒，违背了《共同纲领》的规定。二、西洋历史上某一帝王保护新教或旧教，中国历史上某一帝王保护道教或佛教，都不是单纯的信仰问题，而是带有严重的政治作用的；也就是说，那许多帝王要利用某种宗教做他们统治人民的工具，所以袒护某种宗教。某种宗教既然做了统治人民的工具，必须服从统治阶级的利益，那还有什么信仰自由呢？三、一个人刚生下地来，一切软弱，自然需要保抱提携，加意保护；及至长大成人，体力已经充实，如果还要求加以保抱提携的话，无疑是一种惰性的表现。

那末，我们佛教徒在目前应该采取什么态度呢？我以为佛教既有《共同纲领》的保护，不必再要求其他的保护，佛教徒本身应该争取人家的尊重。不过要人家尊重，不是空口讲讲能行的，也不是说“我好，你要尊重我”，就能使人尊重的。要人家尊重，必须多做少说，也就是多拿事实或证据给人家看，少说空话。例如最近有人说：

修持脱噶的人，现生即可证人光明虹身，证得此身之后，一切时间和空间都不能限制他，一切生死也不能系缚他。他愿长久住世度脱众生的话，即可留此身于尽未来际，永远不能损坏。如不愿长久住世，即可任运化光而去。这种化光，不但身上的筋骨皮肉不存丝毫，连爪发都能化去；同时他在化光的时候，如有三千个人看见了，都能随光而去。这种话在中国佛教徒的眼光看起来，真是惊奇万状、骇人听闻。而在康藏中具有显密常识的人，认为是理所当然，事所必至，没有什么希罕的。

现身化为光明虹身的事，既然没有什么希罕，最好设法请一位修持脱噶的人到上海或其他大都市显显神通，如果看见的人也能随光而去，那不是证据确凿，可以得到人家的尊重及敬信了吗？如果认为机缘未熟，或者不便给没有“善根”及“福德”的人看，那就干脆不要说，你自己相信，就自己默默地修去吧。

其实我们把现前的事实分析分析，一个人或一个理论要得到人家的尊重敬信，并不一定靠“使人惊奇万状”的神通。蒋介石拥有八百多万新式装备的军队，掌握全国的财富，还有美帝国主义者替他撑腰，结果是垮台了，被全国人民打跑了。为什么？道理很显然，就是他“好话说尽，坏事做尽”，对全国人民毫无利益，所以全国人民不要他。相反的，毛泽东同志领导中国共产党进行革命，开始时力量很小，经过千辛万苦，终于得到全国人民真诚的拥护，被选举为中华人民共和国的主席。为什么？道理也很显然，就是他无时无刻不为人民的利益计划和工作，人民真正得到他的好处，自然就爱戴他，也自然就相信马列主义了。《华严经·净行品》要我们随时随地，乃至大小便时都要护念众生，照顾众生的利益者，其原因在此。这才是“福德”，这才是“智慧”。全国佛教同仁们，能不在这个地方多多留意，仔细考虑吗？

总之，自己信仰是一件事，要人家信仰又是一件事，不能并作一谈。个人自己的信仰，不管你信仰上帝的天国也好，西方极乐世界也好，即身成佛也好，广大灵感也好，你信你的，与人无干。要人家信仰，可就不是那样简单了。上文说过必须有真凭实据，必须对于人民有利益，乃是最基本的条件。佛教徒的所信所说，所作所为，如果确有真凭实据，确与人民有益，恐怕你不要人家相信，人家也必然跟着你走，到那时还用说什么“佛教应加保护”呢？

二、组织团体的问题

这一两年来，各地佛教界就当地情况，组织了很多团体。如北京佛教徒学习委员会，北京佛教界生产资金委员会，北京佛教界抗美援朝委员会，上海佛教界抗美援朝支会，杭州佛教协会筹备会，苏州佛教界抗美援朝工作组，南京佛教革新委员会，汉口佛教联合会，重庆佛教协会筹备工作组等，这是很好的现像。但有人说，北京方面还没有成立佛教协会，总会也没有成立的消息，好像是一个缺憾。我则以为成立团体，不是为了冠冕堂皇，为了挂招牌，而是要解决问题。解放之前，不是有全国性的佛教会吗？各地不是都有省分会和县支会吗？解决了什么问题没有？我们的回答是没有。以前的所谓佛教会，实在不过一块招牌而已，有时反被封建势力所利用，危害佛教。目前佛教团体如果也是同样情形的话，那要他有什么用呢？北京佛教界惩前毖后，怕蹈故辙，所以不重形式，而注意于解决问题。事实上北京佛教界有了学习委员会，开办过两次短期集体的学习班，建立许多学习小组，解决了学习的问题；又组织抗美援朝委员会，解决了北京佛教界参加爱国主义运动的问题；组织生产资金委员会，可能逐步解决劳动生产的问题。现在筹资四亿开办振新印制厂，继续大雄麻袋厂之后，为僧尼开辟集体劳动生产的道路。解决了这许多问题，才能站稳人民立场，进而解决其他的问题，以争取佛教的生存。据我想，各地佛教界很可以参考北京这一个经验，切实工作起来，不必拘于形式或名称。所以说北京方面没有成立佛教协会，我们是承认的；如果因为没有佛教协会的形式或名称，就以为我们没有展开工作、解决问题，那是错误的。各地佛教界如果肯从工作当中锻炼自己，解决问题，再把经验累集起来，加以发展，可能就有省级或大行政区、以及全国性的佛教团体出现。犯急燥病，犯主观病，只会重复过去的错误，无补于佛教的前途。

三、劳动生产的问题

一个多月以前，关于这个问题，曾经和各方面作过几次商量。大家以为在城市中的僧尼，主要参加工业或手工业生产；农村中的僧尼，主要参加农业生产；如已经土改而未分得土地者，请政府帮助他们从事其他生产；山上的僧尼，主要从事植林或护林。关于资金、原料、销路、生产资料等条件，除佛教徒本身努力以求解决外，请政府予以必要的协助。僧尼经营林场或农场，应请准其居住原有寺院。各地僧尼如果根据这个原则，和当地政府协商，劳动生产的问题是可以得到解决的。例如五台山的僧人，已经从事植林和护林；并且有种树劳模到北京来参加劳模大会。又如北京佛教界生产资金委员会筹备之初，资金尚未筹集而急须定购印刷机器的时候，民政局无息借给北京佛教界数千万元，作为机器定款，工厂房屋问题也尽量予以必要的照顾，振新印制厂才能很顺利的筹备告成；这是要感谢共产党和人民政府的地方。北京佛教界生产资金委员会筹备会简章如下：

第一条本会定名为北京市佛教界生产资金委员会筹备会。

第二条本会以筹备北京市佛教界生产资金委员会发动及办理全市佛教徒投资生产事业，并组织僧尼参加劳动生产为宗旨。

第三条本会会址暂设水渣胡同贤良寺。

第四条本会设筹备委员五人，由各区寺庙代表会议推举之，就中互推主任一人，副主任一人，共同负责办理本会一切事宜。

第五条本会于每星期四开会一次，必要时得召开临时会议。

第六条本会如有事务上之必要得增聘干事若干人。

第七条本会委员干事均不支薪，但办公用费，得实支实报。

第八条本会收得款项，全部作为生产资金，不作别用，收到后必须存于银行，支付时由正副主任共同盖章。

第九条本会处理各寺庙出卖破旧木料破烂铜铁物件，必须遵照北京市人民政府民政局指示之原则并会同处理之。

第十条本简章经北京市人民政府民政局核准后施行，修改时同。

四、寺庙管理和使用的问题

这个问题最为全国佛教徒所关心，其原因不出两种：一种是真正为佛教前途着想的人，认为寺庙存在才有佛教，寺庙如果不能合理管理与使用，佛教的存在就成问题，所以非常关心。一种是离开寺庙就不能生活的人，他们一向把寺庙当作私产，任所欲为，寺庙的兴衰存废与他们切身利害有关，因此更加关心。关心的原因不同，对于寺庙的注重也不一样。大约第一种人注重名山古刹大丛林，第二种人注重小庙。这该怎么办呢？当《现代佛学》社开始筹备的时候，某首长复陈铭枢居士信中说：

交来的《现代佛学》社缘起及简章等，均拜读过；既是原则上根据《共同纲领》，该社自可组成；至将来实行社团登记时，亦可按规定向政府履行登记手续。惟鉴于日本帝国主义者曾利用过佛教，国内反革命份子亦有不少逃避于佛教掩庇之下者，因此在吸收社员时，似值得警惕，不要流于滥杂。其次由于历代统治阶级的利用，佛教实已流为迷信愚民之工具，因此研究佛学是可以的，保存名刹也是可以的，但如一般地保存庵观寺院，则犹有待研究。总之，先生等的用意是无可置疑的，但如何作法，才为适当、才不致发生流弊，进而可以减少已经存在的流弊，则深愿先生等熟筹之。

又在最近召开的一次座谈会上，领导方面也表示说："首先有重点的保存佛教寺庙是十分必要的，如果不分轻重缓急，恐怕反而成问题。"我们认为这样的意见也是十分正确的。其理由有二：一、若干寺庙，事实上已经失去佛教的精神，或者竟是违反佛教精神的，像什么城隍庙、火神庙、某某娘娘庙等，其实是神庙，纯粹是封建时代的产物，与佛教毫无关系。二、解放之前，僧尼人数大约八十万，平均每两三人住一个庙；解放之后，僧尼人数减少很多，如果照三十万所寺庙分配，恐怕每一寺庙只能有一个僧或尼，这就发生寺庙管理和使用的问题了。因为一般寺庙的房屋，大都相当宽敞，一个人或两个人住一个寺庙，就有天大的本领，也没办法管理得好；再加上封建迷信的色彩非常浓厚，在这时代很难得到人民的同情。群众基础已失，请问有什么办法可以把所有的寺庙一律照旧维持下去？所以为佛教前途计、为众生慧命计，只有选择重点，保存名山古刹大丛林，先加整理；其余的待我们佛教界力量充沛时再谈，才是唯一的自存之道。这样做是可以行得通的。例如北京的广济寺已经明令发还，北京佛教界正计划集中力量把广济寺搞好，建设成一个新时代的大丛林。广济寺整理好了，再整理其他的寺庙。北京如此，其他各地皆可参酌办理。据我们估计，只要全国佛教同人思想搞得通，三、四年后，可以把全国佛教整理好的。否则整个社会突飞猛进，而佛教界依然"故步自封"，恐怕真会被扬弃，被淘汰。

至于有重点地保存了的寺庙，其捐税方面是可以请求免征的。政务院公布的《城市房地产税暂行条例》第四条第五款："省（市）以上人民政府核准免税之其他宗教寺庙本身使用之房地。"这里面包括佛教在内。北京方面，各寺庙自用殿堂房地产税可以全部免征，僧尼自住房屋的房地产税也酌量免征。

五、响应政府的一切号召

政府的一切号召，都是为了祖国的安全，为了人民的利益，全国人民、无论男女老少，都应该热烈响应、竭诚拥护，那是不应该有什么疑问的。不过我们佛教界对于政府的号召，在某些方面还不够十分积极。例如捐献飞机大炮的事，据我们了解，大体上是相当热烈的；个别团体认为佛教戒杀，捐献飞机大炮犯戒，所以有的人主张把捐献飞机大炮改作捐献医药用品；又有的人主张捐献救护机而不捐献战斗机或轰炸机。这样想法，固然也有他们的道理，但政府号召捐献飞机大炮，为的是抵抗和消灭侵害我祖国安全和人民利益的美帝国主义者，也就是为了"降魔"，降魔必须"金刚怒目"，所以《瑜伽菩萨戒》上许可开杀戒，《涅槃经》上也主张执持刀杖，发动战斗，则佛教徒响应捐献战斗机、轰炸机和大炮、坦克的号召，对于佛教教理并无违犯。好在上面两种主张并没有发生作用；

否则佛教徒首先对于政府的号召提出不同的主张，其他方面可能“尤而效之”，提出其他的主张，那就严重地影响抗美援朝的工作，也就是严重地影响祖国的安全和人民的利益了。这个意见，要请全国佛教同人多加考虑，以后不要因小节而害大义。

其次，最近开展的“反贪污、反浪费、反官僚主义运动”，在佛教界中可能有人认为贪污、浪费和官僚主义与佛教徒没有什么关系，不必加以注意。这种想法，也是十分错误的。因为“三反”运动，是增产节约运动的扩充；增产节约又是抗美援朝有力的支援。政协全国委员会1951年12月29日的指示说：

（上略）增加生产，厉行节约的号召，在今天这一客观形势下提出来，是有其非常重大的意义的。目前我们国家，一方面担负抗美援朝及保卫远东与世界和平的神圣任务，同时又须在原有落后的基础上进行繁重的经济、文教建设任务。增产节约的运动就是为执行这两个伟大的历史任务的需要而被提出的。这一运动的开展，必然可以增强支援中国人民志愿军和朝鲜人民的力量，以获得反侵略战争的胜利，同时也必然会积累国家财富，为工业化创造必要的条件。

国家工业化，必须积累资金。而我们积累资金的方法，不能采用资本主义国家所用的掠夺殖民地或通过侵略战争取得赔款等等强盗式的方法，基本地只能依靠人民内部的力量，这就有赖于增产节约运动。在这一方面，苏联社会主义的建设，已为我们提供了宝贵的经验。因此，增产节约决不是解决临时困难的措施，而是关系国家建设的有经常重要性的政策。我们必须把它作为一个持久的、群众性的运动来推动。

推动增产节约运动，必须与反贪污、反浪费、反官僚主义的斗争密切相结合。贪污、浪费是增产节约的大敌，它对于国家与人民利益的危害，已发展到相当严重的程度。如果对这种严重现象不加以制止和克服，就会腐蚀我们新生的国家机构。而官僚主义正是贪污与浪费的温床，凡是贪污浪费最严重的地方，必然是官僚主义最严重的地方。因此，不坚决地展开反贪污、反浪费、反官僚主义的斗争，增产节约运动就不能顺利展开。这一反贪污、反浪费、反官僚主义的斗争，正是为增产节约铺平道路。（下略）

在这个指示当中，把反贪污、反浪费、反官僚主义的意义说得非常明白，其重要性并不亚于抗美援朝运动。所以我们佛教徒决不能高高挂起，置身事外。我们要“协助政府，大胆地检举贪污浪费，无情地揭发某些奸商贿赂工作干部，盗取国家财富的犯罪行为，彻底地肃清这种腐朽的剥削阶级损人利己的作风，肃清一切反动的国民党作风的影响。树立新民主主义的社会风气，为国家建设事业的发展扫清道路。”（政协全国委员会的指示）各地比较大一点的丛林，不是常贴着“爱惜常住物，如护眼中珠”两句格言吗？这个格言非常宝贵，我们不妨把“常住”扩大，以整个国家为“常住”，如护眼中珠地爱惜国家的财富。这样，才能与反贪污、反浪费、反官僚主义的运动结合起来，有效地响应毛主席的号召。同时我们要知道，政协全国委员会的这一个指示，不是单要我们检举别人，并且还要我们检查自己。也就是希望每一个人民，每一个单位，从今以后不再发生贪污、浪费、官僚主义的现象。那末，回过头来看看自己吧！我觉得我们佛教界浪费的现象非常严重，寺庙财产受到很大的损失，因此不能集中财力物力，增加生产事业。我们应该配合这一个运动，在全国所有的寺庙之内开展反浪费运动，把节约下来的钱累积起来，作为生产资金，或者可以解决若干问题。全国佛教同仁们，这是时代鞭策我们走向光明，我们应该灵活应用时代的精神，把封建时代加在我们身上的烂包袱解开来，丢出去，以争取佛教的生存。全国佛教同仁们，请努力吧！

（原载《现代佛学》1952 年第 2 卷第 5 期）

先自度论

今之言宏法利生者众矣，而犹时闻末法季世之叹悼者，岂尽众生顽劣之过哉，宏法利生者无以应群机也，无以应群机，则其脚跟犹未稳者，脚跟未稳者，举心动念尽属见思，见思则虚妄分别，虚妄分别犹梦心，梦心迷惑，不免于自媒自衒，自媒自衒者，士女之丑行，生死流转之苦因也，何足以任重致远乎。顾其迷惑，奋张无已，语以自度为先，反以小乘相消，颠倒若此，能不兴悲，故有先自度论之作。论分五段，第一段征引西土大乘经论先自度，第二段征引此土古德章疏证先自度，第三段释难，第四段略解自度之因业，第五段结成。

第一段

征引西土大乘经论证先自度者，《大般若经》卷二百九十六云：

诸法常无变易，法性法界，法定法住，一切如来等觉现观，既自等觉自现观已，为诸有情宣说开示分别显令同悟入，离诸妄想分别颠倒。

又《维摩诘经·间疾品》云：

如佛所说，若自有缚能解彼缚，无有是处。若自无缚能解彼缚，斯有是处。

又龙树菩萨《十住毗婆沙论》卷一云：

问，何故不言我当度众生，而言自得度已当度众生。答曰，自未得度不能度彼。如人自没淤泥，何能拯救余人。又如为水所漂，不能济溺，是故说我度已当度彼。如说，若人自度畏，能度归依者，自未度疑悔，何能度所归。若人自不善，不能令人善，若不自寂灭，安能令人寂。是故先自善寂而后化人，又如法句偈说，若能自安身，在于善处者，然后安余人，自同于所利，凡物皆先自利，后能利人。何以故，如说，若自成己利，乃能利于彼，自舍欲利他，失利后忧悔。是故说自度已当度众生。

又卷七云：

先自修行法，然后教余人，乃可作是言，汝随我所行。又说：先自成己利，然后乃利人，舍己利利人，后则生忧悔。舍自利利人，自谓为智慧，此于世间中，最为第一痴。

圣诫昭彰，无烦更解，举隅已足，不尽其余。

第二段

征引此土古德章疏证先自度者，南岳思大师立誓原文云：

若不自证，何能度人。先学已证，然后得行。

又智者大师《摩诃止观》七云：

若怀宝藏壁，蕴解匿名，密勤精进，必得人品。或进深品，志念坚固，无能移易，弥为胜术。但锥不处囊，虽覆易露，或见讲者不称理，或见行道者不当辙，慈悲示语，即被围绕，凡令讲说，或劝为众生，内痒外动，即说一两句法，或示一两节禅，初对一人，驰传渐广，则不得止。初谓有益，益他盖微，废损自行。非唯品秩不进，障道还兴。象子力微，身没刀箭，掬汤投冰，翻添冰聚。毗婆沙云：破败菩萨也。昔邺洛禅师，名播河海，往则四方云仰，去则千百成群，隐隐轰轰，亦有何利益，临终皆悔。武津叹曰，一生望入铜轮，领众太早，所求不克，著原文云：择，择，择，择，高胜垂轨，可以锐焉。修行至此，审自斟酌，智力强盛，须广利益，如大象押群。若其不然，且当安忍，深修三昧，行成力著，为化不晚。

又智觉大师《宗镜录》卷一云：

设有坚执已解，不信佛言，起自障心，绝他学路，今有十问，以定纪纲。还得了了见性，如画观色，似文殊否？还逢缘对境，见色闻声，举足下足，开眼合眼，悉得明宗与道相应否？还览一代时教，及从上祖师言句，深闻不怖，皆得谛了无疑否？还因差别问难，种种征诘，能具四辩尽决他疑否？还于一切时一切处，智照无滞，念念圆通，不见一法能为障碍，未曾一刹那中暂令间断否？还于一切逆顺好恶境界现前之时，不为间隔，尽识得破否？还于百法明门心境之内，一一得见微细体性根原起处，不为生死根尘之所惑乱否？还问四威仪中行住坐卧，钦承祇对，著衣吃饭，执作施为之时，一一辩得真实否？还闻说有佛无佛，有众生无众生，或赞或毁，或是或非，得一心不动否？还闻差别之智，皆能明达，性相俱通，理事无滞，无有一法不鉴其原，乃至千圣出世，得不疑否？若实未得如是，切不可起过头欺诳之心，生自许知足之意，直须广披至教，博问先知，彻祖佛自性之原，到绝学无疑之地，此时方歇学，灰息游心，或自办则禅观相应，或为他则方便开示。

又《云栖大师遗稿》卷三云：

今见孤隐独行之辈，即指而曰此声闻人也，见营事聚众之流，即指而曰此菩萨人也。噫涉俗者遽称菩萨，而避喧者便作声闻，抑何待圣贤之浅也。由生大我慢，起大邪解，自以为是而鄙薄一切。遇持戒者则非其执相，遇精进者则笑为劳形，遇实行者则谤其愚痴，遇节俭者则讥其朴鄙，遇禅寂者则毁其枯槁，遇慎讷者则诮其无知。遂致心日狂而弗收，言弥诞而莫检，身放逸于规矩准绳之外而无所忌惮。人或诘之，则曰吾学大乘者也，解圆者不屑乎偏门，悟大者无拘于小节。嗟夫，窃一时之虚名，而甘万劫之实祸，可胜叹哉？

先贤垂训，悉本圣言反复叮咛，应知缓急矣。余不备引。

第三段

释难者，难曰：《普贤行愿品》卷四十云：

诸佛如来以大悲心而为体故，因于众生而起大悲，因于大悲生菩提心，因菩提心成等正觉，是故菩提属于众生。若无众生，一切菩萨终不能成无上正觉。

诵读经文，应先他度，则先自度之说，虽有大乘经论明文可凭，盖所谓不了义教也。释曰：斥非了义，岂足服人，据此文以难自先，徒见其为知文不识义耳。此不可以口舌争，爰更证引先贤之释。清凉大师《别行疏》云："此即标示同体大悲，以了众生皆无性故，大悲相续救护一切。"宗密大师《别行疏钞》卷五云："大悲欲化众生须学化生之智，智既圆矣自名成佛。而菩提心必具大悲大愿大智等也，故言以大悲为体。又大悲于诸善业而为导首，又能作方便成办一切助菩提 法，又能悟无师自然智故，又能除一切自心热恼随顺有情为饶益故。"据此二释，可知释文非示他先，而实诚先自也。假大悲以圆其化生之智，而后大悲相续救护众生也。倘犹以清凉、宗密二大师之言为摸象者，则应更引龙树菩萨之言。《大智度论》卷十九云："菩萨应以教化众生为事，云何深山自静，弃舍众生，违于慈悲利他之行？答曰：身虽远离，心不远离，犹如病人服药将身，身康已后，方可复业。"昭昭圣诫，愿息猜疑。《大乘庄严经》论二利品利他为胜之说及其余，准此应知。

第四段

略解自度之因业者，众生多执，诞慢□高，蠡测管窥，目空今古，是故莫不自以为鹙子复生，净名再世也。浅陋鄙俚者从而附和之，撞骗招摇，居然煊赫，于是释迦不足师，有佛教改革之说矣，古德不足法，有新僧伽之组织矣。自他俱溺，长夜漫漫，斯实所谓最可怜悯者也，吾又何能已于言。

言应分二，一、对自，二、对他。对自者，对于自所信解，自所遵循之拣察也。信解即知，遵循即行，则所谓拣察者，拣察自所知行之是否一贯而已，应举事实明之。如经论说世间空寂，我告人之以佛法相问者亦曰世间空寂，然知空寂者必无忧虑恐惧颠倒梦想，而我于人之以恶声相向者不能无瞋忿乃至挺身相斗，于饮食衣裳之粗敝缺失者不能无所慕，乃至早夜孳孳，营求不已，求而弗得终日遑遑，若或从之自诩有福，于达官贵胄之枉顾辱临者不能无战兢，乃至趋颜伺色，伊阿逢迎，冀获宠赐而傲庸愚。凡此种种，不能尽书，有其一者，千百随之，皆所谓流俗之恒情，生死之根本也，则非真知空寂矣。告人所云：虽文鸟语，与佛法毫不相干，知不相干而为利养所驱，生活所迫，无惭无愧腼然师范者，非夫也，所不忍言。其有向上之机未昧，惕然不敢自欺者，知不相干，深自督责，以求遵循之合于信解。二者既合，不敢自是，更复历参当代知识，绳以古德规模，扩而充之，止于至善，始得云参学事毕。放身舍命，海涵春育，乃可以言为人矣。其或以为迂阔难行，中下难办者，则不知学佛本大丈夫事，不至此，无以免于生死流转也，虽然一念精进，顿超百劫，难与易，皆自心所为，赵州谂禅师所云："七日不悟，斫取老僧头去，"岂亦强人所难耶，嗟夫今世，称大师法师为高僧名僧者如麻似粟，而实未闻出要之言，更何论行解相应，岂诚所谓末法之世耶。昔陈仲醇云："僧要真，不要高，"（见《岩栖幽事》）或亦有感而发，则数百年前已如此矣，吾又何能独怪今之人。

然则何以辩高与真耶？司空表圣诗云："解吟僧亦俗，爱舞鹤终卑"，（见《全唐诗话》）蕴义堪寻，准上可悉。

他者，师弟朋友也。对他者，对于师弟朋友之所信解遵循者之拣察也。易言之，择朋友须慎，择弟子须慎，择师长更须慎也。嘉祥大师《法华统略》二云："凭师之人，须精鉴师之得失，不可便信，亦令师识知弟子真伪而晓示之。"古人用心，踏实如此，则今之逐名位而凭师，图生存而慕道，择势利而传法，因利害而相交者，适足自陷而已。拣察之法，亦如对自。先勘其行解是否相应，若相应者，再与古今圣贤相较，定其品位，长者尽之，短者置之而道东矣。若其行解不相应者，非惟不应举与古今圣贤相较，更宜决然舍去，不可顾惜情面，滞留贻戚。不观夫所谓新僧伽者，莫不以招摇撞骗为能，荒谬绝伦为得乎。此无他，师弟朋友之间之熏习使然也。释迦示现苦行六年，又复示现树下成佛，亦无非示人以学道须有抉择，不可盲从而已。不肯盲从，斯知向上，知向上，无事不办矣。

第五段

结成者，人命须臾，百年弹指，此生不办，来日多艰，游阆苑而空回，泛银河而徒返，虽至愚者亦知其不可矣。而况玩忽圣言，自戕德本，盲目相导，断他慧命者乎，拙作不文，义或无迕，嗟哉明达，幸攻错之。

（原载《佛教公论》1934 年第 1 期　署名缁哉）

关于“新的道路”

前几天，河北定县有一位比丘不远千里，襆被来京见我，主要是问问佛教“新的道路”怎样。谈了大约一小时，他认为得到了启发，心里很安慰，所以订了一份《现代佛学》就告辞回去。这使我非常奇怪也很觉兴奋。他的生活情况如下：

他是胎里素，从小出家，今年41岁，已经过了三十几年的寺庙生活，而所住寺庙，早在解放之前被拆毁了。他搭了三间草房在庙基上和一个伙伴同住，土改分得几亩田，但是没有很好的劳动力，就和那个伙伴经营烧饼油条的副业以维持生活。屋里供一尊佛，平常都点灯烧香，有时也做做早晚课诵。可是有些地方干部说他迷信，说他浪费，使他非常苦闷，所以到北京来问问佛教徒有无“新的道路”可走。

我对他说：修行的目的，无非是自利利他，而要自利利他决不是装模作样，唱唱高调就能行的。我们有一位同志，参加了土改回来对我说：“在农村里，真正看到了占农民总人数百分之九十的贫雇农们生活的痛苦，经过土改，他们都分得了土地，安定了生活，提高了生产，从基本上解决了问题，消除了痛苦，所以他们都真心诚意地拥护毛主席，拥护中国共产党。反观我们佛教徒，虽然标榜着救苦救难，大慈大悲，事实上究竟救了人家的什么苦，什么难没有？恐怕只能说没有，那末要佛教有什么用呢”？这一位同志对于我们佛教徒提的意见，当然不一定完全正确，但有一点值得注意，就是效果和动机必须一致。我们佛教徒如果只有一颗善良的心，而做不出善良的、有益于人民大众的事来，那末从什么地方证明我们佛教徒都有善良的心呢？从这里我们想起来一段佛经上的故事：

往昔时有一商人，聪慧明达，常行仁孝，恒见父母宗亲贫苦，常怀忧恼，逼切身心，以何方便而能给济？作是思惟：无过入海采如意宝，而供给之，得离贫苦。以是因缘发勇猛心，不惜躯命从家而出，种种方便求觅资粮乃诸善伴，船及船师。于其中路，遇一异人从海而还。乃问此人，如是匆遽，欲何所之？商人具答如上因缘，为救贫穷，今欲入海求如意宝以相资给。彼异人言：我昔离家亦复如是，为济亲族贫穷诸苦；既离家已路经旷野，度大砂碛，绝无水草，多有野象虎豹豺狼毒蛇狮子，或遇劫贼大山大河，与彼船师方至大海，又遇恶风大鱼恶龙，雷电雹雨鼓浪洄复；多有留难不可具说，以是因缘劝于仁者宜速回还。尔时商主闻是语已，倍复增进，发三胜心入海不退，云何为三？一者、父母兄弟宗亲贫苦若斯，如何空归不相救济？二者、我之亲属昔时富有惠我衣食，怜愍于我，今者贫穷，命不全济，如何放舍而欲退还？三者、我在家时处理家务，策役驱使大小僮仆，种种呵责，如何贫苦，不相赈恤令彼欢喜而欲退还？以是因缘念酬恩德，发大勇猛决定前进，要当入海求如意宝，得已还家，置高幢上，随意所乐雨诸宝物，充济百千贫匮有情。(《大乘理趣六波罗密多经》卷第二,《大毗婆沙论》卷第一百二)

这段故事是一个比喻。但是有些佛教徒当作了事实，他们要等求得了如意宝珠（又名牟尼宝珠）之后才去充济有情，而不知道他们自己每人都有一颗现现成成的、精光圆明的如意宝珠。因为《大乘理趣六波罗密多经》上明明说："菩萨发菩提心观于十方，六趣四生皆是我之宿世父母，怜愍我故造诸恶业，堕于三途，受诸苦恼，以是因缘而自思惟，以何方便济斯苦难？作是念已，唯有入于六波罗蜜多大法海中，求佛种智一切智宝，拯济有情生死之苦。如是思已，发大勇猛无退屈心，精进劝求无有懈倦。"小乘《大毗婆沙论》上也说："如是世尊以不动心解脱牟尼宝，置不放逸无量幢上，随诸有情所乐差别雨正法宝，能令无量无边有情离生死苦，善根满足。"不过有些佛教徒还要说，我们每人都有"佛种智一切智宝"是对的，可是现在还没有求得，所以不能去"拯济有情"，要拯济有情，待求得了"佛种智一切智宝"再说。这叫做"韩卢逐块"。因为佛种智一切智宝是要在六度四摄四无量心的大法海中去求的，也就是说，只有在充济有情的一切工作中才能完成佛种智一切智宝。我们如果能够随时随地，无有懈倦地做充济有情的工作，被充济的有情必定得到利益，那颗如意宝珠才算生了作用。共产党完成土改的革命工作，我们以佛教徒的身份赞成拥护乃至参加这个革命工作，不能说我们佛教徒对于这个革命工作没有尽一点力，既然尽了一点力，就不能说佛教没有用。古人说："泰山不择土壤，大海不择细流"，其实离开了所有的土壤就没有泰山，离开了所有的细流也没有大海，所以佛教徒应该把一切革命工作当作充济有情的工作，把这个工作当作如意宝珠发挥的作用。

回头来谈谈"烧饼油条"的事情。烧饼油条当然不是大买卖，我们平常都不把他当作一回事，但是作烧饼油条的时候，如果把利钱看轻一点，质地做大一点、做松一点，味道也讲究一点，人家一定高兴吃，高兴买，那不就是充济有情，那不就是如意宝珠在高幢上掉下来的珍宝。这叫做效果与动机一致。否则怨天恨地，把烧饼油条当作无可奈何中糊口的生涯，而一心想别求如意宝珠之后再来充济有情，这就是宗教迷信、唯心论的思想，结果只是自找苦痛，骗自己一辈子。自找苦痛自已骗自己当然不是自利而是自害了，乃是从不能利他来的，所以要真正自利必须能够利他。过去佛教徒强调自利而后利他结果自他两不利，这是"旧的道路"，凄然似秋。现在我们根据教理要强调利他，只有利他才能自利，这是“新的道路”，喧然如春。

又所谓自利，有几种意义，不妨再拿烧饼油条来讲。第一、烧饼油条做得好，人家喜欢吃，喜欢买，当然不会讨厌我们，由此可以得到人家的尊重。第二、我们自己得到了人家的尊重，连带着佛教也就受尊重，人家就不会再说我们是迷信和浪费了。第三、把烧饼油条做好，为的是使人家得到利益，“充”此一事，即将自己融入于一切众生之中，自他无间，可以渐除“我执”。第四、要把烧饼油条经常做好，使人家经常得益，也不是一桩很简单的事情，其间可能有许多艰难困苦，我们如果经得起艰难困苦的考验，克服过去，则心量自广，担当自大，可以渐除“法执”。以上四利，第一第二是所谓“世间”的利益，第三第四是所谓“出世间”的利益。世间的利益一般人都能明白，出世间的利益则惟对于佛法有真实信解，真实受用者方能了解。从这里我们不能把烧饼油条的事情小看了。古人说“搬柴运水，无非神通妙用”，又说“举足下足是道场”，其真实意义是如此的，所以说我们每人自己都有一颗如意宝珠，我们每人都能完成佛种智一切智宝。

以上是那位比丘认为得到了启发的一段话，以下再把“新的道路”引申出去。

新时代的佛教徒，无论男女老幼，在家出家，如果都走上了“新的道路”，则每一个人都能和为人民服务的新政治结合在一起，为着实现共产主义的社会而奋斗。每一个人不断创造适合于自己的工作岗位，绞脑汁，流汗水，真心诚意地为了全人类的利益而努力工作，工作之余，走进佛教的寺庙里去，在佛教空气的熏陶之中，使精神上得到安慰与勖勉，加强工作的热情与毅力。所以“新的道路”上的佛教寺庙是佛教徒的精神粮食仓库，“新的道路”上的佛教僧伽是这个仓库的管理与培修者。这样的寺庙可以永远存在，这样的僧伽应该由佛教徒或修教团体供养。

开剃头店滥收徒众和千僧过堂的时代过去了，把寺庙当作救济院衣食饭碗的事情也不会再延长下去。有人说，将来佛教寺庙的一切办法恐怕要向基督教堂和清真寺看齐，这话未始没有道理。但我则以为将来的佛教寺庙，一定会比现在的基督教堂和清真寺更适合于社会主义的社会。

在我主观想像中的“新的道路”上的佛教寺庙和僧伽，大略如上。至于理论方面，首先要用科学的历史方法，把两千多年来，依托、附会、假借、堆积在佛教里面的杂质、毒素清除出去，然后阐述龙树无著空有两宗的思想，开展第三期的大乘（龙树空宗是第一期大乘，无著有宗是第二期大乘，密宗以及我国的天台贤首和禅宗，都是空有两宗之后的余波不能独立一期），再结合新时代新环境里面的许多问题，创作几部新的论著以承先启后，作为佛教徒在教理方面修持方面的准绳。此外对于佛教文物的保存与整理，佛教与我国学术思想、政治经济、风俗习惯等方面发生了密切关系的研索和撰述，也都是“新的道路”上的佛教徒，尤其是出家僧伽应负的责任 。

本刊出版之初，安定了全国佛教界惊惶恐惧的情绪之后，又因为响应政府的各种号召，使各地佛教徒在爱国主义的运动当中组织起来，行动起来，现在大家都关心着“新的道路”，所以借与定县某比丘的一席话，抛砖引玉，希望全国佛教同人就此问题，多提意见，共策进行。

1952年佛诞日，劳动节

（原载《现代佛学》1952年第2卷第9期）

略谈佛教的前途

——从大雄麻袋厂的加工订货说起

我们京津两市佛教徒所开办的大雄、大仁、大力三家麻袋厂，自开工以来，承各有关方面的照顾，加工订货，维持生产，前后共订立三次合同，共交麻袋六万多条。此次因为“五反”关系，订货发生了问题，大家非常恐慌。我当时把这种情况报告市政府当局和中财委当局，请求设法解决困难。因为中央和北京市政府的首长们，对于我们佛教徒所开办的生产事业，特别重视，所以马上给我们以收购和加工订货的照顾。

这使我们不自禁地和工农无产阶级一样，高唱着“共产党的恩情说也说不完”。从这里也使我们清清楚楚地看到了今后佛教徒应走的道路，以及佛教的前途。

提到佛教的前途，最近有若干热情的佛教徒向我提出许多问题：如开办大雄麻袋厂和振新印制厂的目的何在？僧尼参加了劳动，作一个单纯的工人，是否是蜕变俗化？如果开办大雄麻袋厂为了培养新佛教的骨干人才，那末一年之久，成绩如何？又所谓改造僧尼，是否要僧尼统统还俗，消灭他们？有人发心出家，如何满愿等等。我以为都是解放以来，国内一部份佛教徒的未决之疑，有公开答复的必要。兹将我们的意见述之如下：

一、我们对于提这许多问题的人表示非常感谢，因为他的确把蕴藏在心内的疑问，尽情吐露了出来，使我们知所警惕，同时他们那一股为佛教前途着想的热情，也使人深受感动。我认为只有在这样的竭诚问难之中，大家才能肝胆相见，讨论和解决一切问题。

二、我们开办大雄麻袋厂的目的有三：甲、遵照人民政协全国委员会宗教事务组的指示，使一向过着寄生生活的僧尼们参加劳动生产，达到自养自给、丰衣足食以配合国家生产建设。乙、通过学习，提高僧尼们的政治觉悟和对于佛教的体认，使能从工作中实践佛教的真精神，增进修养。丙、以佛教生产事业维持佛教文化事业。这三个目的当中，第一个算是做到了十之七八，第二个做了十之一二，第三个完全没有做到。为什么呢？第一、我们虽然有把大雄麻袋厂全部改为电机化的准备，但目前还只能从稳定手工业的基础上着手。手工业出品少，成本高，工资是比不上电机麻袋业的，每人每月所得平均都在十余万至三十万左右，除伙食，仅够简单的零用，所以自养自给尚有余，丰衣足食则未也。但是僧尼们的生产情绪是相当高的，此次为完成在三月份内交足三万条麻袋的任务，展开了生产竞赛，评定劳模，僧尼之当选为劳模者四人，占劳模总人数的百分之四十，所以说在第一个目的上做到了十之七八。不过他们常常这样自问和问人家：是否纺一辈子麻，做一辈子麻袋，就算是一个新时代的佛教徒了吗？这个问题提出来之后，不易得到满意的答复，因此他们有时非常苦闷。这正说明了我们在第二个目的上没有做到什么，其原因有三：一、我们搞生产都是外行，对于手工麻袋业一点没有经验，开办之后的五六个月，都是在工作中摸索，搞错的地方很多，因此工厂本身吃了一点亏，一度岌岌可危，后来由于订货顺利，克服了困难，才转危为安，稳定到现在。总括起来说，大雄麻袋厂自从正式开工到现在，都是忙着建厂工作，没有照顾到别的方面，所以在第二个目的上没有做到什么。二、我们都是小资产阶级出身的人，根本不知道走群众路线，过去一年多当中，虽然也布置了政治和佛学的学习，但都不能联系实际，针对佛教同人们思想上的缺点对症下药。如现代佛学学习和业务学习，有时理论过高，不是全厂佛教同人所能接受，经论学习又偏重在理论的分析，不能使同人们联系到自己工作行动中去。因此经过一年多的学习，对于同仁实在没有多大的帮助。三、参加大雄麻袋厂工作的僧尼们的性质，大约可以分为三类，第一类对于佛教信仰相当坚定而保守，但是缺少大乘佛教的实践工夫。常常根据主观的愿望，期待着一个适合自己要求的环境，得以提高自己的修养，而不能在人我是非之中检讨自己主观的错误，克服自己的烦恼，去适应环境，提高修养。因此对新社会的一切，有前进的心无前进的力。第二类对于佛教信仰既不深，也没有提高的要求，只是纺一天麻拿一天工资，其他都无所谓，有时不免因为重视个人的利益而忽略全体利益，影响生产。第三类是热心佛教事业而缺乏事业经验，看事太易，自信太强，在实际工作中常常失败，致生烦恼。这都是长期在封建社会里养成的缺点，而我们没有用全副精神，想办法教育他们，改造他们，不能不引咎自责。第三个目的完全没有做到的原因，无非是工厂初立，经济基础没有稳定的关系。我们计划在本年度内，对于佛教文化事业多少有所帮助。

三、由于我们的努力不够，一年多来忙忙碌碌，并无多大成就，所以谁伸手向我们要成绩，我们是拿不出来的。但是我们并没有走错了路，其原因有四：一、释伽牟尼成佛以后，在鹿野苑初转法轮度化五比丘的时候首先说明：“一切众生皆依食住”，我国各大丛林的斋堂大寮里也都贴上“法轮未转食轮先”的标语，这是真理。因为一个人的生活无法维持，活都活不下去，哪里还有信仰或修行可言呢？现在我们维持了一百多位僧尼的生活，都还保持着佛教的信仰和律仪。假定不是这样，恐怕这一百多位僧尼当中，为生活所迫，大多数不能维持旧来的律仪了。二、现在做工不光是为了个人的吃饭，而是为了增加国家的财富。国家的财富增加了，全国人民才能安居乐业，提高生活，提高文化。但是这个道理在解放之前是没有办法讲得通、做得到的。因为那个时候的所谓国家，其实就是蒋宋孔陈四大家族的私产，工人们流尽血汗积累起来的财富，都成了他们的囊中之物任意挥霍，所以从前做工不可能发挥积极的意义。现在，剥削工人以及我国人民的三大敌人打倒了，中华人民共和国在共产党领导之下，真正成为全国人民当家作主的民主国家，工人阶级积累的财富都为全国人民所共有共享。我们如果能尽一分力量，增加一分财富，全国人民就多一分受用；能尽十分力，增加十分财富，全国人民也就多了十分的受用，所以现在谈做工确有其崇高伟大的气度与目的的。三、既谈做工，当然要把工作做好，但要把工作做好，不是很简单的，首先必须顾全大体，使个人的利益服从全体的利益，也就是必须化私而为公。否则粗制滥造，增加了个人的利益——工资，而工厂必因赔累而垮台。所以真正的工人阶级，因为存在决定意识，必定是大公无私的。同时由于分工合作的关系，每一部门的人必须照顾全面，联系其他各部门才能把工作做好，这里面就自然而然地应用批评与自我批评的武器了，也就能真正团结互助了。革命大业所以必须由工人阶级领导者，其最主要的原因在此。四、佛教团体一盘散沙，这是大家都承认的，也就是说明佛教徒不能团结。为什么不能团结的呢？当然是由于不知互助，其所以不知互助，则又是由于“各人生死各人了”，忘“大公”而为“自私”的关系。这样的修行，这样的教理，是否出于释迦牟尼佛？当然不是，那末又从什么地方来的呢？我们以为是封建社会压在佛教徒身上的烂包袱，必须彻底丢弃。而丢弃的方法，除了实际参加生产活动，没有其他更好的办法。毛主席说：

马克思主义者认为人类的生产活动是最基本的实践活动，是决定其他一切活动的东西。人的认识，主要地依赖于物质的生产活动，逐渐地了解自然的现象，自然的性质，自然的规律性，人与自然的关系；而且经过生产活动，也在各种不同程度上逐渐地认识了人与人的一定的相互关系。一切这些知识，离开生产活动是不能得到的。(《实践论》)

毛主席的指示是正确的，所以不能说做工就是“蜕变俗化”，因此我们还希望全国佛教同人，大家走上生产路线，为增加国家财富而努力前进。不过根据大雄麻袋厂的经验，单纯做工，不能满足佛教徒的全部要求，负责举办佛教生产事业的人，必须发挥佛教的真精神，通过群众路线，提高佛教的实践或修养。

四、把做工当作修行，一般佛教徒是不会承认的。但是我们要请问，参禅念佛修行的目的究竟是什么？如果参禅念佛为了自己的身口意三业清净，那么修到什么时候能够清净，清净了又做什么事情呢？又如果为了大澈大悟，了生脱死，或往生西方，那么大澈的是什么？大悟的又是什么呢？了生脱死之后又做什么呢，往生西方，亲见观音势至和阿弥陀佛以后又将如何呢？这许多问题，如果不能解答，修行到百千万劫恐怕还是"野狐禅"，"担板汉"。我要告诉大家，大澈大悟，会心处不在远，肯死才是了生死，往生西方为的是改造东土，三业清净应从烦动恼乱中锻炼，现前荐取，不用他觅。总之离开行住坐卧，搬柴运水、扬眉瞬目举足下足的一切行而谈什么修，那是"鬼窟活计"；离开广大众生的一切行而谈什么修也是"捕风捉影"。近数十年来佛教界就是那样修来修去，没有修出什么人来，否则佛教又何至零落残破到如此地步呢！我们再看看大藏经本缘部里面，释迦牟尼佛在因位之中种种动人的艰苦卓绝的行为，就可以知道，佛决不是清闲自在，高高挂起成得了的。要清闲自在，高高挂起去成佛，那是地主官僚小资产阶级酒醉饭饱之后，另外一种的消遣品、麻醉剂而已，与佛教根本没有什么相干。

五、对于还俗我们既不采取鼓励的态度，也不用鄙视的眼光对待他，而是寄以无限的同情。为什么？大多数僧尼，都是从小或被逼迫而出家的，社会上没有教育他们，佛教界里也没有培养他们，他们的没有文化，缺乏信仰，实在不完全是他们自己的过失。但他们都是活生生的人，人是有欲望的，如果硬逼着他们严守清规，不出山门，像不准寡妇嫁人一样，那是不合人道的。有人说："在封建社会里，不准寡妇嫁人一样，那是不合人道的。有人说："在封建社会里，不准寡妇嫁人而默许寡妇偷人，不许僧尼还俗，而默许僧尼犯戒，那是道德的休假"，这话很有道理。自《婚姻法》公布以后，妇女得到真正的解放，社会上不再以寡妇嫁人为耻。佛教界也应该如此，从今以后不要再以还俗为可耻，其实戒律上本来许可这样做，而现在缅甸、暹逻等佛教国家又正是这样做的。

六、僧尼都还了俗，那不是没有僧宝、三宝缺一了吗？这样的疑问，等于人家问"人人都出了家，那不是断绝了人种"，同样不合道理。因为世间事情没有那样简单，苏联现在还有神父、牧师、还有僧众，将来"少"则有之，"无"则未也。但是出家人必须具备三个条件：甲、能够结合政治，为人民服务。乙、通达教理，严净毗尼。丙、能够满足人们的宗教要求。所以对于发心出家的人，我们认为既系自愿，当然可以满愿，但不知所谓发心究竟发的是什么心？如果是为了图清净，享现成，则早成过去，我们无法满愿；如果是为了上弘佛法，下化众生，那么要请他们把所弘的佛法，讲给大家听听，做给大家看看，又化度众生的方法如何，也不妨考虑考虑。

末了，我再谈一谈佛教界团结的问题。过去佛教界内有这么两句话：“大居士不见僧过”，“若要佛法兴除非僧赞僧”，这其实就是“互相包庇”而已，在这个基础上谈团结，有什么办法呢。共产党讲团结与斗争结合起来，通过尖锐的斗争，把是非黑白分清楚了，大家思想搞通了，才有真正的团结可言。目前我们佛教界还有以拉拢和互相掩饰讲团结的，还有强调团结而不把错误当一回事的，这都是所谓旧的思想色彩，对于佛教前途有百害而无一利。我们佛教界如果能够应用思想斗争，提高政治觉悟，认清佛教真精神，诚心诚意参加生产活动，则各级政府都能帮助我们，大雄麻袋厂的能够得到加工订货就成一个很好的例子。我们佛教界如果在生产活动中巩固了经济基础，以生产事业维持文化事业，则新丛林、佛教文物馆、佛学院等计划都可实现，这不就是佛教的前途吗？

又关于僧尼的服装问题，有的主张改，有的不主张改，改什么样子更是意见纷岐，莫衷一是。现在我们提出两个问题如下，请各地佛教同仁详细考虑后提出正确的意见，以便有所决定。

一、僧尼服装是否需要改？

二、如果要改，用什么样子？

（原载《现代佛学》1952 年第 2 卷第 8 期）

目前佛教工作的四个步骤

最近有人对我说，他对于佛教徒的估计错了，因为他以前认为佛教徒是没有出息，毫无办法的。一两年来，北京佛教界通过学习，提高了政治觉悟，居然把生产搞得很好，也有若干佛教徒在各种群众工作当中起了积极的带头作用，出于一般人的意料之外，所以说估计错了。这说明佛教徒随着社会的进步也可以有进步，并不永久是没出息，无办法的。佛教工作的应该做，可以做，其原因在此。但是要把佛教工作真正做好，并不很简单，就我个人几年来工作的经验来说，大概可以分为四个步骤。

第一是努力学习，改造思想；第二是响应政府号召，参加劳动生产；第三是整顿内部，加强组织；第四是建立正法幢，为人民服务。第一个步骤的工作内容与方法如下：

学习的内容，以马列主义毛泽东思想和大乘佛法为主。学习这几门功课的时候，最好结合起来，互相参证，才能收到水乳交融之效。学习马列主义最好以《社会发展史》作为第一步学习的主要内容。在短短的一个月到三个月里，集中力量对这一门课程作比较深入的研究，不求读太多的书本，不一定要听很多的讲授报告，不急于马上获得马列主义的理论、政策的一切方面的知识，只求经过社会发展史的学习较有系统地建立起几个马列主义的基本观点：一、劳动创造人类世界的思想；二、阶级斗争的思想；三、马列主义的国家学说。掌握了这些基本的观点，许多不了解和想不通的问题就往往能够自己迎刃而解。由此前进一步，不论是参加工作，或继续更深入的学习，都有很大的便利。经验证明，这种集中力量，少而求精的学习步骤，对于从头学起的人是有很大效果的。而那种排列许多复杂课程，每天接连不断地听讲授报告，把讨论消化的时间挤得几乎没有了的学习步骤，则是效果非常微小的。去年我在学习座谈会学习社会发展史的时候，领导上发了提纲，现在把他转载在下面：

社会发展史学习提纲

一、为什么要学习“社会发展史”？

甲、要认识社会发展和革命发展的规律。

乙、要应用这些规律知识来分析情况，解决问题。错误的来源是由于不懂规律。

丙、社会发展和革命发展规律的知识，是对于人类社会历史的科学研究的结果。学习《社会发展史》，就是要学习用科学方法来研究人类社会和人类历史。

丁、这里说的科学方法就是唯物辩证法，唯物辩证法应用于历史社会的研究，即是历史唯物论。

戊、学习《社会发展史》就是要学习用历史唯物论的理论来分析情况和解决问题。

二、学习《社会发展史》的重点。

甲、学习《社会发展史》需要充分了解两个主要的规律：

（一）劳动创造人类世界的规律；

（二）阶级斗争的规律；

这是历史唯物论的最根本的规律。

乙、劳动创造人类世界的规律包括以下三点意义：

（一）劳动创造人；

（二）劳动创造人类社会——社会的物质基础与上层建筑的关系；

（三）劳动群众创造历史——群众与领袖的关系。

丙、阶级斗争的规律包括以下四点意义：

（一）在阶级社会，一切人都是属于一定阶级的，各阶级在历史上有一定的地位和作用，人的思想意识是由他的阶级地位作用来决定的，没有超阶级的绝对自由的人。

（二）历史发展是通过阶级斗争来推动的。分析阶级和正确的解决阶级关系，阶级斗争的问题、是指导革命的中心问题。

（三）阶级斗争和革命的基本问题在于国家政权问题。

（四）社会思想意识是阶级斗争的精神力量。

三、如何学习《社会发展史》？

甲、尽可能具体地研究社会各阶级的发展过程。用历史观点来看各种社会和阶级关系。

乙、联系实际，联系今天。

丙、批评与自我批评。

学习完了《社会发展史》之后，不妨学习斯大林的《辩证唯物主义与历史唯

物主义》和列昂节夫的《政治经济学》，这样对于马列主义就有一个初步的相当正确的认识了。但宗教徒学习社会发展史，可能对于从猿变成人这一个学说不感兴趣，有若干宗教徒也曾提出过问题，领导方面则以为如果宗教徒对于这个学说不感兴趣，不妨在劳动创造人类世界的规律上多加研究，而将从猿变成人的一段存而不论 。

学习毛泽东思想，最好以《共同纲领》作为第一步学习的主要内容，因为《共同纲领》是毛泽东思想的结晶，也是中华人民共和国的施政纲领，新中国的每一个人民都应彻底了解。以后本刊拟将学习《共同纲领》的提纲登载在学习资料内。又学习毛泽东思想应以《毛泽东选集》作为基本材料，而把介绍和解说《毛泽东选集》的文章作为参考资料。

学习大乘佛法，最好以世亲菩萨造、鸠摩罗什释的《发菩提心经论》，作为第一步学习的主要内容。此论共分十二品，约一万四千余字，虽不很长而非常扼要与正确地指示了佛教徒发菩提心、修菩萨行的方向。我们每一个佛教徒如果精通此论，则对于马列主义与毛泽东思想，一定不会再感觉扞格难通，对于时代精神亦即为人民服务的精神，也自然欣合无间了。本刊拟请专家撰述《发菩提心经论解说》分期发表，给全国佛教同人做参考。

关于学习的方法，艾思奇先生在《学习马列主义的初步方法》一文中说得非常精简切要，对于我们初学马列主义的人极有用处。(原节录略 - 编者注)

学习马列主义的两个最主要的方法——联系实际，批评与自我批评，其实也就是学习大乘佛法最主要的方法。过去我们佛教徒学习佛法，从来不联系实际，也不懂批评与自我批评，满口谈空说有，不过虚演故事，既系自误，亦且误人，佛法之衰，正坐此失。我们佛教徒现在如果还不用学习马列主义的方法学习佛法，则一线慧命，难免不要中断，这是希望全国佛教同人特别加以注意的地方。

至于学习的组织，应随各地情况而定。就北京言，先组织学习小组，学习一些时候，创造了经验才成立北京佛教徒学习会，在民政局领导之下开办学习班，为期三月(学习班的总结报告，发表于本刊第三期)。毕业之后又分区成立学习小组。每星期学习一次，直到去年又为各个学习小组的积极份子开办了一个半月的政治学习班，专门学习政治。现在又分散为各个学习小组，继续学习。这种由分到合，再由合到分的办法，经验证明，非常有效。

另外一种是自修。据说苏联在职干部的学习，是以自修为主的。现在仅在莫斯科一地，自修政治和理论的就在十万人以上。加里宁在1934年对共产主义青年团员说：“我也是工作很忙的人，但我每天都要分出时间来看书。我每天至少要读八九页，不是文件而是马克思主义的书籍。除此以外，还要看些新出版的文艺作品。”加里宁这种挤出时间来不间断地阅读马列主义书籍的方法，已成为苏联自修马列主义的范例。自修者为了便于自我督促和很好地支配时间，最好根据人家推荐的学习提纲和图书目标，拟订出个人的学习计划。在计划中，可预先估计要花几个钟头来读完书的那一章，什么时候应当读完补充读物，什么时候应当写概要。写概要已被公认为自修中非常有益的方法。他可以帮助学习者加深领会书籍的内容，有系统地、全面地了解理论和材料，加强对所得的知识的记忆，磨炼思想逻辑，同时也是一种自我督促。

自修完了某一门功课之后，如果有必要，就写报告论文，叙述所研究的问题的基本思想，在准备这种报告论文的时候，自修者很好地研究有关的书籍、杂志、报纸，选择统计数字以及事实材料，并且联系实际。写这种报告论文，可以加深自修者的认识和思考能力。又这里所说的自修，并不排斥集体讨论，为了交换意见，为了检查思想认识有无错误偏差，讨论会是不可少的。讨论会有时由一两个人作报告（中心发言），然后大家进行讨论；也有不请人作报告就直接进行讨论的。但不管那一种，都要预先把讨论提纲或问题发给与会者，与会者都要预先准备。不能开无准备的会。组织会议的人所要注意的，主要是怎样帮助与会者准备好报告或发言，而不是按期召集会议。

通过学习，认识了马列主义和毛泽东思想，认识了共产党和新政治，同时也认识了大乘佛法，正应该发菩提心，行菩萨道。《发菩提心经论》云：

如三千大千世界初渐起时，当知便为二十五有，其中所有一切众中，悉皆荷负作依止处。菩萨发菩提心亦复如是，初渐起时，普为一切无量众生，所谓六趣四生，正见邪见修善习恶，护持净戒犯四重禁，尊奉三宝谤毁正法，诸魔外道沙门梵志，刹利婆罗门毗舍首陀，一切荷负作依止处。譬如虚空无不普覆，菩萨发心亦复如是，一切众生无不覆着。

要为一切众生作依止处，要覆着众生，必须替众生解决实际问题，否则便成空谈，毫无利益。众生之中，目前不妨以出家在家男女四众作为对象。因为两千年来，积压在佛教徒身上的问题太多了，必须设法次第解决。问题之中，最主要的是两个：一个是如何密切地与广大群众团结在一起？第二个是如何好好地生活下去？要好好地生活下去，必须参加劳动生产，要密切地与广大群众团结在一起，必须响应政府的一切号召，这就走到第二个步骤上来了。第一个步骤重在知，第二个步骤重在行，知行统一才能解决佛教界的实际问题。

这里面还要加以说明，就是：响应了政府的一切号召，为什么就能密切与广大群众团结在一起呢？因为广大群众在毛主席的英明领导之下起来当家作主了，所以积极地建设新中国，勇敢地抗美援朝，保卫世界和平，这都是与全中国人民，每一个人的利益密切地结合起来的。我们佛教徒如果不能响应政府的号召，参加建设新中国，抗美援朝的一切工作，则与全国人民的利益根本相违，怎么能够站在新中国人民的队伍里面去呢？反之，我们佛教徒如果响应政府的号召，参加了建设新中国，抗美援朝的一切工作，则处处与全国人民的利益结合在一起，自然就水乳相融，密切团结起来了。《发菩提心经论》云：

愿我能令一切众生发菩提心已，常随将护，除无利益，与无量乐，舍身命财，摄受众生，荷负正法。

此中所谓“常随将护”，就是站在人民队伍里面去，而“摄受众生”也就是“密切团结”的意思。要将护众生，摄受众生，必须与众生以无量乐，为众生除去无利益的事情，乃至舍弃身命亦所不惜。这样才能“荷负正法”，也就是说只有这样为人民服务才能使人尊重佛教的信仰，令正法久住。

要好好地生活下去，必须参加劳动生产，理由很简单。不必多加解释，全国佛教徒如果在第二个步骤上切实做去，则非惟站稳人民立场，同时也就是从行动上表现了我们在学习与改造思想方面的确有了成绩，才可以进入第三个步骤。

进入第三个步骤把内部整顿好了之后，佛教界在思想和行动两方面都取得了协调，则加强组织的话才不致于落空。过去有很多人要求正式成立各地及全国性的佛教会，这当然是可以的。但如不通过内部的整顿，则所成立的佛教会，必定是一个意见纷歧，职权不能集中，决议不能贯彻，七零八落的团体，对于佛教前途，其实没有多大帮助。不过话又要说回来，整顿内部是历史的任务，的确不是一桩容易的事情，必须发动群众，树立骨干，掌握政策才能收到效果。而要发动群众，树立骨干，掌握政策，又非从努力学习，响应政府号召做起不可。所以不经过第一第二两个步骤而要走第三个步骤，那是非失败不可的。目前我希望全国佛教界斟酌当地情形，灵活应用步骤的原则进行工作。主要关键在于知与行的统一。

整顿了内部，加强了组织之后的佛教寺庙，可能相当整饬，而四众弟子也可能是真正的佛教徒。从这里我想起了古代印度的那烂陀寺。《大唐西域记》卷九云：

那烂陀僧伽蓝，其地本庵没罗国，五百商人以十亿金钱买以施佛，佛于此处三月说法，诸商人等亦证圣果。此国先王，敬重三宝，式占福地，建此伽蓝。其后历代君王，继世兴建，穷诸剞劂，诚壮观也。僧徒数千，并俊才高学也，德重当时，声驰异域者数百余人，戒行清白，律仪淳粹，僧有严制，众咸贞素。印度诸国，皆仰则焉。请益谈玄，竭日不足，夙夜警诫，少长相成。其有不谈三藏幽旨者，则形影自愧矣。故异域学人欲驰声问，咸来稽疑，方流雅誉。是以窃名而游，咸得礼重。殊方异域，欲入谈议门者，诘难多屈而还。学深今古，乃得入焉。于是云游后进，详论艺能，其退走者固十七八矣。二三博物，众中次诘莫不挫其锐，颓其名。若其高才博物，强识多能，明德哲人，联晖继轨。至如护法护月，振芳尘于遗教，德慧坚慧，流雅誉于当时，光友之清论，胜友之高谈，智月则风鉴明敏，戒贤乃至德幽邃。若此上人，众所知识，德隆先达，学贯旧章，述作论释，各十数部，并盛流通，见珍当世。

那烂陀寺的规模，固然不是我们现在所应取法的，但是他的注重学术，风标高峻，还是值得景仰。就“业果”上说，将来全世界都进入社会主义的社会，大家在马列主义的领导之下实事求是，为全体人民的利益而工作，与佛教的“五戒十善”不期然而相合，则“福德”增长，“智慧”亦必随之而增长，可能有新型的那烂陀寺出现。因为宗教活动是人类主要的精神活动之一，有些人有此强烈的要求，不可能完全归于消灭。但随文化的普遍提高，低级趣味的宗教迷信，如敬神和浅薄而歪曲的因果论、定命论等，必然会被否定。所以按照步骤做好佛教工作，以至于建立正法幢，实在是为众生慧命计，为众生慧命计，即亦为人民服务也。至于如何建立正法幢的办法，目前还不能预作计划，须随客观情况的发展而定。不过我个人就佛教全体看来，认为已经有了一点基础。这个基础在那里，明眼人自能看出。全国佛教同仁们，起来努力学习，响应政府号召，参加劳动生产，整顿内部，在已有的一点基础上做好佛教的工作。

(1952 年5 月29 日)

（原载《现代佛学》1952 年第2 卷第10 期）

关于整理僧伽制度一点不成熟的意见

三年来北京佛教界方面不断接到全国各地佛教徒寄到的许多信件，报告寺庙内部的各种情况并请求处理，有的比较简单，他们已经答复或转请有关方面调查处理了，有的问题很复杂，需要从长考虑，设法解决。如湖南某法师的信上说：

目前僧尼的类型，最基本的约可分为下面的几种：一、未改装未改口还有一点信仰的，二、已改装未改口还有一点信仰的，三、已改装改口还有一点信仰的，四、改装改口连信仰已改掉了的，五、虽未改装改口而信仰早就改了的。现在我们想进行僧尼的登记，住持佛教的僧尼究应以什么做标准？

又如福建某法师报告某地两个大丛林的混乱情况说：

解放三年来，一般僧尼乱用民主，自己想怎样就怎样。他们不但开了荤，并且把寺中三千多万的款项都分了，各人自己起炉灶，有的准备在寺内结婚。各人土改分得的土地也自己分开种，收成归自己，而三餐茶饭是吃常住的，现在已把粮食全部吃光了。有几个青年僧留起头发，穿上制服，住在寺里，吃寺里的饭，而开口闭口说佛教是迷信、封建、专制。其中有一个对糟蹋藏经的人说：这些经典是数千年社会的遗毒，用剥削劳动人民的金钱印成的，现在新时代来了，不要再用这种毒素来害人民，我们把它毁了有什么可惜。这种破坏戒规和丛林制度的情况，使佛教徒们非常不安，请迅速地解决。

这是一种情况。另有一种情况，如浙江某地某丛林僧众报告说：

现在全国上下，无论男女老少都在节衣缩食，轰轰烈烈地开足马力建设我们可爱的祖国，但是我们呢，仍旧是靠着以经忏、佛事、化缘为主要的生活之道。寺内负责人不准任何人与社会接触，否则即以破坏清规论罪。一切报纸和杂志都是违禁品，他们说修行人比什么人都高，不要看那些世间的东西，以免被它沾染，退失道心。谁要说一声共产党好，谁就被歧视；而寺内财政则操在他们少数几个人手里，一点也不公开；大众的生活很苦；他们物质生活的享受是特殊化的。他们真像猫头鹰一样，想永远在黑暗中搏食同类。

这种情况，恐怕不仅湖南、福建、浙江三省有，其他各省可能也是有的，这是当前僧伽制度上的一个重大问题；如果不能适当地加以解决，则对于今后的弘法利生事业，一定会发生障碍。但是上述事情的发生，决不是一朝一夕的原因，我们如果不先从各方面来研究分析其所以然，就贸然确定解决的办法和将来的方向，不免会发生偏差。

我个人以为上述事情的发生，大约不出下列三个问题：一、出家的动机问题，二、出家以后的教育问题，三、丛林的制度问题。讲到出家，依照戒律上讲，原来是相当严格的，我国古代也曾实施过度牒考试制度，凡程度不合格，未经政府许可的人都不能出家。可是每当帝王穷兵黩武、国库支绌的时候，又常高价出卖度牒作为增加国库收入的财政来源之一，所以就不能不滥杂。这里又有一个问题，就是当时的人为什么愿意出高价购买度牒薙度为僧的呢？那是因为当时的寺产丰富，生活优裕，又可以逃避兵役和得到若干特权的关系。《广清凉传》卷中云：

僧无著，大历二年夏五月初至清凉岭下，时日暮，倏见化寺，因扣扉请入。主僧实接，问彼方佛法何如？答：时逢像季，随分戒律。复问众有几何？曰：或三百或五百。无著问曰：此处佛法如何？答云：龙蛇混迹，凡圣同居。

无著禅师是唐代的高僧，化寺主僧据说是文殊菩萨的化身，所云“随分戒律”和“龙蛇混迹，凡圣同居”，当系事实，可见僧伦滥杂，自古已然。其后到了清初，废除度牒制度，出家一无限制，若干贫苦人家的子弟就因此送进佛门，寺庙也几乎成为明朝陈眉公所说的“悲田院”了。这种现象到鸦片战争，我国成为半殖民地以后更甚。民国以来，由于军阀的混战，佛门里面又加入了一部分疲乏的士兵，使得僧伦更加庞杂。他们出家的动机本来与信仰没有什么关系，所谓“随分戒律”，当然也就无从谈起了。

但是我们能够把败坏佛门的责任完全推诿在他们身上吗？我的回答是唯唯否否。这有两个原因：第一、他们出家的动机既然与信仰没有什么关系，那就是被生活困难所迫而出家的。生活困难大都因为贫穷，而贫穷是受了压迫和剥削的关系，所以我们对于那许多从小出家或受其他逼迫而出家的人，原则上是应该寄以深厚的同情的。第二、寺庙里面对于出家的人根本没有教育，过去佛学院的数量本来很少，又大都是有名无实的，其中如武昌佛学院、汉藏教理院等虽然有一点成绩，但与寺庙里面的教育没有多大关系，所以一般人出家以后简直就是“饱食终日，无所用心”。他们在这种无组织无教育的环境里生长，不败坏佛门那才是奇迹哩！

马祖建丛林、百丈立清规的本意，在于便利参学，策励深造，使丛林成为实践佛理的道场，也就是真正实行六和的僧团。可是后来受着封建社会侵蚀更甚，在百丈清规上面堆砌了不少封建的教条和仪式，把马祖百丈原来的精神掩蔽住了，丛林制度只便利了少数的当权者。其后经忏发达，道场变成营业性质，自然就有所谓“劳资”或统治与被统治关系的对立。解放之后，一般人民的政治觉悟普遍提高，佛教徒当然也不例外。一部分僧众身受压迫，不满现实，希望打破束缚，解放自己，而又找不到正当的路子，思想苦闷，行动越轨，也是免不了的。总之，我们心平气和地把问题想想明白，就会觉得目前寺庙里面的各种混乱现象，是佛教发展史上不可避免的一页，解决必须解决，争吵或主观地粗暴地处理问题，那是不能得到解决的。

解决的途径可以分为治标治本两种，目的都是为了把目前混乱的佛教整理成为清净庄严的佛教。我们认为法轮常转，是有若干人民对佛教有需要的。但是人家所需要的佛教是能够满足他们宗教要求和解决思想上若干问题的佛教，并且随着文化水平政治觉悟的提高，对于佛教的要求也愈高。目前佛教界的混乱现象，是不够满足人家的宗教要求和解决思想上若干问题的，如不及时整理，则佛教将被人民所唾弃。反之，则慧日重光，佛教将被若干人民所爱好，而我们的工作也将为十方三宝所欢喜赞叹，常垂加护。

针对上述混乱的现象，治本的办法应该注意下列四项：一、出家的动机和条件，二、戒规的奉持和教理的研究，三、六和僧制的恢复，四、大乘积极精神的阐扬与实践。这里面每一项都包括许多问题，如出家的动机究以何者为标准？条件又是什么？过去所定的标准和条件是否完全适合于现在？如不完全适合，是否可以增删？应增的是什么，应删的又是什么？关于戒规的奉持，问题更多，如对于发心出家具足条件的人如何摄受？摄受了如何传戒与受戒？又如何学戒与奉持？清规是否可以重行厘订？这里又可以牵涉到服装饮食等许多烦琐的问题。研究教理、恢复六和僧制与实践大乘积极精神等项也都有许多许多问题，决不是一两个人所能随意决定的。

以治本的办法为目标，逐步解决目前佛教界的混乱现象，必须要有治标的办法。有了治标的办法，才能使佛教界在安定的状态中，稳步前进。这里面主要是结合僧尼生活情况，想出很多办法提高他们的宗教信仰、政治觉悟、文化水平和技术能力，使他们在适当的条件上面决定自己的前途。也就是说如果提高了宗教信仰的，可以丢掉一切包袱做好一个新时代的佛教徒；反之如不愿过出家生活而愿做在家佛教徒，可依戒律舍戒还俗，到社会上去做个新时代的人民；存下的寺庙问题等等，可以由当地政府和佛教团体协商处理。这样划清界限，各得其所，才能接上根本办法，恢复佛教的清净庄严。这是一两千年历史上遗留下来的一个相当复杂的问题，需要我们加以解决，困难是有的，并不是没有办法。我们把它当作上报佛恩、下济有情的事业，不怨天、不尤人，鼓起勇气，十分耐心地来做，一定可以慢慢地得到解决。当然这也不是一两个人所随意决定、草率从事的。

史无前例的佛教协会成立大会定于佛诞日开幕，全国各民族、各地区、各宗派的高僧大德聚首一堂，共商佛事，真可以说是“大事因缘”。关于整理僧伽制度的问题，在大会上一定会谈到许多情况和发表许多高见。这是全国佛教徒所最关心的问题之一，我热烈地希望能够得到一些解决的办法，所以不揣谫陋。如有不妥之处，还请多多赐教。

（原载《现代佛学》1953年5月号）

从因缘说起

——在安养精舍观音法会开示

诸位法师、居士：

这次观音七四众弟子参加的很多，又很虔诚，我感到非常欢喜，这是慈老到北京后所感召的殊胜因缘。我刚慰问了解放军回来，接到二埋法师电话，要我来讲开示，实在不敢班门弄斧，但盛情难却，就从因缘讲起吧。

因是主因，缘是四周外缘，包括很广。如以个人为因，其余都是缘了。人依缘才能生存，离不开社会关系。因此也就不能不受社会的影响，发生许多问题。如墨子见染丝而叹：染于苍则苍、染于黄则黄。丝是因，染缸染色等是外缘，丝随缘而变化。世人也是如此，既然离了外缘不能生存，所以思想、言语、行动都要受外缘的影响而起变化。

佛教在二千五百年前，创建在印度的时候，极盛一时，可是渐渐随着外缘而衰微了，如佛的降生处、证道处、说法处等胜迹，都颓废不堪了。那极大的精舍那烂陀寺，玄奘法师去印度时还很好，现在也只是一堆瓦砾了。佛教圣地为何也这样衰败了呢，就是佛教受外缘影响，本身变了质的关系。其实佛教创建后对印度文化贡献很多，到了佛灭后一千多年时，印度教窃取佛教理论充实内容重新抬头，佛教徒为了抵制印度教，也就把印度教的形式搬到佛教里来，真伪混杂，邪正难分，再加其他宗教的摧毁，所以佛教在印度衰微了。最近佛成道处菩提场的管理权从婆罗门教归还给佛教，或者是佛教要在印度重放光明的朕兆。

中国佛教到现在也可以说是衰落之至了，为什么呢？也是受了外缘影响而变质的关系。我们知道解放前整个社会的历史，都是为己、自私自利的；解放后整个社会都是为公，为人民的。解放前是贪瞋痴的历史，解放后是利乐众生的社会。认清了完全是两回事，就知道过去的佛教为什么变质了。

佛教传到中国近二千年，在为个人利益打算的社会中，就受到外缘很大的影响。我们中国佛教，素来注重大乘菩萨行，菩萨行以利益众生为基础，离了众生就不能成佛，所以处处回向众生，完全在众生中工作，利益众生。但过去的佛教徒，就不如此想，都是为自己打算，这就是环境所造成的，受了外缘影响。如传戒为续佛慧命是好事，而过去传戒就不是为续佛慧命。因为全国寺庙多至二、三十万所，都是寺产，须人管理，所以师父必须收徒，收徒必须受戒，因此这里也开期，那里也传戒，开期传戒实在是名利双收的事情，与戒律毫不相干，这样一代一代下来，什么佛法也都被传戒传光了，佛法怎能不衰落呢！

谈到修行，过去受了社会影响，修行的范围太狭，没有照着佛的行为去学去修。例如：佛是什么都懂的，精通各种文字语言，精通算学，深通武艺和其他一切技能，而且没有人比得过他。但我们的修行人是什么也不管。又佛在因地有一次同五百人入海取宝，风浪大作，马上要翻船，佛想到海神最忌血和死尸。就用刀割臂投入海中，平息风浪，自己虽死，而救出五百人的生命财产。又佛在因地为狮子，弥勒菩萨为象，适有毒龙作祟，要吃尽国中的一切人民，狮子同象合作共杀毒龙，结果三个都死了，人民就逃出了毒龙的灾难。这些忘我牺牲的事迹，都载在经典上面，可是由于过去社会是自私的，修行的人只羡慕佛的果德，而不学因地行为，所以也没有人看佛的本生经典，难免画虎不成反类犬了。

我国佛教衰落，由于滥传戒法，稗贩如来，和修行搞小圈子，没有很好的学因位菩萨，在众生身上培养自己的福德，因此和众生脱离了关系，受到一般社会的非难。解放以来有许多人以为我们佛教界没有做出什么事，其实，我们要从基本上培养佛教的新生，譬如造楼房，必先要奠基。学习爱国主义分清敌友是基础，有了这个基础才能走入大乘菩萨的修行大道，才够得上讲三皈五戒和开期传戒等等。否则楼房建筑在沙滩上，终归是要倒下来的。不了解佛教大德号召学习爱国主义的苦心，实在也就是过去的旧思想在作怪。在这光明灿烂的时代还有那种思想，深可悲悯。

恢复佛教本来面目，实践大乘菩萨行的因缘时节已经成熟，希望大家在大时代中争取做个标准的佛教徒，为祖国、为人民、为佛法重光，而贡献出自己的一切力量！

（原载《现代佛学》1954 年 4 月号）

佛教徒应正确认识贯彻《婚姻法》运动

三月份是贯彻婚姻法运动月。有许多人问：婚姻法公布了快三年，为什么还要有贯彻的运动呢？佛教徒中也有人怀疑贯彻婚姻法的运动可能会影响到出家僧尼的清修生活，还有些人认为贯彻婚姻法了，佛教的戒律清规不必再遵守，因此引起若干不必要的纷争，妨碍佛教界的进步与团结。现在把这许多问题略为解释如下。

贯彻婚姻法运动就是宣传婚姻法及检查执行婚姻法的情况。宣传对象是广大的人民群众，检查只限于少数严重的案件和干部。为什么要宣传呢？因为婚姻法虽然是反封建的社会改革，但非阶级斗争，而是广大人民自己内部的事情，是每一个人的思想改造问题，不能采用阶级斗争的办法。任何粗暴、急燥和态度不好都是错误的，所以宣传教育就很重要了。至于宣传的内容，则旧式婚姻是包办买卖、男女不平等、家庭不和睦、子女没有保障、生产受影响的婚姻；而新的婚姻是自由、平等、和睦、子女有保障和鼓励生产热情的婚姻，详细说明参考婚姻法便知，此地不再费辞。检查加以限制，也就是说，贯彻婚姻法并不检查到每一个家庭，当然更不会检查到寺庙，只是就少数案件与干部对于婚姻法的认识和处理婚姻案件是否依照婚姻法办理加以检查而已。据说婚姻法公布了将近三年，干部当中还有许多人并不认识，甚至根本不赞成，这当然就影响到婚姻法的贯彻执行了，所以，在干部当中进行检查是十分必要的。

那末，为什么到这时候才开展这个运动呢？因为婚姻制度是社会经济基础上面的上层建筑，旧的婚姻制度是建筑在封建的经济基础上面的，封建的经济基础不彻底打垮，新的婚姻制度就无从贯彻。我们知道，封建的经济基础已被土地改革彻底打垮了，而全国范围内土地改革则完成了不久，所以在这时候开展贯彻婚姻法的运动，可以说是具备着科学的条件的。少数民族地区没有实行土改，同时婚姻的习惯和汉族不一样，就不开展这个运动。又广东某一地区土改尚在进行中，也不开展这个运动。

根据上面所说的情况，可知贯彻婚姻法运动的办法，大约不出下列几点：一、对于婚姻案件，一般采取调解办法。男女双方真要离婚而加以干涉固然是错误，并没有不可以同居的事实。而就允许或勒令离异，也是错误的。二、婚姻法公布以前，纳妾并不算是违法。（公布以后再纳妾是不许可的。）童养媳如能争取成年以后的婚姻自由，住在婆家也并无妨碍。寡妇再醮与否完全由她自己决定，干涉寡妇自愿改嫁是违法的，强迫寡妇改嫁也是违法的，因为都是违反婚姻自由的原则。三、自由恋爱决不是乱爱，一杯水主义或一年离上三次四次婚都不合于共产主义道德的条件，应在知识分子的干部中进行教育。四、少数案件和干部处理婚姻问题发生了违法乱纪的行为，把突出、严重、名分大的现行犯加以严办，决不姑息。其罪行不甚重大和熟视无睹的官僚主义者也要加以应得之罪。五、对于用旧式婚姻结合的家庭不算老账，同时还要选择其中若干和睦的家庭作榜样，加以表扬，教育群众。

用这许多办法贯彻婚姻法，则"天下有情人都成了眷属"，男女之间的不平等和紊乱的现象一定会大大地减少，从佛教徒的眼光看来，贯彻婚姻法运动的成功，也就是五戒当中不邪淫戒的实现。

佛教徒中怀疑婚姻法运动可能会影响到出家僧尼清修生活的人，固然不认识婚姻法，同时也不知道出家究竟是什么一回事。贯彻婚姻法运动的成功就是五戒当中不邪淫戒的实现，可知婚姻法和佛教并无冲突之处，而出家则是为了荷担如来家业，亦即住持佛法。荷担如来家业或住持佛法的责任很重，所以修净梵行，不结婚。这是宗教的制度，有其历史的传统和群众的基础，婚姻法不能加以破坏。出家僧尼如果明了自己的责任，自愿自觉地过净梵行的生活，有《共同纲领》宗教信仰自由的保护，谁也不能加以干涉。如果有人误解婚姻法，认为出家僧尼不结婚的生活与婚姻法抵触而横加侵犯，这与强迫寡妇改嫁相似，是严重地违反婚姻法的。

相反地，出家僧尼如果因为某种原因而自愿依照戒律舍戒还俗，即不愿再过净梵行的生活，那末，和人家结婚是可以得到婚姻法的保障的。如果有人对于这样的事情加以非笑，轻视甚而至于毁谤、阻止，那就违犯婚姻法了，当事人可以提出申诉。

但是有一些出家僧尼并不明白自己的责任，也不了解婚姻法的意义，认为婚姻法就是保障婚姻的法。把清净佛地当作温柔乡、安乐窝，那就大错特错了。为什么？第一、破坏佛教的制度；第二、引起佛教界普遍的不安；第三、把婚姻法误用到不合理地方去。这也是违法乱经的一种，应该加以制止。有人问，制止是否能完全解决问题呢？当然不能完全解决。制止只能治标，治本要从说服教育着手。通过了说服教育，他们如果明白了出家的责任，而愿意修净梵行，那就再好没有，否则依照戒律舍戒还俗，作一个护法的居士，那也未始不可。至于还俗以后工作与生活等问题，所余寺庙的处理问题，可由当地佛教团体与政府协商解决。

有人问：日本佛教僧人是可以结婚的，我国佛教界现在如果仿照执行，对于婚姻法岂不就更贯彻了吗？答：日本佛教僧人是可以结婚的，但一部分精持戒律的僧人还是坚持不结婚，而一般信徒比较尊敬不结婚的僧人。解放之前，巨赞曾经去台湾考察过佛教情况，所得结论大致相同。又据三十年前到日本去出席过东亚佛教徒大会的某老居士说，东京的某位佛教长老曾经召集他们几个人座谈日本佛教问题，谈到僧人结婚的一件事，那位长老含着眼泪对他们说，记着！这是明治天皇破坏佛教的办法，希望中国佛教徒不要学日本佛教徒的样，东京那位长老的话是否有理，我们且不去研究它，但是我国现在的一切条件和日本明治维新时代的条件不一样是完全可以肯定的，在不同条件的社会状况之中，而要建立同样的制度，非惟不合马列主义，也和人情物理不合，所以要我国佛教界采用日本佛教的制度那是不妥当的，所谓“更贯彻”的话，也是不合理的。

又有人问：僧尼不舍戒还俗而公然结婚固然是不可以的，但一般佛教徒结婚是否可以借用寺庙举行仪式，如基督教徒结婚借用礼拜堂那样？答：记得太虚大师曾经说过，我国佛教和社会发生的关系很少很少，除非人家死了人到庙里做经忏的时候。这话是事实，也很沉痛。佛教徒结婚借用寺庙是一个新提出来的问题，是否可行？又是否可以增加佛教与社会的关系，我们没有这个经验，未便决定。据闻宁波佛教界曾经举行过，不知效果如何？不过据我们想，佛教徒结婚借用居士团体的礼堂，那是名正言顺，理所当然的事。从这里又想到一个问题，即僧尼正式舍戒还俗与人结婚后，是否可以住在寺庙里面？我们认为僧尼舍戒还俗与人结婚即非僧尼，当然不能住持寺庙，即无使用寺庙之权。但他们如果向原来出租房屋的寺庙租住，作为寺庙的一个房客，那也未始不可。

婚姻法和佛教界的关系很大，过去可能有许多佛教徒没有注意到。在这贯彻婚姻法运动的月份内，希望大家认真学习，从思想的明确认识上一直贯彻到五戒十善的实践中去，则非但推进了社会改革运动，同时也维护了佛教的戒律与清规，功德无量！

（原载《现代佛学》1953年3月号，署名慧岸）

问题商讨

（**编者按**：50年代初，巨赞法师就新中国佛教诸问题，发表了一系列见解。现摘录《现代佛学》部分章节，以飨读者。文中“答”为巨赞法师论述。）

问：人民政府为什么要执行信教自由政策？（宗教问题座谈会）

答：人民政府是为人民办事的，经常为满足人民物质和文化生活的要求而努力工作。宗教信仰也是人民生活当中的一种要求，人民政府既为人民办事，也就有满足这种要求的必要，所以执行信教自由政策。

问：宗教在新民主主义社会里会不会消灭？将来会不会消灭？（同上）

答：苏联是社会主义国家，现在还有宗教，所以在新民主主义社会里宗教是不会消灭的。相反的，宗教在新民主主义社会里，还会比在以前的社会里更纯洁，更能发挥它本有的积极精神。至于将来会不会消灭，那决定于有没有人信仰。如果一个宗教没有人信仰了，那它就是消灭了。所以将来宗教会不会消灭的问题，应该由宗教信徒们自由来解答。

问：宗教在新民主主义社会中能发生那些作用？（同上）

答：新民主主义社会是人民当家作主的社会，希望每一个人民都能以主人翁的姿态为祖国的建设而积极工作，努力奋斗。各宗教的信徒是很多的，由于历史环境等复杂的原因，宗教信徒之中，思想的距离很大，因此对于时代的认识，有的比较清楚，有的比较模糊，而且一般是模糊的多，这就影响到祖国的建设。各种宗教针对这一事实用各自的教理把新时代解释清楚，使教徒们都能发挥积极精神，参加国家建设，为人民服务，这个作用当然也是很大的。

问：在新民主主义社会里教徒应该做些什么？（同上）

答：在目前，宗教信徒应该加强爱国主义的学习，进一步划清敌友界限，为反对帝国主义的侵略，保卫世界和平而奋斗。

问：原始社会中宗教产生的根据是什么？其作用如何？（同上）

答：在原始社会中，人类无法抵抗自然的灾害和解决实际的困难，所以产生宗教。宗教能使当时人类的精神上得到寄托与安慰。

问：宗教在以往各历史阶段中所起的进步作用和反动作用怎样？（同上）

答：原始的佛教、基督教、回教都带有革命性质的，如佛教的教主释迦牟尼佛为反对婆罗门教的阶级压迫、神权迷信而宣扬众生平等，人人可以成佛的教理；耶稣基督为反对执政的法利赛人的剥削和一切非法行为而主张博爱等等，都反映了当时被压迫人民内心的要求，所以能够得到广大人民的信奉。后来因为信奉者多，在社会上造成一种根深蒂固的雄厚的力量，反动的统治阶级如果不设法利用，它的地位就会受到严重的威胁，所以每一宗教都逐渐变成了反动统治阶级御用的工具，积极性的教理被歪曲，革命的精神也掩没不彰，宗教就失去它原来的进步的作用而陷入落后的陷井里去。目前我们宗教徒要恢复宗教原有的积极性和革命精神，才能把历来熏染到的垢污洗刷干净，而成为一个新时代里纯洁的有作为的宗教信徒。

问：宗教教义的共同特点是什么？（同上）

答：关于宗教教义的共同特点有各种不同的解说，不能一一列举。佛教的经典上说："诸恶莫作，众善奉行"，别的宗教恐怕也有类似的说法，这或者就是共同的特点。至于什么叫做善，什么叫做恶，各种宗教的解释和实践都不相同，那就不是共同的特点了，非此所谈。

问：宗教与马列主义可否调和？

答：各种宗教的教理都有与马列主义相通之处，而基本上并不相同。因为不相同而又有许多人信仰宗教，所以在苏联在我国和在其他人民民主国家的宪法上都规定宗教信仰自由。这不是调和而是"各得其所"。如果牵强附会把宗教信仰说成就是马列主义，那不但贻笑大方，也不是虔诚的宗教信徒们所喜见乐闻的。

问：佛教徒思想改造了，也参加政治活动，是否意味着佛教协会也和其他民主党派一样是在中国共产党领导下的一种进步组织呢？（清华大学胡大雄）

答：民主党派是政党，佛教协会是人民团体，虽然都是接受中国共产党领导的进步组织，而性质并不完全相同。

问：未解放以前，僧尼都是过着封建剥削和替人念经的迷信式的生活，僧尼因此养成了不事生产、无能无力的废人，为世诟病！为社会人士唾弃！现在好了，僧尼有自新之路了，能够生产的，具备条件的，可以加入人民革命事业的，都踏上了他（她）们光荣的道路。但尚有一部份青年僧尼不能生产，又无加入人民革命事业的条件，犹在十字路上彷徨，将来不知究竟如何？我即其中之一。像我们这批人，有心自新，而无法自新，佛教对我们是否可能救济？佛教若无法救济，政府对我们是否可能救济？（宜昌中山路古佛寺海山）

答：既是青年僧尼，何以不能从事劳动生产？如果没有生产工具的话，应该团结起来想想办法。譬如北京现在已经办了"大雄麻袋厂"，吸收了青年僧尼及居士一百多人参加工作，这是一个例子。我们认为既是有心自新，决定会有办法，如以为无法自新，那就是自新之心不足。古佛寺内难道没有分寸土地么？宜昌佛教同人难道都不想劳动吗？如果都不想劳动，你应该去说服他们，动员他们，大家合力搞生产。自己有了办法，还用人家救济吗？你如真没有办法而真有心自新，可以来参加麻袋工厂。

问：一贯道徒及其他会道门分子，退道之后是否可以加入佛教团体？（杭州修仓）

答：加入一贯道及其他会道门的分子，大都迷信甚深，分不清神佛，致受人欺骗，走上反动的道路。他们退道之后是否一下子把以前迷信的头脑搞清楚了呢？恐怕是有问题的。所以我们主张一贯道徒及其他会道门分子退道之后，“暂时”不要加入佛教团体，以免两误。

问：长沙僧尼目前大都在被动之下改换了列宁装、中山装、学生装各样俗装。据僧尼们说，一则政府有令废除。二则妇联及合作社开过了好几次会议施行的。请问在《共同纲领》宗教信仰自由的政策下面，对于僧装问题，是否要随时变更，还是随各人自由呢？（汤一波）

答：长沙僧尼服装问题，是否如问者所言，尚待调查。但所谓政府有令废除，则是没有的事。《共同纲领》上规定了宗教信教自由，政府决不会来管僧尼们如何穿衣服的事情。不过关于现在的僧尼服装是否要改，这是一个相当大而且经过各方面提出过的问题。我们认为如果要改的话，待将来全国性的佛教总会成立，经过致密研究议决之后，通知全国一律改革，目前暂时不改，否则有害无益。

问：目前全国性的佛教机构在筹组没有？是否有人在作发起的准备？以后有否此类组织？又涪陵第二届各界代表会议，为何不要宗教界出席？是否全国如是？（四川涪陵佛教徒工作委员会）

答：组织全国性的佛教机构，目前有许多困难，其中最主要者有两点，第一各大城市尚未成立佛教团体，人才不易集中。第二，各方面对于佛教教务如何进行整理或改革的意见，还不大接近。所以目前还只能作初步的准备工作。涪陵第一届各界人民代表会议，是否有宗教界代表出席呢？如果第一届有而第二届没有，当然有问题，请涪陵宗教界自行检点。北京方面第一届人民代表会议没有宗教界代表出席，第二届第三届都有。

问：佛教徒研究马列主义，在思想上可能发生马列主义和佛学相混或合流的变化作用，于佛教本身有无障碍？（沈阳痴白）

答：佛教与其他宗教本质上不甚相同，故理论上与马列主义颇有相通之处。

但我们只说相通而不说相同，这里面极有分寸。明白了相通与相同的分寸，自不至相混或合流。总之，研究马列主义对于佛学的正确了解与实践，是有很大帮助的。

问：宗教是否也是主义，可否名为主义？或宗教即是主义代名词？（沈阳痴白）

答：宗教如可名为主义，则主义亦可名为宗教，则一切都是宗教，一切都是主义，当然说不通的。

问：共产主义发展到最高峰时，宗教能不能存在？（沈阳痴白）

答：本刊第六期问题商讨栏内已有解答。

问：浙江温岭有一千多僧尼，不能团结一致，进行佛教的应兴应革，请问有什么方法才改造得好？（梦影）

答：僧尼不能团结，是普遍的现象，各地情形不同，原因也不一样。据我们了解，温岭佛教界的所以不能团结，也许是由于有德望的长老们不肯出头，而愿意出头的人又是行为失检，不得各方面信仰的封建落后分子。改造的责任在于温岭全体僧众，进行的第一步为“学习”。只有从学习中才能劝说怕事的长老们东山再起，也只有从学习中才能向封建落后分子展开斗争，帮助其进步。

问：《觉讯月刊》登载1950年为佛历2513年，《现代佛学》月刊则为2515年。南北不一致，请查明那一个对？（沈阳王振）

答：佛历尚无定论，《现代佛学》所用年代，依支那内学院的考定，其理由见本刊第七期吕秋逸居士讲《谈佛灭年代》。”

问：《土改法》六章三十五条载：“本法适用于一般农村，不适用于大城市的郊区。大城市郊区的土地改革办法，另定之。”泉州现已成立“市”，是泉州城郊土地，应依大城市土改法？或依农村土改法？（因条例对“城市”上有一“大”字，故此疑问。）又：城市土改法，已否出版发行？（晋江蒋文泽）

答：泉州已经改市，应列于大城市之内。城市土改法尚未颁布。

问：泉州市内若干佛徒，感觉贫苦教友，死后殡葬之费，临时筹助，殊多困难；且事屡有，何能频频救济！乃集资置一店屋出租（在城市），凡确赤贫者，每人身后予以助丧费若干。创办至今，已二十八年，收支幸无大亏缺。此种教内局部独立之善举产业，在城市土改法中是否“不动”？（晋江蒋文泽）

答：城市土改法尚未颁布，无从悬揣。但就情理言，似可不动。

问：泉市释迦寺傍有一放生池（前是民间蓄鱼池）方可数十丈，为全县冠。同治时，寺僧界树颂钵次购备放生。光复后，该寺及大同放生会又先后修治。全市善信施放水族皆置于此。年纳赋谷二百余斤（常住负担）。将来城市土改，是否可引《土改法》第二十一条“名胜古迹……”例，请求保存原状？或应如何办理，才得保存？又：《土改法》第十六条尾载：“……予以民主管理、并合理经营之，”此句亦请解释！（晋江蒋文泽）

答：如实行城市土改时，不妨向当地政府请求保存原状。所谓民主管理者，管理之时，采用民主方式而已。

问：陈其瑗先生在和平法会讲“……寺庙房屋问题，今年二月内务部曾发布一个通令……”这个通令未看过，最好恳求录示！（内中意义如须略释者并乞稍注！）（晋江蒋文泽）

答：见本刊第五期第六页下。

问：陕西盩厔佛教界准备组织救护队，赴朝实地参加抗美援朝工作，应如何联系？（朱振清）

答：此事已询之有关方面，据答：“各地区已在开始筹组佛教救护队者，与地方当局商洽为宜。”

问：陕西盩厔地方反动会道门很多，他们大都假借佛教名义作掩护，而内里则念外道经，供奉瑶池金母等，哄骗人民，可否请政府分清邪正？（朱振清）

答：政府严厉取缔反动会道门而尊重佛教的信仰自由，就是分清邪正。至于各地反动会道门混杂在佛教里面，对于佛教界的影响很大，应由各地佛教徒切实检举，绳之以法，这对于佛教和政治都有好处。否则姑息养奸，结果可能妨碍到佛教。务请各地佛教同人提高警惕，协助政府坚决取缔反动会道门。

问：有些佛教皈依弟子，以前加入过会道门，现在是否要登记？（福建泛舟）

答：如在政府通令取缔会道门以前，坚决脱离会道门皈依佛教，再在政府通令取缔会道门以后举发会道门分子者，可以不必登记。如或不然，登记为是。

问：反动会道门的寺庙财产，我们佛教徒可否向政府申请接管？（泛舟）

答：寺庙既属于反动会道门，乃是逆产，应由各地方政府公逆产清管局接管。若在佛教寺庙内发现会道门分子，则其罪行，应由本人负责，不影响佛教寺庙。

问：新疆孚远县取缔一贯道之后，一贯道徒有皈依佛教者，当地区公所认为是迷信，我佛教界是否可以化导之？又有玉华堂在孚远县也很兴盛，地方当局认为与佛教没有区别，应用何种方法处理？（新疆释宏明）

答：一贯道徒于退道之后，暂时不宜皈依佛教，其理由已见本刊第七期《问题商讨》栏。若借皈依佛教作隐蔽而不向政府登记，即属违法。至于玉华堂的内容如何，来信并未说明，无从作答。但如你们认为玉华堂是会道门且有证据者，可向政府检举，则邪正分矣。

问：有人说信仰佛教的心与为人民服务的心不合，是什么原因？（迪化富播扬）

答：佛教徒要回答这个问题，最好从事实上表现。即佛教徒的一切工作，确能为人民服务，则人家的怀疑或非难，就不必再加解释了。

问：佛教徒辩论佛教不是封建迷信，而若干干部不听，又不能把佛教的毛病找出来，公开批评，是否违犯《共同纲领》？（迪化富播扬）

答：说佛教不是封建迷信的人，大概是就释迦牟尼佛本身和佛教真理说的。若干干部不听，则是就佛教现象上讲。观点不同，自然难得融洽。对于这个问题，我们应该说，释迦牟尼佛和佛教的真理不是封建迷信的，但因为在社会上发展了二千五六百年的关系，确实沾染了封建迷信的色彩。佛教徒当前的唯一任务，就是要把蒙蔽在佛教界的封建迷信色彩洗刷干净，恢复释迦牟尼佛反封建反迷信的精神。这个精神，没有仔细研究过佛理的人是不知道的，他们不公开批评，正是“公道”之处，与《共同纲领》毫无违犯。

问：关于僧装的改革，因无标准之故，弄得意见非常分歧。设不改易者，则被一般人民讥讪，目为封建；如要改易而须全国一致，请定一点标准。（四川峨嵋县第三区特编村公所）

答：出家人穿僧装，被一般人民讥讪，目为封建与否，各地情况，并不一样。如北京、天津政府有什么重要的集会通知佛教界参加，有关方面示意出家人最好穿僧装，所以僧装在北京、天津，并不成一个问题。据我们揣测，僧装所以成问题，不在于衣服的形式，而在于穿衣服的人。穿了僧装做封建迷信的事，讲封建迷信的话，而且大家如此，那么僧装就成为封建迷信的标识，将被一般人民讥讪了。反之穿僧装的人，如果在思想上、行为上以及事业上是前进的，则僧装并不会被人家讥讪。至于要改不要改，则首先有两个原则应该认清楚：一、我们现在所说的僧装，实在是汉装（古代衣服），并非佛制，克实言之，非僧装也。僧装是三衣钵具，这是不能改的。二、非僧装的僧装如果要改，应该僧俗有别。如何分别，最好在将来成立全国性佛教团体之后再说。

问：解放之后峨眉山，统以“特编村”的组织为一切政教枢纽。欲使政教划然，则必另有组织（如过去的佛教会等），使各地区佛教团体有所依止。北京方面对于佛教团体，是否有相当组织耶？（同上）

答：组织佛教团体是可以的，目前最好结合爱国运动，成立佛教界的“保卫世界和平、反对美国侵略委员会”，用以团结教徒，进行工作。北京目前尚无佛教会名义，但组织了“北京市佛教界保卫世界和平、反对美国侵略委员会”，佛教界的一切事宜，都由这个委员会去做，所以也就等于佛教会了，于政于教，双方有益，请参考这一个经验。

问：目前时世，不许岩居穴处，岂容浪死虚生，此正大乘救世主义盛行之时，而僧中不明教义者占百分之九十以上，当然更谈不上持戒与修行，真象盲人瞎马，危险之至。如要整理，必须创办佛学苑，北京方面有无骨干组织，深盼赐复！（同上）

答：所言甚是。北京方面待广济寺整理就绪后，拟开办全国性的学习班，造就佛教界的骨干人材，届时当可通知各地佛教界派遣四众优秀份子来京参加学习，详细办法，现尚未定。

问：佛教前途，光明在望，但僧徒方面日见稀少。就敝山来说，起初三百余人（除尼）。除参军去几十人外，所剩皆老弱残废。如有后进者能否收留？其收留之办法，有无明确规定，此尤深望于指示矣！（同上）

答：唐玄奘法师留学回国之后，佛法盛极一时，而当时全国僧人数目仅八万人。其后出家者多，至唐武宗时，僧人数目近三百万，反有“灭法”的祸事。可见佛教兴衰与僧人数目多寡成反比例，这一点值得佛教同仁深加注意。峨嵋现有僧人都系老弱残废，应该设法养他们，并且要引导督促他们加紧修持。至于后进愿出家者，当然是可以的，但不能像以前那样“滥收徒众”。老实说，从前的收徒弟，简直象剃头店，“误尽天下苍生”。出家办法，目前尚无明确规定。

问：我在部队工作，如何进行我的修心念佛？我是持诵大悲咒者，应如何坚持到底呢？（沈阳刘兴贵）

答：常常有人问我们，佛教徒在机关、部队中谈起佛法来得不到人家的谅解怎么办？我们的回答是，佛教徒现在不要在口头上和人家争胜负，而可以在实际行动中和人家较短长。也就是说，佛教徒如果在为人民服务的工作上，能够和干部、共产党员竞赛，而且还做得比人家更好，那末佛教徒的立场就站得稳，人家对你也就谅解了。否则光只会修心念佛，持大悲咒抵得了什么？又念佛持大悲咒为了修心，修心的目的是什么呢？无可否认的当然是断烦恼，证真如。断了烦恼，证了真如又怎样呢？难道就高高挂起，自命清高，口头上说慈悲，而心里什么人也看不起，什么人的苦乐也不闻不问吗？修心假定是这样的，那末佛法就应该根本取消，其所谓修心简直是“一贯道”的作风，毫无是处。所以我们现在可以大声告诉大家说：佛教徒的思想行动处处要和众生的利益结合在一起是第一义。个人的念佛持咒是第二义。

问：我向你社建议，在可能范围内募集些“经书”以及现行佛学刊物，舍送给有志研究佛学而无力购买的人们。你们对这种建议如何看法，准备怎样，希在你刊披露。（天津焦了一）

答：募集经书以及现行佛学刊物舍送给有志研究佛学而无力购买的人们，原则当然是很好的，但要看力量如何。本社目前经济情况，尚不能自足自给，对于无力购买的读者，只能说“爱莫能助”。

问：是否可以由贵刊多多征求各地佛教徒意见，怎样搞好佛教事宜？（湖南定香）

答：这意见很好，希望各地佛教徒对于“如何搞好佛教事宜”这一个问题，多提宝贵的意见寄来，以便分析发表。

问：各地佛教徒对贵刊寄去稿件，无论好与不好，须设法与以披露，即万分不能登，亦应加以批判，指示错误，才能引起投稿的兴趣。

答：这意见也很好。我们以后想这么办。但编辑部人手不多，目前恐怕还不能做得很好。

问：我们这里，地居农村，想办合作社，应该如何进行，敬请指示。（同上）

答：可与当地的供销合作社接洽。

问：宁乡县准备筹组佛教会，应如何进行？（同上）

答：筹组佛教会可与宁乡县人民政府民政局接洽。

问：此地因地居边陲，佛教素来落伍，又无大德法师倡导，故学佛者甚少。就是和尚大都对佛教的认识不够，在此新时代里，在家学佛者已无形放下，而出家者更是胆战心惊，如烧香礼佛等事都已置之度外，要团结又无人材，且各人的心都很散漫，法师有高明的指示给我吗？又和尚改装是否对佛教有影响？（西康西昌绍真）

答：新时代来了，并没有限制佛教的活动，《共同纲领》上明文规定了宗教信仰自由，出家者为什么要胆战心惊呢？在家学佛教又为什么要无形放下呢？我们以为这是佛教徒自己的问题，而不是政府或时代的问题。就来问的情况说，西昌的佛教徒们最好先组织学习小组，加紧学习政策、时事，把时代认识清楚了，才能站稳佛教徒的立场。至于改装，我认为对于佛教前途并无多大影响。

问：根据政协《共同纲领》第五条规定，人民有集会、结社、宗教信仰的自由，现有几位居士，想在汉陂空翠堂设立佛学研究会及阅览图书馆，当然自由。因为性质很小（二区的性质），未知不向政府备案是否可能？（陕西鄠县赵乐闻）

答：无论组织任何团体，均应向当地政府申请备案。

问：自愿捐资弘法（如说法印经造像），出钱者是否违法，代办者是否剥削？（四川张慧海）

答：既出自愿，我们找不到“违法”和“剥削”的理由出来。如有非法干涉者，应据理解释。但应注意不要太浪费了，受施的人也要发惭愧心，问问自己究竟受得起人家供养否？如果受不起，最好少受。如果自问受得起，最好把真凭实据拿出来，以免人家由怀疑而攻击，带累正当的佛教事业。

问：某僧过去曾于军旅充少校连长，负伤后感人世无常虚荣有限，乃舍俗出家，今亦二十有年，是否以官僚阶级看待？（能澄）

答：往往有许多在社会上做过事情的人，出家以后，虽然经过时间很久，而其习气仍旧是过去那一套。所以看待某僧是否为官僚阶级，不能以其出家时间而定，而要依照他平常习气决定的。其实当个把连长，阶级不高，本来算不了官僚，不知他在寺院里是否摆官僚架子？如果他自己以为当过少校连长，二十年来一直摆官僚架子，则的确可以把他当作官僚阶级看待。

问：讲经所得的报酬及皈依三宝居士敬献的香仪，无产的小庙，佛教徒善舍乐助少份的斋粮，僧人是否算剥削？（同上）

答：目前基督教牧师生活的难维持，有的在教会支薪水，有的靠布施，而并没有人说他们是剥削。所以讲经所得的报酬等等，并非剥削性质。但我们要自问对人民究竟有什么利益，受得起人家的供养吗？否则腼然师表以供养为当然，难免不被人目为“寄生”。

问：残废年老的僧人，流落异地乡村之间，庙无寸土，孤身独役劳动力不足，又无家可归。是否任其待毙？以人道的观点，有何办法？（同上）

答：“如有一人不被其泽，若已推而纳之沟中，”这是毛主席的政治作风。残疾年老的僧人，如佛教界不能养他，可呈请当地政府设法救济。

问：《文化教育与知识份子》一书，第二页中间一段云：“共产党员可以与某些唯心论者甚至宗教徒建立在政治行动上的反帝统一战线，但是决不能赞同他的唯心论或宗教教义。”我当时看后，就感佩共产党的立论锋锐，唯精唯一，怪不得风行起来，顷刻之间千万里呢。不知《现代佛学》的宗旨，和这本新书所说这一段的理论，是否相通？（苏北射阳蔡锡鼎）

答：所引之言，见毛主席著《新民主主义论》。宗教信仰系个人的事业，每个人有充分的自由，不能勉强人家相信，也不能强制人家不相信。但反对帝国主义、封建主义、官僚资本主义的侵略压迫，则是每一个中华人民共和国人民应有的觉悟和义务，所以宗教徒也参加了中国共产党领导的反帝统一战线。本刊宗旨，即在于斯。

问：我们射阳县周围约有二百华里上下，原来寺庙就不多，僧徒大都应赴经忏，少有走弘法的路线。但有几个念佛团体，在昔是由印光大师的皈依弟子所创立的，当时也很兴盛。自一九四四年以来，为了革命进步关系，各自釜底抽薪的冷静下来了。一贯道、中教道义会和同善社扶乩坛等，因政府的查究，也各各畏缩起来了，但是推测他们的迷信思想，恐怕还是不肯丢掉的。像这样的一个县份内，是否需要有标准的佛教团体成立，使得与会道门分清一个界限好呢？还是让政府一面来负责好呢？（同上）

答：如果要分清佛教和会道门的界限，佛教徒最好把会道门分子向政府检举，或者劝说他们退道和坦白。如果要组织佛教团体，最好与爱国主义亦即抗美援朝的运动结合在一起，本刊上期对此问题，已有详细解答。至于冷静不冷静，那是他们自己的事情，旁人无从过问。

问：我于农业立场上，从事养蜜蜂副业，由1949年买进一箱蜂，现已变成三箱了。去年还收到二十多斤真正上等蜜，和一磅蜜腊。但有个别的佛弟子对我说，养蜂免不掉要杀死雄蜂，是违犯佛教不杀生的戒条。不知站在现代佛教立场上来说，真正佛弟子，究竟可能养蜂否？（同上）

答：佛观一点水，八万四千虫，显微镜下所见也是一样，所以喝水“免不掉要杀死”八万四千虫。如果照来问提及“个别佛弟子”的说法，我们最好不喝水。又“免不掉要杀死”这一句话中，是否含有“不一定要杀死”的意思？如果不一定要杀死，那可以想出许多办法不杀死雄蜂。我们对于养蜂没有经验，恕不能详细解答。又所谓“现代佛教”，并不能超越佛教的范围，也就是说必须遵守佛陀的遗教。如果说佛教现代化了，一切就可以乱来，那还成什么佛教呢？所以“现代佛教”者，革除佛教界的积弊，恢复释迦牟尼佛原有的光明，以求适合现代生活而已。

问：贵处大雄麻袋厂内部工作如何情形，请示大概。最低限度有几许资金可能仿造？是否用机器，抑纯用人工？如真有自新而真没有办法的僧尼居士，想投贵厂参加工作，请示加入手续及待遇与程度如何？（同上）

答：办麻袋厂并不很简单，大雄麻袋厂有今天的成就，的确费了许多心血，而现在还不断发生许多问题，要随时适当地加以解决，可见开办一桩事业，并不容易。麻袋工作，分为六部：一制麻，二梳麻，三纺经，四纺纬，五织袋，六缝袋。每一部分又附带若干工作，如织袋有拉线、打穗，缝袋有裁袋、合线等。现在我们所用机器还不是电力发动机，而是人力的铁木混合机，也可以说完全手工业，最近正在设法改为电动机，详情见本刊第十二期。目前大雄麻袋厂各部门工作人员皆已满额，不能招收外来僧尼居士。

问：我听见过政府的报告，我们新中国的农业国，不久的将来就要变成工业国呢。在这过渡阶段，贵刊《问题商讨》栏，可否能增加读者的工业问题商讨？其他

的刊物，有没有这样的例子？（同上）

答：所谓变成工业国者，发展轻重工业，农业亦走上机械化的道路，并不是不要农业。本刊读者如有关于佛教徒举办工业的问题，可以来信商讨，其他一般工业的问题，可以向各地工商局或工商业联合会请教。

问：贵社是否可以发行廉价的、宣传新时代佛学的单行本书，流通各地，以纠正某些人对于佛教的误解与歧视。书名最好提得客观些，避免使人看书名就感到"这是佛教的宣传品，是主观的宣传佛教的书。"内容最好要带些批判的意思，间接的揭示佛学伟大之处。目的是要引起不信佛的人发生兴趣，借以能使他发起研究的心，而因此能对伟大的真理发生信仰。（常熟杨丹瑶）

答：所言甚是，本社素有些意，故已出版丛刊一种。惟限于人力财力，一时尚不能多出，以后当勉力为之。各地爱护本刊的读者，如有此类著作，请寄来本刊发表，以便单行流通。

问：劳动分体力、脑力两种，具有脑力劳动条件，思想前进的僧人，现在应向何处去找工作？（韶关印明）

答：以北京佛教界情况言，具有脑力劳动条件者，即文化程度高者，大都在所住寺庙之内开办小学校，当校长或教员，各地佛教界大可参考仿效，又各地佛教文物很多，最好就名山古刹筹办佛教文物馆，不仅意义很大，而且这项工作对于文化程度高的人是很相宜的，北京方面也正在筹备。

问：全国人民热烈抗美援朝，青年僧伽很多自动参军，这是很对的。但是有些年纪比较大的（四十岁左右的俗人）思想前进，爱国情殷，格于年龄，望洋兴叹！除参军外，可否参加其他抗美援朝的工作呢？（同上）

答：抗美援朝的工作很多，不必一定要参军。如生产支前，动员群众等等，都是很重要的工作，但必须要有组织，才能有力量。所以年龄较大、思想前进的佛教徒，最好在当地发动四众弟子组织佛教界抗美援朝委员会或工作组，广泛地深入地为抗美援朝热爱祖国而工作。又我们对于印明法师相当尊重，请写一自传寄来，俾资参考。

问：在家的佛教信徒，是否可以住持佛法呢？（四川荣昌县隆圆）

答：住持佛法，出家僧伽；在家信徒护持佛法，经律均有明文规定，不可混淆。

问：目前我地存在一批这样的僧伽：他们对于佛法毫无认识，更无信心，至于佛教的各种爱国运动尤其熟视无睹，漠不关心。而和尚又仍还在做，像这样名是而实非的僧伽，到底用什么方法去处理置他？（江西南城释子峰）

答：这类僧伽根本与佛教没有什么相干，如强名之为僧，那也是“哑羊僧”或“无羞僧”，其知识水准、道德水准之低微，是可以想像得到的，所以对于佛教的各种爱国运动漠不关心。但他们仍旧盘踞在寺庙里，吃佛饭，穿佛衣，人家也把他当作佛教的一分子，如果佛教界不加以教育改造，使他们重新做人，终为社会上一堆发恶臭的垃圾，贻佛教之羞。好在人民政府改造每一个人民的方法与用心是无微不至，最好请孑峰法师和当地民政局联络组织佛教徒学习小组，先使认识政治，站稳人民立场，才可以谈别的。

问：有妻子儿女的佛教徒，而依法修持，将来可否证阿罗汉果，乃至究竟圆满之佛果呢？（四川荣昌县隆圆）

答：所云“有妻子儿女的佛教徒”，若指在家居士而言，则印度维摩居士，我国庞蕴居士，都有很好的榜样在前，无待解释。若非指“在家居士”说，则问题就很多了。来问不明确，故无从作详细答复。

问：解放后的城市寺院，僧尼大都自动合资创办了工厂，并由自己实行劳动生产。如僧尼们愿意加入工会，《工会法》是否规定出家僧尼要劳动一年或年半以上，方能加入，还是随时可以加入呢？（读者汤一波）

答：以天津佛教界创办的大力麻袋工厂为例，所有参加工作的僧尼都加入了工会，取得了工人阶级的资格，而他们工作不到半年。又北京的大雄麻袋厂，开工以来不到一年，最近正在筹备组织工会。

问：僧尼们自己创办的工厂，有僧尼很愿意入厂学习，如当地工会不准工厂招收学徒，应如何办理呢？（同上）

答：应向有关方面提出正确有力的意见，请予纠正偏差？

问：《共同纲领》既许信仰自由，如现有大心女居士欲求出家，但如加入了妇联，是否可能为她剃度？（福建连城圆月）

答：宗教信仰是自己的事情，政府以及其他社团不能干涉。所以出家僧尼依照律制舍戒还俗，政府不问，反之如愿出家为僧尼，政府也不问，其他社团当然更不能过问了。

问：若干乡村的佛教团体为当地政府解散，有无救济办法？（同上）

答：佛教团体如无违反政府政策的行动，应依照法令申请登记，各地方政府，不能任意解散。来问没有说明解散的原因，且又未举出确证，故无从谈及救济办法。

问：华东军政委员会颁布《华东土地改革实施办法》第三条第五项规定在征收祠堂、庙宇、寺院、教堂、学校和团体在农村中的土地之外，其他财产不在征收之列。但现在对于寺院的房屋基地的产权，为何不归于僧尼所有要归政府所有

呢？（江苏崇明庙镇极乐寺圣光）

答：寺庙房屋基地的产权历来皆作为佛教公产看待，并不能归僧尼所有。归僧尼所有即是僧尼私有，这样，出家仍有家，还成什么僧尼呢？所以主张产权归僧尼所有，是非常错误的观念。过去佛教寺庙的所以搞得乱七八糟，其最主要的原因在此。现在人民政府尊重信仰自由，尊重佛教界利用寺庙房屋举办的佛教事业，并无没收寺庙房屋产权之说。

问：既然《共同纲领》上规定宗教信仰自由，为什么把我崇明的云林寺等改作学校呢？（同上）

答：云林寺等如房屋多，住僧少，自己又不能利用寺庙房屋开办佛教事业，空在那里，徒然浪费物力，所以利用空房开学校是可以的。但事先须征得住持僧同意，并不得破坏佛像等等，这是中枢的指示。地方干部如有偏差，可以向上级反映，请予纠正。

问：解放期间，地方政府向有田租收入的地主成分的寺庙借粮，言明可以抵扣公粮，但并没有能够照办，是什么道理？（泉州尤廉星）

答：此一问题，目前已转请中央人民政府财政部农业税司解答，兹据该司农便字第137号函复云："现代佛学社：前接你社编辑部函转泉州尤廉星询问，解放期间地方政府向地主借粮，未予接受抵扣公粮问题，经转函福建省人民政府财政厅调查处理，现该厅已将处理原则及经过复告，特将原件抄附，复请查照。此致

敬礼！

中央人民政府财政部农业税司

抄件：福建省人民政府财政厅（报告）。接奉钧部9月7日财农彭字第35号函敬悉，关于北京现代佛学社函转泉州尤廉星询问，解放期间地方政府向地主借粮，未予接受抵扣公粮一节。查地主借出粮食，因系剥削劳动农民所得之余粮，在土地改革时，地主余粮，应作为果实分配，故地主在解放期间借出支前粮食，亦应作为地主余粮处理，本应归还劳动农民，但为解决国家财政困难，经福建省人民政府决定凡属地主借粮，均不予归还。泉州尤廉星所询地主借粮，未予归还原因，经转询晋江专署，即系根据此项原则处理。仅此报请察核。福建省人民政府财政厅厅长。"

问：关于敬佛一事，普通皆知香花灯烛，但各地土俗不同，故所用亦异。就吾地来说，土香简直是树末，毫无香味，失去香的意义，可说成一种迷信物品，不烧为是。但名香价贵，且不易买到，在此精简节约时期，不免有些糜费。至谓诸供养中法供养最，属理一边，请示敬佛的中道义，希由贵刊答复。（河南唐县南净业寺真廓）

答：来问除香以外，尚有花及灯烛。如以土香不恭敬，好香太贵，则山花遍野，摘来皆可供佛。若香消花谢时，一杯净水供佛前，佛亦决不憎怪。

问：将来全国性之佛教组织，是否仍为中国佛教总会，抑更定新名？各地方之佛教团体名称，是否与首都为一体之联系？伏望示教！（甘肃省天水市佛教会）

答：为适应各地佛教不同之情况，及便于推动工作起见，目前各地佛教团体名称，不强求一致。团体成立之后，与首都取得联系实有必要。至于将来全国性的佛教团体，是否用中国佛教总会名义，现不能定。

问：闻寺庙财产亦属公共财物，未知土改后僧人分得之土地亦属公产否？若系公产而非僧人私有，仅有代管之权，则与一般农民的待遇就不同等了。请指教！（苏州官桥镇澈源）

答：照《土改法》，僧人自愿劳动者。可分得与农民同等的一份土地，并无公私之分。所谓寺庙财产与此性质不同，自系公共财物。

问：寺中原有土地三亩，住僧数人，后又分得土地数亩，原三亩实为公共寺产，称为代管；后分得之数亩，是否亦并成为公共财物，或与农民所分得的一样为个人私有财产？（同上）

答：照《土改法》，寺中原有土地三亩在征收之列，故分田之后，并无性质上的不同。

问：庙中本无一点寺产，住僧五人，过去全赖十方布施；现蒙分得土地数亩，此项土地是否亦须征收，或为个人私有财产？（同上）

答：分田之后仍须征收，无此法令。僧人分得之田，与农民分得者，性质相同。

问：各乡或区政府工作人员，对于佛教的宗教仪式，总认为迷信，往往被讯受斥。欲提出《共同纲领》第五条向他解释，一则原文太简略；二则他们平日不会留心这事，仍多困难。不知中央人民政府对我佛教维护的文件，还有比较详明的公文书么？我们碰到不明《共同纲领》规定的工作人员，怎样应付呢？（福建连城慧明）

答：最近数十年来，佛教仪式之表现于外者，实多迷信举动。乡区政府工作人员对于佛教本来没有研究，当然只能从外表去看佛教，所以要他们不把佛教仪式当作迷信，还需要佛教徒自己多作一点工作，也就是把容易使人家当作迷信的仪式去掉，如烧纸钱冥锭、求签问卜等等。这许多在佛教戒律上本来是禁止的，而佛教徒偏偏要做戒律上所禁止的事情，难怪“被讯受斥”了。至于比较详明的“公文书”，则中枢一再通令保护古迹名胜的命令，北京寺庙管理暂行办法，都可参考。又碰到了不明《共同纲领》规定的工作人员，最好的办法是，你明白

《共同纲领》的规定；否则彼此都不明白，一切谈不上来，自然就发生偏差了。所以我感觉目前佛教界发生的许多问题，不能单责一方面。站在佛教立场说，我们佛教徒首先应该明了政策，懂得社会发展的规律，能够帮助政府“减少困难与麻烦，增加力量及利益”，则人家就决不会把我们当作封建迷信的落后分子了。本刊所以要增加“学习资料”一栏者，其原因在此。

问：敝县欲成立佛教团体，用什么名义好？可否代拟一简章，使不至受政府指摘？（同上）

答：各地成立佛教团体，随各地佛教界的情况而定，所以不便代定名称、代拟简章。如果怕被指摘，最好虚心和人家反复协商。

问：我们欲学习一些新知识（政治与时事结合的），最普通又简单的应该购备什么书？该书何处可买？（同上）

答：发心学习新知识甚善。可定阅《学习杂志》或《学习初级版》、《时事手册》、《新观察》等，各地邮局皆可代定。至于书籍，则可先买《社会发展史》、《中国共产党三十年》、《论党》、《论共产党员的修养》、《中国革命与中国共产党》、《新民主主义论》、《论人民民主专政》、《政协重要文献》、抗美援朝专刊等阅读，各地书店皆能买到。

问：政府近颁布人民团体登记立案手续，佛教徒必须要有团体否？又如无团体立案，则教徒前途去向未知怎样呢”（福建莆田理胜）

答：僧之一字，本指团体而言，故出家僧尼不能脱离团体；但是近几十年来，僧尼各自为政，一盘散沙，当然不成团体；所以佛教情况，乱七八糟。目前佛教徒（包括四众）如能根据人民团体登记立案手续，成立坚固之团体，对于佛教前途，关系甚大；否则仍旧是以前的各自为政，一盘散沙，前途如何，可想而知。

问：佛教界号召捐献“中国佛教号”飞机，各县当时受当地抗美援朝会号召，所捐献之款，经交当地人民银行，收据内未曾注明为“中国佛教号”飞机用途，此系佛教徒捐款，可能在总银行内拨出为“中国佛教号”之数否？（同上）

答：请将收据号码及捐献数目通知本社，以便与有关方面接洽。

问：新疆寺坊内多住“阿訇”，其阿訇竟属那个宗教，其教义和制度如何？（同上）

答：阿訇系回教清真寺的教长。

问：受过五戒八戒的在家二众（指婚嫁后受戒者），如再娶再嫁可谓犯戒不犯？未知受五戒八戒以后，若再娶再嫁，也可照比丘比丘尼举行舍戒的羯摩吗？（山

西代县悟道）

答：在家男女二众的不邪淫戒，指遵守一夫一妻的法律，不与人通奸而言。若夫死妻亡，或因事离婚之后，再娶再嫁，并非犯戒；此与目前政府颁布的《婚姻法》亦极相。

问：处在偏僻之地的僧人，受戒多不在本地，舍戒时，未能远去原得戒的常住和尚座前去舍，可不可就在本地择一年高有德的尊宿面前去舍？又如没有年高的尊宿，可不可就在佛前仰白而舍之？（同上）

答：可。最好能在年高有德的尊宿的面前舍戒，因为可以听到宝贵的开示。

问：我们县里有两三个还俗的和尚，结婚后仍在庙里居住。按佛制戒律“于伽蓝内恣行淫欲，当堕无间地狱，千万亿劫求出无期。”但当地政府对和尚的还俗是很同情的，所以仍然教他住在庙里；村干部为了教他看守庙内的一切东西，也仍允许他住在庙里。请问这两个问题，依佛制戒律对，还是服从命令对？（同上）

答：目前我国僧尼，大都为生活出家，而非为信仰出家，是故寺庙亦由“道场”而成为“救济院”。僧尼还俗仍在寺庙居住者，还是生活的关系；政府所以仍要他们住在庙内者，也是这个原因。从道理上讲，既非僧尼即不能住庙，但他们也是人，离开寺庙就不能生活，为“慈愍故”，自不能不予以照顾；不过不能作为住持，作为寺庙的负责人或仍做僧尼的事情；只能把他当作寄住在寺庙里面的一个不出房租的房客看待，我想是可以的。

问：关于僧尼服装，很多人主张改，我自己在1951年9月穿了原有僧装到重庆市参加建筑业工作，仅75天的短时间，可是已得厂方同志和工友弟兄平等的看待，并且加以佛教劳动模范的称呼。以此证明，僧人如果爱国，思想前进，工作积极，那就是僧服也是前进服装。请问僧装要不要改呢？（四川荣昌释隆圆）

答：我们始终认为僧装要不要改，不是一个大问题。如果在某些地区或工作上，穿了僧装不方便，那不妨改变。如并无不便且对佛教的弘扬有益，那就不必改。但必须认识，目前所说僧装，实是我国古代的俗装，并非佛制，所以可改。至于究竟要改不要改，我们还是主张待以后全国佛教总会成立后再说。

问：佛制出家比丘律仪，是要严格的远离女人，不但行动上不可接近，就是语言亦不得超过五六语，甚至将女人看成黑蛇毒箭之类。这样看来，佛教戒条，是否男女不平等，或重男轻女？（同上）

答：对“邪淫”说，是可以把女人看成黑蛇毒箭之类的，但非女人皆可视同黑蛇毒箭。如对“贪污”说，可以把商人看成耗子或奸商，但非商人皆可视同耗子或奸商。严格远离女人，行动上不可接近等等，亦正如干部不应该吸商人的烟、吃商人的饭相似。所以不能据此而说佛制戒条重男轻女，或男女不平等。

问：第十四期月刊所载北京市人民政府颁布寺庙管理暂行办法，是否专在北京市使用？能否全国通行？倘能全国一致通行此项办法，希请转载云南日报，或转请政务院通令全国！（云南建水县佛教联谊主任委员无昌）

答：既是北京市寺庙管理暂行办法，当系适合北京佛教情况所定的办法。适合北京佛教情况所定的办法，未必适合于其他地区的佛教情况。所以要政务院通令全国是要考虑的。但各地佛教界可以依据北京市寺庙管理暂行办法，参酌当地佛教情形和政府方面协商，定一办法。

问：寺庙空屋政府究竟如何处置？如果政策上一定要将空屋由公家支配的，那末我们自动将数家寺庙佛像合成一家，组结僧族制大家庭，其余的贡献政府。如何之处，请指示！（崇明永安寺莲因）

答：政策上并无将寺庙空屋由公家支配的规定。但既是空屋，必定寺庙本身用不着，照道惠讲是应该借给人家用的。至于自动将数寺合成一寺，把其余的贡献政府，我们认为是非常开明的做法，事实上恐怕这样做，对于保护寺庙，弘扬佛法比较有益。至于“组织僧族大家庭”的说法，我们认为是不妥当的。因既出家为僧，何必更有家庭，既无家庭，何来僧族。或者是把小庙改为丛林的意义吧？

问：舍戒合于戒律，请在回信上解释清楚。又各小庵子及小丛林毁坏的再能复修否？还俗的教徒，自愿守戒，以后再得回庵否？（湖南武冈通慧）

答：舍戒系戒律上规定的一种制度，不仅合于勤戒律而已。过去社会上及舍戒还俗为不光荣，所谓“出家容易还俗难”，实在是封建时代造成的恶劣习惯，这与反对寡妇改嫁同样是一种对于人性的压迫。关于这个问题，本刊将来拟作详细讨论。又对各小庵子及小丛林毁坏的加以修复，那是最好没有的事，但不知修复经费从何而来？又还俗教徒自愿守的什么戒？如果是比丘戒，那又何必还俗，如果是居士戒，那与“回庵”又有什么关系？照戒律上讲，还俗以后再出家可以，但等于新出家，应从沙弥戒受起。

问：我们佛教素以慈悲为本，方便为门，若是慈悲，必对于一切有情，当打破一切封建阶级制度，使能解脱身心的痛苦，扩而充之，要冤亲平等，才是彻底广大慈悲。现在认清敌友，请问是从慈悲起步，抑或方便多门着手？（四川荣昌宝城学寺德修）

答：来问对于“慈悲”、“方便”、“冤亲平等”的认识，代表一般佛教徒对于佛教教理的认识，其实是不正确的。照来问的意思说，冤亲一视同仁，才是平等，才是彻底广大的慈悲，所以现在讲分清敌友是有问题的。我现在要请问：老虎咬掉你一双手，当然是“冤”，你的师长徒弟或父母看见你被老虎咬了，赶紧来救你，当然是“亲”。如果冤亲一视同仁，把你的父母或师长徒弟当作老虎一样看待，那么救你不救？如果你真把父母师长同老虎一样看待，就不应该救你，因为你被老虎吃了，等于被父母师长抚爱一样。佛教的“冤亲平等”如果是这样讲法，我们要劝普天下的一切有情，赶紧不要信佛，信了佛只会使人变糊涂。又平等和平均不同。什么是平均呢？一个人气力大能挑两百斤，另一个人气力小，只能挑一百斤，照道理讲挑两百斤的应该拿两百斤的工资，挑一百斤只应该拿一百斤的工资。但是平均主义者认为不公平，他要把两个人的工资拉平了，或者都照一百斤算，或者都照二百斤算，或者各得一百五十斤工资。你说这是公平吗？当然不公平。要公平除非各人取各人的所值。冤亲平等也是这样，冤以冤待之，亲以亲待之，这才是冤亲平等。所以“冤亲平等”就是“分清敌友”。否则以冤待亲，或以亲待冤，都是不合道理的。至于“慈悲”的原义为“与乐名慈，拔苦名悲”，不是无原则的滥慈悲。“方便”乃是与乐拔苦的方法，不是“方便出下流”的方便。

问：荒废寺庙将来能否归还佛教？（皖南市田家庵莲开）

答：问题不在于能否归还，而要看我们佛教界有没有方法利用荒废寺庙。如果不能利用，归还了还是荒废，等于没有归还一样。

问：江津县人民政府对于佛教特别重视，教会尚未成立以前，县政府召开各界代表会议时就通知佛教界人士代表前往参加，但佛教界无能人办理，纵有学识之僧尼，他们不愿意站出来办事，请问用什么方法动员他们？（四川江津心正）

答：当地政府既已通知佛教界派人前往参加各界人民代表会议，而佛教界没有人派出去，我们认为是一桩很大缺憾。有学识的僧尼不愿意站出来，主要原因恐怕还是不认识政治的关系。最好的动员方法是“学习”。关于学习，最好和民政局或统一战线部的同志接洽。

问：一般青年僧尼想研究佛学，但当地没有佛学苑或研究佛学的团体，是否可以到他地的佛教学校去参学？目前各大都市办有佛教学校的有那几处？（同上）

答：到他地佛教学校研究或参学是可以的，但照目前的情况看来，是否能满足要求不可知。我们认为要真正认识佛学，必须有新政治理论的基础，否则仍旧是过去的一套，恐怕去佛更远。所以最好还是在当地组织学习班或学习小组，以佛教经论配合政策时事学习。

问：有一般发上乘道心的沙弥沙弥尼，过去尚未求忏悔，到而今发愿要求戒，但

是处于小地方，不知各大小丛林之情况，今年冬期或明年春期，是否有机会求戒？（同上）

答：过去各大小丛林开期传戒，未必合于佛制的戒律，我国佛教之糟，这是原因之一。目前各大小丛林正在进行革新，未闻有开期传戒之处。将来出家受戒的制度，一定要根据佛制及我国社会的实际情况，严定规律，不能再像过去一样随随便便，贻误正信佛徒。

问：有许多自食其力而又不废早晚功课及诵经拜佛的老修行，常被人家视作迷信落后的分子，有时还被阻挡或加以嘲笑。在这种情形之下，究竟该怎么办呢？（同上）

答：自食其力不废功课是可以的，但必须结合政治，为人民服务。过去老修行们大都是“各人生死各人了”、“各人自扫门前雪”，其实与佛教的真精神违背，所以被人家当作迷信落后的分子。总之，一个佛教徒要使人家尊重或看得起，必须从“饶益有情”，或“普度众生”的实际工作中去争取。光是敲敲木鱼，烧香磕头是不够的。

（原载《现代佛学》第1卷第7期、第8期、第12期，第2卷第2期、第3期、第4期、第6期，1954年7月号，署名唯中、万均、育之、缁哉）

法海春秋

佛教与中国

——三月六日于无锡国专讲演稿

佛教与中国，在中国文化史上是一个很重大的问题，牵涉的方面太宽，真要详细讲起来，非几年不可，也不是兄弟的学力所能及，现在只能够把中国何以能接受佛教的原因说一说。因为佛教虽然发源于印度，而在印度只流传了一千二三百年，（自佛灭一年——西纪前486年至西纪第八世纪），在中国则自汉明帝永平年间（《化胡经》说七年遣使，十八年还，《弘明集》卷一引《吴书》谓在十年，费长房《历代三宝记》则又谓七年感梦，十年还汉），到现在已经一千八百七十多年，不能不是算世界文化史上一个大大的奇迹。这当中是有原因的，应该先提出两个问题来讨论：第一，佛教西来以前，中国文化的动态。第二，佛教的本质。

讲到佛教西来以前中国文化的动态，似乎又不得不从荒远的古代说起。大家晓得文化的构成，是不能离开地理条件的，尤其是在洪荒的原始时代。埃及的东西南三方面受着沙漠的保护，北部虽然是海，但在尚未通航之前，保障的力量并不弱于沙漠，又加上水源的供给无缺，气候的适当，所以埃及在西纪四千年以前，早已开创了文化。巴比伦也是这样，底格里斯、幼发拉底两条河经过平原流入大海，造成许多沼泽与潜池，在三边形成一种极有价值的保障，东南面又是海，因此巴比伦文化的开创时期，约略和埃及相等。但因地理条件比埃及复杂，所以历史也不如埃及的简单。回过来再看我们中国，南方和东方都是大海，北面则为辽阔无垠的沙漠，当然都是很好的保障，西方虽然有路可通，但高山峻岭，外族并不能由此袭击我们。同时地位在赤道25度以北，气候寒暖适宜而有变化，三条大河横贯东西，水源的供给也很丰富。自然太爱护我们了，所以我们的文化，并不像埃及巴比伦的一样，早已变成了历史上的旧账。

至于我国文化的开创，从传说上的黄帝算起，到现在也不过四千六百多年，近来又有人把夏禹以前的传说，完全否认了，年代更短只有二三千年。我则以为应该重行考察。因为北京人在四十万年前，已经是火的使用者及石器的作者，而在无定河、宁夏附近的水沟洞、山西西部、甘肃东部、广西武鸣、广东海丰，都有旧石器发现。新石器的发现，除河南渑池县的仰韶村以外，又有山西夏县的西阴村、万泉县的荆村、辽宁锦西县的沙锅屯、杭州的古荡，福建的武平、广东的海丰、香港的舶辽州、甘肃宁定县的齐家坪、青海乐都的马厂沿。这许多发掘出来的古物，目前虽然还没有经过专家们细密的考察与综合的论证，但我国史前文化蕴藏丰富，则无论如何可以相信。有了这样丰富的蕴藏而文化的开创反在埃及巴比伦之后，似乎不十分正确。卫聚贤说："苏马尔文化距今约一万二千年，其居地在北纬三十五度，北有里海，西有地中海。中国黄河也在北纬三十五度，东北有渤海，东有黄海，气候亦相同，何以苏马尔人早有文化，中国以神话中的黄帝计，也不过距今四千六百余年。又殷墟龟甲尚多像形，巴比伦已成拼音，是巴比伦较殷墟进步，即殷墟较巴比伦为早，应与苏马尔人相多。"这话固然还不够充分说明中国文化开创之古，我却很表同情。或者将来会因大规模的发掘，像埃及古史一样，愈推愈远，直到八千多年以前。

以上就地理条件与古物的发现，证明我国文化可以、并且已具有其独立的开展。以下再说开展的过程。

旧石器时代的人类，大都以狩猎为生。进入新石器时代，农业才开始，有了农业文化才有长足的进步。仰韶村出土的碎瓶片上有植物花纹，安徒生以为仰韶时期开始之初，有一种较高的、以麦子为主要收获的农业文化。殷墟出土的商代甲骨文字里，有农、啬、圃、禾、黍、麦、米、稷、糠等字，又有卜祷年丰的记载，可见从仰韶期至殷商，农业一天天繁盛，到周朝便认教民稼穑的后稷为始祖。我们由此可以知道我国文化是以农业社会为背景的，这也由于地理条件的决定。

抗战四年来，危局的实际支持者是广大的农民。有认识的人一提到农民，总会表示一种敬意。而保持农民性格的人，总比较可靠，容易相处一点。一般说来，由于农业须要定居生活，所以农业文化大都偏于保守方面。偏于保守，所以质朴厚重而又有吸收力和同化力，这就是儒家的出发点及其所以成为我国文化骨干的原因。

儒之起也，约在殷商之间。以前，可以说是鬼神术数或者鬼治主义的时代。殷墟甲骨的数量之多，就是一个明证。因为殷人无论什么大小事情都要用龟甲和牛骨占卜，一卜总是连问多少次，用过以后，即便毁弃。所卜的日期和事件都记在兆璺旁边，有时连卜的人和所在地也记上，有时更忘记着所卜的效应，由此可以知道殷人是如何的迷信了。

从卜辞看来，殷人所崇拜的是天帝，"是有意志的一种人格神，一切天时上的风雨晦冥，人事上的吉凶祸福，如年岁丰啬、战争胜败、城邑建筑、官吏黜陟，都由天帝所主持”，在天帝下面又有许多神辅佐他，所以有人说是等级多神教。一到西周，祭祀更繁，鬼神分成了天神、地祇、人鬼、物魅四类，（考《周礼》大宗伯）术数因而也跟着繁复起来，诗书三传里面，到处都可以发见天文、谱、五行、蓍龟、杂占的记载。所以又有人说，“春秋以前，鬼神术数之外无他学。”这在人类求知的是必然要经过的一段。譬如人当初生的时候，本来没有什么知觉，年愈长而知觉愈多，等到死了，躯壳犹昔而知觉全无，自然发生灵魂人鬼的信仰。日月升沉，寒暑更迭，每天每年都有一定的方位和次序，好像有人在操纵着似的，于是有天神之说。地出风云，长草木，似乎也不是全无知觉者所做得到，所以又有地祇。物魅大都是根据特变的事件想像出来的。总之，这许多神祇鬼魅，在初民看来，都是具有威力的，所以一举一动，都要靠他保护指示，于是有术数。同时在农业社会当中，依赖于自然力的地方比渔猎游牧社会为多，再加上温带气候变化较多，自然环境的结构也很复杂，都足以增加鬼神术数的发展，而封建王公也需要利用这种迷信以统制其臣民。

不过信仰上尽敢依赖着神祇鬼魅，事实上并不能满足人们的企求，头脑比较清醒的人，不免怀疑起来。像一嚣说：“国将兴，听于民；国家亡，听于神”，（《左传》庄公三十二年）。子产说：“天道远，人道迩，非所及也，何以知之？”（昭公十八年）。仲几说：“薛征于人，宋征于鬼，宋罪大矣”（定公元年）。这许多议论，都是正面攻击鬼神术数的迷信，而思想上已倾向于人本主义。当时晋楚争雄、齐秦对立，封建制度弄得有名无实，各国的政体，渐渐趋向于军国主义的中央集权，以至于形成后来的战国时代。老子生在这个时候，他首先大胆地否定了殷周以来有人格的天神之存在，而以超绝时空的“道”为天地万物的本体，又主张“绝圣弃智”、“小国寡民”，他的思想可以说完全是那个时代的反动。不过他的所谓道“恍兮忽兮”，不可方物，除了他自己，恐怕谁也不晓得究竟是什么东西。加以“绝望弃智”、“小国寡民”的办法，并不见得能做到，所以在当时的影响非常之小，知道他的人怕不十分多。关于孔子见老子的传说，有许多绝不相同的看法。现在我们采取历代相传的说法，而孔子又是好古和喜欢每事问的人，其得问礼于老子，实有可能，但将《论语》与《道德经》对比，我们知道孔子并没有受到多大的影响。

孔子是懂得所谓“权”与“实”的人。他是殷人之后，又生长在保存封建躯壳较为完整的鲁国。对于旧来的学问，知道得很多，时事的日趋混乱，使他很痛心，经过长时期的研究与考察，大概到四十岁左右，他发现了做人的标准和治国平天下的通则。关于这，古今中外有许多许多的著作讨论，我则以为孔子唯一的目的在于率天下而向上为人。因为如此，凡旧来的习惯和礼制，尚有助于这个目标的，不妨洗刷过还加以保留，不一定要像老子那样一扫而空。又为人要从日用之间，朝改夕惕地做起，才有着落，玄之又玄的理论，对于一般人并不能增加什么力量，所以性命天道怪力乱神的话，孔子不大多说，而治国平天下的惟一的办法，也只是“政者正也，子率以正，孰敢不正。”孔子的这种主张，好像卑卑无甚其论，其实对于农业社会或农民性是非常适合的，同时也是吾人立身处世大家都应该具备的条件。所以二千多年来，不管政体如何变迁，孔子的教训，总是那样照耀着。孟子说，孔子是圣适时者，的确不差。讲到此地，我觉得有两点值得说明。第一、一种学理的所以能够普遍流传，除掉历史的背景以外，还有其本身的价值。这价值是以绝对的真理为依据的，所以超绝时空，不受阶级的限制，易言之，合于人心自然的向背而已。第二，合于人心自然向背的学理，普遍流传，因其合于人心自然向背之故，无条件地被人们所接受而可以渐渐改变其一民族的特性，社会上的一切动态都受其影响。所以巴克（E·Barker）说：“民族性乃人类精神所创造者，乃可以更改者。”迈午（E·Meyer）也说：“自然与地理，仅乃人类历史之下层基础，其所贡献者，乃人类发展之可能性，而非人类发展之必要条件。人类生活所作种种之决定，乃恃人类之精神及个性之支配。此既成之下层基础，是否为人类所使用，则恃人类之意志自由选择之。”（巴克“民族性”，书中引）。从这一个观点，或者才可以正确地了解我国社会发展的主要动力。

不过，话又要说回来，上面说过，鬼神术数的迷信之形成，确也有其心理上的根据。孔子单只要人怎样怎样做，而没有能够把人心里面的疑问一一指出，与以有理的解答，人们自然更有要求，所以墨子出来高唱“志天明鬼”。子思、孟子也不得不论天命、天道和性的善恶等等。庄子、惠施、邹衍等人的思想，各有所主，也正可以证见天地间问题之多。荀子颇以统一百家自命，像论礼义、论性、论法后王，都有崭新的见解，但顶多只可以说比思、孟更进一层，并不能替人们“解粘去缚”。

自战国到秦汉之际，神仙方技之说，逐渐抬头。结果究其源起，固然《道德经》上说过“谷神不死”，庄子更把藐姑仙子等描写得活灵活现，而这一个倾向的加强，还是当时混战的局面所促成。譬如秦始皇待民苛细，所以有“亡秦者胡”、“祖龙死”等一类谣言。而陈涉起义自然要假借篝火狐鸣，刘邦也不能不造一段赤帝子斩白帝子的神话。汉初，当丧乱之余，经籍不备，方士与儒流相杂（考夏会佑《中国古代史》），阴阳五行的说法变本加厉。同时统一以后，需要儒术，于是结合成为董仲舒的天人合一之说，其末流经过王莽、刘歆而产生谶纬。像光武那样英武的人，还要籍西狩获麟谶，赤伏符以中兴。从此我们可以想像得出当时社会的风尚了。佛教就在这种氛围当中从印度进入中国。

印度也是农业社会的国家。释迦佛诞生在北纬27度37分、东经83度8分的迦比罗卫城（HPi lavas in)，也属温带，其地较高，气候比低洼之处富于刺激性，比我国稍为热一点，所以释迦在印度文化史上，也像孔子一样是集大成的圣者。

释迦之前，通常把一千五百年的历史，划分为三个时代。(一）吠陀时代。乃时印度文化的开创时期，这时阿利安民族还定住在印度河上游，他们的宗教，以崇拜自然为主，日月风云水火山川，以及其他一切自然现像都是他们信仰的对象，和我国初民的信仰差不多。不过他们似乎比较喜欢祭祷一点，《黎俱吠陀》当中所收集的赞颂，都是这时代的作品。司祭祀的僧侣叫婆罗门（Brahmon)。(二)《净行书》时代。这时印度民族，乘战胜土人的余威，从印度河上游渐次东迁到东南恒河平原，建立许多国家。大概是气候较热，物产较丰的关系，原始的宗教习惯，逐渐加强，僧侣阶级，日占地位，循至衍成世袭的四种阶级，(地位最高的是以司祭为世业的婆罗门，次为掌军国大事的王候武士之刹帝利，又次为从事农工商的庶民阶级之吠舍，地位最低是被征服的土人、从事屠杀贱业的首陀罗)。宗教的行仪，也变得非常神秘烦琐，引起刹帝利阶级中抱有革新思想者的不满，于是有净行书（Bragnabs）编著的成功，给婆罗门教以神秘哲学的说明，十万颂大史诗《摩诃婆罗多》(Mahabharats）也是这个时候的产品。(三）教派勃兴时代。又可以叫做全印时代。这时全印度已被阿利安民族所征服，政治上、文学上都有光辉的进步，哲学则异说纷歧，最大的学派有——数论派、瑜伽派、胜论派、正理派、弥曼差派、与吠檀多派六派共称为婆罗门正统派，一致承认吠陀的证权。又顺世派和耆那教，不承认吠陀的证权，称为反正统派。佛教则一概称之为外道。此外又有九十六种外道之说，现在且不谈他。

总之，印度思想，因为自然环境的关系，无论是吠陀时代也好，教派勃兴时代也好，大都带有宗教的出世的色彩。四种阶级的牢不可破，到现在还有所谓“不可接触阶级”的存在，就是一个明证。同时苦行外道像吃牛粪、坐针床等等不合人情的举动，依然还有。这在中国是绝对不会有的。释迦成佛以后，对于这许多也极力予以攻击，可见佛教在本质上是和印度传统的精神不大相合的。他否定了吠陀当中的神，而摄取以一己之心为宇宙中心的思想，也承认《净行书》、《奥义书》所说世界一切无常幻妄和迷误不同而有轮回与解脱的理论，从而建立缘生唯心、无我性空的哲学体系。当时一切教派，莫不被其压服，从西纪前五世纪到西纪第三世纪，婆罗门教的势力，只能从雌伏中保存。其后婆罗门教逐渐把佛教的理论加到他的旧瓶里去，以新宗教的姿态出现，很得到印度人热烈的拥护，佛教乃衰。

佛教以缘生之理，说明宇宙人生生灭起伏的原因，这是儒家所未讲、阴阳五行家以及道教徒讲而未通的地方。缘生的枢纽操之于人们的心，所以人们可以自家改造环境，不必要等待神的旨意。又在缘生的生灭起伏之中，悲欢离合，兴废存亡，相当苦痛。避苦求乐之情，人所恒有，而其权操之于我，所以人们应该积极向上，造成圆满的人格、极乐的境界。一切伦理上的道德行为，都是向上的，所以佛也奖励孝悌忠信等德行。其实佛家的所谓戒律，就是儒家的礼，不过因为两家理论深浅不同，应对进退的限度也因之而异罢了。还有许多则和儒家深相吻合。缘生故无我，非常，惟心故性空非断，非常故一法不取，非断故一法不舍。不取不舍，就是不即不离，是自在，解脱的境界。《金刚经》上的“以无所住生其心”。有人用一句时髦的话——“以不变应万变”去解释，或者也可以拿来说明这种境界。孔子的“从心所欲不逾矩”，恐怕与此也拍合得上。惟其如此，所以唐朝的六祖惠能说：“佛法在世间，不离世间觉，离世觅菩提，恰如求兔角。”而一个真正佛教徒的行为，应该是那样的超脱，慈祥认真，圆融大概可以想像得出来了。从上面的几个观点，似乎说明了佛教何以会与儒术并行不背，而一定要被道教所假借与附会的原因。儒术始终掌握着我国士大夫们的心灵，道教则七拼八凑、深入民间，佛教因此也被尽量吸收过来消化，保留了一两千年。中国不会完全脱离农业，人也一定要那么做，儒术将会永远留传下去，道教也不易被消灭，佛教自然陪着他们长此终古。至于佛教西来以后，给我国文化各方面的影响，如文学、建筑、雕刻、印刷、绘画、戏剧等等的新成分，说来话长，以后我想再多收集些材料，写成专书，请教大家。

（原载《狮子吼月刊》1942 年第 2 卷第 1 期）

佛教与中国文学

各位先生！此次经过贵地，能有机会叙首论学，实觉兴奋之至，不过兄弟对于文学，没有深切研究，承李焰生先生之约，情不可却，姑就佛教与我国文学的关系说说。如有不妥之处，还望尽量指正！

就一般说起来，佛教为世界最大宗教之一。宗教与文学，无论古今中外，历来关系非常密切。譬如意大利诗人但丁的《神曲》，德国文学家歌德的《浮士德》，都是世界第一等不朽的文学著作，其思想渊源于宗教。此外英国小说家密尔顿的《失乐园》，彭扬的《天路历程》等等，则可以说完全是宗教文学了。佛教与我国文学的关系亦然。

本来文学的范围，包含诗歌、小说、戏曲、散文等等，我们不妨先从这几项里，探取一点佛教的消息。佛教自印度西来以后，最先的工作是译经，译经增加文学方面的语汇，后汉梧州人牟融所作《理惑论》里已经应用许多佛教名词。其后经过三国到六朝，文人如沈约、谢灵运、陶渊明、刘勰、昭明太子等等，或与佛教结不解缘，或出入高僧之门，其作品当中，自然容纳了佛教的思想。譬如陶渊明拟古诗四首中的“明明云间月，灼灼叶中花，岂无一时好，不久复如何？”“山河满目中，平原独茫茫。古时功名士，慷慨争比场。一旦百岁后，还相归北邙。松柏为人伐，高坟自低昂。颓墓无遗主，游魂在何方？荣华诚足贵，亦复可怜伤。”充分地表现了佛教“世界无常”的思想。据说他时常到庐山东林寺拜访慧远法师，虎溪三笑的故事，知道的人一定很多，其受佛教思想的影响，实无可疑。隋唐以后佛教异常发达。诗人如白居易、王维、苏轼、黄庭坚都系纯粹的佛教徒，即非佛教徒而且曾极力反对佛教的文人之雄韩昌黎，自从他贬谪潮洲，见了大颠禅师之后，也不能不佩服他的“能外形骸，以理自不胜，不为事物侵扰”。所以他晚年《江洲寄鄂岳李大夫人》一诗中有句云：“我昔实愚蠢，不能降色辞，公其贳我过，我亦请改事”。忏悔之情，溢于言表，即此可见佛教与诗的关系。词调之起源，论者推李白的《菩萨蛮》(平林漠漠胭如织，寒山一带伤心碧。暝色入高楼，有人楼上愁。玉阶空伫立，宿鸟归飞急，何处是归程？长亭更短亭。)，顾名思义，可知其与佛教的关系。至于小说戏曲，六朝的志怪小说如干宝《搜神记》，陶潜《续搜神记》等皆脱胎于佛教的传说。

鲁迅《中国小说史略》中已指出吴均的《阳羡鹅笼记》系从《譬喻经》的梵志故事转化而来。唐代传记以六朝志怪小说为先声，元代杂剧及明代的南北曲又以唐代传奇为蓝本，则佛教与小说的关系如何密切，不言可知了。明清章回小说《西游记》中的孙行者，实取材于印度史诗《拉马耶那》中的猴王。有人说，夏禹治水，镇伏淮河水神支无祈的传说，也多少与那个猴王有关系。《红楼梦》是家喻户晓的言情小说，实则是曹雪芹的现身说法。《三国演义》、《水浒传》等，虽然没有特别为佛教宣传的地方，但《三国演义》中有普净，《水浒传》中有五台山的智空长老，却都隐隐约约地写出了因果报应的思想。这个思想，在其余的通俗小说中描写得最多，影响于民间生活者至大。

我国戏剧，实渊源于印度，其形成期，约在隋唐之际。许地山、林培志、李满桂诸人，对于这个问题，各有论文详加讨论。他们说梵剧与我国戏剧如化妆方面，颇有近似之处。在剧作方面，既系取材于传奇及小说，则其与佛教的关系，自不必再加讨论了。

佛教与我国散文的关系，就拿白话文来说吧。谁都知道白话文是取法于宋明儒者的语录，宋明儒者的语录由模仿唐代禅师语录而来。唐代禅师的语录，则又是取法于“变文”。其渊源大家一致承认出于佛教经典。综上所述，佛教与我国文学的关系，实是非常密切。我们若要详细讨论，每一部门都可编成厚厚的几本书，现在且不谈这些。再就我国文学的特质上，论其与佛教的关系。

我国文学界向来有“文以载道”一句格言，即文学中必含哲理之意，所以文学家莫不欲跻于哲人之列。譬如扬雄，实在不能说他是个哲学家。而悔其少作，以为雕虫小技，壮夫不为，乃作《法言》、《太玄经》以拟《论语》、《周易》。韩愈不过是个文人，而自许上承孟子。柳宗元《答韦中立书》亦以明道为言。《文心雕龙》是我国讨论文学的权威作品，其开头两章就是头巾气的说法。朱子的诗，在宋明理学家中是数一数二的，他被人以诗人荐于朝而终身耻之。这是中国文学上的特点，与佛教也不无关系。譬如北宋大慧宗杲禅师，曾劝黄山谷勿作“绮语”。绮语是绮丽的诗词，即纯文学的作品。纯文学的作品既在劝戒之列，则文必载道。我们再看佛经里面的文学作品，马鸣的《佛本行赞》，在印度佛教兴盛时代，是一部家喻户晓的书。据说当时人因读此书而发心出家者如踵相接，几至影响生产，政府乃限制该书之出版。即此可见佛教的文学观点，与我国历代文人的主张相同。

又，中国诗文中描写自然的文学，为世界各国之冠。如所谓山水田园纪游的诗文以及隐逸游仙的作品，均以描写自然为主。以此成名的诗人文人，如陶渊明、谢灵运、王维、孟郊、韦应物、柳宗元等甚多。或者以为此类文学的兴盛，与中国道家思想有密切的关系，然而我们不要忘掉“天下名山僧占多”一句俗语。“天下名山僧占多”这一句话，是说佛教的建筑，大都在山林胜处，许多得道的高僧，也喜欢在“水边林下，长养圣胎”。而大寺庙也叫做丛林，唐诗“终日昏昏醉梦间，忽闻春尽强登山，因过竹院逢僧话，又得浮生半日闲。”这诗可以说明中国诗人自然情趣与佛教之合。又如唐船子和尚偈：“千尺丝纶真下垂，一波才动万波随。夜静水寒鱼不食，满船空载月明归。”宋瞎堂偈：“来往烟波，十年自号西湖长。秋风五雨，吹出芦花港。得意高歌，夜静声初朗。无人赏，自家拍掌，唱彻千山响。”都是自然文学中绝好的作品。我们如再翻阅一下唐宋禅师的语录，此类诗词，随在皆有。又唐李翱往访药山惟俨禅师，问以佛法意，师答以“云在青天水在瓶”，李翱闻语大为感动，赠药山诗云：“炼得身形似鹤形，千秋松下两函经。我来问道无余语，云在青天水在瓶”。李翱后作《复性书》，冶儒说、佛理而一之，开宋明理学之先河，则其得力于佛教的自然文学者多矣。

纯粹的中国人，思想都很现实的，没有天国的信仰，也不相信有来世，惟一的信仰为其自身之生命。由此种信仰，使纯粹中国人皆为现世主义者。然而岁月不居，现在转瞬即化为过去，万岁更相迭，圣贤莫能度。求长生而长生不可得，求及得行乐而乐往哀来。以第一流文人如屈原云：“唯天地之无穷兮，哀人生之长勤。往者吾弗及，来者吾弗闻。”曹子建云：“天地终无极，人命若朝霜。”陶渊明云：“人生无根带，譬如陌上尘。”何一非人生无常之恸，故霸气逼人之曹孟德亦有“譬如朝露”之叹，雄才大略如汉武帝亦有“少壮几时”之悲。在中国文学中，此类人寿短而时间无尽之感，盖无处不有之。佛教教主释迦牟尼之出家，乃有感于生老病死苦痛之故。生、老、病、死即人生无常之感，故佛教西来以后，这个观念，深深地打动了人们的心弦。苏东坡的《大江东去》中的“人生如梦，一樽还酹江月”，又《题平山堂》的“三过平山堂下，十年弹指声中”，都是发挥这一个观念的。在小说里面，《红楼梦》以梦开始以梦终结，宝玉为书中主角，时时点出“无常”这一个观念。《三国演义》的作者，志在叙述刘、关、张及诸葛亮之忠义，而其开卷《临江仙》词：“滚滚长江东逝水，浪花淘尽英雄。是非成败转头空，青山依旧在，几度夕阳红。白发渔樵江渚上，惯看秋月春风，一壶浊酒喜相逢，古今多少事，都付笑谈中。”也是人生虚幻的意识。名剧曲如《西厢》、《桃花扇》二书，最为人所传诵。而西厢以惊梦终，桃花扇的余韵则为“猛抬头，秣陵重到，残军留废垒，瘦马卧空壕。村廓萧条，城对着夕阳道。”一种悲凉凄怆的情调，令人不忍卒读。可见佛教“人世无常”这一个观念，如何渗透我国文学。

佛教借无常这一个观念以为入真理之门，并不是叫人家终日慨叹，皈向于虚无主义的。不过佛教讲到究竟地方，融情入理，化小我于全宇宙的伟大精神，在我国文学作品当中很少透入，或者是不容易了解的缘故。但是这种精神，在西洋文学当中，则反易于见到。讲到此地，暂作结束，以后有缘再谈！

（此文系巨赞法师于民国三十五年（1946年）4月在梧州诗词研究会之讲稿，由莫贵朋记。后此文转载于《佛教公论》，1978年11月台北大乘文化出版社收入所编《现代佛教学术丛刊》19册第2辑，署名万均——编者注）

佛教界如何方能联合

——在香港佛教联合会欢迎会上讲词

此次蒙佛教联合会开会欢迎，使本人感愧交集。陈静涛居士刚才介绍时，过誉为“一音说法、随类得解。”但此种功德，唯佛始能成就，本人既不能用白话讲说，在过誉之中，更觉惭愧。

今日不拟另立讲题，即就“联合”二字，加以发挥。香港佛教会之所以定名为香港佛教联合会，全为在港诸法师及陈静涛居士等之善巧方便。此中详情，在座诸君想皆洞悉，不必多赘。但本人以为既取名“联合”，则以前必有不联合及需要联合之故。香港系华洋杂处之地，佛教徒中有中、日、缅、印、英、美等国藉之殊，语言文字既异，信仰思想亦不同，此其所以不能联合而需要联合。联合会成立之后，各国佛徒得以互相往还，感情乃能融洽，此佛联会之有造于香港佛教者也。言及融洽，通常必联想而及“妥协”或“折中”，又必以为“融洽”或“联合”之道，舍“妥协”，“折中”无由，此则本人所同意者。

今日中国社会，是非不明，公道不著，诚如曾国藩所云“不黑不白之世界”。推原其故，或者归咎于儒家之“中庸”思想。盖不偏不倚，谓之“中庸”，其间或含“折中”、“妥协”之意。以折中、妥协为目的，势必委曲求全，事事不求彻底，于是断鹤续凫、削足适履，其弊有不可胜言者。儒家末流，多成乡愿，乡愿最工于折中妥协。但孔子以乡愿为德之贼，孟子亦深加拒斥，故“中庸”二字之原意，是否含折中妥协之意，学术界仍多异义，本人亦不以为然。惟中国人富于折中妥协之精神，则系事实，社会混乱，即肇端于此，亦为有识者所共许。此本人之所以不同意以妥协折中言融洽或联合。

目前学术界喜用“扬弃”一词，原于德文（aufheben）一字之日译。近来亦有译之为“消留”者。消即弃，留即扬，含抉择拣别之意，约当孔子所谓：“择善而固执之。”然何以讲联合二字忽提及此义？因目前佛教界争论颇多，如新旧之争、性相之争等等，入主出奴，各不相通，实非佛教前途之福，故需要联合。但讲联合而惟事折中妥协，不知择善固执，终必浑沌拢统、漆黑一团如现社会之其他各阶层，亦非佛教前途之福。故本人以为目前佛教界之联合，固极须要，若不以“扬弃”、“消留”为联合之中心或权衡，联合仍无办法，兹先从新旧之争讨论之。

佛教界新旧之争，已有二三十年历史。新派斥旧派为固执，迂腐，不合潮流；旧派亦斥新派为浮嚣，夸张，不守本分；非惟出之于口，而且笔之于书。本人则以为皆属一曲之见，末学之辩。何以故？佛理本无新旧，亘古今而常新。何谓新？如人经长夜之养息，晨起时朝气蓬勃，生意葱笼，堪以应付一日所作之事。佛教亦复如是，无论在过去、现在、未来，或某一处所，皆可适合一切有情之用，人时时刻刻，举心动念均需要佛法，佛法若非亘古常新者，何能有此伟大之效用。再就历史言之，二千余年前教主释迦牟尼佛所说之法，在当时为崭新者，其后龙树依法性说空，无著依法相说有，当其时亦皆为最适合时机之新法。是以克实言之，佛教只能有新而不能有旧，故必须将旧之观念消弃，而扬留新之观念，亦即择新之善而固执之。否则侈谈佛法，等如隔靴搔痒，必不得真实受用。宋朝苏东坡诗中常提及密殊其人，密殊又名仲殊，颇工于词，其《金陵怀古》一词中有：“六朝旧时明月，清夜满秦淮。”二句，深得历代文人赞颂。此就诗词言，本为警句，但就佛理言，实不甚通。盖月之照用，表面上古今常一，似可云旧，而实则时时更新，时时更新而不失照用，故吾人今日时异世迁，仍能享受其光明。密殊因未甚通明佛法，触途成滞，终致自杀。学佛而兴新旧之争，皆由未能通达此理之故。

晚近佛徒多将佛学与学佛分为二事。例如有类学者，于教理中名相能熟习，系统亦能清晰研究，但佛学究竟与其本人有若何关系，则蒙然不知，于是有人称之为佛学而非学佛，因不能受用佛法消化佛法故。本人在以往亦曾经历如斯阶段，只知埋头研究佛学而未尝发觉佛学对自己之真实受用，尝自思惟，研究佛学岂非与其他学说无异，若是，则何必出家？继而思惟，古来大德，出家而将身心贡献于佛教者颇多，彼等是否特别愚笨，不能发觉佛教之无用，抑明知之而甘受佛教所骗耶？岂我自己又特别聪明，能觉先人之所不觉，洞析佛学于我无用耶？此种问题常盘桓于脑际。后往四川，将自所怀疑者详细参究，对所有问题渐能解决，悟知佛理确是天经地义，理应依教奉行。此种态度，或者即以为学佛较佛学之阶段为高。但本人以为此种观点，仍属错误，皆因不明“知行”二字之故。

关于“知行”二字之见解，《书经》云：“知之匪艰，行之维艰。”王阳明谓：“知行合一”国父谓：“知难行易。”此三种学说孰是孰非，历来颇多争论。胡适曾著《知难行亦不易》一文以评知难行易之说，可见此说并非金科玉律，称之为政治哲学，或较妥当，今置之不谈。知之匪艰，行之维艰一说，以艰易而分知行，亦不若王阳明之知行合一说为得当。知行非二事，仅可由内外面分，存于内者为知，表现于外为行，非知外别有行，行外别有知。但世有学问好而行为不端，如所谓“文人无行”者，此可名为有知无行乎？不可，盖所谓学问好者，就无学问者言之耳，若就真有学问者言，其学问亦不甚好，故行为不端。试看飞蛾投火，全由彼不知火性之猛烈，致遭焚毙，可见知不真故，行亦失慎。又如小孩玩火，灼痛皮肤，知火之可怖，终身不敢近，此即有真实体验之知，故行亦谨慎，可见有真知者必无邪行。则注重行持之学佛者，必须以注重知识之佛学为基础，学佛佛学实不可分。若不如是而但终日兢兢于肤廓不通之论，名为偶像崇拜。吾人能打破偶像，即可得无诤三昧，于佛教中受用无穷，常能领会亘古常新之正义。

此外，佛教中更有性相之争、宗教之争、显密之争，与新旧之争，同为辩生于末学。

何谓性相之争？性即般若三论或四论，约性上破除执着，阐说空理。相即华严深密等六经十一论，约相上表诠一切事物状态。此二宗在印度即有争论，本人以为皆非得本之谈。兹就三论言，其中论为最扼要，《十二门论》或非龙树著作，吉藏疏中似有此论，即或不然，亦为初学而设。《百论》破外，不若护法《广百论释论》为详。故本人主张新三论，即《中论》加清辩《掌珍论》及护法《广百论释论》也。此三论之意义互相联贯，读毕《中论》后读《掌珍论》，再读《广百论释论》，只觉味如嚼榄，余甘在内。可见性相本来融通，并无争执。

宗即禅宗，对教而说。禅宗学人通常皆以禅宗为教外别传，则禅为教内精髓。既为教内精髓与教无违，不应于宗教互相褒贬。

密教学者，常以为密教即身可以成佛，高于一切。而在密宗要典《大日经》云：“劣慧不能堪，姑存有相说。”可知密教之兴，为劣慧而设。劣意不能了解纯理境，故有注重事相之密法，况其中更含有印度教之成分，还须加以扬弃。则密教学人何能自是非他贬显教为不了义。

关于新旧、性相、宗教、显密，种种争论之解释，议论尚多，限于时间，不能多述。吾人若具足“扬弃”、“消留”，即“择善固执”之精神，方能彻底打破由崇拜偶像而起之种种争执，则感情融洽，互相携手，走进弘扬佛教之途程去。

（原载《海潮音》1946 年第 27 卷第 7 期）

南岳佛道救难协会
告各地救亡团体同志书

各地救亡团体救亡工作同志：

在南昌陷落以后，敌人的泥脚快要伸入到我们湖南的腹地来了，因为全国各地游击战广泛地开展，使得敌人进攻的力量大大地削弱，所以两三周来的前线战事，始终停留在南昌附近和湘北一带。虽说抗战的发展，还没有达到迫使敌人停止进攻、形成敌我相持的阶段，但至少在目前的新形势之下，已经有了这样的趋势。我们要如何来拖住敌人的泥脚，使他深深地陷在地大物博、人多兵多的中国的泥潭里，换句话说，就是要如何争取相持阶段的到来，准备反攻。而在这个新的阶段中，动员群众工作，尤其显得重要。这是当前客观现实给我们规定了的历史课题！

现在南岳是完全战时化了。我们佛道同人，在目前民族危机空前严重，敌人企图沿平汉线南进的局势下，为着挽救人类空前的大灾难，争取民族解放的光明前途，根据主观力量，适应战时需要，我们在一个最短促的期间，团结了南岳全山的佛道同人，成立这个“湖南南岳佛道救难协会”，站在我们自己的岗位上，来从事一切救难工作。并将充分运用正确的佛道理论，来推动国际佛道信徒的反侵略运动，和唤起敌国人民的反醒和同情，这在我们的成立宣言上，已经详细的提出了。我们原以南岳作基础渐渐扩大工作的范围，在全中国佛道信徒的圈子内，起着核心作用。

为实现上述的任务，我们愿将正在进行的工作，介绍于后，请求各地救亡团体救亡工作同志，在民族自由解放的共同目标下，加紧工作上的联系和配合，以争取那光荣的最后五分钟。

一、所有南岳的佛道同人，从十八岁到四十五岁，都分别编入宣传队、救护队、慰劳队，在岳训班政治部的监督指导下，举办一个“战时知识训练班”，施以一个月的训练，即开始各队的工作。

二、用英、法、俄各国文字，散发《告各国佛道同仁书》，广泛的推动国际佛道信徒的反侵略运动。

三、用日本文字，编印传单小册，以爱护和平正义的佛道理论，唤醒日本人民。

四、吁请全中国的佛道同仁，为抗战广作法施、财施、无畏施。

同志们！我们虽然负起了这样重大的任务，但我们惶恐得很，我们对于各部门的工作都非常生疏，为着彻底的执行任务，只有请求各地救亡团体救亡工作同志，给我们许多有益的指示和帮助！

为了工作，我们在期待着从你们那里来的好消息！谨致

民族解放的敬礼！

（原载《海潮音》1939年第20卷第3、4、5、6号合刊）

佛教青年服务团的动态

澄空凝碧，在一个浓绿映轩的早晨，——6月10日，佛教青年服务团举行宣誓成立典礼。战区政治部特派第二政治大队罗队长赶到监誓，游击干训班政治部主任戴（蔡秘书代）主席，各界皆派代表参加。仪式简单，情绪热烈，尤以罗监誓官及蔡秘书的训词，为最动人。（另文发表）。慈悲的交响，人道的共鸣啊！在抗战史上，可说又翻展着最值得纪念的一页。

该团负责人为演文、巨赞（万均）两法师。工作大纲等等，在他们所发表的宣言里面，已经说得很详细。同时工作的情绪，更为紧张。12日，他们就出发到县工作。由于这一点事实的表现，博得整个僧界的同情；当出发时，激起了异常关切与热烈的欢送。劈啪不断的鞭炮声，打响着各个佛教青年的心弦。起来了，一向消沉的佛教徒！

以后他们还要扩大组织，多用力于对敌反战宣传，和联络国际佛教徒作反侵略总动员的工作。

（《原载》海潮音）1939年第20卷
第3、4、5、6号合刊，署名缁哉）

湖南南岳佛道救难协会组织大纲

一、本会本大乘救世精神，尽国民应尽天职，集中僧道力量，参加战时工作，以期挽救国难为宗旨。

二、本会受南岳戒严区民众动员委员会之指挥与监督。

三、本会会址暂设南岳祝圣寺。

四、本会设正会长一人，副会长四人，由佛道同仁选举之。下分总务、宣传、救护、慰劳、训练五股，各股设正副股长一人，干事若干人，由会长聘任之。

五、凡南岳佛道同仁均应加入为本会会员，除老弱残病及现任职司者外，一律分编为救护、宣传、慰劳三队。各队设正副队长一人，隶属于本会之下。

六、救护、宣传、慰劳三队，各就其本身任务施以适当之训练。训练计划由训练股负责拟定实施之。

七、本会战时尽力分担救护、宣传、慰劳工作，平时经常设民众送诊所，并从事公共清洁等任务。

八、本会经费依各寺观财产分配担任之，必要时得呈请政府或岳训班酌予补助之。

九、本会办事细则另定之。

十、本会组织大纲呈由动员委员会转呈岳训班政治部核准后施行。

（原载《海潮音》1939年《海潮音》
第20卷第3、4、5、6号合刊）

致抗日将士慰劳书

英雄的民族将士们：

你们别离了亲爱的父母妻儿，抛荒了丰茂的田地园圃，踏上征途，效命疆场，用肉的“金城”，血的“汤池”，保持了祖宗的光荣，挽救了垂危的国运；使中华民族，展开无尽光明的前途，你们的勋业、声名，也将因此而万古流芳。

同时，你们伟大的牺牲行为，激起了全世界的同情，和后方广大群众的奋起。一向山居世外、不问理乱的佛教徒，现在也动员起来了。英、美、法、苏等二十八个国家，不是已经给我国许多有效的援助了吗？日本强盗不是为此而无法进展，将要总崩溃了吗？后方的民众，正良心地为你们的健康与安全，为你们家属的给养与抚慰设法，总想使你们不要为自身与家属操一点心，妨碍了伟大的英雄事业的进展。目前固然还有许多对不住你们的地方，不久一定就会克服的，因为你们的事，就是我们的事啊！

佛告我们说：像你们这样牺牲了个人的幸福而为国家民族艰苦奋斗的战士，就是人类的救星，就是“因位的菩萨”，一定得到佛的默佑，纵然有什么危险，一定会从暂时的痛苦中，转到永远愉快的乐国里去。

英雄的战士们！天下没有那一桩事比这再值得、再上算。战鼓响了，莫再踌躇！莫要顾虑！日本强盗的残暴凶横决定不容我们多喘一口气的。前进！我们就会跟着来。把日本强盗驱逐出国的时候，最后胜利的凯歌震动全世界的时候，你想，我们多自由、多光荣！末了，祝你们金刚一般的健康，并致民族解放的最敬礼！

南岳佛教青年服务团敬启

（原载《海潮音》1939年第20卷第7、8号合刊）

悼念新佛教运动的战士理妙法师

前年，南岳华严研究社招生额满，快要开学的时候，理妙法师跑来要求入社听讲。他说：他唾弃了可以养尊处优的北平广济寺，千难万苦从福建、广东绕道回湘，目的是想在抗战建国，生机充满的新的田园、新的天地里面从事于佛学的深造。虽然他已进过两三个佛学院，我们无可推托，无条件满足了他的要求。

去年，组织佛教青年服务团的消息还没有公布以前，他又恳切地向我要求加入。我对他说："佛教青年服务团在佛教界内是一个破天荒的组织，对于佛教，对于国家民族，固然有其不可忽视的价值，但是会使老和尚们惊异、恐慌的。同时经济方面还没有具体把握，一旦无法维持，说不定连挂单的地方也找不到。加入，非但要有热情，还要有咬钉嚼铁、坚忍不拔的毅力。"他发誓似地愿意跟我终身，那怕尽所有的大小和尚都侮辱他、反对他。他，变成了新佛教运动的、全身披挂的英雄战士。

佛教青年服务团成立不久，××干部训练班要我们派人参加受训，以便担任某种重要工作。我们非常兴奋，非常紧张。因为××干部训练班要我们受训，是政府方面重视我们的组织，对于我们的工作计划，无疑地有其莫大的帮助，所以兴奋。但是那种工作是非常危险的，非机灵巧便而又常识丰富的人不能负责，所以紧张。我就对他们说："政府要我们担任某种工作，那是非常荣誉的事。只要能够破获几个大汉奸机关袭击敌人的心脏，而使之损失顿挫，我们对于国家、民族、全人类以及佛教就算尽了义务。但是工作的危险性也不能忽视，希望你们各自考虑一下，自动报名。"理妙法师不等话完第一个报名，隔两天，他披甲擐带，投入了"铁流"。

我们在长沙工作的时候，他常常有信来报告工作情形。有一次他匆匆忙忙来见我，说要出发到前方去，意志仍旧那么坚决，情绪仍旧那么热烈。我除嘱咐他秘密、迅速、稳重之外，时间不许我多谈，含着一眶热泪送走了他，身上觉得冰凉，泪就夺眶而出。从此天涯海角，打听不到他的消息。

突然接到一个消息，说他奉命派赴湘北敌后工作以后，对于敌情的揭露、交通的破坏，积功甚多。敌人恨之切骨，两月前在岳阳附近，被敌人搜捕，威迫利诱，皆不为动。结果，挖眼割耳，惨死在敌人的疯狂的兽行之下。就义前还高呼中华民国万岁不已。这和释迦牟尼没有成佛之前，为着救护野兔而被割尽身下的肉的仁至义尽之举有什么两样？他实践了佛陀救世的理论，他建筑了成佛的基业。千千万万个失了主宰的人，将因此而得到心灵上的救药，佛教新鲜地、灿烂地照耀着大地的每一个角落，我倒反展开了友谊的忧容。

《涅槃经》上说：为着佛教牺牲在敌人魔掌下面的，命终生阿閦佛国。我相信我们的烈士，现在已经见佛闻法，得到解脱。僧青年同志们！理妙法师替人类打响了永生的晨钟，我们要严肃地纪念他！我们要踏着他的血迹，各自建筑成佛之路！

（原载《狮子吼月刊》1940年第1卷第1期，署名万均）

从禁止南岳进香说起

最近湖南省政府禁止“南岳进香”，南岳金山当然“怨声载道”，外省佛教团体听到了，或者会引起“兔死狐悲”的愤激，而那些以护法自任的“宰官居士”们，说不定更要“大发慈悲”，请求政府收回成命。我们的态度则确确与此相反。

本年八月初，日寇发动进攻长沙的时候，长沙附近的潆湾市，突然来了百多个善男信女，身上都挂有黄布香袋一口，说是从南岳进香回去；可是一住几天，犹无去意，引起了当局的注意，在几个“为头”的身上搜出了暗号，才知道他们是日寇的第五纵队，准备在日军过渡时做内应的。“南岳圣帝”至此也无法保护他们的生命和安全，枪毙了几个，其余的“皆作鸟兽散”。所以湖南省政府禁止南岳进香的通令中所谓“奸宄混入，乘机捣乱”，实属“事出有因。”不过有人以为进香的香客，不一定个个都是歹人，一概禁止，未免“因噎废食”。这就是所谓风凉话！佛教界里有两句流行的谚语，叫做“慈悲多祸害，方便出下流。”在这国家民族生死存亡的重要关头，湖南省政府的作法是正确的。

其实那些朝山进香的人根本就有问题，在“朝岳神咒”里，不是刻着：

天子五月南巡狩，黎民四序把香焚。……

三拜皇王万万岁，万民蒙福乐升平。……

这都是他们在遥远的进香大道上，“至心朝礼”地唱和着的。无疑的，在他们心中都有一个“真命天子”，当然无所谓民族祖国，而“溥仪”事实上在东三省做傀儡皇帝，只要敌人稍稍从中宣传一下，要他不受愚弄是不可能的。所以我疑心潆湾市的那一批香客，不一定是日寇花了好多本钱造成的别动队。

但是寻根究底，“朝狱神咒”是南岳各庙发行的，那末香客们的行动应该归南岳的和尚们负责。讲到此地，我应该向各界据实报告。

前年夏天，湖南佛道教徒抗敌后援会在南岳开筹备会的时候，关于名称，争论了好久，那些出席的所谓“长老”们，都认为“抗敌”两字，不是佛教徒所能用，同时颇有“隐忧”要不是赵恒惕会长生了气，恐怕连抗敌后援会的影子还看不见。就这里可以知道那一个社会是何等的愚顽，何等的有问题。诚然，其中也有不少前进的僧青年和明白的“长老”，但大部分的意识是和一部分香客们一般无二的。所以我认为湖南省政府单单只禁止朝山进香，还不够澈底。

所谓澈底，并不是希望湘省当局，对于南岳的和尚们有所禁止，事实上光只禁止，对于抗战建国，也并没有多大帮助，所以还不如因势利导。湖南佛道教徒抗敌后援会筹备会已经备案核准，只要湘省当局再能予以有力的策动，他们许多能好好的干起来。该会宗旨，是“集中湖南佛道教徒之意志与力量从事抗战建国工作”，组织上有宣传、救慰，组训等部门，而宣传部门，规定办理一切宣传事项及阐发佛道救国正义以推进精神总动员，组训部门规定办理各种工作团队之组织与训练事项；假如真能成为事实，有了行动，南岳一般前进的僧青年，固然可以活跃地跑出牢狱似的山门，为佛教为民族而工作，就是最顽固、最有问题的“长老”们，或者也能够渐渐改头换面，勇敢地站在抗战建国的阵地上来，那南岳对于抗建大业，不是变成一根有力的支柱了吗！南岳的和尚们既然有了办法，自然直接可以影响香客们的行动，不说别的，就是把“朝岳神咒”改编一下，也可以发生很大的作用。不然，一纸禁止朝山的空文，并不能完全禁止乡愚们的跋涉，等到发生了“万一”的变故，再从而究办之，恐怕也是“罔民”之类。我们热切地希望湘省当局在禁止南岳进香之外，更进一步，更澈底的解决南岳问题！

（原载《狮子吼月刊》1940年第1卷第11、12期合刊）

一支有力的笔部队

——狮子吼月刊征稿的话

国内外善知识，云水参访的僧青年，全国文化岗位的诸同志：在大火燎原的今日，佛教的文化原野上，是够沉寂够荒凉的，仿佛夕阳影里的古坟上，袅袅地飘着寂寞的荒烟！这种低气压的氛围，使人感到沉闷和窒息！现在残暑将尽，西风刚厉，在不景气的境况中，我们愿借重拂遍大江南北的西风，给各位报道一个消息，那就是狮子吼月刊的产生。

不消说，这是一个道地的佛教刊物，在烽火遍全国的现状下，来讴歌佛法的！自然，和其他各个岗位的刊物一样，它也有它特殊的风格，一开始我们得郑重地指出，佛是念念悲怜众生而大往大来的，佛是解脱生死而依止庄严的。认清楚了这一点，出入天堂地狱人间，一点也没有妨碍，天堂是道场，人间是道场，地狱更是道场！人间是整个佛法的一环，现前一念是求证诸法实相的起点，我们要立脚现实的人间，而又理智明晰地把握着这现前一念！那末，充极其量，可以庄严三千大千世界的每一个角落。

今日的世界，存在着相反的两面：一面是无佛心也无人性的疯狂，另一面却是庄严而神圣的佛事！我们创办狮子吼月刊，就想竭尽棉薄，使笔尖与各部门配合，在祖国的地面上，展开庄严而神圣的佛事，使没有佛心人性的疯狂不见于人间！

在寂寞的佛教圈内，狮子吼将成为深入祖国广大原野的一支有力的笔部队，阐扬佛的正义，来打击敌寇汉奸的疯狂行为与荒谬理论，在焦土上树立佛教文化的堡垒，从荆棘中，另辟佛教新闻事业的新天地！

这里，我们挚诚地寄与各方一个希望，希望热烈同情我们的国内外善知识，云水参访的僧青年，全国文化岗位的诸同志，大家用笔和舌来帮助我们，多多地为我们写稿，批评，介绍，充分发挥笔和舌的锋芒，以集体的犀利明快的笔和舌，来击退可诅咒的时代的逆流！

临了，我们谨录巴尔扎克的名句，向大家遥致敬意：

“拿破仑用剑所做不到的事情，我用笔来做到它！”

狮子吼月刊社编辑部谨启

（原载《海潮音》21卷第12期）

佛家之救亡抗战论

（编者按:《佛家之救亡抗战论》这篇文章，是巨法师于抗战初期发表的，惜该文及出处，均未能找到，下面一段文字，是从《现代佛学》月刊第1卷第3期“问题商讨”中抄录的）

问：佛教主张忍辱，乃至如《金刚经》云：为人割截身体，节节支解而不生恨，这与抗美援朝又如何能符合呢？

答：对日抗战期间，巨赞法师发表过一篇《佛家之救亡抗战论》，当中有一段讲到忍辱道：“至于所谓忍辱者，忍辱而不至于丧失人类之本心，又使对方因而惭愧敬仰者，忍可也。倭寇凶暴，灭绝人性，勉强忍之，在我则丧失人类之本心，在彼反将利我之忍而恣意为恶；不可忍也。”这把可忍不可忍分别清楚，可以为忍辱进一解。又忍辱的梵音为“羼提”唐玄奘法师译作“安忍”，其定义为：“于诸艰难，危苦，凌虐，侮辱等境，及诸深广殊胜法义，顺受不逆，坚持为性。言顺受不逆者，于艰苦境，无怨尤故；于诸凌侮，无恼恨故；于深法义，顺信入故。言坚持者，于自愿行诸胜善法，坚固持守，不因艰苦违逆等境而退失故，是谓安忍。”则所谓忍辱，并不是要我们学娄师德的唾面自乾，而是要我们在危难艰苦的地方把握得定。不明佛教真理者，望文生义，以讹传讹，就把佛教形容成一个软弱无能的姿态了，这是非常错误的。

（原载《现代佛学》1950年第1卷第3期）

奔走呼号一整年

不是牢骚，也不是消极，在这一年之内，为着民族，为着佛教，跑遍了整个湖南，绞尽脑汁，踏烂脚跟，所得到的，除掉从实际经验的教训，证明“烦恼即菩提”那个圣言量对的以外，又有什么呢？

老的固然老了，不消再提他。可怜那些小的，战慄地对着时代的高潮，渴望着救援！真正够得上称佛教徒、佛弟子的人，不应该背起这个“十字架”吗？以下我个人的工作简报，或者也可以做做参考。

南昌失守，我在南岳福严寺讲学的华严研究社也起了骚动。青年人纯洁的愤火，和佛法上所启示的悲愍，使我实在不能再忍耐了。其时上封寺的知客演文，也因时局的苦闷到福严寺来消遣；一谈起来，当然就有事做。几番商讨之后，决定组织救亡团体，并征求同志。

第二天，我记得是4月14号，就在福严寺后山树林里开第一次筹备会议。连我和演文，一共只有五个人。议决名称为“佛教僧青年救亡团”，推我起草宣言及简章。

在这个时候，我们会见了中央通讯社随军办事处主任黎友民先生。黎先生是党国先进，并且信佛。对于我们的计划，鼓励不遗余力，并允将“宣言”用无线电发出。关于备案一层，他也答应极力帮忙。无疑地这是替我们加了一道油。

会见叶剑英和田汉先生

在南岳开办的××干部训练班第一期的教育长是汤恩伯将军、副教育长是叶剑英先生，政治部主任是陈石经军长。对于指导民运，都很热心。汤将军很忙，我只和他会过几面，没有多谈。叶先生看了我们的宣言，又关切地指出我们应该做的工作。第一，利用广大群众对于佛菩萨的信仰，说明佛菩萨也要他们起来保卫祖国，以坚定其抗战的决心。第二，用佛教反侵略的理论，对大部分信佛的××努力宣传，使他们知道宗教上所指示的侵略的恶果，而厌战反战。第三，联合世界佛教徒及各宗教徒，在精神和物质方面，作反侵略的总动员。同时还告诉我们许多宝贵的工作经验。汤将军处，他也愿意负责去替我们商量。

可巧田汉先生和鹿地亘、冯乃超、马彦祥等五人，也从桂林来了。我在上封寺会见了他。他说：宣言文字太漂亮了，恐怕一般佛教徒看不懂；纵然看得懂，也不会引起多大的同情。最好多引用佛教经文，字句也要通俗一点。我们便请他斧正，他答应了。在上封寺过了一夜，我们一同下山。经过磨镜台的时候，他为此事，亲自去和陈辞修部长商量。我们便办了一套呈请备案的公文，请叶教育长转交陈部长。可惜田先生太忙，没有几天，就回广西到重庆去了。临走的时候，把这桩事情交托陈石经军长办理。宣言当然没有能够斧正，改头换面，还得我出丑。

初试锋芒

老实说，做工作是不容易的，尤其是在总动员的现阶段。所以陈军长等对于我们工作的原则，虽然没有异议，人的决定，还须要考察一番，便来了一个试验。

那时在游干班下面设立一个民运指导处，专门办理南岳附近民运工作的事情。指导员徐承枢、周天，我们因黎友民的介绍认识的。谈到南岳僧道的情形，他们希望我们贡献一个动员办法。研究的结果，决定先由民运处召集僧道全体大会后，再请各寺庙负责人举行联席会议，商讨动员办法。4月23号下午两点钟，便在大庙圣帝殿前，集中了二百多个和尚、道士。在南岳佛教史上，可以说是开天辟地第一次。中委梁寒操氏亦出席讲话，情绪尚称热烈。

各寺庙负责人联席会议是陈军长主持的。为融洽感情起见，在祝圣寺办了几桌斋招待大家。席间决定筹办地方性质的救亡团体，通过名称为“南岳佛道救难协会”。公推上封寺方丈宝生为会长，祝圣寺方丈空也、南台寺方丈悟真、大善寺知客有缘、三元宫住持刘光年道士为副会长。又议决“简则”十条，其中规定于备案成立之后，集中全山壮丁年龄内的僧道，在祝圣寺受训一月。散会后，陈军长要我们领导他们，我就受宣传股长之聘，演文受训练股长之聘。

可是成立大会，还是杳杳无期。其原因有二：第一，老和尚们怕训练的时候要实弹射击；第二，年轻的怕训练之后政府当壮丁调到前线去。陈军长又不得不花消一点茶点费，召集诸山长老开谈话会。席间，陈军长很温和的告诉他们：训练科目，注重政治常识，及佛学；军事方面，不过操操步伐锻炼锻炼身体，至于调到前线去的话，他正恐怕年轻的和尚要到前线去，因为到前线去是须要强健的身体，与丰富的技术的，年轻的和尚懂得那一桩？白白地送死，就是妨碍人家的工作。所以他可担保，训练之后的工作区域，以南岳附近为限。长老们才答应于5月7号开成立大会。陈军长又说：僧徒的没落，佛教的衰微，这是人所共知共见的事实，毋庸讳饰，假定在这时候还不想法补救，将来一定会遭受严重的打击，所以这次训练，不是长老们帮他的忙，而是他帮了佛教的忙。长老们点点头就散了会。

迁单闹成了僵局

7号那天，叶副教育长，亲自出席，发表了一篇动人的演说（载《救亡日报》）。陈军长更体贴入微，叫我们在总理遗像之前，敬一尊佛像，烧一炉檀香。八号就开始训练。每周授课36小时。课程：分政治常识、佛学、军事常识、救护常识、精神讲话、抗战歌曲六门。政治常识有：总理遗教、总裁言行、××侵略史、抗战建国纲领、宣传话训技术、国内外时事六科，每周各两小时。军事常识分：学科、术科两种，每周各三小时。佛学和救护常识，都是每天一小时。教授除佛学外，皆由民运处的几个指导员负责。受训的人，一共七十多个，只有一个疯疯傻傻的道士，其余都是和尚，有20名受过三年以上的佛学教育，三十名受过一年佛学教育，其余则目不识丁，所以讲授和管理方面，都非常棘手。

其实棘手的原因，还不完全是程度参差的关系。和尚们因为到处可以挂单吃饭，到处可以敲木鱼赚钱，几乎个个都养成一种不肯吃苦，又不服管束的劣根性。在这里感觉着不舒服，马上背起行李就走，走了也没有人可以干涉他。久而久之，就都只知有己、不顾大局起来。有一次，大家商议要受训的人轮流挑洗面水、当采买。刚一宣布，就溜走了三个。我们为警一惩百起见，用公函请他们挂单的大善寺迁他们的单。大善寺的知客——副会长有缘，则借口他们没有破坏大善寺的规矩，不允迁单。事情闹成了僵局，管理方面，就无法紧起来。“宁管一队兵，不管一队僧”，的确也是经验之谈。

佛教青年服务团找到了保姆

佛教僧青年救亡团请求军事委员会政治部备案的公文，好久没有批下来，我们又去催陈军长。陈军长说，在军委会政治部备案是有全国性的，恐怕人力不够。还是缩小范围，先在第九战区做起；至于名称，救亡两字是临时性质，不如就用佛教僧青年团来得永久。当时政治部秘书刘善述先生也在那里，他也赞成这种办法。并且说：第九战区政治主任胡越，和陈军长很相得，只要陈军长去一封信备案是不成问题的。我们就另办了一件请求备案的公文，请陈军长转交第九战区政治部，名称用“佛教僧青年团”。

过了几天，胡主任到南岳了，我们因陈军长之介绍而得晋见。首先，胡主任说，佛教僧青年团的名称，政治意味太重，将来用以推动工作起来，或者会引起佛教界的歧视，不如改为“佛教青年服务团”较为妥当。他返省以后，马上就批出来。关于南岳佛道救难协会的工作，他很满意。希望我们用佛教青年服务团的机构，先在湖南省内各个各个地，照样建立地方性质工作单位以后，再联合成为全省的团体，以次推及于第九战区乃至全国。经济方面，他知道我们都是穷光蛋，答应补助开办费和一部分经常费。佛教青年服务团找到了保姆，我们高高兴兴地告别了衡岳旅馆。

接到了准予备案的指令以后

大约是5月28吧，接到了第九战区政治部准予备案的指令以后，我们就开始把团体充实起来。最大的问题是团员，我们几经商量，认清训练班里可以吸收为团员的只有一二十人，其中有一部分对演文的感想很坏，假定把他们吸收进来，恐怕要闹得四分五裂，所以决定不告诉他们，而只取十个与演文无恶感者。满想先把团体健全地撑起来了，再谋充扩大的办法。

至于经济，一方面呈请第九战区政治部补助，一方面聘请名誉团主任和赞助人，以便较干瘪时向他们开口。我们自己也把腰包掏出来，做服装、旗帜等，约费二百余元，尤以智圆同志所垫为最多，约百余元。当时曾聘得叶副教育长、陈军长、黎友民主任为名誉团主任，张振国、陈荫轩参谋、罗哲明大队长、潘旦明、俞浩、杨国兴、薛子正教官、刘斐章、汪南熏队长、胡兰畦团长、刘善述主任及灵涛、明真法师等数十人为赞助人，后又添聘了好几位。

成立大会追记

佛青团于6月10日假祝圣寺开成立大会，九战区政治部特派第二政治大队罗大队长赶到监誓。那时游干班第二期政治部主任戴之奇还没有到任，秘书蔡正中代为主席，南岳各机关也都派代表参加。我们虽一共只有12人，而他们对我们的希望则很大。蔡秘书说：

宗教可以补法治之穷，观于佛教在中国民间的潜势力可知。目前是全民抗战的紧要阶段，佛教既控制了民间的意志，佛教徒就应该起来帮助政府，做动员民众的工作。所以兄弟对于佛教青年服务团的组织，感觉着非常兴奋，今天能够出席这个成立大会，很是荣幸。不过佛教界中，一向沉寂惯了，骤然要他们动起来，事实上是有许多困难的。希望各位同志不要以人力单薄为虑！勇往直前地、不顾一切地照着拟定的目标干下去！我相信不要好久，一定就会展开大规模的工作范围。我们都很愿意以最大的力量，从旁帮助。

罗大队长说：

佛教经典上，常常以'我不入地狱，谁入地狱'两句话勉励教徒。这表示无我牺牲的决心与勇气，也就是革命的、抗战的精神。兄弟相信佛教青年服务团诸同志，是本着这种精神起来的。兄弟谨代表第九战区政治部向诸位致以崇高的敬意。同时还有一点意见要贡献大家：第一，××××现在正用佛教的幌子，麻醉士兵，愚弄沦陷区内的民众。这比飞机、大炮，无限制地屠杀，还要厉害。希望诸位用纯正的反侵略的佛理，来一个正面的反攻。第二，××××对于南方佛教国如锡兰、缅甸、暹罗等处，正蛇蝎似地用'征服中国，就是铲除耶稣教势力，发展佛教'的话骗他们，希图借以引诱他们，破坏我们的国际交通。这也希望各位同志，能够在这方面，多尽些力。第三，不要忽略了本位工作。要严密地把各地佛教徒组织起来，拉到抗战的阵线里去。南岳有几百和尚，乃是一个很好的工作对象，千万不要放弃。第四，要多多接近民众。因为出家人也起来救国，对于民众是一个很好的刺激。第五要参加精神总动员方面的工作。各位同志，假定能够照着这几个目标工作下去，对于抗战，无疑地有很大的帮助。经济的援助，可以用工作争取的。兄弟回部以后，当然会将贵团困难情形，据实报告。

此外还有许多演词，都很宝贵。而我们只报以几颗瓜子、花生米而已。

工作与欢送

13号，我们要和抗剧八队、电影一队到衡山县城，配合当地团体，做欢送出征壮士募款公演的工作。11号晚上，中央通讯社黎主任与当地士绅谢宪周、唐三等用茶点欢送我们。12号救护协会训练班毕业。13号早晨就领着团员出发。他们都排着队在山门口欢送，劈劈拍拍的爆竹声，打响了每个僧青年的心弦。

到了衡山，住在清凉寺。我们的工作，除街头宣传、推销公演票、出壁报、写巨型标语、维持剧场秩序、散发慰劳品等外，还印发了《为欢送出征壮士告同胞书》2千份。其文如下：

各位同胞们：

为了保持祖宗的光荣，为了挽救垂危的国运，谁也不能否认我们的神圣抗战，还有一段艰苦的过程。过程的缩短，艰苦的排除，则是全国上下，无论男女老幼，乃至佛教同仁所应该共负的责任。

现在，英勇的出征壮士们，为我们踏上艰苦的征途，去和××××，以争取人类的自由平等，这是何等崇高与圣洁的事！

我们要认清，壮士的出征是为了我们，所以他们自身的康健与安全，他们家族的给养与抚慰，都是我们的事。我们要替他们解除许多问题、许多痛苦，不用他们再为自身与家属操心，分散了战斗的力量。

只要我们实际地做到这一点，胜利的凯歌，定会震动整个世界。所以我们的欢送，绝对不是强作欢容，乃是良心的、人道的、胜利的欢笑。

佛菩萨会保佑牺牲小我而为大我服务的出征壮士们，更能为帮助他们的人祝福！

在衡山做了一个礼拜的工作，对于民众，似乎发生了一些影响；各界对于我们，也都报以热烈的同情。因为南岳的赞助人大都是游干班的教官，要替我们募款，所以又回到南岳去。

补充与整理

回到南岳之后，就积极补充与整理。整理是确定纪律，以求不违佛戒，适应僧规。吸烟、吃酒皆在禁止之列。补充则是增加团员。很想把这个团体，造成一个流动的佛学院，借实际工作，逐渐养成干部人材，以谋将来组织佛教徒青年会，进而改革僧制。另外，有一个小和尚，只有16岁，两三次要求入团。我们嫌他年纪太小，不能工作。他说：只要许他入团，扫地、抹桌、送信的事情，总还做得来。我们没有别的话可拒绝，就了他的愿。

南岳赞助人替我们募款的方法有两种：一种捐簿劝募。发起者为第九战区政治部第二政治大队、第九预备野战师，补充团第二营、衡山县义安镇军民合作站、南岳镇军民合作站、中央通讯社随军办事处、南岳佛道救难协会、军事委员会政治部抗剧八队和电影一队。劝募的对像是游干班教职员及队员，共募得一百八十余元。潘教官旦明、马队长抱一出力最多。

另一种是抗剧八队与电影一队联合举行募款公演。因为放影机损坏，和忙着准备“七·七”纪念，没有实现。不过他们给我们精神上的帮助非常之多，尤其是抗剧八队的刘队长和卢林、金陵、王逸诸位同志，简直没有把我们当另外一个团体看待。坦白的指导，恳切的安慰，现在想起来还有说不出的感谢。我们本来约好在工作方面尽可能地打成一片，以矫正一般工作团队互相倾轧的丑态。而佛青团昙花一现地幻灭了，回忆着他们的友谊，真要流泪。

当我们整理补充的时候，救难协会组织了流动工作团，由暮笳、绍贤两法师率领到衡阳工作，很得到衡阳各界的赞许。后来他们又到湘潭工作一次，也有很好收获。

参加长沙“七·七”二周年扩大纪念会

6月30号晚上，接到九战区政治部的代电，要我们到长沙去参加“七·七”二周年扩大纪念会。我们就连夜赶到长沙。从四号到八号，忙得简直喘不出气来。太阳像火一样，照着我们街行宣传、推销戏票、举办超荐阵亡将士法会、参加火炬游行、编贴佛青壁报、出席各种法会。有时早晨三点钟就起来，晚上十二点钟才能休息。6号晚上的纪念大会，我们用自己的团体名义，散发《为七·七二周年纪念告同胞书》3千份，其词如下：

各位同胞：

无论那一个国家，无论那一个民族，他底自由幸福的前程，都是从内忧外患底蹂躏中锻炼出来的。十月革命后的苏联不用说，就是希腊文明，也应该感谢波斯大帝的压榨。×人明治维新的策动者，实际上是荷兰与美国的大炮。所以我们全民的持久的焦土抗战底结果，决不会变成真正的焦土，相反地要从焦土中，建设起一个自由繁荣的新中国。

抗战刚开始的时候，就有人说“抗战两年，八分胜利；抗战三年，十分胜利”。这非但预言着××必然要因虚伪的胜利而总崩溃，同时更说明我们将为血的洗炼而团结、而一致，以得到新生。抗战两年来，在军事、政治、文化方面，各种进步的事实，证明这话绝对正确。无疑地，这个纪念并不是创痛的回忆，乃最后胜利的预祝。

但是当前的荆棘，还没有完全斩除。如汉奸的活动，吏治没有彻底澄清，民众不够认识等等，都足以迟缓最后胜利的获得。那就需要在精神和物质方面更进一步的总动员。要在精神方面更进一步的总动员，第一先要知道人生的最大目的，不是为了肉体的保养，而是要借肉体以完成精神的永生。抗战是用肉体锻炼精神的洪炉，持久则是永生的佐券。同胞们！牺牲小我而为国家尽忠、为民族尽孝，乃是最上算的事业。不用再有顾虑，再有畏葸。在精神方面决定了动员的步伐，物质方面就要统制生活，实行像佛家的苦行主义。老实说，只有苦行才是牺牲的表现，才能实际做救亡工作。

同胞们！前路的荆棘如何斩除，抗战建国的使命如何完成，就看我们在纪念以后，是否切实动员起来。古人说："逆水行舟，不进则退"，这是一句非常有哲理、有经验的话。前进，同胞们！目前就是我们血洗河山、重光祖业的时候！

这就我们的人力和物力上讲，实在已经尽了很大的力量。罗队长还希望我们多做些街头宣传工作。他说：民众会被感动的。

政治部第三组组长侯野君先生，是一个真诚热烈的领导者，我在《阵中报》社会见了他。他对于我们的宣言，极口赞扬，认为是抗战史料当中最宝贵的文献；同时也是近几百年来，佛教界中最清越的晨钟。他对于佛学颇有认识，所以希望我们的工作，能够马上就开展出去，为落伍腐朽的僧伽，开一条新鲜的光明的路。他又说：不要怕困难，不要怕痛苦，干这种伟大的、艰巨的事业，就是连生命都牺牲了，也值得的。我要求在《阵中日报》副刊地位出《佛青特刊》，他不加思索地答应了。并且说：关于经济，他想由《阵中日报》社发起，替我们筹募基金。据他的估计，三、四千元是不成问题的。

此外《阵中日报》总编辑蔡鸿干先生、第一版编辑骆何民先生、副刊编辑马午先生，对于我们的工作，皆尝予以有效的、热烈的赞助。13 号出《佛青特刊》第一期，14 号又将我的《检举过去，探讨未来》一文登出。我们的工作动向，始为长沙人士所知。

"却之不恭，受之有愧"

自我们的工作动向为长沙人士所知以后，省动员委员会和《国民日报》社，在财政室会议所招待我们。到任启珊、雷锡龄、刘业昭等各界领袖。席间，任启珊先生希望我们领导长沙僧尼精神动员、举行国民公约宣誓。刘业昭先生希望我们能借佛教之仪式宣传三民主义。我们都诚恳地接受了。当时我曾说：总理的哲学思想，倾向于唯心论，而佛教也以唯心论为出发点。所以佛法可以补助三民主义，在理论方面作更深一层的解释。同时希望省动员会能够领导长沙市内各种宗教徒联合起来，组织反侵略同盟，以响应国际反侵略大会。他们都以为是。后来我和青年会张总干事以藩、李主任干事振声商量，也很赞成。胡主任并且督促过他们。湘北会战前夕的紧张，毁灭了我们的一切计划，可恨××××!

长沙佛教团体，有长沙市、县佛教会，和湖南省佛教会，主持者都是了凡和尚。八大丛林的财产权，也大半捏在他手里。对于佛青年团颇表同情。6号午刻，他以地主的资格在华严寺——佛青团临时驻地——设盛筵欢迎我们，又捐助了160块钱。我们知道他有工作的热情，就请他为名誉团主任。

白云庵的当家尼翊莲，也深明大义。我们在南岳和在华严寺的膳食，都是她自动供给的。同时政治部也发给津贴100元，陈军长从常德又寄来100元，各团员才领到一块钱另用费。后来开福寺、龙王宫也办斋招待我们，我们则在他们的照壁上写上一两条巨型佛化抗战标语，如："当汉奸的生受国法，死堕地狱"，"以佛陀革命牺牲的精神救中国"等，以为酬谢。

在长沙的工作

长沙的工作环境，比南岳顺利得多。我们遵守政治部的指示，一方面扩大影响，一方面从事本位工作。扩大影响的工作有五：

一、和长沙青年会、三民主义青年团、省动员委员会、青年记者学会、妇女工作委员会、伤兵之友社等青年团体筹备献心会。从7月18号起，陆陆续续办了两个礼拜的公。八月二日举行献心典礼，盛况空前，影响甚大，各报皆有记载。

二、参加各种纪念会如："八·一三"、"九·一八"，及特种集会，加讨汪大会、征募寒衣会等，青年会所主持。而由长沙各青年团体轮流招待的青年联谊会，每星期举行一次。每次或全体或派代表参加，并招待过一次。因此我们和长沙各界，非常熟悉。

三、继续在《阵中日报》副刊地位出《佛青特刊》三期。遇纪念日出佛青壁报。我又常应若干报章、杂志之约，时写一点报告工作的文章。

四、函四十九师劳军。印发慰劳信如下：

英雄的民族战士们：

你们别离了亲爱的父母妻儿，抛荒了丰茂的田地园圃，踏上征途，效命疆场。用肉的金城、血的河池，保持了祖宗的光荣，挽救了垂危的国运；使中华民族，展开无尽光明的前途，你们的勋业、声名，也将因此而万古流芳。

同时，你们伟大的牺牲行为，激动了全世界的同情，和后方广大民众的奋起。一向山居世外、不问理乱的佛教徒，现在也动员起来了。英、法、美、苏等二十八个国家，不是已经给我国许多有力援助吗？×××××不是为此无法进展，就要×××了吗？后方的民众，正良心地为你们的健康与安全，为你们家属的给养与抚慰设法。总想使你们不要为自身和家属操一点心，防碍了伟大的英雄事业底进展。目前固然还有许多对不住你们的地方，不久一定就会克服的，因为你们的事，就是我们的事啊！

佛告说我们：像你们这样牺牲了个人的幸福而为国家民族艰苦奋斗的战士，就是人类的救星，就是因位的菩萨，一定得到佛的默佑。纵然有什么危险，一定会从暂时的痛苦中，转到永远愉快的乐国里去。

英雄的战士们！天下没有那一桩事比这再值得，再上算。战鼓响了，莫要踌躇，莫要顾虑，××××的残暴凶横，决不容我们多喘一口气的。前进！我们就会跟着来。把××××驱逐出国的时候，最后胜利的凯歌震动全世界的时候，你想！我们多自由、多光荣！末了，祝你们金刚一般的健康！并致民族解放的最敬礼！（未完）

（原载《觉音》1940年第15、16期《觉音》）

（本篇因《觉音》第17期难以寻觅，故余文未能编入。——编者注）

僧青年二三事

一学期过去了，六个月就好像昨天，时间的如此容易消逝，我们应该如何警惕着“人生无常”这一个观念而自强不息？上学期因为刚开办，在教管方面，都有很多缺点，尤其是对于德性的培养，更没有顾到，这是一个非常严重的问题，假定不设法补救，一定会发生很不好的后果，那华严研究社办一百年一万年也是枉然，还不如早些关门。对于培养德性的补救，第一要知道“士先气色而后文艺”。所谓气色，不是相面先生所讲究的，乃是宋儒之所谓气象。有眼力的人，不要和人家讲话就可以分得出某也贤，某也不肖，就是根据那个人的气象而说的。从前许多有手眼的宗师，很着重气象，有的时候还以气象定学人的悟与未悟，所以宗门能够后来居上，压倒其余一切宗派。现在呢？说来可怜！用功的顶多死死地咬住一句与自家不相干的话头参参参，全不晓得照顾一下人格的修养，结果非愚痴即诞妄，依然是个大俗人。至于那些随众打混的人，连吃饭睡觉还会互相争夺得打起架来，当然更顾不到做人，你想佛教能兴盛？

气象的冶炼在于立志，志一则气从之而动，所以孟子说：“志至焉，气次焉。”否则随风起倒，做人一点没有目标，还有什么气象可言。那末僧青年究竟应该如何立志呢？唐朝的径山禅师说：“出家是大丈夫事，非将相所能为”，这一句很可以提起精神的话，僧青年应该牢记在心头，但是我还要问，如何是大丈夫事？成佛吗？作祖吗？我觉得都是口头禅，不能算确切的回答，出家人要立志为天地树极则，为人类立纲常。同时更要晓得自己是天下第一等人。这样，就会从庸庸碌碌，卑卑不足道而庄严成为像泰山乔岳一般地严严巍巍。有了这种气象，行为上就不肯随便乱来，自然会鞭辟入里，进德修业，才有希望。

但是这样讲法，或许会引起那些心量不大的人的惶惑，以为大而无当，不着边际，其实还不能算是“吹大法螺”。释迦牟尼生下地来，不是一手指天，一手指地的说过“天上天下，唯我独尊”吗？孔子不也说过“天生德于予”，“天之未丧斯文”？耶稣不也说过“我是上帝的独生子”？这许多话，在现在看来，并不是诱大，而且变成了信条，一代教主之成，由这几句话证明不是偶然的。我们要立志为天地树极则，为人类立纲常，要自知为天下第一等人，当然更不是我慢贡高，狂妄无知了。

一个人假定真能够时时以树天地之极则，立人类纲常为念，纵使一个大字不识，亦不害其为君子，为大丈夫。反之，满腹诗书也不过是“两脚书厨”，功名盖世，依然是“行尸走肉”，刻薄点说起来，都不能算是完全的人，所以书本上的知识（文艺）之研习在后，孔子所谓“行有余力，则以学文”，也就是这个意思。

不过一定会有人以为这是同于老子的“绝圣弃智”，那是错误的，先气色者，着重德性的培养之谓，并不是不要知识，事实上真知道培养德性的人，一定也是手不释卷的学者，达磨西来，特传楞伽印心，就是一个很好的例子。所以我希望大家不要学那些守株待兔的禅和子们，整天价闭上眼睛就算是修行，那样修行，只是戕残自己的慧命。同时也不希望大家学那些浅薄忘本的法师们，贩卖一点可怜的常识就算是宏法，那样宏法，简直是“出佛身血”。记着，“士先气色而后文艺”。

此外又要知道“学以为己”，换句话说就是要生死心切。因为生死心不切的人，一定不能立大志，一定不肯培育德性，纵然满口慈悲，也还是一个没有灵魂的傀儡，临了来，两脚朝天，只落得自欺欺人，此即佛之所谓“最可怜悯”者。

生死心切，才晓得学佛是自家事，一日不了，一日遭殃，自然勇猛精进，“如救头燃”，自然老实用力不事招摇撞骗，学佛能如此，才可以算走上正路，否则一开年就是掉枪花，没有一个不糟蹋了自己。孔子慨叹着说：“古之学者为己，今之学者为人”，正为此也。

生死心又从何处切起呢？多作无常观，经论语录上面讲得太多，这里我且不细说。

不知培养德性而欲求培养德性，不知学以为己，而欲求学以为己，则必须从师：既从师，则培养德性，应从事师做起，神光求法，红雪齐腰，是最好的榜样。所以我以为如果不要华严研究社发扬光大则已，要华严研究社发扬光大，应知“尊师敬业”。

我从前在中国公学的时候，中学时代的先生在水产学校担任教务处主任病着，我去看问过几次，引起了许多同学的非笑，被目为顽固不堪，我细细地问他们，才晓得他们都是惯闹风潮。待先生如店夥一般的，你想，怎么不招致国难。可怜，过去许多佛学院里的学僧，对于法师也是这样的，其中固然也有不能独责学僧的地方，而主持僧教育的人，没有注意到“尊师敬业”之重要，则应该负完全责任，所以二三十年来，大法师小法师造就得也不算少，而真够得上称法师两字的实在没有好多，你想，怎么不加深教难？

为今之计，只有使学僧养成尊师的良善风气，而后师道自尊，师道既尊，当教师的自然不敢马马虎虎，滥竽充数，此之谓敬业。教师之业既敬，学僧的功课就不至于随随便便，敷衍了事。佛学才有明了的一日，气象才能充实有光辉，人生才有意义。我希望大家即刻从这一点做起，不要当作耳边风，否则几十年霎霎眼就过去了，身死命终与草木同朽腐，岂不可惜！

编者按：本文原为古徽(1)法师在南岳华严佛学社开学时之讲词，该社近已关闭。其当时讲话之对象，虽仅为该社少数之学僧，而其所讲之话，颇能切中时弊，不啻给时下办僧教育及受僧教育者打一血针，尤以重气象，立志愿，敬师受业，进德修学，可与今日之僧青年共勉，特冠卷首，希读者注意及之。

注：(1) 巨法师笔名之一

（原载《觉音》1940年第29期　署名古徽）

如是斋窾启录

一、喇嘛亡元二例

元代之亡，喇嘛实为其主因，颇思作喇嘛亡元考详论之，而检书废时，犹未有暇也。兹举二例，以见其概。元权衡《庚申外史》卷上云：

至正十三年，脱脱奏用哈麻为宣政院使。哈麻既得幸于上，阴荐西天僧行运气之术者号碟演儿法，能使人身之气，或消或胀，或伸或缩，以蛊惑上心。哈麻自是日亲近左右，号倚法。是时资政院使陇卜亦进西番僧善此术者号秘密佛法。谓上曰：陛下虽贵为太子，富有四海，亦不过保有现世而已。人生能几何？当受我秘密大欢喜乐禅定，又名多修法，其乐无穷。上喜，命哈麻传旨，封为司徒，以四女为供养。西番僧为大元国师，以三女为供养。国师又荐老的沙、巴郎太子、答剌马的、秃鲁帖木儿、脱欢孛的、蛙麻、纳哈出、连哥帖木儿、薛答、里麻十人，皆号倚纳。老的沙，帝母舅也；巴郎太子，帝弟也。在帝前男女裸居，或君臣共被。且为约相室以让名曰些郎凡该，华言事无碍。倚纳辈用高丽丽姬为耳目，刺探公卿贵人之命妇，市井臣庶之丽配，择其喜悦男事者媒入宫中，数日乃出，庶人之家，喜得金帛。贵人之家，私窃喜曰：夫君隶选，可以无窟滞矣。上都穆清阁成，连延数百间，千门万户，收妇女实之，为大喜乐故也。十四年二月，张士诚起兵泰州，刘口夕据高邮，截南北路，倚纳十人与帝窃疑脱脱。脱脱始无援，识者皆知脱脱不返矣。

又《前书》卷下云：

至正十七年，田朔方攻上都，毛贵兵合田丰趋大都，而帝方与倚纳十人，行大喜乐，帽带金佛字，手执数珠。十八年，帝尝诏倚纳曰：太子苦不晓秘密佛法，秘密佛法可以益寿。乃令秃鲁帖木耳教太子秘密佛法，未几，太子亦溺惑于邪道矣。是岁陈友谅陷江西，二十二年，太子酷好秘法，于清宁宫殿置龙床中坐，东西布长席、西番僧高丽女列坐满长席下。太子尝谓左右曰：李先生教我读儒书许多年，我不省书中何意，西番僧教我佛经，我一夕便晓。李先生者，状元李好文也。

采战之术，君臣共被于庙堂，奸人何得不恣意为乱！脱脱鸩死，阿鲁帖木耳称兵，元已不国矣。孛罗杀倚纳，逐西僧，事因甚快。而朱明已并陈友谅之地，遂不可救。此一例也。

河西僧杨琏真伽行军有功，于杭置江淮诸路释教都总统，以管辖诸路僧人，时号杨总统。利宋殡宫金玉，故为妖言，谓宋王气在是，奏发诸陵，取其骨杂置牛马枯骸中、渡浙江筑白塔于宋内朝旧址，以为压胜。断残支体，委弃草莽，且截理宗顶骨为饮器，杭民悲愤，切齿相告。林霁山、郑朴翁、唐玉潜等乃相率为采药者，至陵上以草囊拾而收之，托言佛经，葬子越山，又种冬青树为识。及今读谢皋羽《冬青树引》，犹不禁为之泪下也。杨髡事败，顶骨饮器归内府，洪武二年敕相国李善长追索之于西僧汝纳处而葬于高座山。忠义之士，始稍稍止其椎心之泣。是则元末群雄，飙然而起，未始非西僧秽乱，激之使然也。其例二。

又明张岱《陶庵梦忆》卷二云：

一日，缘溪走，看飞来峰佛像，口口骂杨髡。见一波斯坐龙象，蛮女四五献花果，皆裸形。勒石志之，乃真伽像也。余椎落其首，并碎诸蛮女置溺溲处以报之。寺僧以余为椎佛也，咄咄作怪事。及知为杨髡，皆欢喜赞叹。

又元郭畀《客杭日记》亦谓：凤凰万寿尊胜塔寺佛殿，皆西番形像，皆赤体侍立。是皆足以证明杨髡秽乱，及士夫愤激之情。至于林霁山与唐玉潜之事，颇有异说，《宋遗民录》、《林霁山集》等可稽也，不赘。

二、思韩魏公

二十五年（1936年）十月三十日《大公报》社评云："一般环境与历史惰性，既皆以泄沓平凡之人物为尚，于是中国建设乃随时随地，皆以无人材为苦。顾一般社会对少数非常人材，依然不甚珍惜。是非不明，公道不彰，甚至坐令蜚语流传，身毁名灭。"此诚披肝裂胆、入木三分之言，因之思及宋韩魏公琦。盖非常之材，颇有不易为惰性之环境压迫而至身毁名灭，且必有以自见，与压迫之者以严重之报复，而致伏尸千里，危及国运者焉。在北宋有张元与施逵。

考《宋陈鹄耆旧续闻》卷六云：

华山张元，天圣间坐累终身。尝作雪诗云：七星仗剑搅天池，倒卷银河落地机。战退玉龙三百万，断鳞残甲满天飞。（按宋吴虎臣《能改斋漫录》记此诗作：五丁仗剑决云霓，卷取银河下帝畿。战死玉龙三百万，败鳞残甲满天飞。）又鹰诗云：有心待搦月中兔，更向白云头上飞。其诗怪诞多类此。韩魏公在邻延日，元以策于公，不用。后流落窜西夏，教元昊为边患。

又考《通鉴》，元昊用张元之谋，尖师寇边，自仁宗天圣六年，客至庆历八年，兵戈相持相者二十六年。其后虽因范仲淹剿抚兼施之策，使元昊贬号，而宋师一败于延川，再败于好水川，三败于镇戎军，哨鹤摩天，横尸盈野。天子为之下诏问攻守策，则未始非韩魏公不能珍惜雄才之过也。

后公抚陕右，书生姚嗣宗献诗云："踏破贺兰石，扫空西海尘。布衣能办此，可惜作穷鳞。"公曰：此人若不收拾，又一张元矣，遂表荐官之。同时范仲淹、苏东坡亦为之吹嘘提挈，姚嗣宗乃得少展其长，而为包拯所敬惮。

施逵，建阳人，少有诗名，建炎间早擢上第。时范汝为为寇据建域，执逵而胁之，遂陷贼党。朝廷命韩世忠讨之，城破捕逵送府狱，编隶湖外。中途，多市酒食，令防卒恣饮，中夜醉卧，手刃一卒及婢，乃变衣易姓名窜于淮甸涤黄间。后朝廷画影重赏，捕之甚急。逵乃为僧行入边界山寺中。主僧颇识之，使其习北庭举业，易名宜生，举进士，廷试天子日射三十六熊赋冠榜首，仕于金国，后为中书舍人入翰苑。绍兴庚辰，金主亮谋犯淮，先遣逵为贺正使。朝廷以尚书张涛为伴馆使，每以首丘桑梓之语动之，意气据慢自若。临歧顾张曰：北风甚劲。张因奏早为边备，是故金主未能得志于中原。可知非常之才，得其驾驭，固无不愿为祖国效死者矣。

三、砥柱乾坤两大师

余昔阅明季稗史，却心仪性因大师之为人。过桂林，游七星岩，尧山，时时与文化界友人谈及之，并及浑融大师。是皆能以出世心，行忠义事者。大节凛然，百世师表，爰杂录《临桂县志》，浩气吟，《栖霞寺志》诸书所传史实，用裨宣扬。

性因，明给事中，道隐金堡也。仕永历，以罪戍清浪。行至临桂，祝发为僧，居茅坪庵。当是时，留守瞿公式耜，督师张公同敞在临桂，皆性因旧友也。二公囚，日相与赋诗，辄寄性因，辄和之，以诗往复者匝月。二公死，横尸道侧，人无敢收瘗者。性因乃上书定南王孔有德曰：

茅坪庵衲僧性因和尚，谨致书于定南王殿下：山僧梧水之罪人也。承乏掖垣，奉职无状，系锦衣衙狱，几死杖下。今夏编戍清浪，以道路之，养疴招提，皈命三宝，四阅月于兹矣。车骑至桂，咫尺阶前而不欲适者，盖以罪人自处，亦以废人自弃，又以世外人自恕也。今且不得不一言于左右者，故留守大学士瞿公，督师学士张公，皆山僧之友也，已为王所杀，可谓得死所矣。敌国之人，势不并存，忠臣义士，杀之而后成名，两公岂有遗憾于王，即山僧亦岂有私痛惜于两公哉。然闻遗骸未殡，心窃惑之。古人成大业者，必表扬忠节，杀其身而且爱敬其人，若唐高祖之于尧君素，周世宗之于刘仁瞻是也。我皇明太祖之下金陵，于元御史大夫福寿，既葬之矣，复立祠以祀之。其子犯法当死，又曲法以教之。盛德美名，于今为烈。至于元世祖祭文天祥，伯颜恤汪立信之家，岂非与中华礼教，共植彝伦者耶？山僧闲尝论之：衰国之忠臣，与开国之功臣，皆受命于天，同分砥柱乾坤之任。天下无功臣，则世道不平；天下无忠臣，则人心不正；事虽殊轨，道实同源，而一死之重，岂轻于百战之勋者哉？王既已杀之，则忠臣之忠见，功臣之功亦见矣，此又王见德之时也，请具衣冠为两公殓。瞿公幼子，尤宜存恤，张公无嗣，益可哀矜，并当择付亲知，归葬故里，则仁义之誉，王且播于无穷矣。如其不尔，亦许山僧领尸，随缘藁葬，揆之情理，亦未相妨。岂可视忠义之士，如盗贼寇仇然，必灭其家，狼籍其肢体，而后快于心耶？夫杀两公于生者，王所自以为功也，礼两公于死者，天下万世所共仰王以为德也。王其图之！物外闲人，不辞多口，既为生死交情，不忍默默于我佛冤亲平等之心，王者泽及枯骨之政，圣人维护纲常之教，一举而三善备矣。山僧跛不能礼，敢遣侍者以书献，敬候斧钺，惟王图之。

书入，张公忠骸，得礼葬于城东五里之毛家村，瞿公遗骸，得归死于故乡。一时忠义之士，莫不称性因，而书中公然用我皇明太祖五字尤足以见大雄无畏之精神，宁非佛理冶炼之所致哉。忠臣功臣同分砥柱乾坤之任之说，理足词劲，千古不磨，故其跋浩气吟云：

读两公诗，当识其大。留守执义，不敢自以为忠，司马不忘君，乃不忍辱其祖，此其大者。别山（即司马张公）才气过人，磊落慷慨，是共本致。若夫欿然虚怀，归无所得，稼轩（瞿公别号）先生过人远矣。先生自勉之死，岂求名地，吾当立命观。呜呼，杀身成仁，君子所自尽其心，非诩为奇特也。先生一曰负国，再曰负国，封疆之任，每念不忘，此真能不负心者。先生不肯以杀其身求名，今之人不肯杀其身而又欲争名，岂不闻风而愧耶：清浪偕山野衲性因敬识

又和瞿张二公倡和诗云：

出师尽瘁许岩疆，取义成仁一再商。刀戟仇仇知我厚，衣裳鳞介债难偿。莫教儿女攀新塚，未有英雄恋故乡。我亦卷怜还起舞，剑铓无处割愁肠。

几世曾依日月光，二毛终不变星霜。相公气比秋山静，司马生当历鬼狂。舌断犬羊羞卫律，身轻蝴蝶吊蒙庄。山僧顶礼何时了，佛火新添忠义香。

偷生岂易学无生，二老何尝肯待清。欢喜刀头偏下种，贪痴海底得忘情。灯寒一碧千秋血，风吐双丹万里声。大义从来无短祚，中天日月看长明。

忠臣无命亦难求，空塚题碑唤莫愁。臂断不辞连颈断，心留何必定身留。雪菴未证东来果，柴市能超此去因。死死生生俱努力，人天无碍约同游。（八首录四）

斯文斯事，何能泯没于天地之间。侯方域曰：“儒者之圣，释氏之佛，同一积累，乃诣至极。当其道成教立，谓之佛与圣，其初坚忍精进之日，皆英雄也。不立见捐舍力，岂能为英雄？不预炼英雄根器，岂能为圣为佛？”（《壮悔堂集》）余于性因大师见之。茅坪菴在尧山之阳，距城十余里，风景清丽，今为三花教之斋婆所佔，牛鬼蛇神，非梵刹矣。

浑融大师名本符，姓张氏，湘之汶州人。弱岁能文章，冠而任侠，仗剑游四方，无所遇，依衡州湖东寺沤和上人削发为头陀。过桂林，因张同敞之劝促，从刘起蛟将军。指挥若定，所至皆捷，有秃参军之号。迨衡州失守，毅然谢刘将军曰：吾终不能附膏火以同烬也，乃振锡于七星岩之寿佛菴。庵陋且隘，多毒蛇为害，浑融恢基为殿，配以亭阁，遂成名刹。副使彭而述题其额曰棲霞寺，以山有棲霞洞也。张公既葬，无后，春秋祭扫，浑融身任之。其叙浩气吟有云：“忠义之事，自为万古立纲常，初不随国运为盛衰也……浑融亲见二公行事，谨藏其诗，每对客娓娓言之不少忘。……輶轩之使，浑融日夜望之矣”。又赵应凤重修别山，张公与元配许氏夫人合葬碑记有云：“浑融愁然泣下曰：三十年间，生死相别，宛如昨日，先生大事已矣，我犹托钵天涯，一身如寄，其乌能无愧于知己也。余曰：嗟乎！懿好之诚，旷世相感，今日招先生之魂，新先生之碣，使昔日之苦心，与星日并昭，身后之清名与天地不朽焉者，予何敢以不敏辞。……僧亦唏嘘不能应，因为之记”。浑融之肝胆行谊，略可想像而得。余故与性因并举而誉之曰“砥柱乾坤两大师”。世乱方亟，民不聊生，激励薄俗，实有待于解脱尘累，大往大来之士。而滔滔者乃不惜拔剑于投珠。录二大师史实竟，亦不禁唏嘘零涕而不能自已。（巨赞兄：奔走呼号一整年因环境关系，续稿暂且保留——编者）

四、欧阳修全家信佛

欧阳修早年辟佛，世所共知，晚年亦如韩愈之倾向于佛，则为佛徒所乐谈，而或者犹以史实不足疑之。叶少蕴《避暑录语》卷上云：“欧阳氏子孙奉释氏，尤严于他士大夫家。余在汝阴尝访公之子棐于其家，入门闻歌贝钟磬声自堂而发，棐移时出，手犹持数珠讽佛名，具谢今日适斋日，与家人共为佛事方毕。问之，云公无恙时薛夫人已自尔，公不禁也，及公薨，遂率其家无良贱悉行之，汝阴有老书生，犹及从公游，为予言公晚年闻富韩公得道于净慈本老，执礼甚恭，以为富公非苟下人者，因心动。时与法师住荐福寺所谓颙华严者，本之高弟，公稍从问其说，颙使观华严，读未终而薨。据此则欧阳公之于佛，虽因闻法过晚，未能深入，而史实固无可疑。至其家人奉佛之严，似未有人言及之，书此以告盲从之辟佛者。

五、燃顶考略

佛在世时，出家无燃顶之制，今缅甸、锡兰、暹罗、西藏诸地亦无。西人如 Buddhism in England 之编者 March 尝以为野蛮 barbarous 其制之行于我国，或谓照于元世祖时，然唐苏鹗《杜阳杂编》有云："代宗十四年春，诏大德僧数十辈于凤翔法门寺迎佛骨，有僧以艾覆顶上谓之炼顶，火发痛作，即掉其首呼叫，坊市少年擒之不令动摇而痛不可忍，乃号哭卧于道上。头顶焦烂，举止苍迫，见者无不共哂焉。"

未炼顶而覆以未经制过之艾，似作俑者，故遭现报。今燃顶所用之香，亦艾所制，则其取法于此僧无疑。又宋王君玉续杂纂重难条下，有"炼顶求福"之语，似犹流行于宋代。至元代而用为区别汉僧及喇嘛之标识，遂为定制。今之无知长老犹奉行不替，以为不如是不足以称受戒，可慨也。

六、大沩山密印寺同戒录序

《佛遗教经》云：汝等比丘，于我灭后，当尊重珍敬波罗提木叉，如暗遇明，贫人得宝。当知此则是汝等大师，若我住世无异。波罗提木叉者，此云随顺解脱或别解脱；谓佛弟子若能随顺三业七支，别别防非，则可解脱惑业，趣入真常，与三世诸佛，同一鼻孔子出气也。佛住世日，屡为诸比丘结戒说戒，灭度之后，优波离尊者升座结大毗尼藏，八十诵律，以是因缘，法得久住。维耶聚论，部别聿分，初判为五，曰：萨婆多部，弥沙塞部，迦叶遗部，摩诃僧祇部，昙无德部，继裂十八，由萨婆多分部分婆蹉部；由婆蹉部分法盛部，名贤部，六成部。由弥沙塞部分中间见部。由迦叶遗部分僧迦提部。由摩诃僧祇部分维迹部，多闻部，施设部，毗陀部，施罗部，上施罗部。如述律仪，互有短长。昙无德部之四分律，萨婆多部之十诵律，弥沙塞部之五分律，摩诃僧祇部之摩诃僧祇律，此土皆有译本，而迦叶遗部之广律缺然。有道严者，昙猷上足，刘宋名僧。慨四部之混沦，悼二见之交杂，著决正四部毗尼论若干卷融会之。十诵势盛，映夺未行。洪遵行化关中，唯弘四分。高墉崇显，异说靡然，一时讲敷学习，乃至受戒羯磨，皆依四分作法。说者谓四分与华夏有缘，岂其然欤？迨得智首律师著五部区分钞行世，而四分天网遐张，诸部密尔辍响矣，道宣律师继承智首，著行事钞，戒疏，业疏，拾毗尼义钞，比丘尼钞五大部发其微，相部，东塔皆为伏鹿。宋之元照，元之允堪，都私淑之，南山一宗，千年独步。清初废度牒试僧之制，天下丛林，随处传戒，品流庞杂，为世诟病。宝华三昧律师以戒牒代度牒为其闲，见月律师依四分广律作传戒正范定其制，三百年来，始免决瘫之患，同时有法藏禅师者，三峰演派，迹近异端五宗原救之书，臆诞无稽，天童雍正力辟之；而洪范法义，差当大体，迭为南岳天培，晓堂，别印，长松诸德所增订，今尤流行于三湘七潭之间。密印，佑祖化区，潭州上刹。劫后榛莽，二十年来行优补陀婆，爰有宝生和尚，来主是寺，勤劬数载，朝夕孳孳，表刹崇基，殿堂岳岳，乃于今年，季秋药师琉璃光如来诞日宏阐毗尼，续佛慧命。大沩戒法，于以中兴，继斯以往，年年传授。而说戒羯摩，取长二范，和盐梅于鼎鼐，调水乳为醍醐，此其功德，岂可以筹策算哉。菩萨戒本，仍依梵网，未据瑜珈，则时尚使然。同戒录成，嘱为一叙。熏沐合掌，远溯戒律源流如此。亦便诸受戒者略知佛祖苦心，随时警惕云耳。

民国二十八年（1939年）十一月

七、漓江雅集

自刘义庆《世说新语》杂记六朝名士与三支往还行事。《续世说》，《今世说》等书，亦皆以记载高僧名士讲论唱和之事为风雅，其实。东林虎啸，不能专美于前也。曼殊大师入南社，太虚法师在□□□□庐山时日与当道诸公唱和，觉音第十八期载竺摩法师亦与清游会诸公游。儒佛趣同，古今实无二致。

清游会为粤南雅集，其会友如刘侯武等，颇有在桂林者，于是有漓江雅集之发起。去秋七月二十日，首次假广西研究会八桂所举行，折柬召集者为刘候武，陈劭先，黄同仇，白建设研鹏飞四人。参加者有李任仁，区文雄，林素园，阎宗临，盛成，陈志良，方镇华，李皴生，郑允勇，苏□雨，蔡雨生，陈此生，杨世贤，吕一夔，谭辅之，徐获权，高雁秋，黄钧远，莫一庸，张家瑶，欧阳予倩，谢康，翁平，叶贻俊，胡天缦，莫宝贤，胡禹平，夏孟辉，刘仕衡，王文彬，陈恩元，陈学涵，余维炯，林半觉，任中敏，徐晓明，余承尧，帅云风，蒋联欢，田念萱等，皆一时知名士也。时余犹在南岳，是以未及加入。小约六项：

一，每月集会一次，日期另行通知。

二，每人将其每月新书画诗词于集会前五日交通讯处汇齐印裱陈列，以供欣赏。

三，参加雅集者，须有发起人二人之介绍。

四，参加者每人交会金国币二元，以为印裱书画诗词及通讯等之用。

五，每月聚餐一次，每人缴餐费国币二元。

六，通讯处暂设桂林中南路一八二号，负责人李燄生。

即此可以想见其概。八月初余因筹备赴印入桂，获交盛成，阎宗临，李燄生，夏衍，欧阳予倩等，以次而遍识漓江雅集诸君。十一月中第二次集会时，余与广西省佛教会理事长道安法师亦被邀参加。又以余等长斋之故，改在广西省佛教会所主办之功德林举行。久雨初晴，黄花犹艳，到会者五十余人，每人纳餐资两元，作品皆张之佛堂四壁，诗词书画，美不胜收，更拟鹤顶格西成二字诗钟以助余兴。余所作两联为“西来大意谁人识，成就菩提惟佛知”。此外，若雷震，滕白也，林素园，余维炯诸人之作亦均佳，惜当时未及一一录下，都已忘却。

第三次集会为十二月二十九日，仍假功德林举行，由阳叔葆，李燄生，林素园，滕白也等六人作主，被邀参加者更多，桂林三老，年各八十左右，亦均有作品陈列，觥筹交错，屐履杂沓，几不知人间复有风波险。席间刘候武提议，凡到会未交作品，三日之后又不补交者，照清游会例罚洋二元。又功德林地址狭小，无以即席挥毫，黄同仇，阳叔葆，李燄生，等提议用漓江雅集名义，协助广西省佛教会向民政厅交涉收回占用月牙山寺之一部分房屋，作为社址，全体一致通过。第四次集会地点，或将在桂林第一名胜月牙山之倚虹楼矣，则亦业林之盛事也。

此外在第二次第三次集会之间又曾在功德林举行诗会一次，参加者较少，每人各纳茶点资五角。谈诗之次，余述及文昌门外开元寺之历代兴废情形与夫五代金刚经碑之委弃荒草，日就湮灭，莫不慨然叹息，而议及重修之发起。八桂佛教，将复兴乎，未可知也，故濡笔而记之如上。

八、佛教徒其鉴诸

尝读《新旧约全书》者，咸知基督教之所以能流行于全世，悉赖其致力社会事业之感化，而教理不足称。征之西藉，肇端甚早。

当欧洲中世纪时，意大利之阿西西（Assist）有圣芳济（St —Fancis）教派者，以为人类之劳动，应止于维持生命之点．不能为获取货币而力作。故否认财富，而提倡“圣贫”主义，颇为当时所欢迎。上意大利乃有伦巴底

(Lombardy)圣贫国之建立，其风行之盛，可以想见。及十三世纪，因对于所有权之思想，内部发生矛盾而崩裂，获取货币之禁令，不能严格施行，无所有之精神，日趋衰落，以至圣芳济派之寺院中，财富山积，稍为世人所诟病。

于是彼等乃将寺院收入用途，作四等分。第一支出，作僧正之生活；第二支出，作寺院所属僧侣之生活；第三支出，救护贫民；第四支出，维持寺院所属之家内工业。其在乡村收入较少之寺院，可将第三支出贫民救护费减至极少。在僧侣为下层出身所占之寺院，则第二部分极力节约，多数用于贫民救济。僧正及僧侣，时至贫民家中访问，询其所需，而以寺庙财产中救济贫民之部分，随意支出，济其眉急。特别需要救济者，则记入救济簿，以便特别设法。富有寺院，又常建筑住宅，收容贫民，与以工作，或用为寺内职事僧。每有僧正及僧侣，与被收容之贫民，同堂餐食，于餐食时从事于教化之训话。

当战争时，基督教徒有被异教徒之敌人所捕而成俘虏者，寺院移贫民救济费作为俘虏赔偿金，以购买同教之自由，其足以增强及诱致人民之信心，则又可知。此外复于寺院附近，设立医院，收容病人，而养残疾者至老死。更设立学校，积极对贫民儿童，实施教育。惟于有劳动能力而乞食者，则不加救济。

凡此措施，在在足以增进教徒在社会上之地位，故彼格达诺夫(Bogdanov)于《经济科学大纲》中云："中世欧洲，屡屡有饥馑前来光顾。而于饥馑的时候，僧院每发起救济事业，而保护贫民和有残疾的人。他们因为当时社会中的不断的战争，所以在社会内作这种救济的次数是很多的。总之，这些事件，不外都是在增大僧侣势力的原因。"斯言也，曲达人情向背之故。凡佛教徒，宁能不注意及之。

且僧侣既为社会人士所信仰，而其事业，又实应社会之需要，执政当局，宁能熟视无睹，不加鼓励，乃至迫害摧残者乎？当英国因美洲发见而成为世界重心之日，清教徒（Pwitain）之行为，颇为革命领袖克伦威尔(Oliuer Cromwell) 所赞许。政治情感与宗教思想相结合，克氏乃以宣传新教，将英吉利民族造成优秀民族之责自任，不惜以暴力对付摧残清教之爱尔廉夫主教徒，更与西班牙作殊死斗。论政治者皆谓：克伦威尔之政策，使清教给与英吉利民族性以深刻而恒久之影响，为大不列颠帝国伸张政策之工具。盖英人坚强，精勤，自治，团结，及重纪律之精神，皆清教之所养成，即英人用以组合联邦共和国（Commonnealth of Notion）统治全地球四分之一之土地与人口之原因也。英人以盎格鲁撒克逊(Anglo-Sadeu)民族，为世界上最优秀之民族自信，殆非偶然。

抗战建国，精神重于物质而民族自信心又为精神动员之中根。故戴季陶先生于《明本论》中昌言曰："一个民族，如果失却了信仰力，任何主义，都不能救得他起来。要救中国，要把中国自信力恢复起来。”据此以与大不列颠帝国建立之原因相对照，我佛教同仁所不能放弃之责任，所及以解决自身困难之道，当甚日勿知。佛教徒其鉴诸。

九、桂林佛教之今昔

桂林寺刹，据《清一统志》、《广西通志》、《桂林风土记》、《临桂县志》、《桂胜》所载，其规模宏大者，有开元寺（宁寿或万寿）、延龄寺（西庆林寺）、棲霞寺、释迦寺、龙泉寺、菩提寺、东禅寺、正悟寺、大圆寺、（报恩或铁牛）、杂山寺、安仁寺、福缘寺、药师寺（西山或资爱，俗称茶庵）、铁佛寺、定粤寺、南院寺等。组织较小如普陀山寺、月牙山寺、清泉寺、茅坪庵、圆通庵、福寿禅林、狮子禅林、法轮寺、华严庵、云峰寺者，不下百数十处。或经劫火而毁损无遗，或被土劣豪民劫夺以去，政府不察从而没收。八桂僧园，今惟有民国初年新建之祝圣寺，尚可挂单而已。佛教会赁民房办公，欲收回月牙山寺安置藏经，编辑《狮子吼月刊》而不可得。民政厅长邱昌渭竟谓：彼于佛教无所知，故以佛教徒参加抗战建国工作为不需要。广西佛教之宏传，似犹未至成熟时期。

然文化界则有颇有注意之者。余尝与桂林丽泽门外的石佛古寺及西潮遗迹考之作者陈志良君探访西山佛迹，道旁断砖残瓦，触目皆是。砖质甚坚，叩之作金石声，其纹颇与汉砖花纹相近。瓦均作半圆长方式，俗称卷筒瓦。有连瓦当者，或面有绳纹麻布纹者，证知为古寺之遗址。其旁石刻佛像，无虑数百。出入较便之处，大部份已摧残殆尽，或存石龛，或露遗痕。惟穷谷僻地峭壁卷岩之处，犹有存在，形制亦依稀可辨。

佛像制作完全印度风味。衣褶简朴，侍女乳房颇高，与龙门石刻无异。大者四五尺，小者仅尺许，石鱼峰下及西峰下数尊，尚完好如新。此外风洞山还珠洞佛像数十尊，叠绿山石佛三尊，亦皆完好。造像记之可辨识者，弥作“彌”，“陀”作“陁”，佛作“仏”，躯作“軀”皆六朝体。又莫休时《桂林风土记》记西庆林寺开创原由云：

寺在府之西廓郊三里。甫近隐山，旧号西庆林寺，武宗废毁，宣宗再崇。峰峦牙张，云木交映，为一府胜游之地。寺有古像，征于碑碣，盖卢舍那佛之报身也。此地元本荆棒，先无寺宇，因大水漂流巨材至，时有工人操斧欲伐，将欲下斫，忽见一梵僧立于木旁，有曰：此木有灵，尔宜勿伐，既而罢去。又有洗蔬者于其上则浮，濯董辛于上又沉，雅契梵僧之言，由是咸知有灵遂削刻为佛像。当则天临朝之日，梦金人长一丈六尺乞袈裟，乃诏大臣问其事，皆莫能解。旋奏陛下既有此梦，今依梦中造袈裟，悬于国门，以俟符验。明早，大臣奏悬袈裟忘收已失，遂诏天下求之，已在桂州卢舍那佛身。至今尊卑归敬，遐迩钦崇，时旱清雨，皆响应如意。

可知六朝李唐之际，桂林佛教固亦如秦晋江浙，极甚一时。抚今追昔，不禁怆然怀劫末之悲！

十、沩山劫后恢复沩庭万年簿序

法性离言，执言者丧其本，愍斯弱植，爰立宗门。汉胡异态，失态者乖其情，为应来机，乃分五派，其实皆黄叶之圭璋耳。是故得其意，则不妨立异；拘于异，则药为病因。而先圣之大用不机，皆成同室之戈，运粪入心，千载同慨，尤以明末清初为甚。

考沩仰之开宗，实五家之巨擘。肉山头上，成风运屠坦之巾，西土圣僧，稽首美能人之誉。南阳忠老，圆相亲传，德清圆明，欲为绝唱。诚千古之仪型，禅观之轨范也。曲高和寡，数传即绝，寥落祖庭，八百余载。其为后人之楷式者，惟在历代住持所保存之规约而已。清初慧海禅师庆之，代以临济规约，沩仰宗风，于焉尽息，识者病之。继复付法八人，分派五房，轮流为密印之主。十方梵刹，等同私产，末流所至，门头照客，亦皆为传法之人，而相习为非，敢于犯戒已，是以有民国七年之匪劫。

民国十一年（1922 年），慧海之裔永光等，自知绵薄，不能规复，乃以开启十方，恢复沩仰宗，迎太虚法师为住持。虚公化广，未竭全力，寺中权要仍为法派把持，种种陋规，依然如旧。租户挟匪余势，大都意存侵占，不肯如数完纳，至有拖欠至十三年之久者。寺众摄于前辙，莫可如何，坐视其刁赖而已。民国十二年，宁乡教界拟向沩寺提租一千二百石充教育基金，风潮激荡，朝不保夕，得月樵、性修两公，报告太虚法师力为斡旋而始告无恙。自此至民国二十年。十年之中，赖抑凡性修等守土维持，得以建造库房、厨房、法堂并杂屋十余间，差敌风雨。其他兴革经济、教育、修持等情形无可考。民国廿年后，得潜隐法师等管理，颇呈起色，于是有二十四年全湘缁素复兴沩山之发起。主其事者为宝生和尚，而郭涵斋、朱长松等居士之奔走呼号，襄成盛举，说者拟诸裴相国李军容云。

二十五年，宝生和尚入院，即锐意于重振祖庭，清理田租，为其先着。威德所感，始将旧欠一一追还。继念人事浇漓，额租弊大，又将一部分额租改为佃租，而田产始有自主之权，不复为额户所挟制。或者乃以变更祖意讥之，则胶柱鼓瑟，不达权变之计执也。

二十六年，万佛殿、斋堂、禅堂、山门、平民小学校舍、农禅寮先后落成，计费六万余元。本年秋，国难益亟，民不聊生，启建护国息灾法会五十三日，为忠烈禳灾，为民族祝福，宣言流布，群情翕然。鉴于政府为征兵之故，限制传戒也，商得省参议会赵恒惕议长同意，于药师如来诞日弘演毗尼，藉传佛种。以灵佑祖师为得戒和尚，太虚法师为说戒和尚，宝生和尚为传戒和尚，大沩戒法，于以中兴。继即迎请宗师，率众坐香，一切规约，皆复祖庭之旧。同时复建祖堂、功德堂，翼于法堂左右，以与禅堂、斋堂相配属，而附设佛学院于功德堂。三学兼修，人天共仰，非曰中兴沩仰而已，于是常住公议立万年簿。

万年簿者，所以记载议案章则，预算、决算，以及一切兴革事宜，为将来之稽考与依凭者也。有德者出，有功者出，有过者亦出，昭垂鉴戒而宗风可以常保。山志之增修，语录之编集，亦有取焉。盖相当于国家之档案，法至善也。后之览者，幸知此为恢复沩庭而设，拳拳伏膺，勿使陨越，则象王行处，迥绝狐踪，玉鉴披云，千潭影落矣。

民国二十八年十月澄江释巨赞谨识。

（原载《觉音》1941 年第 18 期、第 19 期、第 22 期、第 24、25 期合刊、第 30~32 期合刊）

——编者注

西山吟啸集叙

风急天高，青鸢盘旋上下而长鸣嘎戛，时和柳静，紫燕□□翩而软语呢喃，无文之诗也。春萝媚月，小草炫珠，释迦之微笑拈花，宣尼之东流观水，亦诗也，而昌黎韩子乃独以为不平鸣，隘矣。古之禅僧，山居莫不有诗，孙登久住苏门，未传篇什，而亦以善啸闻于世，其殆瞻万物，运四时，滂沛而不能自已者乎。余性不近诗，二十九年至桂林与漓江雅集诸君子游而始习为吟哦，西山显敞，泉石清幽，目之所视，耳之所闻，莫不足以释域中之常恋，而畅超然之高情，于是有山居即事之作，聊以志幻迹耳。民一居士抱病入山，块居方外，日惟以篇什自遣，而尘气远出，俯拾即是，不数月已裒然成帙，余方命童子日夜誊录，储之经藏，护以碧纱，永作山门之镇，焰生居士又冒盛暑，循抚河过苍梧而来山，时适霪雨，双江滚滚，□际浪浪，一若助其无穷之诗思者，二十日成诗百余首，自谓平生得诗之多，无过此时。余三人者，相与商订玄黄，推敲龃龉，恒至深夜不寝，其为畅适，足傲侪辈。乃焰生居士以母丧南归，临行呜咽，泣不成辞，惟日交罗君祖林继为西山吟啸集以作纪念，是固无不可者。焰生居士已有《呼气草》、《闲人散记》等行世。再版自叙中，以为顽固之复古，与愚昧之趋新，皆足以害诗时之发展，而现代诗人仍以取法黄（遵宪）吴（芳古）为是，其才亦实足以副之，友朋中固多望其能缵人境庐白屋之绪，而更恢张变通之。为我国诗坛辟一新途径也，斯集其嚆矢耳。民一居士岩岩乔岳，崇善爱物，或以其诗多道学语病之，然而斯集之中，“宿雨浸黄千顷稻，晓风吹动万家烟”（西山清眺）“岫痕露灰微，江色泻碧□”。（晨）诸联写景入微，神情并茂，存得，飞阁观月绝句诸诗，则又寄托遥深，蕴藉玄远，非寻常说理者可比。至若独坐，书赠旧雨，破帽行诸篇之激昂慷慨，恫瘝时艰，几使放翁定庵避席，民一居士力深于情而学盖又足以济之者也，余诗略有静趣，而寒瘦不足以咏抗建之大声，歌义烈之绝响，或以泉石膏肓，蔬笋清俭之故，以后拟随西山寺务之交卸而力戒为诗，守我纯素，契彼沉冥，抚陶公无弦之琴，师高座胡言之意，静观造化之目得于丹山碧水之间，若夫簸扬秕糠，洮汰砂砾，开一代之诗运，铸万古之文风，有焰生、民一两居士在，无烦余之詹詹辞费也。民国三十二年（1943年），观音菩萨诞辰澄江释巨赞叙于桂平之西山。

（原载1943年第4期《大千》）

不立文字

禅宗讲不立文字。但禅宗是为上根利智的人说的，高深的程度达到如画龙点睛的最后阶段。画龙点睛的典故是说从前有一位名画家张僧繇，他在一间庙里画下了四条龙，画得像活的一般，但都是没点睛的，欣赏的人问他为什么留下这一些工作不去完成，他说：“我若把龙的眼睛点好，龙就会飞去了。”那里人听着，不免觉得他说的近于夸大和荒诞。僧繇为要表演他的真艺术，当场点了一条龙的眼睛，龙果然飞去了。这里引用画龙点睛的譬喻来比禅宗，意思是说点睛的工作固然是轻而易举的事，但在没有画龙之前，或在已画龙而又画得不像的时候，而去点睛，这点上去的眼睛就不知是犬眼睛还是蛇眼睛，决没有用处，所以龙的飞起，并不单是点睛的作用，重要的还是首先要把龙的模型画得像，点睛不过是最后完成的工作。禅宗参禅，不立文字，也不必研经习论，从表面看来，和点睛一般也是一件容易不过的事。但叫没有教理或有宿世积累慧根作根底的人去参禅，参来参去也是瞎盲禅、愚痴禅，犹如未画龙而先去点睛，点出来不知是什么眼睛，哪有用处。然而参禅的工作又是不可少的。那些对于教理有相当了解而未得真实受用，即疑情未断的人，是要等待参禅单刀直入，实地破除最后一分执著，犹如龙画好了，不点睛不会飞似的，到此地步，敢说“即心即佛”，自然用不着文字。可见不立文字的话，不是随便什么人可以拿来用得的。唐末的禅师，不明白参禅是要有甚深的教理作基础的，横执著不立文字一句话，而轻视教乘，三藏十二部几成废纸，自唐而宋，而元、明、清，一代不如一代。现在佛教界普遍的愚痴或无知无识，实在吃了禅宗的亏。

（原载《佛教文摘》1947 年 10 月号）

了生死

“了生死”这句话，朱光潜教授在《给青年的十二封信》一书里说过，“佛教绝我而不绝世，故释迦牟尼一生都是以出世精神，做入世事业，佛教到了末流，只能绝世而不能绝我，与释迦所走的路，恰恰背驰，这是释迦始料不及的。”朱氏虽非佛学专家，此论则非常中肯。原来，“了生死”的话通常是指临终预知时至，或坐亡立化种种现象而言的，这样就非摒弃一切而专门为自己的死后打算不可了。“生死”两字这样讲法，了生死这样了法，实在不合佛理，试看《四十二章经》里面有一章佛陀问他的弟子：“人命在几许间？”弟子有的答“在一日间”，有的答“在饭食间”。佛陀都说他们不得道。最后一个说在“呼吸间”，佛陀才说他已得道。人命在呼吸间这句话，我们若单把他当警策语看，未免估低了价值，他的语意是要人知道生命既然在呼吸间，那么我们无论举足下足处、举心动念处都是生死。要了生死，就要在每一举足下足和举心动念处去着手。请问大家在举足下足、举心动念的生死处如何“了”？如何了呢？我敢说，惟有从举足下足处、举心动念处去了，才是真了生死。能坐亡立化的人不一定是真了生死，真了生死的人决定可以坐亡立化。由于人们把了生死的真义糊涂了，致佛教变质，真是可叹！

（原载1947年《佛教文摘》10月号，署名万均）

成都徐季广居士传

成都徐君季广既殁之五年，其友崇庆陈师明、刘莲航、陈慈光托其兄寂庵来书嘱为立传。余不禁仰天而叹曰，士生斯世，为一大事因缘，传与不传，固非所期也。惟季广以英挺之姿，深宏之愿，于学无所不窥，于理无所不析，而不得享上寿，写胸臆，为天下后世垂无穷之泽，斯实可伤，何得无传。余与季广交十年，辛未深秋，初见于杭。时余方出家，落落未就绳墨，动辄与人忤，而季广奖之掖之，不以为嫌。比丘某，将随余入川，资斧未备，余为恳之于某大德，反遭摈斥，季广闻之，脱其轻裘为赠。甲戌之夏，余自北碚约季广游峨眉，相见于千佛顶。对云海之苍茫，悼斯文之凋丧，相与慷慨悲歌，互为激励。自峨嵋而下，道出眉州，谒三苏祠；游青城，穷天师洞、上清宫之胜，然后绕道崇庆，展拜其先德之墓，余因得见其平日所交游者，而余遂东。其间所费，皆季广之所资给。既而季广以疑情未断，切于参方，乃尽售其所藏之书，以为行脚之资，余与之重见于南京支那内学院。因介之于欧阳竟无及玉κ，又同至姑苏谒印光，访章太炎，至钱塘访马一浮。而邓尉超山之梅，虎丘莫干之雪，亦一一收入诗囊。于是季广浩然有归志，而余从此不复见季广矣，哀哉。抗战军兴，余避难居曲江之曹溪，感染时疫，势甚危殆，季广电汇多金，余始得入湘就医，否则或不能起，而季广殁五年矣，如之何，余弗悲！发季广之遗书，语庄字遒，见地明澈，有《应为录》出以告来许者。其言曰：写《孟子养气章述》一书，虽属口头学问，自觉面面尚到，字字还他本意。直欲小巫东原，抗衡考亭。于易究之垂二十年，觉辅嗣伊川，确是可人，然所发明则太狭局。自余所见，就本书消息者，首推理堂，然只成其臆说。能综研各家，当数辛斋，然博而实与易无关，亦是门外汉。吃亏皆在读书方法不够。堪舆家言一步不到不言龙，易亦如是。恨无三年闲时专意研究此经，一为此奇书发覆。然使真有三年间，又当先究向上事，或求证念佛三昧，不能埋头故纸矣。即此可以见其学养之深。又曰：此理贵在直下拨尘见己，然天姿高明人，往往容易瞥地而不胜其习气之重。一隙之明，旋即昏蔽。故大慧中峰诸老，必使人逼拶至于大澈而后已。迩来大师既少，学者之契入已不易，求其澈法源底，起大机用以宏法利生，自属更难。然人能宏道，非道宏人，我辈能踏实用功去，浅深终合有得，更随时留心砥砺有心此道人，将来或能引出大菩萨人亦未可知事。即此可以见其信道之笃。余昔闻之季广云，儿时梦至一书室，架上玉轴连云，信手检得一书，视其签为《大乘起信论》。醒而询诸师友，均不知为何书，其后十余年，始得之于成都佛学社，是殆夙根也。又曰：平生遇啬，除一二知好，能时相勉励，并为可能之扶助外，皆摧剥煎迫之人。近更因生活日高，至于无钱吃药。天生徐季广，使坐忧老，命也，复何言哉！即此可以见其境遇之厄。呜呼，斯人也，而使穷愁短命，天耶，人耶，余不得而知之也！季广讳国光，一字利宾，生于清光绪壬寅，殁于民国辛巳除夕，得年四十。同胞五人，季广最稚且羸，而聪颖纯正，不类群儿。成童后，受业双流刘仲韬之门，习性命修养之学，始得免于夭折。兼从刘宥斋治经史诸子及诗古文词。宥斋，仲韬之弟，以文史之学鸣于时，入室弟子，首推季广。是故弱冠之年，即助教于宥斋所办之尚友书塾，于其同门，多所裁成。三十后始入刘甫澄军幕，旋以不偶后俗，北游平津，主梁漱溟，得见省元老人，而从此为佛教徒矣。返川后，居崇庆县茹素念佛三年。又以父母两丧，窀穸未安，暇则偕世谊陈师明遍访吉壤，卒赖师明臂助，得以迁葬父母墓于崇。因与信佛士女创办崇庆县佛经流通处，季广首捐洋五百元以为众倡，并遍函各省缁素同仁，征购佛典。又于崇庆城内小白华山筹设放生祠。在蓉约集刘南波、陈梓廑等居士创办成都崇义桥，新繁兴隆堰，金堂、淮州各地放生池，并创组崇义桥佛书阅览处。此宏法利生之见于行事者。其《净土策讲》及《护生语》两书，要言不繁，有益世道。临终前一月，校勘古本《伤寒杂病论》告竣，医界均谓可以昭千古医学之沉霾。刊布流通，其兄寂庵任之。呜呼，是亦可以传矣。遗孤永蒙、永谦。妻姜咏莪，犍为产，节励冰霜，能以季广之志为志云。

（原载《觉有情》第8卷，总第195、196期合刊）

台湾行脚记

对着目前的时局，不由人想起“南明”，因而常常会提到在台湾称王，延长明祚二十三年的“国姓爷”郑成功。那时的台湾，南北两端皆被荷兰人所占领，郑成功自南京回师进攻荷兰人在台南建立的热兰遮城，首先遭遇着顽强的抵抗。好在荷兰政府消息隔膜，郑成功的兵力也比较充沛，外加上一股孤臣孽子的忠勇之气，终于打得荷兰人束手无策，开城投降。我们立在郑成功受降图（图在赤嵌楼）的前面，觉得有一种无比的光荣，照耀户庭，使人深深地憧憬着台湾。同时台湾的西名为Formosa即其美丽值得叹赏的意思。抗战之前，听见到过台湾的朋友说日月潭、太鲁阁、阿里山的景色，心里总存着有机会一定要去看看的念头。又台湾人大都信佛，以前听说那里的佛教寺庵，皆受日本僧侣的管制，则日化程度必甚深。但究竟深到如何程度？其与原来的风俗习惯，是否已经互相调和，或仍有冲突，则未见记载。这当然是国内佛教界所急欲了解的。作者因此种种，于香港讲经完毕之后，行脚台湾。

从香港启程是旧历的五月十四日，飞机经过汕头的时候，因机件损坏，停留了一天，乃得会见三十四年（1945年）无锡国专的同事，现任华南学院文史系主任兼潮州通志馆总纂，饶宗颐教授。由他向导，参观了汕头佛教居士林和佛教会。佛教会太散漫了，不及居士林整肃远甚。此地有极乐园素菜馆一家，可见吃素的人还不少，否则即无法营业。15日10时继续起飞，一直向东，横渡泱漭澹泞的大海，11时30分抵台南。

台南开元寺的方丈证光法师，去年在南京中国佛教会代表大会席上见过，所以一下飞机就去拜访他。承他殷勤招待，就住在开元寺。该寺为台湾历史最久的名刹。本来是郑成功的儿子郑经，建筑起来奉养母亲董氏的北圆别馆。清康熙二十九年巡道王效宗始改为佛寺。初名海会寺，又改海靖寺、榴环寺、榴禅寺，最后称开元寺，以至于今。现寺中尚存郑成功用过的大碗三只，墨宝一幅，又郑经井和董氏手植的七弦竹等古迹。据二十年前的纪录，开元寺的信众，台南三万人，阿缑三万人，台中一万人，台北五千人，澎湖四千人，新竹三千人，宜兰二千人，台东二千人，南投及桃园一千人，共计八万八千人，可以想见其盛。现住僧十八人，其中三人曾毕业于日本佛教大学，能弘法，余亦质朴知稼穑，颇有农禅作风。至于殿宇，共有四进，两旁厢房凡十余间。证光法师拟开办小规模的佛学院，房子是尽够用的，可惜经济尚无着落。寺周园地约数十亩，茂林修竹，苍翠袭人，其中矗立着安藏灵骨的三座塔，格外显得庄严。台湾自被日本统治，人民死后，大都火葬，骨灰即安藏于附近寺庵的普同塔内，俗称灵骨塔。所以在台湾比较大一点的寺院，都建有式样、大小各各不同的灵骨塔，当然是一笔很好的收入。

到台南的第二天（十六日），刚巧是竹溪寺的新方丈眼净进院，老方丈捷圆七十大寿的吉期，证光法师是非去不可的，我也跟着去。一进寺门，钟鼓齐鸣，僧俗男女纷纷下拜，眼净方丈特别客气，展大具三顶礼，使我非常惭惶。即此可见台湾佛教信徒对于祖国的怀念之殷与崇拜之切。可惜言语不通，他也很忙，未能多谈。该寺殿宇凡三进，重修不久，经忏很多。住僧十余人，尼二十余人，当家师是比丘尼，我正想请她来谈谈的时候，盐业公司的师云风经理开着吉普车来邀我去游安平，就匆匆告别而去。安平就是荷兰人建筑的热兰遮城故址，亦即郑成功称王台湾的都城所在，今则仅存两亩地大的一个土堆。上面建有纪念堂，陈列着几幅有关安平的故事画和地图，相当寂寞。登其旁边的警报台四望，三面皆水，仅一径通台南市，形势非常险要。抚今追昔，令人不胜低徊。从安平回车到赤嵌楼大约二十分钟，那里有台南历史古物陈列所，凡郑成功所建置的一切遗物与记载，和发掘出来的明代磁器，收罗得相当丰富。在这里，我们可以看见郑成功的画像和墨宝，还有放大的《受降图》、《荷兰人初入台湾图》、《荷兰牧师劝降图》，和安平古城的模型等等。巡视一周，对于台湾的历史，可以知道一个梗概。从赤嵌楼出来到郑王祠，祠宇并不高大，而亦为三进。中间塑郑成功像，后则供其母田川氏神主，两庑所供神主甚多，皆有功或殉难之人。中进殿角，有古梅一株，相传是郑成功手植的。

十七日，参观以电机、机械两系的设备著名东亚的省立工学院，和访问台南市佛教支会。会址附设于慎德斋堂，堂主何雅教女居士，亦即佛会常务理事。晚，理事长颜兴居士至开元寺晤谈。据他说，台南支会于去年11月成立，现有会员四百余人，他本人是西医师，光复前曾在泉州等地开过诊所，普通话讲得很好。讲到西医，他似乎不胜慨叹。因为在日本时代，人民的生卒，都要向政府指定的西医师注册，所以在当时西医颇有权力。业务也很发达。现在可不行了，中医渐渐抬头。最近台南一带流行着这么一句话“西医不如中医，中医不如唐乩”，唐乩即内地传过去的扶乩迷信，近来非常盛行。乩童自称“法子”，妖言惑众，愚夫愚妇趋之若鹜，收入很可观，因而与下流社会深相结合，造成一种神秘的潜势力，其气焰之盛，几二十倍于光复之前。有一位国大代表的选出，完全是这班人包办成功的。又颜理事长对于台湾现状，也很不满，他说以前夜不闭户，道不拾遗，没有乞丐和小偷，现在常常有人偷东西，偷去了也没法追还。有许多优良的技术人材，在日本时代还可以找到助手的地位，现在则连助手的饭碗也成问题。所以台湾光复之初，本地人称内地为“唐山人”，唐山二字含有对于祖的怀思，现在则改称为“阿山人”。我问颜君“阿山”二字是什么意思？他忸怩地说：和“唐山”二字同意。言外之意不问可知。其实这又何能怪他们呢？

十八日与师云风、证光法师及庄君乘火车至后壁站换乘巴士至关子岭温泉沐浴。台湾温泉凡六十余处，而以关子岭、草山、四重溪为最著名，关子岭温泉能治关节炎及胃病。帅君说有一个朋友在此洗了几次澡，喝了一点温泉水，回到上海，胃病居然好了。我的胃纳也不强，他劝我喝一点水。我喝了一杯，味是碱的，还微微有点酸。原来水内炭酸盐的成分很多，所以洗澡时也非常柔滑，硫磺气则很轻。关子岭附近有煤油公司，离温泉约十里，现尚未开工。其下有一小山穴，向外喷火已五六百年。大概是山中蕴藏的炭气，由此喷出。偶出遇着火种，引起燃烧，就无法扑灭了。但亦不得不称为天下之奇观。绕过煤油公司上山即碧云寺。寺在玉枕峰之腰，相当高峻，而殿宇皆钢骨水泥，陈设精洁，颇出意外。该寺创始于清嘉庆十六年，昭和二十年重修，主其事者为陈按察使。现监院德妙，即其如夫人出家后的法名，年仅38岁。闻颇干练，对我们的招待也特别客气，我们在此吃到了异常丰富的台湾式素斋，师君大呼有缘不已。玉枕峰后山麓为大仙岩，住众四十余人，男十余人，余为比丘尼及女居士。住持开参，正在督工重建大殿。据证光法师说，旧大殿等毁于地震，并且办过佛学院，今亦不存。

二十一日到台中，住后龙里慎斋堂，堂主张月珠女士，法名德熙，即台中支会理事长。以女居士而任佛会理事长，其在台中佛教界的声望地位可知，学识和才干也可知。她正在开办女众学园，其宗旨在于“普及佛教精神，修养品性学识，培育服务社会人才。”即此一端，已可见其抱负。和她共同负责者，为台中国大女代表林吴帖居士，和大甲永光寺的住持妙然比丘尼。台中佛教支会负责人，除张月珠外，尚有德林法师、锦东和尚与郑松筠、陈正宝两居士。德林法师年已六十余，留日多年，住佛教会馆，收藏日文经籍甚多。锦东和尚住持宝觉寺，寺离慎斋堂约三里，在郊外。开山耀禅，其师弟妙禅继之，传良达及罡宗，锦东即罡宗之后继人，年三十左右，亦曾留学日本，对于佛教的改革和推广颇具热情。郑居士是台湾法界的老前辈，为人正直不阿，极负时望。陈正宝曾任《民声日报》总编辑，诗文的造诣甚深。佛教会址则在大觉院，纯粹是佛教会的产业，每星期有座谈会和通俗讲演，比台南支会活跃多了，所以有人说，台湾的佛教中心在台中。此外还有灵山寺，是林吴帖居士独资新建的女众修院，堂主林德直居士，当家德钦比丘尼，住十八人。

我初到台南，见闻所及，总有残破零落的感想，以为台湾真是大大改变了。及至到了台中，才知道并非如此。台中的市容是相当整齐的，柏油马路还很平坦，公共汽车也不是台南的褴缕不堪，一副乞丐相。所以一到台中，心境就不知不觉宽畅起来，台中是宜于居住的。而名著中外的日月潭和其附属的发电厂也就在台中。自台中市到日月潭，要坐三点半钟汽车。出了市区就曲曲折折上山，路既不平，坐位也不舒服，非常辛苦。潭在海拔二千八公尺的山顶上，面积大约有西湖的三分之二那么大。潭水碧绿得放着宝光，使你不知道那就是水。四围峰峦，林木茂密，格外增加了日月潭的静穆和圣洁。日本人从武功引水到日月潭，扩大了潭的面积，又从日月潭引水到水里坑和外车埕两处发电，台湾全境城乡各处所用的电力，统统发源于此。规模之大，内地所无，似乎又不能不佩服日本人埋头苦干的精神了。

二十六日自台中到台北，住台湾大学苏芗雨总务长处。台大即台北帝国大学的后身，一切制度与内地的大学不甚相同。第一、无学生宿舍，学生除通学者外，大都自觅公寓。听说台湾的中学也是如此的。第二、图书并不集中在图书馆，而是分散在各系的。同时每一个教授几乎各有一个研究室，专门用书，即集中在那一个专门研究的教授研究室里。这对于学术的深造，关系很大。可惜光复以后，内地去的教授们，几乎没有一个肯利用研究室，也就是说，没有一个肯为学术下死功夫。提起来实在痛心之至。

台北佛教支会和省分会均设在上海街东和寺。支会理事长心源师对于我们的访问，非常兴奋。分会理事长兼基隆市支会理事长德融师，平常大都在基隆住，没有见到。此外万华镇的龙山寺，称为台湾民间信仰的温床。创建于乾隆五年，历经兴废，大正十五年重修落成，共用银六十余万，故又以华丽著称。中殿奉观音，后殿供妈祖。台湾人对于观音的信仰，与内地相同。妈祖则是台湾特别信奉的神。相传妈祖系宋太祖时福建省兴化府莆田县湄州林惟悫之女。生而神异，又得玄通道士的教授，十六岁即得神足通，收服了顺风耳、千里眼两个妖怪做助手，常常在海上救人。二十八岁升天之后，仍旧威灵显赫，所以在台湾到处有妈祖庙，香火也特别盛。因此龙山寺虽住僧六人，而皆为应赴和尚，无可与语。省政府旁边的善导寺，本为日本京都知恩院的分院，纯粹日本式的净土道场。住持达超比丘尼亦曾留学于日本尼众学校，颇明教理，且有才干，住众十余人，均彬彬有礼。光复后，大部分房子被税局所占用，几经交涉，不肯迁出。听说还有几所日本式的寺院，老老实实被政府收过去了。这样子的作风，除了燃起台湾人的一腔怒火以外，政府是毫无所得的。

台北的风景胜处为北投与草山，离市中心的三十余里，都有温泉。北投在草山东麓，真可以说是台湾人的“汤沐之邑”。每逢星期，沐客杂沓，游女如云，也是台湾第一个销金窟。所以比较高雅的人士，宁可多坐几分钟车，到草山休沐。我到草山刚巧遇到台风，欲罢不能下山，就住在台大的俱乐部。一夜狂风暴雨，震撼了整个天地，连睡梦中也都警戒着。有人说，台湾人的性情，极易冲动，“二·二八”事件，就像台风、或者也不是没有理由的。草山、北投之间，有一所日本式的尼庵，名善光寺。住持净空，年三十八岁，留日多年，一切生活习惯，也还是日本的那一套。她平常不大下山，专修净土，有时为附近的人看看病，说说法，深得地方人士的敬仰。

台湾的交通，以台北到基隆为最便利。几乎可以和香港相比较。在基隆我除访问基隆市佛教支会外，又参观了月眉山的灵泉寺和八堵的宝明寺。宝明寺系女众道场，主持者为杨普良女居士。灵泉寺为基隆八景之一，创建于明治三十四年。善慧和尚住持的时候办佛学院，设布教所，非常活跃。他和内地大德，也取得相当的联络，所以知道台湾有月眉山灵泉寺的人很多，其实不过两进殿宇而已。善慧死后，由德融住持，德融最近交普寿接管。加以交通不便，地位偏僻，平常没有什么人到，寺容已显得残破，修理亦不易着手。

我游过基隆，再回台北，因为船期不凑巧，又到竹南县的狮头山去游览。狮头山有大小寺庵八所，而其大殿都建筑在岩洞里，这是一奇。风景之佳，亦不下于广东的鼎湖。就中劝化堂最大，创建于明治三十四年，住持达真。开善寺在劝化堂之西数百步，大殿宏敞，客舍精雅，游客都寄宿于此，住持陈荣盛，法名明静。自开善寺拾级而上，约一里至狮岩洞元光寺，开山于清光绪间。住众六十余人，女性占三分之二，住持如净。自狮岩洞右侧而下为海会庵，后倚危岩，面临大海，气象壮阔，住持达明尼。又向右行约半里为灵霞洞，住持法定。自北直下的五里为万佛庵，整洁过海会，住持达清尼。自万佛庵而下，曲折几达山底，一洞潺湲，古洞谽谺处为水帘洞，住持亦为如净。据他说，当太平洋战事发展到硫球群岛的时候，日本政府想把许多“敕命“隐藏在这里。当时在洞里搭了几间木房子，现在虽已破败，但仍为如净等唯一的“安单“之所。水帘洞够得上幽深两字，但阳光太少，湿气太重，路亦太偏僻，恐怕不易开发。

以上是我在台湾一月，游踪所及大概底一点记载。现在再把台湾佛教情形做一个总括的叙述，考连雅堂《台湾通史》云：“延平郡王郑经，以承天府内尚无丛林，乃建弥陀寺东安坊，延僧主之。”据此可知弥陀寺的创设，在开元寺之前，自应以之为台湾佛教的开端。弥陀寺今已不存，从当时延平郡王局促一隅的情形推断起来，规模恐亦不大，所以后来没有什么大德留住台湾。而明季遗老潜谋复国，隐避到宗教的队伍里去以后，所组织的先天、龙华、金幢三派教，则在民间的势力日渐扩大，也从福建流传到台湾，其时约在清朝中叶。譬如作为台南市支会的慎德斋堂，本来是先天教的修院，台中的慎斋堂也是龙华派底祖师开创的。又若狮头山的狮岩洞，其开山祖邱普捷是龙华派里的“太空”，职位很高。据大正九年的调查，在台湾这三派的信众约十八万人，斋堂六百三十余处。他们都是主张三教同源的，和佛教的关系很密切。所以增田福太郎的台湾之宗教一书中说，台湾佛教，其形式如右图：

或

至其实质，则夹杂了自然崇拜（Nature worship）与人间崇拜（Anthropolatry），可以说是一种泛神教。明治四十五年左右，有“爱国佛教会台南斋心社宗教联合会”的组织，其目的在联合先天，龙华，金幢三派而统一指挥之。昭和四年左右，渐次活动。其章程第二条云：“联合会各派斋堂共名斋心社，设立会长，总代说教员。”第五条云：“凡我宗教人等，喜为佛门弟子，幸作圣世良民，三教同一家，须当互相和睦。各派今既联合，不得妄分歧视。”根据这样的文件，我们对于台湾佛教的面目，也可窥见一斑了。

按本文第一节所说妈祖，即上海北河南路天后宫（俗亦称天妃宫）所供之女神。神湄州人，故天后宫大门外有“湄州圣母”四字匾额。（今不知尚在否。）此神于吾国沿海一带船舶安全，甚著灵异，薛福成氏《庸庵笔记》等曾详记之。民国以来，认为迷信，祀飨之典久废，而海上行旅遂失一无形保障矣。窃谓佛教尚未普及，此等低层信仰，佛教徒似宜予以维持，不必反对，藉为中下根人留作入佛阶梯，即不入佛，亦于世出世法俱有益而无害耳。巨赞法师对于妈祖及先天等教，但叙而不议的态度，窃以为甚高明也。——原《觉有情》编者。

先天等三派教，通称斋教，因为他们都是虔诚的素食主义者。又称在家佛教，对出家佛教而言。其实台湾大部分出家人的思想，也还是那末一套，在家、出家之分不过形式不同而已。但也因此保存了素食的美德，并不因日本化而改变。所谓日本化者，藉口佛教应随顺潮流，举办社会事业，而公然聚妻食肉也。台湾僧徒之有家室者占大多数，食肉者仅数人，而经济大都不充裕，生活也过得很苦。原因是不能得到人家的信仰，尤其是斋教徒。据说留学日本，主张日本化的“新僧”，前后共三十余人，现仅存十余人，其余都因做和尚养不活家小而还了俗。某法师对我说，台湾的僧众如果不准娶妻，则不肯出家，有了家室之累，靠寺庙收入又不能生活，所以僧众人数，日渐减少，这是台湾佛教的致命伤。至于比丘尼的人数，虽比和尚多几倍，据打听，只有两个公然有丈夫，所以还能得到信众们的皈信，台湾僧寺之中，大都辟一部分住尼众，并且可以当家者，其原因或者在此。我们则由此可以知道：日本化在台湾佛教之中不大行得通，佛教大权实际上操在女众之手。

台湾佛教的内情，既如上述，所以台湾佛教徒，无论僧俗男女，内心上都很苦闷，想打开一条光明的大道。因此很希望内地的大德们常常去弘化，去指导。他们的确很虚心，非常愿意接受人家的启示。我在碧云寺讲过开示，在慎斋堂、善导寺、宝明寺也讲过开示。在基隆市佛教会还演讲了三次。他们都以虔诚恳挚的心欢迎劝请。记得在慎斋堂的座谈会上，我提议创办台湾佛学院，造就真实人材，为台湾佛教建立不拔的基础。他们非常赞成，尤其德林法师最热心，写缘起，拟章程，谋于最近期间，力促其成。这也可见他们的内向之心力。

台湾行政区域，分为十八市县。其已有佛教会成立者，据台湾《佛教月刊》主辑曾普信居士的调查，计台北、台中、台南、基隆、新竹、高雄、嘉义、花莲寺八市支会。台中、新竹、台东等三县支会，共十一支会。屏东市支会正筹备中。入会人数共约五六千人，其他一般信奉佛教的信徒，据说约占全省人口的百分之三十，即二百万人。但我在基隆时，市参议会黄任强议长来说，他说基隆十一万市民之中有十万是佛教徒。这当然未免夸大，同时所谓“佛教徒”三个字的意义，也颇有伸缩，但总不能少过百分之五十。以基隆为例，则全台湾的佛教徒至少在三百万人以上。至于僧尼人数，曾普信居士谓共三千余人，大致不差。其多寡的比例约为三分之一，尼占多数。全台佛教寺院数，除斋堂外，曾普信居士又谓僧寺一百五十，尼寺一百。其实这样分法并不正确，因为僧寺之中大都住有尼众，且人数都比男僧为多，简直不能说他是僧寺或尼寺，这是台湾佛教最奇怪的地方。在这许多僧尼信众之间，大约分为两派。一派为中国佛教派或称保守派，以中坜圆光寺的妙果和尚为中心，其派下的人数约占全台湾佛教徒的五分之二，其中男三成，女七成。这一派的人大都反对日本化，感召力很强，因此在经济方面也比较充裕。另一派为日本佛教派或称革新派，以月眉山灵泉寺的善慧与淡水观音山凌云寺的本圆为中心，此二人虽已先后去世，但其派下的人数亦占五分之一。经济方面以家累之故大都相当拮据，此观于灵泉寺的情况可知。此外台南开元寺与岗山超峰寺派下人数，共占五分之一，其他占五分之一。所以还是保守派占优势。

光复后的台湾，社会各方面都有很大的改变，只有佛教还依然如故。保守派与革新派各有长处，也各有短处，正和内地的新旧两派相同。若长此对立下去，而不设法取长补短，共趋中道，则佛教的力量将一天天削弱下去，以至于完全被淘汰。何况现在的台湾政府，对于台湾的佛教，也和对待内地的佛教相同，反对固然未必，但也并不提倡，一切任其自然，即一切要看我们佛教徒本身所表现的力量如何为决定。台湾佛教正面临着必须向“中道”转变的关头，谁能不忘根本，而又能顺应潮流，即足以领导台湾未来的佛教，也将被全台湾的三百万佛教信徒所拥护，而协助政府奠定长治久安的基础。日月潭的湛澄，草山的雅静，将会钟毓一两位出类拔萃的大德，打开台湾佛教的局面。噫！非斯人，吾谁与归！

（原载《觉有情》1948年第9卷第12期，
1949年第10卷第1期至第3期）

人间何世

在基隆市讲演要词

一、人间何世？——1、去年五月在南京全国佛教代表大会席上，台湾代表谓“收拾人心，须通过佛教关系”。本月省参议会提案，有辅助宗教发展一案，此实“得本一之谈。据本市参议会黄议长云：”基隆十一万市民，有十万信佛其他地方例知，则所谓辅助宗教发展，即辅助佛教发展。2、宗教与民族性关系甚大——如美国自哥伦布发见之后，英国之清教徒教士移住其地，始形成今日美国人之性格，日本之武士道（大和魂）精神。轻生死，重然诺，即受佛教尤其是禅宗之影响。故台湾代表及省参议会提案甚是。——现俄国有92种宗教均存在（郭沫若语），共产党员之中，60%信希腊正教。3、宗教之中佛教为理智之宗教。社会人士通常皆以佛教为消极（出世）迷信（如食素）。其实不然。“出世”为超越世俗，而非脱离世间。故出世即脱俗。人不脱俗，即所谓“语言无味”“面目可憎”，则出世精神，每个人皆很需要。食素一以避免杀害，一以养吾心之仁（不忍心人道）非惟不迷信，且极端破除迷信。4、佛教教理精详，所谓三藏十二部分教，非片言可能尽。但可括概为三种程序：认识世间。变革世间。从自己做起。讲题“人间何世？”，即认识世间。5、吾人住此世间，世间究系何“相”实不能不知—自己最切要之问题，元刘秉忠词：“圣乾坤浩荡，曾际会好风云，想汉鼎初成，唐基始建，生物如春，东风吹遍原野，但无言红绿自纷纷。花月留连醉客，江山憔悴醒人”，从此词可见刘氏对于人世间，有着适意的倾赏，和满足的怀恋。但宋自逊却悲慨地说：“江上踏喧鼙鼓，山中地纷豺虎，漫乾坤许大，着身何处？”这何曾不是目前社会的写实。——世间究竟是值得怀恋，还是只有悲慨？不妨从历史上研究。6、西洋史学者发尔巴（Valbert）根据莫斯科公报统计，指出从公元前1496年安飞泰阿尼联盟（Anphietynei League）构成时起，至公元1932年止，共经3428年，其中有战争的年代共为3145年，占92%，又有人分析法国850年史事，80%以上年代在战争中，英国八百七十五年中，战争年份占75%。我国历史虽无精确统计，恐亦不相上下，故人类历史称为“相斫书”7、关于战争有许多哲学家，诗人，如美国之梅斯特（Maister）德国之尼采（Nietjsche）等，以为血花是天才培植者，战争是和平之至宝，和平是死亡之朕兆。此皆过激之词，故达尔文云：“战争越文明也就越能证明战争是一种有害之淘汰方法”8、第一次世界大战死伤约三千万人，第二次世界大战则为五千三百万人（一倍弱）但第二次世界大战结束之后，战争的威胁，紧紧压迫着整个世界，人类几乎无暇“痛定思痛”深谋善后，假定不幸有第三次世界大战爆发，则原子弹之外，加以生物学战争（传播毒菌及使植物腐烂）整个世界将完全毁灭。“人间何世？”9、我们检讨现代战争之原因：⑴自然科学发明，只知控制物质。⑵社会科学之昌明，只谋排制他人。⑶现代世界学术之中还不知道如何控制自己。因人类不知控制自己，故有战争。10、佛教所明，及其修行方法，唯一目的在于控制自己，以求改变罪恶痛苦的人世间，而成极乐世界，故了解佛理，实为每人之要务。（7月18日在基隆市参议会讲）

二、业力之网——1、佛教注重控制自己，故有种种修行方法，其目的皆在于断除烦恼杂染，以养成吾人清净灵明之心境，吾人苟皆有清净灵明之心境，则世界从此安乐矣。2、人若不能控制自己则烦恼杂染，“现行”不息，造成四生六道之轮回，受种种苦——应知“业力不灭”及“生命如网”二义。3、业即事业，举凡一切善业恶业皆包括在内，如中国之孔子，人皆称之为圣人，处处立庙奉祀，此即表示孔子虽死而其业力未灭，关、岳亦然。又谋害岳飞之秦桧与三国之曹操，通常皆称这为奸臣，皆死于一千年前，但现代人对于奸猾之徒，常称之为某某是今之秦桧，或今之曹操，可见秦桧、曹操之业力亦未灭，更举妈祖为例。4、人生于社会，不能不与各方面发生关系，吾人若稍加推测，则吾人虽在基隆，实与整个宇宙有关，英国有一种有趣之学说——英国强由于英人身体好，身体好，由于牛乳好，牛乳好由于牧草好，牧草借土蜂传播花粉。故土蜂多则牧草好。田鼠吃土蜂，故欲土蜂多，则必须驱逐田鼠——猫，英国猫多，故田鼠少，因而土蜂多，牧草好。猫多由于老处女多，因英老处女皆喜养猫。此虽有趣之谈，但可由此而知“生命如网”5、生命如网，业力不灭，合成“业力之网”之观念。又因“业力之网”造成六道轮回——地狱、饿鬼、畜生、修罗、人间、天上。6、战场上人类相互屠杀，即人间地狱，水旱饥馑之年，饿莩载途，即人间饿鬼。寡廉鲜耻，不忠不孝为人中畜生。好战独裁及瞋恨心，障碍心重者为修罗。天则为比较进化之人，皆由于业力所造成。7、人若不能控制自己，回心向善，则轮回三途，受种种苦，反之则成为天人乃至解脱自在为佛为菩萨。8、因果之理明，即应归依持戒——改转恶浊之业力，而为善净之业力，归依三宝，护持五戒。不杀生是仁，不偷盗是义，不邪淫是礼，不妄语是信，不饮酒是智。9、恶浊的业力之网，如渔人之网，腥臭异常，善净的业力之网，如因陀罗网实相庄严，故有极乐世界，及善趣。

三、无常之恸——1、业力不灭，因果轮回之理，昭然若揭，但世人仍不顾因果，敢于为非者，其故安在？——执目见耳闻者为实在，任意追求，而不知世间一切事物均属无常之故。2、清乾隆帝游江南登金山寺，与其住持临窗望江中船只，帝问住持云："世上来往之人，共有若干？"，住持云："二人！"，帝大惊问："何以只有二人？"住持云："一个为名，一个为利"——唐孟东野诗云："世上名利人，相逢不知老"。因为名利之人，不知有老，故执着追求，造种种业。3、唐明皇，当其盛时，与杨贵妃极尽享乐，诚不知天下有"恨"事，谁知安禄山起兵攻击，明皇慌忙入川，又不得不将杨贵妃赐死，他经此打击，才知道世事无常，所以极口称赞梁皇所做的一首傀儡诗云："刻木牵丝作老翁，鸡皮鹤发与真同，须臾弄罢寂无事，也似人生一梦中"，"世间有一大憾恨之事，没有方法可以补足的，是什么？——以前人不能在天上飞，现在可以飞，以前人不能在水底走，现在可以走，乃至如妈祖面前之顺风耳千里眼，现在人人都能，不可谓非科学所赐与的功德，但科学，不能使人不老不死，又若中国古代的秦始皇、汉武帝都是有大力量的皇帝。他们能统一天下，把世界上的人群，当他的子民，但他们虽如此富贵而救不了死，所以晚年都求神仙，希望长生不老，不过都没有效果，而不能不和他们的贫贱的子民一样，同归黄土——死，变坏，幻灭，即所谓"无常"这是天地间一大憾恨事，没有办法可以补足的，所以又以做"宇宙的悲哀"5、西洋古代有一位波斯的薛西斯太帝，统百万大兵，征伐希腊国，当阅军之时，看见军容之盛，非常高兴，自称为"快乐之人"，但此言刚说完又不禁流泪。臣子们奇怪地问他为什么流泪？他说："现在虽有许多人，但百年之后，一个也不在此世界，所以不觉悲从中来也。"薛西斯太帝的见解是对的，可惜他了悟得不澈底，所以不能停止他的战争，而结果大败归去。6、用薛西斯太帝之见解来观看我们自己，以及世界上一切的人，谁个能不老不死，谁个肯放下，所谓："谁人肯向死前休"诚一针见血之谈，人人皆不肯放下，不肯休歇，你争我夺，造成世界的混乱和痛苦，都是庸人自扰——天下本无事，庸人自扰之。7、世人虽不肯放下，但有非放下不可之时，及至那时："万般将不去，惟有业随身"那就苦了。8、佛教为此说六度之法，六度之中以"布施"，"持戒"为先。(度是从生死苦痛的此岸，过渡到真常快乐的彼岸之意)。"布施"即将自己的净财救济贫穷之人，及作种种功德事。"持戒"是为我们自己的行为，设立防范，许多事情不应去做，都是要我们放下之意，能放得下，自然不至于强抢豪夺，造作恶业而受恶果了。——但须从无常的了解起，所以"无常之恸"是入道之初门。

（原载1948年《台湾佛教月刊》第2卷第9号）

华南佛教二三事

抗战以后，作者避难入桂，此次又以返杭过粤，足迹遍桂北桂东，粤北粤南，及香港九龙，所见所闻，颇有可记者。本拟作华南行脚记一文详述之，以筹备南华戒律学院事□□及此。爰书其重要者二三事，以告关心华南佛教者。

铁禅入狱前后，铁禅于广州沦陷期间，以国际佛教协会华南支会理事长名义周旋于敌伪之间，识者早知其必招见报。乃光复后犹拟盘踞六榕，不让贤路，其昏聩无耻有如此者。检举铁禅罪行之人士，为广东省佛教会一部分居士。铁禅入狱之后，闻颇有以此自鸣得意者，亦有切齿于铁禅之未将六榕寺交于其手，而交于虚云老和尚之徒宽鉴者。某居士曾向余言。铁禅如遵照彼等意见，将六榕寺交出，决不至于锹铛入狱。则其内容复杂，可以想见，余不愿于此废吾笔墨。惟可告读者曰：铁禅入狱，罪有应得。广州市参议会议长陆幼刚氏曾以铁禅案件为问，余曰铁禅根本非和尚，彼则抚掌曰："一语破的"。又江九股太史，广州年德最高之绅士也，曾皈依诺那，过去与铁禅颇有来往。与余谈及铁禅亦云彼非和尚，而以佛门为官场，甚至采用强盗手段。其末路如此，诚所谓报应昭彰也。然老僧击狱，开佛门未有之例。就佛教言，当是憾事。至于虚云老和尚之意，则以为铁禅既已向彼求忏悔，彼曾许之；且铁禅已将六榕寺交于宽鉴，改为十方业林，自不必再咎其既往。况沦陷期间，大江南北，僧徒之处敌伪中者甚多，未闻有人被检举。则设身处地为铁禅着想，未免不平。而有人竟利用虚云老和尚广东省佛教会理事长名义，告发铁禅罪行，至使铁禅"捉将官里去"，则实非虚云老和尚之所愿闻。故上月余于云门拜别虚老之时，虚老谆谆以保铁禅出狱为嘱，盖当时犹未知铁禅被判处15年徒刑也。铁禅于宣判之后，虽表示不服，援例上诉，然牢狱生涯，究与地狱相差无几。闻铁禅已患重病，移住法院医院，其家属正办理后事，则诚"死有余辜"矣。

查铁禅系南海县下茅村人，现年八十一岁。俗姓刘，曾为黑旗军刘永福之书记。刘永福与六榕寺老和尚善，常有往来，铁禅因亦为六榕寺之座上客。时六榕寺分为七房，寺产丰饶，据民国四年广东佛教支部第三期布告书所载，六榕寺家长盛宝控告师弟淡容，济航，清泉之禀词云：

一具禀人六榕寺住持僧盛宝，为违背祖规，屡戒不悛，投乞立传讯明，酌予惩治，以中国法而肃家规事。窃六榕寺创自梁代，世守家法。僧附法华林寺出任华林方丈三载。去岁退院，仍为六榕寺家长，维持出门，执行家法，不敢疏忽。乃有不法师弟淡容等迭违祖规，出家后将祖遗物业变卖殆尽。清泉复改扮西装，为人訾议。……

即此可以想像六榕寺之家风矣。铁禅之于此出家，殆别具肝肠也。时为光绪二十三年，年三十二岁。出家后，似即取得全寺之信仰，故光绪三十一年，被所倡变卖寺产二万元报效慈禧太后之提议，能付之实施。而清廷则赐以“清修忠悃”四字匾额。铁禅之露头面，当在此时，然犹未能握得全寺实权。民国元年（1911年），革命初起，兵民假破除迷信之口号，蹂躏寺庙，有中华佛教总会之组织，铁禅因亦成立广东佛教支部而自任总干事。复向六榕寺各房建议，变卖公置铺田，白银一万元作开办费。当时虽获通过。而事后各房颇多悔之。乃控铁禅与曾文醞朋比为奸，威迫六榕寺报效万元作为佛教会开办费于政府，铁禅因此出走南洋。然报效寺产作为佛教会开办费究属公益之事，广东佛教支部争之于粤，中华佛教总会声援之于外，于是民国四年（1915年）镇守使龙观光乃出示保护铁禅，请铁禅返粤主持。铁禅既返，声势赫赫，以前六榕寺与彼为难之各房僧众，尽被驱逐出寺，勒令还俗，其间年老者已六十五岁。铁禅手段之毒辣，不难想见。从此六榕寺及佛教会皆被其一手把持，任所欲为。其后又旧调重弹，报效六榕寺产荔支用四百亩于广东当局，作为联络之媒介。此铁禅亲口向余言及，而自得计者。盖所谓苦肉计也。

自铁禅把持六榕寺后，日惟酬酢于官僚政客之间以自重。佛法精微，彼所不能知，则习书画吟诗以附庸风雅。俗吏眼盲，且喜趋奉，以故多与往还，而彼视佛教同人如陌路矣。闻显慈法师、宝静法师在广州讲经，事前未亲往拜候，铁禅认为藐视，唆使爪牙，拘之于警局，其刁顽都类此。是故六榕寺除男女工役外，平常只住彼一人，享受之丰，拟于昔日之王候。开彼最喜食咸鱼烧腊肉，每餐必具。或有谓彼有妻妾者，则未能证实。惟揆以情理，亦非无稽，又彼系出寒微，余见其俗人家中皆有村气，今则大都富有。或者谓铁禅割六榕寺田产以济之。乃铁禅入狱之后，其弟姪有不加存问，且幸其瘐死者。夫受人之恩而乐人之祸，似非人情，则其间又必有耐人寻味之隐衷在也。下茅村有铁菴一座，闻为铁禅之生祠，产业若干未具报。交出之六榕寺产业，仅水田八十亩，当铺一座而已。至于六榕寺中寺之房屋，除大殿六祖殿外，仅二十余间，又皆光线空气不足者。其余或被人占用，或变为铁禅亲友之私产，一时无法收回。余故曰：“铁禅入狱，罪有应得”。设于此而无现报，因果诚可不必讲矣。

香港佛教近状，语云事在人为，余观音香港佛教联合会而益信。香港沦陷，日寇即注意佛教之利用，首访陈静涛居士谈商。陈居士皈依太虚大师，信行甚笃。

昔日僧林彦明及藤井草宣倡日华佛教学会，及泛太平洋佛教青年协会，皆曾邀陈居士参加而皆遭拒绝，且劝被惑者弗为利用。其目光之锐利，志节之高洁，有足多者。香港陷后，未入后方，且不惜羽毛，延见日僧者，以参加地下组织，受命为杀敌先锋队第二支队总参议也。后陈居士一度以嫌疑被日方拘押，同志二人死之，而彼卒赖日僧宇津木二秀之力保而释，亦云险而智矣。

日人获悉香港佛教情形后，即着手组织。开筹备会时，文部长等均出席，可见其重视。名义本拟定为香港日华佛教联合会，陈居士知为不详，乃发言曰：香港佛徒，除日华籍者外印缅美者均有。若日华教徒有联合会，未知有印缅佛教徒联合会或欧美佛教徒联合会否，在座之日人曰：无。陈曰既无，则日华佛教联合会之名为不当。日人不知陈居士之反对别有深意，且又无以难之，乃另拟名曰香港佛教同盟。陈居士知日人可欺，即又反对曰：同盟之名。义与仪式，华人甚为重视，必血昭告神祇而后可。请问佛会组织成立时，将举行此种仪式否，在座日人又曰无。于是乃遵陈居士之意，而定名为香港佛教联合会。自此名定，而光复以后，仍可沿用。余闻陈居士述此经过，不禁合十诵孔子之言曰："名不正，则言不顺；言不顺，则事不成。必也正名。"陈居士于启会之后，迳向宇井木二秀申说曰：佛会成立之时，如欲彼负名义，则不工作。欲彼工作，则不负名义。宇井木沉思甚久，允以名义加之于茂峰，而请陈居士工作。然所谓工作者，亦不过联络港九佛徒，宣传佛化而已。其时粮食困难，治安紊乱，港九佛徒皆赖此稍得接济。苟延残喘，初无益于日人也。据陈居士云：宇津木二秀系西本愿寺僧，为日贵族院议员，颇有政治地位。早年留学英美二国，攻文学，故精通英文。其来香港，为欲借联络佛教徒之事实，而巩固其政治地位。且亦知中国佛教僧尼，知识水准低落，不生作用，故事之将就，只求不出乱子。然对于僧尼之实际困难，苟向彼请求，必极力帮助。今彼□在亦桂集中当为英人翻译日本文件。每星期六至东莲觉苑一次，港九佛教徒曾受其惠者，都于此时供养之。

去年春，宇井木知日本必败，曾以日僧在香港所购建之西本愿寺分院赠于香港佛教联合会。屋凡四层，约值港币十万元，现开设义务小学两班，陈居士为校长。此外佛教会又将茂峰所主持之东普陀改为十方，接收九龙之志莲净院，是皆可以为香港佛教会之基业者也。现东普院方丈虽仍为茂峰，而系暂代性质。

香港佛教会之设计及奔走接洽者，固为陈静涛居士，而优昙法师，霭亭法师，觉光法师及王学仁，林楞真，妙吉祥三居士之各负责任，戮力为法，使香港佛化，奠定基础，实亦有介绍之必要。优昙法师皖人，住牙昌佛学院多年，收藏法相唯识书籍甚丰备，亦长于唯识家言。曾将《成唯识论》细为分科，拟更据日僧佐伯定胤旁注本《成唯识论》而订正之，则可以为各佛学院之教本。余甚望其能早日完成，嘉惠学者。其所居曰识庐，悉为善信供养，而虚怀若谷，朴实为学，僧青年中不可多得之材也。霭亭法师江苏人，年五十余岁。曾从月霞法师学贤首宗义。过去主办东莲觉苑之宝觉佛学院，法化至广。近住青山之海云兰若。云霞供啸傲，不费买山钱，可以想见其高致。余住广西桂平之西山，延觉光师为监院，一切深得料理，余乃能安心著述。三十三年（1944 年）桂平沦陷之前一月。余离西山，彼亦拟西入四川求学，余赠以一绝云："山门两载赖维持，缘尽西山未忍离。此去好研真佛理，男儿贵不负相期。"乃未及成行而仓皇疏散，避难于桂平乡间，稍经忧困，是或天之所以磨炼人才者。光复后，受其师显明法师命，返港主持宝静法师所创办之香海莲社于跑马地，颇称如法。王学仁居士以从显慈法师习天台宗义，颇有心得，全家蔬食，极为认真。林楞真女居士系东莲觉苑创办人何张莲觉之表姑，故港地佛教同仁，均以表姑称之。朴实修行人也，现为东莲觉苍主持者。早年留学日本，颇娴日语，余见宇津木二秀时，即请彼翻译。妙吉祥女居士系优昙法师弟子，本姓江，聪睿好学。优昙法师讲经说法，均由彼传译。闻香港佛教联合会即改组为中国佛教会香港分会，主持者当不出上述诸人，则香港佛教前途，实有无穷之望。

此外港九各处道场余几皆游遍。青山寺颇有名山风味，其头山门联云："十里松杉藏古寺，百重云水绕青山"，颇称宝。惜十里松杉已于沦陷时被砍尽矣。住持筏可法师不常至。住众十余人，甚清苦。青山寺外，私人齐堂约二十七八处，十九为女众者。以佛缘、长明精舍为整洁。长明精舍住众较多。全青山男女四众约二百人。沦陷期间异常困苦，有饿毙者。大屿山为港九有名之修行场所，然其规模，实不及青山。余至大屿由东浦上山。初一日宿阑小筑。其旁东林别墅法林、莲花台、竹林、等皆残破不堪。惟颜世亮居士之别墅尚完整，亦较精雅。次一日宿大茅篷，即昂平实莲寺，住持亦为筏可法师，赴了江讲经未回。职事僧三人而二人耳聋。此外服役者皆系女尼，亦一怪家风也。海仁法师住"阿弥陀佛"（精舍名），离宝莲寺约一里，室内性相典籍甚多。惜远在广州湾，未获晤谈。此外齐堂亦有二十余处。自昂平逶迤而下五里为鹿湖洞，约有齐堂三十余所，以茂昌尼主持之竹林为如法。其他有妙华禅，普贤禅等，名称怪诞，住众或一人或二三人，皆为穷苦无知之尼僧。盖目前社会，女性所受之痛苦最多，不得已而逃禅，佛门又无法陶冶之，于是结茅深山，自谋衣食以尽余年余深悯之。鹿湖洞下四里有灵隐寺系"南无系"（广东人称应赴僧之谓）之大本营。僧尼同住，香火特盛。余才知客师以法名，彼则应曰"上澈下真"。斯皆可怜虫，以佛门为救济院逋逃薮，而不知其断善根，害佛法也。拔苦与乐，究谁之责欤？

九龙新界之粉岭，大埔、沙田，均有精蓝。已故宝静法师之静庐在粉岭，系购于一法国医生者。房屋仅够一二人住，非常精致。光复初，以无人管理，均被土人拆毁。其旁蓬瀛仙馆系道观，二十六年（1937年）自罗浮冲虚观分来，殿宇无损，花木依然，则其当家未离粉岭之故也。大捕大光园，离车站约三里，主持慈祥女法师。沙田有慈航净院。普灵洞，及西林。慈航净院三十年胡文虎捐资所建，现住女尼三十余人，住持智林。普灵洞本为先天教之精舍，观本法师改为尼众业林。每日上殿过堂，规模整肃。主持观铿，已六十余岁。西林之结构，若杭州之黄龙洞，又若重庆南岸之老君洞，称为“洞天福地”可也。僧尼共住，僧仅三人，而尼则十余人。对于游客，招待周到，故来沙田者多乐住于西山。又荃湾芙蓉山之竹林禅院，亦系僧尼共住者。其尼皆不衫不履，现村妇相。见余等至，各各侧目而视，侧耳而听。余等亦惊疑不置，不敢久留，觅人带路至东普陀。东普陀之建筑虽非宏大，而善施甚多，茂峰法师之力也。正殿倒塌一角，正谋修复，工竣后，茂峰或即退居。香港佛教情形大略如此。涤瑕荡垢，革故鼎新，犹有待于佛教会诸公之潜移默化，箕扬洗炼也。

筹备南华佛学院经过，余与道安法师过广州，本拟住七八日，巡礼各佛教古迹后，即转港赴沪。乃至六榕寺挂单时，正值宽鉴和尚接管寺务之际。宽鉴和尚知余等至，坚留不放。并谓广东佛法衰落已久，铁禅把持六榕寺数十年，今始交出，改为十方业林，或即复兴之兆故拟办佛学院，出月刊及举办其他社会事业，以尽佛徒之天责。且虚云老和尚即至广州，更可从长计议。余等允为暂留，待虚老和尚至，再定行止，故先至香港观光。及自香港返穗而虚老电至，促赴云门。余等乃乘船先至曲江，再乘车至乳源，乳源至云门山仅十余里。云门偃祖，气象如王，不意云门山势，亦殊磅礴。据虚老云，后山绵亘数百里，有桂花潭，周数里，人迹罕至。其前平旷，极目百里，而案山秀出于朝霞暮霭之间，实形家胜地也。修复工程仅天王殿已完工，其他犹有所待。旧时殿宇，矮小不堪，南汉大宝元年云门山光泰禅院，故匡真大师宝性碑，及大宝七年云门山大觉禅寺大慈云匡圣弘明大师碑铭可存。曲江沦陷之前，杜镇远（粤汉路局长）等捐赠云门建筑材料木材三千根，水泥三十余桶，钢骨二十余吨，皆存于曲江，未及运至云门而敌骑出，尽皆损失。是亦修复云门道场之一段波折，否则早已完工矣。余等在云门住三日，每日亲聆虚老谈往事，然后知虚老具绝大魄力决非通常之所谓老修行而已。当蔡松坡主滇之日，其民政长罗某，蓄意摧残佛法。时虚老为佛教会长，设训练班调训各寺职僧，并将全省寺产集中，谋澈底改革。罗某知之，即召虚老至而厉声谓之曰，政府有公事，将所有寺产充公，限三日内办妥，否则严加处分。虚老说明不能照办之理由后，向彼索政府之公事。罗某老羞成怒，直斥虚老之不懂公事。虚老即起立击桌大声呵叱之。罗某恐被辱，逡巡而退。事后虽得蔡松坡之调停，而罗某仍多方为难。虚老乃北走北京控罗某于袁世凯，赖熊希龄之力，卒将罗某调任。其后云南政局变迁，人事日非，虚老整理云南佛教之计划，亦未能实现。又其整理福州之鼓山，将所有班首职事百余名，尽皆革除。虽不逞者放火杀人，百般威吓，而一无顾忌。此则人所共知者也。虚老对于目前佛教现状，非常痛心。常云："有泪只向肚里吞"。对于整理，约分三项：一、限制传戒，二、限制挂单，三、小庙应归业林统理。惟于佛教会整理委员会则不存奢望，以为政府未能授权于整委会，纵有计划，难付实施，此亦经验之谈也。办学亦彼素所主张，以目下僧尼，全无律仪，尤以广东为甚，至遭社会非难，故定名为南华戒律学院。内容则尽可与普通佛学院同。一切章则课程之订定，彼自谦系外行，悉交余与道安法师负责办理。余以戒律学院初办，规模必不能大，目已接受他处聘约，临别之时，向之告辞。虚老恳恳挽留，竟至向余与道安法师三顶礼。并谓彼系一真实出家人。此世未能多作佛事，造就人才，下世还作一真实出家人，完成共志。余等深受感动，即至南华寺与复仁和尚商订章则。复仁和尚对于办学，亦具热心，各班首职事，更表欢迎。余等在南华寺住二日，即将章则课程订定，然后复返广州付印，通告招生。九月开学之时，或能满额。余以种种关系，必须先返杭州，实际主持南华戒律学院者为道安法师及清凉法师。关于戒律学院分为预科（四年）正科（三年）研究部三级之计划，及课程大纲，前已寄交各地佛教刊物发表，此不赘。尚望海内大德进教匡翼之。

其他，余自梧州东下。过端州（肇庆）曾作鼎湖之游。鼎湖本作顶湖，屈大均广东新语卷三云：

> 顶湖者，端州镇山，去郡四十里。从羚羊峡望之，紫翠滴沥，若在帆际。舍舟后，从大蕉园取道入，有白云寺，当山之正觉。……又十里为上龙湫，所谓上飞水潭也。……下三四折为大龙湫，垂绠测之百余丈，不得其底。……又东有数叠泉，经小潭二，一大瀑布，长可三十余丈，是谓大龙水潭。自西菴而下，又有短瀑布八九，小湫潭四，是皆所谓庆云寺也。

屈大均著此书时，尚未有庆云寺。庆云寺自清初楼壑禅师开山以后，始有山志，而"顶湖"作"鼎湖"，以与黄帝铸鼎于荆山之故事相附后，甚无谓也。余等自肇庆至顶湖，未取道大蕉园而以罗隐上山。自罗隐至庆云约十里。山麓寒翠桥，及小憩亭，颇有苏州灵云寺之幽趣而雄伟逊之。自此曲折而上，沿途古木参天，苍翠欲滴。岂视庆寥，令人有超然遐举之感。庆云寺殿堂甚多而杂乱无章，现仅住三十余人。住持某，接见余等时，自谓"龙天推出"，其余可想而知。此间家风，除不住尼僧外，大约与大屿山之灵隐寺相同。每年传戒一次，戒期七天，不燃顶，以故贪便宜者趋之若鹜，诚华南佛教之漏洞也。

广州本有五大业林：长寿，光孝，大佛，华林，海幢。长寿已泯灭净尽，光孝寺即法性寺，其殿宇及达磨井，风幡堂，六祖瘗发塔，菩提树等古迹犹存，而全被文化学院借用。他日有收回之可能。大佛，华林，海幢三寺，皆清初平南王尚可喜，及其子之信所建。现大佛寺仅有大佛三尊，及佛殿侧小屋数间，住僧十余人。海幢寺改作海幢公园，大殿尚有人侍奉香火。舍利殿作为民众教育馆。舍利殿高约二丈，全系白石筑成，雕刻工细。华林寺仅余五百罗堂，有僧数人赖其香火而食。此等僧人皆内服普通有领衬衫，而外罩大领长衫，语言无味，面目可憎。闻其中不吸阿芙蓉者已属“修行人”。尼僧之数，多于男僧，装束同，行业同。所谓师姑听者，尚未绝迹。此广东佛教之现状，而为一般社会所“真知灼见”者，故余等出门，时被人以轻视眼光呼为“南无佬”。然若如来菴，觉苑，太平莲社三尼菴，则悉放下江规矩，与以上所述，迥然不同，则不可谓非庸中佼佼也。

有妄人某，刊印新译《般若心经》及修正本《金刚经》。其心经之标题为《新译般若波罗蜜多心经》（亦名《大智度精要经》）“某某译”。此令人见之，一若俨然从梵本翻译而来者，然彼不通梵文及其他外国文；又不书明依何种古译，而以白话文重译者，称曰新译，实属荒谬。又其修正本《金刚经》之标题为《金刚般若波罗蜜多经》。鸠摩罗什译，某某法师某某修正。此更荒谬。盖其修正若指鸠摩罗什之译文而言，则罗什译文依据梵本，彼不通梵文，何所据而修正之乎？若指经中之义而言，经义系佛说，佛说尚待彼修正，则彼高于佛一等矣，则何为而称佛弟子乎？其愚妄无知如此，而犹以“扶持如来正法，肃清教内邪言。建立佛徒良轨，普遍大地宏扬”为号召，殆有心疾也。此亦广州佛教之一面。（宪）三十五年（1946年）7月25日于南华寺虚怀楼。

（原载《海潮音》27卷第9期）

把握着时代的青春

——讲于北京基督教青年会新民主主义讲座

各位先生，今天鄙人的讲题是“把握着时代的青春”。就字面上看，相当漂亮，而且是带有一点文艺性的。在没有开讲之前，也许大家心里有这么一个感想，一个出家人居然讲这样漂亮的题目，岂非奇事，所以我先要说明，今天讲这个题目，却是因为在青年会讲演的关系，也不是因为目前青年运动，如新民主主义青年团，民主青年联合会等十分蓬勃兴盛的关系；而是十月一日那天在天安门上参加了中华人民共和国成立和中央人民政府主席、副主席、委员就职典礼所引起的感想。

我们中国老早被人家鄙视为“老大帝国”，或“东亚病夫”帝国主义者还曾经说我们中国已经不是一个国家，使我们非常气愤，但是在抗战期和胜利之后，社会上普遍流行着的贪污腐化，没有人道，没有是非，麻木不仁，混乱龌龊的现象，的确使人有所谓“世纪末”的感想。前几天我在北京饭店和田汉、徐悲鸿先生谈到台湾，田先生说，去年春天他到台湾游览，在台东受到少数民族盛大的欢迎，感觉着他们非但不野蛮，不落后，而且还极有新鲜活泼的生气。所以他们要他讲话的时候，他说：“我来到此地，感觉到祖国真是衰老了。以后需要把你们的新鲜活泼的血液，注入祖国的衰老的身体里去。”对于祖国的衰老之感，的确是当时一般志士仁人的共同感想，所以有很多人悲观失望乃至有认为没有前途而消极自杀的。但现在完全不同了，十月一日那天，几万幅五星红旗矗立在天安门前，加上几十万群众的欢欣鼓舞，和人民解放军坚强勇猛的雄姿，开创了历史的新页，也交织成一幅伟大、庄严、诚挚、热烈、肃穆、和谐的画面，尤其是在游行的最后，群众们涌到了天安门口，沸腾着热血，向毛主席欢呼口号，致崇高的敬意，毛主席也伸着壮大的手，向大家高呼。这时候我们忘记了一切，整个生命融入了革命的洪流，使许多老先生都感动得流下泪来，年青的小伙子们也一个个更加坚强起来，这是五千年历史上空前伟大的一幕，在这幕后，“顽夫廉，懦夫有立志”，整个社会贪污腐化，混乱龌龊的现象，一下子扭转过来。我们中华民族真是“返老还童”了，这个时代，真是恢复了“青春”。我因此想起这个题目。

提到“青春”两个字，大家自然连想到“青年”和“春天”。春光明媚，春色无边，常被古今中外的文学艺术家歌咏着、赞叹着。但是“好时候，像水一般，不断的流；春来不久，要归去也，谁也不能留。”这是从前极流行的一段歌词，虽然近于感伤，但也说明了一椿事实，就是：春光虽然可爱，而好景不常，瞬息即逝，谁也把握不住它。从前有两句词：“若到江南赶上春，造成和春住。”这是想把握青春的意思，而结果则是欧阳修的“门掩黄昏，无计留春住。”或辛稼轩的“是他春带愁来。春归何处，却不解带将愁去。”剩下一片凄凉寂寞之感而已。在我国的古典文学里面，这类伤感的诗词最多。如汉武帝秋风词的“欢乐极兮哀情多，少壮几时兮奈老何。”阮藉的“朝为媚少年，夕暮成丑老。自非王子晋，谁能常美好。”李白的“君不见黄河之水天上来，奔流到海不复回，高堂明镜悲白发，朝如青丝暮成雪。”还有见于牡丹亭，而为红楼梦所引用，打动了林黛玉底心弦的八个字：“如花美眷，似水流年。”都是为青春不能常住而发的悔叹，成人亦最深刻。青春，照这样讲是无从把握的，最多也不过像贺方回所谓：“惜春行乐莫辞频，巧笑艳歌皆我意，恼花颠酒拚君瞋。”于是走向享乐颓废慢性自杀的一条路上去。但李元膺说：“一年春好处，不在浓芳。”这就是说，春天的可爱、不在乎桃红柳绿的艳丽煊烂，而是春天里的一花一叶之微、都充满着蓬蓬勃勃，欣欣向荣的生气。那末青年的可爱，决不是因为他的“如花美眷”，而实在因为青年们有坦白、热烈、真诚、勇敢融合而成的朝气。青年们的朝气，是革命的源泉，五四学生运动，就是一个很好的例子。所以豪门、资产阶级家里的公子哥儿们，虽然油头光面，花枝招展，而决非青年。反之，虽然头童齿豁，严眉如雪而没有丧失掉朝气的老汉，倒是道地的青年。此次参加政协的代表当中，年高在八十以上者三人，八十至七十者二十五人、而年纪最轻的只有二十一岁，所以有人说此次政治协商会议是四代同堂。他们都以同样热烈兴奋的心情，参加这次会议，我们能说那许多老先生不是青年吗？青春，照这样讲是可以把握住的。把握了这样的青春，极能把这个时代里、各方面还落后的中国、建设成为独立、民主、和平、统一和富强的新中国。在这样的意义下面，宗教对于新中国建设的前途，是应该有他的立场与作用的。

我们不妨先举基督教的教主耶稣个人来说。他本来是无产阶级，对于当时的统治阶级法利赛人的横征暴敛，虚伪无耻，是深恶痛绝的。所以他在得到了宗教上的大彻大悟之后，凭借着上帝的旨意，坚强的挺身而出，斥责法利赛人道：“伪善的法利赛人，你们应当有灾祸，因为你们在人面前关闭天国。你们自己不进去，而又不许人家进去，你们吞并了寡妇的家财，而假装着替他们祈祷，所以受罪应当更重。”（马太福音第二十三章）他又说：“我到这个世界来，不是叫地上太平，乃是叫地上动刀兵。”（马太福音第十章）“你们贫穷的人有福了，因为上帝的国土是你们的。

你们饥饿的人有福了，因为你们将要饱足。你们哀哭的人有福了，因为你们将要喜笑。但你们富足的人有祸了，因为你们享乐过。你们饱足的人有祸了，因为你们将要饿饥。你们喜笑的人有祸了，因为你们将要哀恸哭泣。”（路加福音第六章）这许多都是非常激烈的革命论调。我们想，假定上帝的旨意是如此的，正符合于人民的利益，所以耶稣常自称“上帝之子”，或“人子”。而在马可福音第十章里，更明白的记载着耶稣对门徒的教训道：“你们知道，外邦人有尊为君王的治理他们，有大臣操权管束他们。只是在你们中间，不是这样。你们中间，谁愿为大，就必作你们的用人。在你们中间，谁愿为首，就必作众人的仆人。因为人子来，并不是要受人的服事，乃是要服事人，并且要舍命以赎众人。”这正是“为人民服务”的剀切的教训。在耶稣的理想当中，天国里面是没有经济制度上的一切阶级，一切私有财产，和个人底优先权利的。人类惟一的合理生活，是竭己所有，尽己所能，以行“上帝”的意志。则“上帝”的意志，实在也就是人民大众的意志。因此他就被统治阶级钉死在十字架上，年仅三十四岁。

佛教教主释迦牟尼的出身，虽和耶稣不同，但他倡导革命，舍己为群众的精神，和耶稣是毫无两样的。他本来是古印度迦毗罗卫国的太子，这个国家虽然不大，而是一个独立的国家，所以在佛教经典上，记载着释迦牟尼少年时代许多贵族的生涯。他17岁和拘利国的公主耶输陀罗结婚，不久生一个儿子叫做罗睺罗，所以释迦牟尼的宫庭生活是非常美满的。但他终于舍弃了王位，抛撇了娇妻爱子出家。这决不是因为受了世俗的什么刺激，而是为着追求真理，为着彻底解放一切众生，普通佛经上说，他出家是因为看见了生老病死和生活互相残害的痛苦现象，感想加以解决的缘故。（未完）

（原载1949年《觉讯》第3卷第12期）

关于佛教的误解

——纠正《联合出版社》高小历史课本

对于上海《联合出版社》印行，高级小学适用临时课本历史第一册第十五课的修正意见。

甲　原文：

[**佛教的传入**]佛教产生在印度，汉时由西域传入中国。原来印度有一个国王的儿子，叫做释迦牟尼。他感到印度等级制度的不平，又没有改革的勇气，心里非常苦恼，于是出家修道，创立佛教，他说，人的富贵和贫贱，都是生来命定的，只要能够忍受眼前的痛苦，死后就会升“天堂”，来生也能过幸福的生活，这是骗人的鬼话。

[**佛教道教的盛行**]在南北朝大动乱的时代，没落的地主贵族悲观失望，需要寻求精神上的安慰。所以有很多人信仰佛教和道教，过着没有生气的道士和尚的生活，当权的统治阶级看到宗教信仰可以使人失去反抗斗争的意志，便有意的加以鼓励。许多寺院占有广大的田地，对农民实行剥削。于是宗教就不仅是麻醉人民的工具，而且是剥削人民的工具了。

从南北朝以后一千多年间，佛道两教对我们社会影响很大。民间流传的会门和教门，都是两教的小流派。

乙　修正的理由：

一、释迦牟尼是成佛以后，人家尊称他的名号，意义为“释迦族圣人”。他原来的名字是瞿昙，或译乔答摩。

二、释迦牟尼感到印度的等级制度的不平，心里固然很苦恼，但也积极从事于改革。他的舍弃王位毅然出家，和乞食的沙门为伍，就是以无比的勇气从行动上打破阶级制度的表现。成佛之后更提倡每个人可以成佛的平等真理，与主张阶级制度的婆罗门教斗争。受到许多诽谤和迫害，但他一一克服了，赢得广大群众的信仰，这又是他以无比的勇气，实行改革阶级制度的经过。据日赤松祐之著《印度民族史》云：“佛教对印度民族社会生活上所给予最大影响，即为废止由人种偏见而起的四族籍制度。自此以后，印度诸种族心理上始发生国家国民之统一观念。合全印度而为一国家的摩竭陀国孔雀王朝之所以兴盛，实基于此。”这是一个历史的证据。又古代印度的所以能够打退亚历山大的侵略大军，也完全由于佛教徒团结印度种族，群起反抗的缘故，这更是一个强有力的历史证据。

三、佛教经典里所说的“命”，如八正道的“正命”，指每个人的生活而言，并不含有中国人所谓命运的意义。同时佛教否定神的存在，自然反对神有操持或支配人类命运之权。又佛教虽言因果，而因果之权操之在我，所以佛教非但反对命定论，而且还是主张“造命论”的。原文所谓“人的富贵和贫贱都生来命定的，只要能够忍受眼前的痛苦，死后就会升天堂，来生也能过幸福的生活，这是骗人的鬼话。”实系无稽之谈。

四、“和尚”指信佛的出家者而言。南北朝的贵族地主既过着和尚的生活，应该个个都出家，但是翻开历史，却巧是一个“否”字。又佛教既反对“定命论”，更积极地从事于阶级制度的改革，所以佛教徒的生活不是“没有生气”的。佛教史上许多高僧大德，不妨举唐代的玄奘大师为例，他不辞千辛万苦，从中国到印度去留学，学成回国，翻译了几千卷经，对于我国文化各方面，发生了很大的影响，同时他对当时的外交和内政，也参加不少意见。南北朝时的道安、慧远和鸠摩罗什等大师，其艰苦卓绝的高尚人格，也和玄奘相仿佛，这绝不能不负责的用“没有生气”一句话，加以诽谤的。

五、佛教在中国共分八宗，自然也有小流派，如禅宗的五家七派，天台宗的山家山外，但决没有会门和教门。会门、教门是假冒佛教名义宣传迷信的邪教。譬如托派、汉奸假冒共产主义或三民主义以进行反革命的活动，我们能说托派、汉奸是共产主义或三民主义的小流派吗？

丙 拟定的修正文字：

［**佛教的传入**］佛教产生在印度，汉时由西域传进中国。原来印度释迦族有一个国王的太子，叫做瞿昙，他感到印度等级制度的不平，心里非常苦恼，于是舍弃王位出家修道，创立佛教。他说：人的富贵和贫贱不是生来命定的，每一个人都应该照着真理，为自己光明的前途而努力。在真理里面是平等平等，没有阶级的。因此信仰他的人很多，尊称他为佛（觉悟者）及释迦牟尼（释迦族的圣人）。

［**佛教道教的盛行**］佛教传入中国之初，自始就和方士（即后来的道士）混在一起的。又因为佛教重要的经典，还没有翻译出来，一般信佛的人，对于佛教的认识都是迷迷糊糊，和道教分不清楚的。在南北朝大动乱的时代，没落的贵族地主悲观失望，需要寻求精神上的安慰，所以有很多人信仰道教和佛教。当权的统治阶级看到宗教信仰有利于统治，更有意的加以鼓励。许多寺院占有广大的田地，对农民施行剥削。于是宗教就不仅是麻醉人民的工具，而且是剥削人民的工具了。从南北朝以后一千多年间，佛道两教对我国社会影响很大。民间流传的会门和教门，都是道教的小流

派，有时假冒了佛教的招牌妖言惑众。

（原载《弘化月刊》1949年第5卷第102期）

先立乎其大者

——佛教的人生观之二章

“先立乎其大者”这一个标题，本来是儒家的格言，见《孟子·告子》篇。汉赵岐解释道：“先立乎其大者，谓生而有善性也。”宋朱熹集注谓：“天之所以与我者，心为大。若能有以立之，则事无不思，而耳目之欲不能夺之矣，此所以为大人也。”我觉得都是酸溜溜的迂阔之谈，没有挖掘出孟子的本意。孟子明明以“思则得之”为大，则所谓大者，重在“得”字上面。得个什么呢？其实就是要我们利用思考的本能，确定一个崇高伟大的目标，做日常行为的依据而已。我们看，孔子自己说“天生德于予”，孟子自己说“当今之世，舍我其谁”，耶稣自己说是“人子”或“上帝之子”。这许多历史上的伟大人物，都自命不凡的夸下大口来，正表示他们思已得之，确立了伟大的目标。所以才能够“富贵不淫，贫贱不移，威武不屈”，坚贞不拔地完成他理想中的事业。一个人如此，一个团体、一个政党的能够成功与否，也是这样的。

刘少奇《论共产党员的修养》一书中说：

共产主义事业到底是什么一回事？我们党员到底要怎样去进行我们的事业？我们共产党员最基本最一般的责任，就是要实现共产主义，就是要把世界改造成为共产主义的世界。在那种世界里，没有剥削者，压迫者，没有地主，资本家，帝国主义和法西斯等。也没有受压迫，受剥削的人民，及黑暗，愚蠢，落后等。在那种社会里，人类都成为有高等文化程度与技术水平的，大公无私的，聪明的共产主义者。人类中彼此充满了互相帮助，互相亲爱，没有尔诈我虞，互相危害，互相残杀及战争等等不合理的事情。

共产党员，是有最伟大的理想，最伟大的奋斗目标，同时还有最切实的实事求是的精神和实际工作，这就是我们共产党员的特点。我们共产党员这种伟大的胸怀与气魄，是人类历史上以前任何英雄豪杰所不能的，在这一点上，我们是完全可以自豪的。我们的党员，已经不是什么普通的人，而是觉悟的无产阶级的先锋战士。

这一段话使我们看了不能不深受感动，但是也有许多人反而会发出惊疑的感想。因为通常的人都以为共产党是讲现实主义的，而提起了现实主义，常常使人想起只顾眼前利害，没有远大理想等一类庸俗的见解，其实是错误的。日丹诺夫说："表现苏维埃人民的崇高的品质，不但表现我们人民的今天，而且还展望他的明天。"法捷耶夫也说："在俄罗斯文学中现实主义更多地结合着浪漫主义的色彩，和对于未来的向往。所以社会主义的现实主义，就是把生活按着他的发展来表现，是把今天的生活真实地表现出来，使我们从里面看到未来的种子。"高岗在《荣誉是属于谁的》一篇文章里面更有力地说道："我们共产党人，是有翻天覆地的伟大理想的。是自觉的献身于革命事业，为人民忠诚服务的战士。"这里所谓"明天"，所谓"未来的种子，"就是"最伟大的理想"，也就是所谓"大者"。全世界的共产党人先确立了这个"大者，"所以苏联共产党才能战退白军和十四国联军的进攻而完成十月革命，才能击败希魔的疯狂侵略而保卫世界和平。中国共产党才能经得起二万五千里长征的艰难困苦，进而战胜帝国主义所支持的国民党政府的几百万大军而解放全中国。可见社会上无论做什么事，不先确立一个伟大的理想做奋斗的目标，一定是没有意义，也决不会成功，何况学佛！

在这时候提到学佛，当然属于宗教信仰范围之内。马克思以宗教为"人民的鸦片"，列宁解释道：

劳动群众在社会方面备受压迫，他们在资本主义的盲目势力面前，在这些时时刻刻使普通劳动民众受到比任何一种非常事变，如战争、地震等等所引起的最大灾难和最大苦痛，还要厉害千倍的盲目势力面前似乎毫无办法，这就是现在最深刻的宗教根源。"神是恐惧心理所造成的。"现代宗教的根源就是害怕资本盲目势力的一种恐惧心理，而这种势力确实是盲目自发的势力，因为民众不能预察到他，因为他使无产者和小私有主随时随地都可能遭到，而且其遭到突如其来的，出人意料的，偶然发生的破产、灭亡，变成乞丐，变成穷人，变成娼妓，死于饥寒的危险。(《工人政党对宗教的态度》。)

照列宁这样的说法，所谓宗教是指西洋的宗教而言，与我们佛教没有什么关系，因为佛教主张依法不依人，依义不依语，依智不依识，依了义经，不依不了义经（《大涅槃经》卷六）根本反对盲目的崇拜，更无所谓"神"，这在第一章里已经提到过了。现在我们再来看看释迦牟尼在"因位"中，就是还没有成佛而在学佛的过程中，做了些什么？

过去之世有大国王，统领国土。王有六子，各领一国。时有大臣计谋兴兵，杀彼大王及其五子，其第六子夫妇作计，即共将儿，逃奔他国。持七日粮，计应达到。惶怖所致，错从曲道，行经十日，犹不达到，粮食之尽，因饿垂死。王子思惟，三人并命，苦痛特剧，宁杀一人，存二人命。即便拔剑，将欲杀妇。儿顾见父，合掌白言，愿父今者，莫杀我母，宁杀我命，以代母命，父用儿语，欲杀其子。子复白言，莫断我命，若断我命，肉则臭烂，不得久停，或恐父母不得前达。不断我命！须臾削割，日日稍食。未到人村，余在身肉，唯有三脔。子白父母，此肉二脔父母食之，余有一脔，还用与我。掷儿放地，父母前进。……佛告阿难，尔时小儿，我身是也。(《杂宝藏经》卷一《王子以肉济父母缘》)

佛告诸比丘，过去之时，有一仙人，在山林间。时世大旱，山中果瓜根茎枝叶悉皆枯干。尔是仙人共兔亲善，而语兔言，我今欲入聚落乞食。兔言莫去，当与汝食。于是兔便自拾薪聚，又语仙人，必受我食。作是语已，即大燃火，投身著中。仙人见已，作是思惟，此兔慈仁，我之善伴，为我食故，能舍身命，实中难事。时彼仙人，生大苦恼，即取食之。尔时兔者，今我身是也。(《杂宝藏经》卷二《兔自烧身供养大仙缘》)

佛言，过去之世，雪山一面，有大竹林，多诸鸟兽，依彼林住。彼时林中，风吹两竹，共相揩磨，其间火出，烧彼竹林。鸟兽恐怖，无归依处。尔时有一鹦鹉，深生悲心，怜彼鸟兽，捉翅到水，以洒火上。悲心弘旷，精勤不懈，必当灭火，若尽此生不能灭者，更受来生，誓必灭之。尔时鹦鹉，今我身是也。(《杂宝藏经》卷二《佛以智水灭三火缘》)

上面的故事，当然带有神话的色彩，但也非常可爱。佛弟子中居然有这样做的，《梁高僧传》卷十二云：

释法进，凉州张掖人，为沮渠蒙逊所敬。逊卒后，安周继景环而立，值岁饥荒，死者无限。周既事进，进屡从求乞以赈贫饿，国蓄稍竭。进不复求，乃净洗浴，取刀盐至深穷窟饿人所聚之处，次第授以三皈，便挂衣钵着树，投身饿者前云，施汝共食。众虽饥困，犹着不忍受。进即自割肉拄盐以啖之。两股肉尽，心闷不能自割，因语饿人云，汝取我皮肉，犹足数日，若王使来，必当将去，但取藏之。饿者悲悼，无能取者，须臾弟子来至，王人复至，举国奔赴，号叫相属，因举之还宫。周敕以三百斛麦，以施饥者，别发仓廪，以赈贫民。

王子自觉地献身于其父母，兔子自觉地献身于仙人，鹦鹉自觉地献身于同林的鸟兽，法进大师自觉地献身于当时的灾民，这难道是麻醉人民的鸦片？自觉地献身就是所谓“立”，能立，才能成其所谓“大”。那么我们在这时候应该如何“立”呢？

提到“立”，很自然的会使人想起，“蓬生麻中，不扶自直，白沙在泥，与之俱黑”几句话。这就是说，一个人的能立与否，决定于他周围的环境，他自己可以不必负什么责任。目前作这样讲法的很多，当然是有相当理由的。但是生于麻中的如果不是蓬而是茑萝，丢在泥里的也不是白沙而是白银或黄金，恐怕就不一定会自直或者变黑。所以单从一方面看问题，往往会变成机械论，失掉普遍妥当性而不成其为真理。那末我们要有所“立”，决不能片面地依赖客观的条件，而是应该争取主观的努力的。照目前佛教的客观环境来说，我认为迫促我们走向“立”的条件，已经很够，所差的就是主观方面的努力而已。以下讲我们佛教徒，在主观方面应该如何“立”？

宋朝有一位诗僧，诗甚工而没有什么名气。一天，踏着大雪去看一位名流。投了名刺进去，里面说不认识挡驾，他说他能做诗。那位名流叫他即景做一首诗，他笔不停挥的写了一首七绝道：“六出奇花已住开，郡城相次见楼台。时人莫把和泥看，一片飞从天上来。”名流见诗大喜，延入待以上宾之礼，为的是敬重他的末了一句。我们从这首诗上，也可以知道那个诗僧决不是追逐声气，混骗酒食之徒，而是有点骨气的，因为他知道尊重自己。毛主席有一首寄调《沁园春·雪》的词，后段道：“江山如此多骄，引无数英雄竞折腰。惜秦皇汉武，略输文采。唐宗宋祖，稍逊风骚。一代天骄，成吉思汗，只识弯弓射大雕。俱往矣，数风流人物，还看今朝。”这是何等口气，比那位诗僧的“一片飞从天上来”，自然更觉轩昂磊落，虎虎有生气。尊重自己应该是这样尊重的。能尊重自己者才能有所立。

明于谦是一位大忠臣，凡研究过明朝历史的都知道。他小时候《咏石灰》的一首七绝诗道：“千锤万击出深山，烈火焚烧若等闲。粉骨碎身都不怕，要留清白在人间。”这是表示他从小就有一种坚贞不拔的性格，所以身当土木之变，能够力排众议，砥柱中流，把危险的局面扭转过来。又宋人《咏稷榈》的一首五言绝诗道：“叶似新蒲绿，身如乱锦缠，任君千度剥，意气自冲天。”与石灰诗同一意境，都值得我们反复吟诵的。因为时代彻底改变了，我们对于光明的到来虽然鼓舞欢迎，而艰难的一段苦痛过程是决计免不了的。就算他是产妇临盆前的阵痛吧，也得熬过这个痛苦，何况还有生下孩子以后的乳哺教养。所以在这时候还要做一个佛教徒，或者改革佛教，没有“粉身碎骨都不怕”，“任君千度剥，意气自冲天”的精神是立不住脚的。我们再看看共产党还在地下工作，游击作战的时候，许多同志肝脑涂地，牺牲在牢狱里。战线上，也有许多同志深入地底，冻卧坚冰，草根树皮当口粮，牛溲马溺当茶饮，真是吃尽人间未有之苦，才有今日的成功。假定那时候共产党员都熬不过痛苦艰难，纷纷退堕下去，就是有毛主席，又怎么样呢？

又宋施逵是一个相当有才气的人，在他二十几岁的时候，有一位财主看他很有前途，愿招赘他做女婿，他借咏鹞做了一首诗推辞道："毛骨英灵志性奇，摩云专待整毛衣。虞人莫便张罗网，未肯平原浅草飞。"这首诗非常有趣，而且也很有意义。譬如释迦牟尼，好好王帝不做，偏要出家，出家修道之后，波斯匿王劝他还俗，并且愿意分一半江山给他，他掉头不顾，还是出他的家，恐怕也是"未肯平原浅草飞"。又如各民主党派的领袖们，和若干共产党的干部，当初蒋介石是想笼络他们的，而他们避之若浼，走向人民，否则那会有今天的光荣。

尊重自己，不怕艰苦，不贪小利，才能立得稳，立得久，才能显得出肝胆、胸襟、和担当来。"铁肩担道义，辣手著文章"，此之为担当。"仁以为己任，不亦重乎，死而后已，不亦远乎，"这也是担当。禅宗门下更要人家超佛越祖。佛是洞彻真理，修养到最高阶段的至圣，当然更无可超，祖则代佛宣化，如佛说行，当然也无可越，但学人不能无此气概。有此气概，则"长缨在手"（毛主席词），目无全牛，才能担得起承先启后，彻底改造佛教的艰巨工作。地藏菩萨"我不入地狱，谁入地狱"，"地狱不空，誓不成佛"的精神，即从担当中来。否则望洋兴叹，画地自限，未有不得少为足，半途而废的。"胸襟"两个字的讲法很多，像周敦颐的"光风霁月"，黄叔度的"汪汪千顷"，以及司空图诗品里面的冲淡、旷达、飘逸、豪放等等，都可以拿来做注解，这里不谈，我们只是要"开拓万古心胸"。万古这一个词，不仅囊括无量无边的过去，也包含无量无边的未来，所以一个有胸襟的人，固然可以像陈子昂那样"念天地之悠悠"，而不必怆然泪下。相反的，他要把整个生命投入全宇宙的滚滚洪流之中，以开发其无穷尽的宝藏，而争取自他物我的欣合无间。菩萨行是从这里出发的，也只有这样才说得上肝胆。肝胆照人，就是能以性命相见。上文所述王子以肉济父母，法进舍身救饥民，即肝胆的表现。天下只有肝胆照人者，才有气节，才有魄力，才可以共患难、任死生；以性命相交，才能为真理而生，为真理而死，否则支支吾吾，唯唯诺诺，不是乡愿，就是伪君子、假道学。到了紧要关头，犹大可以出卖耶稣。

宋佛印了元禅师道："三世诸佛，无非有血性的汉子"。这真是探骊得珠，一针见血之谈。上文所谓担当、胸襟和肝胆，其实都可以包括在"血性"这两个字内。有血性的汉子，不愿意随俗俯仰，空过一生，纵使没有读过书，不识一个字，也有胸襟。有血性的汉子以遮遮掩掩、将将就就为可耻，故有肝胆。有血性的汉子不把自己看得太起码，乃有担当。佛教史上像唐初的六祖惠能，明末的密云圆悟，开始都是目不识丁的钝汉，而终能"见性明心"，成为一代大师者，无非也是有血性的关系。又如法显、玄奘、义净、鉴真等大师，功业彪炳，千古早有定论。从他们坚苦卓绝的行谊上研究起来，知道他们的成功，决不是偶然的。他们都有一段真精神，光芒四射，这也就是“血性”的表现。讲到这里，我们才知道禅宗大德，为什么要拿“皮下见血”的观点勘验学人。我们想，一个人皮下如果不见有血，那还成其为人吗？则所谓血性，实在就是人性，人之所以为人者在此。我们从这里立定脚跟，成佛作祖，绰绰有余。

“立”字讲明白了，再讲我们佛教的所谓“大者”。《法华经·方便品》云：“诸佛世尊唯以一大事因缘故出现于世。诸佛世尊欲令众生开佛知见使得清净故出现于世，欲示众生佛之知见故出现于世，欲令众生悟佛知见故出现于世，欲令众生入佛知见故出现于世，是为诸佛以一大事因缘故出现于世”。一大事因缘指开示悟入佛之知见而言，当然不同于孟子所说的“大者”。但这里不过借用孟子的话，并不是讲孟子的道理，所以“一大事因缘”，也可以说就是“大者”。那末所谓“一大事因缘”究竟作何解说呢？吉藏的《法华玄论》，智者的《法华文句》，窥基的《法华玄赞》，各就所宗，详加注释，都可以供参考，而都不免专门一点，难使初学者把握住重心。所以这里不想引用这些章疏作为解说，而要把横渠“四句话”提出来讲讲。

横渠张载是二程的母舅，伊川说他有霸气。我们从他的“为天地立心，为生民立命，为往圣继绝学，为万世开太平”四句教上看来，可以知道伊川的批评是很对的。为天地立心的心字，作中心解，也就是从客观存在的天地之中，找出普遍的真理出来，作为中心思想的意思。用这个中心思想，给人民建立正确的人生观，使大家走上正当的生活之道，就是为生民立命。这个客观真理既然是普遍的，我们能发现，以前的人也一定有发现的。以前的人发现在前，对我们有启发作用，我们发现在后，对前人有扩充的作用，这叫做为往圣继绝学。假定把这个真理维持不坠，并且使他日益光明，则天下万世，不复再有压迫、纷争、剥削、战斗，以及黑暗、愚蠢、尔诈我虞的事情，此之为开万世太平之业。照这样说来，我们的责任是非常重大的，所以不妨拿来作为“大事因缘”的注解。我们如果再牵强附会的话，很可以把这四句教配合于开示悟入，那就混儒佛为一谈了，似乎不大妥当。

不过我们要知道，释迦牟尼成佛以后，四十九年席不暇暖地宣传他的教理，也无非是为众生树立一个中心思想。同时他又告诉我们如何立正命，建净业，积极改变染污的习气。并且还承认他所了悟的真理，不是他独得之秘，在他之前，有许多许多众生，成了佛，同他“一鼻孔出气”，在他以后，也有无量无边的众生要成佛，同他“一鼻孔出气”。他不过在这中间，尽其继往开来的责任而已。这似乎比“为往圣继绝学”，讲得更透澈。至于为万世开太平，则是每一个圣贤所共同黾勉从事的。张横渠有此识量，释迦牟尼更为广大。所以用横渠“四句教”来解释“一大事因缘”，似乎也还函盖上称。那末一个真正的佛教徒，应该有“为天地立心，为生民立命，为往圣继绝学，为万世开太平”的胸襟和担当。把这个胸襟和担当，与共产党所谓最伟大的理想相比较，似乎并无冲突。佛教同仁们，我们在这时候，谈信佛，谈改造佛教，决非单是为了佛教，而是通过我们对于佛教的确切认识，和真实信仰，要为天地立心，为生民立命，为往圣继绝学，为万世开太平。佛教同仁们，我们应该使这个最伟大的理想付之实现，不能草草地混过一生，就算了事。

但是过去佛教界所表现的又是怎样呢？恰恰和上面所说的相反，——“先立乎其小者”。这个我在下面几章里还要讲到。现在先拈一则公案出来谈谈。宋王安石深信佛教是大家知道的，有一次人家问他，儒家自孟子以后，为什么没有人？王安石直接了当地回答道：“儒门淡薄，收拾不住英雄，英雄豪杰都走入佛门去了”。所谓淡薄，究竟是什么意义，王安石并没有说明。据我猜测，恐怕是说，孟子以后，儒家学说经过两汉魏晋师经的搀杂附会，老早把孔孟的真面目、真精神掩盖住了，人家所看到的，所用到的，只是一个空壳子而已。空壳子里不能满足英雄豪杰的要求的，所以称之为淡薄。而唐宋以后，我们佛教又为什么也没有像样的人呢？我们不妨模拟王安石的口气说道：“佛门淡薄，收拾不住英堆，尤其是在最近几十年里，英雄豪杰之士都走入共产党那方面去了”。这个所谓淡薄，也是空壳子的意思，而空壳子的所以形成，我以为是由于佛教徒的“先立乎其小者”，不能归罪于释迦，也像儒门淡薄之不能归罪于孔孟一样。譬如，宋朱熹在庐山东林寺见了慧远大师的画像说道：“此人若不出家，不做大官，必做大贼”。可见慧远大师的英气逼人。而我们现在所见到的师僧们，大都是“语言无味，面目可憎”，当然更谈不上其他了。又我在《人民政协对于佛教改革的启导作用》一文里面，提到我北来以后，见闻所及，深深的感觉着中共的领导人物，大都是狂狷之士。狂者进取，狷者有所不为，正是有“血性”的表现。因此他们能够忘死生、冒万难以战胜黑暗。现在成了功，政治上又是那么清明廉洁，公正和平。而我们佛教徒呢？大都躲在墙角落里，颤巍巍地修他个人的行，碰上什么困难，只是磕头碰脑求菩萨感应。同时我又感觉着佛教界里有下列两桩大毛病：一、愈是讲修行的人，心量愈小，有时简直连一点起码的同情心都没有。二、不讲修行或乱讲修行的人，则肆无忌惮，连一点羞恶是非之心都没有。这怎么能谈得上胸襟、肝胆和担当。佛门淡薄，自此而来。我们佛教假定还是这样淡薄下去，不要几年，就会归于天然淘汰，用不着人家费力来打倒。所以我们现在如果要续佛慧命的话，先要把这个已经淡薄了的门庭充实起来，庄严起来，否则决无希望。从什么地方充实起来，庄严起来呢？“先立乎其大者”！

（原载《弘化月刊》1950 年第 6 卷第 108 和 109 期）

在北图参加
《赵城金藏》展览座谈会发言

1950年5月14日下午4时，在北京图书馆参加《赵城金藏》展览座谈会的有：

于力、范文澜、王冶秋、马叔平、向达、韩寿萱、周叔迦、巨赞、晁哲甫、季羡林、张文教、程德清、王重民、赵万里。

巨赞法师发言：

《赵城金藏》曾经调查过，也写过经藏雕印考确定为善本。关于保藏方面，如用广西宣纸，本人可以请香港人士捐助若干以裹善本。

（录自“座谈纪要”）

致全国各佛教团体函

全国各佛教团体公鉴：

查佛教造像（包括金、木、土、石、纸、绢等一切佛像而言），乃示人以最圆满最庄严的人体典型，无论其作风的或慈或威种种不同，而其垂范的作用则一。从艺术观点以言，每一尊像，都代表和反映了某一时代某一国家人民的实际生活动态。所以佛教的造像艺术，在世界美术史上，占了极高的地位，是研究社会发展史的大好资料，确有保存的价值。至于瞻礼佛像的功德利益，载在佛经，兹不具说。

至于佛经，乃是佛祖自行化他，破迷发悟，阐述人生宇宙真理的指路牌，并无迷信和神秘的色彩包藏在里面。所以苏联和东西洋的科学工作者，现在都正竭力从事研究和探讨。

可惜！我国近来因为若干人士对于文化古物的认识不够，和另外一部分佛教徒不能在经济艰困的过渡时期自力更生，以致造成了破坏佛像和毁灭佛经的恶劣现象。凡此种种，对于中华民族文化的损失，非常浩大，言之至堪痛心！

中央人民政府，对此特别注意，曾经文化部文物局郑局长大声急呼吁请各地方政府，各机关团体，各级人民，一致设法保护一切有关文化的建筑和经典、造像等。但恶劣的情势犹未终止，危机依然存在。

上海市佛教同仁，有鉴于此，特组织了一个“佛教经书护持流通委员会”，遇有散佚的法物，即行备价收购，以免毁灭，这实在是一件大功德事。但是全国法物为数太多，且常有被盗卖的情事发生，如果护持之责，完全责成上海佛教经书护持流通委员会，不特收不胜收，并且也欠公允。为此吁请全国各佛教团体，密切注意当地法物保存流通的情形，如发现盗卖经像等情事，请依据中央法令严加制止，以保文化而维圣教，不胜馨香祝祷之至！此致

敬礼！

（原载《弘化月刊》）1950 年第 6 卷第 112 期）

建立正法幢

——1951年6月23日在佛青星期讲座演讲

各位居士：

今天有很好的因缘和大家见面，能够商量佛教问题，谈谈怎样在佛教中建立正法幢，本人感到非常愉快。

首先，我们对“正法”二字来作一个简单的解释。提到正法，连带就会想到象法和末法。在佛教中关于正法、象法、末法的年代传说不一，比较普遍的是指正法五百年，象法一千年，末法一万年。如果照这样说现在应该是末法时代，不可能建立正法幢了！其实并非如此，根据佛经记载，当时释迦世尊在印度说法共计四十九年，印度人民中有三分之一，听了佛法信受奉行的，可以说是正法；有三分之一的虽闻到佛的名号或说法不知奉行的，可以说是象法；又有三分之一的根本就没有听到佛法，可以说是末法。所以我认为所谓正法、象法和末法，应该看自己的努力与精进而决定。就在现时代，只要我们勇猛精进，奉行佛道，就是正法，否则不自然而然地就会陷于象法或末法。因此在这时代里，建立正法幢是最为需要和适当的。

其次，我们要谈的是在新民主主义的社会中，在中国共产党领导的人民政权下，是否可能建立正法幢？我们不妨将事实来对照一下：以上海来讲，解放以前是被称做“冒险家的乐园”的，是蒋介石统治下的罪恶渊薮所在，一切地主、买办、恶霸等的集中点，根本谈不上什么道德法理。因此有人以“中国不亡，没有天理”的语句，来形容当时的罪恶和无耻，其实亦并不过份。解放后才二年，上海基本上是被改造了，社会道德的水平被逐渐地建立和提高，尤其是在大张旗鼓镇压反革命之后，为非作恶的奸匪都被处决与管制，不敢捣鬼扰乱。我这次在浦东洋经区某乡参观土改的时候，有位农民说：“政府帮助我们翻了身，我们要协助政府来镇压反革命份子，布下天罗地网，使他们上天无路、入地无门。”的确在新社会里，坏人是没有立足的余地的，这社会是善良人民的社会。从政治想到佛教里所说的《卅七道品》中的“八正道”，八正道就是要我们依正修行。上面所说的几件事实，在精神上是与八正道相合的，所以我们在现时代要建立正法幢是具备客观条件的，一切的怀疑都可不必。

我们再来谈谈在“空间”上是否可能建立正法幢？我的回答是可以的。因为在中国，流传保存的佛教法宝最多，祖师的出现也最多，我们具备了这许多丰富教理遗产的条件，怎么不可以把正法幢建立起来呢？何况，在亚洲，像印度、日本、泰国、越南等国家都还没有走到新民主主义的道路，假使我们把正法幢建立好，在佛教方面讲，我们就是他们的老大哥。

上面是条件，我们再来研究一下建立正法幢的内容。这里发现一个问题，就是以前的法幢是不是不正的呢？

不容讳言，佛教在过去二千年来，由于长期封建统治的影响，不免蒙上了许多封建迷信的尘垢。譬如一般人常把和尚说做“出世与方外”之人，其实出世与方外不能混为一谈。出世是佛教的正法，方外出于《庄子》所说“游于方之外”，不但不是佛家语，而且更代表着浓厚的封建意识。出世的意义是什么呢？我在《佛教徒的爱国主义》一文中曾摘要指出是：“控制自我，主宰因果，把握生死，创造更高的生命！”所以以出世来比方外，很显然的可以看出方外是消极的，妄想超政治，逃避现实的。而出世却是积极的，它的目的是远大的。那种把出世与方外混为一谈的错误说法！的确是严重地损害了佛教的精神。又譬如讲到因果，辨证法亦谈因果，自然科学中也有讲因果。许多受了封建意识影响的人把佛教的万因果律歪曲了。说什么被剥削的人应该受剥削，因为这是“命”呀？其实那不过是荒谬的“定命”论。佛教讲因果，有一个原则：就是我们不是受因果支配，而是要主宰因果。例如：唐时有个宰相，问一位出家大德说：“我现在丰衣足食，你说该享受呢？还是不享受？”那位大德说“你享受是你的禄，不享受才是你的福，要培福应该不享受。”可知想享受，剥削别人的决不是福报，要“控制自我，主宰因果”才是正确的佛教因果论。从这些事实看来，佛教在过去受了封建统治的限制，正法方面的确发挥得太少，有许多说法且受到封建意识的影响而被歪曲，我们应该及时的把它澄清和纠正。

至于修行与了生死，我们也应该有正确的认识。一般的学佛可分修学、修持、修行三类。修学是只注重学教，没有实际工夫，所以缺乏信心，解放后垮得最厉害的就是这一派。有修持工夫的，他们都切实的得到念佛、持咒、坐禅……等的利益，就不肯轻易离开佛教。事实上修学、修持也只不过是启信，是修行的准备，不能就称为修行。所谓修行，应该是念念与佛说的戒定慧相应，行住坐卧都能贯彻融化佛的理论，切实做到身、口、意三业清净。当然这是很不容易的，我们在认清了这个目标后，就得努力修学和修持，完成修行的准备工作，来“把握生死，创造更高的生命”。

还有，讲到“了生死”，许多人都把它误解为“等死”，那是有偏差的。

佛曾告诉弟子们“人命在呼吸间”，就是说我们必须注意举心动念，随时修行，使临终一着有决定性的把握。如果忽略这一点，只是在“死”字上用工夫，那无怪有人要挖苦佛教是“人死哲学”了。

总括起来，我们要建立正法幢。以前的不是不正，而是有些变质。好像装金的佛像上被堆满了很多灰尘。我们当前的任务是“浴佛”，负有去除这些封建迷信的尘垢的责任。我认为佛法没有新旧，更不应有“门户之见”。我们应该掌握佛教理论来辨别正法和相似法。

我可以报告各位，二年来我在北京已经进行了一些关于建立正法幢的准备工作，并且略有成就。在最近，北京最大寺院广济寺已承中央人民政府批准发还，撤出了原驻的部队，作为建立正法幢的实验地点。我们计划，同时已经做到的有：（一）保存佛教文化，建立佛教文物馆——这是建立正法幢的资本。（二）配合政府政策，提倡劳动生产。我们已办了一所麻袋厂，容纳二百多个出家及在家工友。我们决定把劳动者的利润收益来供养年老的和用功修持的道友；真正有学问的，则请他们去深造，培植他们的信心。这样不是各方面都照顾到吗？”不过我觉得自己能力薄弱，心余力绌，要做到整个性的，还待大家的努力。这次我到上海来，听说上海佛教界正在酝酿召开代表会议，准备团结一致，讨论今后应走的方向，的确使我很兴奋。上面所讲的只是建立正法幢的一部分。不对的地方，希望大家批评指教。今日因时间限制，暂时告一段落，有机会我们再来详细讨论。

（原载《觉讯月刊》1951年第32期）

对于佛教界内一些不妥当的言论的商榷

解放以来，社会各方面进步的速度非常之快，使很多人感到突然，感到要重新学习，对于旧的东西也感到要重行估价。佛教徒与一般人士之留心或接触过佛教的人，对于佛教都有重行估价的呼声，他们要想把佛教的真精神真面目从批判中锤炼出来，以决定佛教的有用无用和要不要。这是非常好的事情。就佛教本身来说，必须经过这样的批判才能使人得到正确的认识。但是所谓批判，往往不是失之过左，就是失之过右，不会一下子就能铢两分明、恰到好处的，因此对于所谓批判或重行估价，仍有提出商榷的必要。以下拟就佛教界内我个人认为不妥当的言论提出一些意见，如有不正确的地方，还请大家指教。有人说：

凡一切宗教具有的美德，佛教都具有，一切宗教的弊病，佛教都没有。佛教的真面目是异于一切宗教的；是唯物的、革命的、反迷信、反封建、反阶级、反统治、反侵略的、积极的、前进的、有斗争性的，并且是民主的、救世的，与人为善的；它是活泼泼地、热辣辣地，并不是寒灰枯木，古庙里的铁香炉。释尊是第一个有情人，善于运用情感，他能憎能爱，也无分什么憎爱，他能凡能圣，也无分什么凡圣；他有伟大的抱负，坚弘的誓愿，冷静的头脑，尖锐的眼光，无比的热情，持久的毅力，牺牲的决心，狮子般的勇猛，象一般的沉着负重。可惜后来号称他的信徒的人们逐渐的变了质，把他的精神付于东洋大海，把他的偶像为祈求的对像，把他的经典，锁在高楼大柜里喂蠹鱼，普通的拿来作骗饭吃的工具，使这革命的宗教受尽了世人的轻视、毁谤、欺凌。从今天起，我们认识清楚了佛教的真面目，就要抖擞起精神在佛前发愿做一个真正的革命的佛教徒，从思想上、行动上彻底改造自己。革新佛教，再从蒲团上起来，跳出山门，走向世间，为人民服务，为众生服务。

这一段非常热情的言论，我个人是相当同情的，但如所谓："凡一切宗教具有的美德，佛教都具有，一切宗教的弊病，佛教都没有，"我认为是不妥当的。因为"一切宗教"包括的范围很广，佛教的面貌也随时随地而各异，同时也没有把所谓"美德"或"弊病"交代清楚，就那样笼笼统统地讲，本意是想抬高佛教，而结果可以适得其反，惹人嗤笑。又一切宗教的弊病，佛教里面真是一点都没有吗？恐怕未必。如唐人笔记中说：

某士人赴京投考，途中遇一相士，告以某年某月中试，某年某月某地县令，可以尽量搜括，不致发生问题。其言一一皆验，士人备厚礼往谢相士，相士告以某年某月调某地县令，不能搜括，否则必发生问题。其言亦验。士人又往见相士，询以所以然之故。相士云，先为县令可以尽量搜括者，因过去生中有布施之德，所以取之无伤于廉；后调县令，无此业果关系，故发生问题。”又云：“唐宰相李林甫幼时梦人赶了很多羊，问以做什么？回答是李林甫相公的羊。自此以后李林甫就很喜欢吃羊肉，一直到临死的时候，又梦见以前那个赶羊的人，但是只存了六只羊，问他其余许多羊到那里去了，答云被李林甫相公吃完了。李林甫从梦中惊醒，自知不久于世，但又想苟延残喘，吩咐以后不吃羊肉，那里知道当天因为请客把六只羊都宰了，李林甫也就在那天毕命。（大意如此，书名待检）。

这就是所谓“一饮一啄，莫非前定”的宿命论，我国所有的章回小说，几乎都是宣传这个道理的，所以在过去社会里，宿命论的思想深入人心，牢不可拔。用这种理论去论断蒋介石、孔祥熙等窃国大盗，则他们的所以能够尽量搜括，都是我们该了他们的。这种理论刚好是迷信的、封建的、帮助统治阶级压榨人民的，而是从佛教的因果报应论滋生出来的。近几十年来我国佛教界出版许多劝善的书籍，也都是宣传这一套理论，我们能够完全否认这种理论与佛教毫无关系吗？能说一切宗教的弊病，佛教里面都没有吗？

那末佛教是不是主张宿命论的呢？则又未必。因为提到“宿命”，离不开“祸”“福”两字。佛教的所谓祸福，刚巧与宿命论者相反，即佛教以得为祸，以舍为福；而宿命论者则是以得为福，以舍为祸的。如上所举唐人笔记里面的“某士人”，假定他是一个真正的佛教徒的话，遇到了可以尽量搜括的机会也决不肯贪取分毫，因为尽量搜括是得，而不肯贪取分毫是舍，所以佛教虽有因果报应之说而并非宿命论。但是从古至今，佛教徒中明白这个道理的人并不多，因此佛教的因果报应之说就成为宿命论的温床。所以我们佛教徒如果强调“一切宗教的弊病佛教都没有”，实在是不大妥当的。

至于所谓“佛教的真面目”和“变质”的说法，固然可以那样讲，但是我们佛教佛徒如果不把夹杂在佛教理论里面的毒质彻底清除出去，也不从行为上表现佛教的真面目，怎样能够使人家了解我们佛教有真面，而表现于外的佛教是变了质的佛教呢？要彻底把夹杂在佛教理论里面的毒质清除出去，必须认清什么是毒质，也就是说必须敢于承认错误，否则一派冠冕堂皇之辞把错误的事实抹煞得干干净净，正是“唯心论”者的面貌和做法。要“唯心论”者从行为上表现自己的真面目，一定先顾己而后顾人，所以说“先了决了本身大事，再从蒲团上起来，跳出山门，走向世间，为人民服务，为众生服务。”这也是佛教界内传统的说法，不能说没有一点道理。但是不知在蒲团上要坐多久才能了决本身大事？又坐在蒲团上了决本身大事的时候是否也要吃饭穿衣？如果也要吃饭穿衣而又不下蒲团，是否受人供养？如果受人供养而本身大事了决不了又将如何？如果在蒲团上受了供养，一定可以了决本身大事，则保证又在何处？这许多问题如果不能得到解决，则所谓“先了决了本身大事，再从蒲团上起来，跳出山门，走向世间，为人民服务，为众生服务”，只是一句漂亮的空话而已。《过去现在因果经》云：

过去无数阿僧祇劫，尔时有一大德，名曰善慧，净修梵行，求一切种智，为欲成就此大智故，乐处生死，周遍五道，一身死坏，复受一身，生死无量，譬尽天下草木，斩以为筹，数其故身，不能穷尽。……尔时有佛号普光如来，以无碍智赞善慧言，善哉善哉，善男子，汝以是行过无量阿僧祇劫当得成佛，号释迦牟尼。

经文指示我们，要成就一切种智，必须周遍五道，到生死里面去找，则本身大事在众生生死处，离众生生死没有本身大事。佛法西来，禅宗盛行之后，大彻大悟的祖师们，很少有在蒲团上坐着开悟的。六祖说：“佛法在世间，不离世间觉，离世觅菩提，恰如觅兔角。”可以说深契佛心。先顾己而后顾人，先得体而后得用，把自他孤立起来，把体用析成两片，凿破宇宙的和谐，摧毁人生的融乐，这就是所谓形而上学，而形而上学则是为统治阶级服务的。所以用形而上学做骨架的修行论，正是变了质的佛教思想，“误尽天下苍生！”

又有人说：

释尊生的时代，印度制度很严酷，很不平，宗教的统治者——婆罗门教，和政权的掌握者——刹帝利族，作威作福，专横无比的骑在人民头上，被统治者就是那些普通人民——吠舍族，和被征服的印度土人——首陀罗族，生活和思想言论都不能得到自由，摩奴法典成了统治印度人民最高的法律，由于这样，一方面牺牲苦行的迷信行为流行，一方面又产生了许多奇奇怪怪的反动思想和传播这些思想的外道。在这思想混乱、统治残酷，人民痛苦都到了极点的情况下，出现了我们伟大的世界革命家，创造的救世的大革命家。他出生在统治阶级的家庭，并且是一个候补的统治者——国王的儿子，但是他憎恶现实，背叛了他的阶级利益，牺牲了他的统治和个人享受，愿意光着头，赤着脚，穿着半边破衲，擎着饭钵，过着辛劳刻苦的生涯，和广大的被压迫群众站在一道，与当时的统治阶级（如阿阇世王等）及其帮凶（如提婆达多及六师外道等），进行不断的顽强斗争。他反对阶级压迫和种族歧视，高唱“一切平等”，反对少数人统治多数人，反对富人统治穷人，他反对当时不合理的宗教制度，创造了以五戒、六度、四无量心为本的“革命宗教”。他的精微高妙的学说，与朴实、坚忍、集体学习、旅行宣传、纪律严肃、深入群众的作风，获得当时印度各阶层人民热烈的拥护。他——佛教在印度之所以不能长久存在，可能是为统治者嫉恨排挤的原因。

这一段议论当中，我认为有三点不妥当，第一、佛教在印度的兴起，并不是异军突起，毫无渊源的。印度文化代表团团员、著名历史学家师觉月先生曾经说过：

佛教，正如印度一切另外的宗教一样，起源于印度古代思潮。婆罗门教在其发展的过程中产生两种不同方向的思潮：一种着重仪典！相信人类能藉交感魔术，引用自然界的强力而获得所需的事物；另一种则与物质上的收获毫无关系，仅仅专意寻求人类能得到的最高真理。这后一种思潮已在《优婆尼沙哲学论文集》中阐明，在西史纪元前六世纪佛陀尚未降生时便达到了顶点。当时所有的伟大哲学家无不尽力研求，因而造成了一种在印度史上其他各期所没有的宗教上的骚动，佛教正是此种宗教骚动的结果。

这种骚动表现在对于传统的婆罗门教之攻击，如婆罗门教的祭献，是为了贵族与国王的利益，并明白表示目的在于获得物质享受的增加，而不是获得最高的真理。优婆尼沙哲学本身就反对这个的，佛教也反对这个。从这一个例子，我们可以知道天下一切事物都有其历史发展的渊源，决不能孤立地、片面地去看问题。释迦牟尼佛吸取了当时的进步思想而发展了，组成佛教，所以能够执印度各宗教哲学之牛耳，而为天下后世所皈敬。这样说法是符合于科学的历史观点的，可以与马列主义的思想方法互相贯通。否则单凭感性知识，主观用事，就不免被嘲笑为唯心的论调了。

第二、释迦牟尼佛出生在二千五百年前，就不能不受二千五百年前时代的限制，那时阶级制度尚有一定的作用，没有到达死亡的时期！所以释迦牟尼佛虽然主张“一切平等”，“心佛众生三无差别”，又摄受下贱阶级中人如优婆离为上座弟子，而并没有把阶级制度彻底打垮，这是历史的事实。所以有些印度历史学家说：“我们常常在佛经上读到佛陀攻击婆罗门的话，这种攻击并不是对整个的婆罗门阶级而发，而只是反对失去高尚理想的几个婆罗门人”。这种说法距离历史事实并不能算很远，但不因此而否定了释迦牟尼的革命精神。不过我们现在如果要把释迦牟尼描写成一个无产阶级革命的先锋队那样，则距离历史事实就更远了。佛经上常用“权”、“实”两字，因此有“权教”、“实教”之分。实教是最终的目的，而权教则是适应时代环境及其他原因所设的方便之词。则释迦牟尼的没有对整个婆罗门阶级加以攻击，权教也；主张“一切平等”，实教也。分清权、实，符合客观真理，才能上契佛心；混权于实，或混实于权，则是颠倒了历史的事实，又成为唯心论的说法了。

第三、佛教在印度的衰落，并非是由于统治阶级的嫉恨和排挤。师觉月说："当今的佛教在印度仅仅流行在东孟加拉和尼泊尔两地的一小部民众之间。过去八九个世纪以来，佛教在印度史上并没有成为一种宗教的明显表现。这表示佛教在印度已经死亡了么？这表示印度已经忘记她产生的最伟大的人物之一——佛陀释迦牟尼了么？对这种问题的回答是否兼用不可。显然有宗教形式的佛教，和显然成为宗教团体的佛教在印度人民生活中已没有重要地位了，然而佛教的思想现在仍是印度文化的主要部分。释迦牟尼佛现被认为婆罗门教三大天神之一的毗纽奴天的化身。印度多神教中最流行的一派，通称毗纽奴派或拜毗纽奴天教，保持着许多佛教规仪的基本要素。据印度的传说，毗纽奴天在国家危难时化身为人，为人类的拯救者，像释迦牟尼从兜率天降生人间一样，所以这个通行的新宗教几乎是佛教的摹本，到后来佛陀被认为毗纽奴天的化身时，佛教和这个新宗教便完全化为一体了。又最流行的印度哲学是吠檀多，它是第七世纪一个名叫商羯罗的伟大的印度学者所造成的。常有人说佛教在印度的毁灭由他负责，而同时，和他同年代的哲学家又攻击他为秘密的佛教徒。因为他把佛教同化在婆罗门教里面，与中国宋明理学家所为毫无二致。又末期的佛教在印度兴起了各种神秘主义（密宗），其中最重要的是金刚乘。他使用神秘的符号（手印），神秘的咒语（陀罗尼），神秘的法术，以期实现最高的理想。他也使人相信一群极其繁杂的神存在，他们象征着自然界的各种现象。这种神秘主义被印度的神秘者接受过去，变更很少，所以从前的佛教仅仅改了一下名号"。从印度历史的发展上研究佛教衰落的原因，其过程是如此的，则佛教在印度的所以衰落，乃是由于佛教本身庸俗化了的关系。因庸俗化而被融化在印度人民生活的各方面，影响还是很大，如印度伟大的爱国诗人泰戈尔，曾经深受佛教哲学的影响。几乎从他的文学事业开始时起，引动了泰戈尔的就是佛教的人道主义。在他的诗或戏剧的安排中有许多动人的佛教故事。牺牲精神，对人类的爱，人与人之间的完全平等——，这些都是泰戈尔诗中所反应的伟大的佛教理想，诗人在他首创的国际大学，每到佛陀的涅槃周年纪念日总是亲自主持群众祈祷的。从这一点事实上，我们也可想像得到佛教在现代印度的情形了。

又有人说：

佛教缘起论的宇宙观，认为诸法无常，生起全属本身的因果律，无始无终，成坏相因，以及华严法界观的理事圆融，互相摄入，重重无碍，与马克思的世界观——辩证法和唯物主义的基本特征并没有不同。佛教反对主观（破执），重视客观条件（缘）。所谓不变，就是说真理是永恒不变的，随缘就是顺应客观事物的发展规律。所谓法身，就是诸法的本身（真理），报身就是现象，化身就是各种不同的方法，融合这三身后就叫佛。佛教说的三界唯心，作用是在破心。万法唯识的作用是在转识，其目的是要人停息一切妄想，转过分别的意识，去掉见惑（见解）的错误，思惑（思想）的错误，归向永恒不变的真理，适应客观的环境，用种种方法为众生谋幸福，并不是完全以唯心的空谈，神权万能的理想，来要人盲目的信仰它为个人求精神上的解脱的。

从上面的推论和比附，这一佛教徒说佛教也是唯物论，与马列主义并没有不同。其用意是很好的，可惜比附错了。毛主席说：

马克思主义者承认，在绝对的总的宇宙发展过程中，各个具体过程的发展都是相对的，因而在绝对真理的长河中，人们对于在各个一定发展阶段上的具体过程的认识只具有相对的真理性。无数相对的真理之总和，就是绝对真理。……客观现实世界的变化运动永远没有完结。马克思列宁主义并没有结束真理，而是在实践中，不断地开辟认识真理的道路。（《实践论》）

这和上文所举的“不变”、“随缘”之论，如何能说“并没有不同”呢？又《成唯识论》卷十云：

如是法身有三相别，一自性身，谓诸如来真净法界，受用变化平等所依，离相寂然，绝诸戏论，具无边际真常功德，是一切法平等实性，即此自性亦名法身，大功德法所依止故。二受用身（按即报身）此有二种，一自受用身，谓诸如来三无数劫修集无量福慧资粮所起无边真实功德，及极圆净常遍色身，相续湛然尽未来际恒自受用广大法乐。二他受用身，谓诸如来由平等智示现微妙净功德身，居纯净土为住十地诸菩萨众现大神通转正法轮，决众疑网，令彼受用大乘法乐。合此二种名受用身。三变化身，谓诸如来由成事智变现无量随类化身，居净秽土，为未登地诸菩萨众，二乘异生，称彼机宜，现通说法，令各获得诸利乐事。

根据论文，三身各有所指，决不能把“报身”解作“现象”，而“化身”就是各种不同的方法。这位佛教徒的意思，以为把三身那样解释之后，就和“不变”、“随缘”之论相通，也就与马克思主义的世界观“并没有不同”了，这是十分不妥当的。

又“唯心破心”，“唯识转识”之论倡之于陈铭枢居士，原则是不错的，但“其目的”云云，则是这一位佛教徒加上去的，显然又是唯心的论调。因为人类的一切努力如果都偏重在停息一切妄想的话，则轰轰烈烈的革命决不会起来，当然也无成功之可言，而统治阶级仍旧骑在人民头上，任所欲为。这是多么危险的理论呀，能说与马列主义“并没有不同”吗？

又见惑是见道位所断的烦恼，思惑是修道位所断的烦恼，佛经都有详细的解释，不能望文生义解作“见解的错误”，或“思想的错误”。总之，佛教和马列主义在各方面都有若干相通之处，而非“并没有不同”。我们佛教徒固然应该学习马列主义以求改造自己的思想，但是不必牵强附会，甚或曲解、错解以比附马列主义。否则杂拌儿加盐加酱，既失宗教信仰自由之意，同时也不足以登学术的大雅之堂，对于佛教界的进步，可能是有妨碍的。

又有人说：

佛教的作风与今日共产党的作风，几乎是一致的。共产党重视批评与自我批评，要每个人老实坦白，佛教主张善友规戒与发露忏悔，不准妄语。（每年僧自恣日，即七月十五这一天，就是三个月结夏的最末一天，大家来开个批评会。）共产党反对主观主义、教条主义与经验主义、佛教主张破执（执就是主观），除所知障，证人空、法空。共产党重视劳动生产，佛教也重视劳动生产。释尊在日，扫地洗衣诸事都自己做；唐宋间盛行农禅制度，禅师们都率领徒众亲自耕作，百丈曾有“一日不作，一日不食”的名言。《华严经》上说：“一切治生产业与实相不相违背。”共产党提倡牺牲个人利益，为人民服务，只重工作，不计报酬；佛教也注重“自舍已事，先营他事，营他事时，不择时节，终不顾虑辛苦忧恼。”（《优婆塞戒经》）：“助成他务，无所希望。”（《郁伽经》）：释尊在世时，最爱替人家做事，并且还亲自事奉弟子的病。至于“利群生时，莫求恩报”与“饶益众生”的愿力，更是进一层的弘大无比。众生（群生）的含义，不仅是人类，一切生物都是众生。佛教徒是“为众生服务”的，这些地方证明了这个革命的宗教所持有的精神。

这一段言论当中我认为不妥当的地方有四点：

一、如果佛教的作风与今日共产党的作风，几乎是一致的话，那末人家要问，佛教主张出家、吃素、念经，又有超度亡灵、烧香、化纸的许多作风，在今日共产党里找得着吗？如果佛教的若干作风在共产党里找不着，我们能说几乎是一致的吗？至于佛教的某些作风与今日共产党的作风确有某些相似或相通之处，那末我们不妨老老实实说“佛教的某些作风与今日共产党的作风相似”，而不能说“几乎是一致的”，否则囫囵吞枣，也足以惹人嗤笑。

二、佛教戒不妄语，固然与共产党老实坦白的作风相符，但如不有运用批评与自我批评的武器，则“不妄语戒”也不过教条而已。至于“发露忏悔”与“自恣”是否就和批评与自我批评一致，还有加以考虑的必要。《五分律》卷十九云：

佛在舍卫城，尔时众多比丘住一处安居，共议言，我等若共语者，或致增减，当共立制，勿复有言。若乞食先还，便扫洒食处，以瓶盛水，出拭手脚巾，敷诸坐具置盛长食器，量食有长减著其中。如其得少从此取足，食竟次第除屏物事，若独不胜，招伴共举。如此安居得安乐住，无复是非增减之患，作此议已，即便行之。安居既竟，诸佛当法，岁二大会，往到佛所头面礼足却坐一面，佛慰问言，汝等安居和合，乞食不乏，道路不疲邪？答言安居和合，乞食不乏，道路不疲。又问安居云何和合？诸比立即具以答。佛种种诃责，汝等愚痴，如怨家共住，云何而得和合安乐，我无数方便教汝等共住，当相诲诱，转相觉悟，以尽道业，于今云何而行哑法？从今若复立不共语法，得突吉罗罪。

佛陀教他的弟子在结夏安居的时候"当相诲诱，转相觉悟，以尽道业"，也就是互相帮助，互相教育，争取进步的意思，所以"立自恣法"。如《五分律》卷十九又云："佛告诸比丘，从今以十利故，为诸比丘作自恣法，应求僧自恣说罪言：诸大德，若见我罪，若闻我罪，或疑我罪，怜愍故自恣说，我当见罪悔过。如是三说。"这就是诚恳地请求人家尽量批评的意思。但是佛只许可在结夏安居的最后一日自恣。(《五分律》卷十九）佛灭度后，又加上了固定的形式，逐渐变成教条，传入我国之后，早已成为"告朔之饩羊"，意义全失了。

至于忏悔，诚然是佛教所重视的，但是忏悔的内容可就和批评与自我批评不相干了，如《禅门日诵》里面的《大忏悔文》云：

诸佛世尊当慈念我，若我此生，若我前生，从无始生死以来，所作众罪，若自作，若教他作，见作随喜，若塔若僧，若四方僧物，若自取，若教他取，见取随喜；五无间罪，若自作，若教他作，见作随喜；十不善道，若自作，若教他作，见作随喜。所作罪障，或有覆藏，或不覆藏，应堕地狱，饿鬼畜生，诸余恶趣，边地下贱及蔑戾车，如是等处所作罪障，今皆忏悔。今诸佛世尊，当证知我，当忆念我，我复于诸佛世尊前，作如是言，若我此生，若我余生，曾行布施，或守净戒，乃至施与畜生一抟之食；或修净戒，所有善根；成就众生，所有善根；修行菩提，所有善根；乃无上智，所有善根；一切合集，校计筹量，皆悉回向阿耨多罗三藐三菩提。如过去未来现在诸佛所作回向，我亦如是回向。众罪皆忏悔，诸福尽随喜。

忏悔牵涉到"无始生死以来所作众罪"，广则广矣，而没有与自身平常所犯的大小错误明确地结合起来，最多只有宗教上的一种慰藉作用，而不能解决实际问题。所以流弊所及，成为在死人面前念经拜忏的课本，忏悔的意义也就扫地以尽了。禅宗门下则又把忏悔的意义提高到抽象的原则上去，如《传灯录》云：

北齐天平二年，有一居士，年逾四十，不言名氏，聿来设礼而问祖（按即神光二祖）曰：弟子身缠风恙，请和尚忏罪。祖曰：将罪来与汝忏！士良久曰：觅罪了不可得。祖曰：与汝忏罪竟。

忏悔罪障而觅罪了不可得，这在某些人看来，可能认为是"到家"的话，但对一般人说，则势必把忏悔的作用完全打消掉，所以惮宗末流有一种“狂禅”的毛病。狂禅表现在“酒色财气，不碍菩提路”上，一切是非善恶的标准都被打破，则所谓忏悔也就成为“无的放矢”了。目前少数参禅，和一部分修密的人还有这种偏向。共产党的批评与自我批评则不然。列昂诺夫说：

布尔什维克党不仅宣布批评和自我批评是自己工作上的最重要的方法，而且已经从实践上把这种方法转化为苏维埃社会发展的法则，已经使它为社会主义服务，已经用一种最强大的动力把苏维埃人民武装起来了。……批评和自我批评在苏联人的心中养成共产主义的道德，对缺点的不妥协性，对自己和对别人的高度的严格性，养成了在履行自己对社会，对祖国，以及对同志们的责任时所应有的正真态度，使他们习惯于正确性和纪律性，使他们充满着为了更快的前进而迅速彻底地纠正缺点、克服缺点的决心。它在苏联人的身上培育着最宝贵的品质——那就是善于看出和揭发刚在萌芽的缺点，善于预防它们。布尔什维克的批评和高度的思想性结合着的。它培养着永远不竭的乐观主义，培养着坚决达到目标的意志，以及清除一切障碍和错误，加速向共产主义前进的不移决心。(《论批评与自我批评》)

从这一段论文当中，我们可以知道苏联共产党把批评与自我批评当作苏联社会发展的辩证规律，以革命发展的精神普遍地教育党和干部，以及工人阶级的方法。毛主席也说：

有无认真的自我批评，也是我们和其他政党互相区别的显著标志之一。房子是应该经常打扫的，不打扫就会积满了灰尘，脸是应该经常洗的，不洗也就会灰尘满面。我们同志的思想，我们党的工作，也会发生灰尘的，也应该打扫与洗涤。“流水不腐，户枢不蠹”，是说它们在不停的运动中抵抗了微生物或其他生物的侵蚀。对于我们，经常地检讨工作，在检讨中推广民主作风，不惧怕批评与自我批评，实行“知无不言，言无不尽”，“言者无罪，闻者足戒”，“有则改之，无则加勉”这些中国人民的有益的格言，正是抵抗错误、缺点这类政治微生物侵蚀我们同志的思想与我们党的肌体的唯一有效的方法。以“惩前毖后，治病救人”为宗旨的整风运动之所以发生了很大的效力，就是因为我们在这个运动中展开了正确的而不是歪曲的，认真的而不是敷衍的批评与自我批评。(《论联合政府》)

所以佛教的“忏悔”与“自恣”，即使与共产党的批评与自我批评相似，而运用上是不同的。我们学会了共产党的批评与自我批评的方法，才能把“忏悔”与“自恣”的内容充实起来。

三、所谓“主观主义”、“教条主义”和“经验主义”与佛教所说的“执著”是同是别的问题，也不妨谈谈。毛主席说：

我们党内的主观主义有两种：一种是教条主义，一种是经验主义。它们都是只看到片面，没有看到全面。——教条主义容易装出马恩列斯的面孔，吓唬工农干部，把土包子俘虏起来，充作自己的佣人，而工农干部不易识破他们的面孔。也可以吓唬天真烂漫的青年，把他们充当俘虏。我们如果把教条主义克服了，就可以使有书本知识的干部，愿意和有经验的干部相结合，愿意从事实际事物的研究，可以产生许多理论与经验结合的良好的工作者，可以产生许多真正的理论家。我们如果把教条主义克服了，就可以使有经验的同志得着良好的先生，使有经验的同志上升到理论，而避免经验主义的错误。(《整顿学风、党风、文风》)

只有书本知识而没有从事实际事物研究的人，容易犯经验主义的错误；只有工作经验而没有上升到理论的人，大都是经验主义者，都只能从自己的角度，片面地去看问题，所以统称曰主观主义。这都是在革命的过程当中发现的一些缺点，说它是“执著”固然未尝不可，但是否就和佛教所说的“烦恼障”、“所知障”（断烦恼障证人空，断所知障证法空）相当呢？恐怕是有问题的。《成唯识论》卷九云：

烦恼障者，谓执遍计所执实我，萨迦耶见而为上首，百二十八根本烦恼及彼等流诸随烦恼，此皆扰乱有情身心，能障涅槃，名烦恼障。所知障者，谓执遍计所执实法，萨迦耶见而为上首，见、疑、无明、爱、恚、慢等，覆所知境无颠倒性，能障菩提，名所知障。

二障既从“菩提”、“涅槃”上立论，他的范围和“主观主义”是不同的。所以我们把佛教破执的理论从实践中正确地阐扬出来是可以的，但不必认为就同于共产党的反对“主观主义”、“教条主义”和“经验主义”。

四、关于“佛教也重视劳动生产”的说法，则问题更多。如《大智度论》卷三云：

云何名比丘，比丘名乞士，清净活命故名为乞士。如经中说：舍利弗入城乞食，得已向壁坐食。是时有梵志女名净目来见舍利弗，问舍利弗言，沙门汝食耶？答言食。净目言，汝沙门下口食耶？答言不，姊。仰口食耶？不。方口食耶?不。四维口食耶?不。净目言，食法有四种，我问汝，汝言不。我不解，汝当说。舍利弗言，有出家人合药种谷植树等不净活命者，是名下口食。有出家人观视星宿日月风雨雷电霹雳不净活命者，是名仰口食。有出家人曲媚豪势，通使四方，巧言多求不净活命者，是名方口食。有出家人学种种咒术，卜筮吉凶，如是等种种不净活命者,是名四维口食。姊，我不堕是四不净食中，我用清净乞食活命。

合药种谷植树都是“生产”事业，而舍利弗以为不净。所以《五分律》卷一云："比丘作烧成瓦屋偷罗遮，自现工巧突吉罗。"（偷罗遮或作偷兰遮，是梵语rhullaccaya的音译。其义为大罪或粗恶罪。突吉罗是梵语Duskrta的音译，其义为小过或轻垢。）而《四分律·比丘戒本》上也说："若比丘自手掘地，若教人掘者，波逸提。""若比丘尼自手纺绩者，波逸提。"（波逸提的梵文是Payattika，其义为应忏悔。）这都是规定佛教的出家二众（比丘、比丘尼）不能从事生产事业的证据。为什么？如《四分律》卷二十七云：

尔时佛在舍卫国祇树给孤独园，时六群比丘尼手自纺绩，诸居士见已皆共嗤笑言，如我妇纺绩，此比丘尼亦如是。诸居士即生慢心，无有恭敬心。时诸比丘尼闻，其中有少欲知足、行头陀、乐学戒、知惭愧者，嫌责六群比丘尼，汝云何手自纺绩？往白诸比丘，诸比丘白佛，佛以此因缘集比丘僧，呵责六群比丘尼言，汝所为非，非威仪，非沙门法，非净行，非随顺行，所不应为，云何手自纺绩，与俗人无异耶？以无数方便呵责已，告诸比丘，此比丘尼多种有漏处最初犯戒，自今已去与比丘尼结戒。若比丘尼自手纺绩者，波逸提。

释迦牟尼佛的所以不许可比丘尼手自纺绩，主要是避"讥嫌"。因为印度习惯，以供给沿门托钵的出家沙门的生活为份内之事，出家沙门的生活既有人供给，尽可安心修学，何必再去从事生产事业，好像学校里的学生不必靠劳动生产维持生活一样。所以当时的居士们对于手自纺绩的六群比丘尼要加以嗤笑，而佛也以手自纺绩为"非威仪，非沙门法，非净行，非随顺行"。此中所谓"非随顺行"，也就是说：出家僧尼的行为，不能和社会上一般的舆论相违背的意思，社会上认为出家僧尼不应该做的事就不必去做，做了惹人嗤笑，即非威仪，非净行，非沙门法。

中国的风俗习惯和印度迥不相同，所以佛教传入中国之后沿门托钵的制度根本行不通。出家僧尼的生活即或有人供给，而社会上也认为是"分利"是"寄生"。如唐初，傅奕《上废省佛僧表》云："粳粱面米，横设僧尼之会，香油蜡烛，枉照胡神之堂。剥削民财，割裁国贮。"（《广弘明集》卷第十一云）韩念原道云："古之为民者四，今之为民者六，古之教者处其一，今之教者处其三，农之家一，而食粟之家六，工之家一，而用器之家六，贾之家一，而资焉之家六，奈之何民不穷且盗也。"这都是在当时社会上有代表性的言论。百丈禅师的提倡"一日不作，一日不食"正为避免此种"讥嫌"而发。那末百丈的作风虽然和戒律的条文不合，而实际上符合佛陀制戒之意，这就叫做"灵活运用"。所以我们如说原始佛教本来重视劳动生产是不对的，说佛教完全不重视劳动生产也是不对的。明白了释迦牟尼佛制定戒律的本意，才能合理地说明这个问题，同时对于目前佛教界内的一些问题究应如何解决，也就有了正确的途径了。

有人说：

佛法不但不是迷信，而且是最科学的。我们试把研究佛法的方法和研究科学的方法比较一下看：第一、佛法重疑不重信，这点正和一般科学家的态度相同。第二、是重解不重疑，这点是叫我们不单是要怀疑而且是要研究它，知道它。第三、是重行不重解，行就是实验，我们不但在理论上研究，而且要更进一步以实验来证明。第四、是重证不重行，佛法所求的是证果，证果就是证得最后的结果。我们不但要实验，而且要求得最后的结果，彻底用实践来证明这最后的结果是否真实。我们所需要的坚定的信心，不是迷信，而是信我们用实践的方法，一定能彻底明了佛法所说的最后结果是真或是假，这不是最科学的吗？至此有人问道：科学家们实验的结果马上可以公诸于世，马上可以用实验的方法让别人也同样明白，因此这是铁的事实我们不得不承认。但是佛法的结果却是杳冥空虚，又不能拿给人看，除了学佛有得的人自己心里明白外，别人始终无法捉摸，究竟是真是假，令人很难置信。回答是：并不是佛法空洞不实，而是你误解了科学。科学研究到了高深精微的地步，并不是一般人都能了解，也不是随随便便用实验的方法就能使别人明白的。要了解它，必须具备相当的科学知识基础，而且还需要一段时间的学习和训练。例如相对论物理学，非欧几何等，我们绝不能因为了解它的人少而否认它的真实性，认为它空洞不实。前面我已说过，佛法有种种不同的入门方法，有各种研究和实验的途径，只要你亲自去实验，自然能够得到结果，至于说要把佛法搬到一般科学实验室里去实验，那是不可能的。为什么呢？因为我们知道科学有严肃的不可分性，我们实验某种科学一定要用某种仪器，譬如我们作物理学的实验绝不能用生物仪器，作心理学实验绝不能用化学仪器一样。佛法也同样有它实验的方法和仪器，我们作佛法的实验，当然也得采用它的方法和仪器才是，现在一般科学实验室里并没有实验佛法的设备，而我们偏偏要把佛法搬进去实验，那不是无异于作光学实验偏偏用音学仪器，作数学实验偏偏用化学仪器一样不合理吗？至于说到实验佛法的方法和仪器那就太多，诸凡参禅、念佛、止观、东西密法……等等都是方法。而每种方法需要那些条件，阁下假若有志于此，向此道中探求便知。

佛教与别的宗教本质上本来有些不同，所以过去王小徐居士发表过《佛教与科学的比较研究》，尤智表居士发表过《一个科学者研究佛法的报告》和《佛教科学观》等书，曾经引起佛教界内的重视。但这是否证明佛教就是“最科学的”呢？则又未必。如尤智表居士的《佛教科学观》一书中说：“佛教可以说是宗教，也可以说不是宗教，这要看你对于宗教二字下了甚么定义。如果拿Beligion

的原义来说，是指崇拜一神或多神的宗教，则佛教根本不是宗教，因为佛教是不主张神权的。若就广义的解说，凡有所宗有所教的皆得称为宗教，如孔教、道教等，则佛教亦可以说是宗教。”尤智表居士是科学家，并没有完全否认佛教是宗教，且其说明广义的宗教中所举的例证还是不妥当的。因为“道教”是道地的“等级多神教”，不能和佛教相提并论，也不能和所谓“孔教”并作一谈。又孔教的名称只有若干主张三教同源的人如此沿用，一般学术界上并未通用。过去三教并称，则是为了说话上的方便，并非说明儒释道三教是同一类型。其实佛教和所谓儒教，本质上也是“有些不同”的。所以我们如果肯定地说佛教不是宗教，那是说不过去的。

对于佛教，既然不能完全否认它是宗教，和现代的科学家就不能不有些距离，斯大林说：“宗教的偏见是反科学的，因为任何宗教都是与科学对立的东西。”这话固然是对崇拜一神多神的宗教而发，但既曰“任何宗教”，势必包括佛教在内，与上文所举那位佛教徒的意见，刚好相反，这该怎么办呢？不妨先把科学的定义弄清楚了再说。

罗森塔尔和尤金新编的《简明哲学辞典》中说：

科学是在社会历史生活过程中所积累起来的关于自然、社会及思维之知识的总结，总和。科学所致力的不是把世界描写成为它的各个部分在外表上的杂乱无章的形形色色的东西；科学的目的在于找到各种现象的规律，找到各种现象的说明。……科学是随着社会的发展而发展和前进的；科学的进步就在于它日益精确而深刻地反映现实。

科学是在人们生产——实践活动的基础上产生的。在每一历史阶段上，科学都表现着当时所达到的对实际之规律认识的程度，并被用来开发和利用自然。马克思和恩格斯证明，在科学发展上起决定作用的，不是课题与概念的逻辑发展，但首先是技术上、生产上的利益。

把上述科学的定义拿来衡量佛教其为科学与否，或有多少成分合于科学？就很明白了。从第一点看，佛教在二千五百多年以前告诉我们一钵水里有八万四千虫（很多的意思），人身上的各种器官里也寄生了很多的虫，都能用现代科学的实验予以证明。又三千大千世界的说法，虽然和现代天文学上的发现并不完全一样，但大体是不错的。又生灭无常、缘生性空的理论，也是从规律上说明现象，毫无疑问是合于科学的。但如六道轮回、天堂地狱之说，除人道和畜生道大家都能承认以外，其余只存在于佛教徒的信仰之中。我们佛教徒如果能够用最有效的方法，使大家承认天堂、地狱也和人道、畜生道一样是活生生的现象，那么因果轮回就是科学的规律，谁也不敢否认。否则仍旧是信仰范围以内的事情，你修你的，你信你的，与人无干，可是不能称之为科学。

又从第二点看，佛教虽然也是社会意识形态之一种，但并不是从生产活动的基础上产生的，更不是用来开发和利用自然的，所以说佛教是“最科学的”那是不妥当的。

其次，信、解、行、证是修学上的次第，分先后是可以的，论轻重则不妥。如从信入解，解明而信更深；从解入行，行至而解愈切（亲切）；从行入证，证果而行自圆。所以信、解、行、证好像人们的四肢百骸一样，外表上似乎分开，内里其实是息息相关的。重此重彼之论，正表示这位佛教徒望文生义，割裂了佛教。把割裂了的佛教去比附科学，当然也是不妥当的。

其次，科学研究到了高深精微的地方，虽然不能为一般人所了解，也不是随随便便用实验的方法就能使别人明白，但非“神秘主义”。神秘主义是什么呢？如西洋哲学史上新柏拉图学派的柏罗提挪说：“要使灵魂在尘俗的生活中能返归于神，惟入于一种无我的状态中，灵魂超越其自己的思想，没入神之灵魂而后与神合一。”这种神秘境界，所谓“如人饮水，冷暖自知”，别人是无法体会和了解的。所以柏罗提挪相信地面上有善恶两种魔鬼，在距离较远的地方能够发生精神作用。他的门弟子更竭力赞扬这些迷信，而流连于魔法巫术之中。科学当然不是这样的，所以爱因斯坦在1915年发表《普遍相对论提纲》的时候，虽然了解它的人并不多，可是1919年英国的一群科学家和天文家，在南非和南美观察日蚀现象的结果，就证明了它的正确，并且即刻得到应用。又如我们尽可以不懂电学原理，而不妨碍应用电灯电话和无线电，这也是科学和神秘主义不同的地方。否则始终得不到证明，也无法公开给大家应用的科学理论，那是不能叫做科学的。

佛教本来反对神秘主义和魔法巫术，如《增一阿含经》卷十二云：“婆罗门咒术覆则妙，露则不妙。如来法语露则妙，覆则不妙。”此中所谓“覆”，就是故作“神秘”的意思。婆罗门咒术根本是迷信的东西，故作神秘，使人无可捉摸，才能像一贯道那样骗人入道，所以说覆则妙。及至秘密泄露，原来不值半文钱，也就没有人迷信婆罗门的咒术了，所以说露则不妙。如来法语与此相反，故《长阿含经》卷十六云：“佛告坚固，我终不教诸静默诸比丘为婆罗门长者居士而现神足上人法也。但教弟子空闲处思道。若有功德当自覆藏，若有过失，当自发露。”佛教“平实”如此。而后来的佛教徒偏偏要故弄玄虚，把佛教推入神密的陷阱里去！及至受人非难，则又附会科学哲学，聊以解嘲，而不知从“若有功德当自覆藏，若有过失，当自发露”去实践、佛教始终不能跳出宗教的圈子者，其原因在此。

功德亦名福德，隋慧远《维摩义记》卷一云：“福谓福利，善能资润，福利行人，故名为福，是其善行家德故名福德，如清冷等是水家德。功谓功能，善有资润利益之功，故名为功，还是善行家德，故名功行。”则佛陀教诫弟子做功德事，也就是做利益众生的事情。做了利益众生的事情还深自覆藏，不给人家知道，而自己的缺点和过失倒反而要暴露出来，这是什么道理呢？因为敢于暴露自己的缺点才能及时改正，争取进步；而做了功德不自夸耀，才能契入无我得到解脱。佛陀及其弟子人格的伟大，即此可以想见。我们学佛主要是学这个，其他都是启信的方便。这和马列主义者的作风是十分相似的，说它合于科学，尚无不可。否则自诩高深，愈说愈糊涂，就是科学也会变成玄学。这是我们佛教徒在进行思想改造的现阶段。亟应深加反省之处。

（原载《现代佛学》1952 年第 23、24 期合刊，署名慧岸）

关于佛教徒的信仰问题

这是本来不应该成为问题，而实际上极成问题的问题。因为成了问题，所以最近有人提到佛教徒的信仰情况时说："汉民族对于宗教信仰不重视，其中有一部分人民信仰佛教的，也不重视，或者很杂乱。"

又有人说："佛教徒不求进取，事事畏缩退避，所以近百年来，佛教本身的事业，毫无进展；同时又不能像基督教、天主教那样开展社会事业，所以就不能得到一般社会的同情。佛教徒在一般社会人士看来，就自然而然成为赘疣了。"

这两番议论都是根据客观事实，得出来的总结，非常正确。对我们佛教徒说，可以当作"午夜清钟"，发人深省；又可以当作"续命金丹"，起死回生。

我们佛教徒对于自己的信仰是否不重视呢？是的。不重视由于"很杂乱"而来。

英国的历史学家卫尔斯在《世界史纲》中说：

使瞿昙今来归此世，则见巍峨大寺，满住僧徒，其高据龛之上者，有金色偶像，名曰"佛陀"。彼又将见大礼之行于此"神"前，复闻髣佛风颇习闻之喃喃声。钟也、香也、伏拜也，皆此可异行事中之一部分也。礼行至某点则握铃举镜，此宗教集会全体，敬畏益加，俯伏益低。彼将复见多数奇异小风轮或小水轮，上镌短小祈祷文。此轮每转一周，即当祷告一次。瞿昙其将问曰："祷于谁？"此外尚有小旗杆上悬美丽小丝旗，此小旗一拂亦当祷告一次，于施舍此旗之善士，及其乡土皆有大福。瞿昙最后乃认识此即世界所造于彼之宗教也。灵魂恬静之八正道，乃为此等造作所掩覆。

卫尔斯认为宗教的"造作"掩覆了平实的八正道，使"佛陀"变成了"神"，这是普遍的杂乱现象，由来已久。前几年锡兰佛教青年会出版的《佛教月刊》上登载了一篇文章，题目是《一个紧急的呼吁》，完全为中国的佛教而发，其中一段大意如下：

现在中国存在的佛教，是与印度教、喇嘛教、孔教、道教混合成了一个东西，充满着迷信的祈祷和行为，如外道烧纸人、纸马、纸器皿等，并分成几个派别，如净土宗、禅宗、密宗等。大多数中国人民，除一些生长在南方国家者以外，都蒙昧而不知真正的佛教是什么；在中国可以找得到的佛教典籍，几乎都是从梵文译出的，我坚信那大多数的翻译是忠实的，但和少数伪经混合在大藏经内，充当圣典。实际说来，大多数的中国僧尼，都实行严格的素食主义。但是不幸得很，在他们之中约有百分之八十受不到正当的教育，并且追随着一种错误的形式和制度，而对于真正的佛法完全不懂。中国佛教，过去因为治理不善，缺乏适当的计划与领导，经过了百多年，自然衰败而进入腐化堕落的阶段了。今天，寺院都在一种不能不商业化的形式中为群众服务，借以维持寺院中的开支。在一些寺院中，我曾看见在家居士为死人做道场，带着他们的亲眷、朋友和仆人住在寺院里，从一天到七天不等。他们在那里莫名其妙的祈祷，等于他们在郊野旅行和游会一样。因为这种坏的方法，以致有知识的在家人对僧尼的真正恭敬心完全没有了。多数的和尚像劳役一样，为方丈和尚们充下役，整天整夜像鹦鹉一样的歌唱，替死人做道场，但他们大多数都不知道他们自己唱念的是什么，亦不明白拜忏和焰口是真正忏前悔后的修持法门。

这一位在中国居住了23年的锡兰克来佩居士，把中国佛教界杂乱的现象观察得相当清楚，叙述得也非常扼要，所以他发出“一个紧急的呼吁”，要求锡兰的佛教徒起来急救中国的佛教。他说：

据历史记载，在纪元后四三三年与四三四年的时候，曾有几位锡兰的比丘尼和优婆夷去到中国，仿照锡兰佛教的模型在中国奠定了僧伽制度的基础。现在并不希望我们的兄弟姊妹们到远东去，但是我却特别诚挚的恳求锡兰佛教的兄弟姊妹们，要很勇敢慷慨的扶助着创立两个不同的学院，去拯救中国的佛教，这是我们应尽的天职。去停止中国的佛教像曾经发生在爪哇一样的衰颓和消灭，并且去做一个中国佛教的救星，这对于锡兰是多么光荣的事情。

衰颓了的中国佛教，还得到国际友人如此的热情呼吁，真叫我们感激万分，惭愧万分。从这里也更使我们知道，人家对于我们佛教界的指点是十分正确的。那末，我们目前究竟应该怎么办呢？

首先我们不妨分析一下杂乱与不重视的现象，再进而追究其所以然之故，然后提出一点补救或拯救的办法来。

杂乱的现象大约可以分为三方面来说：一、制度上的杂乱。二、理论上的杂乱。三、修持上的杂乱。制度上的杂乱约有四点：甲、佛教寺庙与一般神庙不分。佛教寺庙里面供奉着城隍、土地、文昌、真武和其他什么娘娘、大仙之类的偶像，一般神庙里面也大都有观音、地藏或如来的圣像。同时僧尼们居住或住持神庙都为数甚多，神教徒使用佛教寺庙的也大有人在，这样就神佛不分，使一般人都把“求神拜佛”当作同样一会事。乙、小庙的混滥。小庙就是“子孙庙”，师徒私相授受，旁人不能干涉，是佛教界内藏垢纳污的基本处所。但是僧尼出家都从这里培养出来，因此出家制度也随之而极度混乱。丙、传戒的非法。“一钵千家饭，孤僧万里游”，这说明出家人吃饭的容易和自由，但必须是受了大戒的人才能行。所以受戒成为一种衣食的手段，而传授戒法的大丛林也有利可图了。据说受戒的日期有从四十九天改为三十几天，再改为十几天，再改为三天的，其余种种，可想而知。最方便的办法是通讯传戒，只要受戒的人多出“供养”，戒牒寄到就算受了大戒。因此在佛教界内当然也就没有纪律或清规可讲了。丁、挂搭的杂乱。挂搭制度原为便利行脚参访而设，本意是很好的，可是后来行脚参访变成了成群打混，挂搭只是便利于混饭吃而已。流弊所及，一方面破坏了寺庙的清规，一方面养成出家人懈怠放逸、苟且偷安、自由散漫的恶劣习惯，致使佛教内部的整顿难于进行。

理论上的杂乱现象，最重大的莫过于“返本还源”论，其次是庸俗的因果轮回论。返本还派论者认为“真心”本净，被客尘烦恼所染污故名为杂染，离烦恼时转成无漏，恢复本来清净的真心，称之为佛，或名正觉。这种理论自唐末天台、贤首两宗合流之后就非常盛行，几乎成为佛教理论上的正流派，其实是非常错误的。为什么呢？第一、真心如果本来是清净的话，怎么又会被客尘烦恼所染污呢？如以白纸为喻，则白纸之白，经过物理学上简单的试验，证明是各种颜色的综合，并非本净的一色。真心如果也是这样，就不能说为本净。又本净的真心如果会被客尘烦恼所染污，他必具有被染污的可能性。本净真心之中如果包含着有被染污的可能性，则所谓本净，必非本净。第二、假定真心本净，真心本身当然是没有客尘烦恼的，那末，可以染污真心的客尘烦恼又从那里来的呢？如以水面喻真心，波动喻烦恼，风生喻烦恼所从来，则水面和风本来是两回事，我们必须在真心之外，找出这个“风”的来历。如果风和水面本有渊源，则真心本不净，否则真心之外别有这个专门和真心捣乱的“风”，那是什么一种理论呢？第三、恢复了本来清净的真心，成佛以后，是否还要被客尘烦恼所染，仍作痴迷的众生？如果说不会，则本来清净的真心又怎么会被染污的呢？如果说会，则成佛又有什么意义？如以矿与金作为比喻说，我们只看见从矿炼成金，没有看见从金变成矿，所以成了佛就不会变成众生。其实矿既然可以炼成金，金也何尝不能变成矿？我们把金熔化了或者打成粉末倒在矿里，它就变成矿了，所以这个比喻是不能成立的。

返本还源论其实是数论外道的思想。我国佛教徒，由于禅宗盛行之后，忽视教理的研究，认贼作父，误入歧途，致使佛教徒们为着返本还源而钻进牛角尖里去，和现实的社会与现实的人生完全脱离关系，当然也就无法体验社会与人生，进而改造社会与人生。所以愈是在返本还源的路上修行，愈是没有是非公道，结果不能不出之于互相欺骗。千余年来，我国佛教之所以每况愈下，直到现在还没有觉醒过来者此为重要原因之一。

其次，一般佛教徒都把“因果轮回”当作是佛教理论唯一的宝藏，如果有人批评到因果轮回就认为是破坏佛教，这也是十分错误的。为什么？第一、因果轮回是印度各种宗教共同的信仰，所说远在释迦牟尼佛降生之前的三千多年，老早就为印度的土著人民所信受奉行，其时雅利安民族尚未侵入印度，释迦牟尼佛所自出的甘蔗王族还不知道在什么地方。第二、佛教虽然承认因果轮回，但不同于其他宗教的讲法，因为佛教的宗旨是“无我”，即使芸芸众生可以上升天堂，或者下沉地狱，都只能作为“无我”的说明，而“无我”的宗旨是随时随地可以体验的。宋朝有一位大德说：“地狱天堂，岂为我辈而设”！这话并不是否认因果轮回，或者把因果轮回合作“神道设教”，而是说：就是有天堂地狱，也不过是那么一会事。这个精神才是佛教的精神，所以佛教自始就反对定命论的。第三、一般人因为怕死后或未来生命的堕落，而又不知道佛教的真精神，就不能不为因果轮回的观念所束缚而变成一个定命论者。定命论者盲目地听从因果命运的安排，丝毫不能发挥人类最可宝贵的精神——主观能动的积极性，自然就消极退堕，死气沉沉了。这是我国佛教徒的通病，事实具在，无可否认，所以称之为庸俗。

佛教徒如果被返本还源论的庸俗的因果轮回论所束缚，修持方面必定发生两种偏向：一、为逃避现实而求生西方。二、为自私自利而了生脱死。这都是违害佛教真精神的。因为净土宗的求生西方，本意是为了见佛闻法，证悟无生，也就是要向西方教主学习，学习之后，应该回入娑婆，普度众生。所以生西不是目的，而是方便，其真正目的在于改造东土。否则极乐世界成为避难所、防空洞，阿弥陀佛也未免滥慈悲了。至于“了生脱死”，其实也不是佛教特有的法门，印度九十六种外道大都讲究这个。释迦牟尼成佛之前，也都一一参访试验过，结果认为不彻底，掉头舍之而去。则了生脱死的发心，佛教徒虽可与外道相同，而精神与作风是完全两样的，其间不同之点大约有三：一、有我与无我的不同；二、无私与无得的不同；三、怕死与肯死的不同。外道执著我故，必然自私自利与惧怕生死。名曰了生脱死，其实是贪生怕死，纵使得五神通也不能了办生死大事。佛教不然，从无我出发，以无得为归，头目髓脑皆可以舍，生死大事也就彻底了办了。佛教的殊胜处在此，所以有“我不入地狱，谁入地狱”的庄严的菩萨行。但是一般佛教徒是不明白这个道理的，因此终日兢兢业业去了生死，其实是贪生怕死，与九十六种外这一鼻孔出气，何尝是佛祖儿孙！

我国佛教界在制度、理论、修持三方面杂乱到如此地步，当然就很难有是非、邪正和公道可言。所以平常做功课、办法会、念诵他方佛菩萨名号的时候多，而念诵教主释迦牟尼圣号的时候反较少。数典忘祖，喧宾夺主，这是一个最可痛心的例子，我们佛教徒能说“重视”了自己的信仰吗？由杂乱而不分是非邪正，而不重视自己的信仰，自然也就不能发扬佛教无我的精神，而为人民服务，其被一般社会当作赘疣，实在是理所当然的。

佛教界不重视自己的信仰和杂乱的现象略如上述，现在再来追究其所以然之故。千句并一句说，那是封建社会的反映。封建社会把佛教寺庙及僧尼造成地主、房东和有闲阶级，同时中国封建社会又一向有崇拜租宗和祭祀山川社稷的风俗习惯，一切牛鬼蛇神都塞进佛教寺庙里去，本来是巫师道士做的事情也要僧尼们去做，所以在封建社会里，欲求佛教制度之不杂乱是不大可能的。其次，封建社会里的上层分子，饱食暖衣，逸居无教，其所要求于佛教的是消遣与麻醉，真正的教理对于他们不感兴趣，正确的修行也不是他们所能接受，因此中国佛教在理论与修持两方面就逐渐变质，造成完全适应于封建社会的那一套，与释迦牟尼的精神也就背道而驰了。现在，反对封建主义是新中国全体人民的革命工作之一，封建的物质基础即将完全扫除，佛教徒(包括僧俗四众在内)必须挣脱封建的枷锁而走上革命的道路，那是再明显也没有的事情。但是思想经常落后于事实，要赶上时代，非主观努力、急起直追不可。办法有两个：一、居士方面认真学习政治；二、僧尼方面认真参加劳动生产。通过认真的政治学习，学习马恩列斯毛的思想方法，才能科学地分析问题，发现自己思想上的错误。通过认真的劳动生产，从工作中吸收社会与人生的经验，才能正视现实，建立做人的基础。这样，才有希望把佛教界内的杂乱现象逐渐澄清而重视自己的信仰，也才能够发挥释迦牟尼大雄无畏、慈悲喜舍的积极精神而为人民服务。这是我国佛教界唯一的自救之道，是否有当，希望大家展开讨论。

此文仓猝写成，过于简略，尤其关于批评返本还源论的一段，没有提出正面的解说来，据我的愚想，在这个问题上，一定有许多不同的看法和意见，希望能够尽量提出来，并且愈尖锐愈好，以便深入讨论。

(原载《现代佛学》1952 年第 3 卷第 1 期，署名观融)

社会科学文献出版社

读者反馈卡

◇ 所购书名：________________________

◇ 购书地点：________________________

◇ 购书日期：__________年________月________日

◇ 在众多同类图书中，您为什么选择购买本书？

□ 封面吸引　　□ 书名吸引　　□ 内容题材

□ 作者知名度　　□ 广告促销　　□ 其他________________

◇ 您在哪里看到本书或从哪里得知本书出版信息？

□ 在书店偶然碰到　　□ 报刊书评或书介　　□ 广告

□ 亲友推荐　　□ 书目介绍　　□ 其他____________

◇ 您通常以哪种方式购买图书？

□ 书店　　□ 书摊　　□ 网上书店　　□ 邮购　　□ 书市

□ 本社图书展销厅　　□ 超市或机场

社会科学文献出版社

读者反馈卡

◇ 所购书名：________________________

◇ 购书地点：________________________

◇ 购书日期：__________年________月________日

◇ 在众多同类图书中，您为什么选择购买本书？

□ 封面吸引　　□ 书名吸引　　□ 内容题材

□ 作者知名度　　□ 广告促销　　□ 其他________________

社会科学文献出版社读者反馈卡

尊敬的读者：

感谢您对社会科学文献出版社图书的惠爱。为了改进我们的工作，为您提供更好的服务，恳请您在百忙之余，填好背面的读者反馈卡以及您的个人资料寄回我社，您将免费得到我社定期寄送的新书《阅读引擎》及相关礼品，您的意见也将作为我们改进工作的重要参考。同时，也欢迎您登录社会科学文献出版社网站，注册加入社科文献出版社读者俱乐部。

邮寄地址：北京市东城区先晓胡同10号
社会科学文献出版社　市场部
邮　　编：100005

社会科学文献出版社读者反馈卡

尊敬的读者：

感谢您对社会科学文献出版社图书的惠爱。为了改进我们的工作，为您提供更好的服务，恳请您在百忙之余，填好背面的读者反馈卡以及您的个人资料寄回我社，您将免费得到我社定期寄送的新书《阅读引擎》及相关礼品，您的意见也将作为我们改进工作的重要参考。同时，也欢迎您登录社会科学文献出版社网站，注册加入社科文献出版社读者俱乐部。

邮寄地址：北京市东城区先晓胡同10号
社会科学文献出版社　市场部
邮　　编：100005

电　　话：(010) 65285539
传　　真：(010) 65286773
E-mail：duzhe@ssap.cn
网　　址：www.ssap.com.cn

您的资料

姓名：________ 年龄：________ 职业：________

学历：□博士□硕士□本科□专科□中专

社会科学文献出版社

读者反馈卡

◇ 所购书名：________________

◇ 购书地点：________________

◇ 购书日期：________年______月______日

◇ 在众多同类图书中，您为什么选择购买本书？

□封面吸引　□书名吸引　□内容题材

□作者知名度　□广告促销　□其他________

◇ 您在哪里看到本书或从哪里得知本书出版信息？

□在书店偶然碰到　□报刊书评或书介　□广告

□亲友推荐　□书目介绍　□其他________

◇ 您通常以哪种方式购买图书？

□书店　□书摊　□网上书店　□邮购　□书市

□本社图书展销厅　□超市或机场

社会科学文献出版社

读者反馈卡

◇ 所购书名：________________

◇ 购书地点：________________

◇ 购书日期：________年______月______日

◇ 在众多同类图书中，您为什么选择购买本书？

□封面吸引　□书名吸引　□内容题材

□作者知名度　□广告促销　□其他________

社会科学文献出版社读者反馈卡

尊敬的读者：

感谢您对社会科学文献出版社图书的惠爱。为了改进我们的工作，为您提供更好的服务，恳请您在百忙之余，填好背面的读者反馈卡以及您的个人资料寄回我社，您将免费得到我社定期寄送的新书《阅读引擎》及相关礼品，您的意见也将作为我们改进工作的重要参考。同时，也欢迎您登录社会科学文献出版社网站，注册加入社科文献出版社读者俱乐部。

邮寄地址： 北京市东城区先晓胡同10号
社会科学文献出版社　市场部
邮　　编： 100005

社会科学文献出版社读者反馈卡

尊敬的读者：

感谢您对社会科学文献出版社图书的惠爱。为了改进我们的工作，为您提供更好的服务，恳请您在百忙之余，填好背面的读者反馈卡以及您的个人资料寄回我社，您将免费得到我社定期寄送的新书《阅读引擎》及相关礼品，您的意见也将作为我们改进工作的重要参考。同时，也欢迎您登录社会科学文献出版社网站，注册加入社科文献出版社读者俱乐部。

邮寄地址： 北京市东城区先晓胡同10号
社会科学文献出版社　市场部
邮　　编： 100005
电　　话： (010) 65285539
传　　真： (010) 65286773
E-mail： duzhe@ssap.cn
网　　址： www.ssap.com.cn

您的资料

姓名：________ **年龄：**________ **职业：**________

学历： □博士□硕士□本科□专科□中专 ……